HISTÓRIA DOS DOGMAS – 4

HISTÓRIA DOS DOGMAS

Tomo 1: **O DEUS DA SALVAÇÃO**
(séculos I-VIII)
Deus, a Trindade, o Cristo, a economia da salvação
B. Sesboüé (Centre-Sèvres, Paris)
J. Wolinski (Institut Catholique de Paris)

Tomo 2: **O HOMEM E SUA SALVAÇÃO**
(séculos V-XVII)
Antropologia cristã: criação, pecado original, justificação e graça, ética, fins últimos
L. F. Ladaria (Universidade Gregoriana, Roma)
V. Grossi (Augustinianum, Roma)
Ph. Lécrivain (Centre-Sèvres, Paris)
B. Sesboüé (Centre-Sèvres, Paris)

Tomo 3: **OS SINAIS DA SALVAÇÃO**
(séculos XII-XX)
Sacramentos e Igreja, Virgem Maria
H. Bourgeois (Institut Catholique de Lyon)
P. Tihon (Université de Louvain)
B. Sesboüé (Centre-Sèvres, Paris)

Tomo 4: **A PALAVRA DA SALVAÇÃO**
(séculos XVIII-XX)
Doutrina da Palavra de Deus, Revelação, fé, Escritura, Tradição, Magistério
Ch. Theobald (Centre-Sèvres, Paris)
B. Sesboüé (Centre-Sèvres, Paris)

HISTÓRIA DOS DOGMAS

sob a direção de Bernard Sesboüé, SJ

Bernard Sesboüé, SJ
Christoph Theobald, SJ

Tomo 4

A PALAVRA DA SALVAÇÃO

A doutrina da Palavra de Deus.
A justificação e o discurso da fé.
A Revelação e o ato de fé.
A Tradição, A Escritura e o Magistério.

Edições Loyola

Título original:
 Histoire des dogmes
 Tome IV: La Parole du Salut
 © 1996, Desclée
 ISBN 2-7189-0628-6

Tradução: Aldo Vannucchi
Preparação: Pe. Danilo Mondoni, SJ
Capa: Manu Santos
Diagramação: So Wai Tam
Revisão: Albertina Pereira Leite Piva
    Marcelo Perine

Edições Loyola Jesuítas
Rua 1822, 341 – Ipiranga
04216-000 São Paulo, SP
T 55 11 3385 8500/8501 • 2063 4275
editorial@loyola.com.br
vendas@loyola.com.br
www.loyola.com.br

Todos os direitos reservados. Nenhuma parte desta obra pode ser reproduzida ou transmitida por qualquer forma e/ou quaisquer meios (eletrônico ou mecânico, incluindo fotocópia e gravação) ou arquivada em qualquer sistema ou banco de dados sem permissão escrita da Editora.

ISBN 978-85-15-02232-8

© EDIÇÕES LOYOLA, São Paulo, Brasil, 2006

Sumário

ABREVIATURAS	15
APRESENTAÇÃO	19
Das origens ao Concílio de Trento	20
De Trento ao Vaticano I	20
Do Vaticano I à década de 1950	21
O Concílio Vaticano II e sua repercussão	22

Primeira Fase
DAS ORIGENS AO CONCÍLIO DE TRENTO
APOLOGIA DA FÉ E MÉTODO DO DISCURSO DOGMÁTICO

Capítulo I

APOLOGIA DA FÉ E DISCURSO CRISTÃO NA ÉPOCA PATRÍSTICA	25
O testemunho do Novo Testamento	26
I. A apologia da fé	27
1. **A justificação da fé nos séculos II e III**	27
A apologia bíblica da fé perante os judeus	28
A apologia racional da fé perante os pagãos	30
A prova da fé perante os hereges	35
2. **A justificação da fé na Igreja sob Constantino**	39
A persistência do discurso apologético *ad extra*	39
Entre os Padres gregos: da apologia à interpretação da fé, a partir dela mesma	41
Agostinho e A Cidade de Deus	42
II. Normas e metodologia da demonstração da fé	44
1. **Os três primeiros séculos antes de Nicéia**	44
A fé católica recebida dos Apóstolos	45
A função reguladora do episcopado	46
Da colegialidade episcopal aos sínodos locais	46
2. **Lógica e método do discurso da fé no século IV, no Oriente**	47
O ponto de partida e a ocasião: a contestação da fé na Igreja da época	48
Primeiro tempo: a confissão eclesial da fé recebida da tradição batismal	48

Segundo tempo: o apelo às Escrituras	51
Terceiro tempo: recurso à razão e elaboração da linguagem	54
Quarto tempo: emergência do apelo aos pilares da tradição	55
Tempo conclusivo: a decisão conciliar	56
3. **Agostinho e os latinos: das autoridades às razões**	57
Novo questionamento cultural da razão	57
Primeiro tempo: o apelo às autoridades	57
Segundo tempo: o apelo às razões	58
O juízo de Tomás de Aquino sobre Santo Agostinho	59
III. A AUTORIDADE DOGMÁTICA DOS CONCÍLIOS	60
1. **O conceito de dogma**	60
2. **Os Concílios Ecumênicos**	62
A atividade conciliar	63
O anátema	65
Da aceitação de fato à autoridade de direito	66
A autoridade do bispo de Roma	66

Capítulo II
EXPOSIÇÃO DA FÉ E APOLOGIA NA IDADE MÉDIA 69

I. O TEMPO DA ESCOLÁSTICA: QUESTÕES E RAZÕES	71
1. **Novo contexto cultural: das escolas às universidades**	71
2. **Novos métodos teológicos**	72
Da *lectio* às "sentenças"	73
A *quaestio*	74
A metodologia da *quaestio*	75
A *disputatio*	76
A "ordem da doutrina" e as *Sumas teológicas*	76
3. **A busca de nova inteligibilidade: rumo à teologia como ciência**	77
As "razões necessárias" em Anselmo de Cantuária	77
O uso da dialética no século XII	79
A teologia como ciência no século XIII	79
Filosofia e teologia	81
4. **A regulação da fé na Idade Média**	84
Os dogmas e os artigos da fé	85
Os conceitos de fé e de heresia	86
Os dois "magistérios"	87
O apelo às autoridades	89
A autoridade dos concílios	90
A autoridade doutrinal do papa	93
II. O EXAME DE NOVOS CONTEÚDOS DOUTRINÁRIOS	95
1. **O conhecimento de Deus**	96
2. **A Revelação**	98
3. **A Teologia da Fé**	101

III. A APOLOGIA DA FÉ E O DISCURSO CONTRA OS HEREGES E OS GENTIOS 105
   1. **Os primeiros esboços de uma apologia da fé** 105
   2. **A Idade Média e os seus hereges** 108
      Heresias medievais 108
      A Inquisição 109
      Discursos e censuras contra os hereges 111
   3. **Os "gentios" da Idade Média** 112
   4. **Os Judeus e os Muçulmanos. As Missões** 113

SEGUNDA FASE
DE TRENTO AO VATICANO I: UM NOVO TEMPO PARA A
TEOLOGIA DA APOLOGÉTICA À EMERGÊNCIA DO "MAGISTÉRIO VIVO"

Capítulo III
   ESCRITURAS, TRADIÇÕES E DOGMAS NO CONCÍLIO DE TRENTO 117
   I. A RECEPÇÃO DO SÍMBOLO DE FÉ 117
      O Símbolo "único e sólido fundamento" 118
   II. A RECEPÇÃO DOS LIVROS SANTOS E DAS TRADIÇÕES 118
     1. **A contestação da Reforma: o princípio escriturístico** 119
     2. **O decreto "sacrosancta" (4ª sessão)** 121
        O Evangelho, fonte única de verdade e vida 121
        Os dois espaços de atestação do Evangelho 124
        Seu acolhimento igual pelo Concílio 125
        A lista dos Livros Sagrados 128
        Reflexões finais do Concílio 129
        Balanço 129
     3. **O decreto sobre a vulgata** 130
   III. OS CONCEITOS DOGMÁTICOS EM TRENTO 131
     1. **Fé e heresia** 132
        A intenção doutrinal do Concílio à luz das introduções dos decretos ... 133
     2. **Dogmas, "definições" e cânones com anátema** 136
        Discussões reveladoras em torno do projeto de um cânon 137
        O cânon 7º sobre o matrimônio 138
     3. **"A fé e os costumes"** 139
     4. **A autoridade dogmática do Concílio de Trento** 140
   IV. MELCHIOR CANO E OS LUGARES TEOLÓGICOS 142
     1. **Os dez "lugares teológicos"** 142
     2. **A virada teológica iniciada por M. Cano** 147

Capítulo IV
   DOGMA E TEOLOGIA NOS TEMPOS MODERNOS 149
   I. O TRIDENTINISMO DOUTRINÁRIO NOS SÉCULOS XVII E XVIII 150
     1. **Surgimento do "magistério vivo"** 150

O papel do magistério romano	151
O desenvolvimento da idéia da infalibilidade	152
2. **Interpretação teológica do Concílio de Trento**	156
A teologia de controvérsia	157
A interpretação dominante do decreto sobre as Escrituras e as tradições	157
Uma contra-corrente minoritária	159
A propósito do cânon 7º sobre o matrimônio	160
Uma hermenêutica retroativa	160
II. A FÉ ÀS VOLTAS COM A RAZÃO ILUMINISTA	161
1. **Novo contexto cultural**	162
A autonomia da razão no século XVII	162
O século XVIII, século das Luzes (Aufklärung)	165
A religião nos limites da simples razão	166
Do Iluminismo à morte de Deus, no século XIX	167
2. **Ciência teológica e apologética na modernidade**	169
"Exegese" e teologia positiva	169
A apologética dos "pensamentos" de Pascal	170
Genealogia da apologética clássica	171
A apologética romântica	172
3. **Teologia natural e revelação sobrenatural**	173
4. **A doutrina do ato de fé**	175
Teses laxistas sobre o ato de fé	175
O racionalismo de Hermes	177
O fideísmo de Bautain	179
III. EVOLUÇÃO DOS CONCEITOS DOGMÁTICOS E NASCIMENTO DO "MAGISTÉRIO" MODERNO NO SÉCULO XIX	180
1. **Dogma, encíclicas e magistério**	180
A nova definição do "dogma"	181
O aparecimento do conceito de "magistério"	182
O nascimento das encíclicas	183
Da tradição ao magistério	184
2. **A evolução da teologia**	186
O novo estatuto da teologia acadêmica	186
O sucesso do Denzinger	186
O uso das notas teológicas	188

TERCEIRA FASE
DO VATICANO I A 1950: REVELAÇÃO, FÉ E RAZÃO,
INSPIRAÇÃO, DOGMA E MAGISTÉRIO INFALÍVEL

Capítulo V	
A DOGMATIZAÇÃO PROGRESSIVA DOS FUNDAMENTOS DA FÉ	193
I. DO CONTEÚDO DA FÉ À SUA FORMA	194
1. **O iluminismo insatisfeito**	195

    2. **Os fundamentos da sociedade humana ameaçados** 197
    3. **A dogmatização dos fundamentos da fé** 198
 II. O CONTEXTO HISTÓRICO TORNA-SE "LUGAR TEOLÓGICO" 200
    1. **O contexto histórico** 201
    2. **A história como genealogia dos erros modernos** 203
    3. **Consciência histórica e história do dogma** 205
 III. O CONCÍLIO VATICANO I E SUAS CONSTITUIÇÕES 207
    1. **Convocação, preparação e desenvolvimento** 208
    2. **As duas constituições do Vaticano I** 210
    3. **Os dois finais de um concílio inacabado** 211
    4. **O após Concílio: a série de crises** 214

Capítulo VI
A CONSTITUIÇÃO DOGMÁTICA *DEI FILIUS* DO CONCÍLIO VATICANO I 217
 I. O PRÓLOGO OU A GENEALOGIA DO SISTEMA 218
    1. **O "método da Providência"** 218
    2. **O julgamento da modernidade** 219
    3. **A Igreja, "mãe e mestra dos povos"** 222
 II. O CAPÍTULO 1: DEUS CRIADOR DE TODAS AS COISAS 223
    1. **Existência e essência de Deus** 223
    2. **A doutrina da criação** 226
    3. **A doutrina da Providência** 227
 III. O CAPÍTULO 2: A REVELAÇÃO 228
    1. **O conhecimento natural de Deus** 229
    2. **A revelação sobrenatural** 231
    3. **A dupla necessidade da revelação sobrenatural** 232
    4. **O lugar da revelação: Escrituras e tradições** 235
    5. **A inspiração dos Livros Sagrados** 236
    6. **Da Escritura e da Tradição ao magistério eclesial** 237
 IV. O CAPÍTULO 3: A FÉ 238
    1. **A estrutura da fé** 238
        Ponto de partida: a dependência do homem para com Deus 238
        Primeira definição da fé 239
        A fé, obséquio racional do homem a Deus 242
        Os motivos de credibilidade: profecias e milagres 243
        A fé, obra do Espírito 244
    2. **O papel da Igreja no ato de fé** 245
        A forma dogmática do conteúdo da fé 245
        A obrigação de crer 247
 V. O CAPÍTULO 4: A FÉ E A RAZÃO 251
    1. **Duas ordens de conhecimento** 251
    2. **Possibilidades e limites da teologia** 253

    3. A impossível contradição entre razão e fé 254
    4. A interação fé e razão 255
    5. Verdade da fé e dogmas da Igreja 256
  VI. Recepção e avaliação dogmática 257

Capítulo VII
"PASTOR AETERNUS". PRIMEIRA CONSTITUIÇÃO DOGMÁTICA
DO CONCÍLIO VATICANO I SOBRE A IGREJA DE CRISTO 259
  I. Estrutura da constituição 260
    1. A composição do texto 260
    2. Os três primeiros capítulos 262
  II. O capítulo 4: O magistério infalível do pontífice romano 265
    1. Quatro pontos principais do debate 266
    2. O argumento de tradição 267
    3. Infalibilidade pontifícia e consenso da Igreja 269
    4. "Eficácia salutar" e "carisma de verdade" 273
    5. A definição propriamente dita 274
      História da redação 274
      O sujeito da infalibilidade 275
      A finalidade da infalibilidade 276
      O objeto da infalibilidade 277
      O último acréscimo 278
  III. Recepção e avaliação dogmática 279
    1. O período pós-conciliar 279
    2. A recepção a longo prazo 280

Capítulo VIII
"A QUESTÃO BÍBLICA". DA DOUTRINA DA *PROVIDENTISSIMUS DEUS* À RECEPÇÃO
DA EXEGESE HISTÓRICO-CRÍTICA PELA *DIVINO AFFLANTE SPIRITU* 283
  I. A pré-história da questão bíblica 284
    1. Hermenêutica geral e hermenêutica especial 284
    2. O método histórico 285
    3. Separação entre a exegese dos dois testamentos 287
    4. O aspecto teológico-político da exegese histórico-crítica 287
    5. Uma complexa geografia de posições 288
  II. Decisões do magistério romano no século XIX 289
    1. A doutrina bíblica da *Providentissimus Deus* 289
      A perspectiva espiritual 291
      A perspectiva dogmática 291
      A perspectiva apologética 292
    2. A exegese entre hermenêutica e teologia bíblica 295
      O debate apologético 295
      Teologia bíblica e questão hermenêutica 297

A superação do paradigma liberal	300
III. O MAGISTÉRIO ROMANO NA PRIMEIRA METADE DO SÉCULO XX	303
1. **A doutrina bíblica da *Spiritus Paraclitus***	303
2. **O aparecimento do texto e sua interpretação teológica**	305
A complexidade do sentido literal	305
Do sentido literal ao sentido pleno ou ao sentido espiritual	306
3. **A doutrina bíblica da *Divino afflante Spiritu***	308
As regras da hermenêutica bíblica	309
Conclusão	312

Capítulo IX
"O QUE É UM DOGMA?" A CRISE MODERNISTA E SUAS REPERCUSSÕES NO SISTEMA DOUTRINAL DO CATOLICISMO 313

I. A HISTÓRIA DOS DOGMAS	315
1. **Adolf Von Harnack**	316
2. **Joseph Tixeront**	319
3. **Ernst Troeltsch**	321
II. QUESTÕES DE TEOLOGIA FUNDAMENTAL	325
1. **O problema epistemológico**	325
2. **Revelação e dogma**	329
3. **A teoria do desenvolvimento**	334
4. **O que é dogma?**	336
III. AS INTERVENÇÕES DO MAGISTÉRIO ROMANO	338
1. **"Retrato-falado" do modernista**	338
2. **Os destinatários**	341
3. **Cultura católica e sociedade moderna**	342
4. **Conclusão**	343

Capítulo X
A RAZÃO E A SOCIEDADE. DA CANONIZAÇÃO DO TOMISMO À AFIRMAÇÃO DO FUNDAMENO DIVINO DO DIREITO 345

I. A ENCÍCLICA *AETERNI PATRIS*	347
1. **O princípio**	348
2. **A história da filosofia e o Doutor Angélico**	349
3. **Avaliação**	351
II. FILOSOFIA CRISTÃ E FUNDAMENTOS DA SOCIEDADE	353
1. **A visão leonina de uma ordem global**	354
2. **A "questão social" e a teologia fundamental**	357
3. **A "terceira fase" da crise modernista**	359
III. DIFÍCIL RECONHECIMENTO DOUTRINAL DA DIMENSÃO PROFANA DA HISTÓRIA	361
1. **Presença na história**	362
2. **Cristo rei**	364
3. **O direito natural**	365

Capítulo XI
A ENCÍCLICA *HUMANI GENERIS* (1950) OU O FIM
DE UMA ÉPOCA DE DOGMATIZAÇÃO FUNDAMENTAL 369
    I. Renovação teológica 369
        1. **As escolas de teologia** 370
        2. **A ligação com outros movimentos de renovação** 372
        3. **Medidas disciplinares** 373
    II. A encíclica *humani generis* 374
        1. **A estrutura do sistema** 376
        2. **O papel do magistério** 378
        3. **Questões particulares** 380
        4. **Avaliação** 381
        5. **Transição: fim e começo** 382

Quarta Fase
O CONCÍLIO VATICANO II E SEUS RESULTADOS

Capítulo XII
O CONCÍLIO E A "FORMA PASTORAL" DA DOUTRINA 387
    I. A abertura 390
        1. **Um espírito novo** 390
        2. **A doutrina cristã** 391
        3. **A unidade de todos os cristãos e da família humana** 394
    II. As quatro sessões do Concílio 394
        1. **1ª sessão (11 de outubro — 8 de dezembro de 1962)** 394
        2. **A direção do Concílio por Paulo VI** 396
        3. **As três últimas sessões do Concílio** 398
    III. A estrutura policêntrica do *corpus* conciliar 400
        1. **A estruturação progressiva do *corpus*** 401
        2. **Problemas de interpretação** 403
    IV. O eixo fundamental 406
        1. **"Hierarquia das verdades" e "proclamação adequada da palavra revelada"** . 407
        2. **Um magistério de perfil eminentemente pastoral** 410
        3. **A relação da Igreja com os outros e a sua concepção do homem** ... 416

Capítulo XIII
A COMUNICAÇÃO DA PALAVRA DE DEUS: *DEI VERBUM* 419
        Histórico da redação do documento 419
    I. A revelação em si mesma (Cap. 1) 423
        1. **O preâmbulo (nº 1)** 423
        2. **A revelação: Deus conversa com seus amigos (nº 2)** 424
        3. **A revelação é uma longa história (nº 3)** 426
        4. **A revelação que se completa em Cristo (nº 4)** 428

    5. **A fé, resposta do homem à revelação (nº 5)** 431
    6. **Uma volta ao Vaticano I (nº 6)** 433
    7. **Conclusão** 434
  II. A TRANSMISSÃO DA REVELAÇÃO DIVINA (CAP. 2) 435
    1. **Os apóstolos e seus sucessores, arautos do evangelho (nº 7)** 435
    2. **A sagrada tradição (nº 8)** 438
    3. **A relação mútua entre Tradição e Escritura (nº 9)** 440
    4. **A relação da Escritura e da Tradição com a Igreja e o magistério (nº 10)** 442
  III. A SAGRADA ESCRITURA, TESTEMUNHO DA REVELAÇÃO (CAP. 3 – 6) 443
    1. **Da inspiração à interpretação da Escritura (Cap. 3)** 443
      A inspiração da Escritura (nº 11) 443
      A "verdade" das Escrituras 444
      A interpretação da Escritura (nº 12) 445
      A condescendência divina (nº 13) 446
    2. **A doutrina cristã do Antigo Testamento (Cap. 4)** 447
      Da economia da salvação aos livros (nº 14) 447
      A preparação da vinda de Cristo (nº 15) 448
      O Antigo e o Novo Testamento (nº 16) 448
    3. **A doutrina do Novo Testamento (Cap. 5)** 448
      A revelação como acontecimento consumado em Jesus Cristo (nº 17) ... 449
      A apostolicidade dos quatro Evangelhos (nº 18) 449
      A historicidade de um gênero literário querigmático (nº 19) 450
    4. **A Escritura na vida da Igreja (Cap. 6)** 451
      As duas mesas do pão: a Palavra e a Eucaristia (nº 21) 451
      O acesso às Escrituras: as traduções (nº 22) 452
      A tarefa dos exegetas e dos teólogos (nº 23-24) 453
      A Escritura no ministério da Palavra (nº 25-26) 454
    5. **Uma recepção em curso** 454

Capítulo XIV
A IGREJA CATÓLICA E "OS OUTROS":
A LIBERDADE RELIGIOSA E AS RELIGIÕES NÃO CRISTÃS 457

  I. A DECLARAÇÃO *DIGNITATIS HUMANAE* SOBRE A LIBERDADE RELIGIOSA 458
    1. **As etapas da redação** 459
      Do documento de Friburgo à primeira redação conciliar 459
      A segunda e a terceira redação conciliar 462
      As três últimas redações 463
    2. **A busca do argumento decisivo** 464
    3. **"Doutrina geral sobre a liberdade religiosa"** 465
      A verdadeira religião "subsiste" na religião católica 465
      Natureza da liberdade religiosa: dupla imunidade 466
      O argumento da verdade 467

O argumento da lei divina	468
O argumento político	469
4. **"A liberdade religiosa à luz da revelação"**	469
Os dados da Escritura e da teologia	470
A liberdade do ato de fé	470
A conduta de Cristo e dos apóstolos	471
O testemunho e a liberdade da Igreja	471
5. **As conseqüências da Declaração**	472
II. A declaração *Nostra Aetate* sobre as religiões não cristãs	473
1. **A gênese do documento**	474
Do judaísmo ao conjunto das religiões não cristãs	475
Uma redação extremamente cuidadosa. Esquemas II-IV	477
2. **As grandes asserções da Declaração**	479
A única comunidade humana (nº 1)	480
As religiões no mundo (nº 2)	481
A religião muçulmana (nº 3)	482
A religião judaica (nº 4)	483
3. **As conseqüências da Declaração**	487
Uma atitude de conversão	487
Após a Declaração	488

Capítulo XV

A "RECEPÇÃO" DO VATICANO II	491
I. O tempo da recepção	493
1. **"Recepção querigmática" e "recepção prática"**	493
2. **Tentativa de definição e periodização**	495
II. Questões de teologia fundamental	497
1. **A declaração *Mysterium ecclesiae* (1973)**	497
2. **"Profissão de fé" (1989) e "vocação eclesial do teólogo" (1990)**	500
3. **Conclusão**	504
CONCLUSÃO GERAL	507
BIBLIOGRAFIA GERAL	511
BIBLIOGRAFIA COMPLEMENTAR	513
ÍNDICE DE AUTORES	517

ABREVIATURAS

AA	*Apostolicam actuositatem*, Decreto sobre o apostolado dos leigos (Vaticano II).
AAS	*Acta Apostolicae Sedis*, Roma.
AHDLMA	*Archives d'histoire doctrinale et littéraire du Moyen Age*, Paris.
AG	*Ad Gentes*, Decreto sobre a atividade missionária da Igreja (Vaticano II).
APhC	*Annales de philosophie chrétienne*, Paris.
ARSJ	*Acta Romana Societatis Jesu*, Roma.
BA	*Bibliothèque augustinienne*, Paris, D.D.B.
BLE	*Bulletin de Littérature ecclésiastique*, Toulouse.
Budé	Editions "Les Belles Lettres", Association Guillaume Budé, Paris.
CCCM	*Corpus Christianorum. Continuatio Mediaevalis*, Turnhout, Brepols.
CCSL	*Corpus Christianorum. Ser. latina*, Turnhout, Brepols.
CH	Ireneu de Lião, *Contra as heresias…*
CIC	*Codex juris canonici*, 1983.
COD	*Les concile*s *œcuméniques…*
CSCO	*Corpus Scriptorum Christianorum Orientalium*, Louvain.
CSEL	*Corpus Scriptorum Ecclesiasticorum Latinorum*, Viena.
CTA	*Concilii Tridentini Acta*, Görresgesellschaft, Herder.
DBS	*Dictionnaire de la Bible. Supplément*, Paris, Letouzey.
DC	*Documentation catholique*, Paris.
DH	*Dignitatis humanae*, Declaração sobre a liberdade religiosa (Vaticano II).
DHGE	*Dictionnaire d'Histoire et de Géographie Ecclésiastiques*, Paris, Letouzey et Ané.
DSp	*Dictionnaire de Spiritualité*, Paris, Beauchesne.
DTC	*Dictionnaire de théologie catholique*, Paris, Letouzey.
DV	*Dei Verbum*, A revelação divina (Vaticano II).
DS	Denzinger-Schönmetzer, *Enchiridion Symbolorum, definitionum et declarationum de rebus fidei et morum*, Friburgi Brisgoviae, Herderm 36ª ed., 1976.

EBrit	*Encyclopaedia Britannica*, Edinburgo.
EnchB	*Enchiridium Biblicum*, Roma.
EphThL	*Ephemerides Theologicae Lovanienses*, Louvain.
FC	G. Dumeige, *La Foi Catholique*, Paris, Orante, 1969, éd. renouvelée, 1993.
FZPhTh	*Freiburger Zeitschrift für Theologie und Philosophie*.
GCS	*Die Griechischen Christlichen Schriftsteller der ersten (drei) Jahrhunderte*, Berlim-Leipzig.
GS	*Gaudium et Spes*, A Igreja no mundo de hoje, (Vaticano II).
HE	*Histoire Ecclésiastique* (Eusèbe et autres historiens anciens).
HThG	*Handbuch theologischer Grundbegriffe*, hg. von V. H. Fries, 2 vol., Munique, 1962-1963.
IPT	*Initiation à la pratique de la thélogie*, Paris, Cerf.
JBL	*Journal of biblical literature*, Filadélfia.
JQR	*Jewish Quarterly Review*, Londres.
JSJ	*Journal for the Studie of Judaism*, Leiden, Brill.
JTs	*Journal of Theological Studies*, Oxford.
LG	*Lumen Gentium*, Constituição dogmática sobre a Igreja, (Vaticano II).
LThK	*Lexikon für Theologie und Kirche*, Freiburg, Herder.
LV	*Lumière et Vie*, Lyon.
Mansi	*Sacrorum conciliorum nova et amplissima collectio*, Florença e Veneza 1759-1798; reproduction et suite par J. B. Martin et L. Petit, 53 t., Paris, Welter, 1901-1927.
ME	*Mysterium Ecclesiae*, Declaração da Congregação para a doutrina da fé, 1973.
MGH	*Monumenta Germaniae Historica*, Berlim.
MThZ	*Münchener Theologische Zeitschrift*, Munique.
NA	*Nostra aetate*, Declaração sobre as relações da Igreja com as religiões não-cristãs (Vaticano II)
NBA	*Nouvelle bibliothèque augustinienne*, Paris, Études augustiniennes.
NRT	*Nouvelle Revue Théologique*, Namur-Tournai, Casterman.
NThZ	*Neue Theologische Zeitschrift*, Viena.
NTS	*New Testament Studies*, Cambridge.
PF	"Les Pères dans la foi" col. dirigida por A. G. Hamman, Paris, D.D.B., depois ed. Migne.
PhJ	*Philosophical journal*, Edinburgo.
PG	*Patrologia graeca* (J.P. Migne), Paris.
PL	*Patrologia latina* (J.P. Migne), Paris.
RB	*Revue biblique*, Jerusalém-Paris, Gabalda.
RCF	*Revue du clergé français*, Letouzey & Ané, Paris.
RDC	*Revue de Droit canonique*, Estrasburgo.
REA	*Revue des Études augustiniennes*, Paris.
RevSR	*Revue des Sciences religieuses*, Estrasburgo.
RGG	*Die Religion in Geschichte und Gegenwart*, Tübingen.

RHE	*Revue d'Histoire ecclésiastique*, Louvain.
RHLR	*Revue d'Histoire et de Littérature Religieuse*, Paris.
RHPR	*Revue d'Histoire et de philosophie religieuse*, Estrasburgo.
RICP	*Revue de l'Institut Catholique de Paris*, Paris.
RSR	*Recherches de Science religieuse*, Paris.
RSPT	*Revue des Sciences Philosophiques et Théologiques*, Paris, Vrin.
RTAM	*Recherches de théologie ancienne et Médiévale*, Louvain, Abbaye du Mont César.
RTL	*Revue de théologie de Louvain*.
SC	*Sources chrétiennes* (Lyon), Paris, Cerf.
ST	Santo Tomás de Aquino, *Suma Teológica*.
TD	*Textes et Documents*, coll. dirigée par H. Hemmer et P. Lejay, Paris, Picard, 1904-1912.
ThPh	*Theologie und Philosophie*, Freiburg.
ThQ	*Theologische Quartalschrift*, Tübingen.
TRE	*Theologische Realenzyklopädie,* Berlim/Nova York, W. De Gruyter.
TU	*Texte und Untersuchungen zur Geschichte der altchristlichen Literatur*, Leipzig, Berlim.
UR	*Unitatis redintegratio*, Decreto sobre o ecumenismo (Vaticano II).
VC	*Vigiliae Christianae*, Leiden.
TZ	*Theologische Zeitschrift*, Basel.
WA	*Weimar Ausgabe* (Obras de Lutero).
ZKG	*Zeitschrift für Kirchengeschichte*, Stuttgart.
ZKTh	*Zeitschrift für die katholische Theologie*, Viena.
ZNTW	*Zeitschrift für die neutestamentliche Wissenschaft*, Berlim, De Gruyter.
ZRG	*Zeitschrift für Religions — und Geistesgeschichte*, Köln, Brill.

APRESENTAÇÃO

B. Sesboüé

Nos três primeiros tomos desta obra, deu-se uma visão global da história dos dogmas. Cabe, agora, completá-la, enfocando os elementos dogmáticos da teologia fundamental, ou seja, o que se refere à legitimidade e à forma do discurso da fé, pois, nos tempos modernos, surgiram questões novas, postas, por assim dizer, como prévias à apresentação clássica da fé. Em termos históricos, o centro de gravidade deste volume situa-se entre os séculos XVI e XX. Evidentemente, será preciso retomar as sementes primeiras dessas questões na Igreja dos Santos Padres e da Idade Média, o que faremos inserindo aqui os pressupostos do discurso cristão da fé, brevemente expostos no início do tomo l.

Dois grandes temas despontam na agenda dos tempos modernos: de um lado, a justificação da fé, perante a razão e a história; de outro, a metodologia específica do discurso da fé. Eles diferem, formalmente, mas, na realidade, sempre aparecem juntos. Desde os primórdios, a necessidade de justificar a fé tanto aos de fora como aos de dentro levou à formalização da metodologia da fé, à explicitação de seus fundamentos e à estruturação dos seus argumentos. Assim por exemplo, desde Santo Ireneu até à época contemporânea, passando pela Reforma, a difícil questão do relacionamento entre Escritura e Tradição foi sempre focalizada e desenvolvida, polemicamente.

Esses dois temas apóiam-se na articulação de seis ou sete conceitos fundamentais, sempre interligados ao longo da história: conhecimento de Deus, palavra de Deus, revelação, fé, Tradição, Escritura e magistério. Nenhum se desenvolveu sem o outro, porque todos marcam um espaço semântico onde a mudança de um implica a mudança dos demais.

Desde as origens, o cristianismo precisou se defender e se justificar. Essa foi a tarefa peculiar dos escritores chamados apologistas. Ao longo do tempo, foi-se acirrando sempre o debate entre a fé e a razão. Com a escolástica, na Idade Média, a teologia elaborou sua primeira formulação de modo "científico", dentro do sentido desse adjetivo na época. Mas só na Era Moderna é que as questões "fundamentais" se tornaram mais imperiosas, envolvendo amplamente a reflexão teológica. Primeiro, pela contenda nascida com a Reforma, sobre o papel da Escritura e o questionamento da Tradição; depois, por causa das provocações do Iluminismo, que propunha uma releitura dos dados cristãos, "nos limites da simples razão"; por fim, no século XIX, a partir das descobertas no campo da história. Devido ao distanciamento temporal que o separa dos acontecimentos iniciais do cristianismo, o crente não está mais em continuidade imediata com a história concreta, cuja memória seus antepassados, muito próximos dos fatos, recebiam com naturalidade e sem hesitações. Doravante, será pela pesquisa histórica de perfil científico e desenvolvida, muitas vezes, num sentido de competição com a fé que se proporá a "essência" do cristianismo. Da mesma forma, tornar-se-á inevitável a questão complexa do desenvolvimento do dogma.

Portanto, se os três primeiros tomos trataram da história do conteúdo dos grandes dogmas cristãos, este apresentará a história da própria palavra "dogma" e de todo o vocabulário dogmático. Veremos que o sentido desse termo muda bastante da época patrística para o concílio Vaticano I, quando adquire uma definição precisa.

Conforme a orientação básica de toda esta obra, o movimento histórico do pensamento e a articulação temática dos conteúdos serão tratados conjuntamente e apresentados em quatro grandes fases.

Das origens ao Concílio de Trento

Essa fase caracteriza-se pela recapitulação dos dados mais remotos da época patrística e medieval, referentes, de um lado, à defesa da fé, tanto em relação aos cristãos como aos hereges e, de outro lado, à metodologia do discurso cristão, que começava preocupado com a definição do seu perfil doutrinário e institucional. Na verdade, nesse longo período, tudo era mais "vivido" do que "pensado". Mas certas opções importantes foram feitas, firmando, por assim dizer, jurisprudência e constituindo um referencial autorizado. Essa fase irá até o Concílio de Trento, que marca, claramente, um antes e um depois (cap. I e II).

De Trento ao Vaticano I

Em Trento, emerge, pela primeira vez, a idéia de doutrina "fundamental". Essa compreensão influi na obra doutrinal do Concílio, expressa nos seus decretos sobre o Símbolo, as Escrituras e as tradições. Por outro lado, o espaço semântico dos conceitos dogmáticos utilizados em Trento constitui indicação essencial à passagem da Idade Média — da qual o Concílio se mostra, por várias razões, herdeiro — aos tempos modernos, que ele, por outros aspectos, anuncia. Porque esse concílio é também um ponto de partida. A virada que se deu em Trento inaugura uma nova forma de teologia, a teologia "tridentina" por excelência, mas também uma teologia em confronto com as arguições filosóficas do Século das Luzes e desafiada a construir uma nova apologética.

É nos tempos modernos também que aparece o termo "magistério", no sentido atual, correspondendo a uma nova forma de exercer a autoridade doutrinária na Igreja. Depois de Trento até o Concílio Vaticano, não houve nenhuma assembléia conciliar. O papa concentrava em si a função magisterial. Paralelamente, crescia sempre mais a referência ao magistério nos trabalhos teológicos. Essa evolução acompanha as contestações do mundo cultural, infensa a certas determinações dogmáticas autoritárias. A idéia de "magistério vivo" vai sendo cada vez mais empregada, a partir do início do século XIX, até se tornar predominante. Assiste-se, assim, a uma espécie de reduplicação do princípio da autoridade eclesial (cap. III e IV).

Do Vaticano I à década de 1950

Em comparação com as anteriores, esta fase pode parecer muito curta. Possui, no entanto, muita unidade e ficou marcada pela realização do Concílio Vaticano I, de 1869 a 1870. As grandes Constituições desse concílio selam uma expressão dogmatizante dos principais temas debatidos na teologia fundamental, do Concílio de Trento ao final do século XVIII. O título dos capítulos da Constituição *Dei filius* representa todo um programa de estudos sobre os "fundamentos" da fé: Deus e a criação, a revelação, a fé e a relação entre a fé e a razão.

A Constituição *Pastor aeternus*, cuja dimensão especificamente teológica já estudamos[1], define a infalibilidade pontifícia, ponto relevante no funcionamento da instituição eclesial e que contribuiu, na reflexão da fé, para dar um lugar cada vez mais considerável ao exercício do "magistério vivo", sobretudo o papal. Essa definição será até interpretada como ato decisivo que inviabilizaria qualquer concílio futuro na Igreja católica. A importância dessa questão na metodologia teológica exigiu um tratamento peculiar, porque constitui um problema eclesial, já que é no conjunto do povo cristão que essa infalibilidade se situa.

Esse concílio, porém, como todos, aliás, não resolverá todos os pontos em debate, particularmente a nova forma de contestação da fé aduzida, então, não mais pela razão, mas pela história, num momento em que esta começa a ganhar ou, pelo menos tentar o nível científico. Vale ressaltar que ele conseguirá evitar a volta da questão bíblica e do questionamento do dogma, na crise modernista, centrada nas relações entre a história e a fé (cap. V-XI).

---

1. Cf. tomo 3, pp. 414-421.

O Concílio Vaticano II e sua repercussão

O século XX, submetido a duas guerras mundiais, mostra enorme evolução da realidade da Igreja e do mundo. Percebeu-o bem o Vaticano II, induzindo nova virada na vida doutrinal católica, seja na relação com o mundo, pela adesão ao ecumenismo, com evidentes conseqüências de doutrina, seja na reconsideração de questões dogmáticas conflitantes, seja, enfim, na liberdade com que se passou a rever a teologia pós-tridentina. Destaca-se neste concílio um texto de conteúdo fundamental — a constituição dogmática *Dei Verbum* sobre a revelação divina. Mas estudaremos também os decretos sobre a relação da Igreja com "os de fora": o ecumenismo, a liberdade religiosa e as religiões não-cristãs. Findo o Vaticano II, a história dos dogmas continua, mas nos limitaremos aqui a acenar para algumas tomadas de posição recentes, na área da doutrina fundamental (cap. XII-XV).

Os três concílios da Idade Moderna constituem, pois, as principais articulações deste tomo. Não se pode, porém, interpretá-los fielmente, sem evocar inúmeras elaborações teológicas que os prepararam, acompanharam e, posteriormente, comentaram. Razão por que este último volume da História dos Dogmas, que não tem, absolutamente, a pretensão de oferecer uma história da teologia, quer proporcionar o fio condutor de uma imensa e multissecular reflexão doutrinal, que embasa a mensagem cristã, desde os seus primórdios até a atualidade.

Ao concluir esta obra, quero, mais uma vez, agradecer a Pierre Vallin, pelo seu trabalho paciente e fiel de rever todos os capítulos deste tomo e pelas sugestões e correções sempre respeitáveis. Agradeço, igualmente, a Philippe Lécrivain, autor do "caminho da ética" do tomo 2, pelas observações e sugestões relativas ao capítulo dedicado à Idade Média.

PRIMEIRA FASE
DAS ORIGENS AO CONCÍLIO DE TRENTO – APOLOGIA DA FÉ E MÉTODO DO DISCURSO DOGMÁTICO

B. Sesboüé

CAPÍTULO I
Apologia da fé e discurso cristão na época patrística

Quando nasce o discurso cristão, todas as suas funções passíveis de desenvolvimento e especialização ao longo dos séculos estavam presentes, como no âmago de uma célula germinal. Para os primeiros responsáveis da Igreja e para os teólogos, tratava-se de anunciar a fé e defendê-la aos olhos dos dois grupos religiosos principais do Império, os judeus e os pagãos. Com os primeiros, o debate era essencialmente religioso, girando sobre a interpretação do papel e da identidade de Jesus de Nazaré, na longa história da salvação iniciada pelas alianças com Abraão e Moisés. Com os pagãos, a controvérsia era religiosa e política, porque as acusações contra os cristãos concernem não só ao campo da razão, mas abrangem também a pecha de serem eles "inimigos do gênero humano", ateus e ímpios, dado que não adoram as divindades tutelares da sociedade política pagã. Daí a ameaça que sofrem, periodicamente, de eliminação física. Tais riscos e conflitos representam grave perigo à vida das jovens Igrejas. Por isso, o anúncio querigmático e missionário e a instrução das comunidades ficam sempre vinculados à defesa e à justificação da fé. Essa é a matriz do discurso cristão inicial.

Mas esse discurso logo vai precisar referir-se também aos desvios que repontam no seio das Igrejas cristãs, pondo em risco a autenticidade e a unanimidade da fé. Assistimos, então, à dialética da explicitação mútua da heresia e da ortodoxia. O nascimento de uma é o nascimento da outra. Até certo ponto, o desvio doutrinário é que engendrou o conceito de ortodoxia. Mas o empenho por manter inviolável o depósito recebido dos Apóstolos também acabará formulando a idéia de heresia.

É no coração desses debates e conflitos com adversários internos e externos que os dados metodológicos vão, progressivamente, se explicitando, permitindo uma exposição fundamentada da fé e uma reflexão doutrinal sobre ela. Uma dialética concreta, de certa forma, inverteu a ordem abstrata, mais lógica, que faria a elaboração metodológica preceder o exercício da apologia e da justificação. A história mostra que as coisas aconteceram em direção oposta.

Precisamos, pois, voltar a certos pontos esboçados no início do primeiro tomo desta obra, mas numa perspectiva diferente[1]. Já registramos as diversas formas do embate contra os judeus, os pagãos e os hereges. Tratava-se, então, de descrever a emergência do discurso cristão e da regra de fé que, a partir das Escrituras e da Tradição, culminava na constituição dos vários Símbolos da Igreja, preparando o aparecimento dos dogmas. Agora, trata-se de explicar, no enfoque da teologia fundamental, a natureza e o modo de defender a fé cristã e de mostrar como a metodologia da sua exposição doutrinal se constituiu, a partir dessa apologia[2].

A estrutura deste capítulo seguirá a situação dos elementos a serem considerados. A primeira seção versará sobre o discurso apologético, segundo as variáveis por ele assumidas, antes e depois do Concílio de Nicéia. A segunda seção abordará a metodologia do discurso da fé, desde os seus primeiros testemunhos até a reflexão mais elaborada dos séculos IV e V, no contexto dos grandes conflitos doutrinais sobre a Trindade e a cristologia. Finalmente, a terceira seção focalizará a autoridade dogmática dos concílios ecumênicos, notável novidade da Igreja sob Constantino e fator decisivo no desenvolvimento do discurso da fé. Antes, convém mostrar como os diferentes aspectos do discurso cristão e da sua aplicação deitam raízes no testemunho do Novo Testamento, a respeito do ensinamento e da regulação da fé.

O testemunho do Novo Testamento

Na expressão da fé, duas palavras dominam o Novo Testamento: proclamar (*kèrussô*) e ensinar (*didaskô, didaskalia, didachè*). São termos empregados em relação a Jesus e aos seus discípulos. Jesus é o mestre (*didaskalos*) por excelência. Na tradução de S. Jerônimo, é o *magister*. Os discípulos não se apresentam como *Rabi*, mas também ensinam. Paulo é o arauto e o doutor (*didaskalos*) das nações. Essa marca docente é também enfatizada, claramente, nas referências aos ministros do Novo Testamento: apóstolo, profeta, doutor, evangelista.

Nos últimos livros do Novo Testamento, percebe-se a preocupação nascente pela "ortodoxia". Era mister preservar a autenticidade da fé, diante da ameaça de desvios, pois surgem pessoas que "ensinam outra doutrina" (*hétérodidaskaloi*, 1Tm 1,3; 6,3) ou que são "falsos doutores" (*pseudodidaskaloi*, 2Pd 2,1),

---

1. Cf. tomo 1, pp. 42-50.
2. Os pontos já tratados serão indicados por remissões.

"falsos profetas" (1Jo 4,1). Há "seitas", "facções", *haireseis*, em grego, termo que irá evoluir para 'heresia'.

Os ministros da Igreja exercem, por isso, a missão de vigiar ou supervisionar (*episkopè* e *episkopos*), para manter a comunidade unida na fé e no amor, conservá-la na "sã doutrina" (1Tm 1,10; 2Tm 4,3) e na "fé sadia" (Tt 1,13). Pratica-se essa vigilância pela conservação do "depósito" (*parathèkè*, 1Tm 6,20), transmitido desde o evento fundador.

Divisamos aí o exercício inicial de duas funções que, bem mais tarde, serão atribuídas ao "magistério": o anúncio pastoral da Palavra, em nome de Jesus e a regulação desse anúncio, a certificação da sua autenticidade. Esta segunda tarefa, implícita nas calmarias, avulta nas crises e dificuldades. Assim aconteceu na conjuntura denominada "Concílio de Jerusalém" (At 15), onde se tomou uma decisão de monta para o futuro da Igreja: não se imporiam aos cristãos de origem pagã as observâncias judaicas. Entende-se, assim, por que essa assembléia acabou sendo vista como o protótipo dos futuros concílios.

I. A APOLOGIA DA FÉ

"Estai sempre dispostos a justificar (*pros apologian*, a fazer a apologia de) vossa esperança perante aqueles que dela vos pedem conta. Mas fazei-o com mansidão e respeito, com uma boa consciência" (1Pd 3,15-16).

Esse trecho da Escritura assinala em poucas palavras qual deverá ser, doravante, a tarefa da apologética cristã. Certamente, a "mansidão e o respeito" não estarão sempre presentes em períodos marcados por uma fronteira mais virtual do que real entre o debate, a controvérsia e a polêmica. Hoje, a virulência de certas linguagens escandaliza a muitos de nós, com razão e sem razão, porque, de um lado, o espírito evangélico, que deveria impregnar toda discussão, parece muito ausente; mas, de outro lado, não se pode tomar ao pé da letra expressões comuns na época e próprias de um quadro cultural muito diferente do nosso.

1. A JUSTIFICAÇÃO DA FÉ NOS SÉCULOS II E III

Os primeiros adversários do cristianismo nascente foram judeus e pagãos, duas grandes famílias religiosas do mundo mediterrâneo da época. Os cristãos foram chamados de "terceira raça" (*triton genos*, por Aristides de Atenas; *tertium genus*, por Tertuliano[3]), ou seja, não tinham classificação dentro daquele universo religioso.

---

3. TERTULIANO, *Contre les nations*, 1, 8, 1; ed. A. Schneider, *op. cit.* (*infra*, p. 28), p. 77.

A apologia bíblica da fé perante os judeus

AUTORES E TEXTOS: Justin, *Dialogue avec Tryphon*, ed. G. Archambault, 2 vol. TD 1909, [trad. rev. e publ. por E. Gauché em Justin, *Œuvres complètes*, Paris, Migne, 1994.]. — TERTULLIEN, *Contre les Juifs, CCSL*, pp. 1337-1396.

INDICAÇÕES BIBLIOGRÁFICAS: A. B. HULEN, "The Dialogues with the Jews as Sources for Early Jewish Argument againts Christianity", *JBL* 51, (1932), pp. 58-70. — P. PRIGENT, *Justin et l'Ancien Testament. L'argumentation scripturaire du Traité de Justin contre toutes les hérésies comme source principale du Dialogue avec Tryphon et de la première Apologie*, Paris, Gabalda, 1960. — W. A. SHOTWELL, *The biblical Exegesis of Justin Martyr*, London, S.P.C.K., 1965. — M. SIMON, *Verus Israël. Études sur les relations entre chrétiens et Juifs dans l'empire romain (135-425)*, Paris, de Boccard, 2. ed. 1964. — M. SIMON et A. BENOIT, *Le Judaïsme et le christianisme antique*, Paris, PUF, 1968. — G. OTRANTO, *Esegesi biblica e storia in Giustino (Dial. 63-84)*, Bari, Istituto di litt. crist. ant., 1979. — S. KRAUSS, "The Jews in the Works of the Church Fathers, I-II", *JQR* 5, (1982-83), pp. 122-157. — M. FÉDOU, "La vision de la croix dans l'œuvre de saint Justin, 'philosophe et martyr'", Paris, *Recherches August.* 19, (1984), pp. 29-110. — J. C. FREDOUILLE, "Bible et apologétique", in J. FONTAINE et C. PIÉTRI, *Le monde latin antique et la bible*, Beauchesne, 1985, pp. 479-497. — O. SKARSAUNE, *The Proof from Prophecy. A Study in Justin Martyr's Proof-Text Tradition: Text-Type, Provenance, Theological Profile*, Leiden, Brill, 1987. — E. FERGUSON, "Justin Martyr on Jews, Christians and the Convenant" in *Early Christianity in Context. Monuments and Documents*, ed. por F. Manns e E. Alliata, Jerusalem, Franciscan Printing Press, 1993, pp. 395-405.

No século II, foi intenso o diálogo entre cristãos e judeus. Infelizmente, chegou até nós somente uma obra, o *Diálogo com Trifão* de Justino[4], que revela relações tanto polêmicas como amistosas entre cristãos e judeus liberais. Sabe-se da existência de um rabi Trifão, que ensinava em Lida, "o mais célebre israelita do tempo", no dizer de Eusébio.

Os cristãos sempre consideraram os livros do Antigo Testamento como seus, sempre se julgando fiéis a essa herança. Por isso mesmo, porém, os judeus contra-atacam, acusando-os de radical desobediência à lei de Moisés. "Vocês, cristãos, esperam, inutilmente, a salvação, pois não guardam os mandamentos que Deus deu a Moisés. É vã sua fé, pois os profetas anunciaram um Messias glorioso e não um Messias sofredor. Vocês põem sua esperança num homem e, o que é pior, num homem vergonhosamente morto em nome da Lei". Essa censura sensibiliza demais os cristãos de origem judaica e vai se interiorizando mais e mais. O conflito acirra-se quando a jovem Igreja precisa se separar de fato das comunidades judaicas, para afirmar a própria originalidade.

---

4. Cf. tomo 1, pp. 44-45.

Em face dessas acusações, Justino se propõe a elaborar uma argumentação que legitime a fé cristã, a partir das Escrituras, melhor dizendo, do Antigo Testamento, denominador comum de ambas as partes. O discurso será intencionalmente profético, procurando mostrar que o conjunto das profecias prefigura as características próprias do acontecimento de Jesus de Nazaré. Nenhum outro personagem bíblico as concretizou. Justino não nega que os anúncios proféticos são obscuros e não seriam compreendidos antes da vinda de Jesus e dos seus ensinamentos. Contudo, é sólido o seu valor demonstrativo. Quando o acontecimento se realiza, torna-se claro que "ele chegou pelo poder e pela vontade do criador do universo"[5].

Antes de mais nada, Justino quer responder a acusação de infidelidade dos cristãos à lei mosaica. Para tanto, parte da relação das duas Alianças, porque o próprio Deus de Abraão, de Isaac e de Jacó prometera uma Aliança mais perfeita (cf. Is 51,4-5; 55,3-5 e Jr 31,31-32). Essa nova Aliança, eterna e definitiva, destinada a todas as nações, "ab-roga" a primeira e, ao mesmo tempo, a aperfeiçoa, pois a antiga continua mantendo toda a sua interioridade espiritual. Explica, assim, o caráter provisório e caduco de muitas instituições mosaicas, impostas, pedagogicamente, aos judeus, por causa da dureza do seu coração, enquanto aguardavam o Messias[6].

A seguir, Justino procura provar que Jesus de Nazaré é mesmo quem os cristãos confessam: o Cristo e o Messias esperado, mas também o Filho de Deus e Deus ele próprio. Mas Justino sabe que, para a outra parte, há um abismo entre a primeira e a segunda afirmação. Se os judeus esperam, realmente, o Messias, não podem aceitar que Deus tenha um Filho. Seria comprometer o monoteísmo. Justino empenha-se, então, em reforçar o resultado da demonstração messiânica, caso Trifão recuse a prova da divindade e da preexistência de Cristo[7].

O autor ressalta, por isso, dois momentos principais da existência de Jesus, em ligação com dois grupos de profecias: o nascimento virginal e a infância e, depois, sua paixão e ressurreição. A argumentação do nascimento virginal de Jesus, anunciado pelos profetas (particularmente Is 7) ocupa longos capítulos, com citação de outros textos que permitem a Justino deduzir, por assim dizer, do Antigo Testamento as narrativas evangélicas da infância de Jesus, a adoração dos magos e a morte dos inocentes. Contra todas as zombarias de judeus ou de pagãos, o autor mantém a afirmação do nascimento virginal[8].

A outra objeção de Trifão concentra-se na paixão de Jesus. Além do caráter ignominioso da morte na cruz, que não se poderia apontar como acontecimento salvífico, Trifão observa que a Escritura apresenta um Messias glorioso e não sofredor. Justino responde distinguindo as coisas nos livros sagrados. Em

---

5. JUSTINO, *Dialogue avec Tryphon*, 84,2; TD, p. 53.
6. Ib., cap. 10-29.
7. Ib., cap. 54.
8. Ib., cap. 67.

verdade, estes prenunciam duas "vindas" (parusias) do Cristo: a primeira, na forma de Messias sofredor e a segunda, na forma de Messias glorioso, que os cristãos estão ainda esperando. E Justino destaca, então, os cantos do Servo Sofredor (especialmente Is 53) e os Salmos que evocam a paixão do justo (Sl 21), como verdadeiras profecias da cruz. A ressurreição gloriosa de Jesus, também predita pelas Escrituras, antecipa a segunda parusia (cf. Dn 7).

A segunda demonstração, referente à preexistência e divindade de Jesus, baseia-se nas teofanias do Antigo Testamento. Segundo elas, quem se revela e se dirige aos patriarcas não é um "outro Deus", mas um "Deus outro"[9]. A Escritura torna-se, assim, matéria de demonstração da fé[10]. No começo do século III, Tertuliano irá se inspirar na obra de Justino para escrever seu tratado *Contra os judeus*[11].

A apologia racional da fé perante os pagãos

AUTORES E TEXTOS: *A Diognète*, ed. H.-I. Marrou, SC 33 bis, 1965. — ARNOBE, *Contre les gentils, L. I*, ed. H. Le Bonniec, Budé, 1982. — ATHÉNAGORE D'ATHÈNES, *Supplique au sujet des chrétiens* et *Sur la résurrection des morts*, éd. B. Pouderon, SC 379, 1992. — CLÉMENT D'ALEXANDRIE, *Le Protreptique*, ed. J. Mondésert, SC 2 bis, 4. ed. 1976. — CYPRIEN, *Contre Démétrien*, ed. M. Lavarenne, Clermont-Ferrand, 1940. JUSTIN, *Apologies*, ed. A. Wartelle, Paris, Études august., 1987. — MINUCIUS FELIX, *Octavius*, ed. J. Beaujeu, Budé, 1974. — ORIGÈNE, *Contre Celse*, ed. M. BORRET, SC 132, 136, 147, 150, 227, 1967-76. — TATIEN, *Discours aux grecs*, trad. A. Puech em *Recherches sur le discours aux Grecs de Tatien*, Paris, Alcan, 1903. — TERTULLIEN, *Apologétique*, ed. J. P. Waltzing, Budé, 3. ed. 1971; *Contre les nations*, CCSL 1, pp. 9-75; *Le premier livre Ad nationes*, ed. A. Schneider, Neuchâtel, Inst. Suisse de Rome, 1968; *Le témoignage de l'âme*, CCSL 1, pp. 173-183. — THÉOPHILE D'ANTIOCHE, *Trois livres à Autolycus*, ed. G. Bardy et J. Sender, SC 20 1948.

INDICAÇÕES BIBLIOGRÁFICAS: A. PUECH, *Les apologistes grecs du IIe siècle de notre ère*, Paris, Hachette, 1912. — M. PELLEGRINO, *Studi su l'antica apologetica*, Roma, Anonima Veritas edit. 1947 — J. C. M. VAN WINDEN, "Le christianisme et la philosophie. Le commencement du dialogue entre la foi et la raison", *Kyriakon. Festschrift Johannes Quasten*, Münster, Aschendorff, 1970, t. 1, pp. 204-

---

9. Cf. tomo 1, pp. 137-138.
10. Cf. tomo 1, pp. 124-125.
11. Desnecessário lembrar a atualidade desse debate sobre as Escrituras. O diálogo entre judeus e cristãos bate no mesmo ponto. Os judeus, como Trifão outrora, acham intolerável que os cristãos se apropriem do Antigo Testamento, vendo nele um sentido profético, ou seja, dizendo-o incompleto, precisando do Cristo para atingir sua plenitude. Por outro lado, esperam que os cristãos lhes reconheçam o benefício da Lei de Moisés, dispensando-lhes, pois, o anúncio de Jesus Cristo. A frase de João Paulo II — "A Antiga Aliança nunca foi revogada" (cf. *DC* 77 [1980] 1148, e 78 [1981], 427) — provocou várias interpretações.

213. — J. C. FREDOUILLE, *Tertullien et la conversion de la culture antique*, Paris, Études august., 1972. — R. JOLY, *Christianisme et philosophie. Études sur Justin et les apologistes grecs du deuxième siècle*, Bruxelles, Univ. libre, 1973. — R. M. GRANT, *Greek Apologists of the Second Century*, London, SCM Press, 1988. — M. FÉDOU, *Christianisme et religions païennes dans le* Contre Celse *d'Origène*, Paris, Beauchesne, 1988. — M. Rizzi, *Ideologia e retorica negli 'exordia' apologetici. Il problema dell'altro (II-III secolo)*, Milano, Vita e Pensiero, 1993.

O discurso aos judeus encerrava-se exortando-os a que se convertessem ao cristianismo. A Igreja quer reconciliar-se com o povo eleito, portador da história da salvação, da sua própria história. Mas os cristãos também devem, pela sua vocação universal, voltar-se para os pagãos. Cumpre evangelizá-los. Neles está o seu amanhã. A curto prazo, constituem a suprema ameaça, motivada, em parte, por uma contestação radical de procedência helênica. Os pagãos se sabem munidos do saber filosófico, racional, fruto do trabalho milenar dos pensadores gregos e latinos. Essa racionalidade, que desmistifica as histórias dos deuses, considera grosseiramente mitológicos os relatos cristãos sobre Jesus, de modo especial o nascimento virginal. Sua morte na cruz é loucura para os gregos, já dizia Paulo (1Cor 1,23) e da ressurreição sabe-se o que pensava o areópago de Atenas (At 17,32).

Nesse campo, o apelo à Escritura não funcionou. Ou, pelo menos, não foi suficiente. A mensagem cristã carecia de roupagem racional. Deveria denunciar os ataques anticristãos ultrajantes e caluniosos (a eucaristia, comparada a um sacrifício de crianças, certas imoralidades etc.) e mostrar que a racionalidade do cristianismo era não só comparável à das religiões pagãs, mas até superior a elas.

A apologia da fé cristã dirigida à razão pagã foi tema de expressiva bibliografia, durante os séculos II e III, no Oriente e no Ocidente, até a conversão do Império ao cristianismo. Era uma empreitada a ser retomada, década por década. Nesta "História dos Dogmas", podemos adiantar apenas algumas sondagens[12]. Essas obras distinguem-se pelo modo como vêem o "outro", isto é, o pagão. A relação do apologeta com o seu destinatário pode ir da maior amabilidade até as mais violentas invectivas, porque a alteridade cristianismo/paganismo é vivenciada radicalmente por ambos. Com isso, em que base e com que estratégia pode o cristão cumprir a tarefa imprescindível do diálogo? Essas duas questões — o ponto de partida do debate e a natureza do "outro"[13] — motivam os preâmbulos dos apologetas.

1. Justino, Atenágoras e Tertuliano, na sua *Apologética*, dirigem-se às autoridades constituídas como a juízes, apelando para que lhes façam justiça. Denunciam a injustiça de se condenar alguém pelo simples fato de ser cristão.

---

12. Cf. tomo 1, pp. 44-46.
13. Sigo a tipologia da bibliografia apologética apresentada por M. RIZZI, *Ideologia e retorica...*, *op. cit.*

A justiça deve estar a serviço da verdade e nela se há de fundamentar o diálogo com todos. A partir daí, se desenvolverão os diferentes temas retóricos até o recurso do julgamento do "outro" ao julgamento de Deus.

É assim que Justino se dirige, solenemente, aos imperadores, ao Senado e a todo o povo romano, apresentando-se como porta-voz dos perseguidos, representante e defensor dos seus irmãos[14]. Mas, com sutileza e habilidade, aparece também como filósofo a dialogar com filósofos, esgrimindo uma argumentação de base racional comum. O que prevalece no seu arrazoado é o apelo à verdade. Nesses termos, Justino se defende, mostrando, primeiro, o conteúdo do credo trinitário, da forma mais "razoável" possível: os cristãos adoram um Deus único, como ensinam também os filósofos. Adoram a Cristo, não, porém, como um homem comum, porque ele é o Verbo (*Logos*), filho de uma Virgem e de Deus. Ora, os filósofos conhecem também o Logos e também falam de nascimentos que envolvem divindades (Perseu, filho de Zeus e da virgem Danae). Portanto, nada há de ímpio e ridículo nos dogmas cristãos. Adoram, enfim, os cristãos o Espírito profético e disso Justino se vale para retomar, perante os pagãos, elementos de sua argumentação profética. Procura evidenciar a afinidade entre a filosofia e o cristianismo que, para ele, é a verdadeira filosofia, descoberta após a sofrida passagem por diferentes escolas. A apologia transforma-se, então, em catequese dos pagãos. Depois, Justino se põe a defender a moral cristã, à luz dos mandamentos de Deus e de Jesus e expõe os ritos cristãos do batismo e da eucaristia.

A seguir, Justino passa ao ataque: os pagãos contam histórias vergonhosas dos deuses e acreditam em fábulas risíveis. Os filósofos contradizem-se uns aos outros, e a sociedade pagã vive mergulhada em vícios nos ginásios, nos espetáculos e nos jogos.

No final, ele propõe a conciliação. As profecias do Antigo Testamento, realizadas em Cristo, provam a verdade do cristianismo e o mesmo se diga das sementes de verdade, sementes do Verbo, presentes entre os pagãos, os poetas e os filósofos e inerentes também às verdades cristãs, ainda que sejam desfiguradas pelos demônios. Para os apologistas cristãos, os filósofos gregos, como Platão, aprenderam algo com os profetas. Essa tese, historicamente insustentável, facilitava o paralelismo entre o papel dos filósofos no mundo grego e a missão dos profetas para os cristãos. Era a busca da convergência com o saber diferente. "Em alguns pontos, estamos de acordo com os vossos filósofos e poetas mais apreciados"[15]. Por trás dessa apologia, esconde-se o projeto de uma "evangelização da cultura".

Enquanto Justino é um filósofo dirigindo-se a filósofos e apelando para a verdade, Tertuliano atua como advogado em face de juízes de um tribunal simbólico, recorrendo à justiça. Com todos os recursos da retórica e do direito,

---

14. JUSTINO, *1ª Apol.*, 1.
15. Ib., 20, 3; Wartelle, p. 127.

escreve seu *Apologético*, num discurso construído com vigoroso raciocínio. Pela lei do Império, o nome cristão estava proscrito. Alegá-lo era motivo para ser réu de todos os crimes e merecedor de sentença mortal. Batendo contra essa lei injusta que impedia a defesa de crimes não comprovados, Tertuliano inocenta os cristãos das acusações assacadas contra eles: crimes secretos, sacrilégio (recusa à adoração dos deuses), lesa-majestade (oposição ao culto do imperador). Pelo contrário, os cristãos são pessoas religiosas, dedicadas à adoração do verdadeiro Deus. São bons cidadãos, leais ao imperador, pelo qual oram, e à sociedade, que procuram bem servir.

Tertuliano entra, depois, no terreno da fé, mais rapidamente do que Justino, para justificar dogmas cristãos ridicularizados pelos pagãos, especialmente o juízo final e a ressurreição da carne. Sua peroração é provocadora. Ao invés de pedir justiça para os inocentes, incita os juízes a continuarem perseguindo cruelmente os cristãos, pois assim é que estes chegam à glória verdadeira e ajudam o crescimento do cristianismo, segundo a frase depois sempre lembrada: "é uma semente o sangue dos cristãos" (*semen est sanguis christianorum*)[16].

2. Com o *Discurso aos gregos* de Taciano e os tratados *Contra as nações* de Tertuliano e de Arnóbio, o alvo passa a ser os pagãos em geral[17]. Depois de breve exórdio, entra-se logo no linguajar claramente polêmico e negativo. Assim é que Tertuliano, com dureza maior do que no *Apologético*, clama contra as injustiças feitas aos cristãos, nos processos judiciais, e contra a cegueira proposital dos juízes que os condenam sumariamente, sem investigação alguma. Além de refutar as acusações dos pagãos contra os cristãos, Tertuliano volve contra eles o mesmo processo de denúncias. Eles é que abandonam as tradições dos ancestrais, desprezam os deuses, praticam crimes rituais e se entregam à imoralidade, imersos na ignorância, na iniqüidade, na loucura e na presunção. Vê-se, pois, que as posições do outro são julgadas sem o crivo da verdade. Numa palavra, define-se o outro pela via da negação. As próprias palavras *gentes* ou *nationes* ganham coloração pejorativa. A oposição entre cristãos e pagãos chega ao ponto de uma ruptura.

3. Em outras obras, o alvo é pessoa conhecida e citada: Autólico, para Teófilo de Antioquia; Diogneto, para o autor desconhecido da *Carta*; Demétrio, para Cipriano. Há, portanto, uma relação já estabelecida entre autor e destinatário, relação de amizade, nos dois primeiros casos, e de competição religiosa, no terceiro. Diogneto, por exemplo, ganha elogios porque se esmera no conhecimento da religião cristã, ao passo que mostra bem contida a polêmica contra os pagãos e os judeus. Mas enfatiza com entusiasmo o papel dos cristãos no mundo. Eles são a alma do mundo[18]. A obra insinua uma breve catequese,

---

16. TERTULIANO, *Apol.*, 50,13.

17. Sobre esse tratado de Tertuliano, cf. a análise de J.-C. FREDOUILLE, *op. cit.*, pp. 68-88, que corrige as observações de A. SCHNEIDER, ed. cit.

18. Cf. tomo 1, p. 45.

encerrando-se com insistente exortação: "Se você também deseja ardentemente essa fé e a abraça, começará a conhecer o Pai"[19].

O diálogo de Minúcio Félix, *Octavius*, também bafejado pela amizade, desenvolve-se em estilo parecido. É uma disputa entre duas partes, mas iniciada com o tema caloroso da amizade, inspirado em Cícero. Prevalece o clima da cordialidade e culmina na alegria da amizade, a serviço do valor supremo — a vitória da verdade.

4. Com o *Protréptico* de Clemente de Alexandria e o *Contra Celso* de Orígenes, presenciamos, no parecer de M. Rizzi, o fim da apologética. Em Clemente, a velha retórica se cristianiza e se torna um bem próprio da Igreja. O autor parece influenciado pela *lalia* de Menandro, gênero literário que busca agradar, caracterizado pela doçura. Orígenes marcará o fim da antiga apologética, na medida em que não se dirige mais a um destinatário vivo, mas responde a um livro envelhecido, para não dizer morto. Não há mais espaço, portanto, para o outro. Visa-se, doravante, ao cristão fraco na fé. O discurso *ad extra* se reduz a uma fala interna, para a própria Igreja.

Essas considerações de M. Rizzi[20] são interessantes do ponto de vista da história das formas, mas não devem ser radicalizadas, porque o *Contra Celso* de Orígenes não só mostra que os dados religiosos do paganismo permanecem ainda, como também revela que o tradicional discurso apologético prosseguirá no século IV.

Esse primeiro discurso apologético traz valiosa lição para o futuro, pela importância dada à justificação racional da fé. Dois pontos advirão daí definitivamente, não obstante as limitações desses autores, tanto na temática como na forma de suas argumentações e, por mais desprazer que se possa sentir com os excessos de uma polêmica, às vezes mais desejosa de eliminar o outro do que de chamá-lo à reconciliação. Primeiramente, a fé cristã não pode se isolar na auto-suficiência nem desenvolver-se doutrinariamente desligada do seu contexto cultural. Incumbe-lhe defrontar-se com a razão comum, apresentando suas próprias credenciais. Com Justino, ela chega a afirmar que sua "filosofia é a única segura e útil"[21] e não pode desprezar as contestações da sua própria racionalidade. Vê-se, pois, em situação irreversível. Na sua expressão, a doutrina da fé se tornará cada vez mais racional e, de século em século, retomará, incansavelmente, o debate com as sucessivas vozes do mundo cultural.

Outro ponto é o questionamento interiorizado pelo próprio cristão da recusa ou da contestação que recebe de fora. Nesse contato externo, o crente dialoga também consigo mesmo, porque está em comunhão cultural com as pessoas da sua época. Assim se explica por que apologias destinadas aos estranhos acabaram servindo também para os de casa e não por um acidente histórico, mas por real necessidade. Por isso mesmo, a apologia condiciona a expo-

---

19. A *Diognète*, X, 1; *SC* 33 bis, p. 77.
20. M. RIZZI, *op. cit.*, pp. 171-202.
21. JUSTINO, *Dialogue avec Tryphon*, 8,1; *TD* I, p. 41.

sição doutrinal dirigida aos fiéis. A evolução racional do pensamento cristão, nos séculos II e III, a caminho da dogmatização da fé, levantará, bem mais tarde, o problema da helenização do cristianismo[22]. Inegavelmente, por todos os debates travados dentro do mundo cultural pagão, a linguagem da fé se helenizou, utilizando sempre mais as categorias da filosofia grega. E como ficou o conteúdo? Algumas aproximações propostas pelos Apologistas, com o intuito de demonstrar à intelectualidade pagã o caráter racional do cristianismo, não conseguem escapar, aqui e ali, à tentação do concordismo. Ao comparar, com certa facilidade, o *Logos* da filosofia grega com o Verbo cristão, Justino não deixa muito clara a diferença entre o Verbo igual ao Pai — algo inaceitável no helenismo — e o *Logos* inferior ao Uno de Platão ou de Plotino. Mas eram tentações sustadas pela oposição global entre dois universos que se repeliam naturalmente. Com o passar do tempo e sobretudo por causa dos debates com os hereges, muitos esclarecimentos haverão de surgir. Afinal, pode-se dizer, a helenização da linguagem contribuiu para a deselenização do conteúdo, como se verá depois, em Nicéia[23]. Na verdade, a questão da helenização do cristianismo leva à tese da sua necessária inculturação, o que envolve os dados fundamentais da fé e o discurso organizado que ela própria oferece, no decorrer da história.

A prova da fé perante os hereges

AUTORES E TEXTOS: HIPPOLYTE DE ROME, *Contra Nœtum*, texto e trad., Londres, Heytrop College, 1977; trad. fr. P. Nautin, com o título *Contre les hérésies, Fragment* [= Livre X seul] Paris, Cerf, 1949. — IRÉNÉE, *Contre les hérésies*, trad. A. Rousseau, Paris, Cerf, 1984. — CLÉMENT D'ALEXANDRIE, *Extraits de Théodote*, ed. F. Sagnard, SC 23, 2. ed. 1970. — TERTULLIEN, *De la prescription contre les hérétiques*, ed. R. F. Refoulé e P. de Labriolle, SC 46, 1957; *Contre les Valentiniens*, ed. J.-C. Fredouille, SC 280-281, 1980-81; *Contre Hermogène*, CCSL 1, pp. 397-435; *Contre Marcion*, ed. R. Braun, I, SC 365, 1990; II, 368, 1991; III, 399, 1994; *Contre Praxeas*, CCSL 2, pp. 1159-1205.

INDICAÇÕES BIBLIOGRÁFICAS: D. VAN DEN EYNDE, *Les normes de l'enseignement chrétien dans la littérature patristique des trois premiers siècles*, Gembloux/Paris, Duculot/Gabalda, 1933. — W. BAUER, *Rechtgläubigkeit und Ketzerei im ältesten Christentum*, Tübingen, Mohr, 1934. — D. MICHAELIDES, *Foi, Écriture et tradition, ou les 'praescriptiones' chez Tertullien*, Paris, Aubier, 1969. — A. LE BOULLUEC, *La notion d'hérésie dans la littérature grecque, II*e*-III*e *siècles*, t. 1: *De Justin à Irénée*; t. II: *Clément d'Alexandrie et Origène*, Paris, Études augustiniennes,

---

22. Cf. *infra*, p. 310. — Cf. A. GRILLMEIER, "Hellenisierung - Judaïsierung als Deuteprinzipien der kirchlichen Dogmas", *Mit ihm und in ihm*, Freiburg, Herder, pp. 423-488.
23. Cf. tomo 1, pp. 215-217.

1985. — *Orthodoxie et hérésie dans l'Église ancienne. Perspectives nouvelles*, H.-D. ALTENDORF, E. JUNOD, J.-P. MAHÉ, W. RORDORF, G. STRECKE, *Cahiers de la revue de théologie et de philosophie* 17, Genève/Lausanne/Neuchâtel, 1993.

Exposta à disputa com judeus e pagãos, a jovem Igreja logo precisou defrontar adversários internos, ou seja, cristãos que, desconhecendo a regra da fé em formação, servem-se da Escritura com total e surpreendente liberdade na escolha de seus textos preferidos e na sua interpretação. A busca da racionalidade da fé, para a sua justificação perante o público externo, pode, como vimos, gerar equívocos, favorecendo a contaminação do pensamento cristão por uma racionalidade estranha. E aí se insinua a tentação do sincretismo, que, mais à frente, pode redundar no que se chamará de "heresia".

A primeira manifestação de heresia cristã foi o gnosticismo[24], movimento dualista e doceta, que penetrou nas comunidades cristãs, confundindo-as, pela reconstrução da revelação escriturística que propunha. Nas cartas pastorais e nos escritos de S. João percebem-se já alguns problemas encontrados, aqui e ali, com feição gnóstica.

Diante dessa primeira onda de heresias, foi necessário criar um discurso novo, o discurso anti-herético[25]. Nesse sentido, Justino, sempre ele, escreveu um *Tratado contra todas as heresias* e outro *Contra Marcião*, duas obras hoje perdidas, mas que Ireneu, verdadeiro campeão contra a gnose, aproveitou no seu grande tratado, *A falsa gnose desmascarada e refutada*, mais conhecido como *Contra as heresias*. Trata-se de obra bastante polêmica[26], cujas idéias principais aqui resumimos.

Ireneu propõe-se a refutar os gnósticos em três passos: nos dois primeiros, em nível racional; no terceiro, no nível da Escritura e da regra de fé. O primeiro passo consiste numa longa exposição dos ensinamentos gnósticos: o pleroma valentiniano de Ptolomeu, os outros sistemas valentinianos e a genealogia da gnose, desde Simão, o Mago. É dupla a motivação do bispo de Lyon. A primeira é descartar o segredo de que essas doutrinas, para garantir prestígio, se revestem. Por outras palavras, desmascará-las, denunciar suas contradições e sua inconsistência racional: "Para vencê-las, basta torná-las conhecidas"[27]. A segunda motivação é a necessidade de dominar bem uma doutrina, para refutá-la:

> Quem quiser convertê-los, deve conhecer exatamente seus sistemas, pois não se pode curar os doentes ignorando o mal de que padecem. Foi por isso que nossos

---

24. Cf. tomo 1, pp. 37-42.
25. Cf. tomo 1, pp. 46-47.
26. A bibliografia contra as heresias, muito polêmica, desagrada aos modernos, que a julgam com severidade. Cumpre, por justiça, situá-la no horizonte cultural do tempo, que o tinha em grande conta. Quanto à acusação de "exclusão", deve-se observar o elo dialético que une ortodoxia e heresia, fazendo com que uma se determine pela outra. Cf. tomo 1, pp. 46-47.
27. IRENEU *CH* 1,31,3; ROUSSEAU, p. 134.

predecessores, embora melhores do que nós, não conseguiram enfrentar adequadamente os discípulos de Valentino. Não conheciam seu sistema que, agora, queremos, minuciosamente, explicar em nosso primeiro livro[28].

Mostra-se Ireneu bastante moderno nesse cuidado de captar com precisão o pensamento dos adversários. Sua argumentação séria e honesta, ainda que nada benévola, será a base de suas demonstrações subseqüentes (Livro I).

O segundo passo consiste, assim, numa refutação de ordem racional, desenvolvida "dentro do próprio terreno deles, para refutá-los com os seus próprios argumentos"[29]. O arrazoado é, sobretudo, dialético. Além do dilema ("de duas, uma..."), com duas hipóteses igualmente impensáveis, usa o retrocesso *ad infinitum* e a contradição intrínseca das teses, sem deixar de fustigar exegeses escriturísticas extravagantes, o abuso da simbologia numérica e as práticas imorais (Livro II).

Mas refutar pela razão não basta. Se os gnósticos usam mal as Escrituras, é preciso encará-los aí mesmo. É o terceiro passo da refutação, com extensa demonstração "pelas Escrituras" (Livros III-IV). De início, impõe-se um problema metodológico, porque os gnósticos contestam tudo: o conteúdo bíblico e o próprio conceito de tradição, pois têm a sua tradição, segundo eles, secreta e superior. Ireneu responde, explicando que, para ele, a tradição[30] remonta à ordem de Jesus aos Apóstolos para que anunciassem o Evangelho, ordem executada primeiro oralmente, depois por escrito. Esse ensinamento ou tradição apostólica se concretiza em fórmulas breves, muito bem certificadas pela regra de fé. Conserva-o a Igreja com fidelidade, pelos seus bispos, sucessores dos Apóstolos. Essa doutrina, a primeira sobre a relação entre Escritura e Tradição, influirá decisivamente na Igreja primitiva (Livro III, 1-5).

Com essa clara sustentação epistemológica, torna-se possível a argumentação escriturística. Ireneu não só procura conciliar o Antigo e o Novo Testamento, arbitrariamente opostos pelos gnósticos, mas também baseia todo o seu raciocínio na unidade e harmonia dos testemunhos dos profetas, dos apóstolos e das palavras do Senhor. Sendo, porém, muito difícil essa argumentação com três termos, ele trabalha com dois pares: os profetas e os apóstolos (Livro III, a partir dos *Atos dos Apóstolos*) e depois os profetas e Jesus (Livro IV, suas "palavras claras" e suas parábolas). O Livro V, sempre no mesmo método, trará complementos, a partir de Paulo, de algumas passagens da vida do Senhor e, enfim, do *Apocalipse*.

Essa longa indicação das afinidades e "harmonias" dos dois Testamentos prolonga o argumento profético utilizado diante dos judeus, mas em direção inversa. Com Trifão, Justino se apóia no Antigo Testamento, para legitimar o

---

28. Ib., IV, pref. 2; p. 403.
29. Ib., II,30,2; p. 247.
30. Cf. tomo 1, pp. 52-54.

Novo. Ireneu parte deste, para provar que o Antigo está de acordo com ele. O Novo explicita o Antigo. Em ambos corre a economia da salvação, a continuidade na diferença, graças à vinda de Jesus. O cristianismo constitui, pois, a "verdadeira gnose".

Essa passagem pelas Escrituras é também uma passagem à exposição da fé, com base na sua regra tradicional, sintetizada num credo de dois pilares: "um só Deus e um só Cristo". Em resposta aos gnósticos, a dimensão apologética permanece sempre, mas vai, progressivamente, se abrindo, visando explicitar a relação entre os dois Testamentos e a elaboração de uma teologia da história salvífica, que manifesta a racionalidade da revelação. Essa teologia se centralizará na recapitulação de todas as coisas em Cristo. Fica, portanto, bem clara, desde o início dessa reflexão teológica, a ligação espontânea da apologética com a explanação doutrinal.

A luta contra a gnose continuará exigindo, até meados do século III, considerável esforço dos autores cristãos, como Clemente de Alexandria, Hipólito de Roma e Tertuliano. Nessa empreitada, este último figura como combatente implacável, empenhando todos os seus recursos de especialista na dialética jurídica e na retórica. No *Tratado da prescrição dos hereges*, sente-se a influência da teologia da tradição e da sucessão apostólica de Ireneu. Como seu antecessor, Tertuliano com firmeza contrapõe aos adversários a regra da fé, formalizada num Credo trinitário. Para ele, essa regra, instituída por Cristo, tem prioridade absoluta sobre qualquer outra norma. Mas, antes de expor seu pensamento sobre as Escrituras, ele avança uma questão preliminar: opõe aos hereges, em termos jurídicos, uma "prescrição", isto é, uma *exceptio juris* que os impossibilita de entrar no conteúdo do debate. Tertuliano considera-os demandantes, sendo ele o defensor. Se pretendem argumentar a partir da Escritura, barra-lhes o caminho, porque não têm esse direito. Ela não lhes pertence. Fazer-lhes tal concessão seria dar-lhes o direito ao debate. Para provar essa prescrição, Tertuliano mostra que só as Igrejas cristãs foram fundadas pelos Apóstolos, ao passo que as heresias surgiram depois. É evidente a anterioridade e a prevalência da verdade sobre o erro. Ireneu já encarecia essa anterioridade, lembrando o caráter recente das heresias. Mas, para ele, o debate metodológico atingia a própria argumentação. Tertuliano vai mais longe. Quer "prescrevê-la", ao menos nesse tratado.

Os discursos contra as heresias estavam apenas começando. Pouco a pouco, com as novas gerações de hereges, eles se avolumarão. Por enquanto as heresias abraçam, formalmente, a regra de fé, mas interpretando-a equivocadamente. As primeiras visarão a Trindade, a partir do momento em que surgir o problema da unidade e do número em Deus[31].

Essa primeira fase põe em cena as três partes implicadas nesse esforço todo de justificação da fé: as outras religiões, aqui representadas pelo judaísmo; a razão humana, nas suas diferentes expressões culturais, aqui representada pela sabedo-

---

31. Cf. tomo 1, pp. 158-179.

ria pagã; e, por fim, a heresia, o desvio na fé, provocado pela apreensão errônea de questões provindas do exterior. Neste último caso, o assunto é delicado, porque facilmente se tende a qualificar como heresia o outro modo de pensar, perdendo-se o elemento verdadeiro, encoberto numa contestação unilateral.

Esse tríplice debate não se restringe às questões de fé propriamente ditas. A discussão com os judeus já levava à definição de um princípio doutrinal decisivo, a saber, a unidade e a harmonia dos dois Testamentos. A discussão com os pagãos levantava uma primeira reflexão sobre a racionalidade da fé. Contra os hereges, acrescenta-se a primeira formalização do modo de explicar a relação da tradição com a Escritura.

2. A JUSTIFICAÇÃO DA FÉ NA IGREJA SOB CONSTANTINO

Mudou totalmente a situação da Igreja no mundo. Agora, em posição privilegiada, porque o Império, oficialmente, está "convertido", não só lhe cessaram as perseguições, como também passa a modelar cada vez mais a própria sociedade. O empenho pelo bom relacionamento com os de fora continua, mas com menor vitalidade. Em compensação, cresce o problema interno das heresias e é nesse nível que o discurso apologético se transforma, gradativamente, por força dos acontecimentos, em discurso propriamente doutrinal.

A persistência do discurso apologético ad extra

> **AUTORES E TEXTOS:** LACTANCE, *Institutions divines*, ed. P. Monat, I, SC 326, 1986; II, 337, 1987; IV, 377, 1992; V, 204-205, 1973. — EUSÈBE DE CÉSARÉE, *La préparation évangélique*, ed. E. des Places et collab., I, SC 206, 1974; II-III, SC 228, 1976; IV-V,17, 262, 1979; V,18-VI, 266, 1980; VII, 215, 1975; VIII-X, 369, 1991; XI, 292, 1982; XII-XIII, 307, 1983; XIV-XV, 338, 1987; *La démonstration évangélique*, PG 22, 13-794. — ÉPIPHANE DE SALAMINE, *Panarion*, PG 41-42.
>
> **INDICAÇÕES BIBLIOGRÁFICAS:** J. R. LAURIN, *Orientations maîtresses des apologistes chrétiens de 270 à 361*, Rome, P.U.G., 1954. — A. POURKIER, *L'hérésiologie chez Épiphane de Salamine*, Paris, Beauchesne, 1992. — A.-M. MALINGREY, "La controverse antijudaïque dans l'œuvre de Jean Chrysostome d'après les discours *Adversus Judaeos*, dans *De l'antijudaïsme classique à l'antisémitisme moderne*, Presses Univ. de Lille III, 1979.

Lactâncio viveu nas últimas décadas do século III e nas primeiras do século IV, assistindo às derradeiras perseguições aos cristãos, sob Diocleciano. Nas suas *Instituições divinas*, refuta, primeiro, o politeísmo pagão e a filosofia, segunda fonte de todos os erros. Nessa obra, oferece uma pequena suma da verdadeira religião revelada por Cristo, o Filho de Deus, sublinhando, de modo particular, seu valor moral, porque ela trouxe à Terra a justiça verdadeira. Lactâncio representa a última testemunha da apologética de uma Igreja perseguida.

Eusébio de Cesaréia, o maior historiador da Igreja antiga, escreve depois de terminadas as perseguições. Autor infatigável, dedicou-se ao mister apologético, escrevendo duas obras relevantes: *Preparação evangélica* e *Demonstração evangélica*. A primeira visa aos pagãos, com o propósito de combater o politeísmo, provando a superioridade da religião judaica, que serviu de preparação ao Evangelho. O valor dos escritos de Eusébio provém do esmero em citar ao máximo os autores não cristãos, fazendo-os, por assim dizer, falar. Sua excepcional erudição e isenção de ânimo marcam sua obra com verdadeiro valor científico, obra, aliás, bem mais serena que as apologias precedentes.

A *Demonstração*, por sua vez, responde às acusações clássicas dos judeus, que recriminam os cristãos por assumirem as promessas feitas ao povo escolhido, sem cumprirem com as obrigações da Lei. Eusébio se apóia, então, não só na Bíblia, mas também em Flávio Josefo, para, ao contrário, mostrar o cristianismo como o coroamento legítimo da judaísmo. Polemiza com pagãos e judeus, servindo-se destes para refutar aqueles. As duas obras também investem contra o tratado de Porfírio, *Contra os cristãos*, a que Eusébio se refere, com freqüência.

Mas a obra anti-herética mais significativa do século IV é a de Epifânio de Salamina, o *Panarion* ou *Caixa de remédios*, verdadeira suma composta entre 374 e 377. Epifânio deseja proporcionar remédios curativos e preventivos aos que foram ou poderiam ser feridos pelas picadas peçonhentas das heresias. Apresenta, expõe e contesta, primeiro pela razão, depois pela tradição da fé e pela Escritura, um rol de oitenta heresias. Dessas, as vinte primeiras são da era pré-cristã, já que sua visão enciclopédica toma a palavra "heresia" em sentido bem lato, vindo desde Adão e citando gregos, judeus, bárbaros e citas (por causa de Cl 3,11).

Epifânio inspira-se em Hipólito de Roma e em Ireneu, para refutar as idéias gnósticas, focalizando, a seguir, as heresias do século III, entre as quais inclui Orígenes. Analisa também as heresias do seu tempo, como o arianismo, que combaterá pessoalmente. E encerra o livro com uma exposição da fé que resume os ensinamentos dos Apóstolos.

Epifânio, autor bem informado, que dispõe de muitas fontes e é substancialmente fiel a elas, tem enorme importância para nós, porque cita abundantemente os documentos utilizados. Mas segue também os esquemas habituais da heresiologia, no seu jeito de alegar a "sucessão" (*diadokhè*) de pensamento entre os hereges, enfatizando a diversidade das heresias oposta à unidade de fé da Igreja e oferecendo retratos particularmente grotescos dos hereges, sobretudo quanto à obstinação de suas idéias. É do seu estilo também utilizar a "indução arbitrária", ou seja, a passagem suspeita de uma doutrina ou de uma prática a um pensamento que eles não têm, sem falar na sua tendência de assemelhar heresias[32]. Saltam aos olhos as aberrações polêmicas do heresiólogo. Mas a motivação de Epifânio nasce da experiência pessoal de quem encontrou hereges de diferentes origens e sabe os perigos que a heresia representa para a fé da Igreja. Esse catálogo de heresias, de construção um tanto arqueológica, corresponde, na sua concepção, a uma necessidade do momento.

É notável a evolução deste gênero literário, ao longo do século IV. Ele se torna cada vez mais histórico e erudito, até com certa isenção. Acaba sendo uma forma de relacionar tudo o que pôde ameaçar a fé cristã[33].

Entre os Padres gregos:
da apologia à interpretação da fé, a partir dela mesma

A justificação da fé cristã, agora, vai ser uma intensa discussão das grandes heresias trinitárias e cristológicas. Debate-se a especificidade do Deus dos cristãos, revelado em três pessoas pelo seu Filho encarnado. Trata-se de explanar esses dois pontos-chave da fé cristã. Eles estruturam o Credo e, ao mesmo tempo, constrangem a razão. Num primeiro momento, essas heresias buscam apoio nas Escrituras e recusam a transposição da linguagem escriturística para o grego, que pretendia suprimir as ambigüidades inseridas na interpretação da fé. Mas, num segundo momento, passam a atuar de maneira mais racional. O discurso anti-herético também se torna cada vez mais uma hermenêutica que a própria fé processa, aprofundando o sentido e o resultado de suas afirmações tradicionais. Voltaremos, assim, mais tarde, à metodologia desse discurso que, pela pressão do questionamento herético, procura sempre mais explicitar a própria fé. Confirmamos, pois, a tese de H. Bouillard, segundo a qual, na época patrística e na Idade Média, "o que funcionava como teologia fundamental não era uma doutrina da revelação, mas uma doutrina de Deus"[34].

Observemos, apenas, que os defensores da fé consideram as doutrinas heréticas como incursões contestatárias advindas ao mundo cristão. Basílio de Cesaréia, por exemplo, julga que, no caso da Trindade, luta-se em duas frentes heréticas, onde cada uma representa um adversário de fora. O modalismo de Sabellius é do judaísmo, enquanto que o arianismo dos anomeanos se prende ao politeísmo pagão[35]. É sempre o fenômeno da interiorização na Igreja do problema de origem externa, pois Basílio se formou nas mesmas escolas de

---

32. São observações de A. POURKIER, *op. cit.*, pp. 486-497.
33. Muitas vezes, citam-se as oito homilias de S. João Crisóstomo contra os judeus, como exemplo típico do "anti-semitismo" cristão. A palavra parece, no caso, anacrônica. Trata-se de um "antijudaísmo" religioso, certamente polêmico e violento, no seu estilo oratório, que pretende conjurar a competição concreta entre Igreja e a Sinagoga, que alguns cristãos começavam a freqüentar. Cf. A-M. MALINGREY, *art. cit.*
34. H. BOUILLARD, *Vérité du christianisme*, Paris, DDB, 1989, p. 156.
35. BASÍLIO DE CESARÉIA, *Lettres*, 210,3-5; Budé II, pp. 192-196.

Eunômio e é tão sensível quanto ele à pertinência das objeções de ordem filosófica contra a Trindade.

Agostinho e A Cidade de Deus

> **A OBRA:** AUGUSTIN, *La Cité de Dieu*, ed. G. Combès et G. Bardy, *BA* 33-37, 1959-60; para os livros I-X, intr. I. Bochet, trad. G. Combès revisada por G. Madec, *NBA* 3, 1993.
>
> **INDICAÇÕES BIBLIOGRÁFICAS:** G. COMBÈS, *La doctrine politique de saint Augustin*, Paris, Plon, 1927. — E. GILSON, *Les métamorphoses de la Cité de Dieu*, Louvain/Paris, Vrin, 1952. — J. C. GUY, *Unité et structure logique de la "Cité de Dieu" de saint Augustin*, Paris, Études august., 1961. — M. FÉDOU, Art. "Augustin", *Dict. de œuvres politiques*, Paris, PUF, 1986, pp. 31-40.

Santo Agostinho é autor da notável obra apologética, *A Cidade de Deus*. A tomada de Roma por Alarico, no dia 24 de agosto de 410, deu margem a um sério questionamento cultural a respeito do cristianismo. Já no tempo dos mártires eram-lhe imputados todos os males do Império Romano. Para entender essa posição de "bode expiatório", importa reconhecer como o cristianismo infelizmente tratou o povo judeu, durante vários séculos. O judaísmo, por seu turno, foi sempre considerado um elemento marginal e contestador da sociedade e acusado como causa de suas crises.

A derrocada e o saque de Roma pelos bárbaros soaram como castigos divinos e reavivaram a questão: — Não teria o Império errado ao abandonar seus deuses, para abraçar o cristianismo? O balanço histórico deste último não comprova um prejuízo?

Impunha-se, então, para Agostinho defender os cristãos, inculpados de, pela sua prática religiosa, concorrer para o desastre do Império. O próprio S. Jerônimo enxergava na queda da cidade de Rômulo o símbolo do fim de um império e de uma civilização[36].

Em resposta a tais acusações, Agostinho dedica-se a refletir teologicamente sobre a história política de Roma. "*De Civitate Dei* apresenta-se, assim, como a narração de um percurso que, partindo da crise recente de 410, pretende levar o povo romano a reler sua trajetória política (como também sua história cultural, doutrinal e filosófica), a descobrir o vazio de sua 'teologia civil', a confessar a necessidade de um mediador entre Deus e os homens, mediador identificado por Agostinho na pessoa de Cristo (I-X). A cidade terrestre abrir-se-á para esse caminho de salvação?"[37].

---

36. Cf. M. FÉDOU, *art. cit.*, p. 32.
37. Ib., p. 33.

Como a questão é posta em nível de *civitas*, não somente a cidade de Roma, senão também a *res publica* transformada em Império e Estado, Agostinho estabelece o confronto dessa cidade com "a muito gloriosa cidade de Deus, cujas origens, desenvolvimento e fim a Bíblia lhe revela". Estarão intimamente imbricadas a reflexão política e a reflexão teológica, porque a história política de Roma é interpretada com base teológica e, inversamente, a linguagem política envolve todo o discurso sobre a Cidade de Deus. Daí a célebre definição das duas cidades:

> "Dois amores fizeram duas cidades: o amor de si até o desprezo de Deus, fez a cidade terrestre; o amor de Deus até o desprezo de si, a Cidade celeste. Uma se vangloria nela mesma: outra, no Senhor [...]. Uma, nos seus dirigentes ou nos povos que subjuga, é absorvida pela paixão de dominar; na outra, ajudam-se uns aos outros na caridade, os chefes dirigindo e as pessoas obedecendo"[38].

É Jerusalém e Babilônia. À Cidade de Deus pertencem os bons; à cidade do demônio, todos os maus, neste mundo e no outro. Mas Agostinho, nesse paralelismo, evita identificar, de imediato, as duas cidades com as instituições políticas ou religiosas visíveis. Estas simbolizam duas sociedade espirituais, a dos justos e a dos ímpios, segundo um segredo divino. Ao longo da história terrena, não estão separados os dois impérios. Eles se interpenetram. A Cidade de Deus, sobretudo, não há de ser confundida com a Igreja visível, como também a cidade terrestre não coincide com Estado nenhum. Agostinho, contudo, também não esquece que essas duas cidades espirituais, embora não se ajustem totalmente com as instituições terrenas, na verdade até se opõem uma à outra, através delas. Só no final dos tempos, no juízo universal, sobrevirá a separação definitiva dos dois impérios. A essa luz, o autor analisa o que ocorreu entre a Igreja e o Império, depois de Cristo.

Agostinho amplia o campo de suas considerações, elaborando uma vasta teologia da história, de enorme influência sobre a Idade Média e os séculos seguintes, até Bossuet. Nesse percurso, ele distingue seis idades, reproduzindo, simbolicamente, os seis dias da criação: de Adão até o dilúvio; do dilúvio até Abraão; de Abraão até Davi; de Davi até o exílio de Babilônia; de Babilônia até o nascimento de Jesus; de Cristo até o fim dos tempos, ou seja, o sétimo dia. Pela sua morte redentora, Jesus Cristo "propõe às cidades terrestres a conversão à Cidade de Deus"[39].

Nessa monumental apologia, Agostinho retoma certos recursos de Tertuliano e até mesmo de Justino[40], como o devolver as acusações, e alguns argumentos, como a anterioridade da Escritura em relação aos textos gregos, o

---

38. AGOSTINHO, *La cité de Dieu*, XIV,28; BA 35, p. 465.
39. M. FÉDOU, *art. cit.*, p. 38.
40. Cf. I. BOCHET, *ed. cit.*, pp. 15-17.

cumprimento das profecias e a explicação do culto pagão pela ação dos demônios. Como muitos dos seus antecessores, o bispo de Hipona estruturou sua obra em duas partes: a refutação do paganismo (Livros I-X) e a exposição do cristianismo (XI-XXII). Todavia, "Agostinho, mais do que censurar os pagãos, procura demonstrar-lhes a realização na religião cristã de suas aspirações"[41]. Essa empreitada apologética de grande envergadura defende a fé cristã a partir de uma conjuntura precisa, propondo uma teologia da história da salvação que também abrange, concretamente, a história da humanidade.

Essa evolução da apologética cristã nos séculos IV e V encaminha-nos, espontaneamente, à explanação das normas e da metodologia da fé, pois foi no contexto dessas lutas de defesa e justificação que elas foram elaboradas.

II. NORMAS E METODOLOGIA DA DEMONSTRAÇÃO DA FÉ

INDICAÇÕES BIBLIOGRÁFICAS: D. VAN DEN EYNDE, *Les normes de l'enseignement chrétien, op. cit.* — H. MAROT, "Conciles anténicéens et conciles œcuméniques" em *Le concile et les conciles*, Chevetogne/Paris, Cerf, 1960. — H. J. SIEBEN, *Die Konzilsidee des Alten Kirche*, Parderborn, Schöningh, 1979. — B. SESBOÜÉ, "La notion de magistère dans l'histoire de l'Église et de la théologie", *L'année canonique*, 31, 1988, pp. 55-94. — Y.-M. BLANCHARD, *Aux sources du canon, le témoignage d'Irénée*, Paris, Cerf, 1993.

Graças a essa série de enfrentamentos, os Santos Padres, primeiros doutores da fé, foram criando, pouco a pouco, uma metodologia para demonstrar a fé cristã e a sua relação com a Escritura. O pensamento cristão organiza-se em torno de pontos de referência fundamentais e, ao mesmo tempo, toma consciência das instâncias responsáveis pela sua regulação e manutenção, no contexto da regra da "fé sã", expressão da época para caracterizar a ortodoxia.

1. OS TRÊS PRIMEIROS SÉCULOS ANTES DE NICÉIA

O essencial do que se refere à regra da fé, à tradição e à sucessão apostólica, à definição do cânon escriturístico e à gênese dos Símbolos foi apresentado no tomo 1 desta obra[42] e completado pelos elementos da eclesiologia nascente, no tomo 3[43]. Aqui, será suficiente recapitular esses pontos essenciais, à luz da formação do discurso cristão e de suas referências normativas.

---

41. Ib., pp. 24-25.
42. Cf. tomo 1, pp. 47-66 e 67-120.
43. Cf. tomo 3, pp. 305-313.

A fé católica recebida dos Apóstolos

Dos primeiros Padres até Ireneu, Tertuliano e Orígenes, prevaleceu a convicção de que a Igreja vive da fé e da doutrina herdada dos Apóstolos. "Esse ensinamento vem de três fontes: a revelação feita por Jesus Cristo, as predições dos profetas do Antigo Testamento e a pregação apostólica"[44]. O vocabulário então predominante é a "fé" (*pistis*), a "Palavra", o ensino (*didachè*), a "verdade", a "tradição", sendo essas duas últimas unidas, muitas vezes, à "regra" (*canon*) — a "regra da verdade" (*regula veritatis*) ou à "ordem da tradição" (*ordo traditionis*), expressões usuais de Ireneu[45].

Na verdade, a tradição engloba a Escritura. Antes de escrever, os Apóstolos pregaram e a fixação do cânon dos livros sagrados é obra da tradição. Nesse sentido, "a Escritura subordina-se à tradição viva"[46]. No primeiro momento, o contacto com a realidade de Cristo se dá pela tradição oral. No segundo, os escritos apostólicos assumem o valor de uma nova Escritura. A verdadeira tradição e o número exato dos escritos sagrados podem ser encontrados nas Igrejas fundadas pelos Apóstolos. A concretização principal da regra de fé tradicional está no Credo, cujas fórmulas passam, primeiro, por toda uma gestação, para depois funcionarem, rapidamente, como referências básicas.

Foi Ireneu o primeiro a precisar essa metodologia teológica, ao articular a relação entre a tradição e a Escritura[47]. Mas, como homem de tradição, formalizou uma prática ainda em processo. Irá segui-lo Tertuliano, e essa doutrina virá jurisprudência na Igreja. No primeiro tratado sistemático de teologia cristã, o *Tratado dos princípios*, Orígenes assume a mesma metodologia. Logo no prefácio, refere-se à regra de fé trinitária. E recorre também à "pregação eclesiástica transmitida desde os Apóstolos, por ordem de sucessão, e conservada na Igreja até o presente" e afirma que "só se deve crer na verdade que não estiver em desacordo com a tradição eclesiástica e apostólica"[48]. Essa regra de fé, com base na tradição e fundamentada na Escritura, recapitula o magistério apostólico. Sobre esse fundamento, ele se dedicará aos comentários e à pesquisa necessária para esclarecer pontos deixados pelos Apóstolos à investigação dos futuros amigos da sabedoria.

O que prevalece na época é a autoridade do conteúdo da fé, a regra da fé, ou seja, a "regra que é a fé" (genitivo subjetivo), como dirá Y. Congar, e não o princípio formal da autoridade que dita a regra para a fé (genitivo objetivo). A idéia de obediência à tradição da fé vem antes da autoridade eclesial. Pesam mais a Escritura e a tradição do que um "magistério" ainda bastante discreto.

---
44. D. VAN EYNDE, *op. cit.*, p. 101.
45. IRENEU, *CH* I,9,4; II,27,1; 28,1; III,2,1; 11,1; 12,6; 15,1; IV,45,4.
46. D. VAN EYNDE, *op. cit.*, p. 315.
47. Cf. *supra*, p. 35.
48. ORÍGENES, *Traité des principes*, prefácio 2; SC 252, p. 79.

A função reguladora do episcopado

Antes do Concílio de Nicéia, estavam os Padres convictos de que existiam na Igreja homens investidos na função oficial do magistério. Tais homens, os bispos, punham sua autoridade na sucessão legítima daqueles a quem os Apóstolos confiaram as Igrejas. Essa sucessão garante a autenticidade da tradição recebida e propagada. Tal convicção remonta a Clemente de Roma e será estudada por Hegesipo e teologizada por Ireneu e Tertuliano. Por outro lado, Cipriano já dava ao bispo a tarefa de velar pela unidade e autenticidade da fé.

A autoridade episcopal se materializará na figura do trono episcopal, a *cathedra*, vista também como penhor da regra da verdade e da ordem da tradição. Na igreja catedral o bispo tem sua sede e ali ensina. "A *cathedra*, comenta Congar, é a função episcopal, a sua continuidade, é a sucessão, a *doctrina* [...]. *Cathedra* é o termo que corresponderia ao nosso "magistério"[49]. Essa idéia de *cathedra* será enfatizada por Cipriano[50]. Mas para o bispo de Cartago é uma realidade solidária e una, portanto colegial, em comunhão com a sede de Pedro (*Petri cathedra*), Igreja principal[51].

Na época, portanto, pertencia aos bispos a responsabilidade pela transmissão da fé, pelo seu ensino e controle. Sempre, porém, na unidade que eles constituíam com o seu povo, para formar uma Igreja. A Igreja é o povo em torno do seu bispo. Nada de admirar, pois, que inúmeros documentos desse tempo nos venham de bispos. O que também não enfraquece o papel importante dos "doutores", como Tertuliano no Ocidente e Orígenes no Oriente, na construção do conhecimento (*gnôsis*) da fé. Lembrem-se ainda as "escolas" catequéticas e teológicas, como a de Justino, em Roma, ou a de Alexandria, onde brilharam Clemente e Orígenes.

Da colegialidade episcopal aos sínodos locais

Muito antes de Cipriano formalizar a solidariedade colegial que congrega os bispos, a experiência tinha mostrado que cada bispo não poderia exercer sozinho sua dupla missão de ensinar e de zelar pela fé. Logo se desenvolverá a prática sinodal na Igreja, reunindo concílios (ou sínodos) regionais ou locais. Eles vão acontecendo desde o fim do século II, tornando-se comuns em várias localidades, com o objetivo de manter a comunhão entre as Igrejas, sempre que aparecia um problema doutrinal ou disciplinar. A reunião de concílios locais e

---

49. Y. CONGAR, "Bref historique des formes du 'magistère' et de ses relations avec les docteeurs", *RSPT* 60, (1976), pp. 100-101.

50. Essa palavra já se vê em HERMAS, *O Pastor*, 2,2; 4,3; 18,3; 19,2,4; 43,1 (em R. JOLY — SC 53). Mas estudos mais recentes ponderam que o termo, nesse autor, não significa ainda uma função episcopal com sucessão. Cf. A. BRENT, *Hippolytus and the Roman Church in the Third Century*, Leiden, Brill 1995.

51. Cf. tomo 3, pp. 318-319.

regionais induz então a lei da unanimidade das decisões tomadas e o hábito de remeter as *Cartas sinodais* aos bispos da região que estiveram ausentes, para que também subscrevessem o que fora decidido[52]. Essas cartas sinodais eram, às vezes, enviadas até para além da região, numa perspectiva ecumênica[53]. Era tão aceita a autoridade desses primeiros concílios que suas decisões não só aproximavam os bispos como também nenhum outro sínodo ousava alterá-las. "Desde o final do século II, o bispo de Roma compartilhava da vida sinodal da Igreja. Ele próprio estimulou a convocação de muitos sínodos regionais"[54].

É bem no meio dessas relações de comunhão eclesial que a Igreja de Roma desempenha o papel de "quem preside na caridade" e "instrui as demais" (Inácio de Antioquia[55]). Clemente interviera nos conflitos de Corinto, e Ireneu reconhecia a preeminência de Roma, porque fundada sobre Pedro e Paulo[56]. Concretamente, essa Igreja acode em casos de urgência, de necessidade ou de apelo. E assim nasceu na Igreja a atividade conciliar. Sua importância mostra que a celebração do primeiro concílio ecumênico, em Nicéia, em 325, foi novidade menos radical do que se poderia pensar. Acabará se inserindo numa tradição sinodal já enraizada, capaz de gerar resoluções verdadeiramente doutrinais.

2. LÓGICA E MÉTODO DO DISCURSO DA FÉ NO SÉCULO IV, NO ORIENTE

No século IV, o discurso da fé se organiza. É preciso, agora, corroborar as grandes afirmações da doutrina cristã diante de duas contestações: uma causada pela leitura errônea da Escritura; outra devida a uma reflexão racional que interpreta os pontos cruciais do cristianismo — Trindade e cristologia — à luz imediata de categorias culturais. Por causa dos hereges, a polêmica prossegue, mas desloca-se seu centro de gravidade. Não se trata mais de, apenas, mostrar o erro, senão de evidenciar a coerência e a racionalidade da fé. Como já vimos, esse deslocamento leva a exposição da fé a fixar suas marcas a partir do embate com as heresias[57].

Fazendo-se uma "redução" lógica, baseada na diversidade das composições literárias, o desenho do processo doutrinal seguido pelos Santos Padres pode ser condensado em alguns passos principais que lhe constituem a estrutura essencial. Serão aqui descritos esses diferentes passos, a partir da documentação privilegiada contida nas discussões trinitárias desenvolvidas por Atanásio de

---

52. Essa afirmação, inspirada em Eusébio de Cesaréia, é questionada por A. BRENT, *op. cit.*
53. Cf. H. MAROT, "Conciles anténicéens et conciles oecuméniques", *art. cit.*, pp. 39-41; H. SIEBEN, *op. cit.*
54. Groupe Des Dombes, *Le ministère de communion dans l'Église universelle*, Paris, Centurion, 1986, n. 21.
55. *Aux Romains*, Introdução e 3,1; *SC* pp. 125 e 129.
56. Cf. tomo 3, pp. 311-313.
57. Essa conexão revela a solidariedade original entre o que vai se tornar teologia fundamental e teologia dogmática.

Alexandria e Basílio de Cesaréia. Resultados semelhantes advirão do estudo dos debates cristológicos do século V.

O ponto de partida e a ocasião: a contestação da fé na Igreja da época

A fé cristã está sempre em processo de reflexão. Não se deve repetir o Credo mecanicamente. Sua transmissão real pede que seja comentado e interpretado, pois é, qualitativamente, uma referência oral e viva. Desenvolvido ao longo de séculos, comporta variantes entre as Igrejas, com acréscimos aqui e ali, para sua maior precisão em pontos mais discutidos. Daí por que o apelo a uma formulação mais antiga pode ser a maneira de dissimular a interpretação que lhe dá o participante de novos debates.

A fé sempre deverá responder a inúmeras questões oriundas de problemas suscitados seja por uma leitura dirigida de textos bíblicos, seja pelo confronto das sentenças de fé com conclusões corriqueiras da filosofia. Sempre surgirão óbices à tradução dos pontos cardeais da profissão de fé em novas categorias. É o que se chama, hoje, de inculturação. Aproximar as afirmações bíblicas das categorias filosóficas provoca choques. Como, por exemplo, compreender a Escritura, quando nos fala de Cristo como Filho de Deus? Aparecem, então, explicações do Credo e novas fórmulas. Contesta-se o velho sentido de fórmulas tradicionais e vêm à tona asserções aparentemente contraditórias. O conflito entre bispos e entre teólogos (e, muitas vezes, eles são ambas as coisas) logo se transforma em crise eclesial. Em resumo, abre-se um debate em terreno ainda não demarcado, pondo-se em risco a unanimidade das Igrejas.

Dessa forma, entre as diversas interpretações da fé, pode-se cavar um fosso que irá distanciar a fé perene da fé do momento, tal como vem apresentada em proposições aparentemente novas, revestidas com categorias diferentes das originais. Impõe-se, então, captar onde está a fidelidade autêntica à fé recebida dos Apóstolos e onde se aninha a "novidade", no sentido dado pelos antigos a essa palavra para identificar a heresia.

Foi nessa conjuntura e com tal motivação que os Santos Padres escreveram, primeiro por iniciativa própria, mas pondo sua reflexão a serviço de um discernimento eclesial, que irá, depois, assumir a forma conciliar. De início, esse discernimento é teológico, porque mobiliza recursos e objetivos pessoais. Mas prepara uma ação "dogmática" (na acepção moderna do termo), já que a crise eclesial sofrida implicará uma decisão solene, capaz de atualizar na Igreja da época a fé dos Apóstolos.

Primeiro tempo: a confissão eclesial da fé recebida da tradição batismal

Remontar da fé contestada no presente à fé do passado, isto é, à fé eclesial recebida pela via da tradição batismal foi o primeiro passo dos Padres da Igreja.

Aí estava a pedra de toque do necessário discernimento. Essa fé adquire expressão privilegiada e referência primordial na confissão de fé que vivificava a catequese batismal e era proclamada no batismo, ou seja, no nascedouro da vida cristã. Confissão de fé e batismo caminham juntos, emanados indissociavelmente da tradição eclesial. S. Basílio dirá: "Fé e batismo, duas formas de salvação, estão unidos entre si, inseparavelmente"[58]. O batismo é chamado de "tradição" da fé eclesial e "católica". É a fé das Igrejas de Alexandria e de Cesaréia, que trocam entre si suas confissões, idênticas na essência do conteúdo, embora diferentes nos enunciados. Essa a fé que caracteriza o cristão como alguém diretamente religado ao Cristo, enquanto que os hereges se identificam, em geral, pelo nome do seu fundador.

É por isso que Alexandre de Alexandria se apressa em interrogar Ario sobre a sua profissão de fé[59]. Após ter enumerado tudo o que Ario negava, Atanásio lhe opõe a profissão da verdadeira fé, acendendo assim a luz do candelabro, para afastar as trevas[60], antes mesmo de lhe desmontar a argumentação. A confissão de fé tem peso próprio. Tem o valor de confissão oficial e tradicional da Igreja.

Basílio fará o mesmo com Eunômio. Assim inicia seu livro: "Se todos aqueles sobre os quais foi invocado o nome do nosso Deus e Salvador Jesus Cristo não ousassem tentar contra a verdade do Evangelho e se contentassem com a tradição apostólica e a simplicidade da fé..."[61]. Antes de qualquer discussão de fundo, ele reivindica a confissão de fé eclesial recebida da tradição[62], contra o abuso que dela faz o adversário. Ao defender a plena divindade do Filho, ele também recorre à fé batismal, num texto repassado pela emoção do crente:

> "Sem dúvida, muitos são os pontos que separam o cristianismo do erro dos gregos e da ignorância dos judeus, mas, para mim, não existe doutrina mais importante no Evangelho da nossa salvação do que a fé no Pai e no Filho. Que Deus seja criador e artífice, concordam conosco os cismáticos de qualquer tipo. Como, porém, classificar a quem ensina que Pai é um nome indevido e Filho nada mais que pura denominação, não havendo diferença alguma entre Pai e criador, entre Filho e criatura? Em que facção o colocaremos? Entre os judeus ou entre os gregos? Não se contará, certamente, entre os cristãos quem nega o poder da religião e o que caracteriza nossa adoração. Na verdade, não nos decidimos a crer num Artífice e numa criatura, mas, pela graça do batismo, fomos marcados com o selo do Pai e do Filho"[63].

---

58. BASÍLIO DE CESARÉIA, *Sur le Saint-Esprit*, XII,28; *SC* 17 bis p. 347.
59. Cf. B. SESBOÜÉ, B. MEUNIER, *Dieu peut-il avoir un Fils?*, Paris, Cerf, 1993, pp. 333-35.
60. ATANÁSIO, *Contre les Ariens*, I,8-9; *PG* 26, pp. 25-32.
61. BASÍLIO DE CESARÉIA, *Contre Eunome*, I,1: *SC* 299, p. 141.
62. Ib., I,4; pp. 163-171.
63. Ib., II,22; *SC* 305, pp. 89-91.

Do mesmo modo, a primeira referência de Basílio, no seu *Tratado sobre o Espírito Santo*, é o conteúdo de fé incluído na doxologia por ele usada ao se dirigir "a Deus Pai, com o Filho e com o Espírito Santo"[64]. Para ele, há correlação íntima entre a regra da fé e a regra do louvor e adoração: "Cremos como somos batizados e glorificamos como cremos"[65]. Essa solidariedade de pontos de vista interioriza a doxologia na exposição doutrinária pela linguagem espiritual. De um lado, está a "fé sadia", a verdadeira "religião" (*eusebeia*); do outro, as "blasfêmias" e as "impiedades" dos "prevaricadores" e "renegados"[66]. Nessa mesma obra, Basílio refere-se, solenemente, à regra da fé recebida no batismo:

> "O que nos faz cristãos? A fé, responderão todos. Mas como fomos salvos? Renascendo do alto, pela graça do batismo, evidentemente [...] Tendo adquirido o conhecimento dessa salvação, realizada pelo Pai, o Filho e o Espírito Santo, iremos nós abandonar a 'forma de ensinamento' recebido? Seria, por certo, lamentável se estivéssemos, agora, mais afastados da nossa salvação do que no dia em cremos; se negássemos, hoje, o que então recebemos. É tão deplorável partir sem batismo quanto recebê-lo separado da tradição. Quanto à profissão de fé proclamada na primeira hora, quando, afastando-nos dos ídolos, nos voltamos para o Deus vivo, quem não a guarda em todas as situações e não se firma nela durante toda a vida como em sólida salvaguarda, tornar-se-á estranho às promessas divinas, contradizendo a confissão de fé, assinada de próprio punho. Na verdade, se o batismo é, para mim, princípio de vida e se o meu primeiro dia é o da regeneração, é claro que a palavra mais preciosa será também a pronunciada ao receber a graça da adoção filial"[67].

Essa referência original é, geralmente, aceita pelos participantes do debate. Não se precisava mais, como no tempo de Ireneu, justificar a origem da tradição. O próprio opúsculo de Eunômio começa aludindo à "profissão de fé a mais simples"[68]. Assim é que, antes de Éfeso, a discussão de Cirilo com Nestório vai girar sobre a correta interpretação da fé do símbolo de Nicéia, como meio de avaliar a ortodoxia, tanto para um como para o outro.

Esse ponto de partida constitui também a marca de retorno periódico, uma espécie de respiro entre duas argumentações. Atanásio gosta de repetir: esta é a fé católica, esta a nota característica da fé em Cristo[69], esta a fé apregoada desde os primórdios pelos Apóstolos e desde as origens preservada na Igreja Católica[70].

---

64. BASÍLIO, *Sur le Saint-Esprit*, I,3; *SC* 17 bis, p. 257.
65. BASÍLIO, *Lettres* 159,2; Budé II, p. 86.
66. *Sur le Saint-Esprit*, XI,27; *SC* 17 bis, p. 341.
67. Ib. X,26; p. 337.
68. EUNÔMIO, *Apologie*, 5-6; *SC* 305, pp. 241-245.
69. ATANÁSIO, *Lettres à Sérapion*, II, 7-8, III,7; *SC* 15, pp. 156-160 e 172-173.
70. Ib. I,28; p. 133.

O fundamento, portanto, é a fé tradicional. Ela a regra, a "norma" infrangível que vai selar, com sua autenticidade, os desenvolvimentos posteriores. Sua unidade e coerência foram comprovadas nas pendências anteriores. Ela conhece suas linhas de força e seus eixos principais e se sabe também como totalidade indestrutível. Ela é espírito, pois é vivida no Espírito, que a sopra em cada coração e a guarda em toda a Igreja. Em todo cristão ela se transforma no "sentido da fé" que o torna sensível a qualquer afirmação mais ou menos contrária a ela.

Segundo tempo: o apelo às Escrituras

Aqui se insere, logicamente, o recurso à Escritura. Ainda que a argumentação escriturística não siga imediatamente, no plano literário, considerações correspondentes ao momento anterior, este é pressuposto e determina a atitude do doutor que abre a Bíblia para justificar, por ela, a questão de fé em discussão e livrá-la das contestações heréticas. Não se trata mais de comentar as Escrituras nem de extrair delas diferentes sentidos, como podia fazer Orígenes. Temos agora uma exegese propriamente "dogmática", ou seja, ela vem confirmar a regra da fé. Por isso mesmo, a Escritura será lida no interior da tradição guardada pela Igreja, isto é, segundo o meio de interpretação que continua a transmissão bíblica original. Atanásio fala de uma interpretação "eclesiástica" da Bíblia[71]. Nela se encontram a regra da fé e os princípios doutrinais dela extraídos, não mais como pólos de referência e de reflexão explicitados, mas espontaneamente utilizados como forma que anima uma matéria. Com efeito, sem uma regra de fé pode-se deduzir qualquer coisa da Escritura. Portanto, essa regra definida no Credo constituirá o eixo maior ao redor do qual se agruparão os textos bíblicos. Segundo Atanásio, o diabo, autor de todas as heresias, semeador permanente da cizânia por entre as boas sementes, sabe muito bem citar a Escritura, para legitimar seus intentos. Foi o que fez com Eva, na aurora da criação, e com a tentação de Jesus, no Evangelho[72].

Provar a fé pela Escritura significará empreender uma metodologia de leitura e de argumentação.

1. À luz da regra de fé, apela-se para a Escritura, segundo o princípio da *totalidade*. A fé não seleciona textos da Escritura. Tanto a reivindica por inteiro, como seu bem próprio, quanto a utiliza e a propõe também por inteiro, como prova. A leitura que oferece dela é constante, a atual apoiando-se na do passado, mas desenvolvendo-a e aprofundando-a no interior de uma unanimidade. O valor da tradição dos Santos Padres vem do seu enraizamento na Escritura[73]. Da

---

71. ATANÁSIO, *Contre les Ariens*, I,44; *PG* 26, 102 c.
72. Ib., I,8; pp. 25-28.
73. BASÍLIO, *Sur le Saint-Esprit*, VII,16; *SC* 17 bis, p. 301.

mesma forma, os estudos bíblicos visam à unanimidade dos textos, não se contentando com a simples maioria deles e muito menos aceitando que um só deles infirme suas afirmações. No caso de antinomias, deve-se fazer tudo para mostrar que nada há de irredutível entre os textos da Escritura. Em lugar de ceder, será preferível que o autor confesse sua incapacidade de encontrar resposta[74].

Explica-se, assim, o cuidado costumeiro de agrupar os textos e citá-los como uma série interminável de testemunhos e, reciprocamente, argumentar sem descanso a propósito das passagens invocadas pelos hereges, para mostrar que as empregam erradamente. Às vezes, bastará citá-las em ordem adequada, para ilustrar amplamente uma doutrina. São textos que falam por si sós; completam-se e organizam-se espontaneamente, num conjunto apto a gerar a luz desejada. E, para perfazer a prova, um rápido comentário, nem sempre indispensável[75].

2. Em geral, porém, o uso da Escritura segue uma argumentação articulada. Certos textos não se compreendem imediatamente ou não se bastam por si mesmos. Para tirar deles o sentido da fé, deve o autor cristão inseri-los numa argumentação ordenada, que pode ganhar variadas apresentações. A mais singela é a aproximação de dois textos que, sozinhos, nada poderiam provar, mas unidos completam-se admiravelmente. A substituição ou a correspondência dos membros das frases ou dos termos equivalentes permite a sua intercomunicação e a elaboração de uma sólida conclusão. Todos os qualificativos, por exemplo, dados ao Espírito Santo pela Escritura são também atribuídos ao Pai e ao Filho. Assim, o inventário dos "nomes" na Bíblia abre caminho para se justificar que o Espírito Santo, dom de Deus, é ele próprio Deus. A série desses testemunhos revela que o Espírito integra a Trindade.

3. Essa preocupação com o todo supera, pois, o simples valor quantitativo. Ao acumular textos, o autor cristão não busca apenas a repetição de uma fórmula querida. Ele visa à coerência da linguagem das Escrituras e quer mostrar o seu consenso harmonioso (*symphônôs*[76]). Pela múltipla variedade das expressões, pretende discernir as que remetem a uma lei da linguagem e as que não o fazem. Quando os Trópicos Egípcios[77] sustentam que o Espírito foi criado, argumentando a partir de Am 4,13, onde se fala "do que cria o vento (*pneuma*)", Atanásio destaca uma lei no linguajar da Escritura que permite averiguar se se trata do vento mesmo ou do Espírito Santo. No primeiro caso, *pneuma* é usado sem mais nada e até sem artigo; no segundo, há sempre alguma

---

74. BASÍLIO, *Contre Eunome*, III,6; *SC* 305, p. 169, onde o autor confessa não saber a origem do Espírito Santo, para não cair nos dilemas do adversário.

75. Cf. ATANÁSIO, *Contre les Ariens*, I,11-112; *PG* 26, 33-38.

76. ATANÁSIO, *Lettres à Sérapion*, I,32; *SC* 15, p. 142.

77. Cf. tomo 1, p. 229.

determinação ou qualificação: "Espírito Santo", "Espírito de verdade" etc.[78]. A propósito da expressão de 1Cor 8,6, que atribui ao Pai o "de quem" e ao Filho o "por quem", Basílio afirma: "Não se tem aí a linguagem de quem legisla, mas de quem distingue as hipóstases, cuidadosamente"[79]. Como, porém, seus adversários, seguindo Aécio, defendem um princípio de leitura que conclui de um dado lingüístico para um dado ontológico — "dos seres de natureza diferente fala-se de modo diferente" e, inversamente, "os seres dos quais se fala de modo diferente são de natureza diferente"[80] — ele relembrará o princípio invocado: longe de reservar uma partícula especial a cada pessoa divina — o *de quem*, para o Pai, o *por quem*, para o Filho e o *em quem*, para o Espírito Santo, o que fortaleceria a tese adversária, a Escritura emprega essas três partículas para cada uma das três pessoas. Ao cabo de uma longa série de passagens bíblicas, Basílio se sente, então, capaz de concluir que o que se diz de modo igual tem natureza igual[81].

Para confirmar a prova pela norma lingüística, acrescenta-se, como contraprova, que a Escritura, que sempre se refere ao Filho em termos de eternidade, também fala sempre das criaturas em termos temporais[82].

Finalmente, respeitar a lei da linguagem é compreender as expressões simbólicas no sentido que têm e não de maneira material. Estar, por exemplo, o Filho sentado à direita do Pai significa a entronização gloriosa de uma pessoa igual ao Pai e não a concessão de uma dignidade de nível inferior ou a de "escabelo", destinada a inimigos[83].

4. Assim, reagrupando, sucessivamente, textos da Escritura, tenta o autor cristão destacar os grandes eixos da economia da salvação. E será nesse contexto que articulará princípios doutrinais elaborados a partir dos testemunhos bíblicos e das afirmações das fórmulas de fé[84]. A fórmula joanina, por exemplo, "Quem me vê vê o Pai" (Jo 14,19), constitui um princípio de exegese que permite juntar à volta dele outros textos sobre a relação do Filho com o Pai[85].

---

78. ATANÁSIO, *Lettres à Sérapion*, I,33-4; *SC* 15, pp. 82-85.
79. BASÍLIO, *Sur le Saint-Esprit*, V,7; *SC* 17 bis, p. 273.
80. Ib., II,4; p. 261.
81. Ib., cap. II-V; pp. 261-285; cf. tomo 1, pp. 227-229.
82. ATANÁSIO, *Contre les Ariens*, I,13; *PG* 37-40.
83. BASÍLIO, *Sur le Saint-Esprit*, VI, 15; *SC* 17 bis, pp. 291-295. Essa atenção de Atanásio e Basílio aos aspectos lingüísticos não os impede, absolutamente, de priorizar o conteúdo real das palavras. Por isso relativizam o emprego de certos termos da Escritura e, mais ainda, da fala dogmática.
84. Cf. o conjunto dos argumentos soteriológicos apresentados no tomo 1, pp. 292-299.
85. ATANÁSIO, *Contre les Ariens*, I,12; *PG* 26, 35 c.

Terceiro tempo: recurso à razão e elaboração da linguagem

A volta à confissão tradicional da fé, iluminada pela releitura das Escrituras sobre os pontos em discussão, é sempre necessária, mas cada vez mais insuficiente. Poderia bastar quando a contestação era meramente escriturística. Não mais, porém, quando as categorias da razão grega começaram a intervir na expressão da fé. Fora habitual, com efeito, a argumentação com a linguagem das Escrituras e dos primeiros credos, cujas formulações são, praticamente, tiradas das Escrituras. Mas agora a força da contestação se apóia na forma como essas expressões devem ser transcritas ou traduzidas na linguagem cultural nova, pela qual a fé cristã vai se expandindo.

Cumpre, então, recorrer à razão e argumentar a partir dela. Como em qualquer diálogo apologético, a outra parte é que determina o terreno em que se vai travar a contenda. Para aí entrar, o autor cristão do século IV sente-se meio aturdido, porque, por tradição e por convicção, não deixa de polemizar contra o uso da "sabedoria de fora" ou dos "que estão de fora"[86]. Está acostumado a culpar a filosofia como fonte de erros, senão de mentiras, ironizando-lhe a pretensa "tecnologia"[87]. Aliás, são os hereges que se apoderaram dessa técnica, usando-a contra a fé. Numa palavra, os Santos Padres ficam na delicada situação de precisar se envolver na dialética filosófica da época, mas deixando claro que não a levam em conta. Quanto mais se envolvem, mais se sentem na obrigação de se justificar. Com o passar do tempo, porém, irão reconhecer que o debate teológico exige outras armas, além da simples confissão de fé[88].

Atanásio já havia palmilhado esse caminho na discussão, por exemplo, sobre o tempo e a eternidade, ao tratar da geração do Filho[89], e ao justificar o termo *consubstancial* do Concílio de Nicéia. Bem mais decisiva foi a atitude de Basílio, defrontando-se com a férrea construção dialética que Eunômio de Cízico[90], líder da segunda geração ariana, lhe contrapunha. Seria inútil repetir, no caso, as afirmações tradicionais. A defesa da fé não pode ficar aquém do nível racional do questionamento elaborado pelo adversário. Cabe-lhe, assim, construir também um arrazoado estritamente condicionado pelo pensamento de quem ele vai, passo a passo, refutando. A falar verdade, Basílio precisa "prestar contas" (*tas euthunas hupekhein*) da fé, ou seja, "dar conta" (*ton logon parekhes-*

---

86. BASÍLIO, *Sur le Saint-Esprit*, III,5; SC 17 bis, p. 265.
87. Ib. VI,13; p. 289. – Cf. De GHELLINK, *Patristique et Moyen Age*, T. III, Étude VI: "Un aspect de l'opposition entre hellénisme et christianisme. L'attitude vis-à-vis de la dialectique dans les débats trinitaires", Gembloux, Duculot, 1948, pp. 245-310.
88. Cf. BASÍLIO, *Prologue VIII sur la foi*, 2; PG 31, 679 b-c, em resposta a monges preocupados com o seu vocabulário estranho à Escritura: "Assim como lavradores e soldados não usam os mesmos instrumentos [...], assim também quem ensina a sã doutrina e quem combate os opositores não usa o mesmo tipo de discurso. [...] Uma coisa é a simplicidade dos que proclamam sua fé pacificamente; outra é a luta dos que precisam se opor a falsas doutrinas".
89. ATANÁSIO, *Contre les Ariens*, I, 11-13; PG 26, 33-40.
90. Cf. tomo 1, pp. 227-229 e 245-247.

tai)[91], em relação ao pensamento filosófico. É algo parecido com o *reddere rationem* de Agostinho. Sua reflexão avança sob o impulso da fé e da razão, enfrentando o problema de propor o mistério trinitário, professado desde os primórdios, no contexto de uma elaboração conceitual coerente, o que supõe uma definição a respeito das categorias do ser e a estrutura da linguagem. Por isso, seu raciocínio assumirá uma direção especulativa e metafísica, até então ausente nos escritos cristãos. Prevalece o cuidado de conferir às categorias racionais a capacidade de expressar, sem contradições, a coerência do mistério da Trindade[92]. Mas o que Basílio colhe, ecleticamente, da sabedoria dos filósofos é de ordem dialética e lógica e mais alguns conceitos, sem, contudo, se alinhar nesta ou naquela corrente filosófica.

Quarto tempo: emergência do apelo aos pilares da tradição

O recurso à tradição vai, progressivamente, assumir também uma nova modalidade. Na forma clássica, ele animava, desde o princípio, o movimento doutrinal aqui exposto, apoiado na viva convicção de que a mensagem da fé batismal vem do Senhor, mediante os Apóstolos e foi guardada, autenticamente, pela tradição eclesial, nas Igrejas por eles fundadas[93]. Mas, com o tempo, os autores cristãos percebem que a doutrina que expõem conta já com o testemunho explícito dos seus predecessores. Surge, assim, o empenho por constituir correntes testemunhais não só a partir das Escrituras, mas também a partir dos Santos Padres. É uma nova e promissora maneira de argumentar pela tradição, apresentando os "pilares da tradição", que vêm se sobrepor à essência da prova baseada na mútua confirmação entre a confissão de fé e a Escritura, bem como aos primeiros esforços de elaboração racional.

O primeiro exemplo de apresentação sistemática dessa nova argumentação é o tratado *Sobre o Espírito Santo*, de Basílio de Cesaréia. O penúltimo capítulo desse livro "traz a lista dos homens ilustres da Igreja" que empregaram a doxologia que nomeia o Espírito Santo junto com o Pai e o Filho. Basílio mostra-se feliz em oferecer, como num tribunal, uma "multidão de testemunhas": Ireneu, Clemente de Roma, Dionísio de Roma, Dionísio de Alexandria, Orígenes, Júlio Africano, o mártir Atenógenes, Gregório Taumaturgo, Firmiliano de Cesaréia, Melécio e também Dianeu, bispo que ele batizara e destinatário atual dessa tradição. Apoiado em tantas testemunhas, Basílio não pode ser considerado um "inovador"[94]. Idêntica atitude tomará Cirilo de Alexandria, coligindo uma docu-

---

91. BASÍLIO, *Sur le Saint-Esprit*, XXV,59; *SC* 17 bis, p. 461. Cf. as reflexões de B. PRUCHE, ib., pp. 167-168.
92. Cf. o conteúdo dessa argumentação no tomo 1, pp. 247-251.
93. Cf. ATANÁSIO, *Lettres à Sérapion*, I,28; *SC* 15, p. 133.
94. BASÍLIO, *Sur le Saint-Esprit*, XXIX, 71-75; *SC* 17 bis, pp. 501-509.

mentação patrística sobre o título de "Mãe de Deus" (*theotokos*) dado à Virgem Maria e mostrando, assim, que não se tratava de novidade, usado que foi por muitos dos seus predecessores[95]. Teodoreto também reunirá documentos patrísticos para justificar posições doutrinárias. E esse costume será mantido no ensinamento ordinário da teologia.

Tempo conclusivo: a decisão conciliar

Destacando o papel do concílio ecumênico, no fecho dessas considerações, saímos da trama literária dos tratados patrísticos tomados em si mesmos, sem sair, porém, da sua lógica, porque as obras citadas têm um impacto eclesial e uma ligação precisa com os concílios.

O concílio aparece na etapa final — ao menos provisoriamente — de um debate, para exercer a função reguladora do corpo episcopal. Visa encerrar o conflito com uma decisão que intervém no cruzamento da fé tradicional com a contestação recente. Por isso é que volta à confissão de fé na qual o discurso encontrou seu fundamento. Mas ela a atualiza, com expressões novas, extraídas do linguajar filosófico, para que se evite toda ambigüidade na proclamação presente da confissão antiga.

Todos os concílios trinitários e cristológicos giraram em torno do Símbolo de fé. Assim se deu com o acréscimo de *consubstancial* ao Símbolo de Nicéia; com a elaboração da seqüência sobre o Espírito Santo e a Igreja, no I Concílio de Constantinopla e com a confirmação, em Éfeso, do pensamento de Cirilo em Nicéia. Será também, em Calcedônia, a elaboração de uma fórmula cristológica que tomará a forma de um segundo artigo do Credo bastante alongado e com muita precisão. Em todos os casos, dá-se uma inclusão que vai do Credo ao Credo.

No entanto, o processo jamais se fecha definitivamente. Todo concílio suscita novos debates, com raízes no que ainda não está bastante amadurecido nem bem calibrado na sua formulação. Os escritos de Atanásio contra os arianos colocam-se assim depois de Nicéia, na longa batalha doutrinal desencadeada pelo concílio. Essas discussões culminarão no I Concílio de Constantinopla, após a morte de Atanásio e Basílio, através de um novo Símbolo, que registra o trabalho deles tanto em relação ao Filho como em relação ao Espírito Santo. A partir de Nicéia, os principais tratados patrísticos situam-se sempre depois e antes de um concílio. Foi assim que se construiu, por muitos séculos, o edifício sempre mais racional do pensamento cristão, na cadência marcada, periodicamente, pelos concílios ecumênicos, com sua autoridade reguladora, em nome da tradição apostólica.

---

95. CIRILO DE ALEXANDRIA, *Sur la foi droite. Aux princesses*, PG 76, 1209d-1217.

3. AGOSTINHO E OS LATINOS: DAS AUTORIDADES ÀS RAZÕES

Novo questionamento cultural da razão

Com Santo Agostinho desponta nova exigência da razão crente. No anúncio de sua grande obra sobre *A Trindade*, o bispo de Hipona registra três tipos de contestação, sendo cada um o resultado "de um imaturo e perverso amor pela razão que induz ao erro"[96]. Ora, esses opositores "raciocinantes" ousam se dizer decepcionados com as respostas que a fé cristã lhes oferece. Um texto admirável atesta a mudança de mentalidade:

> Há pessoas que se irritam com essa linguagem (a saber, a palavra da cruz, isto é, o anúncio tradicional do Credo), julgando-a gravemente injuriosa e preferem crer que quem assim fala nada tem a dizer, ao invés de confessar o desconhecimento daquilo que ouvem. E, às vezes, lhes damos não as razões que pedem e exigem quando falamos de Deus — talvez não as entenderiam nem saberíamos explicar-nos bem —, mas as que servem para demonstrar-lhes quão ineptos e incapazes são para entender o que reclamam. Como, porém, não escutam os argumentos que desejam ouvir, julgam ou que assim agimos para ocultar nossa própria ignorância, ou que maliciosamente invejamos seu saber e, assim, indignados e raivosos se afastam de nós[97].

Portanto, não é mais suficiente explicitar o Credo e justificar-lhe a coerência. Esse questionamento desfavorável vai estabelecer o eixo da redação de Agostinho nessa obra: o verbo da ação motriz de toda a empreitada é dar a razão (*reddere rationem*):

> Por isso, queremos, com a ajuda de Deus nosso Senhor, tentar, como nos pedem e dentro das nossas possibilidades, dar a razão (*reddere rationem*) por que a Trindade é um único e verdadeiro Deus e por que é correto dizer, crer e entender (*intelligere*) que o Pai, o Filho e o Espírito Santo são uma mesma e única substância ou essência[98].

Primeiro tempo: o apelo às autoridades

Mas, num primeiro tempo, "é necessário provar, apoiados na autoridade das Sagradas Escrituras, a certeza da nossa fé"[99]. Para Santo Agostinho, trata-se de recapitular os dados anteriores da demonstração escriturística legada pelos

---

96. AGOSTINHO, *La Trinité*, I,1,1; BA 15, p. 87.
97. Ib.,I,1,3; pp. 93-95.
98. Ib., I,2,4; p. 95.
99. Ib.

Padres gregos. Dirá que assim agiu, "com a mente presa a essa regra de fé"[100]. Nos quatro primeiros livros de sua obra, Agostinho escreve como um herdeiro que reproduz a caminhada dos antecessores e se submete às suas normas, à regra de fé e às Escrituras. Mas ele o faz na sua época e recebe a linguagem do dogma trinitário definido pelos primeiros concílios. Seu discurso, bastante fiel à exegese dogmática dos Padres gregos, completa-se em clima novo. Sua argumentação a partir das "autoridades" da Escritura e da tradição não fica mais no estágio da invenção. É uma retomada e uma síntese, uma "releitura", diríamos hoje, mais refletida e mais elaborada. Quer também, com seu toque pessoal, apresentar um apanhado mais amplo dos textos da Escritura. Como seus predecessores, Agostinho raciocina apoiado no enunciado da fé, porque o clima da "questão" (*quaerere*) envolve a obra toda.

Segundo tempo: o apelo às razões

Nessa altura, Agostinho inicia, deliberadamente, um discurso novo, sob a égide do "dar a razão". Esse discurso seguirá duas pistas diferentes. A primeira (Livros V-VII) enfatiza a coerência lógica e ontológica do linguajar relativo às três pessoas divinas[101]. Sua reflexão se desenvolve a partir das categorias de substância e acidente, mas sobretudo de relação, distinguindo os atributos relativos (não gerado e gerado) e os atributos essenciais. Constrói a doutrina da processão do Espírito Santo, a partir do Pai e do Filho (*ab utroque*[102]), graças à oposição das relações. Dessa forma, baliza o terreno da teologia trinitária latina, abrindo-lhe um campo enriquecido com suas "sementes de razões", como dirá Boécio mais tarde. Mas a sua especulação não alcança plenamente o alvo. Ele próprio percebe a aporia de se atribuir a palavra *pessoa* ao Pai, ao Filho e ao Espírito Santo e também, no plural, à Trindade. Contrariando a lei dos termos comuns às pessoas divinas, "quando nos perguntam o que são esses três, temos que reconhecer a extrema pobreza da linguagem humana; falamos de três pessoas, para não ficar em silêncio"[103]. Malgrado seu prodigioso esforço especulativo, Agostinho não consegue escapar do uso por demais imediato das categorias lógicas.

Como situar esse seu trabalho, levando-se em conta o que já havia feito Basílio de Cesaréia, para adaptar as categorias racionais ao enunciado trinitário? De um lado, Agostinho aproveita-o e prolonga-o, especialmente no relevo emprestado aos termos relativos. Mas desloca o centro de gravidade da questão. O que era um coroamento para os seus antecessores torna-se ponto de partida; os resultados são outras tantas perguntas. Os Capadócios podiam ser mais ri-

---

100. Ib., XV,28,51; *BA* 16, p. 565.
101. Cf. tomo 1, pp. 264-266.
102. Cf. tomo 1, pp. 276-278.
103. AGOSTINHO, *La Trinité*, V,9,10; *BA* 15, p. 449; cf. também VII,4,9, pp. 535-537.

gorosos ou mais hábeis que Agostinho no uso das categorias. Não receavam sobrepor complementos racionais à prova da fé. Porém, eram sempre "complementos". Para Agostinho, ao contrário, a empreitada é totalmente nova, que ultrapassa a anterior e se torna objeto de preocupação especial. Nesse sentido, será possível, legitimamente, considerá-lo como o primeiro a fazer a passagem das autoridades (*auctoritates*) para as razões (*rationes*).

A segunda pista racional (Livros VIII-XV) focalizará o mistério da Trindade, a partir das suas analogias e imagens na criação e na alma humana. Não será, como disseram alguns, uma pesquisa filosófica, para complementar a investigação teológica. Na realidade, é o mesmo esforço de buscar um novo tipo de inteligibilidade, com base nas contribuições da antropologia. Usando uma expressão de P. Ricoeur, pode-se dizer que Agostinho nos mostra como "o mistério dá o que pensar". Assim se dirige ele ao Senhor, na sua oração final: "Desejei ver com minha inteligência aquilo em que minha fé acreditava"[104].

O juízo de Tomás de Aquino sobre Santo Agostinho

Na sua lucidez característica, Tomás de Aquino definirá com exatidão o papel de Santo Agostinho na evolução do discurso teológico cristão e da sua metodologia entre os Santos Padres e a Idade Média:

> Há duas formas de tratar a Trindade, segundo ensina Agostinho no livro primeiro da sua obra sobre *A trindade*, a saber, pela citação das autoridades e pelo exercício da razão. Essas duas formas foram adotadas por ele, como ele próprio afirma. Certos Padres, na verdade, como Ambrósio e Hilário, recorreram somente a uma delas, ou seja, às autoridades. Boécio preferiu a segunda forma, ou seja, a que procede pelo raciocínio, pressupondo o que outros haviam estabelecido, via autoridades[105].

Agostinho é um marco. Antes dele, os Padres da Igreja argumentavam sobretudo pelas autoridades, isto é, baseando-se numa argumentação escriturística e tradicional, como vimos. Depois dele, Boécio[106] inaugura um método puramente racional e especulativo, abrindo caminho ao que se tornará a escolástica. Esse novo campo de reflexão teológica será bastante promissor, com repercussão na formulação futura do dogma. Agostinho une os dois métodos, ciente de que o segundo só se firmará se fundamentado lucidamente sobre o primeiro. Por isso, o questionamento *ad intra* é amplamente motivado pelo questiona-

---

104. Ib., XV,28,51; *BA* 16, p. 565
105. TOMÁS DE AQUINO, "Exposition sur le *De Trin.* de Boèce, Prologue", 9; *Opusc. Theol.*, Marietti, 1954, t. 2, p. 314.
106. Cf. tomo 1, pp. 266-268.

mento *ad extra*, nascido da razão cultural e envolvendo o próprio teólogo que vivencia essa cultura.

III. A AUTORIDADE DOGMÁTICA DOS CONCÍLIOS

Cumpre-nos agora debruçar-nos sobre dois temas: o aparecimento da instituição dos concílios ecumênicos, destinados a desempenhar papel primordial na regulação da fé e o uso inicial da palavra *dogma*, que veio a ter história própria, por causa da atenção que o aspecto normativo da fé foi, pouco a pouco, adquirindo.

1. O CONCEITO DE DOGMA

> **INDICAÇÕES BIBLIOGRÁFICAS:** A. DENEFFE, *Dogma, Wort und Begriff, Scholastik*, 6, (1931), pp. 381-400 e 505-538. – P. A. LIÉGÉ, art. "Dogme", *Catholicisme*, III, (1952), pp. 951-952. – M. ELZE, "Der Begriff des Dogmas in der Alten Kirche", *ZThK* 61, (1964), pp. 421-438. – KASPER, *Dogme et Évangile*, Tournai, Casterman, 1967. – H.-J. SIEBEN, "Der Traditions begriff des Vinzent von Lerin", *Die Konzilsidee der Alten Kirche, op. cit.*, pp. 153-156. – U. WICKERT, art. "Dogma I. Historisch", *TRE* 9, (1982), pp. 26-34. – J. P. WEISS, art. "Vincent de Lérins", *DSp* XVI, (1993), 822-832.

A palavra *dogma* vem do verbo grego *dokein*, que significa parecer, parecer bem. Portanto, o substantivo *dogma* exprime uma opinião, no sentido técnico do termo (como se fala, por exemplo, em parecer do médico), ou uma doutrina (filosófica, por exemplo). Na época patrística, o vocábulo era usado nas escolas filosóficas, para designar pontos-chave da doutrina desta ou daquela corrente (*hairèsis*), obrigatórios para os que aderissem a ela[107]. O termo entrou também na área jurídica, para expressar uma decisão, um decreto, uma sentença.

Assim, nos Setenta e no Novo Testamento, *dogma* significa um *decreto* ou uma prescrição legal. Vejam-se, por exemplo, as disposições da lei judaica (Col 2,14; Ef 2,15), o "edito" de César Augusto (Lc 2,1), os editos do imperador (At 17,7) e as "decisões" do Concílio de Jerusalém, quando Paulo e Silas são encarregados de transmitir os *dogmata* que os Apóstolos e os anciãos haviam recebido "no Espírito Santo" (At 16,4). Essa prática antecipa, seguramente, o sentido futuro das decisões dogmáticas da Igreja.

Entre os primeiros Padres da Igreja, a palavra, quando aparece e aparece pouco, significa *decreto*[108], *preceito*[109], *ensinamento*[110] e, muitas vezes, uma ins-

---

107. Cf. A. J. FESTUGIÈRE, *L'idéal religieux des grecs et l'Évangile*, Paris, Lecoffre, 1932, p. 221.
108. Cf. CLEMENTE DE ROMA, *Aux Corinthiens*, 27,5. O verbo é que aparece aí.
109. *Didachè*, 11,3.
110. INÁCIO DE ANTIOQUIA, *Aux Magnésiens* 13,1; *Épitre* de Barnabé, 1,6; 9,7; 10,1,9.

trução moral de Jesus. Do mesmo modo, para o cristianismo, que se considera a "verdadeira filosofia", os *dogmata* constituem os pontos fundamentais da doutrina da fé e da prática religiosa e tudo o que é objeto de preceito[111].

No século IV, o termo se especializa em duas direções: para Eusébio de Cesaréia, dogmas são "decisões sinodais, tomadas na questão do batismo dos hereges"[112]; para Cirilo de Jerusalém, Cirilo de Alexandria e Gregório de Nissa[113], eles são reservados à doutrina da fé, distinta da moral. Mas, nessa visão, separam-se os "dogmas verdadeiros", ou seja, as posições doutrinais cristãs, dos "falsos dogmas", isto é, das doutrinas heréticas, como já ressaltava Ireneu. Nessa linha falam os concílios, que empregam a palavra dogma não para qualificar suas definições, mas sempre no sentido de "doutrina", verdadeira ou falsa. É assim que Calcedônia se pronuncia contra os *dogmata* do erro[114].

Em célebre passagem do tratado *Sobre o Espírito Santo*, Basílio de Cesaréia acentua a oposição original entre os anúncios (*kérygmata*) e as doutrinas (*dogmata*). Os primeiros vêm do ensinamento escrito; os segundos, da tradição secreta. Mas, para ele, todos têm "o mesmo valor religioso[115], expressão que Trento e o Vaticano II retomarão[116]. Contudo, o contexto e o uso vocabular diferenciam-se muito. Basílio alinha entre os anúncios o que, hoje, preferiríamos chamar de dogmas e chama de *dogmata* o que é objeto de uma transmissão secreta, com base no princípio do arcano, ou seja, o que se refere às práticas litúrgicas. Ele sublinha a solidariedade das duas áreas, porque os anúncios são, a seu modo, *dogmata* também[117]. Fala, assim, do *"dogma* da monarquia divina", isto é, da doutrina da unidade trinitária, dos *"dogmata* da teologia" e do *"dogma* da religião"[118].

No Ocidente, a palavra dogma não aparece em Tertuliano, Cipriano, Ambrósio, Agostinho, Leão e Gregório Magno[119]. Em compensação, assume enorme importância no *Commonitorium* de Vicente de Lérins († antes de 450), que a utiliza com muita freqüência, no afã de fixar critérios para o discernimento da verdade e do erro. Tornou-se famoso seu principal critério:

> Na própria Igreja Católica, é preciso o máximo cuidado para reter como verdadeiro o que todos, em todos os lugares e sempre crêem (*quod ubique, quod semper,*

---

111. Cf. JUSTINO, *1ª Apol.*, 44,1; TACIANO, *Discours aux Grecs*, 27,1; ATENÁGORAS, *Supplique au sujet des chrétiens*, 3,11,1; *A Diognète*, 5,3; CLEMENTE DE ALEXANDRIA, *Stromates*, 7,16,104,1; ORÍGENES, *Contre Celse*, 1,7; 2,24; 3,39; 3,76; 5,22; EUSÉBIO DE CESARÉIA, *Histoire Ecclesiastique*, I,3,12; 4,4. Cf. W. KASPER, *op. cit.*, p. 31.

112. W. KASPER, ib., referindo-se a EUSÉBIO, *Histoire Ecclesiastique*, VII,5,5.

113. Ib., referindo-se a CIRILO DE JERUSALÉM, *Catéchèses baptismales*, 4,2; *PF* (111933), p. 64; CIRILO DE ALEXANDRIA, *Commentaire sur Jean*, 21,25; *PG* 74, 756.

114. *COD* II, 1, p. 192; *DS* 300. Mais tarde, porém, a segunda carta de Cirilo a Nestório (Carta 4 do corpus cirileano) será chamada de "carta dogmática", porque consagrada em Éfeso.

115. BASÍLIO DE CESARÉIA, *Sur le Saint-Esprit*, XXVII,66; *SC* 17 bis, pp. 479-481.

116. Cf. infra, pp. 122 e 429.

117. Cf. B. PRUCHE, intr. à *SC* 17 bis, pp. 141-142.

118. BASÍLIO DE CESARÉIA, *Sur le Saint-Esprit*, XVIII,47; XX,51; XXX,77.

119. W. KASPER, *op. cit.*, pp. 32-33.

quod ab omnibus creditum est). Com efeito, falando com precisão, só é verdadeiramente católico o que tem caráter universal[120].

Portanto, Vicente defende e absolutiza, de alguma sorte, o critério da ecumenicidade, no tempo e no espaço. Antiguidade e unanimidade têm, para ele, valor normativo[121]. Sua sentença inspirou-se nos documentos dos Padres consolidados pelo Concílio de Éfeso: conjunto de testemunhos de regiões (*ubique*) e épocas diferentes (*semper*), cujo número (*omnes*) exprimia unanimidade[122]. Opunha-se ele a toda e qualquer "novidade", divergindo nesse ponto de Agostinho. No entanto, para um autêntico progresso do dogma, ele põe como condição que a sabedoria e a inteligência cristãs devem "crer de acordo com suas marcas, ou seja, no mesmo sentido, no mesmo dogma e no mesmo modo de pensar"[123]. Para ele, os "dogmas cristãos" são "dogmas da filosofia celeste"[124] e o que figura na profissão de fé católica é um "dogma divino"[125]. Dessa forma, Vicente aproxima-se do significado moderno de dogma, com a sua característica de algo que obriga. Por outro lado, a obra de Vicente ficou totalmente esquecida na Idade Média, sendo reabilitada só no século XVI, com notável influência na controvérsia sobre a tradição, entre católicos e protestantes.

Por fim, vale lembrar Genádio († por volta de 492), com o seu *Livro dos dogmas eclesiásticos*[126], em que condensa as principais afirmações da fé, procurando realçar a normatividade dessas afirmações ou teses e, por isso, apelando, aqui e ali, para a fórmula do anátema. Essa obra, por muito tempo atribuída a Santo Agostinho ou a Isidoro de Sevilha, gozará de imensa consideração na Idade Média.

Concluindo, postas à parte as orientações tardias de Vicente de Lérins e de Genádio, o termo dogma não pertence, realmente, na época patrística, ao vocabulário de controle da fé. Possui o sentido de doutrina. Nada, pois, com o significado moderno de dogma. O que, hoje, chamamos assim era designado como *fé*, *confissão de fé*, ou ainda *querigma*.

2. OS CONCÍLIOS ECUMÊNICOS

INDICAÇÕES BIBLIOGRÁFICAS: Coll., *Le concile et les conciles. Contribution à l'histoire de la vie conciliaire de l'Église*, Chevetogne/Paris, Cerf, 1960. — W. DE

---

120. VICENTE DE LÉRINS, *Commonitorium*, 2,5; *CCSL* 64, p. 149.

121. Pode suscitar problemas a verificação concreta desse critério em determinada questão, pois nem sempre se pode comprovar a unanimidade histórica. O mais das vezes o que existe é unanimidade moral. Assim também é que se alega o "consenso unânime dos Padres", a respeito de um dado de fé.

122. Cf. J. P. WEISS, art. "Vincent de Lérins", *DSp*, 16, 828.

123. VICENTE DE LÉRINS, *Commonitorium*, 23,3; *CCSL* 64, pp. 177-178. A palavra dogma aparece no título do capítulo.

124. Ib., 23,13; *CCSL*, p. 179.

125. Ib., 22,16; *CCSL*, p. 177.

126. GENÁDIO, *Livre des dogmes ecclésiastiques*, *PL* 58, 979-1000.

VRIES, *Orient et Occident. Les structures ecclésiales vues dans l'histoire des sept premiers conciles œcuméniques*, Paris, Cerf, 1974. — Y. CONGAR, "Pour une histoire sémantique du terme 'magisterium'", et "Bref historique des formes du 'magistère' et de ses relations avec les docteurs", *RSPT* 60, (1976), pp. 85-98 e 99-112. — H. J. SIEBEN, *Die Konzilsidee der alten Kirche*, Paderborn, F. Schöningh, 1979.

Concílio ecumênico é uma instituição que surgiu no século IV, com a reunião conciliar de Nicéia (325), dentro de condições políticas peculiares e, por outro lado, como resposta formal e necessária de toda a Igreja a graves problemas de fé. Essa inovação não esquece, porém, a tradição quase bissecular, já ressaltada[127], dos concílios locais e provinciais.

A atividade conciliar

Três palavras-chave marcam a atividade conciliar. Ela visa renovar a *fé*, oferecer *ensinamento* e emitir uma *definição*[128].

1. A *fé* é entendida tanto no sentido subjetivo do ato de fé, como no sentido objetivo do conteúdo da fé, ambos indissociáveis. As primeiras definições encontram-se no Símbolo de fé, iniciado pelo verbo "cremos..." e não "creio...", exprimindo-se, assim, a unanimidade eclesial da confissão de fé. Esta é não apenas uma fé (*pistis*), senão também um consenso confessional (*homologia*). O concílio representa uma celebração em que a Igreja reunida realiza uma ação teologal de fé e vive um novo Pentecostes[129].

Esse ato teologal de fé possui duas conotações complementares. Primeiro, deverá proporcionar um esclarecimento preciso sobre a questão em debate. O concílio elabora uma fórmula ou enunciado interpretativo, a serviço da confissão. Esse texto será chamado de "exposição da fé" (*ekthesis pisteôs*) ou, simplesmente, "fé" (*pistis*), termo muitas vezes assumido como indicativo de determinada formulação. Fala-se, assim, da *pistis* de Nicéia, para designar o Símbolo desse concílio. Em segundo lugar, a confissão de fé traz forte acento doxológico. É um ato de adoração a Deus e de obediência ao compromisso da fé tradicional. Depois de Nicéia, Atanásio não invoca a autoridade do concílio como tal, mas afirma, de certo modo, essa autoridade, porque os Padres exprimiram a fé recebida dos Apóstolos e dos seus predecessores, ou seja, da tradição:

---

127. Cf. supra, pp. 44-45.
128. Não é possível analisar aqui o encaminhamento dos debates conciliares. Observemos apenas que seguem de perto os modelos das assembléias políticas da época e, por outro lado, toda discussão nada mais era que uma busca da verdade.
129. João XXIII, retomando essa velha concepção, quis fazer do Vaticano II "um novo Pentecostes".

Em questão de fé, escreve, os Santos Padres nunca disseram: — Foi decretado assim, mas: Assim crê a Igreja Católica. E logo confessaram aquilo em que criam, para mostrar, claramente, que seu pensamento não era novo, mas de origem apostólica[130].

Com esse ato de fé apostólica, solenemente reformulado, entende-se dar glória a Deus. Outro termo que exprime bem esses dois aspectos da ortodoxia é "religião" (*eusebeia*, muito mais forte que "piedade", pelo qual é traduzido muitas vezes), que se contrapõe à "impiedade" (*asebeia*) da heresia. A *eusebeia* é a verdadeira religião, a autenticidade da fé "sadia", que fielmente glorifica a Deus, na reverência total à sua revelação.

2. O concílio também oferece *ensinamento*, na medida em que elabora novas fórmulas, desenvolve o conteúdo inicial da fé e a atualiza, em função da crise do momento e do quadro intelectual novo em que se põem os problemas. Introduz um "isto é" entre a palavra da Escritura e da tradição e a nova fórmula dogmática[131]. Com essa explicação, que é também uma tradução, ele põe fim às hesitações sobre o sentido que, naquele momento, no meio cultural grego, se deveria dar às principais afirmações bíblicas sobre Deus, Cristo e o Espírito Santo. A tomada de posição do concílio concretiza-se, particularmente, em Calcedônia, numa sentença cujo alcance W. Kasper, depois de E. Schlink, sublinhou[132]. A expressão introdutória da definição de Calcedônia não é mais "cremos", mas "ensinamos (*ekdidaskomen*) todos, a uma só voz, que é preciso confessar"[133]. A confissão (*homologia*) torna-se ensinamento (*didaskalia*). O que, com o tempo, sempre mais predominará.

3. A terceira palavra importante é *definição*, introduzida em Calcedônia: "O santo e grande concílio ecumênico... definiu (*hôrisen*) em Calcedônia"[134]. Esse termo traduz a tomada de consciência pelo concílio de sua própria autoridade, no serviço de regulação da fé. Definir é resolver, delimitar, tomar uma decisão. Daí a forma jurídica da decisão conciliar, mediante "decreto", como a seguir se repetirá com freqüência. Um ato jurídico, no campo da fé e, eventualmente, um ato de jurisprudência para a interpretação de passagens fundamentais da Escritura e do Símbolo. Um ato de autoridade que congrega os crentes, com o objetivo único de submetê-los à obediência da fé apostólica. É a Igreja "fazendo", por assim dizer, a verdade de sua fé, em determinado momento de sua história. Razão por que uma definição dogmática jamais se basta a si mesma, pois se refere sempre a um texto fundador. Assim também

---

130. ATANÁSIO, *Sur les Synodes*, 5; *PG* 26, 688; trad. Y. Congar, "Bref historique...", *art. cit.*, p. 101.
131. Cf. tomo 1, pp. 213-217.
132. W. KASPER, *op. cit.*, p. 45.
133. *COD* II-1, p. 199; *DS* 301; *FC* 313.
134. Ib., p. 201; *DS* 301; *FC* 313.

a hermenêutica dos documentos conciliares será sempre a hermenêutica de uma hermenêutica[135].

O anátema

A tradição conciliar fará do anátema a conclusão normal de todo cânon de condenação dos hereges. A palavra vem da Escritura. Seu sentido etimológico (oferenda votiva) desviou-se para denotar o que foi entregue à cólera divina e, por isso, algo maldito, votado ao extermínio — os inimigos de Israel, segundo as regras da guerra santa, ou à destruição — os despojos do inimigo (Dt 7,106; 13,12-17; Lv 27,28-29). No Novo Testamento, o termo vem com o sentido espiritual de maldição (Mt 18,15-18; 1Cor 5,3-5) e aparecem fórmulas com anátema:

> Se alguém...vos anunciasse um evangelho diferente daquele que nós vos anunciamos, seja anátema! [...] Se alguém vos anunciar um evangelho diferente daquele que recebestes, seja anátema (Gl 1,8-9).
>
> Se alguém não ama o Senhor, seja anátema (1Cor 16,22).

Paulo chega até a afirmar, paradoxalmente, o desejo de ser anátema, desde que seus irmãos de raça possam ganhar a salvação (Rm 9,3). Na prática, o anátema punha a pessoa fora da comunidade, como sanção de um pecado contra essa comunidade.

O Concílio de Elvira (cerca de 300) foi a primeiro a definir cânones com anátema, redigidos segundo o modelo das fórmulas paulinas. É um gênero literário que se manterá nos cânones dogmáticos, até o Vaticano I. No antigo direito canônico, o anátema era a maneira mais solene de excomunhão, acarretando o distanciamento do membro em rebelião contra a fé da comunidade. No fim do século IX, far-se-á a distinção entre a excomunhão que exclui da eucaristia e o anátema que separa da sociedade cristã[136]. No uso dogmático, o anátema é sempre condicional. Ao longo da história, visará cada vez menos às pessoas, para avaliar antes o que dizem. O anátema estigmatiza, solenemente, o que foi julgado incompatível com a adesão à fé cristã. O rigor da formulação contribuirá para absolutizar as sentenças assim marcadas e para identificá-las como "definições" de expressão privilegiada. Mas o sentido dado ao anátema varia, em função das intenções de cada concílio[137].

---

135. Cf. B. SESBOÜÉ, "Le procès contemporain de Chalcédoine" *RSR* 65, (1977), pp. 55-60.
136. Cf. A. BRIDE, art. "Anathème", *Catholicisme*, I (1948), 517.
137. Voltaremos a isso, ao tratar do Concílio de Trento, infra, p. 132.

Da aceitação de fato à autoridade de direito

Já expusemos as vicissitudes da recepção de Nicéia e o surgimento de uma teologia do concílio, inexistente antes da primeira assembléia ecumênica. Lembremos apenas que o encaminhamento foi da autoridade de fato para uma autoridade de direito, como se viu, exemplarmente, em Nicéia. Primeiro se verificou, no correr dos anos e por entre conhecidas dificuldades, que esse concílio renovou e confirmou, efetivamente, a fé dos Apóstolos, foi fiel à Escritura e, com essas credenciais, acabou, de fato, aceito pela maioria das Igrejas. Depois, constatou-se que não poderia ser de outra forma, porque viu-se que em Nicéia era a Igreja toda que se reunira e se pronunciara, na pessoa de seus bispos. Ora, a Igreja universal não pode errar em matéria de fé. Afirmou-se, então, que o concílio havia falado de modo definitivo e se ligou a sua autoridade com o seu caráter ecumênico. Daí se passou a afirmar a autoridade de direito do concílio ecumênico, que se evidenciará em Éfeso. Passou-se, assim, da proposição: "O concílio renovou a fé apostólica e a sua decisão ganhou com isso uma autoridade soberana", para esta outra proposição: "O concílio ecumênico, representando a fé de toda a Igreja, não poderia senão restaurar a fé apostólica e, por isso, tem autoridade soberana". As notáveis vicissitudes da recepção de Nicéia constituíram o cadinho em que se forjou a consciência da autoridade máxima de um concílio ecumênico. Desse modo, no conflito entre Cirilo e Nestório, o Concílio de Nicéia será invocado como a pedra de toque para a compreensão da encarnação.

A autoridade do bispo de Roma

O bispo de Roma continua a exercer, como antes, sua autoridade doutrinal. Com o correr do tempo e com a multiplicação das crises, ele vai se conscientizando sempre mais de uma autoridade própria, em questão de doutrina[138]. O surgimento, porém, da instituição conciliar levanta um problema novo: como articular a autoridade do concílio e a autoridade primacial do Papa?

Na ocasião do Concílio de Nicéia, o Papa Silvestre permaneceu bem à margem. Declinou do convite de comparecer, "em virtude de sua idade avançada", abrindo um precedente com sua ausência. Não se tem prova de que tenha confirmado o concílio. Em Éfeso, Celestino e seus legados tiveram papel mais relevante, mas não se pode falar ainda de uma confirmação formal. Maior foi a manifestação do Papa Leão, em Calcedônia, que se mostrou consciente de sua autoridade sobre a assembléia. Contudo, como bem observou W. De Vries[139], em Éfeso e mais ainda em Calcedônia, a relação entre o concílio e o pontífice tem

---

138. Cf. Y. CONGAR, "Bref historique...", *art. cit.*, p. 102.
139. Cf. tomo 1, pp. 345-346.

concepções divergentes no Oriente e no Ocidente. O papa Leão julga que o concílio apoiou seu *Tomo* a Flaviano, enquanto que os Padres de Calcedônia crêem ter considerado ortodoxo o documento de Leão. Da mesma forma, Leão confirmará Calcedônia com ressalvas, vetando o cânon 28. Essa prática será mantida e, a partir daí, estimada imprescindível à autoridade de um concílio ecumênico.

Fica, afinal, a pergunta: não aparece, nessa época, a palavra *magistério*? Os antigos concílios evitam usá-la em causa própria. Como testemunha do seu tempo, Agostinho escreve que o magistério (*magisterium*) é reservado a Deus e a Cristo, conforme Mt 23, 10: "Só tendes um mestre, o Cristo". Aos homens só pode caber o ministério (*ministerium*). "Essa dupla *magister-minister* é clássica", nota Congar[140]. Mas S. Leão já se referia à Igreja de Roma como mestra (*magistra*). O sacramentário leonino fala do "magistério" dos apóstolos Pedro e Paulo, pelo qual a Igreja é dirigida[141]. Reencontraremos esse termo na Idade Média, mas em sentido ainda distante do que assumiu em nossos dias.

---

140. Cf. Y. CONGAR, "Pour une histoire sémantique...", *art. cit.*, pp. 86-87.
141. Cf. ib., p. 88.

CAPÍTULO II
Exposição da fé e apologia na Idade Média

Segundo a historiografia corrente, Idade Média é o longo período de nove séculos, que vai dos inícios do século VII até o final do século XV. Seu ponto de partida está no final da civilização antiga e na conversão ao cristianismo dos bárbaros europeus. Desaparecia um mundo e nascia outro, com uma sociedade totalmente remodelada. Foi uma mudança extremamente custosa, com a turbulência das invasões e a instalação dos novos reinos bárbaros. Situação tão difícil que a época anterior e posterior ao reinado de Carlos Magno foi chamada, por algum tempo, de "séculos de ferro". Hoje, a pesquisa histórica destaca melhor a força germinal de todos os valores culturais cultivados sob o clima do "renascimento carolíngio"[1]. Para a cultura e o pensamento cristãos, a importância desse período de transição evidencia-se em nomes como Cassiodoro, Boécio, Jonas de Bobbio e, mais tarde, Hincmar, Gerberto e outros[2]. Nessa altura, a Igreja exerce um papel capital na defesa da cultura antiga, pagã e cristã e evangeliza o mundo rural. Manuscritos são copiados nos mosteiros orientais e ocidentais, estudam-se as Escrituras, multiplicam-se os centros de estudos e de ensinamentos religiosos. E muitos concílios locais e regionais realizam-se pelos países da Europa[3].

Do ponto de vista do que aqui nos ocupa — a Palavra de Deus (metodologia da explicitação da fé, regulação dogmática, justificação e apologia) — os

---

1. Cf. P. RICHÉ, *Éducation et culture dans l'Occident barbare (VI-VIII siècle)*, Paris, Seuil 1962: *Écoles et enseignements dans le Haut Moyen Âge*, Paris, Aubier, 1979; H.-I. MARROU, *Décadence romaine et antiquité tardive*, Seuil, 1977; P. BROWN, *Genèse de l'antiquité tardive*, Paris, Gallimard, 1983.

2. Cf. GRILLMEIER, "Fulgentius von Ruspe *De fide ad Petrum*, und die *Summa sententiarum*. Eine studie zum Werden der Frühscholastichen Systematik", *Mit ihm und in ihm*, Freiburg, Herder, 1975, pp. 637-679.

3. Cf. O. PONTAL, *Histoire des conciles mérovingiens*, Paris, Cerf/CNRS, 1989.

tempos da Idade Média não revelam sempre a mesma produtividade. A alta Idade Média, ou seja, o período entre 604, morte de Gregório Magno, e 1054, ruptura entre o Oriente e o Ocidente cristão, representam a passagem da Antigüidade tardia para a Idade Média propriamente dita. Os maiores problemas doutrinais são ainda tratados no Oriente (III Concílio de Constantinopla, em 681; II Concílio de Nicéia, em 787), dentro do Império Bizantino e da cultura patrística oriental. Depois, "a Igreja greco-oriental, atingida fortemente pela invasão islâmica, prosseguiu sua vida interior sem mudanças essenciais; *não teve Idade Média*"[4]. No Ocidente, ao contrário, desabrochou uma nova fermentação teológica, baseada em Santo Agostinho e nas especulações de Boécio (480-525). Sua primeira manifestação foi num período de tranqüilidade, em que se constituiu um novo império do Ocidente, sob o pulso firme de Carlos Magno e do seu filho, Luís, o Pio. Foi o "renascimento carolíngio", com a fundação das escolas junto às catedrais e a celebração de vários sínodos, com excelentes frutos nos séculos seguintes.

Nossa atenção, aqui, se restringirá a dois períodos: primeiro, o que vai da ruptura de 1054 e do pontificado de Gregório VII (1073-1095) até o fim do século XIII, com o crescente desenvolvimento da Escolástica e a formação das coleções canônicas, que vão preparar a sistematização da teologia; depois, o que abrange os séculos XIV e XV, com o surgir de tendências teológicas que apontam, de alguma sorte, para a Reforma. Traços comuns unem esses dois períodos, como a lúcida maturidade para a prática de uma metodologia teológica muito consciente, a busca de uma nova inteligibilidade da fé e um novo jeito de funcionamento da regulação doutrinal. Separado do Ocidente, o Oriente segue, agora, caminhos próprios. Por essa razão, vamos nos concentrar na Idade Média latina[5].

No Ocidente, desfruta-se um tempo de posse tranqüila do conteúdo da fé. Sobre esse conteúdo desenvolve-se uma reflexão sempre mais racional, deixando em segundo plano o combate aos hereges, embora assuma, às vezes, um caráter quase obsessivo. A apologia *ad extra* visa, sobretudo, aos muçulmanos. Em comparação com os tempos da patrística, o centro de gravidade da reflexão doutrinal se desloca da apologia da fé para a sua exposição metódica. Convém, pois, inverter a ordem de apresentação do capítulo anterior, focalizando, primeiro, a metodologia teológica, com destaque para os conteúdos preparatórios da futura "teologia fundamental", apresentando algumas indicações concernentes à defesa da fé. Segue-se, portanto, uma linha bastante seletiva, à luz das realidades vividas pela Idade Média e pela posteridade, no que tange ao dogma de feitio escolástico então assumido.

---

4. C. BIHLMEYER e H. TÜCHLE, *Histoire de l'Église*, t. II: *L'Église de chrétienté*, Mulhouse, Salvator, 1963, pp. 18-19. Vários Autores, (sob a direção de J.-M. Mayeur *et alii*) *Histoire du christianisme*, t. 4 e 5, Paris, Desclée, 1993.

5. Sobre o Oriente, cf. J. PELIKAN, *La tradition chrétienne*, II, *L'esprit du christianisme oriental (600-1700)*, Paris, PUF, 1994.

I. O TEMPO DA ESCOLÁSTICA: QUESTÕES E RAZÕES

INDICAÇÕES BIBLIOGRÁFICAS: G. PARÉ, A. BRUNET, P. TREMBLAY, *La renaissance du XIIe siècle. Les écoles et l'enseignement*, Paris/Ottawa, Vrin, 1933. — Y. CONGAR, art. "Théologie", *DTC* t. XV/1, (1946), 341-502. — J. DE GHELLINCK, *Le mouvement théologique du XIIe siècle*, Bruxelles/Paris, Éd. univ./DDB, 1948². — M.-D. CHENU, *La théologie comme science au XIIIe siècle*, Vrin, 1943²; *Introduction à l'étude de saint Thomas d'Aquin*, Paris/Montréal, Vrin, 1950; *La théologie au douzième siècle*, Vrin, 1957. — J. LE GOFF, *Les intellectuels au Moyen Âge*, Paris, Seuil, 1957. — A. LANG, *Die theologische Prinzipienlehre der mittelalterlischen Scholastik*, Freiburg, Herder, 1964. — M. CORBIN, *La liberté de Dieu. Quatre études sur l'œuvre d'Anselme de Cantorbery*, Paris, I.C.P., 1980. — J. LECLERCQ, *L'amour des lettres et le désir de Dieu; initiation aux auteurs monastiques du Moyen Âge*, 3ª ed., Paris, Cerf, 1990. — J. PAUL, *Histoire intellectuelle de l'Occident médiéval*, Paris, A. Colin, 1973. — J. JOUVET, *Arts du langage et théologie chez Abélard*, Vrin, 1982². — J. VERGER et J. JOLIVET, *Bernard et Abélard ou le cloître et l'école*, Paris, Fayard-Mame, 1985. — A. DE LIBERA, *Penser au Moyen Âge*, Seuil, 1991. — L. MATHIEU, *La Trinité créatrice d'après saint Bonaventure*, Paris, Éd. franciscaines, 1992. — O. H. PESCH, *Thomas d'Aquin: limites et grandeur de la théologie médiévale, une introduction*, Cerf 1993. — J. PELIKAN, *La tradition chrétienne*, III, *Croissance de la théologie médiévale (600-1300)*, Paris, PUF, 1994. — J. GAUDEMET, *Église et Cité: histoire du droit canonique*, Paris, Cerf/Mont-chrétien, 1994. — M. L. COLISH, *Peter Lombard*, Leiden, Brill, 1994.

1. NOVO CONTEXTO CULTURAL: DAS ESCOLAS ÀS UNIVERSIDADES

Houve, na patrística, algumas escolas de catequese superior ou de teologia, com Justino, em Roma; Clemente e Orígenes, em Alexandria; e, mais tarde, a escola de Antioquia. Eram centros intelectuais florescentes, que se distinguiam pelo estudo da Escritura e pela reflexão sobre a fé. Como, porém, os grandes teólogos eram, geralmente, bispos também, a teologia parecia tarefa propriamente episcopal. Na Idade Média, isso vai mudar.

Na transição da Antigüidade cristã para a Idade Média, os mosteiros orientais e ocidentais desempenharam um papel de relevo na transmissão da cultura, particularmente no conhecimento das Escrituras e no ensino das exigências do ministério pastoral. Nascem, no Ocidente, as "escolas monásticas", que ministravam o currículo das artes liberais e eram dirigidas pelas ordens religiosas. Paralelamente, proliferam as "escolas catedrais", por iniciativa dos bispos. Essas duas modalidades de escola ofereciam os mesmos ensinamentos (gramática, retórica e dialética), com um ponto comum: a presença de um *mestre* de autoridade reconhecida, cuja fama atraía os estudantes. Foi aí que se estruturaram, do século X ao século XII, as primeiras linhas do método escolástico, a ciência da Escola. A teologia torna-se então uma disciplina "escolar", constituindo-se objeto de ensino e de pesquisa. Assim, na França, muito colaboraram para a evolução do método teológico as escolas catedrais de Laon (João Scoto Erígena, Anselmo de Laon), de Chartres (João de Salesbury) e de Paris (Abelardo, que estudara em Laon) e a escola monástica dos Vitorinos (Hugo de São Vítor).

A partir dessas escolas é que nascem as universidades. Alguns mestres, com a relativa decadência de suas escolas, procuram trabalhar de forma independente, fundando suas próprias escolas superiores "livres", como aconteceu, inicialmente, em Paris, Bolonha e Oxford. Depois, "os mestres das disciplinas principais, teologia, direito, medicina, e da filosofia (*Artes liberales*), matéria propedêutica de todas elas, associaram-se, corporativamente, para defender seus interesses, definiram uma constituição própria e ganharam o reconhecimento da Igreja e do Estado, junto com significativos privilégios [...]. Assim nasceu o *Studium generale* [...]. O termo "universidade", no sentido atual de reunião de todas as disciplinas (*universitas litterarum*), só se firmará pelo final do século XIV, a partir da Alemanha. Anteriormente, *universitas* era a assembléia dos mestres (Faculdades) ou o agrupamento dos estudantes por 'nações' ou ainda o conjunto dos mestres e dos estudantes"[6]. As primeiras universidades são, pois, fruto da iniciativa dos próprios professores, mas sua criação dependeu também dos papas. Nessas novas instituições, a teologia coroa o conjunto das disciplinas, como a rainha das ciências.

Toda universidade apresenta certa originalidade no trabalho teológico. Todas têm sua "via" e posições próprias. Instaura-se, portanto, o pluralismo teológico. O mesmo se dá nas principais ordens religiosas: dominicanos, franciscanos, carmelitas, agostinianos. Pode-se falar da existência, na Idade Média, de "escolas teológicas", no sentido intelectual da palavra, caracterizadas por métodos, filosofias e posições-chave, dentro de suas tradições particulares. Nelas, questões não fechadas pelos concílios são discutidas livremente, como, por exemplo, a intensa discussão sobre o averroísmo[7], no meio do século XIII.

2. NOVOS MÉTODOS TEOLÓGICOS

A transformação da teologia em disciplina escolar sistematizada muda-lhe a natureza e o método, profundamente. Agora, sua finalidade está na busca da inteligibilidade da fé (*fides quaerens intellectum*). Estudando a teologia da eucaristia, H. de Lubac destacou a passagem do *simbólico* para o *dialético*, nesse caso[8].

---

6. C. BIHLMEYER e H. TÜCHLE, *op. cit.*, p. 311. Sobre Universidades, cf. também *Histoire du christianisme, Nouvelle Histoire de l'Église* etc. J. VERGER, *Les universités au Moyen Âge*, Paris, PUF, 1973.

7. Cf. M.-M. DUFEIL, *Guillaume de Saint-Amour et la polémique universitaire parisienne 1250-1259*, Paris, Picard, 1972.

8. H. de LUBAC, "Du symbole à la dialectique", *Corpus mysticum. L'eucharistie et l'Église au Moyen Âge*, Paris, Aubier, 1949, pp. 248-277.

Esse movimento que, até os nossos dias, marca a teologia, reflete-se também na própria linguagem dogmática, que vai cada vez mais assumindo a forma escolástica. Por isso, enfatizaremos aqui essa nova orientação, mas sem esquecer que a teologia monástica mantém-se dependente sempre mais do legado patrístico, mais meditativa, voltada mais à contemplação do mistério.

Da lectio às "sentenças"

A teologia trabalha com textos. Além, evidentemente, dos textos da Escritura, estuda os textos da patrística, da liturgia e do direito canônico, que constituem o comentário doutrinal da "página sagrada" (*sacra pagina*). Portanto, a lição básica é o estudo da Escritura, espaço privilegiado para se explanar a doutrina da fé. É a *lectio*, o "comentário", a "exposição", a primeira fase do trabalho pedagógico dos grandes mestres da escolástica. E eles o desenvolvem utilizando a grade hermenêutica dos quatro sentidos da Escritura[9]. Os comentários podiam ser de frase em frase ou também em glosas de esclarecimento das dificuldades do texto, dirimindo-lhes as eventuais dúvidas. A glosa podia vir tanto à margem da página, como de forma interlinear. Para facilitar ainda mais a explicação dos textos da *lectio*, usavam-se também os recursos da gramática e das categorias da linguagem e da lógica.

Muito naturalmente, as glosas foram ganhando mais extensão, transformando-se num gênero literário à parte: "glosa média" (*glossatura media*, Gilberto de la Porrée) ou "grande glosa" (*glossatura magna*, Pedro Lombardo). A *lectio* ensejou a produção de sentenças (*sententia*), enunciados, inicialmente, de fórmulas patrísticas sobre a Escritura, compiladas em antologias. Depois, a sentença torna-se a expressão de um aprofundamento do texto, uma explicação do sentido (*sensus*). Aos poucos, as coleções de *Sentenças* vão acolhendo essas conclusões e surgem as *Sumas de Sentenças*. "A antiga coletânea de sentenças torna-se uma coleção original de interpretações, de opiniões, motivadas e sistematizadas por verdadeira densidade doutrinária. Modelo acabado dessa literatura e testemunha dessa etapa da teologia é o famoso *Liber sententiarum* de Pedro Lombardo (1100-1160). Ex-aluno de Abelardo, ele é o "mestre das sentenças"[10]. Seus *Quatro livros das Sentenças* representam uma primeira forma de dialética, oferecendo um apanhado da economia cristã, desde a criação até o juízo final. As obras de Lombardo ocuparam um lugar especial no ensino da teologia. Eram obrigatórias para os estudantes e sobre elas escreveram os grandes mestres da escolástica, como Boaventura, Tomás de Aquino, Duns Scoto e Guilherme de Occam.

---

9. Sobre esses quatro sentidos, cf. tomo 1, pp. 129-132. Cf. também H. de LUBAC, *Exégèse médiévale. Les quatre sens de l'Écriture*, 4 vol., Paris, Aubier, 1959.

10. M.-D. CHENU, *La théologie comme science...*, *op. cit.*, p. 24.

A quaestio

Com toda a soma de glosas e conclusões expressas nas sentenças, a *lectio* ainda não era suficiente. Para além da interpretação deste ou daquele texto, as afirmações da Escritura levantam uma série de perguntas radicais, em torno dos seus pressupostos, da sua coerência, das suas eventuais conseqüências, numa palavra, da sua inteligibilidade. Por exemplo: "Cristo veio salvar-nos do pecado. Teria ele vindo, se o homem não tivesse pecado? O homem está enfraquecido por uma falha inicial de sua espécie. Atinge essa fraqueza também o poder de sua inteligência ou só da sua sensibilidade ou só da sua vontade? A graça constitui em mim uma ajuda de Deus e a participação na sua vida. Como reside ela em minha alma? A fé, a esperança e a caridade seriam elementos ou formas dessa participação? Como são elas enquanto virtudes? E assim por diante"[11]. De certa forma, a questão (*quaestio*) sucede a contemplação. Procura compreender a terra, interrogando a Terra e não mais contemplando o céu. Da causa exemplar passa à causa eficiente (Congar). Dando seqüência à *lectio*, o questionamento será o lugar privilegiado do *intellectus fidei*. Não se trata da pergunta espontânea provocada por um texto, mas de um processo técnico de desenvolver um tema, desde o seu *status quaestionis* até a sua solução.

Assim, progressivamente, as respostas a cada questão vão criando um espaço teológico que, por sua vez, tende a uma coerência global e sistemática. Depois, a *quaestio* se universaliza, tornando-se o ponto de vista formal, no tratamento de todos os temas. "Da pergunta real do início, passa-se a um artifício metodicamente aplicado aos conteúdos ideológicos menos passíveis de dúvida. O questionamento acaba meramente formal. O primeiro teólogo que ousou perguntar: *Utrum Deus sit?* não duvidava, absolutamente, da existência de Deus"[12]. Estava apenas indicando como se poria tal questão, de modo sistemático. Esse processo desloca o centro de interesse da teologia. Passa-se do texto da Escritura em análise para o novo terreno da especulação acumulada, num suceder-se de indagações sobre a inteligibilidade de cada uma delas. E para tanto a teologia quer proceder com rigor, *per rationes*. Assim, da sentença chegou-se à *quaestio*. Logo os exemplares da obra de Pedro Lombardo aparecem afogados em anotações marginais de um sem-número de questões ("*Hic quaeritur*")[13]. Quando vier a ser comentado pelos grandes escolásticos do século XIII, teremos aí delineado o gênero literário da *quaestio*.

---

11. Ib., p. 22.
12. Ib., p. 23.
13. M.-D. CHENU, *La théologie au XIIe siècle, op. cit.*, p. 339.

A *metodologia da* quaestio

A *quaestio* desenvolve sua metodologia específica a partir do velho exemplo dado por Boécio, no seu célebre estudo sobre a Trindade[14]. Sua base foi o *status quaestionis* com as opiniões dos Santos Padres a respeito do assunto, sem esquecer os pontos de divergência entre eles. Abelardo também, no famoso *Sim e Não* (*Sic et Non*)[15], compendiou os pareceres e as contradições dos Padres, ou seja, das "autoridades" por excelência, sobre a ampla temática da teologia (fé, sacramento, caridade). Defendia, assim, a necessidade da análise crítica até mesmo desses testemunhos autorizados e classificava-os pelo sim ou pelo não dado a cada questão. Na diversidade das opiniões e por entre as oposições dos autores, procurava o teólogo cristão encontrar não só a verdade, senão também o consenso de fundo. Para isso, impunha-se recuperar o sentido exato de cada texto, com os recursos da gramática e da dialética. As próprias palavras dessas autoridades suscitavam muitas indagações "que é preciso julgar, antes de julgar por elas"[16]. Por outro lado, Gilberto de la Porrée, na esteira de Boécio, via na *quaestio* um processo de esclarecimento, de solução e aprofundamento do problema em estudo, mediante o entrechoque das posições e o embate das idéias, na busca do ponto de vista de cada um[17].

No século XIII e especialmente com Santo Tomás de Aquino, a *quaestio* reveste-se de forma mais acabada. Sua unidade elementar, o *artigo*, decompõe os diversos aspectos de uma pergunta, começando pela exposição do pró e do contra. Coloca-se uma série de opiniões num sentido (*Videtur quod...*), para acentuar algumas razões; depois, vem o "Em sentido contrário" (*Sed contra*), com o parecer oposto, apoiado tanto em texto de alguma autoridade (da Escritura, da patrística, em geral Santo Agostinho, ou da filosofia, a saber, Aristóteles). Mas o "*Sed contra*" de si não representa o pensamento do autor nem o argumento da autoridade que fundamentou sua posição; é a proposição alternativa"[18]. Mas um único *Sed contra* basta para dar o contrapeso de várias razões, antecipando o rumo que o autor irá tomar.

Exposto assim o *status quaestionis*, o mestre apresenta sua solução pessoal ou "determinação" ou "conclusão", na parte principal do artigo. Trata-se de uma exposição de base racional, porque submete a solução do problema a princípios gerais, teológicos ou filosóficos, a causas, a distinções lógicas ou gramaticais ou a analogias. Na parte final, o mestre responde aos argumentos contrários, transformados em objeções à sua própria tese, fazendo, em geral, alguma distinção para respeitar a parcela de verdade contida no pensamento do outro.

---

14. BOÉCIO, *Quomodo Trinitas unus Deus ac non tres Dii*, PL 64, 1255ss.
15. ABELARDO, *Sic et Non*, PL 178, 1339-1610.
16. ABELARDO, *Dialogue entre un philosophe, un juif et un chrétien*, PL 178, 1641 b.
17. Cf. A. LANG, *Die theologische Prinzipienlehre...*, op. cit., p. 37.
18. M.-D. CHENU, *Introduction à l'étude de Saint Thomas d'Aquin*, Montréal/Paris, Vrin, 1950, p. 80.

A análise de uma questão maior pode também ramificar-se em muitas distinções, questões, artigos e "pequenas questões" (*quaestiuncula*). No século XIV, esse processo todo poderá se tornar mais complexo e pesado, mas o princípio continuará o mesmo.

A disputatio

A disputa (*disputatio*) constituía uma espécie de encenação viva da *quaestio*. Como se tratava, em geral, de duas opiniões opostas, dois professores ou estudantes representavam quem defendia (*defendens*) e quem atacava (*opponens*), cada um procurando fazer valer sua posição, em cerrada argumentação. Gilberto de la Porrée já usava esse artifício[19]. E a solução final, a "determinação" do problema acabava sendo dada pelo mestre. Esse método tinha suas vantagens, na medida em que estimulava a busca dos melhores argumentos, mas as sutilezas dialéticas geravam também excessivo formalismo, com predominância de brilhantes sofismas sobre arrazoados respeitáveis. Os *Quodlibetales*, ou seja, "as questões a respeito de qualquer coisa" eram um gênero de disputa típico de Paris, dentro de uma sessão solene e pública em que o mestre se empenhava em responder a qualquer pergunta de colegas ou alunos.

A "ordem da doutrina" e as Sumas teológicas

A glosa estava intimamente ligada ao texto comentado, enquanto a sentença já se afastava um tanto dele, com a formação das *Sumas de Sentenças*. A distinção fica ainda mais clara com os *Comentários das Sentenças* que mantêm a estrutura da *quaestio*, mas dentro da ordem que P. Lombardo dera à sua obra. As discussões, porém, voltadas para as *Questões disputadas*, constituíam lições avulsas, suscitadas pelo dia-a-dia e visavam mais à pesquisa dos mestres do que à formação dos discípulos. Crescia, então, a necessidade de organizar o *corpus* de toda a teologia, numa ordem adequada a essa disciplina. Aparecem, assim, como última etapa desse processo, as *Sumas teológicas*. Era um gênero literário novo, com as seguintes características principais: um conjunto de *quaestiones*, tratadas segundo o estilo desse gênero; um projeto global, como diz o próprio título da obra; uma preocupação pela ordem meramente sistemática (*ordo doctrinae*), que não parte mais da letra da Escritura e segue um esquema racional de elaboração, justificando o lugar dado a cada tema e ressaltando as articulações da fé; e, por fim, recurso a grandes princípios especulativos, às vezes platônicos, mas, com o tempo, o mais das vezes, aristotélicos. Caberá à maturidade do mestre definir, livremente, o plano e a arquitetura da obra, onde o

---

19. Cf. *PL* 64, 1049 b.

aluno encontrará o roteiro completo para tudo o que precisa aprender. Passa-se, assim, da *sacra pagina* à *sacra doctrina*[20]. Mas os mestres mais tradicionalistas[21] terão ressalvas a essa evolução.

Acontecem, pois, nesse tempo, dois tipos complementares de ensino nas universidades, ambos, aliás, oferecidos pelo mesmo professor: de um lado, tem-se o comentário seguido das Escrituras (*lectio*), como é o caso mais notável de Tomás de Aquino; de outro lado, discute ele, num primeiro momento, com colegas e alunos, alguma "questão disputada", para, depois, dar a sua conclusão e, finalmente, ir propondo, metodicamente, uma série de questões, origem de uma futura *Suma teológica*.

3. A BUSCA DE NOVA INTELIGIBILIDADE: RUMO À TEOLOGIA COMO CIÊNCIA

A essa evolução do método e da forma da teologia corresponde uma evolução do seu conteúdo e da sua natureza. Enquanto a teologia patrística primava por evidenciar a autoridade das Escrituras e da tradição, empenhando-se em pôr a razão a serviço da afirmação da fé, a teologia escolástica aplica toda a sua criatividade numa metodologia de argumentação sobre os fundamentos da fé. Seu processo é a discussão dialética das provas (princípios, causas, efeitos, método silogístico), numa visão sistemática. A preocupação por uma doutrina rigorosamente construída, dentro do *ordo rationis*, é que dirige todo o enfoque da fé. Vive-se o mesmo relacionamento de antes entre fé e razão, mas invertendo, por assim dizer, esses fatores.

As "razões necessárias" em Anselmo de Cantuária

Anselmo de Cantuária (1033-1109) retoma a tarefa de Santo Agostinho: a fé deve compreender o que professa (*fides quaerens intellectum*). Mas leva-a mais longe, para se situar num ponto intermediário, entre a inteligência patrística da fé e a razão (*ratio*) escolástica[22]. Dá-lhe um espaço novo, procurando provar a fé por "razões necessárias". Anselmo escreveu *Monologium* e o *Proslogium*

> para que ficasse demonstrado, por razões necessárias (*necessariis rationibus*), sem apelo à Escritura, o que afirmamos pela fé sobre a natureza divina e suas pessoas, fora da encarnação (*praeter incarnationem*)[23]. Prescindindo do Cristo

---

20. Cf. M.-D. CHENU, *La théologie au XIIe siècle, op. cit.*, pp. 329-337.
21. Cf. a respeito M.-D. CHENU, *La théologie comme science..., op. cit.*, pp. 25-32.
22. H. URS VON BALTHASAR, *La Gloire et la Croix*, II/1, Paris, Aubier, 1968, p. 201.
23. ANSELMO DE CANTUÁRIA, *Lettre sur l'incarnation du Verbe VI; L'oeuvre*, t. III, éd. M. Corbin, Cerf, 1987, p. 231.

(*remoto Christo*), como se nada tivesse (vindo) dele, (este livro) prova, por razões necessárias (*rationibus necessariis*), que é impossível que alguém tenha sido salvo sem ele. No outro livro, mostra-se, igualmente, que, se não se soubesse nada de Cristo, por uma razão e uma verdade não menos clara (*aperta ratione et veritate*), a natureza humana foi dotada dessa finalidade de, um dia, o homem poder gozar da imortalidade feliz; que também é necessário se realizar aquilo para que o homem foi criado, mas somente por um Homem-Deus; que é preciso, enfim, que se concretize, necessariamente, tudo o que cremos a respeito de Jesus Cristo[24].

Esse rigor na busca das razões necessárias, abstraindo da pessoa de Cristo e do que ensinam as Escrituras, provocou muitas interpretações divergentes. De fato, algumas expressões de Anselmo podem insinuar que, para ele, a encarnação e a Trindade são deduções necessárias. Corre até hoje essa interpretação racionalista. No entanto, seria como ignorar a dimensão propriamente contemplativa do pensamento de Anselmo e a sua sensibilidade pela beleza da fé, que o faz artífice de uma "razão estética", no dizer de H. Urs von Balthasar[25]. Sabe Anselmo muito bem que não poderia afirmar por dedução as verdades reveladas, se as ignorasse. Se as coloca, metodologicamente, entre parênteses, é pelo desejo preciso de retomá-las através de um processo que lhes demonstre a inteligibilidade e a racionalidade. Elas funcionam como um pólo capaz de dirigir e estimular a reflexão. Anselmo dialoga com irmãos que não precisam "chegar à fé pela razão", mas querem se alegrar no entendimento e contemplação da beleza daquilo que crêem, sempre dispostos a justificar sua esperança (cf. 1Pd 3,15)[26]. Reconhece-o seu interlocutor Boson: "Seria negligência nossa não procurar compreender o que cremos, se estamos confirmados na fé"[27]. Assim, escreve Balthasar, posiciona-se no momento crucial em que a revelação bíblica pode ser plenamente compreendida como o coroamento e o ápice da filosofia antiga"[28].

O essencial nos esforços de Anselmo, que, aliás, teve influência limitada no seu tempo, é o cuidado por justificar a fé pela razão, propondo, portanto, uma relação nova entre ambas. Com isso, visava não só os confrades, mas também os infiéis ou não-crentes, pois os fiéis sempre interiorizam como questão intrínseca à fé aquilo que os não-crentes objetam do exterior, como obstáculo a ela. Uns insistem nas razões porque crêem; outros, nas razões por que não crêem. Todos, porém, estão envolvidos na mesma busca racional[29]. Esta será uma constante na apologia da fé indispensável àquela porção de descrença

---

24. Id., *Pourquoi un Dieu homme*, Préface; t. III, p. 291.
25. H. URS VON BALTHASAR, *op. cit.*, pp. 195-215.
26. ANSELMO, *Pourquoi un Dieu homme*, I,1; t. III, p. 301.
27. Ib., I,1.
28. H. URS VON BALTHASAR, *op. cit.*, p. 196. Cf. K. BARTH, *Saint Anselme, Fides quaerens intellectum, La preuve de l'existence de Dieu*, Genève, Labor et Fides, 1985.
29. Cf. M. CORBIN, *L'oeuvre de S. Anselme*, intr. t. III, pp. 32-34.

que existe em qualquer pessoa. Desse ponto de vista, a radicalidade do método anselmiano inaugura um caminho que tomará formas variadas, mas não desaparecerá jamais.

O uso da dialética no século XII

O uso da dialética, disciplina da lógica e da argumentação para uma discussão estruturada, começou com Abelardo, seguido pelo seu discípulo P. Lombardo. Também Gilberto de la Porrée adotou esse caminho, com excepcional vigor especulativo. Estudando os opúsculos de Boécio, ele recolhe conceitos teológicos e proposições que servem de princípios e regras para se argumentar com o rigor a ele tão caro das ciências matemáticas[30]. Seu objetivo é unificar todos os dados da fé numa síntese global. Trata-se de um projeto que poderíamos qualificar de "científico".

A maior referência filosófica dessa dialética aplicada à teologia é o *Organon* de Aristóteles, divulgado no século XII, primeiro suas *Categorias*, depois seus *Analíticos* e seus *Tópicos*. Era o conjunto lógico da obra do Filósofo, a parte relativa à organização do raciocínio. Ainda não se falava da sua *Metafísica*.

Nessa dinâmica, as sentenças principais das grandes coleções vão se tornar as regras determinantes de um método. A teologia vai definindo uma "axiomática" moldada pelos tópicos aristotélicos, como as demais disciplinas. Assim, a escolástica apresenta-se, na primeira hora, como um método e não como um conteúdo. É uma lógica, antes de tornar-se uma ontologia.

A teologia como ciência no século XIII

Há bem um século, portanto, vinha a teologia ensaiando transformar-se em "ciência", no sentido medieval do termo, ou seja, numa disciplina argumentativa. "Na realidade, escreve Congar, só existe ciência para Aristóteles e os Escolásticos, quando alguma coisa é conhecida em outra que é a sua razão, isto é, sua causa ou princípio, *in principio*"[31].

Depois de duas ondas sucessivas de tradução das obras de Aristóteles, foi a terceira que franqueou um patamar novo para a evolução racional da teologia. Não se tratava mais de aplicar à teologia somente a lógica, a gramática e a dialética. "A novidade do século XII para o século XIII é a entrada da física, da metafísica, da psicologia e da ética de Aristóteles no campo teológico, trazendo algumas contribuições objetivas para o próprio conteúdo da ciência sagrada. A partir daí, Aristóteles irá oferecer [...], na própria seara do saber teológico, um

---

30. GILBERTO DE LA PORRÉE, *PL* 64, 1316 c; cf. A. LANG, *op. cit.*, p. 52.
31. Y. CONGAR, art. "Théologie", *DTC* t. XV/1, (1946), 419.

conjunto de idéias que atingirão não somente os caminhos, mas também o termo e o conteúdo da reflexão"[32]. Deve-se essa mudança sobretudo a Alberto Magno e, depois, a Boaventura e a Tomás de Aquino, discípulo de Alberto. A escolástica torna-se, então, uma "ontologia". Comporta tanto uma epistemologia como uma metafísica, baseada na analogia do ser[33].

Boaventura descreve bem a transição do "crível como crível" (*credibile ut credibile*) para o crível como inteligível (*credibile ut intelligibile*). "Dessa forma, explica M.-D. Chenu, desloca-se, por assim dizer, do seu eixo primitivo (*determinatio distrahens*) o objeto estudado, que não é mais visto como um aspecto do seu dado primitivo, mas submetido a outros princípios explicativos"[34]. Ocorre, pois, a mudança de um tipo de saber a outro. O termo empregado por S. Boaventura e Santo Tomás, para exprimir isso, é a "subalternação" de uma disciplina induzida em relação a outra disciplina indutora, como a ótica para a geometria. Assim, a teologia se subordina ao saber fundamental da fé. O objeto de fé é tratado através do raciocínio. Por conseguinte, o método teológico não é mais o do simples crente.

Santo Tomás, na primeira questão da *Suma Teológica*, também trata da "doutrina sagrada", perguntando, logo de início, se essa doutrina é uma "ciência". Responde afirmativamente, comparando-a com as ciências construídas a partir dos "princípios conhecidos pela luz natural da inteligência":

> A doutrina sagrada é ciência. Mas existem dois modos de ciência. Algumas procedem de princípios que são conhecidos à luz natural do intelecto, como a aritmética, a geometria etc. Outras procedem de princípios conhecidos à luz de uma ciência superior: tais como a perspectiva, que se apóia nos princípios tomados à geometria; e a música, nos princípios elucidados pela aritmética.
>
> É desse modo que a doutrina sagrada é ciência; ela procede de princípios conhecidos à luz de uma ciência superior, a saber, da ciência de Deus e dos bem-aventurados. E como a música aceita os princípios que lhe são passados pelo aritmético, assim também a doutrina sagrada aceita os princípios revelados por Deus[35].

Nessa resposta, Tomás de Aquino transforma uma objeção em argumento e, na esteira de outros escolásticos[36], traça um paralelo entre a função dos princípios nas outras ciências e a função dos artigos de fé baseados na revelação e na tradição. A objeção era que toda ciência se constitui a partir de princípios evidentes por si mesmos, conforme precisava Guilherme de Auxerre[37]. Ora, não são

---

32. Y. CONGAR, ib., 375.
33. Cf. M.-D. CHENU, *La théologie comme science...*, *op. cit.*, p. 76.
34. Ib., p. 57.
35. TOMÁS DE AQUINO, *Suma Teológica*, I, q. 1, a. 2.
36. Como Guilherme de Auxerre, Alexandre de Hales, Felipe Chanceler. Cf. A. LANG, *op. cit.*, pp. 112-121.
37. Cf. M.-D. CHENU, *La théologie comme science...*, *op. cit.*, p. 61.

assim os artigos de fé. Em resposta, Santo Tomás apela para o princípio de subalternação de uma ciência a outra. A conclusão de uma ciência pode tornar-se princípio de outra. Nesse caso, o sábio trabalhará com princípios não evidentes para ele, mas evidentes para outro e crê neles. Há continuidade entre uma ciência e outra, numa hierarquia de evidências. É o que acontece na teologia, onde os artigos de fé estão "subalternados" à ciência de Deus e dos bem-aventurados.

A iluminação da fé (*lumen fidei*) garante a necessária continuidade, porque enseja o entendimento dos dados da fé como princípios[38]. Se a fé tem como fundamento um dom habitual (*habitus*) infuso ou teologal, a teologia tem por base um *habitus* adquirido pela prática da reflexão. Entra, assim, perfeitamente, na ordem geral do conhecimento científico[39], pois permanece em continuidade imediata com o mistério da fé, dado que o *lumen fidei* é comum à fé e à teologia. Como, porém, a transcendência específica dos artigos de fé tem enorme diferença em relação às outras disciplinas, Santo Tomás prefere falar de uma "quase subalternação"[40]. Essa idéia da ciência segue uma linha dedutiva com conclusões novas, desconhecidas, a partir de princípios seguros e bastante conhecidos. Como toda ciência, a teologia argumenta para "demonstrar outra coisa" e conduz a "conclusões teológicas", já que é uma ciência "argumentativa":

> As outras ciências não argumentam em vista de demonstrar seus princípios, mas para demonstrar a partir deles outras verdades de seu campo. Assim também a doutrina sagrada não se vale da argumentação para provar seus próprios princípios, as verdades de fé; mas parte deles para manifestar alguma outra verdade, como o Apóstolo, na primeira Carta aos Coríntios, se apóia na ressurreição de Cristo para provar a ressurreição geral[41].

Essa doutrina sagrada é uma ciência que goza de unidade, porquanto seus objetos são estudados como revelados por Deus (art. 3º). É uma ciência especulativa e, ao mesmo tempo, prática (art. 4º) e, por esses dois aspectos, supera as demais ciências, porque é mais certa e porque visa à bem-aventurança suprema (art. 5º), o que não a impede de ser também uma "sabedoria".

Filosofia e teologia

INDICAÇÕES BIBLIOGRÁFICAS: E. GILSON, *Le Thomisme. Introduction à la philosophie de S. Thomas d'Aquin*, 5. ed. 1948. — F. VAN STEENBERGHEN, *Introduction à l'étude de la philosophie médiévale*, Louvain/Paris, B. Nauwelaerts,

---

38. O papel do *lumen fidei* tem mais ênfase no *Comentário das Sentenças*, mas permanece na *Suma*. Cf. M.-D. CHENU, ib., pp. 75 ss.
39. Sobre a subalternação em Tomás de Aquino, cf. M.-D. CHENU, ib., p. 67.
40. M.-D. CHENU, ib., p. 90.
41. *Suma Teológica*, I, q. 1, a. 8.

1974. — P. VIGNAUX, *Philosophie au Moyen Âge*, Albeuve (Suisse), ed. Castelle, 1987². — K. FLASCH, *Introduction à la philosophie médiévale*, Fribourg/Paris, Edit. univ./Cerf 1992. — A. DE LIBERA, *La philosophie médiévale*, Paris, PUF, 1992².

No bojo do discurso racional da fé é que se instaura a nova relação entre teologia e filosofia. Na época patrística, fazia-se menção à "sabedoria de fora", mas sempre a contragosto. Praticamente, só Platão ganhara as boas graças dos Padres, pelas suas intuições espirituais, que pareciam prefigurar o cristianismo. Quando recorriam à dialética e a conceitos sincreticamente pinçados de uma ou outra escola, era de forma meramente instrumental. Agora, não. A filosofia passa a ter presença própria e relativamente autônoma, dentro da teologia. No entanto, ainda se está bem longe da situação moderna, embora preparando-a. Cabe, pois, examinar em que se distinguem e em que se aproximam a filosofia e a teologia, na Idade Média, particularmente a partir do século XIII.

Para a escolástica, a filosofia tem existência própria. Na Faculdade de Artes, constitui objeto de um curso universitário anterior à teologia e com certas distinções em relação a ela. Personifica-se em Aristóteles, cujo pensamento ganha divulgação crescente, graças às traduções e comentários dos filósofos árabes. No século XIII, Aristóteles é a paixão das Universidades, "o filósofo", "a autoridade intelectual". Santo Tomás cita-o nesses termos, pronto para uma "explicação muito respeitosa"[42] (*expositio reverentialis*), quando lhe percebe alguma afirmação incompatível com a fé cristã. Essa coragem de introduzir o enfoque filosófico na ensino da ciência sacra irá lhe render suspeitas e até mesmo condenação.

Em momento algum, porém, o estudo dos teólogos escolásticos abre espaço totalmente autônomo para a filosofia, como disciplina cultivada junto e paralelamente com a teologia. Seu projeto é, antes de tudo, essencialmente teológico, como se vê no desenho das grandes *Sumas* teológicas. O teólogo fala a partir da fé cristã, privilegiando as diretrizes de sua disciplina. Da filosofia ele se serve em dois sentidos: de um lado, toma-lhe emprestado as estruturas da linguagem e do pensamento, para manifestar a racionalidade do dado revelado, integrando-o numa estrutura metafísica e expondo-o de forma sistemática; de outro lado, considera a razão humana apta para demonstrar, pelas próprias forças, certas verdades "naturais" a respeito de Deus, do homem e do mundo, verdades que também pertencem à revelação cristã. Portanto, a razão pode servir para pesquisar (*investigare*) muitos temas propostos pela fé, mas que, de si, não ultrapassam sua capacidade. Nesse relacionamento das duas disciplinas, deve a filosofia ficar a serviço da teologia (*ancilla theologiae*).

Assim, o mistério da criação será tratado numa perspectiva deliberadamente metafísica[43]. O conceito de natureza dominará a antropologia, levando a

---

42. Cf. Ch.-H LOHR, *Commentateurs d'Aristote au moyen âge latin*, Fribourg (Suisse)/Paris, Éd. Univ. Cerf, 1988.
43. Cf. tomo 2, pp. 67 ss.

distinguir natureza e "sobrenatural"[44], sendo este, aliás, avaliado por Tomás de Aquino como um "sobrenatural contínuo", ou seja, que não violenta a natureza humana, antes lhe satisfaz as aspirações[45]. O hilemorfismo aristotélico será assumido. As provas da existência de Deus serão consideradas e o princípio da analogia do ser servirá para aclarar a correspondência entre os diversos domínios do *corpus* teológico. "Do ponto de vista do método, observa-se que há distinção e articulação entre os níveis de conhecimento, mas sem que se possa falar de superação de um pelo outro, porque são níveis distintos a visão beatífica, a iluminação da fé, o *intellectus fidei*, a razão natural. Na concepção de Tomás de Aquino, a fé não elimina a razão, como também, inversamente, a razão não alimenta nenhuma pretensão de alcançar a fé ou de igualar-se a ela"[46]. Vinga, pois, uma relação nova entre filosofia e teologia, na qual a primeira conquista um lugar sempre mais consistente. Desse relacionamento nascerá, futuramente, todo um processo evolutivo, porque o "casamento" de ambas será indissolúvel, engendrando uma filosofia ciosa da sua independência.

Duas lições principais podem ser tiradas desse momento de encontro da teologia medieval com a razão. A primeira é que a simples preocupação de integrar a teologia no conjunto das ciências e, possivelmente, no topo delas, exprime o interesse por justificar a fé racionalmente. O conhecimento da fé é uma "ciência", um conhecimento racional, pois, dotado de coerência interna, pode se justificar por si mesmo, com as mesmas credenciais de qualquer saber humano. É fruto de um diálogo inerente à consciência de todos os crentes, mas pode ser formalizado pelos teólogos, entre as exigências da razão e o ato de fé. Nesse ponto, a Idade Média já se mostra moderna. G. Lafon chega a afirmar que o período de 1153 a 1334 pode até ser caracterizado como uma "modernidade prematura"[47]. Essa busca da justificação racional da fé constitui a contribuição específica da Idade Média àquilo que, mais tarde, se chamará "teologia fundamental". É a teologia se construindo a si mesma, sem esquecer, porém, o público externo, como se percebe claramente em Anselmo e Tomás de Aquino, extremamente cuidadosos em que nenhuma argumentação sua mereça o "riso dos não-crentes" (*irrisio infidelium*). Nessa ótica, H. Bouillard pôde observar certas analogias interessantes entre o projeto anselmiano e o de Blondel[48].

A outra lição diz respeito à evolução da linguagem dogmática. Formadora de todos os clérigos e, por isso, também dos bispos e dos futuros papas, a universidade medieval dissemina seu tipo de cultura teológica aos mestres tanto da "cátedra doutoral" como da "cátedra pastoral". São duas formas de expressão: a que se comunica "de maneira escolástica" (*more scholastico*) e a que se apresenta

---

44. Cf. tomo 2, pp. 318 ss.
45. Conforme G. LAFONT, *Histoire théologique de l'Église catholique*, Paris, Cerf, 1994, p. 180.
46. Ib., pp. 181-182.
47. Ib., pp. 143 ss.
48. H. BOUILLARD, "L'intention fondamentale de Maurice Blondel et la théologie", *RSR* 36, (1949), pp. 390-391.

"de maneira apostólica" (*more apostolico*), como refletia a papa Inocêncio III[49]. Mas a primeira modalidade irá cada vez mais interferir no exercício doutrinário dos pastores, ao mesmo passo que determinações filosóficas precisas vão penetrando na formulação dogmática das verdades de fé, como se vê a partir dos concílios medievais. O documento trinitário de Latrão (1215) usa um linguajar bastante escolástico, lançando o verbo "transubstanciar", a propósito da eucaristia[50]. O Concílio de Vienne (1312) define a alma como forma do corpo[51]. O opúsculo inteiro de Santo Tomás sobre os sacramentos virou o decreto aos Armênios do Concílio de Florença[52], veiculando-se nele, de modo analógico, os conceitos de matéria e forma. No Concílio de Trento, o capítulo da justificação utilizará o esquema aristotélico-tomista das causas e o termo técnico da escolástica — "transubstanciação" — entrará na linguagem oficial da fé[53]. Haveria ainda muitos outros exemplos, pois o discurso dogmático vai recorrendo sempre mais às categorias escolásticas, técnicas e filosóficas.

4. A REGULAÇÃO DA FÉ NA IDADE MÉDIA

> **INDICAÇÕES BIBLIOGRÁFICAS:** J. M. PARENT, "La notion de dogme au XIIIe siècle", dans *Études d'histoire littéraire et doctrinale du XIIIe siècle* I, Ottawa-Paris, Vrin, 1932, pp. 141-163. — G. FRANSEN, "L'ecclésiologie des conciles médiévaux" dans *Le concile et les conciles. Contributions à l'histoire de la vie conciliaire de l'Église*, Cerf/Chevetogne, 1960, pp. 125-141; *Hermeneutics of the Councils and other Studies*, Leuven, University Press/Uitgenerij Peeters, 1985. — J. BEUMER, *La tradition orale*, Paris, Cerf, 1967. — O. DE LA BROSSE, *Le pape et le concile. La comparaison de leur pouvoir à la veille de la Réforme*, Cerf, 1966. — B. TIERNEY, *Foundations of the conciliar Theorie*, Cambridge, at the Univ. Press, 1955; *Origins of Papal Infallibility 1150-1350. A Study on the concepts of Infallibility, Sovereignty and Tradition in the Middle Ages*, Leiden, Brill, 1988[2]. — J. LECLER, *Le pape ou le concile? Une interrogation de l'Église médiévale*, Lyon, Le Châlet, 1973. — J. CHÂTILLON, "L'exercice du pouvoir doctrinal dans la chrétienté du XIIIe siècle: le cas d'Étienne Tempier", collectif, *Le Pouvoir*, Paris, Beauchesne, 1978, pp. 13-45. — H. J. SIEBEN, *Die Konzilsidee des lateinischen Mittelalters (847-1378)*, Paderborn, Schöningh, 1984; *Traktate und Theorien zum Konzil vom Beginn des grossen Schismas bis zum Vorabend der Reformation (1378-1521)*, Frankfurt/Main, Verlag G. Knecht, 1983. — M.-Th. NADEAU, *Foi de l'Église. Evolution et sens d'une formule*, Beauchesne, 1988. — F.-X. PUTALLAZ, *Insolente liberté. Controverses et condamnations au XIIIe siècle*, Cerf, 1995.

---

49. *PL* 216, 1178, citado por CONGAR, "Bref historique des formes du 'magistère' et de ses relations avec les docteurs", *RSPT*, 60, (1976), p. 103.
50. *DS* 802; *FC* 31.
51. *COD* II,1, p. 749; *DS* 902; *FC* 265.
52. Cf. tomo 3, pp. 110-113.
53. Cf. tomo 3, pp. 144-146.

A teologia medieval, como a patrística, obedece à regra de fé. Mas as palavras-chave da ortodoxia vêem seu sentido ir evoluindo, enquanto que o funcionamento testemunhal das autoridades e das referências que a mantêm não é o mesmo.

Os dogmas e os artigos da fé

A palavra "dogma" aparece, algumas vezes, nos autores e nos concílios da alta Idade Média. Usam-na, porém, os grandes teólogos escolásticos, raramente. Não figura em S. Boaventura e em Tomás de Aquino só de passagem[54], referindo-se aos "dogmas perversos", "dogmas falsos", heréticos, ímpios, como também aos "dogmas dos filósofos"[55]. O sentido da palavra é sempre de doutrina ou de enunciado, sem maior precisão, quando empregado a propósito da fé.

O que hoje chamamos de dogma Tomás denomina "artigos de fé" (*articuli fidei*), seguindo a linguagem habitual do século XII e dos seus predecessores, para os quais a coletânea desses artigos formava o Símbolo de fé. Tais artigos tinham o valor de "princípios" da ciência teológica. Para Tomás de Aquino, os artigos de fé são enunciados especiais, organicamente inseridos num todo, como os membros num corpo. Sua existência explica-se pelo caráter discursivo da nossa mente, incapaz de abarcar sem mais a verdade divina[56]. O Doutor Angélico distingue assim os artigos de fé no conjunto das "coisas em que se deve crer" (*credibilia*): "Há coisas em que se deve crer por elas mesmas (*per se*) e outras que se deve crer por referência às primeiras"[57]. Entre esses dados essenciais de fé, destaca a Trindade, a encarnação etc., ou seja, os artigos incluídos no Credo. Outros pontos propostos na Escritura estão aí para a manifestação dos primeiros. Não constituem artigos. Existe, pois, uma hierarquia das verdades em que se deve crer. E os artigos não crescem, substancialmente, com o tempo. Apenas vão ganhando novas explicitações[58]. Para a mais fácil tramitação da fé, devem estar reunidos num Símbolo, onde Tomás de Aquino distingue quatorze artigos (sete referentes a Deus e sete referentes à humanidade de Cristo). Mas fala também do Símbolo com doze artigos.

Para os grandes teólogos escolásticos, os artigos do Símbolo dos Apóstolos são verdades de fé (*credibilia principalia*). Têm autoridade apostólica, reconhecida como tal pela Igreja. É consensual entre eles que esses artigos exprimem a verdade, com certeza absoluta. Não podem ser deduzidos nem provados por outra coisa que não a fé, porque não são evidentes por si mesmos. Só a luz da

---

54. *Suma Teológica* II-IIae, q. 11,1 e 2; 86, 2. "Pode ser também mera licença poética o *dogma datur christianis* do *Lauda Sion*". W. KASPER, *Dogme et Évangile*, Tournai, Casterman, 1967, p. 33.
55. *Suma Teológica* II-IIae, 39, a. 2; 184, a. 6, ad 1m; Sobre Rm 1,1.7.
56. *Suma Teológica* II-IIae, q. 1, a. 6.
57. Ib., ad 1m.
58. Ib., a. 7.

fé poderia fazer aceitar sua certeza, de forma sobrenatural auto-suficiente. A tese geral é a seguinte: "Todas as verdades confirmadas pela fé apresentam uma certeza absoluta e podem se tornar fundamentais na argumentação teológica. Desse ponto de vista, pode-se atribuir o caráter de princípios a todas as verdades de fé"[59].

Os conceitos de fé e de heresia

Vimos a distinção feita por Tomás de Aquino entre "as coisas em que se deve crer por elas mesmas" e as outras *credibilia*. Há uma hierarquia de valor entre elas, porque as primeiras são de fé, por elas mesmas (*per se*)[60]. Na Idade Média, o critério das outras *credibilia*, do ponto de vista do objeto da fé, não é que pertençam à revelação, mas a sua ligação mais ampla com a salvação e a conquista da bem-aventurança eterna. Assim também, quando se tentava determinar a extensão das verdades a crer, não se tomava o critério objetivo da certeza de fé, mas o critério subjetivo da obrigação de crer, tomada em sentido amplo, conforme seu vínculo interno com uma atitude de fé coerente. Não se procurava estabelecer o que poderia ser atribuído à *fé divina* (no sentido moderno da expressão, o que é da revelação), na certeza de um ensinamento dogmático. A preocupação era pela atitude religiosa prática, de responsabilidade do crente, sob a supervisão da Igreja, quanto à disciplina da fé. O campo da fé era, portanto, maior do que hoje.

Da mesma forma, o termo "heresia", geralmente correlativo à palavra "fé", enquanto oposto a esta, será também mais amplo. A Idade Média custou para distinguir a heresia como negação de um dado de fé e a rebeldia contra a Igreja. O 26º *dictatus papae* de Gregório VII (1073-1085) diz, por exemplo: "Evidentemente, herege é quem está em desacordo com a Igreja de Roma"[61]. Santo Tomás define a heresia como a deturpação da fé cristã, seja diretamente, nos artigos de fé, seja "indireta e secundariamente, nas coisas que envolvem a adulteração de um artigo. A heresia pode alcançar esses dois campos, como também a fé"[62].

Na escolástica tardia, a heresia não representa apenas a recusa de uma verdade revelada, mas também toda ameaça à vida da fé e toda oposição obstinada ou desrespeitosa à disciplina da Igreja. A essa luz é que a Inquisição condenava uma heresia. O conceito subjetivo de pertinácia (*pertinacia*) numa idéia contrária ao pensar da Igreja tem alcance especialmente relevante. Podia alguém ser herege desde que defendesse uma "sentença errônea". Também era suspeito de heresia o excomungado. O Concílio de Vienne, por exemplo, considera herege quem afirma pertinazmente que a usura não é pecado. E não é o

---

59. A. LANG, *op. cit.*, p. 131.
60. *Suma Teológica* II-IIae, q. 1, a. 8; q. 2, a. 5 e 7.
61. Cf. tomo 3, p. 357.
62. *Suma Teológica* II-IIae, q. 11, a. 2.

pecado da usura em si mesmo que é julgado, mas a desobediência formal aos ensinamentos eclesiásticos:

> Se alguém incidir nesse erro, a ponto de ousar dizer, obstinadamente, que não é pecado praticar usura, decidimos que deve ser punido como herege. Além disso, obrigamos, com todo rigor, aos ordinários e aos inquisidores dessa depravação herética que não deixem de proceder contra os que forem denunciados ou forem considerados suspeitos de tal erro, da mesma forma como devem agir contra os que são denunciados ou são suspeitos de heresia[63].

Os dois "magistérios"

O êxito das primeiras Faculdades de teologia contribuiu para dar autoridade de fato aos mais prestigiosos doutores escolásticos. Nesse contexto de mestres categorizados, fala-se de um duplo *magisterium*, pois o título de "mestre" que Santo Agostinho reservava a Cristo passa, agora, a ser dado aos homens também. Abelardo já usa o termo *magisterium* para designar a função de ensinar[64]. Para Santo Tomás, há dois "magistérios": o magistério particular do prelado com jurisdição e o magistério do doutor, baseado na sua competência publicamente reconhecida:

> Ensina-se a Sagrada Escritura, escreve ele, de duas maneiras. Primeiramente, como prelado, ou seja, ensina-se pregando, pois não pode alguém pregar, se não tiver esse ofício de prelado ou se não for autorizado a isso por um prelado. 'Como proclamar o Senhor, sem ser enviado?' (Rm 10,15). A outra maneira de ensinar é pelo ofício do magistério. É como ensinam os mestres de teologia[65].

Tomás de Aquino distingue, explicitamente, "o magistério da cátedra particular" e o magistério da "cátedra magistral"[66]. Aquele prima pela excelência de poder; este, pela capacidade pessoal, publicamente reconhecida[67].

No magistério pastoral, os papas são muito conscientes de sua responsabilidade pelo compromisso de ensinar a fé. João XIX, em 1024, explica que o magistério de Pedro (*magisterium Petri*) significa sua autoridade para ligar e desligar[68]. Alexandre III (1159-1181) fala do *magisterium* da Igreja romana (de

---

63. Concílio de Vienne, Decreto 29; *COD* II-1, pp. 795-797; *DS* 906.
64. Cf. Y. CONGAR, "Pour une histoire sémantique...", *art. cit.* (cf. p. 64), p. 90. Cf. também Y. CONGAR, *Concilium* 117, (19), pp. 129-141.
65. TOMÁS DE AQUINO, *Comentário sobre as Sentenças*, IV, d.19, q. 2, a. 2, ad 4.
66. TOMÁS DE AQUINO, *Quodlibeta*, III, q. 9, ad 3m; cf. Y. CONGAR, *ib.*
67. Y. CONGAR, "Bref historique...", p. 103.
68. Y. CONGAR, "Pour une histoire sémantique...", p. 88.

Pedro) e ordena que se recorra a ele para dirimir dúvidas[69]. Celestino III (1191-1198 emprega o termo com freqüência, "para expressar a autoridade da Igreja romana, '*mater et magistra*', à qual pertence a plenitude do poder de ligar e desligar. Sua fórmula '*magisterium et principatus*' [magistério e primado] torna-se, com seu sucessor Inocêncio III '*apostolicum principi Petro magisterium contulit et primatum*' [Cristo conferiu a Pedro, príncipe dos Apóstolos, o magistério apostólico e o primado]. Inocêncio III escreve *magisterium* para dizer direção, governo, autoridade superior"[70].

Um texto do final do século XII aproxima-se mais do sentido atual da palavra "magistério". Bernardo de Fontcaude (cerca de 1185), criticando os discípulos de Valdo, escreveu:

> Cristo ou o seu anjo não quiseram ensinar Saulo nem o centurião, para mostrar que o magistério da Igreja deve ser preservado de modo inviolável. Ninguém pode querer exercê-lo, se não estiver entre os sucessores dos discípulos, isto é, os bispos e os homens da Igreja a quem o Senhor delegou esse ofício[71].

O magistério dos doutores, iniciado no século XII, era exercido plenamente no século XIII. Em questões de doutrina, doutores e universidades funcionam como autoridades. Julgam ou condenam teses. O magistério dos teólogos era praticado tanto em ligação com o magistério papal, como independente dele. "Além da sua função de ensino científico, escreve Congar, doutores e universidades conquistaram uma posição e um papel de autoridade que decide ou exige submissão. O *Studium* é uma terceira autoridade, ao lado do *Sacerdotium* e do *Regnum*. [...]. As Faculdades avaliam teses doutrinais"[72]. Gerson afirmava até o direito dos doutores de "determinar" pontos que são da alçada da fé, antes dos prelados da Igreja[73]. Em casos de erros teológicos ou científicos, havia intervenções pontifícias ou conciliares e também das universidades. Portanto, o "magistério dos teólogos" era vivido em consonância com o magistério eclesiástico e, às vezes, em tensão com ele.

É claro que, naquela época, a relação dos teólogos com o "magistério pastoral" era bem diferente do atual. Havia mais liberdade para eles, mas estavam sujeitos ao controle interno da sua "ordem", algo parecido com o que acontece hoje com os médicos, obrigados à ética da sua categoria. Explica-se assim a importância dada por Lutero ao seu título de doutor. Não obstante as ambigüidades do sistema, era salutar essa distinção de duas instituições complementares, que abria espaço para o debate e ensejava a possibilidade do recurso. Mas

---

69. *Epístola* 1447 bis; *PL* 200, 1259.
70. Ib., p. 89.
71. BERNARDO DE FONTCAUDE, *Livro contra os Valdenses*, PL 204, 799.
72. Y. CONGAR, "Bref historique...", p. 104.
73. Ib.

há o outro lado da medalha, ou seja, a Inquisição acabou representando perigoso aproveitamento do magistério dos teólogos pelo magistério eclesial.

O apelo às autoridades

Por mais empenhada que fosse a teologia medieval na busca da inteligibilidade racional, não deixava de apelar, regularmente, para as "autoridades". Na estrutura da *quaestio*, o recurso às autoridades cumpre importante papel preliminar, através da exposição das opiniões e, sobretudo, da colocação do *Sed contra*. Santo Tomás justifica o apelo às autoridades pelo fato de a teologia, como ciência, alicerçar-se sempre num dado da revelação:

> Deve-se afirmar que é muito próprio desta doutrina usar argumentos de autoridade, pois os princípios da doutrina sagrada vêm da revelação. Assim, deve-se acreditar na autoridade daqueles pelos quais a revelação se realizou. Isso, porém, não derroga sua dignidade, porque se o argumento de autoridade fundado sobre a razão humana é o mais fraco de todos, o que está fundado sobre a revelação divina é o mais eficaz de todos.
>
> Quando utiliza os argumentos de autoridade da Escritura canônica, ela o faz com propriedade, tendo em conta a necessidade de argumentar. Quanto à autoridade dos outros doutores da Igreja, se vale dela como argumento próprio, mas provável. É que nossa fé repousa sobre a revelação feita aos Apóstolos e aos Profetas...[74].

Nesse texto aparecem vários níveis de autoridade. Há, em primeiríssimo lugar, a autoridade suprema da Escritura. Cumpre acrescentar a autoridade dos artigos de fé reunidos no Símbolo, aí não lembrados. Tomás menciona depois a autoridade dos doutores, antes de todos os Padres da Igreja, mas com uma autoridade provável. De fato, depois de Abelardo, as sentenças deles passaram a ser submetidas à crítica, sob determinados critérios[75]. Mas eram sempre textos que, hoje, chamamos de "pilares da tradição". Por último, Santo Tomás cita a autoridade dos filósofos, como autoridade externa e, por isso, apenas provável.

E o recurso à tradição? Congar observa que "toda a teologia medieval unia a Igreja e o Espírito Santo como corpo e alma. Considerava o artigo do Espírito Santo e o artigo da Igreja, no Símbolo, como um artigo único, com o seguinte significado: 'Creio no Espírito Santo que une e santifica (mas também governa, ilumina, inspira) a Igreja'"[76]. Dessa forma, a Igreja seria quem possuía e transmitia, com a assistência do Espírito Santo, tudo quanto constitui a revelação

---

74. *Suma Teológica* I, q. 1, a. 8, ad 2m.
75. Cf. M.-D. CHENU, *La théologie au XII siècle, op. cit.*, "Auctoritas", pp. 353-357, e *Technique des 'autorités'*, pp. 360-365.
76. Y. CONGAR, *La tradition et les traditions. Essai historique*, Fayard, 1960, t. I, p. 219.

apostólica. Era uma teologia da tradição, sem esse título. Mas continuava vago e ambíguo o sentido dado à inspiração do Espírito Santo. Inspiração, revelação e sugestão do Espírito Santo eram palavras próximas. Daí o perigo de englobar na *Sacra pagina* os cânones conciliares e os decretos pontifícios, outorgando-lhes um valor quase igual ao da Escritura, o que Tomás de Aquino, aliás, rejeitou no texto citado. Na verdade, havia mais sensibilidade pela dimensão globalmente divina da transmissão da fé do que à marcação exata das mediações humanas dessa transmissão[77]. No século XVI, aparecerão teologias da revelação continuada[78].

Invocam-se as tradições quando se fala de coisas guardadas e respeitadas pela Igreja, sem que se possa justificá-las pela Escritura. O mais das vezes, são realidades do culto (os sacramentos), decisões canônicas ou conciliares. Apelava-se então para a tradição oral. Nos séculos XIV e XV, os teólogos destacavam três categorias de normas: "a Sagrada Escritura (e o que se deduzia dela, necessariamente), as tradições apostólicas não consignadas na Escritura e as determinações eclesiásticas, que também podiam ser chamadas de tradições eclesiásticas ou tradições da Igreja"[79].

Nesse contexto doutrinal, é relativamente rara a citação de textos do magistério como tais. Fica até a impressão de que Tomás de Aquino não conhecia todas as definições documentais dos antigos concílios. Mais do que autoridade própria, esses textos e as intervenções dos papas representavam testemunhos da tradição[80]. Contudo, a prática teológica iria abrir-se, progressivamente, para uma reflexão nova sobre a autoridade dos concílios e dos papas.

A autoridade dos concílios

A Idade Média latina assistiu à celebração de inúmeros concílios provinciais e gerais. Chamar a esses últimos de ecumênicos é contestável, porque envolviam só bispos do Ocidente. Foram os quatro concílios de Latrão (1123, 1139, 1179 e 1215), os dois de Lião (1245 e 1274), o de Vienne (1311), o de Constança (1414-1418), convocado para encerrar o grande cisma ocidental, e, por fim, os sucessivos concílios marcados pela crise conciliarista, em Basiléia, Ferrara, Florença e Roma (1431-1445)[81]. No II Concílio de Lião e no de Florença, os gregos participaram, procurando atenuar o cisma entre Ocidente e Oriente, mas sem muito êxito[82]. O conjunto desses concílios visou, principalmente,

---

77. Cf. ib., p. 127.
78. Cf. *infra*, p. 120.
79. Y. CONGAR, *La Tradition...*, *op. cit.*, t. I, p. 207.
80. Na época moderna, será sobretudo na tradição que se irá buscar testemunhos do magistério. Cf. *infra*, pp. 180-181.
81. Cf. tomo 3, pp. 345-348 e 377-383.
82. Propôs-se em Florença que esse concílio fosse considerado como o oitavo concílio ecumênico, porque reunia gregos e latinos.

tomar decisões legislativas e sacramentais para toda a Igreja latina[83]. Nas coleções canônicas, foram designados como concílios "gerais"[84]. Mas a intenção de Inocêncio III era mesmo retomar a tradição de concílios "ecumênicos"[85]. "Na época, concílio ecumênico era o concílio convocado por legítima autoridade (o Papa), que reuniria realmente bispos devidamente chamados do mundo todo, para deliberar sobre questões da cristandade toda"[86]. Todos esses concílios serão contados, no século XVI, como ecumênicos por Roberto Belarmino, nas suas *Controvérsias* de 1586[87], lista até hoje prestigiada, embora careça de chancela oficial ou dogmática.

Corre enorme diferença entre o quadro institucional desses concílios e o dos realizados na Antigüidade cristã. São concílios "de cristandade". Não são mais convocados pelo imperador, mas pelo Papa. Realizam-se em Roma ou em cidades não muito distantes dela. Merecem, por isso, o título de "concílios pontifícios", ao menos até a crise conciliarista. Por outro lado, à diferença dos primeiros concílios, é o Papa que os preside, pessoalmente. Ele é quem fala "com aprovação do concílio" e, mais tarde, "segundo o conselho dos nossos irmãos". Ele é quem decide e, enfim, legisla, como se o concílio fosse apenas o seu conselho[88].

Os primeiros concílios medievais evidenciavam, espontaneamente, a supremacia do Papa sobre o concílio. Não se punha em dúvida o seu primado de jurisdição. Mas o Papa serve-se do concílio para tomar certas decisões legislativas universais e não pode, em questões de fé, modificar as sentenças dos concílios anteriores. A partir do *Decreto de Graciano*, os canonistas vão dando contribuições para a doutrina da monarquia pontifícia[89], influenciando, assim, a teologia. Influência de conteúdo, porque os teólogos, por sua vez, desenvolveram a doutrina papal, e influência de forma, porque o caráter jurídico vai cada vez mais impregnando a reflexão teológica. A referência aos cânones antecipa a referência moderna ao "magistério".

A teologia conciliar constitui também objeto das reflexões dos teólogos e canonistas do período carolíngio até o fim da Idade Média. Confrontam-se então diferentes tendências. Numa primeira hora, a influência do Papa e do direito

---

83. Cf. tomo 3, pp. 105-113.
84. Paulo VI, em 1974, usou esse adjetivo, referindo-se ao II Concílio de Lião. Cf. tomo 1, p. 282.
85. O Concílio de Trento irá se declarar "ecumênico". Cf. a respeito P. FRANSEN, *L'écclesiologie des conciles médiévaux*, art. cit., pp. 125-127.
86. Ib., p. 128.
87. Cf. Y. CONGAR, Structures écclesiales et conciles dans les relations entre Orient et Occident, *RSPT* 58 (1974), p. 379. Nas páginas 371-390, procura-se definir a lista dos concílios ecumênicos. Cf. também o alentado estudo de H. J. SIEBEN, Neuer Konsens über die Zahl der Ôecumenischen Konzilien, *Die Katholische Konzilsidee von der Reformation bis Auklärung*, op. cit., pp. 181-222.
88. P. FRANSEN, *art. cit.*, p. 132.
89. Cf. tomo 3, pp. 352-354.

romano avulta com os Decretistas, afirmando a primazia do pontífice sobre o concílio. Mais tarde, na virada do século XIV, outra tendência se acentua, defendendo a infalibilidade do concílio, num clima polêmico em relação à autoridade pontifícia[90].

O Grande Cisma do Ocidente coloca em questão, brutalmente, essa superioridade. Quando três papas disputam a Sé romana, convencidos os três da própria legitimidade, cada um julgando-se acima de qualquer outro poder, como sair da crise? A questão surgiu, inicialmente, no Concílio de Constança, que assumiu posição conciliarista moderada e circunstancial, mas radicalizada depois, pelo Concílio de Basiléia, que lhe deu o caráter de doutrina universal. Em 1516, no Concílio de Latrão, o conciliarismo é condenado[91]. Nesse ambiente de crise conciliarista, prolongou-se, entre 1378 e 1449, o debate sobre a infalibilidade do concílio ecumênico[92]. O vocabulário usado varia: "incapaz de tergiversar", "incapaz de desvio", "indefectível" (*indefectibilis*) e "infalível" (*infallibilis*). A qualificação doutrinal da afirmação também muda, conforme os autores: João de Ragusa e alguns teólogos do Concílio de Basiléia dizem-na artigo de fé; para outros, é uma "posição indubitável de todos os doutores" e Pedro de Ailly classifica-a como "opinião piedosa".

Os argumentos *pro* e *contra* dividem os teólogos, que esgrimem razões históricas (alguns concílios erraram), bíblicas (Lc 22,32; Mt 18,20) e, sobretudo, teológicas. Mas quem invoca a "inspiração" do Espírito Santo, para defender essa infalibilidade, poderá justificar que ele ilumine sínodos claramente marcados pelo pecado? Por outro lado, não podem os concílios pretender representar a fé real da Igreja infalível, porque não se desenrolaram com a caridade e a santidade dos cristãos que são a Igreja.

Em contrapartida, os adeptos da infalibilidade conciliar levantam cinco argumentos principais a favor dela: primeiro, porque assim o ensina a Escritura (Mt 28,20; 18,20; Jo 14,16; 14,26; 16,22; Dt 17,8-13); depois, porque contam com a "inspiração" do Espírito Santo[93]; eles também representam a infalibilidade da Igreja universal; também porque, se fossem falíveis, as conseqüências seriam inaceitáveis e absurdas; e, finalmente, pela própria essência do ato de fé enquanto tal que, de outra forma, ficaria privado de um princípio último.

O objeto da infalibilidade é expresso de modo global. Conforme os diferentes autores, ele está no "que é necessário à salvação", na "fé e nos ritos sacramentais", nas "verdades da fé e no que é necessário ou útil ao governo da Igreja", ou na "fé e nos costumes"[94]. Portanto, essa infalibilidade é um conceito

---

90. Cf. H. J. SIEBEN, *Die Konzilsidee der lateinischen Mittelalters (847-1378)*, op. cit., pp. 359-360.

91. Veja-se a história doutrinal do conciliarismo no tomo 3, pp. 377-380.

92. Inspiro-me no único estudo global sobre a questão, feito por H. J. SIEBEN, *Traaktate und Theeorien zum Konzil*, op. cit., pp. 149-207.

93. O termo deve ser tomado com a ambigüidade que tinha na época.

94. Sobre o binômio "fé e costumes", cf. tomo 2, pp. 407-440.

bastante amplo. Abarca o que, hoje, se chamaria de indefectibilidade. Entre as condições para a infalibilidade, alguns lembravam a unanimidade conciliar, mas prevaleceu a maioria. Do lado pontifício, acrescenta-se a necessidade do consentimento da Sé romana.

A autoridade doutrinal do papa

A Idade Média é também a época em que se manifesta a primeira centralização pontifícia, a partir da reforma gregoriana. Reforça-se não só a prática da autoridade papal, mas também a sua teorização. Atestam-no, de forma eloqüente, os *Dictatus papae* de Gregório VII[95]. Três séculos depois, a Bula *Unam Sanctam* de Bonifácio VIII, em 1302, assinala a expressão máxima do poder papal na Idade Média, suscitando reação por isso mesmo. Assim ela se encerra, peremptoriamente:

> Portanto, declaramos, afirmamos, definimos e proferimos que é absolutamente necessário a toda criatura humana submeter-se ao Pontífice romano[96].

O poder de jurisdição é ponto pacífico. Surge o problema quanto à medida, à extensão e até mesmo quanto à infalibilidade da autoridade doutrinal do Papa, em matéria de fé. Os canonistas dos séculos XII e XIII não professam essa infalibilidade. Sua teologia difere muito da que o Vaticano I irá definir[97]. Perdura, por outro lado, a lembrança da "heresia" do Papa Honório, na questão da vontade humana de Cristo[98]. As primeiras declarações sobre a inerrância de Roma referem-se à Sé romana (*sedes*) e não a quem a ocupa (*sedens*). Era, então, corrente dizer que a Igreja de Roma jamais errou no que tange à fé, mas sem precisar em que medida tal prerrogativa cabia, pessoalmente, ao Papa[99]. Na verdade, propunha-se mais uma indefectibilidade de sentido geral. Um dos grandes problemas da Idade Média era também defender uma exceção ao princípio pelo qual o Papa não poderia ser julgado por ninguém (de acordo com uma interpretação de 1Cor 2,15), caso se tornasse suspeito de heresia[100], deixando assim de ser Papa.

Os teólogos do século XIII começam a desenvolver a tese de que o Papa, de quem depende o concílio, pode encerrar as discussões de doutrina, sem errar e de maneira definitiva.

---

95. Cf. tomo 3, p. 357.
96. *DS* 875; *FC* 423.
97. B. TIERNEY, *Origins of Papal Infallibility*, op. cit., p. 57.
98. Cf. tomo 1, pp. 370-372.
99. Cf. B.-D. DUPUY, art. "Infaillibilité", *Catholicisme* V, (1963), col. 1555. Cf. P. FRANSEN, *L'ecclésiologie des conciles médiévaux*, art. cit., p. 140. Alguns textos deixam dúvida sobre a expressão *Ecclesia romana*: trata-se da Igreja local de Roma ou de toda a Igreja latina?
100. Essa restrição está no *Decreto de Graciano*, dist. 40, c.6. Cf. P. FRANSEN, ib., p. 139.

É a posição de Santo Tomás de Aquino:

> Uma nova apresentação do Símbolo [...] cabe a quem possui autoridade para definir, em última instância, o que é de fé e, uma vez definido, deverá ser por todos aceito, com fé inabalável. Ora, é o soberano pontífice quem tem essa autoridade [... cf. Lc 22,32], porque não pode haver senão uma só fé em toda a Igreja. [...] Tal unidade não seria preservada se uma questão suscitada em matéria de fé não pudesse ser decidida por quem preside toda a Igreja, de tal sorte que toda a Igreja respeite firmemente essa sentença[101].

Quem convoca, preside e confirma os concílios é, realmente, o Papa. Porém, o adjetivo "infalível" Tomás de Aquino ainda não usa, a não ser a propósito da adesão "ao ensinamento da Igreja como a uma regra infalível"[102]. S. Boaventura, "um dos teóricos principais da monarquia papal, no século XIII"[103], aparece na história da infalibilidade pontifícia como uma "figura de transição"[104]. Na sua ótica, vingaria a idéia de que, se a Igreja universal não pode errar, sua cabeça também não. Mas nunca chegou a explicitar essa conclusão[105].

No final do século XIII e durante o século XIV, a tese da infalibilidade vai ganhando contornos mais claros, no contexto da disputa, estranha para nós, entre João XXII e a ordem franciscana, em torno do tema da pobreza. O franciscano Pedro João Olieu (ou Olivi, 1248-1298[106]) foi o primeiro a afirmar que o Papa não pode errar, quando define uma questão de fé. Seu argumento principal é que é impossível que Deus atribua a alguém plena autoridade para dirimir dúvidas quanto à fé e à lei divina, permitindo que essa pessoa possa se enganar[107]. A motivação conjuntural de Olieu foi, ao que parece, valorizar o decreto papal *Exiit* de Nicolau III (1279), favorável às questionadas propostas franciscanas sobre a pobreza. A intenção, com efeito, dos grandes defensores da infalibilidade pontifícia, nos séculos XIII e XIV, não era encarecer a autoridade do Papa reinante, mas, ao contrário, impedir que ele anulasse as decisões dos seus antecessores. Olieu pensava, pois, numa garantia para o futuro.

O debate reacendeu-se, naturalmente, quando João XXII, papa de Avinhão (1313-1334), revogou o decreto do predecessor sobre a regra de vida dos franciscanos. Estes, em nome da interpretação que davam ao poder das chaves conferido a Pedro e da "chave do conhecimento" (Lc 11,52), invocaram o caráter irreformável e infalível do documento de Nicolau III. Mas essa doutrina choca João XXII, que mantém a diferença entre a chave do conhecimento e a

---

101. *Suma Teológica* II IIae, q. 1, a 10.
102. Ib., q. 5, a. 3. Cf. Y. CONGAR, "St Thomas Aquinas and the Infallibility of the Papal Magisterium", *The Thomist*, 38 (1974), pp. 81-105.
103. Y. CONGAR, *De l'Église de saint Augustin à l'époque moderne*, Paris, Cerf, 1970, p. 222.
104. B. TIERNEY, *op. cit.*, p. 92.
105. Cf. ib.
106. Cf. tomo 2, pp. 124-126.
107. Cf. B. TIERNEY, *op. cit.*, p. 116.

chave do poder. Dá-se, portanto, uma inversão no debate, com os frades reivindicando para o papa uma infalibilidade que ele próprio recusava[108].

Outro que entrou firme nessa linha de reivindicação da infalibilidade de um papa contra outro papa foi o franciscano Guilherme de Occam (†1350)[109]. Sustentando a distinção entre a chave do conhecimento e a chave do poder, chega a dizer que João XXII caiu em heresia ao contestar Nicolau III e, conseqüentemente, nem Papa era mais.

O carmelita Guido Terreni († 1342), defensor do poder papal, utiliza, antes de 1328, a palavra *infalível*, ao falar do Papa, mas, desta feita, de modo favorável ao pontífice[110]. Seu espaço de reflexão é pequeno, porque João XXII condenara a tese pró romano pontífice da "chave do conhecimento" e Terreni quer denunciar a "heresia" dos franciscanos. Algumas condições são postas para o exercício dessa infalibilidade. Primeiramente, o Papa "não pode derrogar, em matéria de fé e de costumes, o que os concílios decidiram"[111]. O Papa só estará investido de infalibilidade quando, intimamente unido à Igreja, define algo em nome de sua autoridade papal, julgando e encerrando, definitivamente, alguma discussão sobre artigo de fé. Nesse caso, personifica a inerrância da Igreja[112].

Pelo fim da Idade Média, essa doutrina toma corpo e se torna majoritária, não unânime, entre os teólogos, mas ainda sem nenhuma chancela dogmática. Continua dentro de um contexto muito distante das preocupações do Vaticano I.

II. O EXAME DE NOVOS CONTEÚDOS DOUTRINÁRIOS

A Idade Média foi evoluindo, gradativamente, a caminho da inteligibilidade da fé, até atingir maior interesse pelos seus aspectos subjetivos. Os Padres gregos contemplavam os mistérios trinitário e cristológico sem se questionarem sobre a pessoa do crente. Santo Agostinho provocou uma virada ao mesmo tempo espiritual — com suas *Confissões* — e teológico, com o conjunto de debates sobre a graça e a liberdade. Vimos como a Idade Média assumiu essas questões, procurando amadurecê-las. A complexidade do coração crente tornou-se tema teológico, concentrando-se nele o esforço por justificar a racionalidade do conhecimento de fé.

Cabe-nos, pois, focalizar, brevemente, três áreas de maior interesse para a teologia chamada no futuro de fundamental: o conhecimento de Deus, a teolo-

---

108. Cf. B. TIERNEY, *op. cit.*, pp. 171-204.
109. B. TIERNEY fala de "anti-papal infallibility", *op. cit.*, pp. 205-237.
110. Ib., p. 238: "Pro-papal infallibility". Cf. G. TERRENI, *Quaestio de [magisterio] infallibili romani pontificis*, ed. B.-M. Xiberta, Münster, 1926.
111. P. FRANSEN, "L'ecclésiologie des conciles médiévaux", *art. cit.*, p. 140.
112. Cf. B. TIERNEY, *Origins of Papal Infallibility...*, *op. cit.*, pp. 247-248. Y. CONGAR, *L' Église de saint Augustin à l'époque moderne*, Paris, Cerf, 1970, pp. 246-247; Pour une histoire sémantique..., *art. cit.*, p. 93.

gia da revelação e a teologia do ato de fé e da sua comunicação. Nós o faremos com peculiar referência a Tomás de Aquino, porque não só exerceu, nesses campos, uma influência teológica permanente, como também condicionou, com suas reflexões, até o Vaticano I, a problemática dos dogmas.

1. O CONHECIMENTO DE DEUS

> **INDICAÇÕES BIBLIOGRÁFICAS:** E. GÖSSMANN, *Foi et connaissance de Dieu au Moyen Âge*, Paris, Cerf, 1974. — E. POUSSET, "Une relecture du traité de Dieu dans la *Somme théologique* de Saint Thomas", *Archives de Philosophie*, 38 (1975), pp. 559-593.

Na Patrística e na Idade Média, escreve H. Bouillard, "o que havia de teologia fundamental não era uma doutrina da revelação, mas a doutrina de Deus"[113]. E essas duas épocas tinham grandes diferenças. A preocupação maior do Santos Padres era mostrar a compatibilidade do mistério da Trindade com a unidade divina, credenciada tanto pelo Antigo Testamento como pela filosofia grega. Não sentiam necessidade alguma de retomar ou cristianizar as provas da existência de Deus oferecidas pelos filósofos. A Idade Média, ao contrário, entende-as obrigatórias, na apresentação global da *sacra doctrina*. Esse empenho, que vai de Santo Anselmo até Santo Tomás de Aquino e os últimos escolásticos medievais, integra o seu projeto de tratar a teologia como ciência efetiva, apoiando-a o mais possível em demonstrações que apelam para a razão comum a todos os homens. Nesse sentido, Deus já é um problema de teologia fundamental, mas problema tratado não como preâmbulo da fé e sim como parte integrante da sua exposição. A "teologia filosófica" figura como capítulo da teologia.

Anselmo de Cantuária é o primeiro a elaborar uma prova "única" da existência de Deus, o chamado "argumento ontológico"[114], dirigido a um ateu fictício, para convencê-lo da irracionalidade do seu ateísmo. Nessa proposta, o próprio crente se vê convencido de que sua fé é racional. A argumentação não parte, pois, da fé, mas do conceito mesmo de Deus, comum ao crente e ao ateu, como "o ser em comparação ao qual não se pode conceber outro mais perfeito". Ora, esse conceito inclui a existência desse ser, porque ele é, certamente, mais perfeito existindo do que não existindo. É inaceitável, portanto, que Deus não exista.

Toda a história da filosofia tem discutido esse argumento. Os maiores filósofos se dividem a respeito dele: uns o recusam (S. Tomás, Kant); outros admitem-no (Duns Escoto, Nicolau de Cusa, Descartes, Leibniz e Hegel). É o que basta para qualificá-lo, em nível de pura filosofia.

---

113. H. BOUILLARD, *Vérité du christianisme*, Paris, DDB, 1989, p. 156.
114. ANSELMO DE CANTUÁRIA, *Proslogion, l'Oeuvre*, intr. trad. De M. Corbin, Paris, Cerf, 1986, pp. 209-318.

Santo Tomás está plenamente convencido de que há dois modos de conhecer a Deus: o modo racional, acionado pelos filósofos, a partir dos efeitos, e o modo divino, pela participação no conhecimento que Deus tem de si mesmo e nos comunica pela graça da revelação, à luz da fé[115]. Esses dois modos abrem caminho a um duplo enfoque teológico: num a teologia investiga o que é acessível à razão, mesmo sendo proposto pela fé; noutro, procura confirmar as verdades propriamente reveladas. É sempre uma reflexão teológica. Até quando analisa, com argumentos da mais alta metafísica, as "vias" que permitem afirmar a existência de Deus, Tomás o faz no interior de uma construção teológica que considera em última análise o Deus da revelação. Veremos, aliás, que o Doutor Angélico considera a revelação, praticamente, necessária, no que concerne a realidades por si mesmas acessíveis à razão, para que todos possam conhecê-las facilmente[116]. É possível, pois, uma teologia filosófica, embora poucos a aceitem.

A filosofia está a serviço da teologia, mostrando que não vigora ente razão e fé nenhuma incompatibilidade. Se, para crer, não é absolutamente necessário provar, pela razão, a existência de Deus, permanece fundamental que essa prova seja construída racionalmente, deixando-se claro que Deus representa uma questão que interessa ao homem como homem e que esse nome tem sentido para a nossa inteligência.

Por certo, a existência de Deus não é evidente por si mesma. Exige estudo e questionamento. Por isso, há de ser demonstrada ao menos pelos seus efeitos, apesar de essa via não nos conduzir ao conhecimento da essência divina. Daí as cinco vias propostas por Santo Tomás[117], cinco vias epistemologicamente aristotélicas: a do primeiro movente, a da causa eficiente, a do existente necessário, a dos graus do ser e a do governo supremo do mundo. Sem analisar nem criticar, aqui, esses diferentes caminhos, vale observar que todos terminam com a mesma frase: "A tal ser todos dão o nome de Deus". Estará ele, assim, afirmando que a prova está completa ou em aberto? Fica a impressão de que essas vias são aproximações, mais um olhar do que uma explicação de Deus. E não se deve esquecer que Tomás também apresenta outros argumentos, elaborados a partir de cada atributo divino, como a demonstração pelo dinamismo do espírito, pela imaterialidade divina e pelo caráter composto das criaturas. E na sua reflexão racional sobre Deus, ele não se limita à prova da existência divina. Se não podemos saber "o que Deus é", podemos, pelo menos, expor tudo "o que ele não é".

O conjunto de distinções feitas por S. Tomás entre os dois conhecimentos de Deus e a afirmação básica da possibilidade de um discurso racional sobre Deus constitui ganhos definitivos para a teologia. Por aí fica preparado o terreno dos grandes debates da filosofia moderna sobre o tema e se estabelecem as condições para os futuros tratados de apologética, tudo culminando na dogmati-

---

115. *Suma Teológica* Ia, q. 12, a. 12 e 13.
116. Doutrina afirmada no Vaticano I (*Dei Filius*).
117. *Suma Teológica*, Ia, q. 2, a. 3.

zação da possibilidade do conhecimento de Deus pelas forças naturais da razão, no Concílio Vaticano I[118].

2. A REVELAÇÃO

> **INDICAÇÕES BIBLIOGRÁFICAS:** R. LATOURELLE, *Théologie de la révélation*, Bruges/Paris, DDB, 1966². — M. SEYBOLD et alii, *La révélation dans l'Écriture, la patristique, la scolastique*, Paris, Cerf, 1974. — Cf. bibliografia geral.

A revelação também não foi objeto de estudo especial na Patrística. Era algo que não carecia de provas: Deus falou aos homens pelos profetas e, depois, pelo seu Filho, Jesus Cristo. O próprio termo (*apokalupsis*) evocava mais um tipo particular de literatura, a apocalíptica. Quanto à teologia escolástica, mais do que em suas exposições doutrinais, o espaço dado à revelação é nos comentários sobre a Escritura e na reflexão sobre a profecia. Aí começam a aparecer questões sobre a natureza e a modalidade da revelação, questões que, a partir do século XIII, adquirem boa estruturação. Já no Concílio de Latrão, em 1215, sem menção expressa da palavra, encontra-se a primeira referência à teologia da revelação:

> Esta Trindade Santa [...] deu a doutrina da salvação ao gênero humano, primeiro por meio de Moisés, pelos santos profetas e por outros servos seus, numa seqüência temporal perfeitamente ordenada. Por fim, o Filho único de Deus, Jesus Cristo [...] mostrou mais claramente o caminho da vida[119].

S. Boaventura define a revelação como o ato pelo qual Deus fala aos homens, iluminando-lhes o espírito. Para ele, "revelação, palavra, iluminações são termos equivalentes"[120]. Deus nos fala tanto por sinais, interiores ou exteriores, como por uma palavra inspirada. A revelação é necessária para lhe iluminar divinamente o mistério da salvação. Ela se desenrola no tempo e na história, progressivamente, numa economia que vai dos profetas até Cristo, o "doutor infinitamente sábio".

Discorrendo sobre a personalidade dos profetas, Boaventura analisa as modalidades da revelação, a começar pelo tempo forte e passageiro da profecia. Nesta, além da "recepção" das representações nos sentidos, na imaginação ou no espírito, que seriam a matéria da revelação, dá-se também o discernimento (*judicium*) delas, por causa da iluminação do Espírito. O que qualifica o profeta é a iluminação, que dá a forma e o sentido das representações. Trata-se de "uma

---

118. Cf. *infra*, pp. 221-223.
119. *COD* II-1, p. 495; *DS* 800-801; *FC* 29-30.
120. R. LATOURELLE, *Théologie de la révélation*, p. 164.

iluminação infusa, porque, por ela, o espírito ultrapassa o que lhe é natural"[121]. Boaventura distingue três tipos de revelação profética: a sensorial, a imaginativa e a mais importante, a intelectual[122]. Portanto, o ato da revelação designa a iluminação subjetiva que envolve o profeta. O ensinamento de Jesus também é uma iluminação universal da humanidade. Para Boaventura, revelação e inspiração constituem noções muito próximas.

Em S. Tomás, a revelação é, antes de tudo, uma iniciativa divina para a salvação dos homens. Desde o começo da *Suma Teológica*, a revelação aparece como o princípio que diferencia a doutrina sagrada das demais ciências: "Era necessário existir para a salvação do homem, além das disciplinas filosóficas, que são pesquisadas pela razão humana, uma doutrina fundada na revelação divina"[123]. Deus, com efeito, é o fim do homem e o que significa a salvação do homem supera, infinitamente, as possibilidades da sua inteligência. Mas essa mesma finalidade salvífica torna também necessária a revelação a respeito das verdades acessíveis à razão:

> Até mesmo com relação ao que a razão humana pode pesquisar a respeito de Deus, era preciso que o homem fosse também instruído por revelação divina. Com efeito, a verdade sobre Deus pesquisada pela razão humana chegaria apenas a um pequeno número, depois de muito tempo e cheia de erros. [...] Assim, para que a salvação chegasse aos homens, era necessário fossem eles instruídos a respeito de Deus por uma revelação divina[124].

Essa assertiva irá inspirar um texto relevante do Concílio Vaticano I sobre o mesmo tema[125] e põe no devido lugar a possibilidade radical que o ser humano tem de chegar pela sua razão ao conhecimento de Deus. Ela é que lhe faculta reconhecer a revelação.

A revelação se inscreve num longo e progressivo movimento histórico, através de sucessivas etapas. S. Tomás distingue três grandes etapas, a saber, a revelação do Deus único, feita a Abraão: a revelação da essência divina, feita a Moisés e a revelação da Trindade, feita por Jesus. Jesus é a "última consumação da graça" e o seu tempo é o "da plenitude" (Gl 4,4). Por isso, os que mais perto estiveram dele, melhor conhecimento tiveram dos mistérios[126], ou seja, Cristo é o coroamento da revelação. Nota, por fim, S. Tomás que a revelação assume muitas e diferentes formas, diferentes personagens, diferentes processos, conteúdos e graus, até a plenitude do Cristo. "É que nossa fé repou-

---

121. *Comentário sobre as Sentenças*, III, d. 23, a. 2, q. 2,c.
122. Cf. R. LATOURELLE, *op. cit.*, pp. 166-167.
123. *Suma Teológica*, I, q. 1, a. 1.
124. Ib.
125. Cf. *infra*, p. 224-227.
126. *Suma Teológica*, IIa-IIae, q. 1, a. 7, ad 4.

sa sobre a revelação feita aos Apóstolos e aos Profetas", que escreveram os livros canônicos[127].

S. Tomás também analisa o processo da revelação na consciência do profeta, encarecendo bastante o aspecto subjetivo e psicológico da profecia. A profecia constitui o carisma de um conhecimento sobrenatural, que permite ao profeta atingir verdades superiores à sua mente. Por ele, o Senhor o coloca a serviço de toda a comunidade[128]. Trata-se, portanto, de um carisma social. Visa ensinar à humanidade o que lhe é necessário à salvação. S. Tomás destaca, no processo da profecia, o momento do conhecimento ou da descoberta e o momento da palavra ou do anúncio, quando o profeta se pronuncia, utilizando seus dons pessoais. A Escritura chama os profetas de videntes, porque vêem o que está oculto no mistério e que os outros não distinguem[129]. De um lado, o dom da profecia inclui representações (*species*) e, de outro, uma luz (*lumen*), que possibilita o discernimento:

> O elemento formal, no conhecimento profético, é a luz divina e é da unidade dessa luz que a profecia recebe a sua unidade específica, não obstante a diversidade dos objetos que essa luz revela ao profeta[130].

Portanto, para Tomás de Aquino, como para Boaventura, a profecia, antes de tudo, consiste nessa luz e não no dado representativo. Essa luz "realça" a luz natural do intelecto, dando-lhe acesso ao que, por si mesmo, não alcançaria. Esse "realce" é uma inspiração que leva a "uma revelação, isto é, à percepção das coisas divinas"[131]. Representações sem a luz divina não formariam um profeta no sentido verdadeiro. Ao contrário, permanece verdadeiro profeta se tiver a luz sem as representações. Ele pode perceber as representações dadas a outro, ou as que ele próprio recebeu, naturalmente. Por meio do profeta, pois, a revelação se faz palavra de Deus, porque falar é manifestar a outrem o próprio pensamento. Analogamente, o que acontece na comunicação entre duas pessoas Deus faz conosco. Essa revelação, ao longo da história, é, sem dúvida, um conhecimento imperfeito, mas seu objetivo final está na plenitude da contemplação de Deus.

Vê-se, mais uma vez, que Tomás de Aquino mapeou o terreno em que se travarão, até os séculos XIX e XX, os debates teológicos sobre a revelação. Sua contribuição maior — os elementos psicológicos — prenuncia teorias futuras que situarão a revelação e a inspiração no pólo transcendental da consciência[132].

---

127. *Suma Teológica*, Ia, q. 1, a. 8, ad 2m.
128. Cf. J. P. TORRELL, *Recherches sur la théorie de la prophétie au Moyen Âge: XIIe-XIVe siècles*, Fribourg (Suisse), éd. Univ., 1992.
129. *Suma Teológica*, IIa-IIae, q. 171, a. 1.
130. Ib., a. 3, ad 3m.
131. Ib., a. 1, ad 4m.
132. Em K. Rahner, por exemplo.

3. A TEOLOGIA DA FÉ

> **INDICAÇÕES BIBLIOGRÁFICAS:** H. LANG, *Die Lehre des hl. Thomas v. Aquim von der Gewissheit des übernatürlichen Glaubens*, Augsburg, Filser, 1929. — A. STOLZ, *Glaubensgnade u. Glaubenslicht nach Thomas v. Aq.*, Rome, Herder, 1933. — R. AUBERT, *Le problème de l'acte de foi. Données traditionnelles et résultats des controverses récentes*, Louvain, Warny, 1945. — J. DE WOLF, *La justification de la foi chez saint Thomas d'Aquin et le Père Rousselot*, Bruxelles/Paris, Éd. Universelles/DDB, 1946. — B. DUROUX, *La psychologie de la foi chez S. Thomas d'Aquin*, Paris, Desclée, 1964. — CHR. THEOBALD, "L'*Épître aux Hébreux* dans la théologie de la foi de saint Thomas au concile Vatican I", Collectif, *"Comme une ancre jetée vers l'avenir"*, Regards sur l'Épître aux Hébreux, Paris, Médiasèvres, 1995, pp. 19-35.

À revelação responde a fé. Esse nexo, posteriormente ressaltado com vigor pelos Concílios Vaticano I e II, concentrou a atenção dos escolásticos, que enfocaram não só a objetividade do conteúdo da fé e de suas formulações (a *pistis* dos Padres), mas também a forma do ato de fé, na subjetividade do crente. O primeiro a propor uma síntese teológica sobre o ato de fé foi Guilherme de Auxerre, no início do século XIII.

Boaventura defende a perfeita adequação da revelação com a fé, porque ambas apresentam o mesmo conteúdo. O Doutor Seráfico refere-se tanto ao "ensinamento da revelação" como à "verdade da salvação" e à "verdade da fé e da Sagrada Escritura". Para ele, "a fé nasce da ação conjunta da palavra exterior e da palavra interior, dos ensinamentos da pregação que tocam os ouvidos e do ensinamento do Espírito Santo, que fala, em segredo, ao nosso coração. [...] A fé vem sobretudo do assentimento interior, porque em vão pelejará o pregador, se não houver no íntimo 'a iluminação do Mestre interior'"[133].

Na longa exposição da *Suma Teológica* sobre a fé, a última da sua carreira, (IIa-IIae, q. 1-16), Santo Tomás consagra apenas uma questão ao seu aspecto objetivo (q. 1), dedicando-se muito mais a explicar o ato interior e exterior da fé (q. 2-3); a virtude da fé, como outra maneira de abordar a antropologia da fé, ou seja, as suas relações com as potências da alma; os possíveis sujeitos da fé; suas causas, enquanto virtude infusa; e, finalmente, os dons relacionados com a fé[134].

Cumpre destacar dois pontos principais na teologia da fé do Doutor Angélico: de um lado, seu empenho por lhe sublinhar o caráter sobrenatural e transcendente em relação a todas as realidades simplesmente humanas, visto que a focaliza no contexto das virtudes infusas; e, de outro lado, sua intenção de situar o ato de fé no horizonte epistemológico humano, onde deve ser jus-

---
133. R. LATOURELLE, *op. cit.*, p. 168.
134. Neste ponto, inspiro-me no trabalho de R. AUBERT, *L'acte de foi*, pp. 43-71.

tificado. Para articular esses dois pontos de vista, vale-se da definição da fé dada em Hb 11,1: "A fé é um modo de possuir, desde já, o que se espera; um meio de conhecer realidades que não se vêem". Comentando essa epístola[135] e, depois, na *Suma Teológica*, ele se estende largamente sobre esse texto.

1. A fé é uma qualidade habitual (*habitus*) do espírito, pela qual a vida eterna começa em nós e faz nossa inteligência aderir ao que não vemos"[136]. É um dom sobrenatural que vem adequar e relacionar o intelecto humano ao conhecimento espiritual de Deus, numa antecipação da visão beatífica. Indubitavelmente, a fé sempre vem pelo ouvido (*fides ex auditu*) e não nos dispensa do conhecimento discursivo. Entretanto, esse conhecer pelo que os outros disseram não se impõe por evidência intrínseca, mas pela autoridade de Deus, Verdade primeira, que nos faz a revelação: "O que há de formal no objeto da fé é a verdade primeira, como é revelada nas S. Escrituras e no ensinamento da Igreja, derivado dessa verdade primeira"[137]. Na transmissão da fé, Cristo certamente desempenha um papel essencial, pois, conforme a interpretação de Hb 12,2, dada por Tomás de Aquino, ele é mais que "o iniciador (*archegos*) da fé e quem a conduz à plenitude". É "o autor e o consumador da fé". Autor, porque a ensinou (cf. Hb 1,1; Jo 1,18) e soube imprimi-la no coração dos fiéis. E também "consumador" da fé, porque a confirma, mediante seus milagres e obras[138]. Mas, como o mostra a referência a Jesus Cristo, o aspecto exterior da fé não constitui a sua base única e suficiente. Fé é virtude teologal, ou seja, dom interior de Deus, graça que atua no cerne das faculdades humanas, tornando-as aptas a alcançar verdades inacessíveis sem ela:

> Eis por que é preciso admitir outra causa, interior, que impele a pessoa a acatar as verdades da fé. [...] Quando as aceita, o homem se alça acima da natureza, o que só acontece graças a um princípio sobrenatural, que o move por dentro e que é Deus[139].

Tomás de Aquino apresenta essa graça como uma luz (*lumen fidei*) infusa que ilumina a inteligência. Com o tempo, matizará a importância e o papel por ele dado a essa luz, mas sempre mantendo-os em princípio.

2. Na Idade Média, a fé era apresentada de outra maneira, por influência da filosofia antiga, como meio termo entre ciência e opinião. Nem ciência, pois não se baseia em evidência intrínseca; nem opinião, pois não envolve dúvida.

---

135. Cf. *Thomae Aquinatis opera omnia*, Paris, Vivès, t. 21, 5611-734. Cf. a análise desse texto por Chr. THEOBALD, "L'Épitre aux Hébreux dans la théologie de la foi de saint Thomas au concile Vatican I", *art. cit.* em que me inspiro.
136. *Suma Teológica*, IIa-IIae, q. 4, a. 1.
137. *Suma Teológica*, IIa-IIae, q. 5, a. 3.
138. Cf. Chr. THEOBALD, *art. cit.*, p. 28.
139. *Suma Teológica* IIa-IIae, q. 6, a. 1. Sobre esse texto, cf. E. KUNZ, "Wie erreich der Glaube seinen Grund", *ThPh* 62, (11987), pp. 352-381.

É uma certeza acerca de algo não evidente. Dizia Hugo de São Vítor: "A fé é uma certeza a respeito de realidades ausentes, superior à opinião e inferior à ciência"[140]. Segundo S. Tomás, o mesmo dizia Gregório de Rimini: "Todo assentimento sem evidência e sem duvida é fé"[141]. Nesse sentido, esse termo se aplicará também às conclusões teológicas, chamadas proposições de fé, não porque integrem a revelação, mas porque do domínio dos conhecimentos não evidentes por si mesmos. Nesse nível de referência noética, ampliava-se bastante o conceito de fé.

É nessa tradição que S. Tomás se situa. A partir da definição de fé presente em Hb 11,1, ele julga captar aí não uma definição formal, mas os elementos da sua conceituação verdadeira de onde se pode extrair uma verdadeira definição da fé:

> A fé, como *habitus*, deve ser definida pelo seu ato próprio, em vista do seu objeto próprio. Ora, o ato de fé [...] é um ato da inteligência determinada a uma única decisão, sob comando da vontade. Por isso, o ato de fé é dirigido tanto ao objeto da vontade, a saber, o bem e a finalidade, quanto ao objeto da inteligência, que é a verdade[142].

Essa definição lembra a da *Leitura da Epístola aos Hebreus*: "Crer é um ato da inteligência determinada a uma única decisão, por comando da vontade"[143]. Portanto, o ato de fé tem dupla referência: à inteligência, porque seu objeto é a verdade, e à vontade, cujo objetivo é a posse das realidades prometidas pela fé. A dualidade de objeto e de fim converge na unidade da verdade e do bem transcendentais. A fé é a presença entremostrada de realidades que se esperam, mas é também um *argumento* do que não é evidente. Daí a posição epistemológica da fé: não é ciência, porque não é intrinsecamente evidente e é mais que uma opinião sujeita a dúvidas, porque conta com a intervenção justificada e fundada da vontade.

Se a virtude da fé e o seu *habitus* constituem dons ligados formalmente à inteligência, S. Tomás não esquece o papel da vontade, para suprir a falta de evidência do objeto da fé e propiciar o assentimento. Na verdade, há casos em que "a inteligência adere a alguma coisa sem ser plenamente levada a isso pelo seu objeto, mas por preferir uma decisão a outra"[144]. O conhecimento da fé entra, pois, no quadro geral do conhecimento, porque cremos, muitas vezes, em alguma coisa que não vimos, devido ao testemunho de outra pessoa que nos parece digna de crédito. A inteligência segue a ordem da vontade, pela simples razão de que a vontade se apóia na razão da autoridade divina.

---

140. HUGO DE SÃO VÍTOR, *PL* 176, 330c.
141. Citado por A. LANG, *op. cit.*, p. 190.
142. *Suma Teológica*, IIa-IIae, q. 4, a. 1.
143. *Thomae Aquinatis opera...*, t. 21, 686. Cf. Chr. THEOBALD, *art. cit.*, p. 25 e o seu comentário.
144. *Suma Teológica*, IIa-IIae, q. 1, a. 4.

Essa a lógica do jeito divino de atrair para a fé, antes que ela aconteça como virtude infusa.

S. Tomás também analisou a questão da credibilidade do ato de fé, embora em termos menos precisos que a teologia moderna. Para ele, há sinais exteriores de credibilidade, como os milagres e os argumentos racionais, que demonstram a alta conveniência das afirmações da fé. Quanto aos milagres, ele os considera sobremaneira, de acordo com uma teologia do milagre que enfatiza sua transcendência e origem divina. Contudo, valoriza o milagre não como condição necessária nem suficiente da fé. A necessidade de milagres marca a fé inferior[145]. O milagre vale como confirmação:

> Quem crê tem motivo suficiente para isso, porque o faz pela autoridade do ensinamento divino, confirmado por milagres e, sobretudo, pela inspiração interior de Deus, que o convida a crer[146].

Como em Boaventura, vemos aí a correlação entre o testemunho exterior da palavra anunciada por Deus e a graça interior. É só para confirmar o testemunho exterior que o milagre intervém. Na sua visão, portanto, o milagre ocupa papel secundário. O instinto interior da fé leva o crente a se apoiar numa realidade divina, a própria verdade de Deus, superior à razão humana. Isso basta para justificar, perante a razão, o ato de fé. Sinais externos de credibilidade podem influir, mas não constituem condição normal para o ato de fé[147].

Talvez, mais do que as questões anteriores, o lugar aqui atribuído a S. Tomás tem plena razão de ser pela sua influência multissecular na teologia e no dogma. "As intervenções do magistério eclesiástico [...] seguirão e desenvolverão, naturalmente, o tratado escolástico da fé que ele, com muita propriedade, elaborou"[148]. Sua maneira de utilizar a *Carta aos Hebreus* consolida "um corpo relativamente homogêneo de versículos (*dicta probantia*)", que se verá integrando "o *Decreto sobre a justificação* do Concílio de Trento (1547), antes de o encontrar no capítulo III da Constituição *Dei filius* do Vaticano I, onde representa base bíblica da definição dogmática da fé, que marcará bastante a *analysis fidei* até o Vaticano II"[149]. Realmente, no futuro, a análise do ato de fé não prescindirá das suas reflexões, enquadrando-se nos parâmetros por ele traçados.

---

145. Sobre isso, cf. R. AUBERT, *op. cit.*, pp. 64-65.
146. *Suma Teológica*, IIa-IIae, q. 2, a. 9, ad 3m.
147. Se Tomás de Aquino admitia ou não a possibilidade de uma credibilidade natural — questão levantada por P. Rousellot — cf. R. AUBERT, *op. cit.*, pp. 69-71.
148. R. AUBERT, *op. cit.*, p. 44.
149. Chr. THEOBALD, *art. cit.*, p. 20.

III. A APOLOGIA DA FÉ E O DISCURSO CONTRA OS HEREGES E OS GENTIOS

A cristandade da Idade Média elaborou seu pensamento em função do seu mundo. Mas, como já se observou, além do imenso esforço de inteligibilidade que marca esse período, paira também sobre ele a preocupação por justificar a fé. Por outro lado, os doutores medievais estudaram também a questão dos motivos de credibilidade e do acesso à fé da gente simples, dedicando-se, nessa direção, a uma apologia da fé. Deviam ainda refletir sobre as heresias da época e sobre os denominados, genericamente, "infiéis", entre os quais se incluíam os herdeiros da sabedoria racional pagã, os judeus sempre presentes na sociedade medieval, apesar de todas as conhecidas discriminações e, por fim, os muçulmanos, desconhecidos da patrística, mas ativos e, muitas vezes, ameaçadores às fronteiras cristãs, enquanto que seus filósofos divulgam o pensamento aristotélico.

1. OS PRIMEIROS ESBOÇOS DE UMA APOLOGIA DA FÉ

INDICAÇÕES BIBLIOGRÁFICAS: A. LANG, *Die Entfaltung des apologetischen Problems in der Scholastik des Mittelalters*, Freiburg, Herder, 1962.

1. Como foi dito, S. Tomás fala da necessidade da revelação, no que tange às verdades normalmente acessíveis à razão natural, para que a maioria dos homens não caia na ignorância e no erro. Nesse campo, há, portanto, "razões realmente demonstrativas aduzidas não aos artigos da fé mas aos seus preliminares (*praeambula fidei*)"[150] e que levam à fé. Do mesmo modo, essas verdades constituem pressuposto necessário à elucidação da fé, porque oferecem conceitos e conhecimentos com os quais se poderão exprimir os mistérios da fé: "Há coisas que devemos crer e que podem ser demonstradas. [...] São os preâmbulos da fé"[151].

A questão dos preparativos para a fé ou dos "antecedentes da fé" (*antecedentia fidei*), na linguagem franciscana, estava na ordem dia, antes de Tomás de Aquino. Esses preliminares englobavam, ao mesmo tempo, verdades religiosas fundamentais e dados éticos naturalmente acessíveis ao homem. Como todos representavam pressupostos indispensáveis à elaboração do discurso teológico, exerciam então duplo papel: apologético e especulativo[152]. É o caso, na visão tomista, da existência de Deus, unidade e imaterialidade divina, espiritualidade e imortalidade da alma, liberdade da vontade, unidade substancial do corpo e da alma e, em geral, as verdades fundamentais da moral. Assim, cada escola tinha sua lista dos antecedentes da fé[153].

---

150. *Suma Teológica*, IIa-IIae, q. 2, a. 10.
151. Ib., q. 1, a. 5, ad 3m. Cf. a esse respeito A. LANG, *Die Entfaltung des Apologetischen Problems...*, pp. 58-59, em que me inspiro nesta explanação.
152. Cf. A LANG, *op. cit.*, p. 96.
153. Cf. ib., pp. 100-109.

Quanto aos mistérios da fé propriamente ditos, a explicação funcionará diferentemente, com auxílio da analogia da fé, comparações, argumentos verossímeis, coerência interna etc. Mas S. Tomás estará sempre atento aos possíveis deslizes dessas demonstrações. Assim, discorrendo sobre o princípio do mundo, para ele objeto de fé e não de simples conhecimento, adverte:

> Esta consideração é útil para evitar que, pretendendo alguém demonstrar um artigo de fé, aduza argumentos não rigorosos, que dêem aos que não crêem matéria de escárnio, fazendo-os supor que nó cremos o que é de fé por tais argumentos[154].

De resto, a apologia deverá resolver as objeções dos adversários contra as afirmações da fé, propondo uma contra-argumentação[155].

2. Mas a argumentação racional precisa se apoiar também nos *testemunhos da fé*, entendendo-se por testemunhos os motivos de credibilidade extrínsecos ao conteúdo da fé, mas que atuam como sinais sensíveis em favor da sua verdade e como confirmação que predispõe o espírito a crer. O principal sinal é o milagre, embora também se apele para as profecias. E aqui também os teólogos apresentam suas listas mais ou menos longas das razões de credibilidade[156].

Essa atenção aos sinais exteriores de credibilidade percebe-se na interpretação diferente das palavras de Pedro, muitas vezes citadas nesse tempo: "Estai sempre dispostos a justificar (*pros apologian*) vossa esperança perante aqueles que delas vos pedem conta" (1Pd 3,15). Esse texto, antes entendido como convite à justificação racional do conteúdo da fé, vem agora aplicado aos testemunhos de credibilidade da revelação[157]. E os milagres aí aparecem no primeiro plano.

3. Ajunte-se a isso o zelo pela oferta de provas "em geral" (*in universali*), ou seja, argumentos capazes de fundamentar a fé nela mesma, sua verdade, seu valor para a salvação, recorrendo a argumentos que a tomam na sua globalidade. Guilherme de Alvérnia, no início do século XIII, é testemunha dessa preocupação, voltada especialmente aos milagres[158]. É a fé das pessoas simples, que não conseguem analisar minúcias dos artigos. O homem comum crê nas mesmas coisas que o homem instruído, mas de outra maneira. Crê de modo geral, ao passo que o sábio particulariza sua fé[159]. Essa diferença corresponde à distinção entre a justificação da fé "pelos testemunhos" e "pelos argumentos". Em S. Tomás essa concepção é formalizada assim:

---

154. *Suma Teológica*, I, q. 46, a. 2.
155. Cf. A. LANG, *op. cit.*, pp. 60-63.
156. Ib., pp. 128-138.
157. Ib., p. 80.
158. Cf. ib., pp. 83-85.
159. GUILHERME DE ALVÉRNIA, *Sur la foi*, c. 2 (Paris, 1591, fol. 12a); cf. A. LANG, *op. cit.*, p. 84.

> As coisas de fé podem ser consideradas de duas maneiras: nas suas particularidades, e assim não podem ser vistas e acreditadas simultaneamente [...]; e na sua generalidade, ou seja, enquanto objeto de credibilidade. Assim são vistas por quem crê, pois, na verdade, ele não creria se não visse que são críveis ou pela evidência dos sinais ou por alguma coisa desse tipo[160].

Portanto, o homem instruído não crê nos pontos de fé acessíveis à razão, porque os conhece com certeza pela ciência. Ao contrário, a pessoa simples, para quem essas provas são inatingíveis, crê nelas em virtude dos sinais exteriores.

A "fé implícita" (*fides implicita*) ou a "fé indistinta" está próxima dessa idéia de justificação da fé "em geral". Pensava-se mesmo que os santos do Antigo Testamento tiveram, implicitamente, fé em Cristo, fé que só se explicitou no Novo Testamento. Assim também o povo humilde de hoje pode alimentar uma fé mediana e circunscrita à prática sacramental. Nem se há de exigir dele uma fé explícita na totalidade doutrinária da fé. É suficiente que conheça as verdades necessárias à salvação, assentindo, implicitamente, a tudo o mais. Não faltam exemplos dessa fé "genérica" em tudo o que a Igreja crê[161]. S. Tomás, por exemplo, diz: "Quem crê que a fé da Igreja é verdadeira crê, por isso mesmo, implicitamente, em cada um dos artigos contidos na fé da Igreja"[162]. Não se dispensa com isso a fé explícita em certas verdades essenciais, como se lê numa declaração generosa de Inocêncio IV, segundo a qual "basta às pessoas simples e, talvez, a todos os leigos"[163] que creiam "que Deus existe e irá premiar a todos os que praticarem o bem". Os demais artigos seriam objeto de fé implícita, de acordo com que a Igreja crê[164]. S. Tomás é mais exigente:

> Quanto às primeiras verdades de fé, isto é, quantos aos artigos de fé, somos obrigados a crer explicitamente, do mesmo modo que se há de ter fé. Quanto às demais verdades, não se precisa crer nelas explicitamente, mas só de modo implícito ou numa disponibilidade interior de quem está preparado a crer em tudo o que está na divina Escritura[165].

A teologia medieval colocou, pois, importantes balizas para os temas que ocuparão a apologética dos tempos modernos.

---

160. *Suma Teológica* IIa-IIae, q. 1, a. 4, ad 2m.
161. Cf. A. LANG, *op. cit.*, pp. 88-91.
162. *Sobre a verdade*, q. 14, a. 11.
163. Esse texto mostra bem a separação cultural entre clero e laicato, ou seja, gente instruída de um lado e gente ignorante, do outro.
164. Citado por A. LANG, *op. cit.*, p. 90.
165. *Suma Teológica*, IIa-IIae, q. 2, a. 5.

2. A IDADE MÉDIA E OS SEUS HEREGES

> **INDICAÇÕES BIBLIOGRÁFICAS:** Collectif, *Hérésies et sociétés dans l'Europe pré-industrielle, 11ᵉ-18ᵉ siècles*, Paris/La Haye, Mouton co, 1968. — M. D. LAMBERT, *Medieval Heresy. Popular Movements from Bogomil to Hus*, Londres, E. Arnold, 1977. — C. T. BERKHOUT and J. B. RUSSELL, *Medieval Heresies. A Bibliography 1960-1979*, Toronto, Pont. Inst. of Medieval Studies, 1981. — P. VALLIN, *Les chrétiens et leur histoire*, Paris, Desclée, 1985. — M. REEVES, *The influence of Prophety in the later Middle Age: a study in joachimism*, Londres, Univ. of Notre-Dame Press, 1993.

Heresias medievais

Há enorme diferença entre as heresias medievais e as da Antigüidade cristã. Primeiro, porque elas, praticamente, não se referem mais aos mistérios trinitários e cristológicos. Traduzindo as maiores preocupações da época, giram, sobretudo, em torno da Igreja e dos sacramentos. Pode-se falar, assim, de heresias populares e de heresias ou erros da elite, com a ressalva de que, então, heresia tinha sentido muito amplo.

As heresias populares desencadearam-se com líderes carismáticos, que propunham uma radicalização evangélica, entrando em choque com a hierarquia, bastante criticada porque excessivamente clerical, de um lado, e, de outro, tolerante demais com padres de comportamento indigno. Notável, nesse sentido, o movimento *cátaro* — "puro" ou "perfeito" em grego. Os chefes desse movimento combatiam toda forma de mediação na Igreja, questionando os sacramentos, especialmente o matrimônio, porque preconizavam a castidade escatológica. Queriam reviver a Igreja primitiva, o "cristianismo autêntico", através da pobreza absoluta e do ascetismo rígido. Mas recusavam ser confundidos com os "espirituais". Os cátaros sobressaíram na segunda metade do século XII, em vários países da Europa ocidental, antes de se notabilizarem como radicados na região de Albi, ganhando daí o nome de Albigenses. Sua influência se estendeu também e muito ao norte da Itália. Desvincularam-se da Igreja, acusando-a de trair o Evangelho. Adquirindo grande nomeada, o movimento expandiu-se bastante pela Europa, chegando a realizar, entre 1174 e 1176, um "concílio cátaro", em Sain-Félix de Caraman[166]. Essa corrente contestadora teve da Igreja uma resposta desajeitada e extremamente rigorosa, sem nenhum resultado positivo.

Pululuram, na época, outros movimentos de tipo evangélico, com destaque para os Valdenses, assim chamados por ligação com um comerciante de Lião,

---
166. Cf. A. VAUCHEZ, em *Histoire du christianisme*, t. 5, Paris, Desclée, 1993, p. 466.

Pierre Valdo ou Valdès (*Valdesius*)[167]. Convertendo-se ao cristianismo, mandou ele traduzir os Evangelhos para o vernáculo e saiu às ruas para pregar, logo acompanhado por um grupo de discípulos. Mas pregar era um direito vedado aos leigos pelo *Decreto* de Graciano. Daí o conflito com a hierarquia do tempo. Conflito que evoluiu, até chegar à ruptura, porque Valdo não se submeteu, quando lhe foi retirada a autorização provisória para pregar. Excomungado, foi depois condenado como herege, em 1184.

Movimento análogo de leigos surgiu em Milão — os *Humilhados*. Foram excomungados e depois readmitidos por Inocêncio III. Tanto no caso desse movimento como dos Valdenses, não se tratava de heresia na acepção moderna, mas de uma atitude cismática. Nada os separava da Igreja em termos de ortodoxia doutrinária[168].

Outras heresias medievais apareceram, mas constituíam mais propriamente erros teológicos no entendimento de alguns pontos de doutrina controversa nas escolas. Na verdade, não produziram nenhum impacto eclesiológico nem social. Geralmente, eram logo censuradas pelas Universidades, provocando a intervenção dos papas, caso a caso, como a condenação de certas proposições ou a imposição de determinado enunciado de fé. Aconteceu assim com Berengário, Abelardo, Gilberto de la Porrée e Pedro Lombardo.

A Inquisição

No século XIII, para defender e controlar a fé, usou-se a violência física. Era um tempo em que a dissidência religiosa aumentava, particularmente com os cátaros Albigenses, contra os quais se organizou uma cruzada, em 1209. "A novidade não era a violência, muitas vezes já empregada contra os que se desviavam, nos séculos XI e XII, mas o seu uso deliberado e sistemático, contra certas categorias de pessoas, com o aval da sociedade e a colaboração de instituições locais de ordem política, judiciária e social"[169]. Numa sociedade institucionalmente cristã, o desvio do herege era também visto como problema de ordem pública, a exigir a ação conjunta da Igreja e do Estado. Desde o século XII, vigorava a pena de morte, na fogueira, para hereges obstinados, porque a heresia era comparada à bruxaria. A heresia cátara motivou uma decisão pontifícia de Lúcio III (1181-1185), retomada pelo IV Concílio de Latrão (1215) e por Gregório IX (1227-1241). Assim se pronunciou o concílio lateranense:

> Excomungamos e anatematizamos toda heresia contrária à fé santa, católica e ortodoxa [...]. Condenamos todos os hereges, de todas as denominações, de

---

167. Cf. tomo 3, p. 364.
168. Sobre esses dois movimentos, cf. A. VAUCHEZ, *op. cit.*, pp. 460-472, em que me inspiro.
169. Cf. A. VAUCHEZ, reportando-se a R. I. MOORE, *op. cit.*, p. 820.

diferentes perfis, mas grosseiramente unidos entre si pela vaidade. Uma vez condenados, sejam eles entregues ao poder secular ou aos seus magistrados, que saberão como puni-los[170].

Passava-se assim do perigoso limiar das penas espirituais — a excomunhão — para as variadas penas temporais: degradação dos clérigos, confisco de bens, incapacitação para qualquer cargo na sociedade, banimento, recusa de sepultamento cristão. Incumbia aos bispos caçar e castigar os hereges, entregando-os ao braço secular, para que recebessem a penalidade adequada ou o "tratamento merecido" (*animadversio debita*). Deveriam ser punidos também os seus defensores, os que os acobertassem e os que se mostrassem fracos demais no repreendê-los.

Entre 1231 e 1233, Gregório IX institui, formalmente, a Inquisição, como tribunal especialmente encarregado de combater a heresia, integrando seus procedimentos no direito canônico. Numa constituição de 1231, ele mantém o suplício do fogo e outras penas, confiando a Inquisição às Ordens Mendicantes (dominicanos e franciscanos). Aos poucos, ela se torna tribunal autônomo. Durante esse pontificado, a Inquisição atua na França, Itália, Espanha, Alemanha e Países Baixos, multiplicando-se as execuções na fogueira. Castigavam-se também o sacrilégio, a blasfêmia, a sodomia, a magia, a bruxaria, a alquimia. O direito de defesa era cada vez mais violado, pois o suspeito de heresia, segregado e sem advogado, deveria provar sozinho a própria inocência. A delação era encorajada e o interrogatório visava apenas extorquir a confissão do réu. Em 1252, Inocêncio IV autoriza a tortura, como meio de prova. As penas iam da prisão à reclusão perpétua, sendo os "relapsos" condenados à morte na fogueira, executada pela autoridade secular.

Dificilmente se compreende como o zelo pela conservação intacta do depósito da fé pôde chegar a esses requintes de desumanidade e a tais excessos de injustiça e crueldade. Foi, realmente, um abuso terrível do poder totalitário, partilhado pela Igreja e pelo Estado. Vale notar que, em geral, a sociedade julgava, então, que as questões de fé deveriam ser reguladas, se necessário, pela violência física e pela morte. Para ela, unidade política e unidade religiosa identificavam-se. Pretendia-se instaurar "uma sociedade cristã perfeita, sob o comando de um único chefe, o Papa"[171]. Muitos inquisidores esperavam que, pela confissão, o culpado se convertesse. O próprio S. Tomás, que ensinava não se dever forçar ninguém à fé, pensa, por outro lado, que se pode obrigar fisicamente os hereges e os apóstatas "a cumprir o que haviam prometido e a guardar a fé que um dia abraçaram para sempre"[172]. Essa convicção irá perdurar até os tempos da Reforma, explicando, assim, a violência das futuras guerras de religião. No seu con-

---

170. IV Concílio de Latrão, *Constituição sobre os hereges*, COD II-1, p. 501.
171. A. VAUCHEZ, *op. cit.*, p. 822.
172. *Suma Teológica*, IIa-IIae, q. 10, a. 8.

junto, a época patrística, embora não muito complacente com os desvios heréticos, desconheceu esse tipo de penas, salvo o exílio de bispos condenados.

Discursos e censuras contra os hereges

A Idade Média não esqueceu as heresias marcantes da Antigüidade cristã. Refutá-las foi algo que integrou, normalmente, a doutrinação religiosa, sempre atenta à possibilidade de estarem elas sobrevivendo nas heresias e erros do momento. Na *Suma*, S. Tomás traça breve reflexão sobre as condições do debate sobre matéria de fé: com os hereges, pode-se discutir "utilizando um artigo de fé para combater os que negam outro artigo", mas com quem não crê "só é possível refutar as razões que ele poderá opor à nossa fé"[173].

Em tese, era assim. Mas, concretamente, a luta contra as opiniões errôneas ou tidas como heréticas passou pela aplicação de censuras graduais. As Faculdades de Teologia foram as primeiras a identificá-las, mas o magistério romano adotou esse sistema já na Idade Média e mais ainda nos séculos XVII e XVIII[174]. As condenações doutrinárias levam em conta dois parâmetros principais: a dimensão especulativa do erro e o seu alcance pastoral. Exprime-se a censura com uma ou mais notas, na tentativa de qualificar com a maior precisão possível as proposições formuladas de maneira lapidar. Heresia é a qualificação mais grave. Mas predomina a do *erro*, que terá múltiplos matizes, como "falso, impróprio, ridículo, absurdo, contrário aos princípios dos filósofos pagãos, temerário", ou ainda "falso, sob certos aspectos herético, em alguns pontos duvidoso em relação à fé ou desprezível", ou também "erro quanto à fé, contrário à opinião comum"[175]. Occam apresentará a primeira dissertação sobre as notas teológicas[176], distinguindo muitos tipos de verdade e, por isso, de erros também. O erro principal opõe-se apenas aos dados contidos na S. Escritura, por revelação explícita ou implícita e deve ser chamado de heresia. No último plano, está o erro contrário a uma verdade deduzida da Bíblia ou da verdade apostólica aí não consignada. Tal erro "tem sabor de heresia" (*sapit haeresim*), embora não o seja formalmente. Occam distingue com acerto a heresia que se opõe a uma verdade divina e o erro que se opõe a uma verdade de "fé apenas eclesiástica". Mas não é fácil discernir os limites desses dois campos, dada a amplitude do conceito de "revelação implícita" e o número crescente de conclusões teológicas,

---

173. *Suma Teológica*, I, q. 1, a. 8.
174. Cf. infra, pp. 147-148. Bom exemplo disso foram os 219 artigos condenados em Paris, em 7 de março de 1277. Cf. a respeito, B. NEVEU, *L'erreur et son juge. Remarques sur les censures doctrinales à l'époque moderne*, Nápoles, Bibliopolis, 1993, pp. 94-106, que estuda a documentação medieval sobre censuras.
175. Ib., p. 97. Sigo essa argumentação.
176. *Dialogue sur la dignité papale et royale*, éd. C. K. Brampton, Oxford, Clarendon Press, 1931. Cf. B. NEVEU, *op. cit.*, pp. 97-99.

cuja negação era considerada erro doutrinal. Nessa questão de censuras, a Idade Média acabou estimulando um movimento de muito futuro.

3. OS "GENTIOS" DA IDADE MÉDIA

A Idade Média não esqueceu os não-crentes. Seu conceito de *infiéis* chega a ser até amplo demais. Santo Anselmo foi um que, ao expor a doutrina cristã, procurou responder às objeções dos de fora. Como infiéis contavam-se então os pagãos ou os herdeiros do paganismo intelectual antigo e também os judeus e os muçulmanos, sendo estes últimos considerados não só como pagãos. Para esses infiéis, o mistério da encarnação e morte de Cristo na cruz "ofende e afronta a Deus". Convertê-los será o objetivo dos teólogos[177].

Bem antes da *Suma teológica*, S. Tomás de Aquino havia escrito a *Suma contra os gentios* (entre 1258 e 1264), com estrutura muito diferente. Quem são esses "gentios"? Por causa de um texto apócrifo de Pedro Marsílio, durante muito tempo se acreditou que se tratava de uma obra missionária, espécie de manual para os dominicanos enviados a evangelizar os mouros. Mas o título da obra, se é que é autêntico, contradiz essa hipótese. Para Tomás, gentios são os pagãos em geral e não os muçulmanos. Aliás, ele nem cita o Corão e sequer demonstra preocupação por refutá-los.

Pensou-se também que se tratava de um trabalho antiaverroísta, dirigido contra a filosofia árabe. Gentios seriam, então, todos os filósofos não-cristãos. Na verdade, o livro é contra o paganismo antigo, que "produziu uma filosofia completa, quase isenta de erros — a filosofia de Aristóteles"[178]. Nela se tem uma visão da verdade de sempre. E, no entanto, acabou ensejando erros e a influência da sabedoria pagã na fé cristã veio a gerar algumas heresias. O objetivo do livro mostra como a razão motivou o tempo todo antigos desvios da fé. É significativo, aliás, o outro título, presente nos manuscritos, e que parece ser original: "Livro da verdadeira fé católica contra os erros dos infiéis"[179].

Nada, porém, como recolher do próprio autor o que ele, realmente, intencionou:

> Confiando na misericórdia divina, ousamos assumir o ofício do sábio, ofício que, por certo, supera nossas forças, com a intenção de, dentro das nossas possibilidades, expor a verdade professada pela fé católica e repelir os erros contrários [...].

---

177. Cf. M. ROQUES, introd. à ed. de *Pourquoi Dieu se fait homme*, SC 91, 1963, pp. 69-74.
178. A. GAUTHIER, introd. à ed. de *Contra Gentiles*, Lethielleux, 1961, t. I, p. 76. Nessa edição vem uma documentação sobre o assunto.
179. Ib., p. 75.

Mas é difícil refutar todos os erros, por duas razões. Primeiro, porque as afirmações sacrílegas de cada um dos que caíram em erro não nos são suficientemente conhecidas para que possamos delas extrair argumentos que as eliminem. Entretanto, assim o fizeram os doutores antigos, para confundir os pagãos, cujas posições conheciam, ou porque eles próprios também haviam sido pagãos, ou porque, no mínimo, conviviam com eles e estavam a par de suas idéias.

Em segundo lugar, porque alguns dentre eles, como os muçulmanos e os pagãos, não comungam o nosso respeito pela autoridade da Escritura, com a qual poderíamos convencê-los, como fazemos com os judeus, citando o Antigo Testamento, e com os hereges, citando o Novo. Mas eles não acatam nem um nem outro. Daí a necessidade de recorrer à razão natural que todos estão obrigados a respeitar. Mas a razão natural não basta para refletir sobre as coisas de Deus[180].

S. Tomás projeta uma obra de sábio, ou seja, uma obra de teologia. Ora, refutar erros é parte da teologia. Ele quer, pois, refutar os erros dos infiéis, em geral, embora reconhecendo a dificuldade para tanto, já que não conhece bastante suas doutrinas. Encarece, sobretudo, que a base do debate não pode ser a mesma com os pagãos, com os judeus e com os hereges. Encontra-se, portanto, à sua frente aquela trilogia adversária que outrora desafiara a cristandade. É preciso descobrir em cada caso o ponto de partida comum, para desenvolver o raciocínio. Com os infiéis, recorrerá à razão natural e universal, como denominador comum para a comunhão de todos os homens na verdade.

A *Suma contra os gentios* pode não ser obra apologética, no sentido moderno, mas revela a preocupação *ad extra* e a certeza de que, por demonstração, a fé e a verdade se harmonizam. Temos aí uma obra de diálogo entre a razão e a fé.

4. OS JUDEUS E OS MUÇULMANOS. AS MISSÕES

INDICAÇÕES BIBLIOGRÁFICAS: E. FRITSCH, *Islam und Christentum im Mittelalter*, Breslau, 1930. — R. SUGRANYES DE FRANCH, *Raymond Lulle docteur des missions*, Schöneck-Bechenried, ed. Nelle Rev. de Sc. Missionnaire, 1954. — J. RICHARD, *La papauté et les missions d'Orient au Moyen Âge (13e-15e siècle)*, École franç. de Rome, 1977. — G. DAHAN, *Les intellectuels chrétiens et les juifs au Moyen Âge*, Paris, Cerf, 1990.

Quanto aos judeus, a controvérsia continua, desde Isidoro de Sevilha († 634), com seu tratado *Da fé católica contra os judeus*[181], obra de grande influência até o final da Idade Média, passando por Pedro Damião († 1072)[182], Ruper-

---

180. *Suma contra os gentios*, Livro I, cap. 2.
181. *PL* 83, 449-538.
182. *Refutation contre les Juifs*, *PL* 145, 58-68.

to de Deutz († 1129)[183], Abelardo († 1142)[184], Pedro, o Venerável († 1156)[185] e outros[186].

No seu conjunto, essa argumentação mantém o tom bastante polêmico, enfocando diretamente o problema da rejeição do povo judeu. O raciocínio predominante apóia-se na série de testemunhos do Antigo Testamento, nos quais se inserem os anúncios proféticos da figura de Cristo. O centro do debate reside na identidade messiânica de Jesus. Mas os apologistas cristãos procuram também provar pelo Antigo Testamento a divindade de Cristo, sua morte e ressurreição.

No Ocidente, o embate com os muçulmanos é mais polêmico, embora menos desenvolvido. No Oriente, logo os escritores cristãos tiveram de responder às grandes objeções do Islã ao cristianismo, a saber, o mistério da trindade e unidade de Deus e, correlativamente, a divindade de Cristo, sem esquecer o escândalo da cruz e a recusa da ressurreição. Esses temas aparecem também no Ocidente, bem como a resposta aos ataques à prática religiosa dos cristãos. Outro ponto seriamente tratado, a partir dos sinais e dos milagres reivindicados por cada lado, é a legitimidade de Cristo ou de Maomé, como profetas enviados por Deus. A ausência de profecias relativas a Maomé é rejeitada por seus discípulos, porque não teriam sentido no caso de um profeta que não veio abrogar nada. Nesse contexto se situa Pedro, o Venerável, com a obra *Contra a seita nefasta dos sarracenos* (1143), seguido, um século depois, por Raimundo Marti de Subirats († 1284)[187], cuja obra se dirige tanto contra os muçulmanos como contra os judeus, e por Ricardo de Mont Croix, por volta de 1300[188].

Não se esqueça, por fim, o ingente esforço missionário da Idade Média, primeiro no mundo mediterrâneo do Islã e, depois, por toda a Ásia central (Guilherme de Rubrouck, na Mongólia, primeiro evangelizador da China), graças às Ordens Mendicantes. Inspirados por seus fundadores, franciscanos e dominicanos foram os principais apóstolos dessas paragens. O grande "doutor das missões", na época, foi o franciscano Raimundo Lúlio (1232-1316), missionário e viajante incansável. Na sua lúcida metodologia, o missionário precisa conhecer as crenças das outras religiões e a língua dos que ele quer converter, preparando-se convenientemente num mosteiro especial (que fundou em Miramar) para, depois, organizar discussões doutrinárias e trocar idéias com representantes de outras religiões. Em resumo, era preciso, para ele, racionalizar todo a atividade missionária[189]. Pouco antes, incentivados por Raimundo de Peñafort, os dominicanos haviam organizado, na Espanha, um centro de estudos para a formação de apologistas que pudessem evangelizar as regiões muçulmanas e também os judeus ocidentais. Essa preocupação missionária da Idade Média terá enorme repercussão na reflexão doutrinal.

---

183. *Anneau ou Dialogue entre un chrétien et un juif*, PL 170, 561-610.
184. *Dialogue entre un philosophe, un juif et un chrétien*, PL 178, 1611-1682.
185. *Contre la dureté invétérée des juifs*, PL 189, 509-601.
186. Cf. A. LANG, *op. cit.*, pp. 67-70.
187. *Le Poignard de la foi*, ed. J. B. Carpzov, Leipzig-Francfort, 1687.
188. *Réfutation de l'Alcoran*, Veneza, 1609.
189. Cf. R. SUGRANYES DE FRANCH, *Raymond Lulle...*, *op. cit.*, pp. 57-73.

SEGUNDA FASE
DE TRENTO AO VATICANO I: UM NOVO TEMPO PARA A TEOLOGIA DA APOLOGÉTICA À EMERGÊNCIA DO "MAGISTÉRIO VIVO"

B. Sesboüé

CAPÍTULO III
Escrituras, tradições e dogmas no Concílio de Trento

No tomo 2 desta obra, tivemos uma auto-apresentação do Concílio de Trento. Seus decretos todos foram comentados nesse volume (pecado original e justificação) e no tomo 3 (os sacramentos). Cabe examinar, agora, sua metodologia doutrinal, enfocando os primeiros decretos dogmáticos referentes à forma como trataram o Símbolo da fé, depois a Escritura e as tradições. Cumpre também perscrutar o sentido que aí assumem palavras-chave, como fé, dogma, heresia, "definição", *mores*, e perceber, assim, que os seus contornos semânticos, naquela época, serão diferentes no futuro. Vale lembrar, enfim, que, logo depois de encerrado o concílio, um teólogo que participou dele, Melchior Cano, publicou um livro importante de metodologia teológica, livro consagrado aos "lugares teológicos" e que se tornaria um marco de primeira ordem na teologia fundamental.

I. A RECEPÇÃO DO SÍMBOLO DE FÉ

Na programação das primeiras sessões, o Concílio de Trento estabeleceu a metodologia dos seus trabalhos. A terceira sessão — a primeira sobre questões de doutrina — foi dedicada à "*recepção* do Símbolo da fé católica", assim como a quarta fará o mesmo quanto aos livros sagrados e a tradição apostólica. Esses dois decretos retomam a metodologia tradicional já evocada, pois o Concílio quer seguir "o exemplo dos Padres". Merece, porém, atenção especial o novo modo como esses decretos são elaborados e o seu caráter preparatório em relação às questões dogmáticas.

O Símbolo "único e sólido fundamento"

Para iniciar seus trabalhos, o Concílio retoma a antiga tradição conciliar de atualizar o Símbolo de fé e, ao mesmo tempo, "confessá-lo" solenemente, em sinal de "recepção":

> Por isso, para que sua solicitude religiosa principie e cresça pela graça de Deus, decide e decreta, antes de tudo o mais, que é preciso começar por uma confissão de fé, como sempre fizeram os Santos Padres. [...] Por isso (o Concílio) resolveu apresentar o Símbolo de fé que a Santa Igreja romana utiliza como o princípio no qual se unem, necessariamente, todos quantos professam a fé em Cristo e como o único e sólido fundamento contra o qual "as portas do inferno não prevalecerão jamais", conforme as palavras que em todas a Igrejas se dizem[1].

O Concílio, portanto, considera o Símbolo como a sua norma. Note-se a dialética dos verbos empregados: de um lado, Trento "decide e decreta"; mas, de outro lado, quer "começar por uma confissão de fé" e "apresentar", oficialmente, o Símbolo em uso na Igreja. Essa decisão de autoridade visa à obediência da fé, por meio da fórmula do Símbolo acatada com veneração.

Esse Símbolo é qualificado como "princípio" e como "único e sólido fundamento, no qual se unem, necessariamente, todos quantos professam a fé em Cristo". Essa mesma referência ao Símbolo voltará, no final do decreto seguinte sobre as Escrituras e as tradições: "Que todos, assim, compreendam a ordem e o caminho que o Concílio vai seguir, depois de ter estabelecido o fundamento da confissão da fé"[2]. Fica evidente que o Símbolo representa a referência primeira e imediata de todo o discurso da fé. É a sua pedra de toque. Em termos modernos, constitui a pré-compreensão esclarecedora para o trato de questões recentes. A palavra "fundamento" é significativa. Provoca, dentro do discurso cristão, a preocupação pelas questões "fundamentais"[3]. O decreto seguinte dirá como esse fundamento se articula com as Escrituras e as tradições.

O Símbolo professado é o niceno-constantinopolitano. Nenhuma novidade, pois, quanto ao conteúdo da fórmula tradicionalmente transmitida nas Igrejas do Oriente e do Ocidente.

II. A RECEPÇÃO DOS LIVROS SANTOS E DAS TRADIÇÕES

> **INDICAÇÕES BIBLIOGRÁFICAS:** Cf. bibliogr. geral sobre o concílio, no tomo 2, p. 192. E. ORTIGUES, "Écritures et traditions apostoliques au concile de Trente",

---

1. Concílio de Trento, 3ª sessão, *COD* II-2, p. 1349.
2. Ib., 4ª sessão; *COD* II-2, p. 1353, *DS* 1505; *FC* 152.
3. Aspecto salientado por C. THEOBALD, *Maurice Blondel und das Problem der Modernität*, Frankfurt, Knecht, 1988, pp. 473-475.

RSR, 36, (1949), pp. 271-299. – J. R. GEISELMANN, "Das Konzil von Trient über das Verhältnis der Heiligen Schrift und der nicht geschriebenen Traditionen", *Die mündliche Überlieferung*, hrsg von M. Schmaus, München, Ch. Kaiser, 1957, pp. 123-232. – H. LENNERZ, "Scriptura sola?", *Gregorianum* 40 (1959), pp. 38-53; "Sine scripto traditiones", *ibid*., pp. 624-635. – J. BEUMER, "Katholisches und protestantisches Schriftprinzip im Urteil des Trienter Konzils", *Scholastik* 34, (1959), pp. 249-258; *La tradition orale*, 1962, trad. Paris, Cerf 1967. – H. HOLSTEIN, "La tradition d'après le concile de Trente", *RSR* 47 (1959), pp. 367-390; "Les deux sources de la révélation", *RSR* 57, (1969), pp. 375-434. – Y. CONGAR, *La tradition et les traditions*, I. *Essai historique*, Paris, Fayard, 1960, pp. 183-205 et 207-232. – G.-H. TAVARD, *Écriture ou Église? La crise de la réforme*, Cerf, 1963, "L'Évangile du Dr Luther", pp. 119-144 e "Le concile de Trente", pp. 285-304. – P. LENGSFELD, *Tradition, Écriture et Église dans le dialogue œcuménique*, Paris, Orante, 1964. – W. KASPER, *Dogme et Évangile*, Tournai, Casterman, 1967. – K. RAHNER et J. RATZINGER, *Révélation et Tradition*, Paris, DDB, 1972. – H.-J. SIEBEN, *Die katholische Konzils idee von der Reformation bis zur Aufklärung*, Paderborn, Schöningh, 1988.

1. A CONTESTAÇÃO DA REFORMA: O PRINCÍPIO ESCRITURÍSTICO

Um dos primeiros pontos da crítica de Lutero à Igreja católica foi a autoridade por ela reivindicada em matéria de fé, no tocante às suas inúmeras tradições e instituições. Foi um protesto fundamental, formalizado nas 95 teses de Wittenberg. Lutero acusava a Igreja de pôr simples "invenções humanas" no mesmo nível do Evangelho. Para ele, certas práticas eclesiásticas, como o sistema de indulgências, contrariavam o Evangelho puro, induzindo à justificação pelas obras. Criticava, pois, as tradições veiculadas por autoridade da Igreja, para aceitar somente o que fosse conforme ao Evangelho. Não questionava, porém, os dogmas como afirmação autorizada da fé, mantendo-se fiel ao Símbolo da Igreja antiga, porque os considerava conformes ao Evangelho.

Na realidade, em face da concepção tradicional da Igreja, como guardiã da Escritura e das tradições, Lutero privilegiava o Evangelho. E com essa palavra entendia ele o Evangelho paulino da justificação pela fé, por ele descoberto e vivenciado a partir da *Carta aos Romanos*. Esse Evangelho para ele, fascinado pelo *Sobre o espírito e a letra* de Santo Agostinho[4], significava também o "espírito", identificado com a fé, oposto à "letra" e sinônimo, para ele, dos preceitos da vida moral[5]. Esse Evangelho sobrepaira à Igreja: "a Palavra de Deus está incomparavelmente acima dela, suscitando-a permanentemente"[6], porque a Igreja

---
4. Cf. tomo 2, pp. 246-247
5. Cf. G.-H. TAVARD, *op. cit.*, p. 121.
6. LUTERO, WA 12, 259.

é a "criação do Verbo". Mas esse Evangelho também não está apenas na Escritura e sim na pregação viva e oral, com todo o poder salvífico:

> Evangelho nada mais é senão anúncio e proclamação da graça e da misericórdia de Deus, merecidas pelo Senhor Jesus e adquiridas pela sua morte. Em termos precisos, Evangelho não são livros compostos de letras, mas uma pregação oral, uma palavra viva, uma voz a ressoar pelo mundo afora, publicamente proclamada e por toda a parte ouvida[7].

O Evangelho é poder vital de transcendência absoluta, ressalta Lutero. É a própria pregação de Cristo e Cristo o seu principal objeto. É o "Evangelho de Cristo" ou o "Evangelho de Deus sobre o seu Filho". Portanto, há de ser à luz do Evangelho e do Cristo que devem ser interpretados os livros da Escritura. Pois o Evangelho é o seu centro. Nele a Escritura ganha clareza total, enquanto a tradição católica insiste na "obscuridade" das Escrituras. Note-se, porém, que essa idéia de superioridade do Evangelho dentro de toda a Escritura não está longe da visão que o próprio Concílio irá defender.

O apelo ao Evangelho representa, para Lutero, um princípio crítico não só em face dos dogmas da Igreja, mas também em face dos textos bíblicos. Justificado pela graça do Evangelho, o homem tem o Espírito que lhe possibilita julgar a Escritura, porque "o homem espiritual julga de tudo e ele mesmo não é julgado por ninguém" (1Cor 2,15). Pela experiência do Espírito, pode discernir onde e como a Escritura lhe dá o Cristo. "A teologia luterana da Palavra, escreve W. Kasper, move-se pela fé no poder de Cristo, que age no Espírito Santo e se manifesta na proclamação sempre renovada da Palavra na Igreja"[8]. Por isso, a Escritura é julgada à luz desse Evangelho, com o risco de ser instrumentalizada a serviço da interpretação luterana do Evangelho. Dentro dessa convicção hermenêutica é que se há de compreender o grande princípio "só a Escritura" (*Scriptura sola*)[9].

A Igreja desempenha um papel importante na pregação do Evangelho, mas Deus só fala por ela quando a sente fiel à pureza da sua Palavra. "Ela é a assembléia de todos os crentes, por entre os quais o Evangelho é pregado com fidelidade e os santos sacramentos administrados de acordo com o Evangelho"[10]. Ela não é, pois, a guardiã indefectível do Evangelho, porque ela está submetida ao seu julgamento, como a algo que a transcende.

Nessa perspectiva, a palavra "tradição" remete, na sua essência, às "tradições dos homens", já estigmatizadas pelas palavras do Evangelho (Cf.

---

7. Ib.
8. W. KASPER, *op. cit.*, p. 18.
9. Melanchton percebia certa contradição em defender um princípio escriturístico tão rigoroso e, ao mesmo tempo, acatar os Símbolos de fé e os antigos concílios. Conhecedor dos Santos Padres, admitia o princípio de uma tradição doutrinária, sempre dependente do Evangelho.
10. *Confissão de Augsburgo*, VII.

Mt 7,8). É certo que entre os católicos não se distinguiam com clareza tradição apostólica e tradição eclesiástica. O problema levantado pelos Reformadores não se situava, pois, nas Escrituras — exceto algumas dificuldades quanto ao cânon — mas nas tradições, que eles rejeitavam. E na relação entre Evangelho e Igreja.

2. O DECRETO "SACROSANCTA" (4ª SESSÃO)

Reconhecido oficialmente o Símbolo de fé, o Concílio de Trento consagra os livros sagrados da Escritura e as tradições de origem apostólica. É a sua primeira afirmação dogmática. Trata-se de um texto curto, com um único cânon. Não é propriamente uma *"doctrina"*, com vários capítulos, como fará o Concílio, ao tratar da justificação e dos sacramentos, e sim um texto com o feitio literário de uma introdução às *"doctrinae"*.

O documento compõe-se, essencialmente, de um só período, elaborado com todo cuidado, na direção dos dois verbos da oração principal, a saber, "recebe" e "venera". Como no caso do Símbolo de fé, esses verbos assumem seu sentido pleno comparados aos que vão expressar a autoridade conciliar nos decretos subseqüentes ("declara, decide, ensina"). Aqui também se trata de um ato de submissão do Concílio àquilo que ele respeita como sua norma. Como na sessão anterior, a autoridade conciliar se fundamenta na obediência. É nas Escrituras e nas tradições que se concentram as referências normativas da sua fé.

O movimento desse período único mostra três momentos principais. Primeiro, afirma-se a unicidade do Evangelho; depois, os dois espaços de abonação e de transmissão desse Evangelho único; enfim, esses dois espaços são reconhecidos como de igual valor. Vamos, a seguir, apresentar o texto com esses três momentos, procurando destacar graficamente a argumentação.

O Evangelho, fonte única de verdade e vida

> "O santo concílio ecumênico e geral de Trento, legitimamente congregado no Espírito Santo, sob a presidência de três legados da Sé apostólica,
>
> tem sempre diante dos olhos o propósito de, afastados os erros, conservar na Igreja
>
> a própria pureza do EVANGELHO, o qual
> — prometido antes pelos profetas nas Sagradas Escrituras,
> — foi, primeiramente, promulgado pela boca do próprio Senhor nosso, Jesus Cristo, Filho de Deus,
> — que, depois, mandou fosse ele pregado a todas as criaturas, pelos seus apóstolos, como

A FONTE
DE TODA A VERDADE QUE SALVA E DE TODA A REGRA MORAL"[11].

Vê-se aí que o tema central é o Evangelho, o Evangelho que a Igreja tem a responsabilidade de preservar em toda a sua pureza e que é fonte de toda a verdade e de toda a regra moral. Esse Evangelho será chamado de revelação pelos teólogos posteriores[12]. É mais que a fé ou a doutrina da fé, no sentido dessas palavras em Trento[13]. É um Evangelho formalmente distinto da Escritura e dos evangelhos escritos. Trata-se da Palavra de Deus, da mensagem da salvação, do Evangelho vivo e espiritual. O Concílio segue uma antiga tradição, que remonta a Orígenes, quando este comentava a passagem em que Paulo fala do "seu Evangelho" (Rm 2,16):

> Tudo que ele pregou, tudo que ele disse era o Evangelho. Ora, o que ele pregou e o que ele disse foi também o que escreveu. Mas se os escritos de Paulo eram o Evangelho, conclui-se que os de Pedro também o eram. Numa palavra, todos os que apregoavam a vinda de Cristo preparavam a sua presença e a garantiam a quem deseja acolher o Verbo de Deus, que está à porta, bate e quer entrar[14].
>
> (Da mesma forma), porque veio e realizou a encarnação do Evangelho, o Salvador, pelo Evangelho, tudo transformou em Evangelho[15].

Para Orígenes, o Evangelho se identifica, definitivamente, com a pessoa e a realidade de Cristo. Esse Evangelho vivo, certificado pelas Escrituras, especialmente pelos evangelhos escritos, deve edificar o "Evangelho eterno", ao longo da história da salvação. S. Tomás, por sua vez, falará da "Lei do Evangelho", ao se referir à lei da nova aliança[16].

Neste decreto conciliar, esse Evangelho é designado pela sua origem, na economia histórica da salvação: prometido, primeiro, pelos profetas, nas Escrituras; depois, promulgado pelo próprio Cristo e, por fim, pregado pelos Apóstolos. Essa trilogia — profetas, Cristo e os apóstolos — é bastante antiga. Era referência habitual de Ireneu nas suas argumentações escriturísticas[17]. Aqui, porém, ganha realce a dimensão oral: *prometido, promulgado, pregado*. É a comunicação original do Evangelho, seguida pela sua transmissão eclesial.

Essa trilogia lembra uma importante intervenção do legado Cervini (o futuro papa Marcelo II, com pontificado de apenas vinte e um dias), que sublinhava

---

11. Concílio de Trento, 4ª sessão, Decreto "Sacrosancta"; *COD* II-2, p. 1351; *DS* 1501; *FC*. 148.
12. Corresponde ao "divinamente revelado", do Vaticano I, cf. infra, p. 237.
13. Cf. infra, pp. 127 ss.
14. ORÍGENES, *Comment. sur saint Jean*, I,IV,26; *SC* 120, p. 73.
15. Ib., I,VI,33; p. 79.
16. *Suma Teológica*, IIa-IIae, q. 106, prólogo.
17. A sintonia entre os profetas, Cristo e os Apóstolos constituía fator preponderante nas demonstrações de Ireneu. Cf. *CH*, III,6,1; 9,1 etc.

três princípios e fundamentos da nossa fé: primeiro, os Livros Sagrados, divinamente inspirados; em segundo lugar, o Evangelho que Cristo implantou não 'em pergaminho', mas 'no coração' e os evangelistas, mais tarde, puseram por escrito, parcialmente, ficando a maior parte, porém, confiada ao coração dos fiéis; finalmente, como o Filho de Deus não permaneceria sempre corporalmente conosco, enviou o Espírito Santo que, no íntimo dos fiéis, revela seus mistérios e deve ensinar à Igreja todas as verdades, até o final dos tempos[18].

Portanto, o Evangelho é a revelação da graça e da bondade divina, consumada em Jesus Cristo, um poder de salvação, uma lei espiritual gravada nos corações pelo Espírito Santo.

> Esse Evangelho vivo na Igreja é a fonte única de toda a verdade salutar e de toda a disciplina moral. Assim entendido, é a chave da interpretação correta do decreto conciliar sobre a Escritura e a tradição. Não se pode compreender bem essas duas grandezas sem o Evangelho, que as envolve e transcende[19].

Esse Evangelho é dito "A FONTE de toda a verdade salutar e de toda a regra moral" ou, no projeto, "a regra de verdade", expressão tradicional, que remonta a Ireneu. Fonte é uma imagem mais viva e dinâmica. E essa fonte é única, porque o valor do Evangelho é pleno e suficiente. Pode-se afirmar que o Concílio responde com um *"Evangelio solo"* ao *"Scriptura sola"* dos luteranos, pois a palavra vem no singular, dado capital, por muito tempo esquecido.

Esse conceito de Evangelho está, pois, bem próximo da idéia dos Reformadores, ainda que Lutero tenha frisado mais o aspecto paulino do "Evangelho poder ativo de salvação", enquanto que Trento insiste na "revelação da verdade da salvação". Do mesmo modo, Cervini enfatiza o papel do Espírito Santo, que conduz a Igreja à plena verdade. Existiam, assim, pontos comuns implícitos, que poderiam, no futuro, ajudar na superação de uma controvérsia que acabará se acirrando, quando o conceito de Evangelho e de Sagrada Escritura se identificarem. J. A. Möhler, no século XIX, voltará a enaltecer esse conceito de Evangelho vivo, para ele equivalente à Tradição viva, com T maiúsculo[20].

---

18. *CTA* V,11. Cf. em I, pp. 484-485 o relato mais desenvolvido dessa intervenção. Cervini baseou-se em João Driedo, de Louvain, que publicara, em 1533, um tratado *Sobre as Escrituras e os Dogmas da Igreja*, obra invocada pelos teólogos e padres conciliares de Trento.
19. W. KASPER, *op. cit.*, p. 83.
20. J. A. MÖHLER, *L'unité dans l'Église ou le principe du catholicisme*, Paris, Cerf, 1938, pp. 49-53.

Os dois espaços de atestação do Evangelho

> (O Concílio) vê também, claramente, que essa verdade e essa disciplina estão contidas nos LIVROS ESCRITOS e nas TRADIÇÕES NÃO ESCRITAS
>
> que,
>
> | recebidas pelos Apóstolos da boca do próprio Cristo | ou transmitidas como que de mão em mão pelos apóstolos, sob a inspiração do Espírito Santo, |
> |---|---|
>
> chegaram até nós[21].

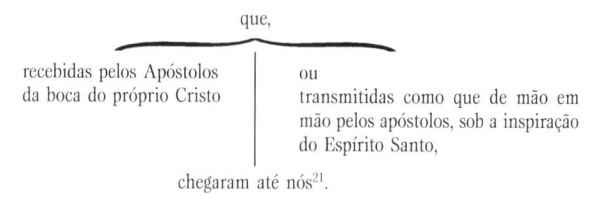

Do Evangelho como fonte, o Concílio passa aos dois espaços de transmissão ou aos dois canais por onde essa fonte nos alcança. Pouco se precisava dizer dos Livros Santos. Apresenta-se apenas a sua lista. Em compensação, fervia na época o problema das tradições. De saída, observemos o plural — *tradições* — entendidas como coisas transmitidas, como dados positivos. A idéia de tradição ativa, do ato de transmitir o Evangelho, está presente no Concílio, mas ele não o chama de "Tradição", no singular. Sua problemática é relativamente confusa, à imagem das confusões que, nesse campo, dominavam o fim da Idade Média.

Antes de mais nada, não estava bem desenhada a distinção entre tradições *apostólicas*, não consignadas na Escritura, e tradições *eclesiásticas*, determinações ulteriores, costumes e ensinamentos da Igreja. Formalmente, fazia-se a distinção, mas sem aplicação concreta, porque a idéia de inspiração do Espírito Santo era ampla demais. Justificava tanto a tradição apostólica como as da Igreja, já que o consenso dos Santos Padres e os concílios eram considerados positivamente inspirados (posteriormente, vai-se falar em assistência "negativa" do Espírito). Havia teólogos que até defendiam a tese da revelação permanente[22].

Concretamente, um conhecimento falho da história antiga fazia, na consciência da época, remontar inúmeras tradições eclesiásticas ao tempo dos apóstolos, como a mistura da água com o vinho, os votos monásticos, o batismo das crianças (segundo a opinião de Orígenes), a confissão particular, o jejum eucarístico, a oração pelos defuntos (segundo J. Driedo), o jejum quaresmal (segundo M. Cervini), a comunhão dos leigos sob única espécie, o celibato dos padres (segundo J. Bertrano)[23].

Essa confusão virá à luz nos debates de Trento, levando o Concílio a elaborar um conceito de "tradições" suficientemente preciso e muito prudente[24]. De

---

21. *COD* II-2, p. 1351; *DS* 1501; *FC* 148.
22. Alguns bispos, em Trento, estendiam a revelação a tudo que ganhasse unanimidade na Igreja, *CTA*, XII, p. 475.
23. Cf. Y. CONGAR, *La tradition et les traditions*, t. I, pp. 70-73, que traz longa relação de tradições evocadas pelos teólogos e padres conciliares.
24. Comento, simultaneamente, os dois textos paralelos sobre as tradições. O primeiro, na seção citada; o segundo, na seção seguinte, citada infra, nas pp. 121 ss.

um lado, o Concílio não quer falar senão das tradições apostólicas (embora o adjetivo não figure no texto), não escritas, porque colhidas dos lábios de Cristo ou transmitidas pelos apóstolos que as receberam do Espírito Santo. São as tradições vinculadas aos primórdios da Igreja, à vinda de Cristo e ao dom do Espírito Santo aos apóstolos e, por isso, assim consideradas, ao passo que as tradições eclesiásticas são intencionalmente postas de lado.

De outro lado, trata-se de tradições que "chegaram até nós", passadas de mão em mão, ou "conservadas na Igreja católica por uma sucessão continuada". Excluem-se, então, tradições abandonadas, esquecidas ou abolidas (por exemplo, a abstinência de carnes sufocadas). Daí a ênfase no ato constante da transmissão na comunidade eclesial. Nos documentos antigos, "inventar" uma nova tradição não seria aceito por ninguém.

Há também um critério interno, a saber, as tradições ligadas à fé e aos costumes[25]. Foi o que se precisou, atendendo à sugestão do teólogo Jaio (Cláudio Jay, ou Le Jay, um dos primeiros jesuítas). Visava-se com isso restringir o campo das tradições apenas às de valor universal.

Por último, o Concílio recusa-se a apresentar a lista das tradições, ao contrário do que fizera com os livros bíblicos. É flagrante a disparidade. Muitos bispos recomendaram que o Concílio não particularizasse as tradições, porque seria muito difícil elencá-las todas. Dever-se-ia falar "de modo genérico", sem enumeração. Afirmava-se apenas que "existem tradições", conforme a expressão de Cervini, sem se mencionar nenhuma tradição apostólica[26].

Seu acolhimento igual pelo Concílio

Por essa razão, seguindo o exemplo dos Padres ortodoxos, o mesmo santo concílio
RECEBE E VENERA
COM O MESMO SENTIMENTO DE PIEDADE E O MESMO RESPEITO

TODOS OS LIVROS		E TAMBÉM AS PRÓPRIAS TRADIÇÕES	
tanto do AT	como do NT	ligadas tanto à FÉ como aos COSTUMES,	
porque Deus é o único autor de um e de outro		pronunciadas pela boca de Cristo	ou ditadas pelo Espírito Santo

e conservadas na Igreja, por meio de uma sucessão continuada[27].

Travou-se aí um duro debate entre os Padres conciliares: como entender a relação entre Escrituras e tradições? Seria correto colocá-las no mesmo nível?

A maioria, liderada pelo legado del Monte (o futuro Júlio III), mostrava-se convicta de que a revelação divina encerrava-se *em parte* na Escritura e *em parte* nas tradições. Conseqüentemente, certos dados da revelação estariam só

---

25. Mais adiante será analisado o sentido exato de *mores*.
26. Na seqüência de seus trabalhos, o Concílio citará quatro vezes uma tradição apostólica (o batismo de crianças, por exemplo), *COD* II-2, p. 1357; *DS* 1514; *FC* 274. Mas trata-se de um argumento histórico.
27. *COD* II-2, p. 1351; *DS* 1501; *FC* 149.

nas tradições. Era o famoso *"partim... partim..."*, presente na primeira declaração de del Monte:

> Toda a nossa fé provém da revelação divina. A Igreja transmitiu-nos essa revelação, em parte (*partim*) pelas Escrituras do Antigo e do Novo Testamento, e em parte (*partim*) pela simples transmissão de mão em mão[28].

Alguns dias depois, o Cardeal Cervini diria o mesmo, expondo o "segundo princípio de nossa fé":

> No correr do tempo, aprouve à bondade divina revelar aos homens, pelo seu Filho único, essas mesmas coisas e muitas outras mais. Não por escrito, mas oralmente. Não no papel, mas no coração é que ele plantou seu Evangelho, consoante as promessas, aliás, dos próprios profetas. É o que chamamos de Novo Testamento. Dentre tudo o que brotou de Cristo, algumas coisas foram escritas; outras, interiorizadas no coração dos homens. Esse é, pois, o segundo princípio de nossa fé[29].

Portanto, a revelação de Jesus Cristo está parcialmente escrita e parcialmente "transmitida de mão em mão" ou "plantada no coração dos homens", ou seja, são tradições. Essa idéia, como demonstrou G.-H. Tavard[30], remonta claramente a Henrique VIII, conforme o testemunho de Thomas More que, reportando-se àquele rei, fala de "tradições inseridas, em parte, nas Escrituras e em parte transmitidas pela palavra viva de Deus". Esse *"partim... partim"* aparecia, com toda naturalidade, no projeto do decreto. Por outro lado, predominava a idéia de que as tradições estavam em pé de igualdade com as Escrituras. Afirmava o Cardeal Cervini:

> Não há diferenças entre as Sagradas Escrituras e as tradições apostólicas. Aquelas são escritas; estas são propostas (*per insinuationem*). Todas, porém, emanam igualmente do Espírito Santo[31].

O mesmo projeto sentenciava que o Concílio acolhe as Escrituras e as tradições *"pari pietatis affectu"*. Traduzir por "com o mesmo sentimento de fé", como faz Tavard, não é aceitável; como também não o seria substituir "fé" por "piedade". Congar sugere "com a mesma adesão interior", "com uma adesão cheia de confiança"[32], já que "confiança" é a tradução de *eusebeia*, em grego, ou seja, "religião", no seu sentido de fé autêntica, ortodoxa e doxológica. É uma

---

28. *CTA* I, p. 30; trad. em G.-H. TAVARD, *op. cit.*, p. 287.
29. *CTA* I, pp. 484-485: recensão mais detalhada da intervenção: trad. E. ORTIGUES, *art. cit.*, p. 274.
30. G.-H. TAVARD, *op. cit.*, p. 193.
31. *CTA*, I, p. 485; trad. ib., p. 288.
32. Y. CONGAR, *op. cit.*, I, p, 13.

expressão que vem do texto do tratado *Sobre o Espírito Santo* de Basílio de Cesaréia, ao discorrer sobre outra questão:

> Entre as doutrinas (*dogmata*) e as proclamações (*kèrygmata*) proferidas pela Igreja, umas vêm de ensinamentos escritos, outras foram recolhidas da tradição apostólica e secretamente transmitidas. Em termos de religião, todas têm a mesma força. Disso ninguém duvida[33].

Há referências explícitas a esse texto nos debates tridentinos. Mas, evocando o que se transmite pela tradição apostólica, Basílio pensava num conjunto de ritos litúrgicos e "instituições", como o sinal da cruz, a epiclese, a bênção da água batismal, a tríplice imersão, que acompanham o que, na vida da Igreja, provém, diretamente, da Escritura. Ora, aí entrava a lei do arcano. Basílio enfatiza que "esse ensinamento de caráter privado e secreto" vem dos tempos apostólicos. Seria "ferir o Evangelho" desprezá-lo. Mas ele não distingue tradições apostólicas e costumes eclesiásticos[34].

Uma minoria bem organizada opôs-se, firmemente, às duas expressões-chave: *"partim... partim"* e *"pari pietatis affectu"*, vencendo quanto à primeira.

1. Sobre a primeira expressão, o geral dos Servitas, Bonucci, foi claro: "Penso que toda a verdade evangélica está na Escritura e não apenas parte dela"[35]. No mesmo sentido, declarava o bispo dominicano Nacchianti: "É inútil procurar agora tradições de procedência oral em vigor na prática eclesial, porque temos o Evangelho. Nele está gravado tudo o que é necessário à salvação e à vida cristã"[36]. Com isso, não queriam dizer que só as Escrituras bastam. Os opositores aceitavam as tradições e a autoridade da Igreja. Entre a maioria e a minoria combativa, havia também o "grupo intermediário" de teólogos moderados: "Embora gozem de plena autoridade, as tradições constituem simples interpretações da Escritura (Lunello), do Evangelho no seu âmago (Jaio)[37], ou seja, o meio vivo e eclesial de interpretação das Escrituras.

No primeiro momento, suprimiu-se o *"partim...partim"*, a pedido da minoria (Bonucci, Bertano), recusando-se o Concílio, portanto, a definir como as Escrituras e a tradição *se compõem*. Cabem, por isso, duas interpretações teológicas: pode-se entender o texto vendo o *"partim... partim"* como uma complementaridade quantitativa ou também aceitando que a totalidade da fé é transmitida por dois diferentes canais. Seria uma complementaridade qualitativa, dentro da dialética do escrito e do oral. Todas as verdades reveladas encerram-se na Escritura, sendo as tradições a via da interpretação viva e comunitária. Assim pensavam alguns teólogos, como Lunello e Jaio.

---

33. BASÍLIO DE CESARÉIA, *Sur le Saint-Esprit* XXVII, 66; *SC* 17 bis, pp. 479-481.
34. Cf. Y. CONGAR, *op. cit.*, I, p. 211.
35. *CTA* V, p. 525.
36. *CTA* I, p. 494.
37. G.-H. TAVARD, *op. cit.*, p. 294.

J. R. Geiselmann, teólogo de Tübingen, especialista no estudo da tradição daquela época, defende que o Concílio não quer afirmar nada sobre essa relação. Para ele, o ET exprime uma conjunção global das duas formas pelas quais o Evangelho foi anunciado e transmitido, sendo necessário guardar e preservar o conjunto[38]. Era o que bastava em face do princípio da *"scriptura sola"*, proposto pela Reforma[39].

2. Bem mais acirrado foi o ataque contra o *"pari pietatis affectu"*. Parecia chocante colocar no mesmo plano Escritura e tradições. Estas eram aceitas, mas mudavam, entravam em desuso, desapareciam até. Como distinguir tradições eclasiásticas de tradições genuinamente apostólicas? Seria uma distinção historicamente comprovável? Como observava o bispo Bertano, não poderíamos acolher as tradições que nos agradam, esquecendo as que nos desagradam? O bispo Nacchianti chegou a sentenciar que seria "ímpio" pôr no mesmo nível a tradição de orar com o rosto voltado para o Oriente e o Evangelho de João[40]. E o bispo de Worcester acrescentava: "Pode alguém afirmar que os Livros Sagrados e as tradições gozam da mesma autoridade? As tradições são guardadas, mudadas ou até suprimidas, a critério da Igreja, por alguma razão, em determinada hora. Mas poderá alguém alterar ou descartar os Livros Santos?"[41]

No entanto, o *"pari pietatis affectu"* foi mantido (e reaparecerá no Vaticano II!), sob a alegação de que tradições e livros sagrados foram todos inspirados pelo mesmo Espírito e vêm do mesmo Cristo. Mas um terço da assembléia foi contra, quando se tratou de votar essa questão[42]. O teólogo Jaio assumiu posição diferenciada: "Pode-se pôr no mesmo nível os livros santos e as tradições, não, porém, o Evangelho"[43]. E restringia sua afirmação às tradições apostólicas, em matéria de fé e de "mores", excluindo, assim, muitas tradições litúrgicas. Em suma, o ponto alto do decreto está no reconhecimento global das Escrituras e das tradições e o *"pari pietatis affectu"* não significa uma definição propriamente dita.

A lista dos Livros Sagrados

A intenção do Concílio foi propor a mesma lista dos livros da Escritura já apresentada pelo Concílio de Florença[44]. Reconhece-os na sua totalidade, sem

---

38. Pensa o mesmo E. ORTIGUES, *art. cit.*, pp. 288-299; Y. CONGAR, *op. cit.*, I, p. 214. H. LENNERZ, *art. cit.*, contestando Geiselmann, acha que Trento optou pelo espírito do *"partim... partim..."*.
39. *Teologicamente*, essas duas interpretações são legítimas. Mas não é correto privilegiar uma delas, como posição oficial do Concílio.
40. *CTA* V, p. 70; TAVARD, *op. cit.*, p. 301.
41. *CTA* V, p. 41; TAVARD, *op. cit.*, p. 298.
42. Cf. G.-H. TAVARD, *op. cit.*, p. 300.
43. *CTA* I, p. 524; TAVARD, *op. cit.*, p. 296.
44. Concílio de Florença, Bula da união dos Coptas (1442); *COD* II-I, p. 1171; *DS* 1335; *FC* 147.

nenhuma distinção, quanto à sua autoridade, entre proto e deuterocanônicos. Essa, na realidade, era a única questão colocada pelos luteranos. Constituía essa lista a última expressão dogmática do cânon das Escrituras[45]. No contexto de Trento, esse rol, definido com autoridade, ressalta que tais livros, porque reconhecidos e transmitidos pela Igreja, são os Livros Santos. Aceitar as Escrituras é um ato de tradição.

Reflexões finais do Concílio

O texto termina por um cânon com dois anátemas: contra os que rejeitam as Escrituras — no todo ou em parte — conforme estão na Vulgata e contra os que não aceitam as tradições apostólicas.

A última frase acentua o método doutrinal do Concílio:

> Compreendam, todos, assim, a ordem e o caminho que o Concílio seguirá, depois de ter declarado o fundamento da confissão da fé e, especialmente, os testemunhos e as bases que terá para confirmar os dogmas e restaurar os costumes na Igreja[46].

Com isso, a confissão de fé, que recapitula o Evangelho, constitui o "fundamento", ao passo que as Escrituras e as tradições serão os "testemunhos" e as "bases" para "confirmar" os dogmas[47]. No projeto, vinha "constituir os dogmas", expressão infeliz que poderia insinuar que o Concílio iria propor dogmas "novos". Segundo a tradição conciliar, pretende ele apenas "confirmar" o que é da fé da Igreja, contra qualquer ameaça. A referência básica do Concílio consiste, pois, na relação entre a confissão de fé, de um lado e, de outro, as Escrituras e tradições. E nisso mostra-se totalmente fiel ao encaminhamento dogmático dos séculos anteriores. A única novidade reside na formalização desses dados.

Balanço

O sentido desse decreto seria, por acaso, puramente formal? Nele temos o reconhecimento conjunto e com valor igual das Escrituras e das tradições. Quanto às primeiras, o Concílio as enumera de modo definitivo; mas, quanto às tradições, não exemplifica nenhuma. Por outro lado, eliminando o *"partim... partim..."*, possibilita a interpretação de que nunca se pode apoiar um dado de fé apenas na tradição.

---

45. Cf. tomo 1, pp. 58-66.
46. *COD* II-2, p. 1353; *DS* 1505; *FC* 152.
47. Sobre o sentido da palavra "dogma" em Trento, cf. infra, pp. 132-135.

Por trás desse balanço aparentemente negativo, há um ponto capital: a certificação primeira do Evangelho foi confiada a uma comunidade viva de fé. Essa é uma realidade tão intrínseca ao Evangelho, que será, certamente, uma infidelidade a ele separar sua certificação escrita da certificação oral e viva, transmitida pela comunidade apostólica, canal de interpretação da palavra e da prática da mensagem evangélica. "Chamar-se-á, pois, escreve E. Ortigues, tradição apostólica constitutiva (no sentido formal e sempre atual) a atividade pela qual a Igreja se transmite a si própria como instituição divina ou sacramental, levando a humanidade a participar do testemunho do Espírito Santo, na unidade da sucessão apostólica"[48]. A existência de tradição traduz "a economia comunitária da revelação pregada pela Igreja, ao longo dos séculos"[49]. Por outro lado, exaltar o caráter apostólico das tradições não justifica nenhuma proposta de revelação permanente. Não pode a Igreja pretender que novas doutrinas lhe sejam reveladas[50]. A regra ou a fonte da fé e da verdade está na autoridade do Evangelho que, pela sua própria natureza, é reconhecido como uma Escritura recebida em comunidade.

Pode-se, nesse sentido, dizer que "o Evangelho inteiro está contido na Escritura, como também nas tradições"[51]. Esse é o "dogma" católico, oposto em Trento ao "dogma" protestante: de um lado, a "Escritura sozinha" basta para se encontrar a pureza do Evangelho; de outro, a Escritura vivida e transmitida pela comunidade que vem dos apóstolos. Mas, no campo imediatamente polêmico, Trento defendia a autoridade da Igreja, assistida pelo Espírito Santo, na transmissão das Escrituras e das tradições.

3. O DECRETO SOBRE A VULGATA

Um segundo decreto da mesma sessão trata da velha tradução da Bíblia, obra, no seu conjunto, de S. Jerônimo, chamada "Vulgata". No Renascimento, com as línguas originais dos livros bíblicos, o hebraico e o grego, gozando de especial respeito, muitos acreditavam que esses textos deveriam prevalecer sobre a Vulgata, considerada falha em alguns pontos.

> O Concílio também ordena e declara que a antiga edição da Vulgata, aprovada na própria Igreja pelo uso multissecular, deve ser tida por autêntica nas preleções públicas, nas discussões, nas pregações e nas explicações[52].

---

48. E. ORTIGUES, art. cit., p. 291.
49. Ib.
50. Cf. G.-H. TAVARD, op. cit., p. 304.
51. Ib., p. 303 e Y. CONGAR, op. cit., I, p. 215.
52. Concílio de Trento, 4ª sessão, Decreto sobre a Vulgata, COD II-2, p. 1353; DsZ 1506-1508; FC 153-154.

Com o adjetivo "autêntica", o Concílio encarece, de um lado, o valor essencial da tradução da Vulgata e, de outro, o seu caráter oficial no uso da Igreja católica. Não se proíbe a utilização dos textos originais nem, eventualmente, de outras traduções[53]. E o Concílio prossegue, combatendo a interpretação subjetiva das Escrituras:

> Ademais, para sofrear espíritos indóceis, decreta que, em questões de fé e de costumes pertinentes à doutrina cristã, ninguém ouse interpretar, só pela própria mente, a Sagrada Escritura, forçando-a na direção do próprio pensamento, contrariando o sentido que a Santa Mãe Igreja sempre lhe deu e dá, ela a quem incumbe julgar o sentido e a interpretação verdadeira das Sagradas Escrituras, ou contrariando o sentido unânime dos Santos Padres[54].

A estocada antiprotestante é muito clara: contra a idéia da interpretação individual e subjetiva da consciência, o Concílio opõe o pensamento da Igreja com autoridade em matéria de fé, acrescentando ainda o "sentir unânime dos Santos Padres". A palavra usada é "a Igreja" e não, como se terá mais tarde, "o magistério da Igreja", mas é claro que Trento se coloca no caminho de uma formalização da autoridade hierárquica, em questão de fé. Concretamente, as edições da Bíblia e até de livros com referências às "coisas sagradas" não deverão ser publicados sem exame e aprovação prévia do bispo local.

III. OS CONCEITOS DOGMÁTICOS EM TRENTO

INDICAÇÕES BIBLIOGRÁFICAS: J. B. UMBERG, "Die Bewertung der Trienter Lehren durch Pius VI", *Scholastik*, 4, (1929), pp. 402-409. — P. LENNERZ, "Notulae Tridentinae", *Gregorianum* 27, (1946), pp. 136-142. — R. FAVRE, "Les condamnations avec anathème", *BLE* 47, (1946), pp. 226-241; 48, (1947), pp. 31-48. — A. LANG, "Der Bedeutungswandel der Begriffe *fides* und *haeresis* und die dogmatische Wertung der Konzilsentscheidungen von Vienne und Trient, *MThZ* 4 (1953), pp. 133-146. — P. F. FRANSEN, "Réflexions sur l'anathème au concile de Trente", *EphThL* 29, (1953), pp. 657-672; "L'autorité des conciles", *Problèmes de l'autorité*, Paris, Cerf, 1962, pp. 59-100 (Bibliographie); "A short History of the meaning of the Formula 'Fides et mores'", *Louvain Studies* 7 (1978-79), pp. 270-301; alguns desses artigos são retomados com outros estudos sobre o mesmo tema em *Hermeneutics of the Councils and other Studies*, Leuven, University Press/Uitgenerij Peeters, 1985. — J. SCHUSTER, *Ethos und kirliches Lehramt. Zur Kompetenz des Lehramtes in Fragen des natürlichen Sittlichkeit*, Frankfurt, Knecht, 1984. — A. DUVAL, *Des sacrements au concile de Trente*, Cerf, 1985, pp. 101-102, 170-172; 254-258.

---

53. A questão da autenticidade da Vulgata e de alguns versículos controvertidos voltará à tona na crise modernista. Na *Divino afflante*, Pio XII indicará com exatidão o sentido do termo "autêntico". Cf. infra, p. 301.

54. *COD* II-2, p. 1353; *DS* 1506-1508; *FC* 153-154.

1. FÉ E HERESIA

No Concílio de Trento, concílio ainda, por vários títulos, medieval, *fé, heresia* e *dogma* e a própria palavra *definição* não tinham o sentido atual. Mais tarde, esses conceitos teológicos se tornarão tão densos que é importante, para evitar anacronismos, muito comuns na hermenêutica desse concílio, precisar-lhes o sentido exato, dentro da documentação tridentina.

Em termos de fé e de heresia, o estado da questão em Trento era o mesmo da Idade Média. Por isso, o Concílio não sentia a necessidade de decidir se uma doutrina era, formalmente, de fé divina (*fides divina*), isto é, daquela fé devida à revelação de Deus. Ainda que figurasse em algumas discussões, esse ponto não constituía preocupação central. Ficava na sombra, sem melhores esclarecimentos. O problema primordial com os luteranos era a autoridade da Igreja. Esse o "perímetro" que Trento busca defender e não o do formalmente revelado.

Assim, seria de fé tudo o que a Igreja, com autoridade infalível — tome-se a expressão no sentido da época[55] — podia propor como necessário à salvação. Incluam-se aí não só as verdades propriamente reveladas, contidas nas Escrituras, os artigos de fé e o Símbolo, mas também as verdades teológicas, deduzidas pela Igreja dos artigos de fé para elaborar a sua doutrina, o que diz respeito aos sacramentos e, enfim, tudo quanto ela propõe nos seus "sagrados cânones" para a nossa salvação, a saber, as leis universais. Através de todo esse conjunto, a Igreja exerce "infalivelmente" sua missão pastoral e salvífica. Diríamos, modernamente, que a intenção do Concílio engloba a "fé divina" e a "fé eclesiástica".

Esse conceito de fé integra sempre o lado subjetivo da obrigação de crer, donde se tira o critério da extensão das verdades propostas à fé. Trata-se do que é necessário para pertencer à comunidade eclesial de fé e alcançar a salvação. Essa obrigação é vista de modo bastante amplo, em função de uma atitude de fé orgânica e coerente e de uma vida de fé que ultrapassa fórmulas. É assim que Trento coloca o problema da fé, na herança da Idade Média recém-encerrada. Vimos, então, que o Evangelho é fonte de "toda a verdade salutar", idéia que corresponde ao cuidado permanente de lembrar "o que é necessário à salvação". O que chamamos, hoje, de objeto de fé, chamava-se, então, de "artigos de fé", ou seja, os artigos do Símbolo e certas afirmações fundamentais ligadas a eles, como as definições cristológicas dos antigos concílios.

O conceito de heresia está intimamente unido ao conceito de fé. Heresia é o ato de se separar da unidade católica e da autoridade salutar do papa e dos bispos. Ressalta-se aí o aspecto de desobediência aos superiores religiosos designados por Cristo para nos guiar no caminho da salvação. Essa desobediência é condenada como pertinácia obstinada e contumaz (*pertinacia, contumacia*) e

---

55. O termo "infalível" aqui equivale a "indefectível". Cf. infra, pp. 136-137.

como busca individualista da salvação eterna. Lutero, por isso, é considerado herege, porque se insurgiu contra a autoridade eclesial[56].

Confirma-se o sentido desses termos em Trento pelo enunciado das censuras redigidas pelos teólogos na forma de artigos extraídos dos escritos dos Reformadores. Em 1547, por exemplo, os teólogos julgam que os textos desses últimos sobre a missa são "heréticos, cismáticos, errôneos, falsos, contrários à Sagrada Escritura, à tradição dos apóstolos, às decisões conciliares, à autoridade dos Santos Padres e doutores da Igreja, como também contrários ao consenso unânime da Igreja católica, aos seus costumes, à sua doutrina e à sua fé e, por conseqüência, devem ser condenados e anatematizados pelo santo concílio"[57].

Seguem a mesma direção as discussões havidas no decorrer das sessões conciliares. André Navarra julga pertencerem à fé teológica todas as verdades católicas, a saber: 1. as formalmente contidas na Escritura; 2. as corretamente deduzidas dela; 3. as transmitidas oralmente pelos apóstolos; 4. as apresentadas pela Igreja como de fé[58]. Outro teólogo afirma que determinado artigo é herético, porque ataca ou contradiz, diretamente, uma lei da Igreja[59]. Em compensação, certo artigo não é herético, porque envolve questão discutida na Igreja. E fala-se também de "artigos lançados contra a Igreja católica, portanto heréticos"[60]. Mais claramente ainda, "herege é quem se separa da Igreja católica"[61]. E Ambrósio Catarino conclui: "Todos esses artigos são condenados como heréticos, porque vão contra o pensamento da Igreja romana, por isso, são heréticos[62].

A intenção doutrinal do Concílio à luz das introduções dos decretos

A partir da introdução dos seus diferentes decretos, é possível captar o propósito do Concílio, em questão de fé e de heresia. Geralmente, na hermenêutica conciliar negligencia-se a análise desses textos, porque destituídos de conteúdo doutrinário. No entanto, são essenciais para a interpretação dos documentos, enquanto lhes revelam a intenção. Por eles, o Concílio como que define sua tarefa doutrinal. As variações textuais de cada introdução convergem, manifestamente, para uma unidade de propósito. Esses textos mostram que Trento não só quer tratar das verdades reveladas, mas também quer iluminar toda a plenitude concreta e institucional da fé católica.

O Concílio, antes de mais nada, auto-intitula-se "o santo concílio de Trento, geral e ecumênico". Essa fórmula recorrente reflete a intenção do papa que

---

56. Sobre esse tema, cf. P. FRANSEN, "L'autorité des conciles", *art. cit.*, pp. 94-97.
57. *CTA* VI, p. 390.
58. *CTA* V, p. 559.
59. *CTA* V, p. 891.
60. *CTA* VI, p. 19.
61. *CTA* VI, p. 117.
62. *CTA* V, p. 933,17.

o quis assim. Mas o Concílio recusou-se a empregar a fórmula "representando a Igreja universal". Primeiro, porque, pensando nos protestantes, ela não cairia bem; depois, porque era visível o pequeno número de bispos presentes na assembléia, pelo menos nas sessões iniciais; e, finalmente, porque, aos olhares dos legados, privilegiava-se o conciliarismo.

Observe-se também que não se nota diferença sensível quando a fórmula abre capítulo de *doctrina* ou, diretamente, de *canones*. Destes se escreve que estão "acrescentados" (13ª sessão[63]). Não é diferença de grau de autoridade empenhada. Nada indica que os cânones constituam uma decisão mais irrevocável ou mais solene. A diferença é de gênero literário: de um lado, propõe-se uma doutrina positiva e orgânica, enquanto que, nos cânones, explicitam-se algumas afirmações doutrinárias heréticas a serem evitadas. Da mesma forma, o termo "definir" é usado para as *doctrinae* (21ª sessão[64]). Cinco pontos principais merecem destaque:

1. *Fé e doutrina da fé* — São duas palavras muito íntimas e equivalentes quanto à amplitude do campo em questão, podendo-se usar uma pela outra (5ª e 22ª sessões). O Concílio oferece a "doutrina verdadeira e sadia", a "doutrina da fé", oposta à "falsa doutrina" (6ª e 13ª sessões). *Doctrina* significa o ensino oficialmente regulado do conteúdo da fé.

2. *Fé e obediência à Igreja, fé e salvação das almas* — São outras constelações vocabulares correlativas à palavra "fé". Defender a fé é vigiar pela salvação das almas, na medida em que se pertence docilmente ao corpo visível e uno da Igreja. O Concílio quer garantir a unidade da Igreja como sociedade de salvação e evitar defecções dentro dela. Preocupa-o superar a crise da Igreja, atingida então "pela perda de muitas almas e pela quebra da unidade da Igreja". Por isso, quer trabalhar pela "paz da Igreja e pela salvação das almas" (6ª sessão).

Daí as "interdições e as ordens" (6ª e 13ª sessões), nesse momento em que "alguns descuram a fé e a obediência à Igreja católica" (21ª sessão). O objeto das interdições exprime-se num trinômio pastoral: "crer, pregar e ensinar" (6ª, 13ª e 21ª sessões). A fé professada pela Igreja e vivida no corpo que ela constitui distingue os que dela fazem parte e os que a abandonam. É o mesmo ponto de vista de Inácio de Loyola nas "Regras para sentir com a Igreja"[65].

3. *Fé e heresia* — É rigorosa a correlação, por oposição, dos dois termos (13ª sessão). Pretende o Concílio eliminar os "erros, as heresias" (7ª sessão), as "doutrinas estranhas ao sentir da Igreja" (24ª sessão), "de tão graves malefícios" ao conjunto dos fiéis. Essas heresias constituem

---

63. *COD* II-2, p. 1419; *DS* 1650; *FC* 744.
64. *COD* II-2, p. 1477; *DS* 1725; *FC* 756.
65. Cf. as regras 1, 9, 11 e 13; *Exercícios Espirituais*, 353, 361, 363 e 365.

cismas também. Toda atitude praticamente cismática é tida por formalmente herética na sua motivação (13ª e 24ª sessões), pois o Concílio enfrenta uma situação histórica concreta. Há uma dimensão conjuntural na caracterização dessas heresias. É o que *hic et nunc* perturba os fiéis e a unidade da Igreja.

4. *O Concílio a serviço da tradição da Igreja* — Trento quer "seguir o testemunho das Sagradas Escrituras, dos Santos Padres e dos mais autorizados concílios, como também o juízo e o consenso da Igreja" (5ª sessão). Ele "se propõe a expor a todos os cristãos a verdadeira e sã doutrina da justificação, ensinada por Jesus, 'o sol da justiça' (Ml 3,20), 'iniciador da fé e quem a conduz à realização' (Hb 12,2), a nós transmitida pelos apóstolos e pela Igreja, sob a inspiração sempre garantida do Espírito Santo" (6ª sessão[66]). O Concílio, assim, multiplica as expressões de submissão às Escrituras e à tradição eclesial: segue, "está ligado a" (7ª sessão), é "instruído por" (13ª e 22ª sessões) e se "pauta pela regra da fé" (23ª sessão).

Portanto, a fé ensinada pelo Concílio de Trento representa a fé autêntica da Igreja que mantém no seu seio a revelação feita por Cristo e transmitida pelos apóstolos. Mas ele a propõe conforme o testemunho da Igreja, à luz do consenso alimentado pela assistência do Espírito Santo. Trento coloca-se num horizonte muito mais amplo que o do depósito revelado.

5. *O ato conciliar é uma decisão e um decreto* — O vocabulário decisório é bastante significativo: o Concílio "decide, confessa e declara" (5ª e 6ª sessões), "explica e define" (13ª e 21ª sessões), "propõe, declara e ensina" (14ª sessão), "ensina, declara e decide" (*statuit*, 22ª sessão), "ensina" (23ª sessão), "decreta" (*decernens*) (24ª sessão). A terminologia jurídica prevalece, porque as decisões do Concílio são "sentenças" com valor jurídico, capazes de, na prática, discernir verdade e erro. Todo cânon configura também um enunciado de direito.

H. J. Gadamer, acertadamente, aplica a hermenêutica jurídica à Escritura, considerada como lei fundamental do cristianismo. Estendendo sua hermenêutica, que reabilita as idéias de tradição e de autoridade através da "distância histórica" e da "comunidade de linguagem", pode-se dizer que a hermenêutica jurídica vale *a fortiori* para os documentos eclesiásticos, redigidos em forma literária de decreto e de lei. Toda lei há de ser interpretada no contexto de uma jurisprudência consolidada a partir de ensinamentos doutrinários[67].

---

66. *COD* II-2, p. 1367; *DS* 1520; *FC* 554.
67. Cf. H. G. GADAMER, *Vérité et Méthode. Les grandes lignes d'une herméneutique philosophique*, Paris, Seuil, 1976.

2. DOGMAS, "DEFINIÇÕES" E CÂNONES COM ANÁTEMA

Recorrente nos debates do Concílio, a palavra "dogma" aparece raras vezes nos seus decretos. Nestes, o mais comum é "doutrina". Dessa forma, as atas de Trento mostram que, para os Padres, os cânones eram, na realidade, "dogmas de fé" (*dogmata fidei*), definidos, solenemente, por um concílio da Igreja universal. Todo cânon representava uma proposição clara, fruto de uma decisão formal.

Falava-se também de dogma para lembrar uma doutrina fundamental. Assim, por exemplo, dizia-se que o "dogma" a ser estudado na próxima sessão seria a eucaristia. Vimos que a Escritura e as tradições deviam ser "as testemunhas e os apoios de confirmação dos dogmas". E o Concílio também cuidará para que as imagens não veiculem "falsos dogmas"[68]. E ainda se referia aos "dogmas heréticos" dos luteranos.

Qual era, precisamente, a intenção do Concílio, ao elaborar um cânon com anátema? É uma questão relevante, pois se trata de uma "definição". Qual o seu alcance? Segundo uma jurisprudência de interpretação constante na teologia das escolas, até certo tempo atrás, essas "definições" eram avaliadas à luz da doutrina do Vaticano I, que tencionava, por meio de cânones, propor apenas verdades de fé divina ou revelada. Pesquisas históricas de diferentes direções, ao longo do século passado, revelaram que não era bem assim.

Desde 1929, J. B. Umberg, editor do *Denzinger* na época, observava que a Constituição *Auctorem fidei* de Pio VI (1794), que rejeitava o jansenismo do Concílio de Pistóia, primava pela qualificação precisa dada à censura de cada sentença. Ora, muitas vezes, o Concílio de Trento é invocado como autoridade desacatada pelas decisões de Pistóia. Pio VI, que já mostra uma concepção mais precisa de heresia, vê referências a ela em apenas dois cânones tridentinos, como definições de fé, no sentido atual da expressão[69]. No primeiro caso, o documento fala "de erro condenado pelo Concílio de Trento como herético"; no segundo, trata-se de algo que "o Concílio de Trento definiu como artigo de fé". Nas demais menções de Trento, diz-se apenas que a proposição discutida "subverte" a doutrina de Trento ou lhe é "contrária", o que é bem diferente. Não se pode, é claro, concluir que, para Pio VI, só dois cânones de Trento continham realmente definições de fé. Às mesmas conclusões chegou a análise das "*doctrinae*" desenvolvida por Umberg. Pouco tempo depois, P. Lennerz provava que o primeiro anátema de Trento não comportava senão uma excomunhão *latae sententiae*[70]. Tudo isso sugeria que se olhasse com mais cuidado para a intenção com que Trento redigiu seus 120 cânones.

---

68. 25ª sessão; *COD* II-2, p. 1574; *DS* 1825; *FC* 517/1.

69. São os cânones 7º da 6ª sessão sobre a justificação e 2º da 13ª sessão sobre a eucaristia; *DS* 2623 e 2629.

70. *COD* II-2, p. 1353; *DS* 1504; *FC* 152.

Discussões reveladoras em torno do projeto de um cânon

P. Fransen[71] retomou esse estudo, analisando o projeto de um cânon que acabou rejeitado:

> Se alguém, desprezando a Igreja de Deus, se atrever a abençoar o casamento de pessoas já casadas, ou ensinar que deve ser abençoado, seja anátema[72].

Esse cânon representa uma lei puramente eclesiástica. Não envolve o rito sacramental propriamente dito. Nem atraía o interesse dos hereges. Mas havia consenso em apresentá-lo ao Concílio, com o respectivo anátema. Se foi eliminado, não foi absolutamente por não conter nada que pertencesse a "revelação divina". O que, primeiramente, se questionou foi se era necessário incluí-lo entre os *decretos* de reforma da Igreja, pois não atingia uma posição luterana nem se tratava de lei universal da Igreja. Ora, entre a lei universal e a lei local, era muito nítida a distinção. No primeiro caso, trata-se de *"dogmata fidei"*, porque a Igreja não pode se enganar em questão de fé e bons costumes nem em ato eclesiástico de alcance universal. Essas duas razões remetiam aos decretos da reforma.

Outra discussão foi sobre o anátema. Ele se apresentava relacionado com sua origem escriturística, mantendo seu antigo sentido de enunciado de censura canônica ou, mais especificamente, de excomunhão maior. Nessa época, entendia-se que um cânon carregava uma pena eclesiástica de monta, a mais grave pena vindicativa da Igreja. O anátema significava um caso *especialmente* solene de excomunhão plena. Visava atingir a contumácia máxima, ou seja, a desobediência formal e obstinada do rebelde, excluindo-o também da comunhão dos fiéis. Ora, nesse o anátema parecia uma punição excessiva[73]. Por isso, alguns Padres conciliares propuseram que se mantivesse o cânon, mas com conteúdo que tivesse "algum caráter dogmático". Poder-se-ia dizer, por exemplo, "se alguém disser que a Igreja não pode proibir o casamento de pessoas já casadas..." Nesse caso, estaríamos no campo da autoridade eclesiástica, contestada pelos luteranos. No final, esse cânon acabou não aprovado. Outros, porém, o foram, de evidente natureza legal eclesiástica, como: fica anulado o casamento, contratado mas não consumado, quando um dos esposos fizer profissão religiosa solene[74]; ou a obrigação de comungar ao menos uma vez por ano, na Páscoa[75].

---

71. P. FRANSEN, "Réflexions sur l'anathème au concile de Trente (Bologne, 10-24 septembre 1547)", *art. cit.*, retomado em *Hermeneutics of the councils, op. cit.*, pp. 198-213, cuja argumentação perfilho. Sobre a autoridade dos cânones de Trento, cf. também A. DUVAL, *Des sacrements au concile de Trente, op. cit.*

72. *CTA* VI, p. 446, 9.

73. Intervenção do bispo Garuffus, *CTA*, VI, p. 474, 1-14.

74. *COD* II-2; p. 1533; *DS* 1806; *FC* 929.

75. *COD* II-2, p. 1421; *DS* 1659; *FC* 753.

Ao longo desse debate, não encontramos nenhuma prova de que todo cânon com anátema deva, necessariamente, definir uma verdade de fé divina e católica. Antes de tudo, os cânones dirigem-se contra os luteranos. Declara-se "herética" toda posição formalmente contrária ao ensinamento da Igreja ou a uma lei universal por ela promulgada. Na convicção do Concílio, só a Igreja possuía a autoridade suprema em tudo o que diz respeito à salvação e, conseqüentemente, não podia se enganar em matéria de fé e costumes. Dentro da mesma lógica, o Concílio evitou lançar anátemas em questões controversas no meio católico. Prevaleceu sempre o critério "comunitário" da vida eclesial.

O cânon 7º sobre o matrimônio

O cânon 7º sobre o matrimônio foi outro cânon que passou por sucessivas redações, revelando bem o seu propósito. Segundo ele, o cônjuge inocente, traído pelo adultério da outra parte, não pode contrair novo matrimônio. Essa é posição da Igreja latina. Mas alguns testemunhos patrísticos mostram uma atitude mais benigna. É o caso de Orígenes, Basílio de Cesaréia e do Ambrosiaster. No Oriente, sabe-se de uma "economia" que autorizava o recasamento, em caso de adultério da esposa e, em Trento, havia bispos das ilhas gregas, dependentes da República de Veneza. Lutero, por seu turno, achava que o casamento fugia à competência da Igreja e, por isso, classificava como abuso de poder essa disciplina eclesiástica. Para ele, o divórcio por adultério está justificado em Mt 5,32 e 19,9. Chegou-se então ao texto seguinte: "Se alguém declarar que o matrimônio pode ser dissolvido por causa do adultério do outro cônjuge...". Mas essa redação condenaria tanto Lutero como a Igreja grega e a doutrina de alguns Padres, o que, certamente, o Concílio queria evitar. Daí a nova formulação:

> Se alguém ousar dizer que a Igreja erra [*errare* = abusa de sua autoridade], quando ensinou e ao ensinar [na situação vigente do direito canônico e da teologia], segundo [isto é, "inspirando-se em" e, portanto, não por aplicação literal] a doutrina do Evangelho [os quatro Evangelhos do Novo Testamento] e dos apóstolos [nas epístolas, sobretudo as paulinas], que o vínculo matrimonial não pode ser rompido pelo adultério de um dos esposos e que nem um nem outro, nem mesmo o inocente, que não deu motivo algum para o adultério, não pode contrair novo matrimônio [...], se o outro cônjuge estiver vivo, seja anátema[76].

Observemos, em primeiro lugar, o sentido de *errare*. Não se trata de erro formal contra o qual o cânon oporia a infalibilidade da Igreja. Aponta-se aí um

---

76. 24ª sessão, cân. 7º; *COD* II-2, pp. 1533-1535; *DS* 1807; *FC* 930. Cf. P. FRANSEN, "L'autorité des conciles", *art. cit.*, pp. 97-99, onde o autor resume dois artigos aprofundados sobre a questão, retomados em *Hermeneutica of the Councils*, *op. cit.*, pp. 157-197.

abuso do poder jurisdicional, uma "tirania" da Igreja, algo muito além da sua missão e até mesmo contrária a ela[77]. Percebe-se, assim como se deslocou o alvo do cânon. Não visa mais aos gregos, que jamais contestaram a prática latina. Refere-se, antes, aos que vêem nessa prática um abuso de poder. Por outro lado, o cânon não faz nenhum juízo sobre a questão de fundo — que poderá ser revista depois. Contenta-se em afirmar como legítima a posição da Igreja e a sua prática, ou seja, não existe aí poder abusivo nem negação do Evangelho[78]. Portanto, o Concílio não pretendeu jamais definir a "inerrância da Igreja nesse assunto, nem, logicamente, a impossibilidade de um divórcio em caso de adultério"[79], como dirá uma interpretação ulterior, reintroduzindo no texto o que o Concílio quis excluir.

No debate conciliar será destacado também que um cânon com anátema não implica a irreformabilidade do seu objeto. Assim se pronunciou o bispo Guerrero: "Não é verdade, como falou um dos Padres, que só se pode formular um cânon quando se tratar de algo irreformável (*invariabili*)"[80].

3. "A FÉ E OS COSTUMES"

Como se lê no decreto *Sacrosancta*, a fonte de toda a verdade salvífica e de toda a disciplina moral (*morum disciplina*) reside no Evangelho. Por outro lado, o Concílio só considera as tradições ligadas "à fé e aos costumes" (*fides et mores*). Esse binômio latino — *fides et mores*[81] — prende-se a uma velha tradição. Estudando a história semântica dessa expressão, P. Fransen chega a algumas conclusões surpreendentes. Tendo já visto o primeiro termo — *fides* —, fixemo-nos, agora, no segundo. Qual o sentido de *mores*[82]?

Para Santo Agostinho, o primeiro a usar esse binômio, *mores* nada tem que ver com o que chamamos de "moral" e menos ainda com "a lei natural ou os princípios éticos". Relaciona-se com as muitas modalidades da vida cristã, especialmente as sacramentais e litúrgicas. Trata-se do que é universalmente aceito em toda a Igreja católica, considerado, por isso mesmo, como uma herança de origem apostólica ou de decisões conciliares. Nesse sentido, constituem expressões de fé, que não constam nas Escrituras e são, muitas vezes, chamadas de "tradições orais". Estamos, assim, bem próximos do conceito tridentino de "tradições".

---

77. Cf dois artigos de P. FRANSEN sobre o tema "Si quis dixerit Ecclesiam errare", reapresentados em *Hermeneutics of the Councils, op. cit.*, pp. 69-125, sobretudo pp. 121-125.
78. Ver, no mesmo sentido, W. KASPER, *op. cit.*, p. 38.
79. P. FRANSEN, *L'autorité des conciles, art. cit.*, p. 98.
80. *CTA*, IX, p. 689,21.
81. Indicações sobre esse binômio na Igreja antiga foram dadas no tomo II, pp. 421-425.
82. Sigo aqui o artigo citado de P. FRANSEN, "Fides et mores", em *Hermeneutics of the Councils...*

Na Idade Média, a expressão pouco aparece. Figura no decreto de Graciano, a partir de uma citação de Santo Agostinho. Graciano liga os *mores* aos "costumes eclesiásticos" que não vão "contra a fé". Na Idade Média, é mais freqüente outro binômio parecido, a saber, os "artigos da fé e os sacramentos". Os primeiros vêm do Símbolo e dos "decretos" da Igreja. No Concílio de Florença, o documento de união com os Armênios, baseado num opúsculo de S. Tomás, intitula-se, precisamente, "Dos artigos da fé e dos sacramentos".

Em Trento, a própria "fórmula duas vezes empregada *fides et mores* é estritamente paralela ao binômio formulado na introdução *veritas et morum disciplina* ou *veritas et disciplina*[83]. Já no decreto da 3ª sessão, o Concílio afirmava sua intenção prioritária: "a erradicação das heresias e a reforma dos costumes"[84]. Ao discutir sua agenda, decidira tratar conjuntamente dos dogmas e da reforma da Igreja, usando as expressões *de dogmatibus et reformatione* ou *de fide et moribus*. A reforma aludia aos abusos que grassavam na Igreja. Os dois dados — *fides et mores* — "pertencem ao Evangelho, assim como foi descrito. [...]. Os *mores* representam as práticas e os costumes da Igreja apostólica. Alguns dizem respeito a pontos de doutrina; outros, a questões disciplinares e litúrgicas. No fundo, equivale quase a 'tradições não escritas', tanto que, até fora do Concílio, a palavra *tradição* é usada na época, em muitos casos, em lugar de *mores*. [...] O binômio expressa, claramente, a tradição apostólica, na sua unidade e coesão, baseada exclusivamente na inspiração do Espírito de Cristo, embora correspondendo a dois aspectos diferentes, mas não separados, a doutrina e as formas da vida cristã"[85]. Contudo, alguns escritos desse tempo mostram que *mores* podia significar também "questões morais", conforme o sentido que esse binômio ganhará de "fé e moral"[86].

4. A AUTORIDADE DOGMÁTICA DO CONCÍLIO DE TRENTO

Com essa análise, chega-se à firme conclusão de que o Concílio de Trento teve objetivo "dogmático", muito diferente do futuro Vaticano I, visto o desenvolvimento cultural dos conceitos de fé e de "magistério". Trento visou transmitir um ensinamento concentrado na revelação realizada pela presença de Cristo. Mas a sua problemática geral não consiste em isolar o revelado em si, a não ser em algumas afirmações particulares. Limita-se a apresentar o ensino da Igreja que integra a revelação, num conjunto de doutrinas e decisões aptas a manter a unidade da comunidade cristã e a conduzi-la à salvação. O âmbito do Concílio é muito mais amplo que o do formalmente revelado. Nesse contex-

---

83. P. FRANSEN, "Fides et mores", em *Hermeneutics of the Councils*, p. 306.
84. 3ª sessão, *COD* II-2, p. 1349.
85. P. FRANSEN, *op. cit.*, p. 306, que cita Y. Congar.
86. I. VASQUEZ JANEIRO, *Coeli novi et terra nova. La evangelizacion del nuevo mundo a traves de libros e documentos*, Seleccion y Catalogo, Bibl. Apost. Vatic., 1992.

to, quer exprimir e "definir a fé", chegando a definições com seus respectivos anátemas nos seus cânones. Em compensação, deixa claro que essas definições não são irreformáveis em si mesmas.

Hoje, diríamos que o Concílio distinguia, espontaneamente, o que cabe à indefectibilidade da Igreja e o que é da sua infalibilidade propriamente dita. Indefectibilidade da Igreja é a própria garantia de jamais trair sua missão salvífica, ainda quando ensina e prescreve algo que não é da revelação e, por isso, pode até evoluir através do tempo. Ela se põe sempre a serviço da verdade divina, sem mutilá-la nem contradizê-la. Infalibilidade, hoje, porque em Trento o termo poderia corresponder a indefectibilidade, é conceito bem mais restrito. Significa que a Igreja não pode, absolutamente, se enganar, quando ensina que determinado ponto da sua doutrina pertence à revelação divina. Sua decisão, nesse caso, é irreformável. Nos debates com a Reforma, o Concílio de Trento fica, em geral, na linha da indefectibilidade, formalmente contestada pelos Reformadores. É nessa linha que o Concílio exige dos católicos a obediência da fé, para a coesão da comunidade eclesial. Da infalibilidade mesmo trata-se apenas em alguns casos, que merecem ulterior análise.

A problemática de Trento possui o mérito de não dissociar a atitude subjetiva do crente, que faz da fé da Igreja a norma de sua própria fé, e o conteúdo objetivo dessa mesma fé. E esse conteúdo dogmático objetivo ele também não isola da compreensão que a Igreja tem dele. Essa posição mantém também certa distância entre a linguagem da fé e o conteúdo visado por essa linguagem, como também entre o discurso eclesial da fé e a Palavra de Deus. O primeiro testemunha autenticamente a segunda, mas não pretende identificar-se com ela. Portanto, Trento revela uma saudável dialética entre a representação e a afirmação, respeitando a necessária implicação entre palavra humana e palavra de Deus.

No entanto, no equilíbrio entre revelação e Igreja, perdura certa ambigüidade. É a idéia de revelação permanente ou continuada, excluída formalmente, mas conservada, na prática. Tendia-se a pôr no mesmo nível a revelação de Cristo, transmitida pelos apóstolos e a assistência do Espírito Santo à Igreja e aos concílios. Corria-se o perigo também de insistir, unilateralmente, na autoridade da decisão eclesial em matéria de fé, como se verá nos séculos seguintes. Em vez de dizer, como no passado: — a Igreja propõe esta verdade porque ela está contida nos Evangelhos, chegou-se a afirmar: esta verdade está no Evangelho, como a Igreja, em nome da sua legítima autoridade, propõe. Tal inversão de papéis, certamente de caráter hermenêutico, pode tornar-se perigosa, se não for bem explicada. A real dificuldade dogmática para a interpretação de Trento veio mais tarde, com a visão pós-tridentina, pela tendência de, anacronicamente, aplicar aos textos desse concílio a matriz conceitual posterior, que identificava o dogma com a verdade revelada.

IV. MELCHIOR CANO E OS LUGARES TEOLÓGICOS

> **INDICAÇÕES BIBLIOGRÁFICAS:** M. JACQUIN, "Melchior Cano et la théologie moderne", *RSPT* 9, (1920), pp. 121-141. — A. LANG, *Die Loci theologici des Melchior Cano und die Methode des dogmatischen Beweises*, München, J. Kösel & F. Pustet, 1925. — A. GARDEIL, art. "Lieux théologiques", *DTC* IX, (1926), 712-747. — E. MARCOTTE, *La nature de la théologie d'après Melchior Cano*, Ottawa, Éd. de l'Univ., 1949. — A. DUVAL, art. "Cano (Melchior)", *Catholicisme* II, (1949), 465-467. — V. BELTRAM DE HEREDIA, art. "Cano (Melchior), *DS* II, (1953), 73-76. J. BEUMER, "Positive und spekulative Theologie. Kritische Bemerkungen an Hand der 'Locis theologicis' des Melchior Cano", *Scholastik*, 29 (1954), pp. 53-72. — C. POZO, *Fuentes para la historia del método teologico en la escuela de Salamanca*, t. 1: *Francisco de Vitoria, Domingo de Soto, Melchior Cano y Ambrosio de Salazar*, Grenade, 1962. — TH. TSHIBANGU, "Melchior Cano et la théologie positive", *EpThL* 40, (1964), pp. 300-339. — A. M. ARTOLA, *De la Revelación a la inspiración. Los origenes de la moderna Teología catolica sobre la inspiración biblica*, Bilbao, Mensajero, 1983. — B. KÖRNER, *Melchio Cano — De locis theologicis*, Graz, Styria Medienservice, 1994.

Melchior Cano (1509-1560), teólogo dominicano, participou por esse título dos trabalhos do Concílio de Trento, a partir de 1551. Em 1563, um ano depois de encerrado o Concílio, saiu sua obra póstuma sobre metodologia teológica. Embora inacabada, influenciou decisivamente a teologia moderna. Cano sabia que estava inovando ao escrever um trabalho sistemático sobre tema até então nunca tratado formalmente.

1. OS DEZ "LUGARES TEOLÓGICOS"

Essa obra tem por título *Os lugares teológicos* (*De locis theologicis*). Tomás de Aquino já havia usado esse termo "lugar", à semelhança dos *topoi* da lógica racional[87]. Melchior Cano, porém, entende por lugar teológico uma referência autorizada para a definição da doutrina cristã. Distingue ele dez lugares teológicos:

> O primeiro é a autoridade da sagrada Escritura, encerrada nos livros canônicos.
>
> O segundo é a autoridade das tradições de Cristo e dos apóstolos, legitimamente alegada, porque elas não foram escritas, mas transmitidas até nós, de ouvido a ouvido, por oráculos vivos.
>
> O terceiro é a autoridade da Igreja católica.
>
> O quarto é a autoridade dos concílios, sobretudo os gerais, em que reside a autoridade da Igreja católica.

---

87. *Suma Teológica* I, q.1, a.8, ad 2m.

O quinto é a autoridade da Igreja romana, que, por privilégio divino, é chamada de apostólica.

O sexto é a autoridade dos santos anciãos.

O sétimo é a autoridade dos teólogos escolásticos, a quem juntamos os peritos em direito pontifício, porque a doutrina desse direito corresponde à teologia escolástica, como duas realidades que se refletem.

O oitavo é a razão natural, que abrange todas as ciências fundamentadas na luz natural.

O nono é a autoridade dos filósofos que seguem a natureza como guia; entre eles acatem-se também os jurisconsultos imperiais, porque estes também [...] professam a verdadeira filosofia.

Enfim, o décimo é a autoridade da história humana, quer a redigida por autores fidedignos quer a transmitida de nação a nação, sem superstições nem bisbilhotices, mas por razões sérias e constantes[88].

Nessa dezena de lugares teológicos revela-se a mentalidade teológica do início dos tempos modernos. A preocupação de Cano não é de ordem apologética nem com o que, depois, se chamará de "teologia fundamental". Interessava-lhe sistematizar, da melhor forma possível, as autoridades capazes de assegurar a comprovação dogmática da fé, propondo uma lista hierarquizada de tais autoridades[89]. Os sete primeiros lugares são específicos da teologia. Distinguem-se em duas categorias: começam pela Escritura e pelas tradições ligadas ao próprio conteúdo da revelação.

Quanto à Escritura, Cano resenha várias questões novas, como a inspiração e a inerrância dos livros sagrados[90] e a fixação do seu cânon pela Igreja (ele distingue canonicidade e autenticidade); o valor da Vulgata e não apenas dos textos originais; a prova escriturística da fé, validamente elaborada a partir da Vulgata.

Descrevendo as tradições, Cano aproxima-se bastante das formulações de Trento. Fala delas o mais das vezes no plural e com visão objetiva, como "coisas transmitidas". Contra o *Scriptura sola* dos luteranos, classifica-as de fonte constitutiva da fé. A tradição é um lugar teológico independente das Escrituras. Ela não só "ajuda a entender textos 'obscuros ou pouco inteligíveis' da Escritura, como também encerra 'muita coisa não testificada nem clara nem obscuramente [...] nas Sagradas Escrituras [...]. Muitos dogmas da fé católica não constam nos textos sagrados' [...]. 'É inegável que a doutrina da fé não foi toda ela transmitida pelos apóstolos por escrito, mas oralmente em parte (*ex*

---

88. M. CANO, *Os lugares teológicos*, I, c.3; MIGNE, *Theologiae cursus completus*, 1,62-63.
89. Cf. A. LANG, *op. cit.*, pp. 88-89.
90. Sobre os debates a respeito da inspiração bíblica suscitados por Cano, cf. A. M. ARTOLA, *op. cit.*

parte verbo)"⁹¹. Vê-se logo que Melchior Cano é partidário do *partim...partim...* Segundo ele, os apóstolos transmitiram a doutrina evangélica em parte por escrito, em parte oralmente⁹². O que não o impede de declarar que essas tradições "não são apêndices das divinas Escrituras, mas autênticos complementos e comentários"⁹³. Cano delineia também os critérios de unanimidade nos pontos essenciais, que permitem o apoio de uma verdade de fé na tradição e com essas duas primeiras autoridades visa circunscrever as verdades certamente reveladas por Deus.

Os cinco lugares seguintes tratam da autoridade da Igreja. Não são mais lugares "fundadores", mas de conservação, interpretação e transmissão do depósito revelado. Dentre eles, os três primeiros são certos e os demais, prováveis. Entre os de certeza, prima a autoridade da Igreja católica em geral, ou seja, o seu consenso universal⁹⁴; depois a dos concílios, ou seja, o conjunto dos ensinamentos promulgados por eles e, por fim, a Igreja de Roma, pela sua apostolicidade e pela autoridade particular dos ditames pontifícios.

Por autoridade da Igreja católica entende Cano, prioritariamente, todo o corpo da Igreja visível, isto é, o conjunto dos batizados (*collectio omnium fidelium*⁹⁵) que se mantêm fiéis à Igreja e dela não excluídos. A Igreja não pode errar na sua fé (*in credendo*), vale dizer, "tudo o que a Igreja aceita como dogma de fé é verdadeiro e nada há de falso no que crê ou propõe para crer"⁹⁶. "Não só no passado, mas também a Igreja atual e a Igreja de amanhã, até o fim dos séculos, não pode e não poderá jamais errar na sua fé"⁹⁷. Portanto, Cano dá bastante espaço ao sentir dos fiéis, para admiração, aliás, do seu editor⁹⁸. Mas essa inerrância da Igreja — o vocabulário da infalibilidade, explorado sem razão pelos comentaristas, não figura em Cano — cabe também aos seus dirigentes e pastores. Os pastores e os doutores da Igreja não podem errar na fé. Tudo o que ensinam ao povo, no que concerne à fé em Cristo, é plena verdade⁹⁹. Parece que aí Cano se põe na origem da dupla inerrância da Igreja na fé (*in credendo*), entre os fiéis, e no ensinamento (*in docendo*), entre os pastores. Fé, dogma e heresia são termos da mesma significação para Cano e para o Concílio, de cuja visão teológica ele compartilha¹⁰⁰.

---

91. H. HOLSTEIN, "Les 'deux' sources de la révélation", *RSR* 57, (1969), p. 393, citando a obra de CANO, II, cap. 2, 3 e conclusão; MIGNE, 1, 191-192 e 197.
92. *Os lugares...*, II, 3; MIGNE, 1, 197.
93. Ib., III, 7; MIGNE, 1, 210.
94. Trata-se de algo parecido com o que o Vaticano I designará como "magistério ordinário e universal", cf. infra, pp. 237 ss.
95. *Os lugares...* IV, c.4; MIGNE, 1, 238.
96. Ib., IV, c.4; MIGNE, 1, 234.
97. Ib., IV, c. 4; MIGNE, 1, 238.
98. Cf. a nota assinada P. S. na edição de MIGNE (1,238), que critica esse exagero de Cano quanto à inerrância do povo cristão.
99. *Os lugares...*IV, 4; MIGNE, 1, 239.
100. A. LANG, nessa questão, mudou de idéia. No livro já citado sobre Cano, em 1925, ele atribui ao autor o vocabulário do magistério e da infalibilidade (interpretada no sentido próprio,

Cano analisa a autoridade dos concílios de forma bastante jurídica. Importa-lhe saber em que condições um concílio pode ser julgado isento de erro e em que medida devem suas decisões ser tomadas como irreformáveis e definitivas. Distingue os concílios gerais, os concílios episcopais e os sínodos diocesanos, valorizando mais os primeiros. Estes têm caráter ecumênico, com bispos das diversas regiões do mundo e em grande número, para representarem o conjunto da Igreja. Para gozar de autoridade, deve o concílio ser convocado pelo papa e, depois, ser por ele confirmado. Nessas condições, seus ensinamentos não incorrerão em erro. Portanto, é capital o selo pontifício. Nos concílios, os bispos desempenham o papel de juízes da fé. Para uma definição ser infalível e irreformável, é necessário que a decisão conciliar implique obrigação universal e definitiva. Mas essa decisão não significa, necessariamente, que o seu objeto seja de fé, porque a Igreja pode definir uma proposição ligada à revelação e avaliá-la com sua autoridade. Tem-se, então, uma decisão eclesial, com base na autoridade da Igreja e que é de fé e, por isso, deve ser assumida pelos fiéis, em consideração à Igreja[101]. É o que, mais tarde, se chamará de "fé eclesiástica" (*fides ecclesiastica*).

Para Cano, a autoridade da Igreja romana aponta para a do papa. Mas enfatiza, com razão, o elo do pontífice com a Igreja da qual é bispo, porque se trata da "Sé apostólica". Cano fundamenta a autoridade doutrinária própria do pontífice romano nos testemunhos de Pedro, na Escritura. Mostra que, por direito divino, passa aos seus sucessores, ou seja, aos bispos de Roma, o que foi confiado a Pedro. Ora, Pedro não podia errar, quando confirmava os irmãos na fé.

Na visão de Cano, a inerrância do papa é verdade de fé e será herege quem a contestar. Esse carisma da inerrância, porém, não se deve à pessoa do papa e sim ao exercício público da sua autoridade doutrinária[102]. Por sua vez, essa autoridade, como a dos concílios, vale para a transmissão da revelação e para a interpretação e explicação do seu sentido. O pensamento de Cano prepara o caminho para a futura tese da infalibilidade do pontífice romano. Mas seria anacrônico querer inserir no seu pensamento e no seu vocabulário as precisões conceituais do Vaticano I. É o que se percebe na própria forma como cita os Padres nessa questão e no silêncio de seus escritos sobre pontos que acabarão suscitando intensos debates. A "inerrância" da Sé romana, para ele, constitui conceito mais abrangente e menos rigoroso que a futura definição de 1870.

---

na página 126, n. 1); entende os conceitos de fé, heresia e dogma no sentido moderno. Mas, no artigo de 1953, "Der Bedeutungswandel der Begriffe *fides* und *haeresis*..." (*art. cit.*), ao analisar o significado de fé e heresia em Trento, atribui a Cano o mesmo entendimento que o Concílio teve desses conceitos.

101. A. LANG, *op. cit.*, pp. 134-135.

102. Cano até censura os que defendem uma inerrância papal em toda e qualquer matéria. Longe de engrandecer a autoridade da Sé apostólica, eles a desservem. "O papa não precisa da nossa mentira nem da nossa bajulação". Cf. A. LANG, *op. cit.*, p. 140, n. 1.

Outros dois "lugares" tidos como "prováveis" são a autoridade dos santos anciãos, dos Padres da Igreja, dos teólogos eclesiásticos e dos canonistas. Cano preocupa-se em precisar os critérios que dão peso maior ou menor à argumentação patrística, conforme os temas e o número das testemunhas. A unanimidade entre os Padres, na interpretação da Escritura ou na afirmação de uma verdade de fé, é garantia contra o erro. Quanto aos teólogos, diga-se o mesmo, embora com um pouco mais de cautela. Nas suas discussões acadêmicas, precisa avaliar os argumentos um a um, quanto valem e em que se apóiam. O consenso entre os teólogos em determinado assunto assinala, sem dúvida, algo muito provável. Mas Cano lembra, com ironia, que esse acordo de teólogos, sempre amigos do debate, parece merecer a mesma admiração que se tem pelos setenta tradutores da Escritura[103].

Os três últimos "lugares" extrapolam o campo das autoridades da fé propriamente dita. São a razão natural, os filósofos — particularmente Aristóteles — e os juristas e historiadores. Trata-se de lugares teológicos agregados. Como sempre, Cano estabelece os critérios de valor desses lugares. É interessante ver como ele põe as "ciências humanas" a serviço da melhor compreensão da mensagem cristã.

A obra de Cano deveria ter uma segunda parte sobre como trabalhar com esses lugares, "tanto nas questões escolásticas como na explicação da Sagrada Escritura e também nas controvérsias com os judeus, os maometanos e os pagãos. Mas, infelizmente, desses três últimos livros, só pôde redigir o dedicado às discussões escolásticas, porque sua morte, em 1560, interrompeu o trabalho começado"[104]. Esse livro trata da natureza da teologia e dos seus princípios e depois da natureza das conclusões teológicas ligadas ao tratamento das notas teológicas (c. 5). Sua preocupação é sempre aquilatar o valor dogmático de certas teses teológicas. Para ele, são de fé as verdades intimamente relacionadas ao conteúdo da revelação, especialmente as "conclusões teológicas" consensuais. Negá-las seria heresia:

> Quando a Igreja ou um concílio ou a Sé apostólica ou mesmo os santos, num só espírito e numa só voz, elaboraram e definiram determinada conclusão teológica, essa verdade será merecedora de fé, como se tivesse sido revelada pelo próprio Cristo e quem a ela se opuser será herege igual aos que se opõem às Santas Escrituras e às tradições apostólicas[105].

Contudo, essa proposição deve ser entendida em função do espaço semântico em que, na época, funcionavam os conceitos utilizados, porque Cano também esclarece que não deseja decidir a questão da diferença essencial entre a fé

---

103. Cf. A. LANG, *op. cit.*, pp. 156-157.
104. M. JACQUIN, *art. cit.*, p. 133.
105. M. CANO, *Os lugares...*, XII, c.5; MIGNE, 1, 586.

divina e a certeza do ensinamento assim deduzido. Portanto, não afirma que as conclusões teológicas definidas pela Igreja sejam *de fide divina*. Pertencem, realmente, ao campo da fé, mas de forma indireta ou mediata (*fides mediata*). Segundo Cano, o domínio das verdades de fé não é determinado pela certeza de uma verdade ser de fé divina, mas pela preocupação prática com a integridade da fé[106]. Da mesma forma, para ele a definição de fé configura-se quando o ensinamento contrário é condenado como herético, quando o anátema é lançado contra os defensores desse ensinamento, quando a excomunhão aí aparece *ipso jure*[107].

2. A VIRADA TEOLÓGICA INICIADA POR M. CANO

A obra de M. Cano marca uma mudança de método e de objetivos na teologia, com o propósito explícito de inaugurar uma teologia "mais adequada às necessidades do seu tempo"[108]. A genialidade da escolástica desenvolvera-se toda na elaboração de *questões*, procurando sistematizar racionalmente os dados da fé. Cano vive no tempo do Renascimento, quando acontece a volta aos textos, e da Reforma, que questionava a construção católica da fé. Nesse contexto, parece-lhe oportuno não continuar a linha sistemática e especulativa, dentro da qual achava não haver mais o que dizer[109]. Agora, o que importava era sistematizar tudo o que constitui prova da fé. Nesse sentido, começa a passar das *razões* para as *autoridades*. Porém, essas autoridades não são apenas as Escrituras e as tradições, que ele prioriza, mas também a autoridade doutrinal da Igreja, a saber, o seu magistério, embora não use esse termo. Nesse aspecto, Cano está nas origens da teologia moderna que, à diferença da escolástica medieval, irá enfocar a referência magisterial em evidência crescente. Teólogo será, antes de mais nada, o que alinha as provas da fé, com base nos lugares teológicos, dando relevo especial à autoridade dos concílios e do pontífice romano. Depois das *Sumas* medievais, estruturadas em *questões*, virão os tratados de teologia com suas *teses* de abrangência total. Esses tratados serão particularmente utilizados nos seminários. Até bem pouco tempo eram compostos de três partes: primeiro, apresentação da tese, fundamentada na doutrina da Igreja, exarada nos documentos mais recentes; depois, argumentação pela Escritura e pela tradição; finalmente, a razão teológica e suas conclusões. É o que, modernamente, se conceituou como "teologia dogmática".

Se a intenção de Cano não foi de ordem apologética, certamente já praticava a teologia da controvérsia. É o que se vê na sua obra, quando cita os

---

106. Cf. A. LANG, *art. cit.*, MThZ 4 (1953), pp. 143-144, onde o autor reconhece que, em seu livro anterior, interpretou Cano muito à luz do sentido atual dos conceitos.
107. Ib., 145.
108. M. JACQUIN, *art. cit.*, p. 138.
109. Cano chega a ser contundente contra certas sutilezas dialéticas da escolástica, inclusive na análise de artigos da *Suma Teológica*. Cf. *Os lugares...*, VIII, c. 1; XII, c. 11.

argumentos dos autores protestantes, antes de os refutar, um a um. Nas teses acadêmicas da teologia moderna ulterior, os "adversários" serão apresentados, desde o começo da exposição, com as respectivas respostas.

Por certo, Cano pode ser considerado também precursor da teologia positiva. Pessoalmente, ele não usou essa expressão, mas a importância que dá aos argumentos dos Santos Padres e dos teólogos e da própria história revela que tende sempre a basear a prova dogmática sobre dados positivos. E concretiza, no seu tratado, o método que ensina. Constrói suas provas com o apoio de muitas citações patrísticas, valendo-se de um gênero literário radicalmente distinto das *Sumas*. Esse recurso aos documentos antigos tem, sem dúvida, alguma gratuidade. Não é o caso de entendê-los isoladamente, mas apenas dentro de uma argumentação.

Com tudo isso, Melchior Cano representa bem o concílio em que figurou como teólogo. Não havia Trento partido, fundamentalmente, do Símbolo de fé e dos dois pilares principais, Escritura e tradições? Procurou, depois, "confirmar os dogmas", expondo a fé da Igreja.

CAPÍTULO IV
Dogma e teologia nos Tempos modernos

Passamos, agora, ao período que vai da Reforma até o Vaticano I. Com a Reforma protestante findou a realidade medieval da cristandade una. A Europa e os continentes que ela, no seu expansionismo, irá atingindo vivem, a partir daí, divididos religiosamente. Do ponto de vista católico, a Reforma significava uma desobediência na fé e uma rebeldia contra os legítimos pastores e a hierarquia da Igreja, que redundariam em mudanças no exercício da autoridade doutrinal. Contra a Reforma protestante articula-se, no Concílio de Trento, a reforma católica, que se prolonga pelos séculos seguintes. É a Contra-Reforma, expressão típica da oposição enrijecida ao protestantismo, na "época tridentina". Nasce assim também o "catolicismo", por oposição à "cristandade" anterior[1], com a afirmação cada vez mais firme da sua autoridade hierárquica, na busca permanente de coesão e unidade.

Mas essa época também ficou marcada por outro acontecimento, a saber, o nascimento da modernidade, cujos primeiros sintomas aparecem no fim do século XVII, florescendo sobremaneira no Século das Luzes (*Aufklärung*). Essa modernidade, que dará à época o nome de Tempos modernos, caracteriza-se, politicamente, pela formação dos Estados e pela reivindicação da autoridade do poder público sobre a Igreja. Em termos filosóficos e religiosos, como nos costumes e no comportamento em geral, a modernidade também atribui uma autoridade nova à razão. Essa mesma razão, submetida à análise crítica, expõe suas dúvidas quanto à capacidade de comprovar validamente tudo quanto ultrapasse a experiência humana, máxime a existência de Deus. Ao lado do magisté-

---

[1]. Cf. tomo 2, pp. 195 ss. A Igreja sempre se definiu como "católica", desde Santo Inácio de Antioquia e como a "Católica" em Santo Agostinho, no sentido desse adjetivo conforme o Símbolo de fé (cf. tomo 1, pp. 113 ss.). Agora, o substantivo "catolicismo" confere-lhe, *de facto*, o tom confessional de uma Igreja cristã, entre outras tantas.

rio tradicional da fé cristã, impõe-se o magistério da razão, quando não se contrapõe a ele. A fé não sofre contestações apenas no seu conteúdo, mas também nos seus fundamentos. Urge justificá-la perante a razão, mediante nova apologética, que defenda a possibilidade da prova racional da existência de Deus, da inteligibilidade do conceito de revelação e da legitimidade de um ato de fé que se declara "sobrenatural". A razão do Iluminismo era não-histórica, assumindo dimensão histórica no século XIX, quando esse conjunto de questões predomina e é focalizado pelo Vaticano I.

Igreja e mundo estão sempre interagindo e "inter-reagindo". Os desenvolvimentos havidos repercutirão não só na teologia, mas também nos conceitos dogmáticos e no funcionamento concreto do "magistério vivo" da Igreja, o que se evidencia na própria linguagem, com o aparecimento dessa nova expressão.

I. O TRIDENTINISMO DOUTRINÁRIO NOS SÉCULOS XVII E XVIII

INDICAÇÕES BIBLIOGRÁFICAS: Y. CONGAR, art. "Fait dogmatique" et "Gallicanisme", *Catholicisme*, t. 4, (1956), 1059-1067 et 1731-1739. – B. D. DUPUY, art. "Infaillibilité de l'Église", *Catholicisme*, t. 5, (1963), 1550-1572. – P. DE VOOGHT, "Enquête sur le mot 'infaillibilité' durant la période scolastique", dans *L'infaillibilité de l'Église*, collectif, Chevetogne, 1963, pp. 99-146. – G. THILS, *L'infaillibilité du peuple chrétien "in credendo". Notes de théologie posttridentine*, Paris/DDB, Louvain/Warny, 1963. – L. COGNET, art. "Jansénisme", *Catholicisme*, t. 6 (1967), 314-331. – G. TAVARD, *La tradition au XVIIe siècle en France et en Angleterre*, Paris, Cerf, 1969. – B. JASPERT, "Die Ursprünge der päpstlichen Unfehlbarkeitslehre", *ZRG* 25, (1973), pp. 125-134. – U. HORST, *Unfehlbarkeit und Geschichte. Studien zur Unfehlbarkeitsdiskussion von Melchior Cano bis zum 1. Vatikanischen Konzil*, Mainz, Grünewald, 1982. – H. J. SIEBEN, *Traktate und Theorien zum Konzil (1378-1521)*, Frankfurt, J. Knecht, 1983. – W. KLAUSNITZER, *Das Papsamt im Disput zwischen Lutheranern und Kaholiken. Schwerpunkte von der Reformation bis zur Gegenwart*, Innsbruck, Tyrolia, 1987. – K. SCHATZ, *La primauté du pape. Son histoire, des origines à nos jours*, Cerf, 1992. – B. NEVEU, *L'erreur et son juge. Remarques sur les censures doctrinales à l'époque moderne*, Naples, Bibliopolis, 1993; "Juge suprême et docteur infaillible: le pontificat romain de la bulle in *eminenti* (1643) à la Bulle *Auctorem fidei* (1794)", *Erudition et religion aux XVIIe et XVIIIe siècles*, Paris, Albin Michel, 1994, pp. 385-450. – P. BLET, *Le clergé du Grand Siècle en ses assemblées (1615-1715)*, Cerf, 1995.

1. SURGIMENTO DO "MAGISTÉRIO VIVO"

De Trento até o Vaticano I, não ocorreu nenhuma assembléia conciliar na Igreja católica. Por isso, na era moderna, o Concílio tridentino representou para os católicos a maior referência dogmática, ensejando o crescimento constante da autoridade doutrinal do pontífice romano e, muito secundariamente, dos bispos. Nasce e desenvolve-se, assim, o funcionamento doutrinário "moderno" da Igreja.

O papel do magistério romano

O papado, tão reticente na convocação do Concílio, no século XVI, envidou todos os esforços para implementá-lo depois, visando, com especial diligência, à concretização dos decretos de reforma. Por isso, a obediência ao Concílio propiciará nova etapa do movimento centralizador de Roma, inaugurado no Ocidente com Gregório VII. A contestação protestante levou a Igreja católica a insistir na sua autoridade, formalizando-a, com ênfase na legitimidade do seu exercício, sobretudo no campo da doutrina.

Logo depois de encerrado o Concílio de Trento, o papa Sisto V, pela Bula *Immensa* de 1587, organizou a Cúria romana em padrão moderno. Antes dessa inovação administrativa, funcionavam, é claro, vários organismos. Os tribunais da Rota e da Penitenciaria existiam desde o século XIV. Outros serviços (Chancelaria, Dataria) também. Em 1542, antes do Concílio, Paulo III, pela Bula *Licet ab initio*, instituíra a Congregação do Santo Ofício ou da Inquisição[2]. Na verdade, Sisto V organizou um verdadeiro governo de quinze Congregações e de Cardeais encarregados dos mais diversos negócios eclesiásticos. Esses "dicastérios" funcionavam como autênticos ministérios, com atribuições específicas para cada setor. Com o tempo, foram surgindo novos organismos. Mas a cúria de Sisto V só veio a ter mudanças significativas com a reforma de Pio X (*Sapienti Consilio*, 1908), que a reorganizou por completo. Na seqüência, novas mudanças se fazem, de tempo em tempo. A última foi em 1984, com João Paulo II (*Pastor bonus*).

O termo "congregação", atribuído a esses dicastérios, indica uma origem histórica e uma modalidade. As congregações romanas são a instituição permanente de comissões cardinalícias anteriores, encarregadas de tratar, por certo tempo, de um problema. Funcionam como colegiados. As decisões principais, preparadas pela administração do dicastério, dirigido por um Prefeito, são tomadas nelas pela maioria de votos, nas reuniões dos cardeais da congregação. Essa evolução "estatal" da Igreja e o aumento das intervenções pontifícias explicam-se, em parte, pelo contexto político dos Tempos modernos e pelo desenvolvimento dos Estados europeus.

Fiquemos aqui apenas com o que se refere ao exercício do magistério, palavra, aliás, que, no sentido moderno, emerge no século XVIII. As interven-

---

2. Por causa dos cátaros, Gregório IX, em 1231, criara o tribunal da Inquisição. No século XVI, passa a ser chamado também de Santo Ofício, como ministério de vigilância doutrinal.

ções papais no campo da doutrina vão se tornando sempre mais freqüentes, nesse período, porque nenhum concílio se realizou durante ele e porque o papa contava agora com setores de administração e governo comparáveis às instituições civis correspondentes. Ele intervém pessoalmente, tanto por meio de Bulas, Constituições ou Breves, como pelos decretos dos vários dicastérios. Os bispos habituam-se a submeter a este ou àquele dicastério questões e dúvidas na área de sua competência. E o dicastério, retomando o texto da pergunta, dá, em poucas palavras, sua resposta.

Assim, do final do século XVI até a Revolução Francesa, os papas tratam de questões doutrinais em discussão, promulgando listas de proposições condenadas. Foi o que se deu com os erros de Baius (1567), de Jansênio (1653) e dos jansenistas (1690 e 1713), da moral laxista (1665 e 1679), do quietismo (1682, 1687 e 1699), da condenação dos quatro artigos da assembléia de 1682 do clero francês (1690) e com a condenação, por Pio VI, em 1794, dos erros de sínodo diocesano de Pistóia[3]. Cada série de proposições, que às vezes chegam a uma centena, termina por um parágrafo que traz a natureza e a gravidade da censura infligida. São censuras diferenciadas, variando de acordo com sua ligação maior ou menor com determinada questão de fé[4].

Veja-se esta classificação de Bento XIV (1740-1758): *herética, próxima de heresia, errônea, próxima de erro, cheirando a heresia, cheirando a erro, suspeita de erro, temerária, escandalosa, ofensiva a ouvidos piedosos, dissonante, perigosa, cismática, que induz ao cisma, injuriosa, ímpia, blasfema*. Hoje, seria extremamente difícil interpretar com precisão cada uma dessas menções, cujo sentido exato foi evoluindo ao longo do tempo. Algumas delas nem se usam mais. Na realidade, esse "arsenal" simplificou-se. Muitas vezes, a mesma sentença ganhava várias censuras. Com tais notas, pretendia-se nuançar a gravidade da proposição condenada e situar exatamente o que realmente se opunha à fé. O perigo estava em querer precisar o sentido de cada afirmação com exagerada acribia e crescente juridicismo. Em momento algum se menciona a irreformabilidade da condenação. Em 1745, o mesmo papa Bento XIV envia aos bispos italianos a primeira carta encíclica *Vix pervenit*, condenando a usura.

O desenvolvimento da idéia da infalibilidade

De início, a contestação protestante e depois o questionamento do cristianismo pela razão irão levar a Igreja a enrijecer e formalizar o exercício do seu poder doutrinal. No plano da fé, ela opta pela "reduplicação" do princípio de autoridade[5]. Passa da preocupação pelo *quod* à preocupação pelo *quo*: o

---
3. Pistóia, no norte da Itália.
4. Cf. B. NEVEU, *L'erreur et son juge, op. cit.*, cap. III: "Ars censoria", pp. 239-381.
5. Cf. supra, pp. 136 ss.

principium quod é o objeto da fé, que é norma em si mesmo; o *principium quo* é o magistério, que urge a afirmação em virtude da sua legítima autoridade. "Essas determinações têm o valor absoluto de verdades em que é preciso crer para a salvação, *porque* a Igreja (= o magistério), que assim as define, é assistida e infalível"[6]. No mesmo sentido, será valorizada a "regra próxima" (*regula proxima*) da fé, ou seja, a que provém da autoridade docente, em detrimento da "regra distante" (*regula remota*), isto é, o ensinamento da Escritura e da Tradição.

Todo esse movimento contribuirá para incrementar a idéia de infalibilidade do magistério papal, distinta da que reveste o conjunto dos fiéis. Vimos já a evolução do tema no ambiente medieval[7]. Durante o século XV, por ocasião dos embates conciliares, o assunto reaparece retocado e atribuído, contraditoriamente, tanto ao concílio como ao Papa. Nesse debate, a supremacia papal sobre o concílio saiu vencedora, favorecendo, assim, o desenvolvimento da idéia de uma infalibilidade estritamente pontifícia. Seu maior defensor foi João de Torquemada († 1468)[8]:

> Era conveniente, escreve ele, que esta sede (Roma), destinada, por disposição divina, a se constituir mestra na fé e elo de todas as Igrejas, fosse adornada com o exercício privilegiado da *infalibilidade,* em tudo o que é de fé necessária à salvação dos homens por Deus, autor de todas as coisas, cuja providência jamais erra nos seus conselhos[9].

Mas a questão estava longe da unanimidade. Teólogos e canonistas ficarão, assim, compelidos a precisar as condições práticas da infalibilidade pontifícia. "A marca dessa época foi ligar, claramente, a infalibilidade, não mais como se fazia na Idade Média, de maneira imprecisa, à cátedra romana, mas ao magistério pessoal do papa"[10]. Em verdade, toma corpo a distinção entre a Igreja de Roma (*sedes*) e a pessoa do papa (*sedens*). Mais tarde, muita discussão ainda se travará em torno disso. Belarmino insistirá na necessidade de o papa, antes de invocar sua infalibilidade, recorrer aos "meios humanos", ou seja, ao estudo histórico e doutrinário da documentação pertinente[11].

A partir do século XVI, a controvérsia com os teólogos da Reforma concentra-se na infalibilidade da Igreja. Para os católicos ela representa uma das notas da Igreja. Nos séculos XVII e XVIII, duas polêmicas doutrinais levam a questão da infalibilidade pontifícia à ordem do dia: o jansenismo e o galicanismo.

---

6. Y. CONGAR, *La Tradition et les traditions*, I, p. 237.
7. Cf. supra, pp. 91 ss.
8. Cf. tomo 3, pp. 380 ss.
9. J. DE TORQUEMADA, *Summa de Ecclesia*, Veneza, 1561, L. II, c. 109, f. 252 r, citado por P. DE VOOGHT, *art. cit.*, p. 137.
10. B. D. DUPUY, *art. cit.*, pp. 1555-1556.
11. Vai-se tratar disso no Vaticano I. Cf. infra, pp. 261 s.

O jansenismo[12], vinculado ao pensamento de Santo Agostinho, tinha uma concepção muito documental da tradição, estimando que a Escritura e a tradição bastavam para a reflexão sobre a fé. Daí a suspeita de que subestimava o valor e a autoridade do magistério da Igreja, considerando como novidade a posição cada vez maior que este ia adquirindo. Por outro lado, o jansenismo também se aproximava das teses conciliaristas e galicanas. Entre as proposições condenadas em 1690, pode-se ver tanto a que classifica de "fútil" a afirmação da primazia do papa sobre o concílio e da infalibilidade pontifícia, como a que ensina ser suficiente professar uma doutrina, sem apoio de nenhuma Bula papal, desde que claramente apoiada em Santo Agostinho[13].

Em 1649, Nicolas Cornet, no contexto da luta contra o jansenismo[14], redigira sete proposições características desse movimento, mas sem referência ao autor. Em 1563, Inocêncio X condenou cinco dessas proposições, atribuindo-as expressamente a Jansenius, porque, embora só a primeira fosse textualmente dele, todas resumiam o seu pensamento. Arnauld respondeu, demonstrando que a primeira proposição, lida no seu contexto, era ortodoxa e que as outras quatro refletiam o pensamento de Agostinho. E mais: "o livro de Jansenius traz fórmulas [...] absolutamente contrárias às sentenças condenadas"[15]. Como a disputa se tornou pública, com a intervenção de Pascal e das suas *Provinciais*, Roma reagiu. Alexandre VII, em 1656, na Constituição *Ad sanctam*, declarou que as cinco proposições heréticas se encontravam, realmente, no *Augustinus* de Jansenius e foram condenadas no sentido dado pelo seu autor (*in sensu auctoris*)[16]. Arnauld defendeu-se, distinguindo o *direito* e o *fato*, ou seja, aderia, de direito, à condenação da heresia presente nas proposições, mas, de fato, julgava que o Papa se enganara ao afirmar que essas proposições figuravam no *Augustinus*. Por isso, obrigou-se apenas ao "silêncio respeitoso", quanto a esse ponto[17]. Anos depois, em 1661, por exigência da Assembléia do clero francês, Arnauld aceitou assinar a condenação do formulário, sob a condição de que ficasse mencionada a distinção entre direito e fato. Após vários desdobramentos, com considerável influência da política de Luís XIV sobre os jansenistas, o conflito amainou ali pelo final do século XVII. No entanto, quando se acendeu o debate em torno do seguinte caso de consciência — "Pode-se dar absolvição a quem presta 'silêncio respeitoso' ao pensamento de Jansênio?" — o Santo Ofício, em 1703, condenou tal hipótese. Foi quando Fénelon interveio, afirmando que, "nessa questão de Jansenismo, a Igreja exigia a fé divina tanto quanto ao fato

---

12. Cf. tomo 2, pp. 303-304.
13. *DS* 2329-2330. Cf. Y. CONGAR, *La tradition et les traditions*, I, p. 241; G. TAVARD, *op. cit.*, pp. 79-120. Sobre o papa, o rei (Luís XIV) e os jansenistas, cf. P. BLET, *op. cit.*, pp. 365-487.
14. *DS* 2001-2007.
15. L. COGNET, *art. cit.*, 320.
16. *DS* 2010-2012.
17. Sobre a questão discutida de fato e de direito, cf. o estudo de B. NEVEU, *L'erreur et son juge*, cap. V, "Sensus et sententia", pp. 505-746. O autor declara-se a favor da posição romana e tem reservas quanto à oposição de direito e de fato.

como quanto ao direito e essa exigência seria perfeitamente legítima, dado que ela é infalível não só quanto aos dogmas propriamente ditos, mas também quanto aos fatos dogmáticos não revelados, como é o caso de Jansenius"[18]. Fénelon, porém, estava se referindo aí à "fé eclesiástica", pois não se tratava de revelação. Pretendia ele conseguir a definição da infalibilidade da Igreja nesses "fatos dogmáticos" e, para tanto, usava a idéia de "tradição viva" ou de "ensino comum e presente" da Igreja, que transforma o magistério eclesial em regra de fé, em virtude das promessas de Jesus Cristo[19]. Em 1705, Clemente XI, pela Bula *Vineam Domini*[20], condenou formalmente o "silêncio respeitoso" em torno dos fatos dogmáticos. Nesse campo, porém, nunca se deu a definição de infalibilidade. O tema da fé eclesiástica irá se arrastar até o Vaticano I[21], mas sem conclusão nesse concílio, porque o cânon então proposto sobre a infalibilidade da Igreja, na área "conexa" aos dados revelados, não foi promulgado.

No galicanismo[22], prevalece a figura maior de Bossuet, preconizando a "indefectibilidade" da Igreja. "Com isso, queria afirmar que, se houvesse erros nela, não poderiam 'enraizar-se' na fé da Igreja de Roma, mas seriam totalmente passageiros e pessoais"[23]. Ele também defendia a diferença entre a Sede (*sedes*) e o seu ocupante (*sedens*). Em 1682, a Assembléia do clero da França promulgou quatro artigos redigidos por Bossuet. Eis o quarto:

> Nas questões de fé, o Sumo Pontífice desempenha o papel principal e os seus decretos abrangem a todas e a cada uma das Igrejas, mas o seu julgamento não é irreformável, a não ser quando contar com o consentimento da Igreja[24].

Alexandre VIII, em 1690, declarou esses quatro artigos nulos e sem valor algum[25]. Um século depois, Pio VI, em 1794, na Bula *Auctorem fidei* condenou todos os artigos de 1682[26], mas com censuras em geral mais leves do que a heresia. O poder papal de formular um julgamento irreformável — outra expressão da infalibilidade — não pode depender do consenso ulterior da Igreja, isto é, do voto dos bispos. Esse texto virá à lembrança dos redatores da infalibilidade pontifícia, em 1870, ensejando a célebre fórmula aprovada: "as definições do Pontífice romano são irreformáveis por si mesmas e não por força do consentimento da Igreja"[27].

---

18. L. COGNET, *art. cit.*, 326.
19. Cf. Y. CONGAR, *La Tradition et les traditions*, I, p. 245. Essa idéia de "tradição viva" passará daí para a escola de Tübingen, mas com outro significado.
20. *DS* 2390.
21. Cf. infra, pp. 265 ss.
22. Cf. tomo 3, pp. 398 ss., a eclesiologia do galicanismo. Sobre a Assembléia de 1682, cf. P. BLET, *op. cit.*, pp. 309-324.
23. Y. CONGAR, art. "Gallicanisme", *Catholicisme*, t. 4, 1536-1537.
24. *DS* 2284, no texto censurado por Alexandre VIII.
25. *DS* 2281-2285.
26. *DS* 2700.
27. *COD* II-2, p. 1659; *DS* 3074; cf. infra, p. 270.

Todos esses debates convergem fortemente na infalibilidade do Papa, ensinada e defendida por alguns teólogos, como o jesuíta belga Estrix (1624-1694), valente adversário do jansenismo[28]. Dos estudos teóricos passa-se também à aplicação prática, excogitando-se os casos em que se poderia falar da infalibilidade do Papa. Com o exemplo disso se dirá que Inocêncio XI, em 1679, condenara *ex cathedra,* as proposições da moral laxista[29]. Trata-se, evidentemente, de exagero, pois as censuras aplicadas no caso foram "escandalosas e, na prática, perniciosas". Não era um julgamento de fé.

Mas a reflexão sobre a infalibilidade do magistério, no período pós-tridentino, não esqueceu a infalibilidade de todo o povo cristão: esta é a infalibilidade na fé (*in credendo*); aquela, no mister de ensinar (*in docendo*). Muitos teólogos de primeira, como M. Cano (quanto ao sentido, porque não usa o vocabulário da infalibilidade), R. Belarmino, F. Suárez, no século XVI e J. B. Gonet (1616-1681), H. Tounely (1658-1729) e Ch. R. Billuart, nos séculos XVII e XVIII[30], fundamentam o segundo tipo de infalibilidade no primeiro, como sua expressão e garantia. Um exige o outro. Vê-se, pois, que a doutrina da infalibilidade vai da Igreja para o magistério. Nos primórdios do século XVIII, essa distância se simplificará com as expressões "infalibilidade passiva" e "infalibilidade ativa" (G. Pichler, 1670-1736), falando-se depois em "Igreja docente" (*docens*) e "Igreja crente" ou "discente" (*discens*)[31]. Dizia Fénelon: "A infalibilidade dos pastores é infalibilidade no decidir, ao passo que a dos povos é só no entender e assentir[32]. Essas categorias irão se tornar comuns, na teologia, até nos catecismos do século XIX.

2. INTERPRETAÇÃO TEOLÓGICA DO CONCÍLIO DE TRENTO

> **INDICAÇÕES BIBLIOGRÁFICAS:** J. R. GEISELMANN, "Das Konzil von Trient über das Verhältnis der Heiligen Schrift und der nicht geschriebenen Traditionen", *Die mündliche Überlieferung,* hrsg von M. Schmaus, München, Kaiser, 1957, pp. 123-232. – Y. CONGAR, *La Tradition et les traditions, op. cit.*, I, pp. 233-270. – H. HOLSTEIN, *La tradition dans l'Église,* Paris, Grasset, 1960; "Les 'deux sources' de la révélation'", *RSR* 57, (1969), pp. 375-434.

---

28. Cf. R. AUBERT, *Le problème de l'acte de foi,* Louvain, Warny, 1945, p. 89.
29. *DS* 2166. Sobre a "lista" de definições pontifícias *ex cathedra,* antes do Vaticano I, cf. a síntese de K. SCHATZ, "Päpstliche Unfehlbarkeit und Geschichte in den Diskussionen des Ersten Vatikanums", obra coletiva, *Dogmengeschichte und katholische Theologie,* Würzburg, Echter, 1985, pp. 186-250.
30. Cf. G. THILS, *op. cit.*
31. Cf. Y. CONGAR, *L'Église de saint Augustin à l'époque moderne,* Cerf, 1970, p. 389; "Bref historique des formes du 'magistère'...", *RSPT* 60, (1976), p. 107.
32. FÉNELON, *Ordonnance et Instruction sur le cas de conscience* (1702), citado por CONGAR, *L'Église de saint Augustin...,* p. 389.

A interpretação oficial e jurídica dos textos do Concílio de Trento foi confiada por Sisto V à Congregação do Concílio. Mas a importância conferida aos textos dogmáticos de Trento, no ensino da teologia, difundiu uma jurisprudência interpretativa que acabou ultrapassando as intenções do Concílio, num movimento bastante oscilatório.

A teologia de controvérsia

A teologia católica fica marcada, então, pela controvérsia com as diferentes formas de protestantismo. *Controvérsia* torna-se um gênero literário cultivado com brilho por Belarmino[33] e, na França, por S. Francisco de Sales[34]. Surgem também as *Defesas da fé católica* e as "*Disputationes*" (F. Suárez), as *Refutações*, as *Confrontações*, as *Antíteses*, as *Respostas* e as *Réplicas à resposta* e até o *Escudo da teologia*[35] e a *Teologia polêmica*. O mesmo espírito permeia os tratados sistemáticos. Essas obras concentram-se nos pontos de divergência com a Reforma, de um lado, a Escritura e as tradições, de outro, a Igreja e os sacramentos, ou seja, o que concerne à visibilidade do corpo eclesial e à autoridade que lhe dá coesão. Autores notáveis distinguiram-se nessa modalidade teológica, que precisa ser diferenciada da polêmica, nos seus melhores representantes. Mas a problemática predominante carece de serenidade, inteiramente voltada ao desejo apologético de mostrar que só a Igreja católica pode alegar a fidelidade apostólica. Nesse contexto é que foram interpretados os documentos do Concílio de Trento.

A interpretação dominante do decreto sobre as Escrituras e as tradições

Pouco depois do Concílio, os polemistas católicos reintroduziram, na interpretação do decreto *Sacrosancta*, a expressão "*partim... partim...*", subtraída no texto conciliar, considerando-a como a única exegese legítima. Contra o "*Scriptura sola*" dos protestantes, afirma-se alto e bom som "Escritura e tradição", alegando-se que Trento, na sua autoridade, ratificara a doutrina das duas fontes da revelação. Esquece-se o desnível estabelecido pelo Concílio entre o Evangelho, fonte única, e seus dois canais de transmissão.

É o que ocorre já com os polemistas do século XVI. Da posição do dominicano M. Cano já falamos[36]. Passa-se o mesmo com os jesuítas. P. Canísio assim escreve no seu catecismo: "Estas são as verdades que fluem necessaria-

---

33. R. BELARMINO, *Disputationes de controversiis*, Veneza, 1596.
34. F. DE SALES, *Les Controverses* (1596), *Oeuvres complètes*, t. IV, Paris, Guyot, 1850.
35. J.-B. GONET, *Le bouclier de la théologie thomiste contre ses nouveaux adversaires*, Bordeaux, 1659.
36. Cf. supra, pp. 137 ss.

mente, como de fonte divina, em parte (*partim*) do símbolo de fé, em parte (*partim*) das Escrituras"[37]. Belarmino também conclui pela insuficiência formal da Escritura e pela complementaridade quantitativa da tradição, embora ressalvando a posição prioritária do Evangelho, afirmada em Trento:

> A Escritura não é regra total de fé, mas parcial. A regra total é a Palavra de Deus ou a revelação feita à Igreja. Ela divide-se em duas regras parciais — a Escritura e a Tradição. Não sendo regra total de fé, mas parcial, a Escritura não mede tudo e dados existem que não se encerram nela[38].

A opinião de Belarmino influenciará sobremaneira a teologia, tornando-se corrente no magistério eclesiástico. O debate contra o *Scriptura sola* do protestantismo contribuiu para essa simplificação do pensamento de Trento, porque esses autores mostram, às vezes, idéias mais desenvolvidas[39]. F. Suarez sustentará também que a tradição constitui, junto com a Escritura, uma "regra de fé infalível". O mesmo afirma o oratoriano Thomassin, no século XVII, para quem os Padres da Igreja representam as testemunhas mais autorizadas das tradições apostólicas. Portanto, tornou-se comum na Igreja essa opinião, presente nos manuais e nos dicionários modernos de teologia, como, por exemplo, no *Dictionnaire de théologie,* de Bergier (1788)[40].

No século XIX, Perrone ensinará o mesmo, no Colégio Romano: "A revelação vem, em parte, nas Escrituras e, em parte, é transmitida por via oral"[41]. Da mesma forma, C. Passaglia e H. Hürter[42] e, no século XX, o Cardeal Billot, acompanhado pelo alemão C. Pesch, em seus manuais de teologia, seguidamente reeditados. Igual conceito permanece nos compêndios de Saint-Sulpice, em L.-F. Brugère e A. Tanqueray[43]. É a proposta dominante até o Concílio Vaticano II. Com o passar do tempo, vai ganhando foros de "fé divina", com o apoio duplo de Trento e do Vaticano I[44]. Por todo esse tempo, as "tradições" de Trento vão se tornando, progressivamente, a "Tradição" apostólica, uma espécie de lugar

---

37. S. PETRI CANISII, *Catechismi latini*, I,1, Roma, PUG, 1933, p. 91, citado por H. HOSLTEIN, *Les 'deux sources' de la révélation, art. cit.*, p. 394.
38. R. BELARMINO, *Do Verbo de Deus*, IV,12. *Opera omnia*, Coloniae Agrippinae, 1620, t. I, 209; citado ib., p. 394.
39. Segundo J. BEUMER, "Die Frage nach Schrift und Tradition bei Robert Bellarmin", *Scholastik*, 34 (1959), pp. 1-22, seriam mais posições de apologistas do que teses.
40. BERGIER, *Dictionnaire de théologie*, N^{elle} éd., Besançon, Outhenin- Chalendre fils, 1841, t. IV, art. "Tradition", 153; H. Holstein, *art. cit.*, p. 397. Esse dicionário foi reeditado muitas vezes e, na Restauração, foi texto básico nos seminários.
41. H.-J. PERRONE, *Prélections de théologie. De la vraie religion*, Roma, 1840, p. 240; citado ib., p. 398.
42. Esses dois autores empregam uma expressão que reaparecerá nos debates do Vaticano II: o depósito da revelação é mais amplo (*latius patet*) que a Escritura; cf. H. HOLSTEIN, ib., p. 398.
43. Cf. H. HOLSTEIN, ib., p. 399.
44. Essa idéia estará no primeiro esquema sobre a revelação do Vaticano II. Cf. infra, pp. 408-409.

abstrato, fonte de argumentos teológicos. Essa Tradição perdeu a representação concreta, singela, mas limitada, de Trento. Continua, porém, a visar um conteúdo: o termo ainda não chega a significar o ato de transmissão viva e global.

Uma contra-corrente minoritária

Essa interpretação predominava, mas sem unanimidade. Persistia o outro modo de pensar. Richard Simon (1638-1722) preconiza a velha perspectiva de Ireneu: "A Escritura, fruto de uma tradição, deve ser lida dentro da tradição e segundo ela interpretada"[45]. Também para Fénelon, a tradição constitui norma de interpretação da Bíblia:

> É por essa palavra não escrita nos livros sagrados que a Igreja há de interpretar a palavra escrita. O sentido próprio e autêntico do texto das Santas Escrituras deve ser determinado pelo sentido próprio, verdadeiro e natural dessa palavra não escrita nos livros santos, que a Igreja jamais deixou de exprimir pela voz dos concílios, dos papas, dos pastores e doutores, desde o tempo dos apóstolos[46].

No século XIX, J. A. Möhler e J. H. Newman são representantes de proa dessa corrente interpretativa, pelo alto nível da sua teologia e pela influência que ela exercerá. Assim escreveu o primeiro:

> Não foram ao fundo da questão os que crêem que *certos pontos* podem ser provados só pela tradição e o resto, pela Escritura. Tudo o que temos, recebemos e conservamos pela tradição [...]. Sem a S. Escritura, vista como a mais antiga encarnação do Evangelho, a doutrina cristã não poderia ter sido preservada em toda a sua pureza e simplicidade [...]. Sem ela, faltaria o primeiro elo da corrente. Esta, sem a Escritura, não teria começo e seria, assim, incompreensível, confusa e caótica. Por outro lado, sem uma tradição regular, não atingiríamos o sentido profundo das Escrituras, porque, sem membros intermediários, não se conseguiria captar a ligação entre elas[47].

Möhler explica muito bem como Escritura e Tradição se complementam qualitativamente. A primeira é necessária para fundamentar nosso conhecimento histórico do acontecimento de Cristo e da sua proclamação pelos discípulos. A segunda representa o veículo não menos necessário da sua transmissão pelos séculos afora. Da idéia de tradição oral Möhler passa à da tradição "viva", ou

---

45. Cf. H. HOLSTEIN, *art. cit.*, p. 404.
46. F. FÉNELON, *Oeuvres complètes*, Paris, Leroux-Gaume, 1850, t. III, p. 592; citado por H. HOLSTEIN, ib., p. 407.
47. J. A. MÖHLER, *L'unité dans l'Église ou le principe du catholicisme*, Paris, Cerf, 1938, pp. 51-52.

seja, da fé concretamente vivida e anunciada pela Igreja, de geração em geração, sempre defendida contra os ataques que a deturpariam.

Ele não põe a questão da superioridade de uma sobre a outra, porque Escritura e tradição existem uma na outra, constituindo um "todo indissolúvel". E também frisa que, sem a tradição, não teríamos a Escritura. Para ele, a noção de tradição passa da idéia de um lugar para a idéia de um meio vivo e vivificante de transmissão do todo.

Newman também, no *Ensaio sobre o desenvolvimento*, ultrapassa o paralelismo das duas fontes, concebendo um desenvolvimento vivo e permanente do dado revelado na Escritura pela própria vida da Igreja:

> É na continuidade de uma leitura eclesial, constantemente retomada, que a Escritura assume todo o seu significado, revelando, por assim dizer, a sua plenitude e a dimensão verdadeira do seu conteúdo revelado[48].

A propósito do cânon 7º sobre o matrimônio

Nos séculos XVII e XVIII, muitos teólogos defenderam o sentido limitado do cânon, dentro do que explicamos páginas atrás[49], porque estavam convencidos de que o Concílio não se referia à prática dos Gregos. Mas, no século XIX, os manuais e as enciclopédias insistiam na idéia de que esse cânon definia a inerrância da Igreja nessa matéria e dava uma definição irreformável da impossibilidade absoluta do divórcio, em caso de adultério. Ora, a intenção do cânon era dizer que a Igreja latina não se desviava do Evangelho nem da tradição apostólica, ao prescrever aquela impossibilidade. Portanto, prescindindo da questão de fundo, não se trata de uma definição dogmática, no sentido moderno da expressão. Essa pequena documentação destaca o movimento progressivo da dogmatização dos dados conciliares de Trento, quando a palavra "dogma" ia se tornando mais precisa. Nesse movimento, os teólogos e os canonistas desempenharam papel relevante, a partir do início do século XIX.

Uma hermenêutica retroativa

Veremos que o conceito de dogma, durante o século XVIII, reduz-se ao que está na revelação e é proposto como tal pela Igreja. Os cânones tridentinos são vistos, então, como "definições", conforme objetivou o Concílio, mas no sentido por ele dado à palavra "dogma". Por isso, a hermenêutica acadêmica dos ma-

---

48. H. HOLSTEIN, *art. cit.*, p. 409. Essa perspectiva reaparece em *Histoire et Dogme*, de M. BLONDEL. Cf. infra, p. 334-336.

49. Cf. supra, p. 134.

nuais de teologia entendeu que os cerca de cento e vinte cânones doutrinais de Trento apresentavam outras tantas definições solenes irreformáveis, como matéria revelada e de fé. Vimos que não era bem assim. Na realidade, a "mentalidade dogmática" é que se transformou numa "inflação dogmática", a cujo serviço Trento virava um autêntico "arsenal".

O *Catecismo Romano,* conhecido como Catecismo do Concílio de Trento, porque compilado em função de um decreto seu, influenciará sobremodo, até 1900, a inserção da teologia conciliar na catequese. Da mesma forma, vários outros catecismos utilizam, no trabalho pastoral, a sistematização desenvolvida pelos manuais de teologia e os ensinamentos do magistério[50]. Sem dúvida, é uma doutrina muito mais bem apresentada aos fiéis do que no passado, mas com o risco de ser intelectual demais, levando a vida cristã a ficar em exterioridades, presa a rituais ou a devoções secundárias.

II. A FÉ ÀS VOLTAS COM A RAZÃO ILUMINISTA

Enquanto a Igreja vivia sua própria reforma institucional e doutrinal, estreitanto a coesão hierárquica, o mundo europeu gozava de considerável evolução intelectual, na seqüência dos diferentes movimentos de Renascimento, iniciados no século XVI. De um lado, as contestações especificamente doutrinais da Reforma nasciam de uma nova consciência. De outro, a divisão religiosa, em curso no Ocidente, favorecia a evolução das consciências rumo a uma liberdade maior e a novas formas de racionalidade. Especialmente na Europa central, os pensadores de origem reformada contribuirão para um impulso bastante novo nos diversos setores da vida social, política e econômica, mas também e de modo muito particular no campo da filosofia e da teologia.

> **INDICAÇÕES BIBLIOGRÁFICAS:** P. HAZARD, *La crise de la conscience européenne (1680-1715),* Paris, Boivin, 1935. — J.-L. BRUCH, *La philosophie religieuse de Kant,* Paris, Aubier, 1968. — A. MATHERON, *Le Christ et le salut des ignorants chez Spinoza,* Aubier, 1971. — S. BRETON, *Spinoza, théologie et politique,* Paris, Desclée, 1977. — F. MARTY, *La naissance de la métaphysique chez Kant. Une étude sur la notion kantienne d'analogie,* Paris, Beauchesne, 1980. — H. D'AVIAU DE TERNAY, *Traces bibliques dans la foi morale chez Kant,* Beauchesne, 1980; *La liberté kantienne. Un impératif d'exode,* Paris, Cerf, 1992. — J. L. MARION, *Sur la théologie blanche de Descartes,* Paris, PUF, 1981. — Collectif, *L'Aufklärung dans la théologie, RSR* 72, (1984), pp. 321-449 et 481-568. — P. VALLIN, "Naissance de l'histoire critique", *Les chrétiens et leur histoire,* Desclée, 1985, pp. 236-250. — H. LAUX, *Imagination et religion chez Spinoza: la potentia dans l'histoire,* Paris,

---

50. Cf. J-C. DHÔTEL, *Les origines du catéchisme moderne,* Paris, Aubier, 1967; E. GERMAIN, *Jésus-Christ dans les catéchismes,* Paris, Desclée, 1986.

Vrin, 1993. — J. GREISCH, *L'âge herméneutique de la raison*, Cerf 1995. — F. LAPLANCHE, *La Bible en France entre mythe et critique (XVIe-XIXe siècles)*, Paris, Albin Michel, 1994.

1. NOVO CONTEXTO CULTURAL

A autonomia da razão no século XVII

Para *René Descartes* (1596-1650)[51], a filosofia desenvolve-se de maneira autônoma em relação à teologia. Não obstante a formação recebida de seus predecessores escolásticos, não aceita ele a filosofia a serviço da teologia e, assim, inaugura a corrente maior da filosofia moderna ocidental. Por outro lado, pelos seus trabalhos de matemática e física, é um dos atores desse novo saber em que desponta o fator mais radical do pensamento moderno. Seu famoso "penso, logo existo" reproduz a clareza e a distinção que conferem certeza às proposições matemáticas. Essa evidência assinala o ponto final da "dúvida" metódica. Aluno dos jesuítas em La Flèche, Descartes, como cristão e católico, pretende fazer da sua filosofia um apoio ao cristianismo. Mas sua espantosa liberdade causa preocupação, dividindo as opiniões dos jesuítas sobre ele. Com a condenação de Galileu, ele resolve não publicar um tratado de física que mencionava a questão do movimento da Terra.

Seu intento era provar, metafisicamente, a existência de Deus, mas de modo novo. Não elabora a demonstração racional de Deus a partir do "corpus" teológico, como fizera S. Tomás. Na linha já seguida por Suárez, essa prova integra um conjunto próprio, onde a regra é a razão, mas não consegue evitar os conflitos com a teologia. De resto, é uma demonstração que parte do livre exame. Essa marca de modernidade terá muitas conseqüências. A obra de Descartes, com ampla repercussão já no seu tempo, desencadeou um movimento que nunca mais cessará.

Nesse mesmo século, nasceu a primeira forma de ateísmo "libertino" e também o deísmo. Pascal, nos seus *Pensamentos*, visa explicitamente, como adversários, os ateus contemporâneos, que o Pe. Mersenne, com exagero, calculava em 50.000, só em Paris, em 1623. Pascal pensa, especialmente, nos deístas que "a religião cristã abomina quase igualmente" e associa "os que caíram no ateísmo ou no deísmo"[52]. Esses últimos representam os apóstolos mais insolentes de uma religião e de uma moral natural indefinidas. Pascal pensa também nos pirrônicos[53], leitores fervorosos dos *Ensaios* de Montaigne, que se professa-

---

51. Agradeço a F. Marty pelas preciosas indicações que me deu sobre Descartes, Spinoza e Kant.
52. Éd. Brunschwicg, n. 556.
53. De Pirro, filósofo grego cético, 365-275 a.C.

vam céticos inteligentes; nos estóicos, de notável influência pela nobreza de seus sentimentos; e, por fim, nos epicuristas. Na verdade, o século XVII assistiu ao aparecimento de muitas correntes religiosas e filosóficas que se distanciavam do catolicismo tradicional.

O deísmo "aceita a existência pessoal de Deus e admite que o mundo, com as leis naturais, foi por ele criado, mas nega qualquer cooperação e intervenção ulterior de Deus na sua criação (e, sobretudo, qualquer revelação sobrenatural)"[54]. Desse modo, o deísmo professa uma religião filosófica e natural, que acredita na existência do "ser supremo", ou "do grande relojoeiro do mundo" e na imortalidade da alma, mas rejeita toda revelação sobrenatural e toda providência divina. Ele já grassava na alta sociedade do século XVII, mas a grande onda deísta se estende pela Europa a partir da Inglaterra, com enorme repercussão na França, a partir de 1735, com Voltaire, seu representante principal, junto com Diderot e J. J. Rousseau.

Contra a idéia cristã de revelação, cite-se também nesse século *Baruch Spinoza* (1632-1677), defensor aguerrido da independência e autonomia entre teologia e filosofia. "Entre elas não há nenhum intercâmbio, nenhum parentesco"[55]. O tema da revelação ele focaliza a partir da *profecia*, a palavra recebida pelo profeta como palavra de Deus, a ser acatada pela fé. Porém, se é verdade que o entendimento humano não é senão um modo da inteligência divina, todo conhecimento, inclusive o natural, deve ser considerado revelação[56]. Daí por que a relação do spinozismo com a revelação bíblica pôde ser entendida como uma redução racionalista.

Nessa mesma direção, Spinoza critica a noção de "povo eleito" e de "aliança histórica". Não pode um Deus imanente à Natureza (*Deus sive Natura*) conceder privilégios a uns em detrimento de outros. Um povo só pode ter vantagens "naturais" sobre outros. Quanto ao milagre, cumpre reconhecer que Spinoza não aceita defini-lo como simples "derrogação das leis da natureza", porque Deus não pode contrariar as leis naturais ou, por outras palavras, contrariar, segundo ele, sua própria essência. Spinoza reduz o milagre a um acontecimento cuja origem foge à explicação comum. Caso um milagre da Escritura "apareça" em contradição absoluta com as leis naturais, é preciso dizer que foi inserido no texto por pessoas sacrílegas. No fundo, o milagre é um problema filosófico a ser perscrutado pela ciência[57].

Em nome da filosofia, Spinoza também não reconhece a noção de "mistério". O enunciado de um mistério só pode ser palavra de autômato ou de um

---

54. K. RAHNER e H. VORGRIMLER, *Petit dictionnaire de théologie catholique*, Paris, Seuil, 1970, p. 115.

55. Cf. SPINOZA, *Traité théologico-politique*, c. XIV; Ch. APPUHN, *Oeuvres*, Paris, Garnier-Flammarion, 1965, II, p. 246.

56. Ib., cap. I; p. 31.

57. Ib., cap. VI; pp. 119-120, 128 e 132.

papagaio, pois se a única faculdade do conhecer humano não pode entender o mistério, ele não representa uma realidade conhecida e nada significa para a mente. Não pode ser conhecido o que o espírito não recebe ativamente. E é isso o mistério, já que não nasce de princípios da razão. Mistério, portanto, é algo sem sentido, e a revelação, algo impossível. O próprio Deus não pode ser compreendido, porque, por definição, a essência do mistério seria incompreensível. Mas é possível apelar para outra luz, a *imaginação*. Na revelação profética, ela é que entra em cena, ao passo que a "revelação natural" fica por conta da inteligência. Ora, a imaginação, presa às impressões sensíveis, não age mediante "idéias adequadas". É flutuante. É na correção do seu ensinamento e na vida íntegra do profeta que se apóia o valor da revelação. Daí resulta um princípio hermenêutico que já ilumina, há um século, a exegese moderna. Deve-se ler e explicar a Escritura por ela mesma, tomando-a "na sua história sincera". Permanecerão dúvidas e incertezas sobre autores, alterações do texto, narrativas em geral miraculosas. Mas o essencial dessa revelação pode ser claramente entendido, pois se trata da apresentação dos *atributos imitáveis de Deus, que são justiça e caridade*, o que vem a culminar num "Credo mínimo", cujas sete proposições constituem o arcabouço especulativo da religião[58].

Spinoza reputa esse método conforme ao conhecimento da natureza, porque sempre começa por estabelecer os fatos de ordem "histórica"[59]. Mas esse método "natural" também faz justiça à *natureza do texto bíblico* e lhe possibilita bons resultados. Essa natureza torna-o um caminho para a *salvação dos ignorantes*. Seu valor imaginativo não apenas o faz mais acessível como também o envolve com as *paixões*, donde Spinoza ressalta seu aspecto político. Ao invés de deixar as paixões soltas, ele as controla, orientando o comportamento na direção da justiça e da caridade. Induz a tansição de uma religião servil para uma *religião liberada*. Se é verdade que o "Credo mínimo" revelado pode ser conhecido também pela simples razão, é só pela revelação que ficamos sabendo da *existência de uma via de salvação para os ignorantes* e isso é que importa para o filósofo. Se, afinal, a revelação pode ser caminho de salvação, isso se deve à grandeza de dois personagens principais, a saber, Moisés, que conversava *face a face* com Deus, e Jesus, que se comunicava de "espírito a espírito" (*de mente ad mentem*), no mais alto nível de conhecimento[60].

Para Spinoza, a imanência divina na natureza era verdade assentada "*more geometrico*". À luz desse axioma, ele repele vigorosamente a idéia de revelação sobrenatural propriamente dita. Do mesmo modo, a proposta de encarnação, professada por "certas Igrejas", não lhe "parece menos absurda que a de um círculo quadrado". O que aceita é a idéia "do filho eterno de Deus, a eterna

---

58. Ib., cap. XIV; pp. 243-247.
59. Ib. cap. VII; pp. 137-138.
60. Ib., cap. I; p. 37.

sabedoria, que se manifesta em todas coisas, sobretudo na alma humana e, mais ainda, em Jesus Cristo"[61]. Toda essa contestação do dogma cristão se acentuará radicalmente, no século XVIII.

O século XVIII, século das Luzes (Aufklärung)

O final do século XVII caracterizou-se, nas palavras de Paul Hazard, pela "crise da consciência européia". Na verdade, a virada cultural desse século marcante para o das Luzes vinha de mais longe. Em 1680, os principais temas do século já tinham sido expressos. Essa crise de consciência constitui uma fase cultural importante entre o Renascimento e a Revolução Francesa. Da aparente estabilidade passa-se à mudança, especialmente, no mundo das idéias. Todos os grandes problemas humanos despontam nesse quadro crítico: "A razão não é mais a sabedoria do equilíbrio, mas a ousadia crítica"[62]. E a influência desse clima sobre a fé cristã mostrou-se muito forte.

O século XVIII é chamado de século das *Luzes*. Ora, entre a idéia de *Aufklärung*, "esclarecimento", e a de "revelação" ocorre uma afinidade semântica que fomentará o confronto de razão e fé. Com efeito, a revelação divina se apresenta como a *"Aufklärung"* do homem, a verdadeira iluminação capaz de fazê-lo entender a si próprio, cabalmente. As Luzes, por seu turno, preconizam o poder esclarecedor da razão humana, para encontrar as verdades últimas sobre Deus, o mundo e o próprio ser humano.

> O Iluminismo, escreveu Kant, significa para o ser humano a emancipação da minoridade em que jaz por deficiência própria. A minoridade é a incapacidade de usar o próprio entendimento, sem ser dirigido de outrem. Provém de falha pessoal nossa, quando resulta não de uma falta de entendimento, mas da falta de coragem de mobilizá-la sem ser dirigido por outra pessoa. *Sapere aude!* Tenha a coragem de usar o próprio entendimento! Esse é o lema das Luzes[63].

Essa definição do Iluminismo foi vista como a reivindicação de uma autonomia absoluta da razão perante todo e qualquer tipo de dependência. Antes de mais nada, do magistério eclesiástico. Kant inclui também a independência em face de conselheiros, professores e médicos. Mas o alvo verdadeiro do filósofo são os políticos, cúmplices na repulsa ao jugo clerical, mas beneficiários da mesma lógica. Vale ressaltar que, para Kant, razão quer dizer *razão crítica*, ou seja, a razão voltada, sobretudo, para a determinação dos *limites do exercício do*

---

61. Carta 73 a Oldenburg; IV, p. 308.
62. Ib., VI.
63. E. KANT, *Réponse à la question: qu'est-ce que les Lumières?*, Oeuvres philosophiques, II, Paris, Pleiade, 1985, p. 209.

seu poder. O texto esmerado dessa definição do Iluminismo fê-la esquecida. Contra ela e não por acaso, a Igreja formulará, progressivamente, seu conceito de magistério.

A religião nos limites da simples razão

Passo a passo, a filosofia foi buscando constituir a metafísica como ciência, na esteira aberta, no século XIII, pela teologia e, primeiramente, por Tomás de Aquino, que a esta outorgara o perfil científico, à luz do *Organon* de Aristóteles.

Aí começa a crítica de *Emmanuel Kant* (1724-1804), procurando conhecer os *limites do legítimo exercício da razão*. Se se reservar o termo *conhecer* a esse procedimento bem sucedido na física de Newton, paradigma de ciência moderna para Kant, cumpre afirmar que a metafísica, com suas três questões fundamentais — eu, o mundo e Deus — não pode ser definida como ciência. De maneira muito particular, não podem satisfazer às suas exigências *as provas da existência de Deus*. E ainda é preciso poder *pensar* o que não se pode *conhecer*. Esse "pensamento" que chega até o *incondicionado* dá nos velhos caminhos da *analogia*, quando quer se exprimir[64]. Fica, assim, preparado o terreno para as exigências da *razão prática*, onde a *liberdade* se revela a chave de toda a construção crítica[65]. Para ser totalmente compreendido, o agir moral "postula" a imortalidade da alma e a existência de Deus, objeto de uma *fé da razão*, dado por demais esquecido quando se quer opor fé e razão em Kant. Vem daí a sua noção de *religião*, a saber, a observância de todos os nossos deveres (de acordo com o imperativo categórico), como mandamentos divinos[66].

Nesse ponto, surgem duas leituras possíveis. Uma, de maior repercussão, estima que Kant pratica o reducionismo racionalista da religião à moral. Por isso, o título do livro de 1793 — *A religião nos limites da simples razão* — deve ser lido como o enunciado do único conceito possível de religião. A outra leitura segue caminho inverso, achando que só se respeita suficientemente a lei moral quando ela não é reconhecida como mandamento divino. Se Kant sustenta firmemente que a obrigação moral tem caráter absoluto, sem carecer de base teológica — de sorte que o ateu não pode alegar seu ateísmo para fugir à lei moral — a capacidade de transformação da pessoa e do seu mundo, inscrita na liberdade, só poderá se tornar real se Deus, por uma espécie de "justificação forense"[67] levar à perfeição o que é sempre imperfeito. Nessa perspectiva, a

---

64. E. KANT, *Critique de la raison pure*, Pléiade I, pp. 1285-1289.
65. Idem, *Critique de la raison pratique*, Pléiade II, p. 610.
66. Ib., p. 765.
67. Ib., p. 759.

Crítica da faculdade de julgar (de Kant) chegará até a falar em "prova moral" da existência de Deus[68].

Quanto à obra *A religião nos limites da simples razão*, ela faz parte da tarefa crítica que explora os limites da razão humana. Podem ser destacados três pontos. Primeiro, o *mal radical da natureza humana*, que escandalizou os iluministas, porque volta à doutrina do pecado original, ao dizer que a humanidade, historicamente, está sujeita à escolha do mal como que pela própria natureza. O segundo ponto diz respeito a Jesus Cristo, apontado como modelo do homem agradável a Deus, seja pela sabedoria dos seus ensinamentos, seja pela santidade de vida, especialmente manifestada na sua paixão. O terceiro é a Igreja, envolvida, indiretamente, no mal radical, porque todo indivíduo vive em sociedade. Importa que a lei da sociedade seja como tal uma lei de liberdade, o que somente é possível se ela se constituir sob legisladores que imponham uma lei de liberdade que não a cerceie, isto é, como povo de Deus sob uma legislação moral, que é uma Igreja[69].

Tudo isso só vale "do ponto de vista prático", em vista desse pensamento "portador de uma liberdade". Kant, porém, descarta a certeza dogmática, apoiada em deduções especulativas. Sua posição crítica, contrária a toda construção teórica, ia bem ao encontro dos que o acusavam de rejeitar totalmente a teologia.

A obra de Kant levanta enormes problemas para uma religião que se declara "revelada" e cujo envolvimento compreende o apelo à autoridade. Já no protestantismo, onde nascera, encontrou ele esse problema. Do lado católico, prevalecerão sobretudo as questões do conhecimento de Deus e da revelação "sobrenatural. São pontos fundamentais, enquanto condicionantes básicos do edifício doutrinal cristão. Questões que definirão o rumo da teologia católica e do nascimento da apologética clássica.

A filosofia das Luzes não se limita a Kant. Poderiam ser lembrados muitos filósofos alemães e, na França, em nível especulativo inferior, Voltaire e Rousseau, bem como os empiristas ingleses, como Hume ou mesmo Newton. Mas o exposto até aqui basta para mostrar que tipo de contestação irá, doravante, enfrentar o discurso católico da fé, muito mais sensível, num primeiro momento, aos aspectos de negação do que à dimensão nova das questões apresentadas.

Do Iluminismo à morte de Deus, no século XIX

O século XVIII desemboca na Revolução Francesa, durante a qual se cristalizam todas as reivindicações da época, particularmente a liberdade, cuja ideologia marcará os debates intelectuais do século XIX. Sabemos com que firmeza a Igreja reagiu, então, e opôs-se ao que ela considerava uma ideologia atéia, perigosa para a religião e a sociedade.

---

68. *Critique de la faculté de juger*, Pléiade II, pp. 1253 s.
69. *A religião nos limites da simples razão*, Pléiade III, pp. 119-121.

O ateísmo, dissimulado pelo deísmo do século XVIII, tornar-se-á mais e mais virulento ao longo do século XIX. Nesse tempo de transição de um século para outro, um texto famoso de Jean Paul (Richter), divulgado na França pela tradução de Mme de Staël, já anunciava ao Cristo a morte de Deus. Jean Paul imagina-se num cemitério, presenciando a dança de "lívidas sombras" que se erguem das tumbas e tomam a igreja próxima, num clima de apocalipse. E Cristo aparece aos mortos:

> Baixou dos altos céus sobre o altar uma figura radiante, nobre, alta, com marcas de imortal grandeza. E os mortos bradaram: — Não existe mais Deus? Ele respondeu: — Não mais! [...] Percorri os mundos, sobrepairei aos sóis e por lá também não encontrei a Deus. Desci aos últimos limites do universo, perscrutei os abismos e perguntei aos gritos: — Pai, onde estás? E só ouvi a chuva caindo, gota a gota, nas profundezas, tendo por única resposta uma eterna e incontrolável tempestade. Depois, alçando os olhos para a abóbada celeste, nada encontrei lá senão o espaço vazio, negro e insondável[70].

Nessas palavras de Jean Paul perpassa um pesadelo e uma vertigem. Ao longo do século XIX, o ateísmo se transformará em nova profissão de fé, desenvolvendo-se entre os chamados "mestres da suspeita" desse tempo: Marx, Nietzsche, Freud e muitos outros. Distingue-os todos um traço comum: para eles, a idéia de Deus nada mais é que a projeção do mundo absoluto e ideal de valores que o ser humano procura e não consegue alcançar na sua vida. Para suportar a existência, ele se aliena num Deus criado por ele próprio. Urge, pois, libertá-lo dessa ilusão. E que aprenda a construir o seu mundo, por suas próprias forças. Nos lábios de Nietzsche essa é uma proclamação de felicidade, o evangelho dos tempos modernos. A apologética cristã, edificada na perspectiva do anti-deísmo, vai custar a enfrentar essa nova contestação. Só no século seguinte conseguirá atinar com a presença do ateísmo na cultura contemporânea.

Por fim, destaquemos também, na transição do século XVIII para o século XIX, o fenômeno da primeira "historicização da razão", engendrada mediante a releitura da Revolução Francesa pelo Kant da terceira crítica e por Hegel, numa época em que a razão iluminista era a-histórica, como o próprio dogma. Notável influência, aliás, terá Hegel, até o Vaticano I, na teologia do século XIX, sobretudo a partir das duas escolas de Tübingen, também pelo seu conceito de auto-revelação.

---

70. Jean Paul RICHTER, *Siebenkäs* (1795), "Premier morceau floral", traduzido por Mme de Staël, em *De l'Allemagne*, t. 2, Flammarion, sd, p. 71.

2. CIÊNCIA TEOLÓGICA E APOLOGÉTICA NA MODERNIDADE

INDICAÇÕES BIBLIOGRÁFICAS: R. LATOURELLE, *L'homme et ses problèmes dans la lumière du Christ*, Paris/Desclée et Montréal/Bellarmin, 1981. — H. BOUILLARD, *Vérité du christianisme*, Paris, DDB, 1989, pp. 131-147. — F. LAPLANCHE, *L'évidence du Dieu chrétien. Religion, culture et société dans l'apologétique protestante de la France classique (1576-1670)*, Strasbourg, Fac. de Th. protestante, 1983.

É inegável o desnível entre essa evolução cultural e a série de intervenções dogmáticas, na Igreja pós-tridentina. Na verdade, só no século XIX o magistério tomou séria consciência dos questionamentos da modernidade. Nesse mesmo período, porém, a teologia, não contente com elaborar tratados clássicos e travar debates com o protestantismo, abre duas frentes de enorme repercussão na reflexão dogmática futura: a tendência "científica" e a tendência "apologética".

"Exegese" e teologia positiva

A tendência "científica" constitui a segunda guinada rumo à teologia como ciência, depois da ocorrida no século XIII. Mas o conceito de ciência mudou de significado, não visando mais ao conhecimento metafísico, a partir das causas. Agora, volta-se às ciências positivas, particularmente a filologia e a história. No século XVII, a *lectio* da Escritura, isto é, a sua explicação doutrinária, começa com Richard Simon a considerar os problemas histórico-críticos, tornando-se, pouco a pouco, "exegese", no sentido moderno. Esse processo, na realidade, será longo e aceito com cautela nas Faculdades e seminários católicos. Advirão daí discussões terríveis, no fim do século XIX e início do século XX, da encíclica *Providentissimus* à crise modernista[71]. Mas nada o deterá.

Assiste-se, igualmente, ao crescimento da teologia positiva, cujo conceito figurava já no século XVI[72]. Ela representa também erudição e pesquisa histórico-crítica, como se vê na obra do jesuíta Denis Petau (1583-1652), cuja influência chegará até a escola de Tübingen, Newman e a escola romana; de Louis Le Nain de Tillemont (1637-1698), com seus quinze volumes de *Mémoires pour servir à l'histoire ecclésiastique des six premiers siècles*[73]; do oratoriano Louis Thomassin (1619-1695), com seus *Dogmes théologiques*; do beneditino Jean Mabillon (1632-1707), notável colecionador de manuscritos, para citar apenas alguns nomes mais ilustres. Os beneditinos mauristas dos séculos XVII e XVIII publicarão grandes edições críticas dos Padres da Igreja, especialmente de Santo

---

71. Cf. infra, pp. 281-295 e 317-330.
72. Inácio de Loyola menciona a teologia positiva ao lado da escolástica, em seus *Exercícios Espirituais* (Regra 11 para sentir com a Igreja nº 363).
73. Editados de 1693 a 1712.

Agostinho, até hoje muito acatadas, pelo menos algumas delas. Impressionante a sua erudição filológica. No ensino, ganham amplo espaço as argumentações históricas. Os jesuítas escrevem apoiados na melhor interpretação de Agostinho e nos Padres gregos. Mas a mentalidade crítica também levou ao ceticismo (Pierre Bayle, 1647-1706) ou a uma erudição de incorrigível poder crítico (o jesuíta Hardouin, 1646-1729)[74]. Esse desenvolvimento da teologia positiva revela um primeiro desvio do ensino clássico da escolástica e está na origem da disciplina *História dos Dogmas*, no final do século XIX, para desembocar, mais tarde, no problema doutrinário da "evolução dos dogmas".

A apologética dos "pensamentos" de Pascal

A segunda tendência, relacionada com o surgimento da apologética, representa a primeira reação doutrinária às questões postas pela autonomia aquirida pela razão. Essa apologética reserva considerável espaço às provas da existência de Deus e da revelação. Nesse aspecto, Pascal merece referência especial.

Os *Pensamentos*, publicados em 1670, não constituem um manual escolar, mas uma grande obra inacabada, que se sobreleva não só pela qualidade literária, mas também pela originalidade e modernidade. Partindo do homem, do seu mistério e da sua ânsia de felicidade, institui uma antropologia. Pascal quer decodificar a condição humana. Sua obra está construída sobre o paradoxo do homem: miséria-grandeza, finito-infinito, tempo-eternidade, carne-espírito. Em Cristo é que esse paradoxo granjeia sentido. Sem ele, o homem não será capaz de se decifrar a si mesmo:

> Conhecei, pois, soberbo, que paradoxo sois em vós mesmo. Humilhai-vos, razão impotente; calai-vos, natureza imbecil; aprendei que o homem ultrapassa infinitamente o homem e ouvi do vosso senhor a vossa condição verdadeira, que ignorais. Escutai a Deus[75].

Essa apologia visa ao homem todo: à razão e ao coração, ou seja, à liberdade como também à graça. Antecipa, assim, de certa forma, o "método da imanência" de Blondel: faz o homem perceber que o seu desejo é necessário e, ao mesmo tempo, irrealizável. Evita cair na racionalidade fria e na "zombaria para os infiéis". É mais uma apologia de sinais do que de provas, que não deixa a demonstração da verdade do cristianismo fora do seu conteúdo. Anima-a um forte senso de fé e torna o cristianismo desejável.

---

74. Por isso, os questionamentos da crítica histórica provocaram o fideísmo dos ultramontanos e a tendência de absolutizar o magistério.

75. PASCAL, *Pensées*, Lafuma 131, Brunschwicg, 434. M. Blondel desenvolverá algumas intuições de Pascal.

Genealogia da apologética clássica

A apologética clássica da Idade Moderna nasceu no final do século XVI, buscando defender a fé cristã contra as contestações da modernidade iniciante e que, no correr do tempo, iam se tornando sempre mais radicais. Protestantes e católicos, solidamente instalados na teologia da controvérsia que os opunha, encontram aí uma espécie de frente comum de combate aos não-crentes, máxime os deístas, alvo primeiro do seu esforço apologético. Seus tratados "sobre a verdadeira religião" assumem e reproduzem, basicamente, o mesmo plano.

"O primeiro tratado é do protestante *Hugo Grotius* — *Da verdade da religião cristã* — em 1627[76], protótipo dos tratados posteriores. Demonstra a existência de Deus e sua providência e a imortalidade da alma. Mostra, depois, que Jesus Cristo, o enviado de Deus, fundou a verdadeira religião. Por fim, define a autoridade ou a veracidade dos livros do Novo Testamento. Não justifica, porém, a religião natural nem usa o termo "revelação".

Jacques Abbadie (protestante francês) publica, em 1684, em Roterdã, o *Tratado da verdade da religião cristã*, muito admirado por Mme de Sévigné. É um livro que, no século XVIII, foi mais divulgado que os *Pensamentos* de Pascal. Provada a existência de Deus, o autor "estabelece, contra os chamados deístas, a verdade e a necessidade da religião"[77]. Prova ainda a necessidade de uma religião natural, que nos dá as primeiras noções sobre Deus, como também o sentido da obrigação moral. Como, porém, essa religião natural se corrompeu no paganismo, o autor propõe "a necessidade de uma revelação acrescentada à natureza". Ele a localiza na lei de Moisés, caminho para a aceitação de Jesus como o Messias prometido. Portanto, a religião cristã é a verdadeira religião. Prevalecerá por muito tempo esse raciocínio:

> Trata-se de assumir (corrigindo-a, quando preciso) a idéia de 'religião natural' ressaltada pelos deístas e, depois, mostrar a necessidade de uma 'revelação acrescentada à natureza', para, finalmente, concluir que a religião cristã nos oferece essa 'revelação'[78].

Os tratados apologéticos posteriores responderão sempre ao desafio lançado pelos deístas. *Samuel Clarke* (pastor anglicano unitarista) adotou o plano de Abbadie, em seus sermões na igreja de S. Paulo, em Londres, em 1704-1705[79].

---

76. H. G. GROTIUS, *De la verité de la religion chrétienne*, 1627, trad. em *Démonstrations évangéliques*, Migne II, Paris 1843, 993-1122. Inspiro-me nestes parágrafos em H. BOUILLARD, em *Vérité du christianisme*.

77. *Traité de la vérité de la religion chrétienne* (sem nome do autor), Rotterdan, 1684, 1re partie, pp. 152-228.

78. H. BOUILLARD, *op. cit.*, p. 135.

79. Samuel CLARKE, *Discours concernant l'être et les attributs de Dieu, les obligations de la religion naturelle, la vérité et la certitude de la religion chrétienne*, cf. *Démonstrations évangéliques*, t. 5, 947-1037 e 1069-1283.

O mesmo esquema usa-se em Paris, do lado católico, com *Luc-Joseph Hooke*[80], autor irlandês cuja obra abrange três volumes. O primeiro, trata da religião natural, ou seja, do "conjunto de todos os deveres para com Deus, para consigo mesmo e para com os outros, enquanto conhecidos e deduzidos pela razão"[81]. É uma teologia natural, com elementos éticos, mas que ataca os deístas, expondo-lhes a possibilidade, a utilidade e a necessidade da revelação, visível nos milagres e nas profecias. O segundo volume estabelece "a origem e a natureza divina da revelação judaica e cristã". E o terceiro versa sobre a Igreja e os princípios da fé católica. Nessa obra temos "a primeira suma católica sobre o tema da revelação"[82].

Na seqüência dessa evolução, as provas da existência de Deus e da sua providência e da imortalidade da alma acabam migrando do contexto teológico para o da filosofia, como nos manuais de I. Neubauer e Louis Bailly[83] e no de F. L. B. Liebermann[84], no começo do século XIX. Essa estruturação da apologética permanecerá até 1940, aproximadamente.

Essa apologética clássica, analisada internamente, caracteriza-se, segundo H. Bouillard, por três pontos principais. Primeiramente, dirige-se contra o deísmo, esquecendo que ele é decorrência ou resíduo laicizado do cristianismo. Depois, opera a separação do sentido e do fato (com exceção de Pascal), achando que se pode afirmar o fato da revelação independente do seu sentido e apresentar provas por argumentos externos. Não se preocupa em explicitar que a revelação de Deus responde às expectativas profundas da humanidade e que a inteligibilidade da mensagem cristã não interfere na sua legitimação. Essa problemática provém do dualismo do sistema que fala em "natureza pura" e em "ordem sobrenatural acrescentada". Por fim, essa apologética clássica envolve uma visão "autoritária" da fé, imposta "por causa da autoridade do Deus que se revela".

A apologética romântica

O Romantismo, nas suas diferentes versões, reagiu contra o frio intelectualismo das Luzes. No campo da apologética literária, destaca-se Chateaubriand, com *O Gênio do Cristianismo*[85], cujo primeiro título era bastante elucidativo: "Belezas poéticas e morais da religião cristã e sua superioridade sobre todos os

---

80. *Princípios da religião natural e revelada* (publicado em latim), Paris, 1754.
81. Ib., 2ᵉ éd. 1774, I, p. 1; cf. H. BOUILLARD, *op. cit.*, p. 137.
82. H. BOUILLARD, ib.
83. O primeiro no vol. 2º da Teologia de Würzburg e o segundo no *Tratado da verdadeira religião para uso dos estudantes de teologia* (escrito em latim), Dijon, 1771.
84. F. L. B. LIEBERMANN, *Instructions théologiques*, Mainz, 1819, de enorme influência nos seminários.
85. F. R. De CHATEAUBRIAND, *Le génie du christianisme*, 1802.

outros cultos da terra". Trata-se de uma apologética do sentimento, uma "poética do cristianismo" e uma "teologia estética", oposta à filosofia de Voltaire, para valorizar o sentimento religioso e "tocar o coração". Obra única dentro da apologética clássica[86], obteve muito êxito no seu tempo, mas tem pouco vigor argumentativo.

Em nível propriamente teológico, a escola de Tübingen, na primeira metade do século XIX, consegue autêntica renovação, com o livro original de Jean-Sébastien Drey (1777-1853)[87], que segue o esquema clássico, mas integrando dados da crítica de Kant e do idealismo alemão, contestando também a separação vigente entre naturalismo e sobrenaturalismo. Por outro lado, não deixa de confessar que a apologética não conseguira ainda identificar-se com clareza, numa autodefinição universalmente aceita[88].

O desenvolvimento da apologética clássica constitui, antes de mais nada, uma reação da teologia como tal e não penetra o campo do dogma. Mas esses temas indicam as preocupações doutrinárias doravante presentes. Estas atravessarão o século XIX, até adquirirem decisões dogmáticas, no Concílio Vaticano I: a prova racional da existência de Deus, como necessária aos preâmbulos da fé; a questão da racionalidade da revelação de Deus à humanidade e, finalmente, o problema da legitimidade antropológica do ato de fé. Incumbe-nos, então, repassar, brevemente, esses temas, no período que estamos estudando.

3. TEOLOGIA NATURAL E REVELAÇÃO SOBRENATURAL

> **INDICAÇÕES BIBLIOGRÁFICAS:** E. SCHILLEBEECKX, *Révélation et théologie*, Bruxelles, Cep, 1965. — R. LATOURELLE, *Théologie de la révélation*, Bruges/Paris, DDB, 1966[2]. — H. WALDENFELS, *Offenbarung*, München, Kaiser, 1969. — Collectif, *La révélation*, Bruxelles, Fac. Univ. St Louis, 1977. — P. EICHER, *Offenbarung. Prinzip neuzeitlicher Theologie*, München, Kaiser, 1977. — W. KASPER, *Le Dieu des chrétiens*, Paris, Cerf, 1985. — J. GREISCH, "La philosophie de la religion devant le fait chrétien", collectif, *Intr. à l'étude de la théologie* I, Paris, Desclée, 1991, pp. 243-514. — J. DORÉ, "La révélation", *ibid.*, II, 1992, pp. 285-337.

Desde Santo Anselmo, sentia-se, na escolástica medieval, o empenho por apresentar provas da existência de Deus. Essa reflexão, porém, enquadrava-se num projeto estritamente teológico. Essas provas integravam o tratado sobre "Deus uno", que reunia todos os elementos da revelação bíblica, antes de propor o mistério da Trindade. Eram provas herdadas também da filosofia grega,

---

86. Cf. a análise de H. URS VON BALTHASAR, em *La Gloire et la Croix*, t. 1, Paris, Aubier, 1965, pp. 75-78.
87. J.-S. DREY, *L'Apologétique comme démonstration scietifique de la divinité du christianisme en son apparition*, 3 vol., Mainz, 1838-1847.
88. Cf. H. BOUILLARD, *op. cit.*, pp. 142 e 152.

especialmente de Aristóteles. E não representavam nenhuma dúvida cultural sobre a existência de Deus.

Com a Reforma, veio a mudança. Desconfiando do alcance da razão humana, os reformadores lhe questionam a capacidade de conhecer a Deus por ela mesma, sem a revelação cristã. Os homens fazem de Deus um ídolo, uma concretização dos seus desejos. É verdade que a ortodoxia protestante do século XVII preservou, de certa forma, a teologia natural, até o Iluminismo. No século XVIII, porém, dá-se uma guinada. Percebendo as reivindicações e objeções dessa corrente filosófica, muitos autores protestantes viram nela confirmada a intuição dos primeiros reformadores e partiram para uma crítica profunda da teologia natural. Essa, aliás, é uma questão debatida, até hoje, entre teólogos católicos e protestantes.

Os católicos querem manter a teologia natural ao lado da teologia revelada, porque distinguem a "natureza" do "sobrenatural", mas não os contrapõem. Questionados, porém, acabam separando os dois níveis. De um lado, esquecem que a revelação trinitária renova por completo o conhecimento natural de Deus e, de outro, fazem concessões ao deísmo[89]. Essa separação, presente sempre mais nas especificações dos tratados e das disciplinas, influenciará, por certo, na evolução do problema de Deus no Ocidente, até os nossos dias.

O fato da revelação de Deus aos homens ainda não havia sido contestado. Nem mesmo esse conceito tinha prioridade nessas reflexões. Falava-se antes do "Evangelho de Jesus Cristo", do "Evangelho da salvação" e da "Palavra de Deus". O próprio Concílio de Trento, no decreto *Sacrosancta*, fala do Evangelho. O Vaticano I, porém, na própria referência que faz de Trento, irá substituir o tema Evangelho por revelação[90]. Pela primeira vez, essa palavra passa a integrar o vocabulário do magistério, como resultado de todo o itinerário anterior, que transformara o conceito de revelação no ponto focal da reflexão teológica.

Na verdade, reagindo à recusa cultural de todo conhecimento "sobrenatural", a teologia moderna valorizou mais a noção de "revelação sobrenatural". Veio procurando demonstrar a possibilidade da revelação, argumentando que ela não "repugna" à razão, nem da parte de Deus nem da parte dos homens e encareceu a sua necessidade, porque são inacessíveis os mistérios sobrenaturais e divinos e, por outro lado, porque somos pecadores. E expôs, a seguir, as formas de sua transmissão, nas Escrituras e na tradição da Igreja.

O esquema clássico, consagrado pela escolástica da época, distinguia três tempos: 1. Antes do pecado, Adão recebeu uma revelação primitiva natural e sobrenatural. 2. Depois do pecado, a revelação natural permanece, invisível, na pré-compreensão da consciência, mas a revelação primitiva sobrenatural não

---

89. Cf. a tese de W. KASPER, *Le Dieu des chrétiens*, Cerf, 1985, p. 7: "a resposta à questão moderna de Deus e à situação do ateísmo moderno não pode ser senão o Deus de Jesus Cristo, a confissão trinitária".

90. Cf. infra, p. 228.

termina; fica sempre potencialmente ativa nos povos, embora tenda a declinar. Essas duas formas de revelação perduram, visivelmente, na história das religiões, ainda que obscurecidas pelo pecado. 3. Com o Antigo e o Novo Testamento, a revelação propriamente sobrenatural retoma seu curso, atingindo a plenitude em Jesus e é conservada pela Igreja. Por esse esquema define-se a distinção abstrata entre natureza e sobrenatural, como dois regimes existenciais concretos.

4. A DOUTRINA DO ATO DE FÉ

INDICAÇÕES BIBLIOGRÁFICAS: R. AUBERT, *Le problème de l'acte de foi. Donées traditionnelles et résultats des controverses récentes*, Louvain, Warny, 1945. — E. HOCEDEZ, *Histoire de la théologie au XIXe siècle*, 3 vol., Bruxelles/ Editions Universelles, Paris/DDB, 1947, 1952, 1949. — L. FOUCHER, *La philosophie catholique en France au XIXe siècle avant la renaissance thomiste et dans son rapport avec elle (1800-1880)*, Paris, Vrin, 1955. — P. POUPARD, *Journal romain de l'abbé Louis Bautain (1838)*, Roma, Éd. di storia e letteratura, 1964. — E. HEGEL, *Georg Hermes: 150 Jahre Rheinische Fr.-Wilhelms-Univ. zu Bonn*, 1968, pp. 13-25. — K. H. MINZ, *Pleroma Trinitatis. Die Trinitätstheologie bei Matthias Joseph Scheeben*, Frankfurt, Lang, 1982 [pp. 219-258 consagradas a Günther].

O Concílio de Trento abordara o tema da fé no contexto da justificação[91] e não o focalizou pelo seu conteúdo (*fides quae*), mas pelo ângulo dos seus atos (*fides qua*), antes da justificação, e pelo ângulo da sua virtude, quando esta se realiza. O lado subjetivo da fé constituía já objeto de uma reflexão nova, sobretudo porque, em face de certas afirmações luteranas, o Concílio se pronunciara sobre o delicado problema da "certeza da fé"[92].

Contudo, o enfoque da subjetividade da fé não estava ainda plenamente efetuado, pois não se analisara ainda a natureza antropológica do ato de fé, o que acontecerá do século XVII ao século XIX, num contexto de oposição entre fé e razão. Caberá à teologia justificar, racionalmente, um ato de fé que procura abraçar o que ultrapassa os dados da razão e, por outro lado, se choca contra a dupla afirmação, aparentemente antinômica, de que ele é, ao mesmo tempo, certo e livre.

Teses laxistas sobre o ato de fé

Em 1679, o papa Inocêncio XI condenou como laxistas 65 proposições que os teólogos de Louvain haviam denunciado a Roma, contra seus oponen-

---

91. Cf. tomo 2, pp. 287-296.
92. Cf. tomo 2, pp. 296-297.

tes probabilistas (franciscanos e jesuítas). Dentre elas, 4 referem-se ao ato de fé:

> 3. Será excusado de sua infidelidade quem se recusa a crer, mesmo se levado por opinião menos provável.
>
> 19. Não pode a vontade fazer com que a adesão de fé seja em si mesma mais firme do que o mereça o peso das razões que urgem esse assentimento.
>
> 20. Por isso, pode qualquer um, prudentemente, abandonar o assentimento sobrenatural, que antes tinha.
>
> 21. O assentimento sobrenatural de fé que leva à salvação é compatível com o conhecimento apenas provável da revelação, bem mais com o receio que assalta a qualquer um de que Deus não tenha falado[93].

A primeira tese, de interpretação controvertida, parece sugerir que um infiel não é obrigado à conversão, desde que a sua religião ou confissão lhe possa oferecer alguma probabilidade. Essa condenação visa a um probabilismo exaurido que se resume na mera escusa[94].

As outras três proposições fazem um conjunto proveniente da teologia do jesuíta Estrix. Ele distingue, no ato de fé, a "certeza material", que depende do *habitus* sobrenatural de fé e ultrapassa a ordem da consciência, e a "certeza formal", que depende da maneira pela qual se adere aos argumentos favoráveis à fé. Para ele, não seria "racional" dar a tais argumentos mais adesão do que merecem aos olhos da razão. Distinguindo a firmeza exterior do ato de fé, que vem da vontade, e a firmeza interior, proporcional aos argumentos, Estrix focaliza alguns casos complexos: um católico de boa-fé poderia duvidar do seu pároco, por cuja palavra ele crê, se, por exemplo, viver num ambiente protestante; poderia até alimentar dúvidas reais sobre determinado ponto de fé, a ponto de ser levado legitimamente à heresia. Do mesmo modo, um "herege" poderia permanecer de boa-fé na sua confissão. A proposição 20 sugere que esses casos podem ser comuns, porque visava a católicos que, realmente, viviam num meio protestante. A proposição 21 supõe a legitimidade da dúvida em favor da heresia, questionando a idéia de que Deus tenha revelado esta ou aquela verdade. No entanto, generalizada essa proposição, acabará dizendo que um católico pode duvidar legitimamente do caráter revelado de todos os dogmas católicos[95].

Para além do casuísmo sutil, muito do gosto daquela época, delineia-se uma evolução da problemática ligada ao ato de fé. Primeiramente, o horizonte desse debate é uma cristandade completamente dividida, onde as confissões cristãs desunidas se degladiam perante os crentes. Mas essa pluralidade cristã

---

93. *DS* 2103, 2119-2121.
94. Cf. R. AUBERT, *op. cit.*, pp. 92-93.
95. Cf. ib., pp. 93-101.

mostra-se presa a um desenvolvimento da consciência, que faz cada vez mais pensar o ato de fé como ato humano e racionalmente justificável. Daí emergem questões concernentes aos motivos de credibilidade e à certeza subjetiva da fé, no nível em que essas questões se decidem pela razão. Correlativamente, abre-se um fosso perigoso entre o lado humano e racional e o lado sobrenatural da fé, em detrimento da unidade concreta do crente e da função da sua atitude espiritual, na maneira de ponderar os argumentos.

O século XVIII virá exacerbar mais ainda as dificuldades relativas ao caráter sobrenatural da fé. Como sempre, o questionamento racional de origem cultural se interioriza na reflexão cristã. E, até no início do século XIX, duas tendências estarão se defrontando: alguns teólogos ressaltam o perfil racional da fé, enquanto outros, um tanto descrentes da razão, tornam-se apóstolos do fideísmo de tipo tradicionalista. A documentação dessa disputa marca um importante debate doutrinal daquele século, condicionando as posições marcadas pelo Vaticano I.

O racionalismo de Hermes

Representam a primeira tendência Georg Hermes (1775-1831), Anton Günther (1783-1871) e Jacob Froschammer (1821-1893). Hermes, professor de dogmática em Münster e depois em Bonn, procura justificar a fé perante a razão e o faz na esteira de Kant, distinguindo a razão teórica e a razão prática. A fé, ensina, deve poder impor-se por uma necessidade racional constritiva. A razão teórica pode apresentar como verdadeira uma verdade metafísica, como a existência de Deus. Mas, para as verdades que excedem as possibilidades de evidência intrínseca da razão, a razão prática desempenhará esse papel em nome do dever moral, como acontece com a certeza histórica. Trata-se, então, de uma certeza prática, que respeita a liberdade. Em ambos os casos, a necessidade racional é absoluta, sejam tais verdades conhecidas pela razão ou pela revelação. Mas, no segundo caso, essa necessidade é apenas de ordem moral. Assim é a fé na revelação cristã, "um estado de certeza e de persuasão quanto à verdade da realidade conhecida, estado a que somos conduzidos pelo assentimento necessário da razão teórica ou pelo consentimento necessário da razão prática"[96]. E aí não cabe dúvida. A autoridade de Deus que se revela fica, assim, relativizada como um entre os motivos de credibilidade. Hermes até preconiza, para uma fé totalmente racional, que os católicos ponham em dúvida suas crenças, sistematicamente, e assim descubram argumentos racionais de caráter inquestionável. Esse ato de fé representa uma atitude filosófica anterior a toda graça e esta intervém na decisão da vontade, após o conhecimento. É a fé viva, a fé do

---

96. G. HERMES, *Philosophischer Einleitung in die christ-catholische Theologie*, p. 261; em R. AUBERT, p. 105.

coração livre e sobrenatural. A fé teológica situa-se na ordem prática. Conhecer não é efeito da graça.

Em 1833, uma comissão de teólogos, nomeada por Roma para analisar a obra de Hermes, contestou sua metodologia (a proposta da dúvida sistemática) e sua teoria da fé, que parecia esquecer sua dimensão livre e sobrenatural. Gregório XVI, no Breve *Dum acerbissimas*, condenou severamente todas as teses de Hermes sobre a natureza da fé e a regra dos crentes, a revelação e o magistério da Igreja, os motivos de credibilidade e a necessidade da graça[97]. Os livros de Hermes foram postos no Index. O Breve condenava expressamente "o método da dúvida positiva como base de toda pesquisa teológica" e o "princípio da razão como norma primeira e meio único para se conseguir conhecer as verdades sobrenaturais"[98]. Essa condenação repercutiu fortemente na Alemanha, onde a teologia grangeara inúmeros seguidores. A sombra desse pensamento irá pesar nas deliberações do Concílio Vaticano I.

Em 1846, antecedendo muitos outros documentos contra os racionalistas cristãos, Pio IX lança a encíclica *Qui pluribus*, negando a oposição entre fé e razão, porque "nascem da mesma e única fonte de verdade imutável, Deus que é todo bondade e grandeza, e reciprocamente se ajudam"[99]. Condena também toda tentativa de reduzir a fé à razão, pois "não é a nossa religião invenção da mente humana, mas uma revelação inteiramente gratuita de Deus"[100]. Cabe à razão "estudar o fato da revelação, para saber com certeza que Deus falou e para lhe prestar [...] um 'culto conforme à razão' (Rm 12,1)", o que equivale a "aderir firmemente ao que ela reconhece como revelado por Deus, que não se engana nem pode enganar-nos"[101]. Tem a razão plena capacidade para conhecer os argumentos luminosos e muito sólidos que provam ser Deus o autor de nossa fé, como também para lhe prestar, sem hesitação alguma, o obséquio da fé[102].

Os redatores desse texto acentuaram bastante a certeza comprovada do fato da revelação, e alguns seguidores de Hermes viram nessa encíclica que se revia a condenação de Gregório XVI. Como não se tratava aí do papel da graça, o Papa não se define sobre se a razão natural precisa ou não da graça, para aceitar os preâmbulos da fé.

Na mesma linha de Hermes, também Günther procurou reconciliar a fé e a razão, reconstruindo, com base no idealismo alemão, a organicidade do mistério cristão. Era seu escopo demonstrar cientificamente as verdades aí contidas, estruturando-as num sistema de valor filosófico. Mas reservava uma função especial para a fé: "É pela fé que captamos a *realidade* dessas verdades cuja

---

97. *DS* 2739.
98. *DS* 2738. Fica a dúvida se os censores romanos captaram bem o pensamento de Hermes.
99. *DS* 2776; *FC* 63.
100. *DS* 2777; *FC* 64.
101. *DS* 2778; *FC* 65.
102. Cf *DS* 2779-2780; *FC* 66.

necessidade a razão comprova"[103]. Por outras palavras, a revelação é uma realidade histórica, objeto de fé, mas o seu conteúdo torna-se objeto necessário da ciência. Assim, ele questiona o conceito de revelação sobrenatural, já que o homem pode, pela razão, chegar à compreensão dos mistérios.

As idéias de Günther provocaram entusiasmo e oposição, na Alemanha. Colocados os seus livros no Index, ele se submeteu, mas Pio IX não deixou de mencionar seus erros num Breve dirigido ao arcebispo de Colônia[104]. Em 1862, o mesmo Papa[105] condenou também Froschammer — mais tarde visado também pelo *Syllabus*[106] — autor de um racionalismo um tanto diferente. Para ele, o filósofo deve gozar de autonomia total em relação à autoridade religiosa e os mistérios revelados hão de ser perscrutados pela razão. Abalava, assim, a especificidade do sobrenatural.

O fideísmo de Bautain

Representando a segunda tendência, aparecem Louis-Eugène Bautain (1796-1867) e Augustin Bonnetty (1798-1879). Bautain, professor em Estrasburgo, tradicionalista mas também ontologista[107], reagiu contra o racionalismo do século XVIII. À razão humana, cujo desempenho é sempre suspeito na busca da verdade, opunha ele a tradição, ou seja, a transmissão da palavra de Deus por meios exteriores e históricos. Corresponde a essa transmissão a ação interior da graça, como intuição e aptidão para captar essas verdades. Transmitidas por testemunhos humanos, embora não evidentes à razão, tornam-se evidentes quando recebidas na luz e na graça de Deus. Daí o recado de Bautain aos que não crêem: — Levem a sério a revelação, tentem provar a sua verdade e vocês se convencerão, por si próprios, dessa verdade. Deixem-se guiar pelo senso divino que, pela graça, atua em vocês.

Em resposta às seis questões que seu bispo lhe apresentou, Bautain declarou: 1. Por mero raciocínio não se pode ter a certeza da existência de Deus criador. 2. Quanto à fé na revelação judaico-cristã, é preciso distinguir o fato histórico dessa tradição e a sua "verdade divina", tida como objeto de fé, como tudo o que é divino. 3. Os argumentos baseados nos milagres de Cristo só valem como prova para os fiéis; por si sós, não convencem os que não crêem. 4. Diga-se o mesmo da ressurreição, mero testemunho humano para os que não crêem, que não pode ser aceito senão pela graça e oração. 5. Se, por um lado, a razão precede a fé, porque permite compreender a mensagem transmitida, o raciocí-

---

103. E. HOCEDEZ, *op. cit.*, t. 2, p. 42.
104. *DS* 2828-2831.
105. Pio IX, Carta ao arcebispo de Munique, *DS* 2850-2861.
106. *DS* 2908-2914.
107. "Doutrina [...] segundo a qual todo conhecimento humano espiritual tem o fundamento necessário de sua possibilidade numa visão imediata (embora informulável) no ser divino absoluto em si mesmo" — K. RAHNER e H. VORGRIMLER, *Petit dictionnaire*..., p. 326. O ontologismo foi condenado pelo Santo Ofício, em 1861. *DS* 2841-2847.

nio, por outro lado, não suscita a convicção sem a intervenção de um princípio que não se prova. 6. Com certeza, o homem decaído conserva a capacidade de receber a graça e de acolher a luz divina, mas não pode, por si, alcançar a certeza da existência de Deus e da revelação.

Preocupado com a ortodoxia dessas respostas, seu bispo exigiu que ele assinasse por duas vezes (em 1835 e, numa versão levemente alterada, em 1840), seis proposições que retomavam, em essência, o sentido das suas perguntas[108]. Pouco depois, em 1844, Roma determinou que ele assinasse o compromisso de jamais ensinar que só com a razão: 1. não se possa demonstrar realmente a existência de Deus; 2. que não se possa provar a espiritualidade e a imortalidade da alma e outras verdades racionais; 3. que não se possa adquirir a ciência dos princípios ou da metafísica; 4. que a razão não possa atingir autêntica certeza dos motivos de credibilidade[109]. São sentenças menos coercivas que as do bispo de Estrasburgo[110].

Na esteira de Bautain, também Bonnety, o fundador dos *Annales de philosophie chrétienne*, defendia um tradicionalismo de muitas reservas com a razão. Foi combatido pelo jesuíta Chastel, que o acusava de relegar a fé ao campo sentimental. Bonnety não sofreu condenação de Roma, mas foi obrigado a assinar quatro proposições das quais três referem-se à doutrina do ato de fé: 1. nenhuma oposição existe entre razão e fé, visto que ambas vêm do mesmo Deus, fonte de toda verdade, e uma se apóia na outra; 2. a razão pode demonstrar com certeza que Deus existe, que a alma é espiritual e o homem, livre; 3. o uso da razão antecede o da fé e o ajuda, mercê da revelação e da graça, a alcançar a fé. As duas últimas proposições inspiram-se nas subscritas por Bonnety e comportam interpretações elásticas.

O racionalismo — melhor dizendo, o semi-racionalismo — e o fideísmo serão proscritos no Vaticano I, mas a análise do ato de fé (*analysis fidei*) continuará fundamentando pesquisas e debates, até as primeiras décadas do século XX[111].

III. EVOLUÇÃO DOS CONCEITOS DOGMÁTICOS E NASCIMENTO DO "MAGISTÉRIO" MODERNO NO SÉCULO XIX

1. DOGMA, ENCÍCLICAS E MAGISTÉRIO

> **INDICAÇÕES BIBLIOGRÁFICAS:** L. CHOUPIN, *Valeur des décisions doctrinales et disciplinaires du Saint-Siège. Syllabus; Index; Saint Office; Galilée; Congréga-*

---

108. *DS* 2751-2756; *FC* 53-58. As teses de 1840 modificam ligeiramente as de 1835. Expurgou-se a palavra *só* do raciocínio capaz de provar a existência de Deus.
109. *DS* 2765-2768. *FC* 59-62.
110. Embora se repita três vezes o termo *só*.
111. Cf. os famosos artigos de P. ROUSSELOT, "Les yeux de la foi", *RSR* 1 (1910), pp. 241-259 e 444-475.

tions romaines. L'inquisition au Moyen Âge, 3. ed. Beauchesne, 1928. — J. BEUMER, "Die Regula Fidei Catholicae des Ph. N. Chrismann ofm und ihre Kritik durch J. Kleutgen sj", *Franz. Stud.* 46, (1964), pp. 321-334. — W. KASPER, *Dogme et évangile, op. cit.* — Y. CONGAR, "Pour une histoire sémantique du terme 'Magisterium'", *RSPT* 60, (1976), pp. 85-95; "Bref historique des formes du 'magistère' et de ses relations avec les docteurs", *RSPT* 60, (1976), pp. 99-112. — Collectif, *Le magistère. Institution et fonctionnement, RSR* 71, (1983), pp. 5-308. — B. SESBOÜÉ, "La notion de magistère dans l'histoire de l'Église et de la théologie", *L'année canonique*, 31, (1988), pp. 55-94. — A. DULLES, *Models of Revelation*, New-York, Maryknoll, 1992². — Collectif, art. "Dogma", *LThK*, 3ᵉ éd. 1995, pp. 283-288.

A nova definição do "dogma"

No século XVI, o *Commonitorium* de Vicente de Lérins teve 35 reedições e 22 traduções. Esse opúsculo funcionou como base argumentativa da tradição, na controvérsia com o protestantismo. "A partir do pensamento do monge de Lérins, foi possível insistir naquilo que, na Igreja, 'foi aceito em todo lugar, sempre e por todos'; essa 'fé antiga e universal' foi considerada 'dogma divino, celeste, eclesial', em oposição às inovações do 'novo dogma'"[112].

As primeiras aplicações do termo *dogma*, no sentido moderno e restrito, como se verá no Vaticano I, são do francês François Véron (1578-1649) e do inglês Henry Holden (1596-1662)[113]. Mas parece que não tiveram seguidores, de imediato. A mesma definição achamos no franciscano Philippe Néri Chrismann (1751-1810)[114]. Comparem-se as definições de Véron e de Chrismann:

> Véron — É de fé católica tudo e apenas o que foi revelado pela Palavra de Deus e proposto a todos pela Igreja católica. Isso deve ser aceito como de fé divina[115].
>
> Chrismann — Dogma de fé significa simplesmente uma doutrina e uma verdade divinamente reveladas, doutrina e verdade que o critério público da Igreja propõe como de fé divina, de modo que o contrário delas é condenado pela mesma Igreja como heresia[116].

---

112. W. KASPER, *Dogme et évangile, op. cit.*, p. 34.
113. Cf. J. LE BRUN, "L'institution dans la théologie de Henry Holden (1596-1662)", *RSR* 71, (1983), pp. 191-202.
114. Cf. P. FRANSEN, "A short history of the meaning of the formula 'Fides et mores'", em *Hermeneutics of the Councils*, p. 310, modificando a opinião de W. KASPER que vê em Ph.-N. CHRISMANN o primeiro testemunho neste sentido.
115. F. VÉRON, *De la règle de la foi catholique*, Louvain, 1721, citado por P. FRANSEN, ib., p. 310.
116. Ph.-N. CHRISMANN, *La règle de la foi catholique*, Kempten, 1792; trad. em W. KASPER, *Dogme et évangile*, p. 35.

Esta última formulação foi taxada de "minimalista" e a edição do livro de Chrismann, em 1854, foi posta no Index, não só porque subestimava a "fé eclesiástica", mas também pelo galicanismo do autor. Nessa concepção, a fé "sobrenatural" se opõe à forma "natural" de conhecer, de origem racional.

"Por incrível que pareça, isso não impediu que a idéia de dogma fixada pela *Regula fidei* se tornasse, no século XIX, um dado comum da teologia, vindo a ser assumida, quase literalmente, pelo Concílio Vaticano I"[117]. Difundida, pouco a pouco, no século XVIII, essa definição entrou definitivamente no vocabulário oficial da Igreja, no século seguinte. O caráter tardio da atual definição da palavra *dogma* explica algo surpreendente para os católicos de hoje: não há uma lista oficial dos dogmas definidos pela Igreja, em nome da fé, não obstante a concepção sempre mais jurídica do dogma, como aquilo que foi assumido como tal pela autoridade legítima do magistério, que também é de instituição divina.

O aparecimento do conceito de "magistério"

Como expressão da função hierárquica de controle da fé na Igreja, o termo *magistério* só aparece no fim do século XVIII[118], sendo introduzido depois, no começo do século XIX, pelos canonistas alemães, que distinguiam três poderes: o do magistério, o de ordem e o de jurisdição. Pela expressão 'poder magisterial' visavam "um corpo eclesiástico qualificado"[119], que exerce, na Igreja, a missão de ensinar com autoridade para definir o que é de fé. É o "magistério vivo". Ainda que a realidade assinalada por essa expressão seja mais antiga e se apresentasse por outras palavras, o surgimento de um vocábulo novo nunca é neutro. Na verdade, estava nascendo um estilo novo de praticar o "magistério".

Essa mudança acentua-se no século XIX. "A Santa Sé, escreve Congar, antes da época moderna, praticamente não exerceu o magistério ativo de definir dogmas e formular sempre a doutrina católica. É no pontificado de Gregório XVI e, sobretudo, de Pio IX, que ele aparece. Na Antigüidade cristã, o que prevalecia era o respeito às regras de vida estabelecidas, em geral, pelas assembléias episcopais, tidas como instância judicial suprema na Igreja. Depois, na Idade Média, como instância moderadora e juiz supremo da cristandade [...]. Querelas doutrinárias eram tratadas e amadurecidas e, afinal, dirimidas por alguma referência imediata às Escrituras e a uma série de textos patrísticos. Numa palavra, por um tipo de magistério da própria tradição"[120].

---

117. W. KASPER, ib., p. 35.
118. A primeira menção apareceu com Martin GERBERT, abade de Saint-Blaise: "*Ecclesiae magisterium* ou a transição de 'função de ensinar com autoridade, na Igreja' para a de 'corpo hierárquico' começa a ser feita, Y. CONGAR, "Pour une histoire sémantique...", p. 94.
119. Y. CONGAR, ib., autoridade reconhecida no assunto, em quem me inspiro aqui.
120. Y. CONGAR, *La Tradition et les traditions*, I, p. 234.

No século XIX, formaliza-se a função do magistério. Com sentido novo, o termo é introduzido na linguagem oficial, em 1835: "A Igreja, escreve Gregório XVI, tem, por instituição divina, o poder [...] de magistério, para ensinar e definir o que se relaciona com a fé e os costumes e para interpretar a Escritura Sagrada, sem perigo algum de erro". No Breve contra Hermes, o papa incrimina-o de alimentar opiniões estranhas à fé católica, "especialmente quanto à natureza da fé, os dados merecedores de fé, a tradição, a revelação e o magistério da Igreja"[121]. E Pio IX sentenciará, em 1849:

> É impossível rebelar-se contra a fé católica sem rejeitar também a autoridade da Igreja romana, na qual reside o *fidei irreformabile magisterium*, fundado pelo divino Redentor, onde, por conseqüência, sempre se conservou a tradição recebida dos apóstolos[122].

Pio IX retoma esse tema na carta *Tuas libenter* ao arcebispo de Munique (1863), acusando Döllinger de faltar à "obediência devida ao magistério da Igreja"[123] e "ao magistério ordinário de toda a Igreja dispersa pelo mundo"[124]. No Vaticano I a palavra aparece e passa ao uso corrente dos papas, até hoje. Entre dogma e magistério a ligação se estreita sempre mais.

A Revolução Francesa, com seu impacto sobre a evolução das idéias na Europa, influenciou também no funcionamento do magistério, no século XIX. Contra inúmeras teses "modernas", a Igreja procurou se defender no campo específico da dogmática, como se viu com Bautain, em 1835; com Günther, em 1857; com os "ontologistas", em 1861 e com Froschammer, em 1862. Mas também e sobretudo contra as idéias liberais difundidadas na sociedade.

O nascimento das encíclicas

> **INDICAÇÕES BIBLIOGRÁFICAS:** P. NAU, *Une source doctrinale: les Encycliques. Essai sur l'autorité de leur enseignement*, Paris, 1952 (reprise d'une série d'articles parus dans *La Pensée catholique*). — P. A. LIÉGÉ, art. "Encyclique", *Catholicisme*, t. 4, 1956, 114-116. — Collectif, *Dictionnaire historique de la papauté*, Paris, Fayard, 1994, pp. 610-613.

Com o termo magistério entra em cena também um novo gênero literário no campo da doutrina, a saber, a *encíclica*, agora instrumento permanente dos ensinamentos de Roma. Antecipou-o o papa Bento XIV, que chamava de encí-

---

121. Gregório XVI, encíclica dirigida ao clero da Suíça; Y. CONGAR, "Pour une histoire sémantique...", p. 95.
122. Pio IX, Encíclica *Nostis et nobiscum*, 1849; Y. CONGAR, ib.
123. *DS* 2875.
124. *DS* 2879; Y. CONGAR, ib., p. 95.

clica a muitas de suas cartas, mesmo quando não endereçadas ao episcopado todo. Na verdade, foi Gregório XVI quem, em 1832, inaugurou, com *Mirari vos*, a longa série das encíclicas modernas. Aliás, foi numa encíclica que, em 1835, ele introduziu o termo "magistério". No período ora em estudo, Pio IX escreveu muitas encíclicas, inclusive *Quanta cura* (1864), editada junto com o *Syllabus*, coleção de proposições condenadas.

Etimologicamente, encíclica quer dizer circular. Era assim que um patriarca ou metropolita se comunicava com os bispos sufragâneos. O patriarca do Ocidente dirigia-se a eles como a confrades. Enquanto expressão acurada e específica do pensamento papal, as encíclicas passaram a adquirir caráter oficial no magistério do bispo de Roma, em relação aos seus irmãos no episcopado. São conhecidos os debates suscitados pelas encíclicas de Pio IX e os lances das grandes encíclicas de seus sucessores, nas questões sociais. Até hoje, as encíclicas constituem forma privilegiada do magistério pontifício. Mas o desenvolvimento desse gênero literário acarretará sérios problemas quanto à interpretação da sua aurtoridade.

Da tradição ao magistério

> **INDICAÇÕES BIBLIOGRÁFICAS:** Y. CONGAR, *La tradition et les traditions*, I. *Essai Historique, op. cit.* — H. HOLSTEIN, *La tradition dans l'Église*, Paris, Grasset, 1960. — J. BEUMER, *La tradition orale*, Paris, Cerf, 1967. — J. PELIKAN, *La tradition chrétienne*, V. *Doctrine chrétienne et culture moderne depuis 1700*, Paris, PUF, 1994, pp. 225-278.

O destaque dado à função do "magistério vivo", invocado para discernir o que é de fé, a partir da Escritura e da Tradição, levará alguns grupos teológicos a transferir o sentido dessa tradição para o exercício do magistério ao longo do tempo. O que antes se respeitava como monumento da tradição, agora é assumido, retroativamente, como expressão do magistério. O que os antigos viam como expressão do testemunho da fé, os modernos vêem como objeto do magistério. O genitivo da expressão "regra de fé", antes genitivo objetivo, torna-se genitivo subjetivo. A "regra de fé" invocada por Santo Ireneu é a que recebemos e assumimos e da qual somos testemunhas. É o depósito da fé. No sentido moderno, a "regra de fé" exprime o que a autoridade decide em matéria de doutrina[125]. Esse deslocamento da tradição para o magistério não o fez o Concílio de Trento, que distinguiu, claramente, como suas referências normativas, o Símbolo, as Escrituras e as tradições. Lutero, por sua vez, escrevia ao seu correspondente Prierias: "Não sei o que você quer dizer ao designar a Igreja

---

125. Cf. Y. CONGAR, *La Tradition et les traditions*, I, pp. 233-235 (em que me inspiro, na seqüência).

romana como regra da fé. Para mim, a fé é que constitui a regra da Igreja de Roma e de todas as Igrejas"[126]. Os teólogos pós-tridentinos, porém, "operaram essa mudança conceitual da tradição, como conteúdo e depois como depósito recebido dos apóstolos, para a tradição considerada do ponto de vista do seu órgão transmissor, concretizado sobretudo no magistério da Igreja"[127]. Para tanto, contribuiu, certamente, a luta contra o jansenismo, que pretendia opor a Escritura e a tradição antiga a essa "tradição viva"[128], representada pela autoridade da Igreja. Depois, se passará do conceito de "tradição viva" para o de "magistério vivo".

A expressão "tradição viva" ganhará sentido bem diferente na Escola de Tübingen e na obra de Möhler. Para este, era "o Evangelho vivo que a Igreja sempre anunciou", ou seja, a própria totalidade da revelação, enquanto objeto de comunicação constante e vital na Igreja, de geração em geração.

No século XIX, a Escola romana, de J. Perrone a J. B. Franzelin, irá distinguir a tradição no sentido objetivo — o depósito da fé — e no sentido ativo — o ato de sua transmissão. Por aí se supera o poder exclusivo do magistério. Nos manuais, as opiniões divergem: uns privilegiam a tradição objetiva, vista como a regra ampliada da fé; outros ressaltam, na esteira de Billuart († 1757), que só existe a tradição ativa, oralmente transmitida, isto é, o magistério vivo. Assim, o termo Igreja vai assumindo, simultânea e progressivamente, o próprio sentido de magistério. Y. Congar nota, a propósito, que "a teologia moderna incluiu o magistério na definição da tradição [...]. Nessas condições, pode-se perguntar se o magistério não acabou se constituindo no único lugar teológico, na única fonte para o conhecimento da verdade revelada. [...]. Escritura e tradição, no sentido objetivo da palavra, são as referências pelas quais os teólogos justificam o magistério"[129].

Após a crise do modernismo, essa tendência crescerá ainda mais, "de sorte que, enfocada em determinada época, a tradição se confunde com o magistério autêntico, regra próxima e imediata da nossa fé"[130]. A famosa frase do papa Pio IX ao cardeal Guidi: "A tradição sou eu!", comentada em várias versões, mas seguramente verídica[131], só pode ser, sem dúvida, uma tirada sem valor doutrinal, mas que revela certo modo de pensar.

---

126. LUTERO, WA I, p. 662; Y. CONGAR, ib., p. 240.
127. Y. CONGAR, ib., p. 238.
128. O termo é empregado nesse sentido no prefácio da obra do t. 23, das *Oeuvres* d'Arnauld; Y. CONGAR, ib., p. 241.
129. Y. CONGAR, ib., p. 254.
130. Ib. Em Newman e Scheeben, o conceito de tradição é bem mais equilibrado.
131. Cf. Y. CONGAR, ib., p. 258; cf. R. AUBERT, *Le pontificat de Pie IX*, Paris, Bloud et Gay, 1952, p. 354.

2. A EVOLUÇÃO DA TEOLOGIA

> **INDICAÇÕES BIBLIOGRÁFICAS:** E. HOCEDEZ, *Histoire de la théologie au XIXe siècle*, 3 vol., Bruxelles/Edition universelle et Paris/DDB, 1949, 1947 et 1952. — W. KASPER, *Die Lehre von der Römischen Schule*, Freiburg, Herder, 1962. — P. VALLIN, "Des lieux où la théologie se fait", dans J. Doré éd., *Introduction à l'étude la théologie*, t. 3, Paris, Desclée, 1992, pp. 67-147.

O novo estatuto da teologia académica

Ao longo dos séculos XVII e XVIII, o funcionamento das Faculdades de Teologia permanece praticamente igual ao do fim da Idade Média, ainda que o espírito tenha sido profundamente mudado. Na França, elas são, em geral, galicanas. Não deixam de condenar teses, mas essa tarefa foi deixada cada vez mais à autoridade pontifícia. Aliás, as teses condenadas por Roma são, o mais das vezes, teses de teólogos. "A teologia é vigiada, ao menos quando gera conseqüências no comportamento do clero e dos fiéis"[132].

Depois da Revolução Francesa, mudou completamente a situação dos teólogos na Igreja. No final do século XVII, a tempestade revolucionária abatera, na Europa ocidental, as Universidades e também as Faculdades de Teologia. Na França, as Universidades e algumas Faculdades de Teologia são restauradas no tempo do 1º Império, especialmente a de Paris. Mas essas Faculdades ensinavam ainda os quatro artigos galicanos de 1682, e Roma não reconhecia seus diplomas. Daí algumas iniciativas do papado, a partir de 1824: o Colégio Romano é entregue aos jesuítas e Louvain é refundada, dando-se às duas instituições o *status* de Universidades pontifícias. Outras Universidades desse nível serão depois criadas, sob a autoridade imediata da Santa Sé e num clima bem diferente das Faculdades do *Ancien régime*.

O sucesso do Denzinger

> **INDICAÇÕES BIBLIOGRÁFICAS:** *Enchiridion Symbolorum, definitionum et declarationum de rebus fidei et morum*. A 1ª edição data de 1854. O século XIX conheceu 8 edições: as 6 primeiras do próprio Denzinger (1854-1888); a 7ª e 8ª por Stahl (1894-1900); no século XX, os editores sucessivos serão C. Bannwart de 1908 a 1913 (10ª-12ª ed.), que deu ao livro seu aspecto clássico; J. B. Umberg de 1921 a 1951 (13ª-27ª ed.); K. Rahner de 1952 a 1957 (28ª-31ª ed.); A. Schönmetzer de 1963 a 1976 (32ª-36ª ed.). [Este último condensou a obra, em função de exigências *críticas* modernas: escolha dos textos, supressão de docu-

---

132. Y. CONGAR, "Bref historique…", p. 107.

mentos duvidosos, revisão de títulos tendenciosos, dados históricos que permitem situar a autoridade do texto, numeração nova]. A 37ª edição, corrigida e aumentada sob a direção de P. Hünermann, (Herder, 1991) é pela primeira vez bilíngüe (língua original e alemão). — Y. CONGAR, *Situations et tâches présentes de la théologie*, Paris, Cerf 1967, "Du bon usage du Denzinger", pp. 111-133. — J. SCHUMACHER, *"Der Denzinger", Geschichte und Bedeutung eines Buches in der Praxis der neueren Theologie*, Freiburg, Herder, 1974.

A publicação, em 1854, e o êxito imediato da obra de H. Denzinger constituem duplo sinal da importância crescente conferida às intervenções do magistério na pesquisa teológica e da evolução da teologia institucional nos seminários e universidades. H. Denzinger, professor de dogmática em Würzburg, concebera esse livro como manual escolar prático, uma coletânea de documentos do "magistério", a serviço dos estudantes de teologia. São textos conciliares, pontifícios e episcopais, em seqüência cronológica, desde os símbolos de fé até, nos tempos modernos, trechos de encíclicas e outros documentos romanos. Representava, pois, uma documentação muito rica que, de edição em edição, foi sendo cientificamente aperfeiçoada.

É preciso, porém, que se use com discernimento, essa obra. Primeiro, porque não tem nada que ver com um "diário oficial" da Igreja. É uma seleta *oficiosa* de documentos *oficiais*. A escolha dos textos deve-se apenas aos autores do livro e alguns defeitos das primeiras edições, como certos recortes de citações, hão de ser excusados. Em edições mais recentes, alguns textos antigos foram tirados, porque de autenticidade duvidosa. Outros eram citados anacronicamente, num sentido ligado a enfoques modernos. De outro lado, a obra pode induzir no leitor a idéia de nivelamento da autoridade de todos os documentos. Nela se sucedem, com a mesma apresentação gráfica, textos de autoridade muito diversificada, que precisam ser analisados um a um. Exagera-se também na inclusão de documentos modernos e contemporâneos cuja decantação ainda não foi possível. Impõe-se, portanto, todo um esforço de criteriologia e de hermenêutica dos documentos dogmáticos, porque o livro tende a isolar, em grande parte, o magistério extraordinário do magistério ordinário e universal e o magistério da tradição[133]. Mal utilizado, acabou favorecendo uma teologia exageradamente jurídica, estigmatizada por K. Rahner como "Denzinger-Theologie".

Mas o sucesso da obra[134], atesta o imenso serviço prestado por essa obra e mais ainda nos dias atuais, graças a uma elaboração mais científica. Tornou-se uma instituição teológica de uso internacional. Aqui mesmo, nesta nossa

---

133. Cf. Y. CONGAR, *Situations et tâche présente de la théologie*, pp. 119-127.
134. A obra de G. DUMEIGE, *La foi catholique*, Paris, Orante, 1969, (3ª ed. 1989) pretendeu ser uma tradução francesa do *DS*. Porque os editores impediram uma tradução em sentido estrito segundo a ordem cronológica dos documentos, Dumeige assumiu uma ordem temática. Sua relação de texto é mais reduzida.

História dos Dogmas, fazemos questão que o leitor perceba, ela é freqüentemente citada.

O uso das notas teológicas

> **INDICAÇÕES BIBLIOGRÁFICAS:** L. CHOUPIN, *op. cit.*, – S. CARTECHINI, *De valore notarum theologicarum et de criteriis ad eas dignoscendas*, Rome, P.U.G., 1951. – Y. CONGAR, *La foi et la théologie*, Paris, Desclée, 1962, pp. 166-168.

As teses reprovadas pelos papas, nos séculos XVII e XVIII, compreendiam, como se viu, uma série de censuras oficiais e avaliações negativas. Ao mesmo tempo, com M. Cano, a teologia escolástica moderna passava do método das questões para a exposição de teses. A mesma intenção de qualificar cada tese teológica foi, progressivamente, marcando os manuais de teologia, a partir do século XIX. Não eram mais censuras de fonte autorizada, mas avaliação de cada sentença, à luz da fé. Era apenas o que cada teólogo julgava, mas o consenso dos teólogos criava algum tipo de autoridade, selada por determinada menção.

Cumpre distinguir aqui notas dogmáticas propriamente ditas, relacionadas com a fé, e notas teológicas. Primeiramente, há duas notas principais: a nota *de fé definida* (*de fide definita*), isto é, uma questão marcada por uma definição solene, infalível e irreformável de um concílio ou de um Papa; e a nota *de fé* (ou *de fide divina et catholica*), que também se refere a algo de fé, mas se aplica a verdades que integram o depósito da fé, pelo consenso e pelo ensinamento de toda a Igreja, sem definição solene, porém. É o que o Concílio Vaticano I consagrará, em 1870, na categoria de "magistério ordinário e universal"[135]. Como a definição só acontece quando necessária, o peso dessa nota é tão importante quanto o da precedente. Mas o discernimento do que, nesse aspecto, pertence à fé, pode, às vezes, ser evidente, como o mistério da redenção, e outras vezes não. Nesse caso, os teólogos falam de verdade "próxima da fé" (*proximum fidei*). Enfim, os debates sobre o fato dogmático, no tempo do jansenismo, levaram a desenvolver a idéia do *conexo* à fé. E alguns teólogos falam, então, de "fé eclesiástica" (*fides ecclesiastica*). Trata-se, porém, de matéria até hoje discutida entre teólogos. Nesse ponto, K. Rahner assim se posiciona: "A existência de tais verdades, ou seja, a proposta de uma fé puramente eclesiástica [...] com objeto específico, constitui um dado a respeito do qual não existe nenhuma unanimidade entre os teólogos"[136].

Ao lado dessas notas propriamente dogmáticas, figura também o conjunto das notas teológicas concernentes às proposições deduzidas por teólogos dos

---

135. *DS* 3011; *FC* 93. Cf. infra, p. 245.
136. K. RAHNER, comentando o nº 25 da *LG*, em *LThK, Das zweite Vatikanische Konzil* I, p. 238.

dados revelados ou elaboradas dentro de determinada sistematização. A mais relevante é o "teologicamente certo" (*theologice certum*). Dela se aproxima a nota "doutrina católica". Para exprimir o amplo consenso dos teólogos usa-se "doutrina comum e certa" (*commune et certum*). E, em nível inferior, para caracterizar teses de um grupo de teólogos ou mesmo de um só teólogo, alude-se à "doutrina mais comum" (isto é, menos comum que o simplesmente comum) e à doutrina provável (ou mais provável).

A verdade é que, à diferença das notas realmente dogmáticas, sempre primordiais, as notas teológicas caíram em relativo desuso, na segunda metade do século XX. Os avanços da hermenêutica dos dogmas desvelaram a tendência dos antigos manuais de inflacionar as notas que, por isso mesmo, devem ser bem relativizadas. Já a utilização das notas propriamente dogmáticas continua sendo relevante no trabalho dos teólogos.

TERCEIRA FASE

DO VATICANO I A 1950: REVELAÇÃO, FÉ E RAZÃO, INSPIRAÇÃO, DOGMA E MAGISTÉRIO INFALÍVEL

Chr. Theobald

CAPÍTULO V
A dogmatização progressiva dos fundamentos da fé

INDICAÇÕES BIBLIOGRÁFICAS: sobre o Concílio Vaticano I e seu contexto, cf. bibliografia geral.
Sobre a história da teologia fundamental: E. HOCEDEZ, *Histoire de la théologie aux XIXe siècle*. 3 vol., Bruxelles/Paris, Éd. Univ./DDB, 1947-1952. — W. KASPER, *Die Lehre von der Tradition in der Römischen Schule*, Freiburg, Herder, 1962; *Dogme et Évangile* (1965), op. cit. — R. VAN DER GUCHT/H. VORGRIMLER (éd.), *Bilan de la théologie au XXe siècle*, t. II: *La théologie chrétienne: les disciplines théologiques particulières*, Tournai, Castermann, 1971, pp. 9-51. — F.-J. NIEMANN, *Jesus als Glaubensgrund in der Fundamentaltheologie der Neuzeit. Zur Genealogie eines Traktates*, Innsbruck-Wien, Tyrolia, 1984.

O século XIX assistiu ao nascimento da "teologia fundamental", desmembrada da teologia dogmática. Se o seu nome importa pouco, é certo que esse novo saber deve muito à "enciclopédia" de Schleiermacher[1]. Em 1819, seu primeiro representante católico[2], J. S. von Drey (1777-1853), da Escola de Tübingen, ainda falava de "apologética"[3]. Quarenta anos depois, seu aluno, J.-N. Ehrlich (1810-1864), da Escola de Viena, utiliza, pela primeira vez, no

---

1. F. D. E. SCHLEIERMACHER, *Le statut de la théologie*, (1810), trad. B. Kaempf, Genève/Paris, Labor et Fides, 1994.
2. M. SECKLER, *Im Spannungsfeld von Wisssenschaft und Kirche. Theologie als schöpferische Auslegung der Wirklichkeit*, Freiburg, Herder, 1980, p. 181.
3. J. S. VON DREY, *Kurze Enleitung in das Studium der Theologie mit Rücksicht auf den wissenschaftlichen Standpunkt und das katholische System* (1819), ed. F. Schupp, Darmstadt, Wiss. Buchgesell., 1971, p. 152, par. 226 e p. 46, par. 72.

título de um manual, o conceito de "teologia fundamental"[4]. Vale ressaltar que o objetivo assumido por essa nova ciência revela seu duplo estatuto epistemológico, ou seja, tanto estuda os pressupostos do cristianismo (*praeambula fidei*), com base em pesquisa filosófica e histórica para se afirmar no foro da razão humana, das religiões e das outras confissões cristãs, quanto se apresenta como disciplina *teológica*, estruturada sobretudo para fundamentar, na própria essência da revelação cristã, a possibilidade e a necessidade da justificação racional da fé.

Com essas duas marcas, prepara (e depois desenvolverá) a "dogmatização" progressiva dos fundamentos da fé, iniciada no Concílio de Trento[5], mas em nova fase no século XIX. Agora, caberá à teologia fundamental enfrentar o desafio de uma contestação *global* do mistério cristão pelo mundo moderno, que a faz tomar consciência dos fundamentos últimos da fé, em circunstâncias registradas, discernidas e julgadas pelo magistério da Igreja, no Concílio Vaticano I. Um apanhado da lógica desse processo de "dogmatização" é o que se pretende expor neste capítulo.

I. DO CONTEÚDO DA FÉ À SUA FORMA

Já na fase preparatória do Concílio Vaticano I, alguns bispos, particularmente os cardeais Rauscher, de Viena, e Schwarzenberg, de Praga, observavam que a fé não era mais contestada neste ou naquele *conteúdo dogmático*, senão, mais radicalmente, nos seus *fundamentos*. Nega-se atualmente, diziam, a ordem sobrenatural e até mesmo a existência de Deus. Lutar contra o racionalismo, o naturalismo, o panteísmo e o materialismo significa evidenciar os *praeambula fidei*[6]. Quanto à origem desses "erros", os padres conciliares divergem: seria o protestantismo, a dúvida metódica de Descartes ou os sistemas filosóficos do Iluminismo e do idealismo alemão? Todos parecem concordar em repor a questão dos fundamentos da fé nesse contexto, que remonta aos tempos do Concílio de Trento[7].

Na verdade, Trento, pela primeira vez, pressionado pelo luteranismo, iniciou sua análise *material* da "pureza" do Evangelho (conforme se vê nos seus decretos dogmáticos) com uma reflexão *formal* "sobre a ordem e o caminho que irá seguir [...], para confirmar os dogmas e restaurar os costumes na Igreja". Ora, essa reflexão formal sobre a base do julgamento dogmático e moral diz

---

4. J.-N. EHRLICH, *Leitfaden für Vorlesungen über die allgemeine Einleitung in die theologische Wissenschaft und die theorie der Religion und Offenbarung als I. Theil der Fundamental-Theologie*, Praga, 1859; *Leiftfaden für Vorlesungen über die Offenbarung Gottes als Thatsache der Geschichte. II. Theil der Fundamental-Theologie*, Praga, 1862.

5. Cf. supra, pp. 113-114.

6. Cf. Mansi 49, 149 A-D e 457 A-458C

7. Cf. o prólogo da constituição *Dei Filius*, infra, pp. 211-214.

respeito ao "fundamento" (*fundamentum*) da confissão de fé"⁸. Ninguém, nem o Concílio nem seus adversários, contesta "o símbolo de fé que a Igreja de Roma perfilha como princípio de convergência de quantos professam a fé em Cristo, *fundamento único e sólido* contra o qual as portas do inferno não prevalecerão jamais (Mt 16,18)"⁹. Católicos e protestantes, todos também querem "conservar na Igreja toda a pureza do Evangelho [...], como fonte de toda verdade salvífica e de toda regra moral". O que, porém, causa disputa e precisa ser justificado é a presença dessa "fonte evangélica" ou desse "fundamento", na Igreja de hoje. Fonte e fundamento (Evangelho e Símbolo) "estão contidos *nos* livros escritos (tanto do Antigo como Novo Testamento) e *nas* tradições não escritas", afirma o Concílio de Trento, designando essas mediações históricas" com o mesmo conceito de "fundamento"¹⁰. Corre, pois, o perigo de nivelar a "fonte" e seu "lugar histórico"¹¹. Mas, com isso confirma que a discussão não versa ainda sobre o fundamento último da fé, mas sobre os critérios de julgamento (*testimonia ac praesidia*) intervenientes no círculo hermenêutico entre o Evangelho de Jesus Cristo (a fonte) e sua interpretação material pela Igreja.

Nessa perspectiva, pode-se compreender a dupla mudança que terminará no Concílio Vaticano I: globalmente, trata-se de uma ampliação gradativa do campo coberto pelo conceito de "fundamento".

1. O ILUMINISMO INSATISFEITO

O declínio do *corpus catholicum*, durante as guerras de religião, proporciona as condições históricas para a primeira mudança. Sobre os resquícios das velhas disputa confessionais, a Europa, influenciada pelo Iluminismo, constrói um novo consenso mínimo, baseado no conhecimento racional de Deus, fundamento da coesão social. É complexo o mapa ideológico das diversas posições em luta. Mas acreditamos, com E. Troeltsch, que "o combate generalizado (do Iluminismo) contra a visão sobrenatural da Igreja e suas conseqüências práticas, como também certa unidade de métodos então praticados, lhe conferem um caráter relativamente homogêneo"¹².

A nova forma de argumentação agora em uso prende-se aos inícios da exegese histórico-crítica, em R. Simon (1638-1712) e J. S. Semler (1725-1791)[13], e ao apostulado vigente até o começo do século XX de que o cristianismo autêntico reside nos seus primeiros tempos (nas suas origens ou nas Escritu-

---

8. Cf. supra, pp. 113-114.
9. *COD* II-2, p. 1349, 19-22.
10. *COD* II-2, p. 1351, 16-23; cf. H. HOLSTEIN, *La tradition d'après le concile de Trente*, *RSR* 47, (1959), pp. 367-390.
11. Cf. supra, p. 125.
12. E. TROELTSCH, *L'Aufklärung*, (1897), trad. *RSR* 72, (1984), p. 382.
13. Cf. Chr. THEOBALD, art. "Sens de l'Écriture", *DBS*, t. XII, 1993, pp. 474-476.

ras?). Somente aí é que se decide se a fé pode ou não se reportar a uma revelação sobrenatural, transcendente à ordem natural da razão. Daí em diante, a demonstração toma dois caminhos. Primeiro, partindo da experiência humana, acessível à sociologia e psicologia básicas, procura analisar a verdade da inspiração interior, invocada pelos fundadores, pelos profetas ou pelas primeiras testemunhas. Depois, dado que, segundo eles, essa revelação deixou marcas visíveis e históricas, convém completar a tese da profecia com a doutrina do milagre, estruturada a partir da crítica histórica.

Esse o esquema de todas as perspectivas ideológicas do século XVIII: do *deísmo,* que vê o cristianismo como forma decadente e primitva da religião natural; das posições "médias" do *pietismo* e da "neologia"[14], aquele reduzindo a revelação ao sentimento interior; este, adaptando-a ao espírito moral e racional do Iluminismo; e, finalmente, das *ortodoxias* luterana e católica, que defendem a diferença tradicional entre fé e razão, natureza e sobrenatural, e enfatizam a "credibilidade" da primeira testemunha, Jesus, e a plausibilidade histórica de sua atividade taumatúrgica, para fundamentar a fé nele, o "legado divino"[15]. Portanto, junto com a questão do "início", projeta-se a relação conflituosa entre uma antropologia de razão "natural" e uma teologia de perfil "sobrenatural".

Ora, as tentativas, no século XVIII, de reconciliação entre essas duas "ordens"[16] têm enorme importância para o surgimento da "teologia fundamental", a partir de 1819, e para a dogmatização ulterior dos pilares da fé, no Concílio Vaticano I. G. W. Leibniz já propusera a reconciliação do "reino da natureza" com o "reino da graça" e G. W. F. Hegel criticou, em 1802, logo nas primeiras páginas de *Fé e Saber,* as seqüelas da filosofia iluminista. "A rigor, o triunfo glorioso da razão iluminista sobre o que ela, na sua estreiteza religiosa, olhava como sua oponente em nível de fé, nada mais era do que isto: nem a religião positiva, que ela impugnava, permanecia realmente religião, nem ela, vitoriosa, permanecia razão"[17].

Antes de Hegel, em outra direção, G. E. Lessing e E. Kant haviam lutado contra o Iluminismo insuficientemente esclarecido quanto aos seus pressupostos, mantendo, cada um a seu modo, a tensão entre tradição cristã e experiência crítica pessoal, entre teologia bíblica e teologia fiolosófica[18]. Essas diferentes

---

14. Trata-se de uma corrente teológica protestante do século XVIII, na Alemanha. Ressalvado o conceito de revelação, eliminava o perfil "escandaloso" das grandes afirmações cristãs, reduzindo-as a um sistema de verdades morais e racionais. Cf. E. HIRSCH, *Geschichte der neueren evangelischen Theologie,* vol. 4, Güterlosh, Bertelsmann, 1952, pp. 1-204.

15. Sobre esse tratado "*De Christo legato divino*", no tempo do Iluminismo, cf. F.-J. NIEMANN, *op. cit.,* pp. 199-300.

16. Cf. Chr. THEOBALD, "Les tentatives de réconciliation de la modernité et de la religion dans les théologies catholiques et protestantes", *Concilium* 244, (1992), pp. 45-54.

17. G. W. F. HEGEL, *Premières publications. Foi et savoir* (1802), trad. M. Méry, Paris, Vrin, 1952, p. 193.

18. Cf. E. KANT, *Le conflit des facultés,* em *Oeuvres philosophiques III,* Paris, Pléiade, 1986, pp. 837-887.

tentativas conciliadoras serão retomadas pelos fundadores da teologia fundamental das Escolas de Tübingen e de Viena, como também por teólogos como G. Hermes (de inspiração kantiana) e A. Günther (de tradição hegeliana), futuros alvos do Vaticano I[19].

Esse "iluminismo insatisfeito" longamente debatido e o estilo de argumentação apologética por ele provocado deixaram sinais importantes nos textos desse concílio. A grande decisão do Vaticano I foi tratar do problema epistemológico das relações entre fé e razão, herança do Iluminismo, a partir das relações teológicas entre a "natureza" e o "sobrenatural", discutidas não apenas na Escola de Tübingen, mas também, logo depois, na Escola romana (J. Kleutgen, C. Passaglia, Cl. Schrader, M. J. Scheeben e também J. B. Franzelin)[20], à qual pertencem os principais teólogos do Concílio. Esse é argumento teológico básico para avaliar as diferentes formas de racionalismo e fideísmo, geradas pelo Iluminismo, e também as tentativas de conciliação, julgadas insuficientes (semi-racionalismo), porque põem em risco a distinção entre "natureza" e "sobrenatureza". Mas o foco principal é o racionalismo ou naturalismo, enquanto "negação da ordem sobrenatural"[21].

Nessas circunstâncias é que se encaixa, exatamente, o conceito de "fundamento da fé", exposto nos capítulos III e IV da Constituição dogmática sobre a fé católica (*Dei Filius*). Não visa mais tão-somente às "mediações históricas" entre o Evangelho e sua interpretação eclesial, a Escritura e a Tradição, mas também, e mais radicalmente, à origem sobrenatural de toda a economia cristã e eclesial, digna de crédito aos olhos da "reta razão". Logo mais veremos que essa referência à revelação sobrenatural supõe uma adaptação das conquistas de Trento: o conceito de "fundamento", usado no século XVI, para indicar os livros bíblicos e as tradições não escritas, vem, realmente, aplicado na Constituição dogmática sobre a Igreja de Cristo (*Pastor aeternus*) a um terceiro "pólo" do dispositivo hermenêutico, ao magistério e à pessoa de Pedro, como "princípio permanente e *fundamento visível* da unidade". Mas o que vimos dizendo já antecipa a questão da segunda mudança em relação ao Concílio de Trento.

2. OS FUNDAMENTOS DA SOCIEDADE HUMANA AMEAÇADOS

O século XIX não apenas continua os debates do século das Luzes. Após a morte de Hegel (1831), mudou rapidamente a paisagem da filosofia e, mais ainda, a configuração das ciências, especialmente as da natureza e da história. Propõe-se, agora, a abordagem "positiva" da realidade[22], segundo a qual torna-

---

19. Cf. supra, pp. 173-175.
20. Cf. H. J. POTTMEYER, *Der Glaube vor dem Anspruch der Wissenschaft...*, op. cit., p. 83.
21. Cf. a intervenção de Meignan, *Mansi* 51, 81 A-82 D.
22. Cf. sobretudo a obra de A. Comte (1798-1857).

se impensável toda interferência sobrenatural de Deus (profecia e milagre). As religiões e, particularmente, o cristianismo hão de ser explicados e compreendidos pelo historiador dentro do contexto cultural do seu nascimento, que não corresponde mais à visão moderna e secularizada do mundo. Essa transformação cultural da racionalidade repercute duplamente na teologia.

As relações entre filosofia e teologia tornam-se bem mais complexas pela intervenção de diversas disciplinas positivas. Esse movimento de emancipação das ciências, com base na progressiva diferenciação de seus métodos, ameaça não só a unidade da filosofia, mas também a da teologia. É nele que se estabelece a atual estrutura das Faculdades de Teologia, com um conjunto de disciplinas distribuídas em matérias positivas e sistemáticas. Mas havia o sério problema de relacioná-las tanto com a autoridade da revelação como com o princípio moderno da liberdade ou da autonomia das ciências (que tende a contestar o caráter científico da teologia). Embora as intervenções de alguns padres conciliares (Vérot, Dubreil e Ginoulhiac) tenham provocado substancial melhora nos seus textos, o Vaticano I, provavelmente, não se deu conta dessa nova situação epistemológica[23].

Na época, o enfoque dos resultados "ideológicos" das ciências parece ter encoberto os problemas metodológicos propriamente ditos. Na verdade, o Concílio preocupava-se, sobremaneira, com as tendências anti-metafísicas das ciências e, num olhar mais amplo, da sociedade moderna. Essa a outra face, mais visível, das mudanças da racionalidade no século XIX. Ao condenar o panteísmo, o materialismo e o ateísmo, o Vaticano I alarga, uma última vez, o conceito de "fundamento", aplicando-o, no prólogo da Constituição *Dei Filius*, a toda a sociedade humana: "Negando a própria natureza racional e todas as normas do direito e da justiça, [esses erros conduzem] à destruição dos fundamentos mais profundos da sociedade humana"[24]. Com o desaparecimento do consenso básico do Iluminismo, a saber, o conhecimento racional de Deus como ponto essencial dos vínculos sociais, a Igreja passa a acreditar que cabe também a ela defender a sociedade e a racionalidade humanas contra elas mesmas. Veremos que a maioria conciliar estabelece um nexo íntimo entre esse diagnóstico da destruição iminente dos "fundamentos mais profundos da sociedade humana" e o recurso último ao "fundamento visível" da fé católica, definido por Deus na pessoa de Pedro.

3. A DOGMATIZAÇÃO DOS FUNDAMENTOS DA FÉ

O alargamento gradativo do campo de aplicação da idéia de fundamento nos textos do magistério seria impensável sem a contribuição da "teologia fundamental" do século XIX.

---

23. Cf. H. J. POTTMEYER, *op. cit.*, pp. 35-37.
24. *COD* II-2, p. 1637, 1-3.

Já se sublinhou a importância dos teólogos de Tübingen[25]. Por certo, a frente anti-idealista do Concílio irá impedi-lo de absorver as propostas dessa escola, sobretudo seu enfoque dialético das relações entre revelação e história, de capital influência, mais tarde, no Vaticano II. W. Kasper, no entanto, mostrou que a influência dos teólogos de Tübingen (com destaque para J. A. Möhler) na escola romana não pode ser descurada, não obstante as sensíveis diferenças de método e orientação[26]. Se o trabalho dos teólogos romanos, no Vaticano I, foi decisivo para a dogmatização dos fundamentos da fé, não se pode subestimar o papel do cardeal V.-A. Dechamps (1810-1887), arcebispo de Malines, cujo método apologético deve tanto à tradição francesa do século XVII (Pascal e Bossuet) como à teologia de Möhler.

Contudo, numa visão mais global e além das diferenças entre escolas, o subsídio da teologia fundamental da época é decisivo em dois aspectos: propõe uma articulação progressiva e sistemática dos "fundamentos da fé" e introduz uma forma realmente teológica na sua maneira de balizar o acesso à fé católica.

Quanto à articulação dos fundamentos da fé, tudo se estrutura em três tratados: o tratado da *demonstratio catholica*, que se opõe à Reforma, definindo aí as autoridades da fé (a Escritura, as tradições e o magistério); o tratado da *demonstratio christiana*, contra as várias correntes iluministas, que justifica, a partir do consenso básico do conhecimento natural de Deus, o caráter sobrenatural do cristianismo; e, por fim, o tratado da *demonstratio religiosa*, que defende, numa sociedade eivada de positivismo e ateísmo, a abertura da razão para a transcendência e legitimidade da religião. O Vaticano I segue essa tríplice "demonstração", mas em sentido inverso, começando, por isso, pela crítica mais radical dos fundamentos da fé. Sua oposição a certas propostas católicas de conciliar a fé e o mundo moderno (semi-racionalismo e fideísmo ou tradicionalismo), julgadas insatisfatórias, inspira-se também nos estudos da Escola romana e, especialmente, no tratado de J. Perrone sobre *Os Lugares teológicos*[27], que representa, praticamente, um quarto tratado de teologia fundamental[28].

Versando sobre os "preâmbulos da fé", esses tratados tangenciam outras disciplinas, como a filosofia e a história, mas sempre pelo viés teológico. O Concílio adota esse ponto de vista numa *perspectiva formal que é, na realidade, dogmática*. Sem se demorar na argumentação apologética, assenta as bases possíveis e necessárias da justificação racional da fé sobre a própria essência da revelação cristã.

Para caracterizar esse enfoque dogmático dos fundamentos da fé, no que tange à estrutura básica do ser humano (do ponto de vista da razão), pode-se

---

25. Cf. tomo 3, pp. 410-412.
26. W. KASPER, *op. cit.*, pp. 6 s. e 135-143.
27. J. PERRONE, *De locis theologicis. Pars II et III*. Roma 1842, pp. 341-616.
28. A tradição alemã não conhecia esse tratado. Cf. A. KOLPING, *Fundamentaltheologie I*, Münster, Regensberg, 1968, pp. 70-72.

falar também de "dogmatização da fé", não só porque a tradição cristã se preocupa, desde as origens, com a correspondência absoluta entre o conteúdo da fé e a sua forma, entre o que se crê (*fides quae creditur*) e o ato de crer (*fides qua creditur*), entre o resultado do discernimento dogmático e "o modo de agir" para consegui-lo, mas também porque o respeito pela "forma" adquire, na modernidade, uma figura nova. Por isso, K. Rahner, a partir de 1954, vai distinguir a "teologia *formal* e fundamental" da "dogmática especial"[29]. E M. Blondel, em dias bem mais próximos do Vaticano I, indicava, em 1896, o resultado do deslocamento do conteúdo da fé para a sua forma:

> ... O obstáculo não é o objeto ou o dom, mas *a forma e o fato do dom*. Ainda que (supondo o impossível) captássemos, num esforço de gênio, quase toda *a letra e conteúdo dos ensinamentos revelados*, nada ainda teríamos, absolutamente nada, *do espírito cristão*, porque ele não vem de nós mesmos. Não considerá-lo como algo recebido e doado, mas como encontrado e brotado em nós mesmos, é, simplesmente não possuí-lo. Esse o escândalo da razão. Precisamente aí é que se deve fixar os olhos para sondar o aguilhão para a consciência dos filósofos, em nossos contemporâneos que se governam pelo pensamento[30].

Por ora, a forma da fé é definida a partir do seu conteúdo dogmático e essa "explicitação" partilha sem mais o valor normativo do dogma propriamente dito. Veremos, porém, que essa extensão do "dogmático" para os fundamentos da fé terá alguma conseqüência na própria concepção do dogma e do seu estatuto. Do que foi dito já se percebe que a tomada de consciência inédita quanto à forma da fé deve muitíssimo à evolução histórica da era moderna e, particularmente, à contestação cada vez mais abrangente do mistério cristão.

II. O CONTEXTO HISTÓRICO TORNA-SE "LUGAR TEOLÓGICO"

Antes de assumir a expressão "lugar teológico", no sentido que lhe deu M. Cano[31], cabe apresentar, brevemente, o contexto histórico em que se desenvolveu o processo de dogmatização que acabamos de expor.

---

29. K. RAHNER, "Essai d'une esquisse de dogmatique", *Écrits théologiques* IV, Paris, *DDB*, 1966, pp. 7-50.
30. M. BLONDEL, *Lettre sur les exigences de la pensée contemporaine en matière d'apologétique et sur la méthode de la philosophie dans l'étude du problème religieux* (1896), em *Les premiers écrits*, Paris, PUF, 1956, p. 35.
31. Cf. supra, pp. 138 s. O que se escreve aqui se relaciona com o último lugar teológico, a história.

1. O CONTEXTO HISTÓRICO

A metade do século e, mais precisamente, as revoluções de 1848 representam verdadeiro corte no plano cultural e político. Já assinalamos a radicalização do Iluminismo, ou seja, o ressentimento anti-metafísico do "positivismo", cada vez mais presente no evoluir das ciências e da filosofia, e o princípio de autonomia do "liberalismo", sempre mais colado no conjunto da vida política, social e cultural. Com o término da restauração política (1848), ficou a Igreja inteiramente só no seu programa de restauração, numa posição progressivamente defensiva quanto às mudanças havidas[32].

É nessa perspectiva histórica que se há de entender a ligação pouco a pouco estabelecida entre a oposição da Igreja aos princípios da modernidade — o que levou à dogmatização da base sobrenatural da fé e da abertura da razão para a transcendência — e a posição do papado como esteio inabalável na confusa evolução da sociedade — o que leva à definição da sua infalibilidade[33].

Esse elo das duas problemáticas, diferentes em si mesmas, fora já criado na época da Restauração (1815-1848), no seio de uma minoria relativa, pois a virada espiritual para a restauração deveu-se muito a "convertidos", educados no protestantismo ou em certo ceticismo, como H. E. Manning, na Inglaterra, G. Ward, na Irlanda, J. J. Görres e G. Phillips, na Alemanha, D. Cortés, na Espanha e J.-M. de Maistre, na França. A obra deste último, *Du pape* (1919), é extremamente importante para compreender as vicissitudes que encaminharam o Vaticano I[34], embora os elementos essenciais do seu ultramontanismo e da sua filosofia da restauração figurem já no livro do futuro papa Gregório XVI (1831-1846), Mauro Capellari, *Triunfo da Santa Sé e da Igreja sobre os ataques dos inovadores* (1799)[35].

É no embalo desse ultramontanismo inicial que se insinua a transição decisiva do primado de jurisdição no *corpus catholicum*, afeito à questão do poder supremo, desde a Idade Média, para a nova problemática da infalibilidade pontifícia, a ser definida justamente por não se querer reduzir o primado de jurisdição ao simples poder de arbitragem. H. J. Pottmeyer demonstrou que o próprio primado de jurisdição marca essa nova figura da infalibilidade, entendida também como "soberania" e "última instância". É a decisão maior, superior ao mero "testemunho", a determinação da fé (*determinatio fidei*) e não a simples atestação dela (*testificatio fidei*)[36]. Essa proposta revela-se plausível na medida em que substitui os princípios da crítica e da discussão permanente, que

---

32. Cf. R. AUBERT, *Vatican I, op. cit.*, pp. 20 s.; H. J. POTTMEYER, *op. cit.*, p. 20; K. SCHATZ, *Vaticanum I. 1869-1870*, Bd.I: *Vor der Eröffnung, op. cit.*, pp. 18 s.

33. Cf. sobre essa tese central K. SCHATZ, *Vaticanum I*, Bd.I, pp. 34 e 287.

34. Sobre de Maistre (1753-1821), cf. P. VALLIN, "Les 'soirées' de Joseph de Maistre", *RSR* 74, (1986), pp. 341-362 (bibliografia).

35. Cf. U. HORST, *Unfehlbarkeit und Geschichte. Studien zur Unfehlbarkeitsdiscussion von Melchior Cano bis zum I. Vatikanischen Konzil*, Mainz, Grünewald, 1982, pp. 78-120.

36. Cf. H. J. POTTMEYER, *Unfehlbarkeit und Souveränität..., op. cit.*, pp. 363-371; K. SCHATZ, *Vaticanum I*, Bd.I, pp. 10-12.

destruiriam toda a ordem social, pelo princípio da autoridade, instância última e inapelável. De Maistre diz:

> Não pode haver sociedade humana sem governo, nem governo sem soberania, nem soberania sem infalibilidade. E esse privilégio é tão absolutamente necessário que se torna obrigatório defendê-lo até nas soberanias temporais (onde ela não existe), sob pena de se ver o tecido social se desfazer[37].

Esse vínculo entre ultramontanismo e restauração não foi aceito por todos os teólogos da época[38], mas prosperou e ganhou, afinal, maioria, depois de 1848, vindo o papado a ser tido por muitos como o símbolo único da identidade e estabilidade da Igreja católica, em meio às "revoluções" culturais e políticas de então. "Precisamente na infalibilidade foi-se vendo, mais e mais, a concretização dos princípios de unidade, ordem e autoridade, contra os princípios liberais de autonomia, separação e particularização, contra o espírito das Luzes e da modernidade, visto como emancipação total"[39].

Nesse processo todo, o "populismo católico" apareceu com papel muito ativo e seguro, bastante atento às forças sociais e insistindo nos limites do poder do Estado, demarcados pelo direito natural. Esse populismo prende a devoção popular à pessoa do Papa, com grande sensibilidade pela liberdade e pelas aspirações do povo. Abraçado por nomes como Lamennais (condenado, aliás, em 1832, por Gregório XVI), Bautain e Ozanan, esse "ultramontanismo populista"[40], nascido sobretudo na periferia da Igreja, prepara, em grande parte, a política sistemática de Pio IX (1846-1878), contra os vestígios do galicanismo. Realmente, desde a sua primeira encíclica *Qui pluribus*, de 1846, ele defende a doutrina da infalibilidade pontifícia[41].

Algo significativo ocorreu com a definição da Imaculada Conceição, em 8 de dezembro de 1854[42], primeiro caso de uma definição *ex cathedra*, baseada explicitamente na reivindicação da infalibilidade pontifícia[43]. É nesse tempo também que a Santa Sé começa a intervir nas dioceses, de maneira mais sistemática, para impor o padrão romano da liturgia e da formação teológica, à luz dos manuais da escola de Roma (Perrone). Nesse sentido, a encíclica *Inter multiplices*, de 1853[44], dirigida aos que se opunham, na França, à reforma litúr-

---

37. J. DE MAISTRE, *Du pape*, em *Oeuvres complètes*, t. II, Lyon, Vitte, 1884, p. 157.
38. Cf. o panorama bastante diferenciado em K. SCHATZ, *op. cit.*, pp. 12-18.
39. K. SCHATZ, *op. cit.*, p. 19.
40. Ib. p. 13.
41. *DS* 2781; cf. também, H. J. POTTMEYER, *Unfehlbarkeit und Souveränität...*, pp. 50-52.
42. Cf. tomo 3, pp. 496-498.
43. *DS* 2803: "Pela autoridade de Nosso Senhor Jesus Cristo, dos bem-aventurados Pedro e Paulo e pela nossa autoridade, declaramos, pronunciamos e definimos que a doutrina [...] é uma doutrina revelada por Deus e deve ser aceita como tal, firme e constantemente, por todos os fiéis".
44. PIO IX, *Pontificis Maximi Acta*, Pars Ia, pp. 439-448.

gica de Dom Guéranger e à imprensa ultramontana (especialmente *L' univers* de Veuillot), representa o golpe mortal ao que ainda restava do galicanismo.

A última mudança de monta acontece depois de 1860, numa conjuntura de extrema polarização. Provocaram-na algumas correntes agrupadas sob o nome de "neo-ultramontanismo"[45], tendência nem sempre com base teológica, segundo a qual "tudo o que a Igreja estima como superior e digno de veneração se concentra na pessoa do Papa; sentir com a Igreja é sentir com o Papa; é a partir dele que a Igreja se define"[46].

Evidentemente, essa radicalização se dá no contexto cultural e político de um liberalismo cada vez mais aguerrido (*Kulturkampf*), onde a vitória da Prússia sobre a Áustria, em 1866, e a revolução liberal na Espanha, em 1868, ganham papel simbólico. Nesse mesmo tempo, o isolamento da Igreja chega ao auge. Não há mais nenhum Estado católico ajustado à "tese" romana, desenhada exemplarmente na encíclica *Quanta cura* e no *Syllabus* (1864)[47]. A partir daí cresce, visivelmente, a divisão da frente ultramontana. Na Restauração e também após 1848, os "liberais católicos", como Montalembert, na França, ou Döllinger, na Alemanha, viram Roma como aliada poderosa contra o estaísmo em voga. Agora, é o absolutismo intra-eclesial que os ameaça. Quanto mais Pio IX apóia, abertamente, o "neo-ultramontanismo" e, por outro lado, quanto mais os "liberais" valorizam os aspectos positivos e estratégicos dos direitos modernos, tanto mais se prenuncia o entrechoque, no futuro Concílio Vaticano I, da maioria contra a minoria. O ponto nevrálgico dessa luta reside na ligação da atitude da Igreja em relação aos princípios da modernidade com o apelo à autoridade papal como certeza máxima, num mundo em que tudo parecia estar relativizado[48].

2. A HISTÓRIA COMO GENEALOGIA DOS ERROS MODERNOS

A evolução histórica da sociedade moderna, avaliada por muitos como uma relativização de toda a tradição e, especialmente, do "depósito da fé", estimulou a busca de um "fundamento inabalável", a saber, a certeza. Essa visão marcadamente defensiva da história aponta, antes de mais nada, para a relação da fé da Igreja com suas origens. Aí se concentra, desde o século XVIII, o debate dos católicos com a exegese protestante, sobretudo com a "crítica alemã"[49]. A sétima proposição do *Syllabus*, publicado um ano depois de *Vida de Jesus* de E. Renan e no mesmo ano da que D. F. Strauss editou, condena a tese de que "as profecias e os milagres são ficções poéticas; os livros dos dois Testamentos encerram invenções míticas e o próprio Jesus Cristo é uma invenção

---

45. R. AUBERT, *Vatican I*, pp. 31 s; sobretudo K. SCHATZ, *Vaticanum I*, Bd. I, pp. 29 s.
46. Cf. K. SCHATZ, ib., p. 29.
47. *DS* 2890-2896 e 2901-2980; trechos em *FC* 446, 250-251, 81-85, 447-450.
48. Cf. K. SCHATZ, *Vaticanum I*, Bd. I, p. 34.
49. Cf. Chr. THEOBALD, *art. cit.*, *DBS* XII, pp. 489-498.

mítica"⁵⁰. Mas, no Vaticano I, um exegeta experiente, Meignan, bispo de Châlons-sur-Marne, tentará ressaltar a imensa contribuição histórico-crítica operada pela pesquisa bíblica (a filologia, a arqueologia e a história), distinguindo-a, cuidadosamente, dos pressupostos racionalistas dos exegetas protestantes e ateus.

Na seqüência, a perspectiva histórica envolve a própria Igreja e, sobretudo, o desenvolvimento de seus dogmas. Prevalece, então, a figura de J. J.von Döllinger. Sua célebre alocução, em 1863, num encontro de intelectuais católicos, em Munique, enquadra bem os problemas suscitados na época pela história dos dogmas. Esse historiador, defendendo a pesquisa teológica livre, fora do campo estrito do dogma católico, atacou a confusão vigente entre a doutrina da fé e as opiniões ou convicções do momento. Embora preconizasse uma teologia eclesial, não deixava de insistir na sua função profética e crítica. Para tanto, o teólogo precisa do olhar histórico que relativiza o estado atual das questões. A reação veio em dezembro do mesmo ano, um ano antes do *Syllabus*, pela carta de Pio IX ao arcebispo de Munique:

> A submissão que se deve manifestar pelo ato de fé divina [...] não pode ser limitada ao que foi expressamente definido pelos concílios ecumênicos ou pelos pontífices romanos [...], mas deve também se estender ao que o magistério ordinário da Igreja universal transmite como divinamente revelado [...]⁵¹.

E acrescenta:

> É necessário também submeter-se às decisões de caráter doutrinário, emanadas das Congregações pontifícias, bem como às questões de doutrina que o consenso universal e constante dos católicos considera como verdades e como conclusões teologicamente certas⁵².

No Concílio Vaticano I, a história do dogma entrará em cena sobretudo quando se travar o debate sobre a infalibilidade pontifícia. O ponto de vista de Döllinger (a infalibilidade é uma questão puramente histórica) parece não ter sido adotado por ninguém. Nem teve muita aceitação a tese do cardeal Manning, que separava, radicalmente, tradição e história. Se os autores que tratam do assunto (Schrader e Maier) ligam o aspecto dogmático da infalibilidade à revelação e às suas próprias fontes, deixando aos teólogos a solução dos problemas históricos, um representante da minoria e historiador da escola de Tübingen, sucessor de Möhler e jovem bispo de Rottenburg, K. J. von Hefele argumentará a partir da história como lugar teológico⁵³, insistindo não só em documentos históricos, mas também, numa visão mais ampla, no contexto deles e da vida

---

50. *DS* 2907.
51. *DS* 2879; *FC* 443.
52. *DS* 2880; *FC* 2844.
53. *Mansi* 51, 932 C-D; 52, 83 A.

de toda a Igreja. No entanto, segundo K. Schatz, a minoria tentará utilizar, nesse debate, a referência à história como instrumento adequado, enquanto que a maioria, criticando a marca de incerteza de qualquer tradição e de qualquer consenso, apela para o papado, como a garantia institucional de uma certeza definitiva[54].

Por isso, essa posição da maioria a respeito da leitura histórica da Bíblia e da história dos dogmas é marcada também pela experiência negativa da modernidade, que causou esses enfoques, desencadeando com isso um movimento nunca visto de relativização. É o que se verá, claramente, quando o Concílio abordar a história como genealogia dos erros modernos. Partindo da oposição entre o relatividade histórica e a busca de um "fundamento inabalável", entre o racionalismo ambiente e o princípio de autoridade, o Concílio remontará à Reforma e a Trento, para traçar a gênese histórica do espírito moderno. A recusa da autoridade magisterial e a referência ao julgamento individual conduziram à divisão interna do protestantismo e à destruição das Sagradas Escrituras, preparando o terreno para o racionalismo, danoso não apenas ao caráter sobrenatural do cristianismo, mas também às próprias bases da sociedade humana[55].

Assim, as três perspectivas históricas da Bíblia, através da história dos dogmas e até a gênese da modernidade ocidental, acabam se encontrando afinal e proporcionando a manifestação destrutiva do princípio anti-católico do racionalismo, cuja progressiva radicalização leva, por outro lado, à sua própria autodestruição. Não é difícil entender que esse tipo de leitura impossibilita considerar a história e, sobretudo a história da modernidade, como fonte de uma compreensão renovada da fé ou, simplesmente, como "lugar teológico".

3. CONSCIÊNCIA HISTÓRICA E HISTÓRIA DO DOGMA

Essa negação da história surpreende, considerando-se a expressiva consciência metodológica das principais figuras do Concílio e, particularmente, dos redatores da escola romana, como Franzelin e outros. Da elaboração do regimento do Concílio — em que K. J. Hefele, historiador dos concílios, teve papel limitado mas real — até os seus enunciados dogmáticos, o interesse pela "forma" será extremamente decisivo. Já ressaltamos as circunstâncias em que se operou a distinção entre teologia dogmática e teologia fundamental e sublinhamos quanto o Concílio se esforçou para ficar no nível teológico, ao basear a possibilidade e a necessidade de uma justificativa racional da fé. Doutra parte, a "Comissão da fé", como se chamava a comissão teológica, estava sempre a lembrar a orientação específica de um concílio que não se propunha expor toda

---

54. K. SCHATZ, *Vaticanum I*, BD. III, pp. 50-52.
55. Cf. infra, pp. 211 s.

a fé católica — o que caberia ao "magistério ordinário" — mas marcar posição contra determinados erros[56]. Portanto, o que delimita a perspectiva metodológica e o desenvolvimento do Concílio é a conexão lógica e a genealogia dos erros modernos. A dificuldade de a assembléia conciliar reconhecer esses limites revela-se na distinção entre o "depósito da fé", ou seja, a totalidade da revelação confiada à Igreja, e o "dogma", sua expressão autêntica, ainda que sempre contingente, devido às limitações inerentes ao conhecimento e à linguagem humanos. Graças aos estudos de J. R. Geiselmann[57], clareou-se essa distinção, praticamente inexistente nos textos do Concílio, dado que o famoso *Commonitorium* de Vicente de Lérins, inúmeras vezes utilizado contra a Reforma, desde o Concílio de Trento, e citado pelo Vaticano I, identifica o depósito como "dogma divino, celeste e eclesial", para contrapô-lo às inovações ou aos "novos dogmas"[58].

Contudo, desde o fim do século XVIII, os teólogos já discutiam um conceito mais restrito de "dogma". Como já vimos[59], a definição apresentada por Ph. N. Chrismann era apenas: "uma doutrina e uma verdade proposta como de fé divina pelo entendimento público da Igreja, sendo condenado pela mesma Igreja, como doutrina herética, o que lhe for contrário"[60]. Kleutgen e Scheeben[61] criticaram essa posição como minimalista, talvez porque tenha sido usada como arma nos debates alemães inflamados por Döllinger, em torno da liberdade da pesquisa teológica. O fato é que ela está presente nos textos do Vaticano I, propiciando, de um lado, uma diferenciação maior dos enunciados da fé, realizada por um magistério cioso de reagir contra os erros da época, mas, por outro lado, como observaram W. Kasper e H. J. Pottmeyer, provocando (em Franzelin, por exemplo) a consciência de uma diferença entre a perspectiva localizada ou "reativa" do discurso dogmático e a Palavra de Deus[62].

Mas essa distinção fundamental não trará o reconhecimento imediato da historicidade do dogma, condição *sine qua non* para se compreender a história como "lugar teológico". Provavelmente, a resistência procedia do enfoque unilateral no conteúdo dogmático e no caráter jurídico de sua determinação. Cumpre notar, porém, o receio dos principais atores do Concílio em relação ao olhar

---

56. Cf. a intervenção do patriarca Valerga, na 8ª sessão geral (*Mansi* 50, 240 A-C) e a justificativa de Franzelin à Comissão da fé (*Mansi* 50, 319 B).
57. J. R. GEISELMANN, art. "Dogma", *HthGI*, 228s.; W. KASPER, *Dogme et Évangile*, pp. 228-49; H. J. POTTMEYER, *Der Glaube vor dem Anspruch der Wissenschaft*, pp. 446-456.
58. Cf. V. DE LÉRINS, *Commonitorium*, 9 e 22.
59. Cf. supra, pp. 177-178.
60. Ph. N. CHRISMANN, *Regula fidei catholicae*, Kempten, 1792, par. 5. Essa idéia mais restrita aparece já em F. Véron (1578-1649), que influenciou a escola de Tübingem e também a de Roma, cf. W. KASPER, *Die Lehre von der Tradition...*, p. 202.
61. J. BEUMER, "Die Regula fidei catholicae des Ph. N. Chrismannubd ihre Kritik durch J. Kleutgen sj", *Franziskanische Studien* 46, (1964), pp. 321-334.
62. Cf. W. KASPER, *Dogme et Évangile*, pp. 39s. e H. J. POTTMEYER, *Der Glaube vor dem Anspruch...*, p. 450.

racionalista sobre a evolução dos dogmas, que poderia confundir a explanação do dogma católico com a história do conhecimento humano. Com efeito, a figura de proa visada pelo magistério continua sendo, em 1870, A. Günther (1783-1863)[63], cuja obra toda fora posta no Índex, em 1857[64]. Hoje, percebe-se que, entre a apresentação do pensamento de Günther feita por Franzelin nos documentos preparatórios do Concílio e a idéia que ele próprio alimentava sobre a história dos dogmas ocorreram equívocos. Ele não só não afirmava nenhuma contradição entre as diferentes etapas do desenvolvimento, como também insistia na diferença entre uma compreensão imperfeita e um entendimento melhor do mistério, sempre defendendo o caráter fragmentário de todo conhecimento de Deus. Essa sensibilidade sua pela expressão da fé e pela interação histórica entre revelação e sujeito receptor criará problemas para a teologia romana.

Chegamos assim ao ponto preciso em que, no processo de dogmatização dos fundamentos da fé, a história nascente dos dogmas toca o próprio conceito de dogma. O fato de esse embate ter ocorrido mediante uma exclusão recíproca, não obstante o reconhecimento oficial da distinção básica entre depósito da fé e dogma, não prejulga absolutamente o futuro, mas deixa prever alguns conflitos. Antes de repassá-los, vejamos, brevemente, como se desenrolou o Concílio Vaticano I, cujo contexto já conhecemos[65].

III. O CONCÍLIO VATICANO I E SUAS CONSTITUIÇÕES

Poucos indícios havia de um projeto conciliar, a partir de 1849. Mas, dois dias antes da publicação de *Quanta cura* e do *Syllabus*, em 6 de dezembro de 1864, uma consulta confidencial revela, claramente, a conexão desses dois lances do magistério romano[66]. Estimulado pelo resultado favorável dessa consulta, Pio IX nomeia uma comissão, em 1865, que, entre outras propostas, sugere um questionário mais extenso dirigido a 36 bispos diocesanos, sobre que temas se deveria trabalhar. Temendo, porém, as ameaças então pendentes sobre o Estado do Vaticano e a possível divulgação pública das divisões que afligiam o episcopado, o Papa hesita e só em junho de 1867, na grandiosa celebração do 18º centenário do martírio de S. Pedro e S. Paulo, anuncia o seu projeto aos 500 bispos presentes.

---

63. Cf. H. J. POTTMEYER, ib., pp. 434-442. Cf. supra, p. 173.
64. *DS* 2821-2831.
65. Cf. tomo 2, pp. 80-82; tomo 3, pp. 414-421.
66. Cf. em K. SCHATZ, *Vaticanum I*, Bd.I, pp. 91-94, a apresentação e os debates sobre as hipóteses.

1. CONVOCAÇÃO, PREPARAÇÃO E DESENVOLVIMENTO

A bula convocatória *Aeterni Patris*, de 29 de junho de 1868, um tanto infeliz na lista dos convidados, provocou mal-estar. Os Estados católicos, à diferença do que acontecera em Trento, não poderiam mais estar representados. Em célebre discurso no parlamento francês, no dia 10 de julho, o futuro primeiro ministro E. Ollivier tachou essa falta de convite como o maior acontecimento depois de 1789, porque assim a Igreja se separava do Estado, por decisão do próprio Papa que, no entanto, não aceitava o Estado separado da Igreja[67]. Por outro lado, os chefes das Igrejas ortodoxas e protestantes foram convidados de forma tão desajeitada que tal convite não encontrou eco e até provocou reações contrárias.

Inicia-se, então, a fase preparatória, concentrada na elaboração do regimento interno e na redação de esquemas e textos variados. Quanto ao regimento, ressalta a busca de eficácia e rapidez, algo que não se deu em Trento[68], como o próprio Hefele observou. Em muitas questões, seguiu-se a diretriz do V Concílio de Latrão (1512-1517). Em dois pontos as regras do jogo superam até a eclesiologia desse concílio: a outorga do regimento pelo Papa e a nomeação por ele mesmo da comissão que faria a triagem das propostas dos padres conciliares.

Das cinco comissões especiais a mais importante é a comissão da doutrina. Com base no *Syllabus* e na *Quanta cura*, ela preparou textos sobre as relações entre Igreja e Estado, a estrutura hierárquica da Igreja (o primado e a infalibilidade), o Estado do Vaticano, a revelação e a fé e, finalmente, o sacramento do matrimônio. Outras comissões se ocupam com a disciplina, os religiosos, as Igrejas orientais e as missões e a política eclesiástica[69]. Bastante amplo, pois, o propósito do Concílio. E daí a insatisfação gerada pelas indiscrições, apreensões e receios, nos meses anteriores à abertura. Antes de começar, o Concílio, em 8 de dezembro de 1869, já se revela agitado por choques e polarizações, de que falaremos logo mais. O principal ponto de discórdia é a questão da infalibilidade, que, por todas as primeiras semanas, criou barreiras inamovíveis entre maioria e minoria[70].

O desenrolar-se do Concílio pode ser dividido em *cinco fases*. De 28 de dezembro a 10 de janeiro, a assembléia concentrou-se no estudo dos 18 capítulos do primeiro esquema *sobre a doutrina católica contra os inúmeros erros derivados do racionalismo*[71]. Expondo logo sua liberdade diante das comissões preparatórias, o Concílio demonstra que não está disposto a ser o "sínodo dos

---

67. E. OLLIVIER, *L'Église et l'État au concile du Vatican I*, t. I, Paris, Garnier, 1877, pp. 399s.
68. Cf. tomo 2, pp. 192-195.
69. Sobre essa preparação, cf. R. AUBERT, *Vatican I*, pp. 54-66 e K. SCHATZ, *Vaticanum I*, Bd. I, pp. 146-196. Com o fim da comissão de política eclesiástica, em julho de 1869, o Concílio ficou com quatro comissões.
70. Cf. K. SCHATZ, *Vaticanum I*, Bd. II, pp. 23-36.
71. *De doctrina catholica contra multiplices errores ex rationalismo derivatos*, Mansi 50, 59-119.

bajuladores", previsto por *Janus* (pseudônimo de Döllinger). Na *segunda fase*, a partir de 14 de janeiro, o Concílio aborda três decretos disciplinares: sobre os bispos, sobre os padres e *Sobre o pequeno catecismo* (o debate sobre este último lembra os problemas levantados, recentemente, pelo *Catecismo da Igreja Católica*[72]). É nessa altura que defensores e opositores da infalibilidade entram em choque pela primeira vez, insistindo uns na uniformidade da Igreja no mundo inteiro, outros na diversidade das situações humanas e pedagógicas. Encerrado em 22 de fevereiro, esse debate será ainda retomado de 29 de abril a 4 de maio e concluído por uma votação. Mas a aprovação oficial em sessão solene não chegou a acontecer[73]. A *terceira fase* do Concílio começara já em 21 de janeiro de 1870, com a distribuição de um segundo esquema dogmático, com 15 capítulos sobre a Igreja. Esse texto aparece em plena campanha pró ou contra a inserção da infalibilidade pontifícia no debate conciliar. Entre 12 e 18 de janeiro, a destreza da minoria em preconizar os problemas de uma eventual definição consegue 136 assinaturas — 20% da assembléia — ao passo que as diversas propostas da maioria chegaram a 440 nomes. Com isso, a 9 de fevereiro, a comissão das propostas decide em favor da infalibilidade e distribui, em 6 de março, um capítulo adicional sobre ela, colocado a partir daí depois do capítulo 11 do esquema sobre a Igreja[74]. Abre-se, então, a batalha pró ou contra a antecipação do debate conciliar sobre a infalibilidade. Em 23 de abril, decide-se pelo sim, o que, logo depois, em 29 de abril, é anunciado à assembléia.

Nesse meio tempo, procedeu-se à segunda leitura do primeiro esquema dogmático sobre a fé católica[75]. É a *quarta fase*, de muita discussão e divergência, entre 18 de março e 24 de abril, data da proclamação solene dessa primeira Constituição do Concílio. A *última fase* começa com o debate sobre um novo esquema — a *Primeira Constituição sobre a Igreja* — que junta os dois capítulos do esquema eclesiológico anterior sobre o papado (cap. 11) e a infalibilidade pontifícia (cap. acrescentado)[76]. As discussões vão de 14 de maio até 3 de junho. Em meio ao calor romano cada dia mais incômodo, passou-se à discussão específica das diferentes partes do texto, encerrada em 4 de julho de 1870. No dia 13, acontece a votação decisiva: dos 601 padres presentes, 451 votam *Placet*, 62 *Placet juxta modum* (sim, com emenda) e 88 *Non placet*. Não mudou, portanto, a fronteira entre maioria e minoria. K. Schatz observa a estranha justaposição dos debates na sessão geral, onde essas duas posições se confrontam sem acordo e sem abrir brechas aos adversários, ao trabalho secreto da comissão da fé, onde "infalibilistas extremos" e "infalibilistas moderados" discutem sobre

---

72. *Catéchisme de l'Église Catholique*, Paris, Mame/Plon, 1992; cf. R. MARLÉ, "Présentation de la foi: pour des formules brèves", *Études*, 380 (1994), pp. 497-506.
73. Cf. K. SCHATZ, *Vaticanum I*, Bd. I, pp. 115-121; Bd. III, pp. 3-12.
74. Cf. tomo 3, pp. 415-417.
75. Cf. *Mansi* 51, 31-38 e a comparação sinótica entre esse esquema e o texto definitivo da Constituição *Dei Filius*, em H. J. POTTMEYER, *Der Glaube...*, pp. 488-498.
76. *Mansi*, 52, 4-7.

as fórmulas. Em 16 de julho, Gasser, relator oficial, apresenta sua última *relatio*, incorporando apenas duas emendas (*modi*) e concluindo assim sua alocução:

> Não se pode negar que a sociedade humana atingiu um ponto em que seus últimos fundamentos estão a vacilar. Na mísera condição atual da humanidade só pode trazer-lhe algum remédio a Igreja de Deus, onde existe uma autoridade instituída por Deus, infalível tanto no corpo todo da Igreja docente quanto na sua própria cabeça. Para que os olhos todos se voltem para esse rochedo de fé a que as altivas portas do inferno não resistirão, quis Deus — assim o creio — que nestes dias fosse proposta, no Concílio Vaticano, a doutrina da infalibilidade do Romano Pontífice[77].

Dois dias depois festeja-se a aprovação solene da primeira constituição sobre a Igreja de Cristo, *Pastor aeternus*. Mas a minoria já havia abandonado o Concílio.

2. AS DUAS CONSTITUIÇÕES DO VATICANO I

Para entender o processo de dogmatização dos fundamentos da fé, é preciso levar em conta os cortes operados pelo Concílio no conjunto amplo e ambicioso de proposições que jamais se concretizaram. Com toda a certeza, essa triagem foi feita por causa de contingências históricas, que já comentamos e também à dilação do Concílio. Mas todos esses acontecimentos deixam claras a lógica e a orientação de um processo que havia principiado bem antes.

O primeiro texto adotado pelo Concílio, a Constituição sobre a fé católica *Dei Filius* é o resultado de uma mudança total, sem prejuízo da sua essência, do esquema *De doctrina catholica*, redigido por Franzelin[78]. O novo texto foi elaborado em março, por J. Kleutgen e Ch. Gay, para nova análise, com a supervisão dos bispos Dechamps, Pie e Martin. Nele temos, além do prólogo, quatro capítulos de teologia fundamental (Deus e a criação do mundo, revelação, fé, fé e razão) e cinco capítulos de teologia dogmática dirigidos, essencialmente, contra Günther (Santíssima Trindade, criação do homem e sua natureza, elevação e queda do homem, o mistério do Verbo encarnado e a graça do Redentor)[79]. A 12 de março, a Comissão decide separar as duas partes do texto e propõe os quatro primeiros capítulos como uma Constituição conciliar independente. Devido à antecipação do debate sobre a infalibilidade, a parte dogmática acaba não sendo jamais discutida. Mas também o isolamento da primeira parte corresponde, perfeitamente, à emancipação da teologia fundamental de que fala-

---

77. *Mansi* 52, 1317 B/C.
78. Decisão da comissão da fé, em 7 de janeiro de 1870. Cf. K. SCHATZ, *Vaticanum I*, Bd. II, p. 93.
79. *Mansi* 53, 164-177.

mos antes. No capítulo VI, apresentaremos essa Constituição *Dei Filius* e suas decisões doutrinais sobre as bases da fé.

O segundo texto aprovado pelo Concílio, a primeira Constituição dogmática sobre a Igreja, *Pastor aeternus*, representa também o resultado do processo de separação, por causa da antecipação do debate sobre o primado papal e sua infalibilidade. Essa Constituição, em verdade, veio da união do capítulo 11 do esquema sobre a Igreja, trabalhado por J. Kleutgen, com o capítulo acrescentado sobre a infalibilidade pontifícia, redigido por Cl. Schrader. Ela passa a incluir, então, o prólogo e quatro capítulos sobre a instituição do primado: sua perenidade, sua natureza, seus poderes e, por fim, sua infalibilidade. O novo título, escolhido já em 27 de abril pela Comissão, indica, claramente, a intenção de, antes da Igreja, pôr o primado, como seu "fundamento", conforme a visão do canonista alemão G. Phillips e de J. Perrone, da escola romana. O protesto da minoria contra essa precedência (aceita, em 8 de maio, por 71 padres) mostra bem o sentido do novo título, ao exigir o respeito da "ordem natural das coisas". "Sendo a Igreja um corpo com muitos membros e com funções interligadas, é impossível tratar de um membro e de sua função específica sem falar do conjunto dela e de todos os seus membros. Nesse contexto, muitas coisas podem ser ditas do primado que parecerão exageradas e até falsas, se vistas isoladamente"[80]. No capítulo VII, voltaremos a essa Constituição e às decisões doutrinais que ela implica.

Quis a história que o Concílio viesse a promulgar só esses dois documentos, agora aproximados de maneira significativa. Por certo, nos debates sobre a Constituição *Dei Filius* foram cuidadosamente evitadas todas as formulações que poderiam prejudicar decisões ulteriores sobre a infalibilidade. No entanto, há um fio condutor unindo esses dois textos na questão dos fundamentos da fé, como acentuou Grasser, já citado.

3. OS DOIS FINAIS DE UM CONCÍLIO INACABADO

Falar de dois finais do Concílio é situar a questão da historicidade de suas decisões doutrinais, não só na contracorrente do evento conciliar, mas também a seu favor. O primeiro final deu-se, certamente, com a retirada da minoria e a proclamação solene da infalibilidade pontifícia, em 18 de julho de 1870, quando estava para estourar a guerra franco-alemã. Esse fim turbulento suscitou a questão global da liberdade do Concílio, questão até hoje controvertida, sobretudo depois que, em 1977, A. B. Hasler[81] a retomou, contestando a tese de uma "liberdade substancial", defendida por R. Aubert[82]. A nosso ver, a avaliação mais

---

80. Cf. *Mansi* 51, 727-732 (citação em 729 A).
81. A. B. HASLER, *Pius IX. (1846-1878), Päpstliche Unfehlbarkeit und 11. Vatikanisches Konzil...*, op. cit.
82. R. AUBERT, *Vatican I*, pp. 243-246.

equilibrada coube a K. Schatz[83], que recentemente, enfatizou a necessidade metodológica de distinguir o aspecto histórico, ou seja, as reais limitações à liberdade dos padres conciliares, e a interpretação desses eventuais limites dentro de um contexto eclesiológico mais amplo. Posto que o Vaticano I, nos seus encaminhamentos, supõe o primado tal qual foi se consolidando ao longo do milênio, no Ocidente, a posição global em face dessa evolução histórica é que vai determinar o grau de liberdade do Concílio. Sem pormenorizar os argumentos já presentes quase todos nos documentos da época, vamos assinalar quatro pontos relevantes.

1. Quanto à posição de Pio IX, Schatz, depois de extensa análise histórica e psicológica, ratifica a asserção de R. Aubert: "O que realmente importa é o fato inegável da neutralidade por ele abandonada em face do Concílio, incentivando os infalibilistas e ainda interferindo, diretamente, no presidente da Comissão da fé (e disso já demos dois exemplos), sem falar na 'cena' de que foi vítima o cardeal Guidi. Se se multiplicassem fatos desse tipo poderíamos dizer que a liberdade moral dos Padres fora gravemente atingida. Mas não foi o que ocorreu e muitos dentre os bispos da minoria, inclusive alguns dos mais engajados, fizeram questão de transmitir aos colegas, depois de uma audiência, que haviam sido recebidos com toda a amabilidade"[84].

2. Não há negar, por outro lado, que o clima geral do Concílio e, sobretudo, a predeterminação conhecida de Pio IX inibiram alguns Padres simpatizantes com a minoria. K. Schatz apresenta vários documentos comprobatórios e calcula que, na realidade, a minoria chegava, aproximadamente, a 25%[85].

3. Nessa altura, aparece o problema do "consenso *unânime*", tão discutido na reforma do regimento interno do Concílio, em fevereiro de 1870. Schatz observa, com razão, que a questão da liberdade do Concílio, como condição para sua validade, vem exclusivamente do foro *externo*, como o "consenso" também, e deve ser alcançado segundo os procedimentos jurídicos. Ora, na medida em que só o voto definitivo de 18 de julho tinha força legal, o argumento do consenso unânime, sempre invocado pela minoria, perdia sua pertinência, já que ela própria renunciava a participar da última votação[86]. Aliás, H. J. Sieben voltou a mostrar que o princípio da *"unanimidade* moral", como necessidade dogmática, não figurava nem no conciliarismo do século XV nem no galicanismo clássico[87]. Só aparece, na sua forma rígida, no sínodo local de Pistóia (1786) e, depois, no Vaticano I, como antítese da infalibilidade pessoal do papa. Hoje[88], seria talvez mais correto entender o "consenso" como resultado de um debate

---

83. K. SCHATZ, *Vaticanum I*, Bd. III, pp. 170-203.
84. R. AUBERT, *Vatican I*, p. 245; cf. K. SCHATZ, *Vaticanum I*, Bd. III, p. 200.
85. K. SCHATZ, ib. pp. 191-199.
86. K. SCHATZ, ib., pp. 164, 180 e 199-203.
87. H. J. SIEBEN, "Consensus, unanimitas und maior pars auf Konzilien, von der Alten Kirche bus zum Ersten Vatikanum", *ThPh* 67, (1992), pp. 192-229.
88. Cf. Y. CONGAR, *Una Sancta* 14 (1959), pp. 161 s.

que exclui tanto a maioria surda aos argumentos da minoria, quanto a minoria empenhada apenas no bloqueio das decisões[89].

4. Aí está o real problema do Concílio: a permanente sensação da minoria de não estar tendo liberdade, vendo-se sujeita a uma maioria que a deixa falar, mas sem nenhuma possibilidade de influir nas decisões. Assim, a minoria, talvez desajeitadamente porque receava se dividir, exprimia exigências modernas quanto à forma de comunicação dentro da Igreja, que é lugar de verificação e de "demonstração"[90]. Guardemos, entretanto, a ressalva judiciosa de K. Schatz, ao cabo de sua avaliação:

> Trata-se, pois, de saber se uma decisão dogmática, definida pela vitória da maioria sobre a minoria, pode, apesar de justa, ter a mesma validade de resposta equilibrada e abrangente que uma outra que exprime, em determinadas circunstâncias, não obstante toda a sua relatividade histórica, o consenso de todo o colégio episcopal e da Igreja[91].

Depende, pois, do leitor a compreensão equilibrada dos documentos do Vaticano I. O próprio Concílio poderia ter feito esse processo, dada a perspectiva de abertura geral no primeiro momento, pela antecipação de certas questões e pela seleção dos temas que ela envolvia. Mas essa visão ponderada não logrou concretizar-se, por causa do "segundo final" do Concílio, provocado pela situação política. A guerra franco-alemã e a retirada da guarda francesa que protegia o Estado pontifício ensejaram a tomada de Roma, em 20 de setembro de 1870, levando Pio IX a prorrogar o Concílio *sine die*, em 20 de outubro seguinte, para evitar, quem sabe, que um concílio livremente reunido em Roma justificasse, tacitamente, o "rapto sacrílego" da *Urbs* pela Itália[92]. Será necessário esperar o anúncio da preparação do Vaticano II[93], para que se desfaça a ambigüidade daquela suspensão.

E assim se desvaneceu a esperança que alguns da minoria alimentavam de ver o Concílio reequilibrando depois suas propostas. O "fim" do Concílio inacabado induz, por um lado, a volta relativamente rápida dos bispos minoritários às suas tarefas (por razões, aliás, as mais diversas, nos diferentes países europeus) e, de outro, o surgimento de uma nova Confissão, na Alemanha e na Holanda, a "Igreja Veterocatólica".

---

89. Cf. K. SCHATZ, *Vaticanum I*, Bd. III, p. 167.
90. Voltaremos a esse ponto infra, pp. 383 e 386.
91. Cf. K. SCHATZ, *Vaticanum I*, Bd. III, p. 203.
92. Cf ib., p. 210.
93. O moto-próprio *Superno Dei nutu* de 5 de junho de 1960 esclarece: "Já estabelecemos também que, a partir do nome da sede onde será realizado, o futuro Concílio se chamará Vaticano II", *DC* 57, (1960), 707.

4. O APÓS CONCÍLIO: A SÉRIE DE CRISES

No clima eclesial e político da época, era impossível, certamente, ajustar as decisões conciliares numa perspectiva mais geral. O longo processo então iniciado e não concluído de aplicação do Concílio vai ser balizado por inúmeras crises. Seria injusto explicá-las somente pelo caráter inconcluso e unilateral das decisões conciliares. Os 89 anos que separam o "final" do Vaticano I e o anúncio do Vaticano II por João XXIII não vêem apenas o despontar de novas questões ligadas à problemática do concílio de 1870, mas também novas idéias, inspiradas na escola de Tübingen ou em outras correntes teológicas nascidas na França, na virada do século.

As primeiras turbulências — a "crise do modernismo" (1893-1914) — tiveram como epicentro a França, espraiando-se celeremente pela Inglaterra, Itália e Alemanha. Suas várias fases refletem o alargamento progressivo do questionamento dogmático e sua primeira manifestação foi a "questão bíblica" (título de famoso artigo de d'Hulst). O sinal de abertura da crise veio em 1893, com a primeira encíclica bíblica, a *Providentissimus Deus*, de Leão XIII (1878-1903) e a destituição de Alfred Loisy (1857-1940) da cátedra de exegese bíblica, no Instituto Católico de Paris. Estava em jogo a doutrina escriturística da Igreja, contestada não só por exegetas protestantes, mas também no seio da própria Igreja católica. Esse debate insere-se, remotamente, na sétima proposição do *Syllabus* e, mais diretamente, no modo como o capítulo 2 da *Dei Filius* trata do "lugar" bíblico da revelação. Em respeito à perspectiva sistemática desta história dos dogmas, apresentaremos no capítulo VIII não apenas a *Providentissimus Deus*, mas também as duas encíclicas bíblicas atreladas a esse primeiro texto, a saber, a *Spiritus Paraclitus* de Bento XV, em 1920, e a *Divino afflante spiritu* de Pio XII, em 1943, bem como a criação da Comissão Bíblica, em 1902 e a linha doutrinal de suas decisões.

A publicação de *L'Évangile et l'Église* (1902) de A. Loisy e de *Qu'est-ce qu'un dogme* (1905) de E. Le Roy desencadeia nova crise em torno do conceito de dogma e de sua relação com a história, a propósito do capítulo 3 da *Dei Filius* e do tipo de apologética aí latente. Toda a documentação bíblica, histórica e doutrinal da crise modernista é retomada, em 1907, numa espécie de *Syllabus ad intra*, o Decreto *Lamentabili* e a encíclica *Pascendi dominici gregis* de Pio X, que estudaremos no capítulo IX.

Ficaria incompleto o panorama dessa crise dos fundamentos da fé se não nos referíssemos ao debate sobre o lugar da razão e da filosofia no mistério cristão. Ele se insere no capítulo 4 e também no Prólogo e no capítulo 1 da *Dei Filius*. Deparam-se aí os escritos de Leão XIII, especialmente sua encíclica *Aeterni Patris*, de 1879, sobre S. Tomás, reverenciado como o doutor da filosofia e da teologia cristãs. Na obra social e política desse pontífice, com ampla visão do mundo moderno, ganha corpo a missão da Igreja na defesa da sociedade e da racionalidade humanas contra elas mesmas. Essa vinculação da filosofia cristã com a sociedade também se afirma na reação de Roma contra o "modernismo social", em 1910, e poderá ser detectada ainda em outros textos (veja o capítulo X).

Reagindo sempre a situações históricas precisas, o magistério vai, pouco a pouco, tomando consciência do caráter sistemático da sua doutrina a respeito dos fundamentos da fé. É o que se vê, afinal, em 1950, na encíclica *Humani generis* de Pio XII. Opondo-se às tendências teológicas próximas do pensamento da escola de Tübingen e das correntes surgidas na França no início do século, esse documento marca o termo de um longo desenvolvimento doutrinal, permitindo-nos medir a distância percorrida após o Concílio Vaticano I (cap. XI).

Este capítulo introdutório pretendeu oferecer um primeiro apanhado do processo de dogmatização das bases da fé, a partir do começo do século XIX. Foi durante esse extenso período, encerrado por volta de 1950, que a história dos dogmas nasceu. Proveniente sobretudo do protestantismo liberal, ela se liga, na parte católica, ao agitado "contexto doutrinário da crise modernista"[94]. Além de A. von Harnack (1851-1930), arquiteto da "via real" dessa nova disciplina, destinada a descrever o desdobramento discursivo dos enunciados dogmáticos[95], cumpre evocar também E. Troeltsch (1865-1923), cujas célebres "Doutrinas sociais" de 1911[96] representam para seu autor um verdadeiro "paralelo da *História dos Dogmas* de Harnack"[97]. A partir do princípio sistêmico[98] do "mútuo condicionamento dos dados fundamentais da vida", Troeltsch tenta, na verdade, analisar como o universo ideológico e dogmático do cristianismo depende de condições sociológicas básicas e desta ou daquela idéia de comunidade, em particular"[99]. Aproximamo-nos, assim, das observações metodológicas de Ph. Lécrivain, no tomo 2 desta obra, que enfoca, no campo da moral fundamental, a "interação dos enunciados e da enunciação e reflete sobre o mecanismo da elaboração dogmática, ou seja, sobre a *dogmatização*"[100].

Na realidade, essa transformação metodológica, previsível nos inícios do século XX, revela a grande cumplicidade com o caráter eclesial e institucional do "dogma", que vinha emergindo com força no século XIX. Antes de passar à obra dogmática do Concílio Vaticano II, essa mudança impele-nos a questionar o sentido do "dogmático" na Igreja. As crises enfrentadas pelo dogma, a partir

---

94. Cf. a apresentação de B. SESBOÜÉ, tomo 1, pp. 17 ss.
95. A. VON HARNACK, *Histoire des dogmes* (18192), Labor et Fides/Cerf, Genève/Paris, 1993.
96. E. TROELTSCH, *Die Soziallehren der christlichen Kirchen und Gruppen* (1911), em *Gesammelte Schriften I*, Tübingen 1922; cf. Chr. THEOBALD, "Troeltsch et la méthode historico-critique", em P. Gisel (éd.), *Histoire et théologie chez Ernst Troeltsch*, Genève, Labor et Fides, 1992, pp. 243-268.
97. E. TROELTSCH, *Meine Bücher* (1922), em *Gesammelte Schriften* IV, Tübingen, 1925, pp. 11 s.
98. Que sublinha as inter-relações de diversos conjuntos estruturados.
99. E. TROELTSCH, *Die Sozialleheren*, em *Gesammelte Schriften* I, pp. 967 s.
100. Cf. tomo 2, p. 407.

de 1870, estariam anunciando uma alteração conceitual comparável ao que alguns historiadores das ciências chamam de "mudança de paradigma"?[101]

---

101. Th. S. KHUN, *La structure des révolutions scientifiques*, Paris, Flammarion, 1983; cf. Chr. THEOBALD, "Les 'changements de paradigmes' dans l'histoire de l'exégèse et le statut de la vérité en théologie", *RICP* 24, (1987), pp. 79-111.

CAPÍTULO VI
A constituição dogmática *Dei Filius* do Concílio Vaticano I

INDICAÇÕES BIBLIOGRÁFICAS: cf. bibliografia geral. — R. AUBERT, *Le problème de l'acte de foi*, Louvain, Warny, 1945, pp. 131-222. — W. KASPER, *Die Lehre von der Tradition in der Römischen Schule*, Freiburg, Herder, 1962, pp. 402-422. — H. J. POTTMEYER, *Der Glaube vor dem Anspruch der Wissenschaft. Die Konstitution über den katholischen Glauben "Dei Filius" des Ersten Vatikanischen Konzils und die unveröffentlichten Voten der vorbereitenden Kommission*, Freiburg, Herder, 1968. — R. AUBERT (éd.), *De doctrina Concilii Vaticani Primi studia selecta annis 1948-1964 scripta denue edita cum centesimus annus compleretur ab eodem inchoato concilio*, Roma, Libreria editrice vaticana, 1969, pp. 3-281. — P. EICHER, *Offenbarung. Prinzip neuzeitlicher Theologie*, München, Kösel, 1977. — K. SCHATZ, *Vaticanum I. 1869-1870. Bd II: Von der Eröffnung bis zu der Konstitution "Dei Filius"*, Paderborn, Schöningh, 313-355.

Neste comentário, seguiremos a mesma ordem da Constituição, procurando mostrar, progressivamente, seu caráter sistêmico[1]. Para clarear, quando necessário, o sentido do texto ou para livrá-lo de interpretações por demais restritas[2], lembraremos o histórico de sua redação e os debates havidos nas sessões do Concílio. Como fecho desse percurso todo, apresentaremos breve avaliação dos resultados positivos e das aberturas da Constituição, em nossa perspectiva.

---

1. Em referência às observações metodológicas sobre a história dos dogmas, chamamos aqui "sistema" o "elo (*nexus*) dos mistérios da fé entre si e com o fim último do homem" (*Dei Filius*, cap. 4) e que, na Constituição, assume a forma de um "edifício" simultaneamente doutrinal, eclesial e político-jurídico. Cf. B. CASPER, "Der Systemgedanke infalibilidade der späten Tübinger Schule und infalibilidade der deutschen Neuscholastik", *PhJ* 72, (1964), pp. 161-179.

2. Cf. H. J. POTTMEYER, *Der Glaube vor dem Anspruch...*, pp. 12 s.

I. O PRÓLOGO OU A GENEALOGIA DO SISTEMA

O prólogo (com exceção do final) nunca foi inserido no *Denzinger*, mas é da maior importância para se interpretar a Constituição. Não só reaproxima o Concílio Vaticano I do Concílio de Trento, como também ressalta o *objeto formal* do documento, a saber, a oposição do "magistério extraordinário" (cap. 3[3]) aos erros dos Tempos modernos, elencados e unidos por um "elo" genealógico que seria o negativo do "elo que une os mistérios da fé entre si e o fim último do homem" (cap. 4[4]). Essa correlação entre "defesa da verdade católica" e "proscrição e condenação de erros contrários"[5] é essencial à compreensão do texto como expressão privilegiada do "julgamento solene" da Igreja, doutrinalmente afirmado no cap. 3[6], mas já lembrado no "julgar" solenemente, anunciado no final do prólogo, e à percepção também de que o documento tem seus limites, ou seja, não pretende, de forma alguma, expor toda a fé católica — o que é função do "magistério ordinário e universal" da Igreja. Note-se a novidade da fórmula introdutória, que transforma, significativamente, o "sujeito" autor da Constituição, como ele se apresenta ainda nos documentos de Trento[7]. E voltamos assim à "interação dos enunciados dogmáticos e a enunciação", de que falávamos ao fim do capítulo anterior.

1. O "MÉTODO DA PROVIDÊNCIA"

> Pio, bispo, servo dos servos de Deus, com a aprovação do santo concílio, para memória permanente.
>
> Filho de Deus e redentor do gênero humano, Nosso Senhor Jesus Cristo, ao voltar ao Pai celeste, prometeu estar com sua Igreja todos os dias, até o fim do mundo. Razão por que jamais, em tempo algum, deixou de estar à disposição de sua dileta Esposa, assistindo-a nos seus ensinamentos, abençoando-a nas suas atividades e socorrendo-a em situações de perigo. Ora, essa Providência salvadora, que sempre se demonstrou por inúmeros benefícios, manifestou-se sobretudo pelos abundantes frutos advindos dos concílios ecumênicos e, muito particularmente, do Concílio de Trento[8].

---

3. *COD* II-2, p. 1641, 30s.; *DS* 3011; *FC* 93. O texto fala de "julgamento solene", contradistinguindo-o do "magistério ordinário e universal".
4. *COD* II-2, p. 1643, 32s.; *DS* 3016; *FC* 98.
5. *COD* II-2, p. 1637, 22-30; *DS* 3000.
6. *COD* II-e, p. 1641, 30s.; *DS* 3011; *FC* 93.
7. Observação de Stossmayer, em 30 de dezembro de 1869, em nome de outros bispos (Cf. *Mansi* 50, 138-142).
8. *COD* II-2, p. 1635, 1-11. As passagens citadas fora do texto nesta seção pertencem a esse Prólogo.

Esse prólogo já destaca "o método da Providência"[9] — introduzido na Constituição pelo presidente da sub-comissão da fé, o cardeal Dechamps — antes mesmo da sua fundamentação doutrinal no cap. 3[10]. Unem-se, assim, num movimento único, o ato trinitário da fundação da Igreja em Mt 28,20, evocado no início do texto, e o reconhecimento, anotado no final do prólogo, de que a promessa de Is 59,21 se realiza hoje e sempre nessa Igreja[11].

Essa presença efetiva de Cristo ao lado de sua "Esposa dileta" — o Espírito na Igreja — vem designada pelo termo técnico de "assistência", que se tornará a ver na Constituição *Pastor aeternus*. O "método da Providência" consiste, pois, na contemplação dos efeitos ou "provas" históricas dessa assistência ou da ação da "Providência salvadora", no reconhecimento e na dor:

> Todavia, lembrando e agradecendo esses insignes benefícios e outros mais que a Providência tem concedido à Igreja, principalmente pelo último concílio ecumênico, não podemos ocultar nosso sofrimento pelos males tão graves decorrentes, sobretudo, do menoscabo de muitos com relação à autoridade desse santo concílio e de seus sábios decretos.

Reconhecimento, primeiramente, pelos frutos da reforma tridentina, mencionados na primeira parte do prólogo. Mas, na segunda parte, sofrimento pelo espetáculo presente de "males tão graves".

2. O JULGAMENTO DA MODERNIDADE

> Na verdade, ninguém ignora que, rejeitando o magistério da Igreja e relegando as coisas da religião ao arbítrio pessoal, as heresias condenadas pelo Concílio de Trento se dividiram, a pouco e pouco, em múltiplas seitas, cujas dissensões e rivalidades acabaram por destruir em muitos a fé em Cristo. Com isso, a própria S. Escritura [...] deixou de ter seu caráter divino respeitado, chegando-se até a igualá-la a fábulas míticas.

> Daí, então, nasceu e se espalhou pelo mundo essa doutrina do racionalismo e do naturalismo que, combatendo por todos os meios o perfil sobrenatural da religião cristã, teima em apagar Jesus Cristo [...] da mente humana, para nela entronizar o chamado reino exclusivo da razão e da natureza.

---

9. A melhor apresentação do "método da Providência" é de M. Blondel, em F. MALLET (= M. Blondel), "L'oeuvre du Cal Dechamps et la méthode de l'apologétique", *APhC* 151 (1905), pp. 68-91; "Les controverses sur la méthode apologétique du Cal Dechamps", *APhC* 151 (1906), pp. 449-472, 625-646; "L'oeuvre du Cal Dechamps et les progrès récents de l'apologétique", *APhC* 153 (1907), pp. 561-591.

10. *COD* II-2, p. 1641, 34-43; *DS* 3012; *FC* 94.

11. Cf. infra o esquema do texto, p. 213.

Ora, esse abandono e rejeição do cristianismo, essa negação de Deus e de seu Cristo geraram a queda de muitos nas profundezas do panteísmo, do materialismo e do ateísmo, de tal sorte que, negando a própria natureza racional e todas as regras do direito e da justiça, empenham-se agora por destruir as bases mais fundas da sociedade humana.

O texto indica, antes de mais nada, o ponto exato em que se dá uma espécie de inversão no "elo dos mistérios" (*nexus mysteriorum*), induzindo, dentro de uma lógica inexorável, uma verdadeira "des-criação": "a destruição das bases mais fundas da sociedade humana". A razão precisa desse desmantelamento nasce do "desprezo pela autoridade" do Concílio de Trento e do "descaso por seus sábios decretos". Aparece aí, pela primeira vez, o conceito de autoridade, tão central no Concílio. Trata-se da interação da verdade católica e o julgamento magisterial, como princípio dessa leitura genealógica dos erros modernos, feita *a partir do desprezo pela autoridade eclesial*.

Desenvolvendo, então, para o leitor a conexão histórica desses erros, o texto distingue três etapas de uma degradação progressiva. Num primeiro tempo, "rejeita-se o magistério divino da Igreja e relegam-se as coisas da religião ao arbítrio individual", pasando-se à pulverização dos *grupos eclesiais* saídos da Reforma ("seitas"), à ruína da fé em Cristo em muitos daqueles que já não aceitam o "caráter divino da S. Escritura "(cap. 2) e ao surgimento da "doutrina do racionalismo e do naturalismo"[12]. Na perespectiva dogmática do documento, racionalismo e naturalismo vêm qualificados como "doutrinas".

A segunda etapa desenvolve-se, a seguir, na luta entre o "naturalismo" e a "religião cristã como religião sobrenatural" (caps. 2 e 3), entre o reino de Cristo, único Senhor e Salvador dos povos, e o "reino da pura razão e da natureza" (cap. 4). Em termos históricos, topa-se aí o ponto central da Constituição que explica, um pelo outro, o princípio *formal* do julgamento doutrinário da autoridade eclesial e o *conteúdo* sobrenatural do cristianismo.

Finalmente, a última etapa aparece quando a própria razão se desautoriza à medida que abandona sua transcendência, atingindo assim o "núcleo essencial que une os mistérios da fé e o fim último do homem". É a queda "nas profundezas do panteísmo, do materialismo e do ateísmo", pois quem anula sua natureza racional posterga com ela todas as normas do direito e da justiça, destruindo os fundamentos da sociedade. Nesse texto, portanto, razão e realidade político-social estão ligadas. Veremos que o final dessa visão certamente apocalíptica da modernidade prende-se à teologia da criação presente na Constituição (cap. 1) e à sua interpretação da Carta aos Romanos (cap. 2).

Nesse ponto de ruptura, ao longo do tempo, fica evidente que o texto traz cada vez mais claro o imaginário espacial (ver esquema na página anterior). O

---

12. Alguns bispos não endossaram essa genealogia, mas a Comissão conservou a essência do texto, expurgando-lhe algumas expressões ofensivas.

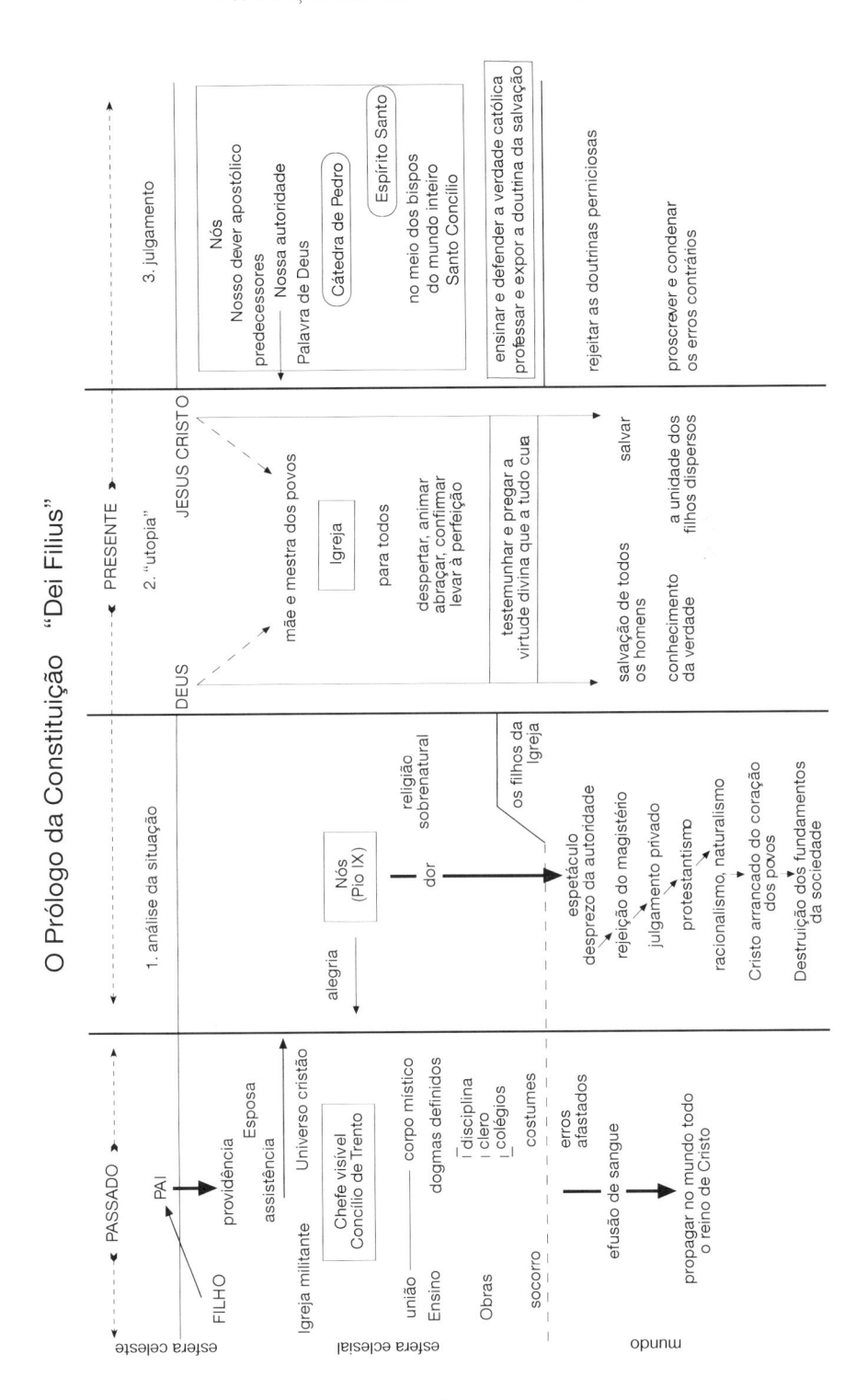

A CONSTITUIÇÃO DOGMÁTICA *DEI FILIUS* DO CONCÍLIO VATICANO I

O Prólogo da Constituição "Dei Filius"

PASSADO

esfera celeste

PAI — providência, assistência — Esposa / Universo cristão
FILHO

esfera eclesial

Igreja militante — Chefe visível / Concílio de Trento
união — corpo místico
Ensino — dogmas definidos
Obras — disciplina / clero / colégios
socorro — costumes / erros afastados

mundo

efusão de sangue → propagar no mundo todo o reino de Cristo

PRESENTE

1. análise da situação

alegria — religião sobrenatural
Nós (Pio IX) — dor → os filhos da Igreja
- espetáculo
- desprezo da autoridade
- rejeição do magistério
- julgamento privado
- protestantismo, racionalismo, naturalismo
- Cristo arrancado do coração dos povos
- Destruição dos fundamentos da sociedade

2. "utopia"

JESUS CRISTO
DEUS → Igreja (mãe e mestra dos povos / para todos)
- despertar, animar, abraçar, confirmar, levar à perfeição
- testemunhar e pregar a virtude divina que a tudo cura
- salvar
- salvação de todos os homens
- conhecimento da verdade
- a unidade dos filhos dispersos

3. julgamento

Nós
Nosso dever apostólico predecessores
Nossa autoridade
Palavra de Deus
Cátedra de Pedro
Espírito Santo
no meio dos bispos do mundo inteiro
Santo Concílio

- ensinar e defender a verdade católica
- professar e expor a doutrina da salvação
- rejeitar as doutrinas perniciosas
- proscrever e condenar os erros contrários

221

que acontece fora da Igreja católica atinge a numerosos filhos seus: "pelo sorrateiro enfraquecimento da verdade, embotou-se neles a sensibilidade católica". Tudo isso leva-os a "confundir natureza e graça" (cap. 2), "ciência humana e fé divina" (cap. 3) e a "desfigurar o sentido dos dogmas" (cap. 4). À lógica da "negação", detectada pelo documento na história da modernidade, corresponde a lógica da "confusão", imputada a Hermes e a Günther, como se viu no capítulo anterior.

3. A IGREJA, "MÃE E MESTRA DOS POVOS"

> Diante de tal espetáculo, como não ficaria a Igreja profundamente inquieta? Pois, assim *como Deus quer* que 'todos os homens se salvem e cheguem ao conhecimento da verdade' (1Tm 2,4) e assim *como Jesus Cristo* veio 'procurar e salvar o que estava perdido' (Lc 19,10), *assim também a Igreja,* constituída por Deus mãe e mestra dos povos, sabe-se dedicada a todos, sempre disposta e atenta a reerguer os que caíram, alentar os que desanimaram, acolher os que a ela voltam, confirmar os bons e encaminhá-los à perfeição. Dessa forma, jamais deixou de testemunhar e pregar a verdade divina 'que a todos cura' (Sb 16,12), porque não ignora que lhe foi dito: 'Meu Espírito que está sobre ti e minhas palavras que pus em tua boca não se afastarão de teus lábios... desde agora e para sempre' (Is 59,21).

A Igreja é o foco central dessa terceira parte do prólogo, recheada de referências bíblicas. Apresentada até então como "esposa" de Jesus Cristo, cumulada de "incontáveis benefícios" da Providência e comovida pelo espetáculo que o mundo lhe oferece, declara-se agora "mãe e mestra dos povos", colocada analogicamente ao lado de Cristo[13], no "prolongamento" de sua missão divina. Percebe-se aí a eclesiologia romana (especialmente de Passaglia)[14]. A universalidade da missão da Igreja entre os povos e o ministério de união[15] aparecem bastante ressaltados nessa passagem voltada para o futuro. Podem-se captar aí os primeiros traços de uma visão que E. Paulat chama de "catolicismo utópico"[16]. E cumpre não esquecer, na seqüência, que o conceito de verdade desenvolvido pelo documento não é meramente intelectual. Trata-se, na perspectiva da Sabedoria, de "testemunhar e pregar a verdade divina que a tudo cura".

> Mas agora, no meio dos bispos do mundo todo aqui presentes e refletindo conosco, reunidos no Espírito Santo, por autoridade nossa, neste santo concílio ecumê-

---

13. Cf. o duplo "como" do texto, seguido pelo "assim também".
14. Cf. tomo 3, pp. 412 s.
15. Em clara oposição às "seitas" mencionadas na segunda parte do texto.
16. E. PAULAT, *Modernistica. Horizons. Physionomies. Débats,* Paris, Nelles éd. latines, 1982, p. 87.

nico, e apoiados na palavra de Deus escrita e transmitida pela tradição, como a temos recebido, santamente conservada e fielmente exposta pela Igreja católica, resolvemos, do alto desta cátedra de Pedro, professar e declarar, diante de todos, a doutrina salutar de Cristo, proscrevendo e condenando, pela autoridade que Deus nos confiou, os erros contrários a essa doutrina[17].

No início, lembramos essa última parte do prólogo (parcialmente reproduzida em Denzinger). Acrescentemos que a apresentação do texto se reduz, agora, ao próprio Concílio e ao "Nós" do papa, cercado pelos bispos do mundo inteiro. Temos um espaço hierarquizado, como "o alto da cátedra de Pedro", "diante de todos". É o espaço do Espírito Santo, no qual se estabeelecem as "autoridades" que serão explicitadas no texto, doutrinariamente (cap. 2). A partir daqui, tudo está pronto para a explanação da doutrina e estão introduzidos os temas essenciais, ou seja, a Igreja docente, representada pelo "Nós" pontifício no meio dos bispos, como o sujeito do texto, situado na história e cconduzido pela Providência divina a um momento solene de "julgamento" apocalíptico; a previsão de uma definição dogmática ligada, ao mesmo tempo, ao princípio formal do julgamento doutrinário pela autoridade eclesiástica (numa espécie de volta reflexiva à sua própria forma) e ao conteúdo desse julgamento, o caráter sobrenatural do cristianismo, para uni-los e deduzir um do outro, numa circunsessão perfeita.

II. O CAPÍTULO 1: DEUS CRIADOR DE TODAS AS COISAS

A explanação doutrinal começa pelo ponto essencial da contestação, a saber, pelas cercanias do "abismo do panteísmo, do materialismo e do ateísmo", que parecem atrair certos teólogos católicos, como Hermes e Günther. Divide-se o texto em três parágrafos[18], que tratam, sucessivamente, da existência e essência de Deus, da criação e da doutrina da Providência divina.

1. EXISTÊNCIA E ESSÊNCIA DE DEUS

A fórmula solene de abertura deste capítulo (e que voltará, com algumas modificações, no princípio dos capítulos 2 e 4) mereceu um debate conciliar sobre a denominação da Igreja, no contexto da teoria anglicana dos três ramos[19]. Também se substituiu, antes da última votação, o título *A santa Igreja católica romana* (confundida facilmente com a expressão *Roman Catholic Church*) por *A santa Igreja católica, apostólica e romana*:

---

17. *COD* II-2, p. 1637, 23-30; *DS* 3000 (em parte).
18. Seguimos a ordem do texto oficial em *Mansi* 51, 429-434.
19. Cf, Th. GRANDERATH, *Histoire du Concile du Vatican*..., t. II-2, pp. 70-74 e 132 s.

> A santa Igreja católica, apostólica e romana crê e professa que há *um só Deus, vivo e verdadeiro, criador* e senhor do céu e da terra, *todo-poderoso,*
>
> *eterno* (1), *imenso* (2), *incompreensível* (3), de inteligência, vontade e perfeição infinitas (4);
>
> Sendo *uma substância* espiritual *única* e singular, *absolutamente simples e imutável*, é preciso afirmar que se distingue do mundo na sua realidade e essência, é perfeitamente feliz em si e por si e está inefavelmente acima de tudo o que existe e pode ser concebido fora dele[20].

Conforme o comentário do relator, a abertura desse primeiro parágrafo constitui uma profissão solene, próxima da linguagem bíblica, da fé na existência do verdadeiro Deus[21]. Estamos aí no contexto *dogmático* do primeiro artigo do *Símbolo*, como se vê pelas referências (em itálico no texto acima) à confissão de fé do IV Concílio de Latrão (1215), na sua constituição *Firmiter credimus* sobre a fé católica[22]. Não se deve, porém, perder a linha específica do Vaticano I, globalmente analisada no capítulo anterior.

Nesse texto, encontramos, primeiro, o processo de seleção. O Concílio só vê no primeiro artigo do Credo os "preâmbulos da fé", naturalmente acesssíveis à razão. Supondo que o dogma da criação não é apenas um artigo de fé, mas, *ao mesmo tempo*, "uma verdade de ordem natural"[23] (como se verá no capítulo 2), os Padres pensam encontrar, assim, uma base comum a todas as pessoas razoáveis, a partir da qual poderão se opor ao panteísmo, ao materialismo e ao ateísmo. Nesse contexto polêmico, compreende-se que omitam a estrutura trinitária da criação, evocando do documento lateranense apenas o caráter "absolutamente simples" da "substância única" de Deus, professada, porém, em 1215, como essência *comum às três Pessoas da Trindade*[24]. Essa "abstração" terá expressiva conseqüência no segundo enfoque desse capítulo 1, qual seja, abrir, com a confissão de "Deus criador e senhor", a possibilidade da ordem sobrenatural (exposta nos caps. 2 e 3[25]) e tirar desse mesmo dogma uma afirmação epistemológica a respeito das relações entre fé e razão (cap. 4).

Mas voltemos ao texto. A confissãao de Deus todo-poderoso, criador e senhor do céu e da terra, é seguida pela enumeração de quatro atributos[26],

---

20. *COD* II-2, p. 1637, 32-38; *DS* 3001; *FC* 252. Os trechos citados fora do texto nesta seção pertencem ao mesmo cap. 1.
21. *Mansi* 51, 186 A; o cân.1 indica o aspecto negativo da confissão da existência de Deus, *COD* II-2, p. 1645; *DS* 3021; *FC* 255.
22. Cf. tomo 2, pp. 65 e 80 (cf. *COD* II-1, p. 495).
23. *DTC* III (1908), 2197; cf. Chr. THEOBALD, "La théologie de la création en question", *RSR* 81 (1993), pp. 613-641.
24. *Tres quidem personae sed una essentia, substantia seu natura simplex omnino*, *COD* II-1, p. 495, 4s; *DS* 428; *FC* 323.
25. Por isso, o cap. 3 começa com o título "Deus criador e senhor" (*ac dominus*).
26. Eternidade, imensidade, incompreensibilidade e infinitude.

deduzidos da metafísica clássica, dois dos quais (a eternidade e a infinitude da inteligência, da vontade e de todas as perfeições) dirigem-se contra a idéia panteísta ou materialista de um Deus em processo de aperfeiçoamento infinito[27]. O ponto alto do primeiro parágrafo está, finalmente, nas três conclusões circunstanciais e polêmicas, tiradas da confissão do IV Concílio de Latrão: Deus é uma "substância *espiritual* (adjetivo colocado contra o panteísmo e o materialismo[28]) única e *singular* (contra o conceito panteísta de Deus como ser indeterminado[29]), absolutamente simples e imutável".

A primeira conclusão, a mais importante, prende-se à "distinção" entre Deus e o mundo, intrínseca ao próprio conceito de Deus (na realidade e *na essência*)[30]. A segunda, referente à felicidade perfeita desse Deus (*em si e por si*), anuncia, no parágrafo seguinte, a doutrina da gratuidade do ato criador. E, por fim, a terceira acrescenta a essa distinção essencial e qualitativa entre Deus e o mundo a sua inefável superioridade — lembremo-nos da imagem espacial do prólogo — "acima de tudo o que existe e que se pode conceber além dele".

Não é demais sublinhar o tom "racional" dessa idéia de Deus. Sua "racionalidade" está, precisamente, na maneira paradoxal de subtraí-lo das influências da razão: Deus é "incompreensível" e está "inefavelmente acima de tudo o *que* [...] *se pode conceber* além dele". Esse o destaque polêmico da Constituição *Dei Filius*. Contra o panteísmo e o materialismo deve estabelecer também a transcendência e a liberdade de Deus (*Criador e Senhor*), sem o que seriam totalmente impensáveis sua revelação salvífica, seu agir soberano e a idéia dos "mistérios divinos que, por sua própria natureza, ultrapassam a inteligência humana" (cap. 4[31]). Contra a pretensa autonomia da razão — o racionalismo e o semi-racionalismo continuam os principais inimigos — o documento apóia a transcendência de Deus e da ordem sobrenatural (nos caps. 2 e 3) no próprio *ser de Deus*, na sua "substância"[32], relegando, ao mesmo tempo, a razão aos seus próprios limites, demarcados pela criação (cap. 4). E onde ficaria o Deus da Bíblia? Segundo H. J. Pottmeyer, "no Concílio a doutrina de Deus supera o enunciado bíblico de um Deus altíssimo, que sobrepaira ao mundo e que se manifesta no seu agir

---

27. Cf. cân. 4,2: "Se alguém afirmar [...] que a essência divina se transforma em todas as coisas à medida que se manifesta e se "desenvolve [...]" COD II-2, p. 1647,7; DS 3024; FC 258.
28. Cf. cân. 2: "Se alguém ousar dizer que não existe nada além da matéria, [...]"; FC 256; COD II-2, p. 1647, 1s; DS 3022.
29. Cf. cân. 4,3: "Se alguém afirmar que Deus é o ser universal ou indefinido que, ao se determinar, constitui a universalidade das coisas, distintas em gênero, espécie e indivíduo, [...]", COD II-2, p. 1647, 8s; DS 3024; FC 258.
30. Cf. o cân. 3 que dá uma definição geral do panteísmo: "a substância ou a essência de Deus e de todos os seres é una e idêntica" e o cân. 4, que distingue três tipos de panteísmo, COD II-2, p. 1647; DS 3023-3024; FC 257-258.
31. COD II-2, p. 1643, 34-36; DS 3016; FC 98.
32. Afirmação contra Günther e Hermes que, como o idealismo, transformam a substância divina em sujeito.

(sujeito) em nível de um enunciado ontológico (predicado), para afirmá-lo como essencial, perante o panteísmo metafísico"³³.

2. A DOUTRINA DA CRIAÇÃO

O segundo parágrafo do capítulo 1 expõe a doutrina da criação³⁴, mas apenas para conceituar melhor a Deus, em resposta ao panteísmo e ao semi-racionalismo de Hermes e Günther. De novo, vem do IV Concílio de Latrão a fundamentação essencial (em itálico no texto):

> Esse Deus único e verdadeiro, pela sua bondade e *onipotência*, não para aumentar a própria beatitude nem para ganhar a plena perfeição, mas para manifestá-la pelos benefícios que dá às suas criaturas, *criou do nada, por libérrimo desígnio, ao mesmo tempo, desde o início, os dois tipos de criaturas, as espirituais e as corporais*, ou seja, os anjos e o mundo e, depois, *a criatura humana que participa dos dois, porque composta de espírito e de corpo*.

No cânon 5, os três pontos principais são retomados. Primeiro, a assimetria radical entre Deus e suas criaturas, expressa contra o panteísmo pelo "do nada" (*ex nihilo*) e pelo "desde o início" (*ab initio temporis*) da criação. O cânon traduz essa assimetria ao afirmar a criação da totalidade do mundo, "sem resto" algum³⁵, repelindo assim qualquer confusão panteísta entre criatura e essência divina³⁶. Depois, a liberdade absoluta do ato criador (*liberrimo consilio*) é encarecida contra toda pretensão de deduzir o mundo da própria essência divina (Günther)³⁷. Por fim, coloca-se a gratuidade do ato criador, cujo único motivo é a bondade de Deus (aqui posta antes da sua onipotência)³⁸. Ele não cria para acrescer egoisticamente sua beatitude — crítica de Hermes e de Günther à teologia clássica —, nem para ganhar a perfeição —

---

33. H. J. POTTMEYER, *Der Glaube vor dem Anspruch...*, p. 143.
34. No tomo 2, pp. 80-83, já foi exposta essa doutrina, ao se falar do dogma da criação. Aqui, o tema é retomado na perspectiva da teologia fundamental.
35. Cân. 5,1: "Se alguém não confessar que o mundo e todas as realidades que ele contém, as espirituais e as materiais, foram criadas por Deus, na totalidade de sua substância, [...]", *COD* II-2, 1647,10-14; *DS* 3025; *FC* 259. No cap. 3, veremos esse ponto em termos teológicos e epistemológicos: "O homem depende *totalmente* de Deus, seu Criador e Senhor, e a razão criada está *completamente* sujeita à Verdade incriada".
36. Cf. *Mansi* 50, 76 C.
37. Cân. 5,2: "Se disser que Deus não criou por vontade isenta de toda necessidade, mas também que ele se ama a si próprio, [...]".
38. O relator refere-se, aqui, a S. Tomás: "Essa causa motriz é a bondade de Deus [...], sumamente comunicativo de si mesmo, ou, como escreve Tomás de Aquino, *summe diffusivus sui ipsius*", *Mansi* 51, 193 D.

como se o ato de criar estivesse ligado ao seu tornar-se Deus[39] —, mas para manifestá-la, por sua bondade.

Essa visão conciliar da criação, construída contra a tendência do idealismo alemão de conceber Deus e o mundo como uma realidade única e de pensar a cosmogonia como uma teogonia, permanece, pois, na perspectiva "racionalista" já observada, que abstrai do contexto trinitário, vendo somente o fundamento do senhorio de Deus sobre o mundo.

3. A DOUTRINA DA PROVIDÊNCIA

O terceiro parágrafo completa essa idéia, aproximando-nos do "método da Providência", já apresentado no Prólogo:

> Deus guarda e governa, pela sua divina Providência, o conjunto de tudo o que criou, "estendendo-a com força de uma extremidade do mundo à outra, e com bondade governa o universo" (Sb 8,1). Com efeito, "a seus olhos tudo está desnudo, tudo é subjugado por seu olhar" (Hb 4,13), inclusive o que decorre do livre agir das criaturas.

A partir da doutrina da criação e da sua finalidade[40], o texto afirma que a Providência divina consiste em proteger as criaturas e apoiar suas ações, orientando-as ao seu verdadeiro fim. Essa Providência é universal (<u>universa vero quae condidit</u> e Sb 8,1) e fundamenta-se na onisciência de Deus, também quanto ao futuro (Hb 4,13 na realidade fala da Palavra de Deus). Se o segundo parágrafo insistiu muito na liberdade absoluta dos desígnios divinos, não o fez bastante para excluir a liberdade das criaturas. Pelo contrário, esta, no fecho do terceiro parágrafo, vem reforçada pela Providência e onisciência de Deus. E no capítulo 3 ficará bem claro o sentido exato dessa liberdade humana.

O Concílio, portanto, realçando, contra o panteísmo, a transcendência de Deus e a sua superioridade e diferença em relação às criaturas, não deixa de, simultanea e equilibradamente, lembrar, contra o deísmo, a presença "forte e suave" do Criador e Senhor no mundo criado e a abertura dele para a sua ação. Aparecem assim, bem no centro da criação, as condições de possibilidade da revelação sobrenatural (caps. 2 e 3). Mas não caberia ainda notar o caráter "seletivo" das proposições sobre a Providência, devido à ausência do enfoque trinitário? Esse alinhamento temporal do mundo (*ab initio*), da origem divina do homem (*deinde*), da sua ação futura (*actio futura*) e da razão final da criação (*ad Dei gloriam*) obedece a uma lógica linear, encontrável, com outra

---

39. Cf. cân. 4, 2 e 3.
40. Essa finalidade está apontada no cân. 5,3: "Se alguém negar que o mundo foi criado para a glória de Deus, [...]", *COD* II-2, p. 1647,14; *DS* 3025; *FC* 259.

roupagem, no evolucionismo científico do positivismo. De qualquer modo, é muito diferente da temporalidade da Escritura e da sua maneira de articular a história e a criação[41].

Ao trabalhar com a possibilidade da ordem sobrenatural (caps. 2 e 3) e ao estabelecer os limites da razão (cap. 4), a partir do dogma do "Deus Criador de todas as coisas", o Concílio crê ter encontrado a base comum a qualquer pessoa razoável, um autêntico "preâmbulo da fé". Talvez se deva reconhecer, hoje, que é a busca dessa base comum que está aqui concretamente dogmatizada, como parte da própria conceituação de Deus. Já a forma ontológica, que toma esse caminho no cap. 1, supõe um consenso filosófico inexistente na época[42].

III. O CAPÍTULO 2: A REVELAÇÃO

Os capítulos 2 e 3 formam um conjunto unificado. Agrupa-os a mesma fórmula introdutória que os une ao capítulo 1 e ao prólogo: "A mesma santa Igreja, nossa mãe, crê e ensina [...]"[43]. Essa unidade literária corresponde à lógica precisa que reorganizou os dados antes da redação final, distribuindo-os entre a revelação divina (cap. 2) e a fé, como resposta humana (cap. 3)[44].

As duas partes do capítulo 2, que tratam, sucessivamente, da revelação e do seu "lugar" (os livros escritos e as tradições não escritas), podem ser lidas, primeiro, como uma reinterpretação circunstancial dos dois decretos do Concílio de Trento sobre a recepção dos Livros Sagrados e das tradições apostólicas, sobre a edição da Vulgata e o modo de interpretar a Escritura. Mas "*o Evangelho como fonte* de toda verdade salvífica e de toda regra moral"[45] dá lugar aqui ao conceito de "*revelação sobrenatural*", mudança da maior importância que se explica pela dupla oposição do Concílio à filosofia das luzes — ao racionalismo ou ao naturalismo e ao seu entendimento por certos teólogos semi-racionalistas —, e também à reação insuficiente do "tradicionalismo" ou do "fideísmo"[46].

A primeira parte do capítulo consta de dois parágrafos, um sobre a distinção entre "conhecimento natural de Deus" e "revelação sobrenatural", e outro sobre a necessidade dessa revelação, caso tenha existido efetivamente. Aí está o âmago da Constituição. O *princípio doutrinal* desse conjunto — vale insistir — apresenta dois aspectos, porque o texto não define só o caráter sobrenatural

---

41. Cf. Chr. THEOBALD, *art. cit.*, RSR 81 (1993), p. 617; e "Problèmes actuels d'une théologie de la creation", em P. Colin (éd.), *De la nature. De la physique classique au souci écologique*, Paris, Beauchesne, 1992, pp. 98-102.
42. H. J. POTTMEYER, *Der Glaube vom der Anspruch*..., pp. 143 s.
43. Cf. *COD* II-2, p. 1639,7; 1637, 32 e 1637, 14 s.
44. Cf. *Mansi* 51, 313 B.
45. Cf. supra, p. 117 s.
46. Cf. a análise desse jogo de oposições feita por H. J. POTTMEYER, em *Der Glaube vom der Anspruch*..., pp. 168-171 e 192 s.

da revelação, mas também deduz desse conteúdo dogmático uma afirmação epistemológica quanto à forma da razão e do conhecimento de Deus. Portanto, o capítulo 2 se situa bem na linha do anterior que, a partir da confissãao do "Deus criador e senhor", abrira já a possibilidade da ordem sobrenatural e estabelecera as fronteiras da razão numa base comum a todas as pessoas razoáveis. Mas, pela definição doutrinal e epistemológica da revelação sobrenatural, prepara também o capítulo 3, que partirá, de novo, da dupla afirmação da dependência do homem ao seu "Criador e Senhor" e da submissão da razão criada à Verdade incriada, como condição de possibilidade do ato de fé[47].

1. O CONHECIMENTO NATURAL DE DEUS

> A mesma santa Igreja, nossa Mãe, sustenta e ensina que Deus, princípio e fim de todas as coisas, pode ser conhecido com certeza pela luz natural da razão humana, a partir das coisas criadas, pois, 'desde a criação do mundo, as suas perfeições invisíveis são visíveis em suas obras para a inteligência' (Rm 1,20)[48].

Capta-se logo o sentido dessa asserção, tão debatida na primeira metade do século XX. É simplesmente o que rezava o capítulo 1 da Constituição (cf. cân. 1[49]): a própria fé surge como pressuposto (*praeambulum fidei*) para poder existir. Como diz H. Bouillard, "trata-se de afirmar que a fé no Deus da Bíblia não é um ato arbitrário; quando proclamamos: "Deus se revelou em Jesus Cristo", a palavra "Deus" tem um sentido para nós e, dando como certa a realidade desse Deus, essa certeza se funda na experiência do nosso existir e segundo as exigências da nossa razão"[50]. O pressuposto (*prae-ambulum*) em questão não pertence, pois, à ordem temporal. Na verdade, é *transcendental,* ou seja, resulta de uma reflexão da fé católica sobre suas condições de *possibilidade no ser humano,* reflexão voltada a salvaguardar, contra todo ceticismo epistemológico, o caráter humano, responsável e livre do ato de fé (como veremos no capítulo 3).

Cientes da dupla oposição do Concílio ao racionalismo e ao tradicionalismo, podemos compreender por que ele enfoca o "conhecimento natural de Deus", no contexto abstrato de uma "questão de direito"[51]. Alguns Padres de

---

47. Essa dupla afirmação da *possibilidade* da ordem sobrenatural e dos limites da razão criada estava, inicialmente, no primeiro parágrafo do cap. 2, entre a possibilidade de um conhecimento natural de Deus e a afirmação do *fato* da revelação.
48. *COD* II-2, p. 1639, 7-10; *DS* 3004; *FC* 86. As passagens citadas fora do texto nesta seção pertencem ao mesmo cap. 2.
49. "Se alguém disser que o Deus único e verdadeiro, nosso Criador e Senhor, não pode ser conhecido com certeza pelas suas obras mediante a luz natural da razão humana, [...]", *COD* II-2, p. 1647, 16-18; *DS* 3026; *FC* 104.
50. H. BOUILLARD, *Connaissance de Dieu. Foi chrétienne et théologie naturelle*, Paris, Aubier, 1967, p. 54.
51. Cf. o relatório Gasser em *Mansi* 51, 272 A e 273 C-D.

linha tradicionalista moderada pediram à Comissão da fé que precisasse a intenção do parágrafo, mas sem êxito[52]. Numa visão mais agostiniana, o tradicionalismo moderado prefere, na verdade, considerar o homem na sua existência concreta, sem isolá-lo do seu contexto constitutivo, como a sua educação familiar e social, que lhe abre o caminho efetivo para as verdades morais e religiosas, necessárias à sua humanidade[53]. Na medida em que o tradicionalismo moderado não afirma a necessidade da *fé cristã*, para aceitar a existência de Deus, mas apenas a exigência histórica da referência a uma tradição, não o atinge a definição conclusiva, situada *no nível formal de uma possibilidade*[54].

O motivo dessa abstração[55] é tanto histórico como dogmático. Enquadra-se na moldura histórica, enquanto o racionalismo do Iluminismo, que reivindica a autonomia da razão perante toda autoridade como um "direito"[56], não pode ser combatido pelo simples apelo da fé ou da tradição. Antes, deve ser enfrentado no seu próprio campo, pelo claro reconhecimento do valor da razão como "poder ativo"[57] — e não como como mero "poder passivo", conforme o tradicionalismo — mas aberto à alteridade do Criador. Reside aí a alternativa dogmática de um possível conhecimento natural de Deus. A "natureza"" não há de ser entendida apenas como criação — como se evidencia na história bíblica —, mas, inversamente, também a criação deve ser vista como "natureza", o que foi contestado por certos Padres, próximos do tradicionalismo. De outra forma, como encontrar algo comum entre a Igreja e a sociedade e como sustentar que o homem, sem meios de acolher a revelação oferecida, poderia assim mesmo encontrar a Deus, possibilidade que *o obriga* em consciência[58]?

Essa a questão principal do texto, que não exprime somente a preocupação da Igreja por toda a sociedade, invocando uma racionalidade dependente da transcendência divina, uma moralidade sujeita ao legislador supremo que é Deus, e o culto público que se lhe deve. Trata-se também de ver o que funda-

---

52. Enquanto D. Garcia Gil (*Mansi* 51, 122C) e o cardeal Deschamps (*Mansi* 51, 136 B-D) intervieram, em nome da comissão, para afirmar que o tradicionalismo moderado não estava em questão, D. Gasser, que voltou nos debates, oficialmente, à ordem concreta da história da filosofia (*Mansi* 51, 417 A-418 C), pretendia que o tradicionalismo moderado também fora atingido pela condenação do tradicionalismo estrito (*Mansi* 51, 275 A).

53. Cf. a intervenção de D. Filippi, um dos defensores do tradicionalismo moderado (*Mansi* 51, 134 A — 135 D) e a retomada desse debate essencial em H. J. POTTMEYER, *Der Glaube vom der Anspruch...*, pp. 178-189.

54. Assim se explica também a mudança do cân. 1 que, de início, falava do homem e até do homem decaído, e agora se refere, como no texto, de maneira abstrata, à "luz natural da razão".

55. É o processo de seleção, várias vezes já nomeado, que é determinado pela oposição do Concílio aos seus adversários.

56. O tema dos "direitos" da autoridade magisterial no cerne do ato de fé, tema a ser tratado no cap. 3 da Constituição, se insere numa delimitação "anterior" dos respectivos "direitos" da razão natural e da autoridade da revelação sobrenatural.

57. Cf. H. J. POTTMEYER, *Der Glaube vor dem Anspruch...*, pp. 185 s. e 195 s.

58. Cf. sobre isso a intervenção de Franzelin na Comissão da fé, em 11/01/1870, *Mansi* 50, 76 D — 77 A.

menta o diagnóstico do prólogo, quando este afirma que a negação das obrigações decorrentes da "natureza racional" e de "toda norma de direito e de justiça" leva a "destruir as bases mais profundas da sociedade humana". A citação de Rm 1,20 pede esse contexto teológico, como se vê pela exegese desse texto feita por Franzelin[59]. Com muito acerto, ele observa que a idolatria, a impiedade e a injustiça são "inexcusáveis", porque supõem possível[60] o "conhecimento natural de Deus", embora insista também no espírito anti-tradicionalista do caráter demonstrativo desse conhecimento (*cognosci et demonstrari posse*), não assumido pelo Concílio.

Realmente, a extensão desse conhecimento não está assinalada, apesar de o texto parecer incluir aí a criação. Em todo caso, a expressão "Deus, princípio e fim de todas as coisas" aponta os limites do mundo e a abertura da razão para o Absoluto. Mas ressalta do Concílio que esse "Deus dos filósofos" não é senão o "Criador e Senhor" da Bíblia (o cânon 1 cita o início do cap. 1). É preciso, pois, não esquecer suas características, explícitas nesse capítulo (sobretudo, que ele é *incompreensível*). Caso contrário, vamos nos enganar com o "poder" desse conhecimento[61], que nada mais é que a "potência obediencial", isto é, a capacidade de ouvir e de obedecer. E para que serve ela? Ao acolhimento da revelação sobrenatural, objeto da frase seguinte do documento.

2. A REVELAÇÃO SOBRENATURAL

> No entanto, foi do agrado de sua sabedoria e de sua bondade revelar-se a si mesmo ao gênero humano e revelar também os decretos eternos de sua vontade, mediante outro caminho, a saber, o sobrenatural: "Depois de ter, por muitas vezes e de muito modos, falado outrora aos nossos Pais pelos profetas, Deus, no período final em que estamos, falou-nos a nós pelo Filho" (Hb 1,1-2).

Já foi sublinhado que a defesa do caráter "sobrenatural" da revelação cristã contra o racionalismo ou o naturalismo, constitui o objeto principal da Constituição[62]. Nela o conceito de "sobrenatural" aparece com três sentidos: neste primeiro parágrafo, qualifica a revelação divina; no segundo, será aplicado à nova vocação do homem e no terceiro, ao acolhimento da revelação pela fé.

A Constituição articula, primeiro, o conceito de revelação com a ordem da criação. O "no entanto" inicial da frase, introduzido posteriormente, procura

---

59. Cf. o *Votum* de Franzelin no anexo de H. J. POTTMEYER, *Der Glaube vor dem Anspruch*..., pp. 36*-44*.

60. Cf. Chr. THEOBALD, "Quand on dit aujourd'hui 'Dieu est juste'", *NRT* 113, (1991), pp. 161-184.

61. No comentário do segundo parágrafo, voltaremos ao caráter "certo" desse conhecimento natural de Deus, bastante debatido no Concílio.

62. Cf. o comentário do prólogo supra, p. 212.

eliminar o mal-entendido de uma simples justaposição das duas ordens. A revelação, na realidade, é uma outra via. Não a via ascendente seguida pelos que procuram a Deus, mas a via descendente, escolhida pelo próprio Deus, para oferecer acesso a ele mesmo. Franzelin distingue essas duas ordens da criação e da redenção pelos conceitos de "manifestação natural" e de "revelação sobrenatural"[63]. Esta se caracteriza também por uma gratuidade e liberdade totalmente especiais, sugeridas pela expressão bíblica "do agrado de Deus", que se fundamentam na sua sabedoria e bondade e lembram os atributos divinos do capítulo 1.

A marca principal da revelação, porém, é que ela desvenda a própria intimidade de Deus, ou seja, é *auto-revelação* (*se ipsum*), na acepção exata do termo. Aí está o único ponto da Constituição em que se assume a perspectiva da comunicação que, vindo do idealismo alemão, será tão decisiva na Constituição dogmática sobre a revelação no Vaticano II. Mas o caráter absolutamente singular desse acontecimento de auto-revelação, aqui apenas aflorado, vem logo dirigido para um plural: "os decretos eternos da vontade de Deus", tradução dos seus "desígnios", na linguagem teológica do tempo. Definido antes o conhecimento natural de Deus, fica claro que o fato dessa revelação é universal. Segundo a expressão textual, visa a todo o "gênero humano". Por fim, a referência ao início da Carta aos Hebreus liga o conceito de revelação com a Palavra de Deus, que será, no Vaticano II, o ponto de partida da Constituição *Dei Verbum* e o recoloca dentro da história bíblica, especificando assim que essa "outra via sobrenatural", de que se falava então de maneira global, vem culminar no Filho. A perspectiva histórica ou bíblica, agora clareada, determina também o segundo parágrafo, que se refere à "condição atual do gênero humano".

3. A DUPLA NECESSIDADE DA REVELAÇÃO SOBRENATURAL

> É realmente graças a essa revelação divina que todos os homens são capazes de vir a conhecer facilmente, na condição atual do gênero humano, com firmeza e sem mescla de erro, aquilo que nas coisas divinas não é de si inacessível à razão humana. Mas não é por isso que a revelação deverá ser considerada inteiramente necessária, senão porque Deus, na sua bondade infinita, orientou o homem para um fim sobrenatural, qual seja participar dos bens divinos que ultrapassam absolutamente o que a inteligência humana pode alcançar, pois "o olho não viu, o ouvido não ouviu, nem subiu ao coração do homem tudo o que Deus preparou para os que o amam" (1Cor 2,9).

Antes de analisar o objeto deste parágrafo sobre a *necessidade* da revelação, é bom precisar alguns aspectos do conceito de "revelação", levantados pela

---

63. Cf. *Mansi* 50, 324 C.

segunda frase e pela citação bíblica, que nos trazem o segundo sentido da palavra "sobrenatural". Esses aspectos, destacados contra o semi-racionalismo de Günther e de Froschammer[64], insistem, de novo, na transcendência da revelação, absolutamente necessária para se conhecer as verdades da fé. Mas essa insistência obriga o Concílio a não ficar no nível do princípio da revelação (1º parágrafo), mas a visar também ao seu fim, ou seja, à orientação do *homem* "para um fim sobrenatural". Essa orientação, aliás, vem imediatamente apresentada em termos bíblicos, como participação gratuita nos bens divinos, que *superam* (note-se a imagem espacial do texto) tudo o que a mente humana pode conceber. Mais tarde, voltaremos ao aspecto gnosiológico dessa primeira determinação do *conteúdo* da revelação (que antecipa a doutrina dos "mistérios" do cap. 4). Com a citação de 1Cor 2,9 (a ser completada no cap. 4), conclui-se a definição da revelação, porque, partindo da manifestaçao de Deus na criação, o texto passa pela revelação histórica, para chegar até seu cumprimento escatológico, no final dos tempos. Lembra bem H. J. Pottmeyer que o *Votum* de Franzelin já salientava esse elo do conhecimento das profundezas divinas pela fé com a visão beatífica de Deus, considerando-o como razão última da necessidade de uma revelação, para se chegar aos mistérios da fé[65].

O que acabamos de explanar sobre o conceito de "revelação" pede, agora, duas explicações mais gerais. Todos os intérpretes acentuam a posição central do esquema "natureza-sobrenatural", na Constituição[66]. Desde a Idade Média e particularmente S. Tomás[67], esse esquema supõe que à "natureza" de uma coisa corresponde um "fim determinado" e os meios "necessários" para consegui-lo[68]. Nessa perspectiva, a manifestação de Deus na criação representa o "meio necessário" para se chegar ao conhecimento de Deus, "princípio e fim de todas as coisas" (1º parágrafo), assim como a revelação sobrenatural é "absolutamente necessária" para que o homem possa alcançar seu "fim sobrenatural" (2º parágrafo). Trata-se, pois, de uma necessidade puramente *hipotética*. No primeiro caso, ela pressupõe a liberdade do criador; no segundo, a gratuidade da destinação do homem a um "fim sobrenatural".

Enquanto, porém, o esquema medieval partia da idéia de que essa acessibilidade humana para a beatitude ou para o desejo de ver a Deus faz parte da sua "natureza", vendo *só a satisfação* paradoxal desse desejo como um dom "sobrenatural", a Constituição estima como "sobrenatural" a própria *destinação*. Supõe, portanto, seja o desdobramento das finalidades natural e sobrenatural, seja a hipótese de uma "natureza pura", que, desde Cajetano[69], começara

---

64. Cf. o cân. 3, *COD* II-2, 116147, 21-24; *DS* 3028; *FC* 106.
65. H. J. POTTMEYER, *Der Glaube vor dem Anspruch*..., p. 230.
66. Cf. a longa exposição a esse respeito em H. J. POTTMEYER, *Der Glaube vor dem Anspruch*..., pp. 82-107, e em P. EICHER, *Offenbarung, op. cit.*, pp. 134-142.
67. Cf. tomo 2, pp. 313-343; para a época moderna, pp. 338-343.
68. Cf. ib., pp. 319 s. com referências.
69. Cf. ib., pp. 328 ss.

a prevalecer na teologia católica. Estariam os teólogos do Concílio, como pensa H. J. Pottmeyer, conscientes do caráter formal dessa construção, fadada a garantir a gratuidade da ordem sobrenatural? Parece que sim, pois os redatores foram forçados pelos tradicionalistas moderados a precisar o caráter *formal* da ordem natural, pouco importando o *conteúdo* por eles dado a esse conceito que Franzelin e outros entendiam como uma réplica quase perfeita da ordem sobrenatural. Seria possível compreender de outro modo a primeira frase do segundo parágrafo, que distingue, precisamente no domínio da criação, a *perspectiva histórica* da *"condição atual* do gênero humano" e a perspectiva *formal* das possibilidades da razão *natural* [70]? Com isso, não se pode negar que a insistência na distinção das duas ordens, de par com o contexto polêmico, e a inserção delas numa visão hierárquica de dois ou três planos[71], torna mais difícil a comunicação entre elas.

Essa dificuldade cresce sobretudo quando se atenta para o acento epistemológico do texto, que deduz do perfil sobrenatural da revelação uma afirmação gnosiológica referente à forma da razão e do conhecimento de Deus. Embora a Constituição ligue a auto-revelação de Deus, num enfoque antropológico (que reaparecerá no Vaticano II), à destinação sobrenatural do homem para Deus como seu fim, é em função da razão humana que ela define o conceito de "revelação", ou seja, como *meio necessário* para dar ao conhecimento humano o que "supera absolutamente sua capacidade intelectual". Como se verá melhor no capítulo 3, o primeiro indício da ligação estreita[72] da revelação com os dogmas está na apresentação quase sempre plural do *conteúdo* da revelação (os decretos eternos da sua vontade, as coisas divinas, os bens divinos).

Essa definição "gnosiológica" da revelação, presente na ordem sobrenatural, figura também em segundo plano, na primeira frase do segundo parágrafo, que afirma a "necessidade moral" — "na condição atual do gênero humano", marcada pelo pecado original — de uma revelação das "verdades naturais". Conforme o relator, trata-se das verdades concernentes à relação do homem com Deus e a lei moral, enfocadas no primeiro parágrafo, pelo ângulo do conhecimento natural de Deus. No seu *Votum*, Franzelin observa que a necessidade moral de uma revelação dessas verdades naturais deriva do seu "vínculo" com a revelação sobrenatural, porque elas estão como que incluídas nela[73]. Observa-

---

70. A contestação dos argumentos de Pottmeyer por EICHER, *Offenbarung*, pp. 137s., não considera a complexidade da análise e da conclusão do autor, *op. cit.*, p. 106. P. Eicher deixa de lado os adversários do Concílio, o debate com o "tradicionalismo moderado" e o início do segundo parágrafo do cap. 2. Por isso, valoriza unilateralmente o *conteúdo* do conceito de "natureza".
71. O último plano seria o cumprimento escatológico.
72. P. EICHER, *Offenbarung*, p. 112, fala de um elo circular entre a revelação e a doutrina revelada (*religio*); cf. também a expressão do prólogo: "A religião cristã enquanto sobrenatural".
73. Cf. H. J. POTTMEYER, *Der Glaube...*, p. 58*: "A revelação de verdades que não superam de si mesmas a luz da razão não está separada, na ordem atual, da revelação das realidades sobre-racionais, mas, ao contrário, estão contidas nesta, porque integram uma única revelação".

ção, aliás, decisiva para se entender os debates ulteriores sobre a extensão da autoridade do magistério[74]. Doutra parte, o estreitamento "gnosiológico" do conceito de revelação confirma-se pela reiterada referência a uma problemática da "certeza", herança do cartesianismo, mas sobretudo ligada a uma incerteza generalizada em que a Igreja se oferece como saída. Enquanto a afirmação do caráter "certo" do conhecimento natural de Deus evidencia a *objetividade* dessa possibilidade da razão, o recurso à revelação nos mesmos campos — "para conhecer facilmente, com firme certeza e sem mescla de erro" — visa, ao contrário, suprir a incerteza *subjetiva*, numa situação marcada pelo pecado original.

Dessa parte central da Constituição vale guardar dois pontos essenciais que, nos capítulos seguintes, iremos reavaliar: o pressuposto "teísta"[75] do seu conceito de revelação, cuja inteligibilidade depende, de fato, da sua pré-compreensão de Deus como "Criador e Senhor", e o "estreitamento intelectual" desse mesmo conceito, plausível somente dentro de um imaginário específico, que se chegou a chamar de "modelo de instrução"[76].

4. O LUGAR DA REVELAÇÃO: ESCRITURAS E TRADIÇÕES

Como já se disse, a continuação do texto é uma releitura dos dois primeiros decretos da quarta sessão do Concílio de Trento. Depois de censurar os que minam as bases da sociedade e os defensores do racionalismo e do naturalismo das Luzes, o texto retoma o ponto inicial de sua genealogia dos erros modernos, a saber, a desarticulação das três instâncias: a Escritura, a Tradição e o magistério da Igreja[77].

Não só "*o Evangelho como fonte* de toda verdade salvífica e de toda norma moral", mas também a sua *interpretação*, tal como está sendo proposta mediante o conceito de "revelação sobrenatural", apresenta-se *"contida"* [...] *nos* livros escritos e nas tradições não escritas que, recebidas pelos apóstolos dos lábios do próprio Cristo ou transmitidas como que de mão em mão pelos apóstolos, sob a ação do Espírito Santo, chegaram até nós"[78]. Portanto, nenhuma distância entre a fonte e a sua interpretação.

---

74. Cf. infra, pp. 268 ss.
75. Cf. P. EICHER, *Offenbarung*, pp. 143s.
76. Cf. M. SECKLER, "Aufklärung und Offenbarung", em *Christlicher Glaube in moderner Gesellschaft*, t. 21, Freiburg, Herder, 1980, p. 56.
77. D. Caixal y Estrade insistiu no ligação orgânica dessas três instâncias; cf. *Mansi* 50, 155 D-157 D.
78. *COD* II-2, p. 1639, 22-25; *DS* 3006; *FC* 155; cf. supra, pp. 120 s.

5. A INSPIRAÇÃO DOS LIVROS SAGRADOS

O terceiro parágrafo, aludindo ao primeiro decreto de Trento[79], traz sobretudo algumas precisões importantes sobre a canonicidade e a inspiração[80] dos *Livros do Antigo e do Novo Testamento*:

> A Igreja assim os considera (sagrados e canônicos) não porque, escritos por iniciativa humana, foram depois por ela aprovados nem apenas porque contêm a revelação sem nenhum erro, mas porque foram escritos por inspiração do Espírito Santo e, por isso, têm como seu autor o próprio Deus e assim foram transmitidos à Igreja.

De início, o texto repudia duas visões insuficientes; a explicação meramente histórica ou sociológica da canonicidade das Escrituras, que insistiria apenas, como faz a exegese histórico-crítica, na composição da obra e na sua recepção pelas comunidades eclesiais; e a argumentação a partir do conteúdo da Escritura, eximindo-se de distinguir o caráter específico dos livros bíblicos dos outros textos do magistério, que "também contêm, sem nenhum erro, a revelação". A razão dogmática da canonicidade da Escritura reside na sua inspiração ou, o que é o mesmo, no fato de terem o próprio Deus como autor.

Essa afirmação situa, claramente, a inspiração e a canonicidade ao lado da revelação, deixando aberto, porém, o problema — que se aguçará na crise modernista — da articulação entre a composição efetuada pelo autor humano e a inspiração do Espírito Santo. Mas, como explicou Franzelin à Comissão, no dia 11 de janeiro de 1870, pressupõe a diferença entre o carisma da inspiração, ligado à época constitutiva da revelação, e a assistência permanente (*assistentia*) do Espírito, que permite à Igreja não só receber o cânon das Escrituras, mas também guardar e interpretar fielmente o "depósito da fé"[81]. Porém, como pode ela reconhecer o caráter inspirado ou canônico deste ou daquele livro? O Concílio não define nem que todos os livros lhe foram transmitidos diretamente pelos apóstolos como livros inspirados[82], nem que a inspiração deste ou daquele escrito foi reconhecida explicitamente por uma tradição divino-apostólica. Cumpre recorrer aqui à explicação de Franzelin perante a Comissão: a Escritura e a Tradição constituem como que "dois modos" (*duplex modus*) da Palavra de Deus. A presença da revelação na tradição oral da Igreja permite-lhe reconhecê-

---

79. Atendendo ao pedido de muitos Padres, a versão definitiva da Constituição cita o mais fielmente possível os documentos de Trento.
80. Segundo Gasser, não há diferença entre canonicidade e inspiração: "Em nosso esquema, livro canônico e livro inspirado são a mesma coisa", (*Mansi* 51, 281 D).
81. *Mansi* 50, 331 C-333 A; W. KASPER, *Die Lehre von der Tradition...*, pp. 405-413, destaca bastante esse ponto.
82. Foi tirado de propósito o *per apostolos*, para deixar em aberto a questão histórica dos autores do Novo Testamento.

la neste ou naquele livro bíblico. Essa explicação funcional[83] fica bem longe da perspectiva das "duas fontes", que determinada tradição havia relançado e relançará mais tarde, no Vaticano I[84].

6. DA ESCRITURA E DA TRADIÇÃO AO MAGISTÉRIO ECLESIAL

Finalmente, o quarto parágrafo une Escritura e Tradição com a terceira instituição, o magistério da Igreja, oferecendo a interpretação autêntica do segundo decreto do Concílio de Trento:

> Declaramos, ao confirmar esse mesmo decreto, que é sua intenção que, *em questão de fé e de costumes pertencentes ao edifício da doutrina cristã,* deve-se ter como verdadeiro *sentido da S. Escritura o proposto ontem e hoje pela nossa Santa Mãe Igreja, à qual cabe definir o sentido e a interpretação verdadeira das S. Escrituras* e não é permitido a ninguém interpretar essa Escritura em sentido contrário nem também contrário *ao consenso unânime dos Padres.*

Esse parágrafo da Constituição foi o mais controvertido na Comissão e entre os Padres conciliares[85]. A redação final, muito semelhante ao texto tridentino (em itálico, na citação), visa a dois objetivos. Primeiro, faz uma leitura *positiva* do concílio anterior, que se contentara com excluir uma contradição "confessional" entre o julgamento privado ou o sentido pessoal e o julgamento da Igreja ou o sentido eclesial das Escrituras. Pressuposta em Trento, a responsabilidade magisterial da Igreja é, agora, afirmada positivamente, como autoridade *para julgar e para interpretar*. Depois, a Constituição retoma a versão *negativa* de Trento a respeito do "consenso unânime dos Padres", garantindo, assim, a liberdade dos exegetas, presos somente à norma negativa de não-contradição com o magistério, e o "consenso unânime" da Tradição. W. Kasper anota que o restabelecimento da formulação tridentina, no fim do debate, ao distinguir claramente o "sentido eclesial", caracterizado por um julgamento explícito e pelo "consenso dos Padres" extremamente mais amplo, elimina formalmente a identificação, defendida por alguns teólogos romanos, como Perrone, entre a tradição e a doutrina definida pelo magistério da Igreja[86].

Com esse parágrafo o texto fecha-se em si mesmo. Não apenas toca no ponto de partida da sua genealogia dos erros dos tempos modernos, como também se define como o resultado de um julgamento magisterial e de determinada

---

83. *Mansi* 50,332 C-D.

84. Cf., por exemplo, Alexander KERRIGAN, "Doctrina concilii Vaticani I de 'sine scripto traditionibus'" (1963), em *De doctrina Concilii Vaticani Primi...*, p. 26.

85. Cf. a retomada do debate por Gasser, na sua *relatio* de 5 de abril de 1870, *Mansi* 51, 286 D-289 D.

86. Cf. W. KASPER, *Die Lehre von der Tradition...*, pp. 415 s. e 420 s.

interpretação das Escrituras. A fórmula consagrada — "o sentido proposto ontem e hoje pela nossa Mãe a Santa Igreja" — voltará, depois, no texto que se apresenta, no seu todo, como "edifício da doutrina cristã", cujos "fundamentos" epistemológicos estão garantidos a partir de agora, porque baseada na racionalidade humana, aberta à transcendência e apoiada no fundamento natural da sociedade, a revelação sobrenatural que *implica* a articulação formal das três instâncias (Escritura, Tradição e magistério da Igreja). A coesão de todo o edifício está assegurada pelo julgamento magisterial, intérprete autêntico da Bíblia e da Tradição.

IV. O CAPÍTULO 3: A FÉ

Dispensando qualquer fórmula introdutória, este capítulo doutrinal prossegue, apresentando agora a resposta do homem à revelação. O texto desdobra-se em duas partes: a primeira propõe uma análise minuciosa da *estrutura da fé*, situando-a, conforme procedimento seletivo já exposto, em relação às exigências da "razão criada"; a segunda determina *a posição da Igreja no ato de fé*. A junção dessas duas vertentes acontece por um breve parágrafo[87], bastante discutido durante o Concílio, sobre a *forma dogmática* da fé, precisando o que foi dito no capítulo anterior sobre o julgamento magisterial e deixando a determinação desse julgamento para a Constituição *Pastor Aeternus*.

1. A ESTRUTURA DA FÉ

Ponto de partida: a dependência do homem para com Deus

Inicialmente, a primeira frase aparecia no capítulo 2 para argüir, contra o racionalismo, a *possibilidade* de uma revelação sobrenatural. Na versão definitiva, ela vincula a definição da fé à sua condição de possibilidade, a relação entre criatura e Criador, exposta no capítulo 1, base de toda a Constituição:

> Dado que o homem depende totalmente de *Deus como seu Criador e Senhor* e a razão criada está completamente sujeita à Verdade *incriada*, cabe-nos prestar pela fé ao Deus que se nos revela a plena submissão da nossa inteligência e vontade[88].

Portanto, o ponto de partida está na *dependência total* do homem e da sua razão a Deus, como resultado direto da teologia da criação já apresentada e

---
87. *COD* II-2, p. 1641, 28-31.
88. *COD* II-2, p. 1641, 2-5; *DS* 3008; *FC* 90. Os trechos citados fora do texto nesta seção pertencem ao mesmo cap. 3.

levada aqui ao extremo, para reafirmar a oposição ao racionalismo. Essa dependência ontológica, por susposição universalmente reconhecível, fundamenta a *obrigação que todos*[89] *têm de crer* em Deus, desde que ele se revele. A ênfase na submissão total da criatura ao Criador caracteriza, evidentemente, a primeiríssima determinação da fé como "obediência" (*obsequium*)[90] ou "submissão da inteligência e da vontade" a Deus, "infinito em inteligência, em vontade e em todas perfeições", conforme os atributos expressos no capítulo 1. Pode-se divisar aí uma perspectiva paulina?[91] Não nos parece assim, pois o Apóstolo sublinha na obediência da fé, acima de tudo, o aspecto de escuta (*oboeditio*), registrado pelo Concílio de Trento e vivamente revalorizado na *Dei Verbum*[92]. Veremos que esse deslocamento terá conseqüências relevantes quanto ao lugar da liberdade no ato de fé.

Primeira definição da fé

Àquela frase inicial segue-se logo a definição solene ("a Igreja católica professa") da estrutura fundamental da fé:

> Essa fé, porém, *início da salvação humana*, a Igreja católica professa que é uma virtude sobrenatural, pela qual nós, *protegidos por Deus e auxiliados pela graça, cremos como verdadeiro o que ele nos revelou*, não por uma verdade intrínseca, percebida pela luz natural da razão, mas pela própria autoridade de Deus que se revela e que não pode se enganar nem pode nos enganar, pois, segundo o apóstolo, a fé é um modo de possuir desde agora o que se espera, um meio de conhecer realidades que não se vêem (Hb 11,1).

Sem pretender ser completa[93], essa definição retoma alguns elementos da descrição do ato de fé apresentada no decreto tridentino sobre a justificação (em itálico, no texto acima). Mas a citação não é apenas seletiva[94]. Seu sentido

---

89. Por causa do contexto, a extensão do "nós" que visa, primeiramente, ao sujeito eclesial, é muito mais ampla.
90. Cf. também o cân. 1 que reforça o aspecto hierárquico do conceito de obediência (devida a Deus como a um superior): "Se alguém disser que a razão humana é tão independente que Deus não pode exigir dela a fé (*a Deo imperari*), [...]", *COD* II-2, p. 1647, 29 s.; *DS* 3031; *FC* 108.
91. Assim pensa H. J. POTTMEYER, *Der Glaube*..., pp. 235 s.
92. Cf. *Dei Verbum* 5, que cita Rm 16,26; Rm 1,5 e 2Cor 10,5-6, ressaltando a "obediência da fé" (*oboeditio*), infra, pp. 419 s.
93. *Mansi* 51, 313 A.
94. São duas referências ao decreto tridentino: uma do cap. 6 ("os homens se dispõem à própria justiça, quando incentivados e ajudados pela graça divina [...], voltam-se livremente para Deus, crendo que é verdade tudo o que foi divinamente revelado e prometido"); outra do cap. 8 ("se nos consideramos justificados pela fé, é porque a fé é o início da salvação do homem"). Cf. tomo 2, pp. 285-287 e 296 s.

é também deslocado pelo que se lhe acrescentou, por causa da oposição circunstancial ao conceito racionalista e semi-racionalista (Günther e Hermes) da fé. Passa-se, pois, do processo de justificação para a fé *em geral*, na perspectiva formal da distinção absoluta entre crer e saber[95].

Definida, primeiro, como virtude *sobrenatural*, a fé se insere, integralmente, na economia sobrenatural de que se falou anteriormente. Consiste na orientação da pessoa, graças à revelação sobrenatural, a um fim sobrenatural, expresso aqui, na teminologia tridentina, como "início da salvação", "preparada e acompanhada pela graça divina". O texto indica, a seguir, o objeto *material* da fé: "crer como verdadeiro o que Deus nos revelou". Percebe-se o "estreitamento gnosiológico" já assinalado, que enseja a identificação do que Deus revelou e a sua proposição dogmática pela Igreja, no meio do capítulo. O ponto alto do parágrafo, enfim, localiza-se na definição do objeto *formal*[96] da fé, "a autoridade infalível de Deus que revela". Define-se, assim, a fé, em última análise, *como uma relação de obediência à autoridade de Deus*, reclamada, certamente, por um intelecto aberto à transcendência, mas distinto formalmente dela. Com efeito, o exercício da razão baseia-se na evidência intrínseca do que se vê, enquanto que a fé, pelo contrário, se apóia na autoridade extrínseca daquele que comunica, infalivelmente, a verdade.

O Concílio assume aí a perspectiva antropológica e epistemológica do tratado sobre a fé na *Suma* de Tomás de Aquino que, a partir da definição de fé de Hb 11,1, coloca-a entre os diferentes atos da inteligência[97]: de um lado, a visão completa, evidente e certa de uma coisa, dos primeiros princípios de uma ciência, por exemplo; de outro, a dúvida ou a opinião que geram a indecisão. A fé com nada disso se identifica. Primeiramente, não inclui nenhuma evidência, porque adere a uma verdade que não é evidente por si mesma (*non apparentium*). Depois, não inclui, doutra parte, nenhuma dúvida, antes adere com certeza — atitude essa visada pela terminologia da prova (*argumentum*, cf. Hb 11,1). Na realidade, a fé supõe uma opção voluntária (*electio voluntaria*), fundamentada, em última instância, na autoridade divina (*auctoritas divina*)[98]. Mas, enquanto S. Tomás, na exegese da primeira parte de Hb 11,1, corrige essa perspectiva extrinsecista, insistindo numa determinada presença ou num primeiro "esboço" *em nós* da realidade a se esperar — a beatitude, o Concílio destaca o *princípio*

---

95. Cf. o cân. 2, *COD* II-2, p. 16147, 311-34; *DS* 3032; *FC* 109.

96. Se o objeto material da fé designa o conteúdo, o objeto formal focaliza o tipo de relações criado pelo ato de crer.

97. ST IIa-IIae, q. 4, a. 1: "É boa a definição de fé apresentada pelo Apóstolo...?"; cf. supra, p. 98 s.

98. Para uma análise minuciosa da leitura da Carta aos Hebreus na Constituição *Dei Filius*, cf. Chr. THEOBALD, "L'Épître aux Hébreux dans la théologie de la foi de Saint Thomas au Concile Vatican I", Centre Sèvres, "Comme une ancre jetée vers l'avenir", *Regards sur l'Épître aux Hebreux*, Paris, Média-sèvres, 1995, pp. 19-35.

formal da diferença ontológica entre autoridade e razão, lembrando só ao fim e formalmente toda a citação de Hb 11,1[99].

A verdade é que, estritamente correlativa ao esquema "natureza-sobrenatural", a tensão entre razão e autoridade constitui o tema principal da Constituição e do próprio Vaticano I[100] e o fundamento dogmático dessa oposição vem nesse parágrafo. Nas outras partes do texto, a autoridade infalível do Deus Criador e Senhor que se revela, ou seja, o que representa o objeto formal da fé, é comunicada ao conjunto das instâncias mediadoras da Igreja. Antes de mais nada, a Escritura (cap. 2), que é canônica não por sua elaboração humana nem pela sua recepção nem ainda pela inteligibilidade do conteúdo, mas porque tem a Deus como autor. Depois, o "magistério divino da Igreja", isto é, "a *autoridade* do Concílio de Trento" e "*a autoridade* do Papa" (prólogo[101]).

A segunda parte do capítulo 3 mostrará a justificativa dogmática dessa comunicação da autoridade divina à Igreja. Já assinalamos o deslocamento global do conceito de autoridade para uma perspectiva mais voluntarista e extrinsecista, em detrimento do seu caráter "testemunhal". Esse deslocamento supõe, em última análise, *uma concepção jurídica da revelação ou da sua autoridade*, oposta ao princípio crítico da autonomia, ao legitimar não apenas a estrutura hierárquica da sociedade eclesial, mas também o lugar privilegiado do direito da Igreja em relação aos fundamentos das sociedades humanas. Nesse horizonte é que se deve enquadrar a definição da fé como obediência Àquele que comunica a verdade infalivelmente.

Os intérpretes do parágrafo em questão oscilam entre o enfoque desse contexto polêmico[102] e a alusão à persistência de certos aspectos personalistas nesse conceito de fé[103]. Pensamos que não seria necessário subestimar, a partir de uma visão mais contemporânea, a oposição inconciliável entre a autoridade da revelação e a razão crítica, que caracteriza a luta do "magistério extraordinário" do Vaticano I contra "os erros dos tempos modernos". O que não impede o leitor de ficar atento, hoje, a certos elementos do texto, sobretudo nos parágrafos seguintes, base para o trabalho de reequilíbrio operado pelo Vaticano II.

---

99. *Mansi* 51, 210 C, 301 e 317 C-D.
100. Cf. Y. CONGAR, "L'ecclésiologie, de la Révolution française au concile du Vatican, sous le signe de l'affirmation de l'autorité", obra coletiva, *L'ecclésiologie au XIXe siècle*, Paris, Cerf, 1960, pp. 77-114; cf. também H. J. POTTMEYER, *Der Glaube*..., p. 65 e P. EICHER, *Offenbarung*, pp. 120-134.
101. Cf. também o epílogo: "Nós ordenamos, pelo amor de Jesus Cristo e pela autoridade do nosso Deus e Salvador [...]", *COD* II-2, p. 1649, 18s.; *DS* 3044.
102. Assim, por exemplo, P. Eicher, que nos parece forçar o aspecto extrinsecista do texto.
103. Cf. H. J. POTTMEYER, *Der Glaube*..., pp. 247-252, que insiste no inter-relacionamento latente entre o dativo *revelanti Deo* e o caráter integral da confiança do crente ou da sua auto-entrega, perceptível na idéia de "submissão *plena*".

A fé, obséquio racional do homem a Deus

Os dois parágrafos seguintes completam e matizam a primeira definição de fé, sempre a partir das duas frentes: o racionalismo e o semi-racionalismo. A obediência da fé deve ser "conforme à razão" (parágrafo 2), porque há de ser responsável e livre, sem deixar de ser obra total da graça (parágrafo 3). O documento prossegue, então, explicitando o sistema dos pressupostos da fé (*praeambula fidei*). Porém, enquanto os dois primeiros capítulos da Constituição lançavam os fundamentos da *demonstratio religiosa,* os dois seguintes ficam no terreno da *demonstratio christiana*[104]. Mas o Concílio insiste, unilateralmente e de forma quase positivista, no caráter objetivo e "científico" dessa "demonstração", opondo-se ao enfoque da escola de Tübingen (J. E. Kuhn[105]) que põe os "preâmbulos" e os "motivos de credibilidade" no círculo hermenêutico entre a inteligência e a fé. Na realidade, a contestação de certo objetivismo pelos teólogos de Tübingen visa à distinção bastante problemática, inclusive em nível dogmático, efetuada pela apologética do século XVIII, entre o *fato* da revelação e o seu *conteúdo* ou "objeto material". Para tornar racional a aceitação do conteúdo da fé proposto pela Igreja, não basta provar pela razão natural o fato da "autoridade de um Deus que não pode se enganar nem pode enganar-nos". Veremos que a Constituição, logo a seguir, pressupõe essa mesma distinção entre o conteúdo dogmático (de que tratará o parágrafo 4) e o fato em estudo:

> Entretanto, para que o obséquio da nossa fé seja conforme à razão (cf. Rm 12,1), quis Deus que os auxílios interiores do Espírito Santo sejam acompanhados de provas exteriores da sua revelação, ou seja, fatos divinos, sobretudo milagres e profecias, que, revelando esplendidamente a onipotência de Deus e a sua ciência infinita, constituem sinais certíssimos da revelação divina, adequados à inteligência de todos.

Como no caso do "conhecimento natural de Deus", o Concílio só se pronuncia aqui sobre a capacidade objetiva da razão de verificar não a verdade, mas a "credibilidade" da revelação[106], fundando-a dogmaticamente, na própria vontade de Deus — "quis Deus que..." — que espera do homem uma fé "conforme à razão" (*obsequium rationi consentaneum,* transformação de Rm 12,1). Essa *possibilidade* de verificação racional não impede, absolutamente, antes admite que, *na história concreta,* a "demonstração" seja sempre fruto de uma "colaboração" dos "auxílios interiores do Espírito Santo" com as "provas exteriores",

---

104. Cf. supra, p. 190.
105. Franzelin cita Kuhn no seu *Votum;* cf. H. J. POTTMEYER, *Der Glaube*..., pp. 256-260 e referências.
106. O cap. 4 confirmará o cap. 3: "A reta razão mostra os fundamentos da fé", *COD* II-2, p. 1645, 15; *DS* 3019; *FC* 101.

segundo palavras do cardeal Dechamps, no seu *Entretiens sur la démonstration catholique*: "dois fatos apenas hão de ser perseguidos, um no íntimo da gente; outro, fora, mas a testemunha de ambos é a própria pessoa[107]. Assim, o segundo parágrafo e o cânon 3, opõem-se especialmente aos que eliminam, *por princípio*, a possibilidade de critérios externos[108], considerados "adequados à inteligência de todos". Trata-se, de novo, de uma afirmação conforme ao objetivo dos *praeambula* de alcançar o homem em terreno neutro, "antes de ter recebido a fé" (segundo o esquema primitivo[109]), mas sem preterir os "auxílios interiores".

Os motivos de credibilidade: profecias e milagres

Quais são essas manifestações exteriores da revelação? Para designá-las o capítulo utiliza seis termos diferentes: "provas externas" (*externa argumenta*, o que lembra o *argumentum non apparentium* de Hb 11,1), "fatos divinos", "sinais" (*signa*, usado também a propósito da Igreja), "marcas evidentes" da Igreja, "motivos de credibilidade" e "testemunho irrefutável" (*testimonium irrefragabile*). São termos que reforçam tanto o seu caráter objetivo (fatos divinos e marcas evidentes), como o seu valor apologético (provas) e o que provocam nas pessoas (motivos de credibilidade). Um ponto aqui ainda pouco explorado, mas importante na teologia fundamental do século seguinte, é que se trata de "sinais" e "testemunhos" colocados precisamente no limite entre a evidência impossível e a exigência da fé responsável. Registremos, contudo, a insistência com que se fala da "certeza" de tais sinais (*signa certissima*), já visível no capítulo 2, e da sua função meramente *factual*, também sublinhada no capítulo 4[110].

Entre essas manifestações externas da revelação, o texto privilegia os milagres e as profecias, alvos da exegese liberal (cf. cânon 4)[111]. Pelo ângulo limitado da explanação sobre "Deus Criador e Senhor" (cap. 1), a Constituição os compreende como "demonstração" de sua "onipotência" (milagres) e de sua "ciência infinita" ou de sua "providência" (profecias). Impossível não divisar o

---

107. Cardeal DECHAMPS. *Entretiens sur la démonstration catholique de la révélation chrétienne*, em *Oeuvres complètes*, Malines, H. Dessain, 1874, p. 16; R. AUBERT, *Le problème de l'acte de foi*, pp. 131-222, que estima, com Vacant, o cap. 3 como "o coração da Constituição", dá uma importância maior à "teoria dos dois fatos, interior e exterior", na primeira parte deste capítulo, subestimando o extrinsecismo do texto.

108 Cf. o cânon 3: "Se alguém disser que a revelação divina não pode ser aceita por sinais exeriores e que, *por isso*, devem os homens ser levados à fé *unicamente* por sua experiência íntima, pessoal, ou por uma inspiração particular, [...], *COD* II-2, p.1647, 35-37; *DS* 3033; *FC* 110.

109. *Mansi* 50, 63 D.

110. Cf. o cânon 4: "Se alguém disser que não pode haver milagre e, por isso, todos os relatos a respeito deles [...] devem ser rejeitados como fábulas e mitos, ou que os milagres não podem jamais ser conhecidos com certeza nem servir de prova eficaz da origem da religião cristã, [...]", *COD* II-2, p. 1647, 38-42; *DS* 3034; *FC* 111.

111. Falaremos dela ao tratar da "questão bíblica", infra, pp. 276-281.

caráter unilateral dessa visão "extrinsecista", que separa os atos das palavras e os sinais do conteúdo da revelação, outro indício do "estreitamento intelectual" da fé, já observado. O que, aliás, se confirma pela menção da história bíblica, com a evocação das figuras de Moisés, dos profetas, de "Cristo Nosso Senhor" e dos apóstolos. As duas citações finais do parágrafo referem-se, respectivamente, à pregação apostólica, confirmada por sinais (Mc 16,20) e à presença contínua da palavra profética na Igreja (2Pd 1,19).

A fé, obra do Espírito

A valorização do peso objetivo dos "motivos de credibilidade" não esvazia nem a ação do Espírito na "adesão à pregação evangélica" nem a liberdade da fé, entendida como "obediência *livre*". É o que o último parágrafo dessa parte do capítulo (voltado novamente contra Hermes[112]) explicita, referindo-se ao II Concílio de Orange e acenando, de novo, ao decreto tridentino sobre a justificação (em itálico, no texto):

> Embora o assentimento da fé não seja, de forma alguma, um movimento cego do espírito, ninguém pode dar sua *adesão à pregação evangélica*, como é preciso para ganhar a salvação, *sem a iluminação e a inspiração do Espírito Santo, que a todos concede o dom de aderir e de crer à verdade* [cânon 7 do Concílio de Orange]. E a razão é que a fé, em si mesma, consiste num dom de Deus, ainda quando ela não opere pela caridade (cf. Gl 5,6). E o ato de fé é uma obra salutar, pelo qual o homem oferece ao próprio Deus sua *livre obediência, aquiescendo e cooperando com a graça, à qual poderia resistir* [cf. cap. 4 do decreto tridentino sobre a justificação].

Portanto, a fé aqui focalizada é sempre a fé "em si mesma", ou seja, a fé que *pode* existir independente da caridade, a fé *morta* do Concílio de Trento, e que é também entendida na perspectiva da "adesão" (*assensus*) a conteúdos dogmáticos. Essa fé e não apenas a fé-confiança (*fiducia*) dos luteranos ou a fé viva (*fides viva*) de Hermes, possui as características essenciais de "obra do Espírito", "dom de Deus" ou "fruto da sua graça" e, por isso, "obra salutar", "que leva à salvação".

A liberdade dessa adesão da fé — outro tema do parágrafo — está garantida pela sua "conformidade com a razão". Mas o texto timbra em distinguir essa

---

112. "Este parágrafo é contra Hermes e seus seguidores, que afirmam não ser a graça sobrenatural necessária para a fé, e que a vontade não é livre para aderir à verdade", *Mansi* 51,47. Cf. também as duas partes do cânon 5: "Se alguém disser que a adesão da fé cristã não é livre e que ela é provocada necessariamente pelos argumentos da razão humana, ou que a graça de Deus só é necessária para a fé viva que age pela caridade, [...]", *COD* II-2, p. 1647, 43-45; *DS* 3035; *FC* 112.

liberdade da livre adesão a argumentos coercivos. "A liberdade que (o Concílio) defende não é só a liberdade de exercício, isto é, a liberdade de realizar ou não alguma coisa, mas a liberdade de especificação, ou seja, a liberdade de optar por um sentido ou outro"[113]. O papel atribuído à vontade, no ato de fé[114], não é aqui explicitado. Será enfocado na crise modernista e pela teologia fundamental do século XX. Por outro lado, a mesma liberdade funciona a respeito da graça, que é necessária sem ser necessitante, mesmo que as relações entre o sujeito da fé, sua liberdade e a graça se exprimam em termos mais exteriores e até "extrinsecistas". O homem apresenta a Deus sua "obediência livre"[115]. Livre porque pode aquiescer e cooperar, como também pode resistir.

2. O PAPEL DA IGREJA NO ATO DE FÉ

A forma dogmática do conteúdo da fé

Chegamos ao conteúdo dogmático ou ao objeto material da fé:

> Acrescentemos que é de fé divina e católica crer em tudo o que está contido na Palavra de Deus, escrita ou transmitida pela Tradição, e o que a Igreja propõe como divinamente revelado, mediante julgamento solene ou por seu magistério ordinário e universal.

Esse breve parágrafo sobre a forma dogmática da fé, que inicia a segunda parte do capítulo referente à posição da Igreja no ato de fé, apresenta certo paralelismo com o capítulo 2 da Constituição que vai da revelação sobrenatural até a Igreja, passando pela Escritura e pela Tradição, pelas quais o conteúdo é revelado. Por insistência de D. Senestrey, bispo ultramontano de Ratisbona, foi ele ulteriormente acrescentado, com a intenção de reafirmar solenemente, contra Döllinger, a doutrina exposta por Pio IX, em carta de 1863, ao arcebispo de Munique[116]. Texto esclarecedor, sem dúvida, mas que gerou muita polêmica no Concílio e, depois, na sua interpretação[117].

---

113. R. AUBERT, *Le problème de l'acte de foi*, p. 184.
114. Cf. a definição da fé no primeiro parágrafo do cap., como "submissão plena da nossa inteligência e da nossa vontade".
115. O Vaticano II falará da "obediência da fé, pela qual o homem livremente se entrega todo a Deus", cf. infra, pp. 419 s.
116. Cf. supra, pp. 195 s.
117. Cf. o estudo de M. CAUDRON, "Magistère ordinaire et infaillibilité pontificale d'après la Constitution *Dei Filius*", *EthL* 63, (1960), pp. 393-431, publicado nas vésperas do Concílio Vaticano II e retomado em 1969, em *De Doctrina Concilii Vaticani I...*, pp. 122-160. Cf. também B. SESBOÜÉ, "Magistère 'ordinaire' et magistère 'authentique'", *RSR* 84, (1996), pp. 267-275.

Na redação atual, dois pontos se destacam. Primeiro, retomando praticamente à letra a fórmula de Philippe Néri Chrismann[118], o texto indica a dupla condição do ensino *dogmático* da Igreja, que deve aliar a referência à Escritura e à Tradição — "tudo o que está contido na Palavra de Deus, escrita ou transmitida pela tradição" — *e* sua proposição pela Igreja, "como divinamente revelado". É o sentido exato da expressão "é de fé divina *e católica* crer"[119]. Segundo W. Kasper, essa "concepção estreita do dogma garante um apreciável espaço de liberdade na Igreja", determinado também pelo direito canônico de 1917 (cânon 1323,3), pelo qual não se pode presumir a obrigação de crer neste ou naquele ponto. Isso se verá, em verdade, em cada caso[120].

Chrismann já não limitava o campo da dogmática às definições solenes. Ao retomar a doutrina da carta de Pio IX, o Concílio distingue duas formas de ensinamento magisterial, determinando, conjuntamente, os respectivos sujeitos que as exercem e a natureza dos seus atos doutrinais: "o julgamento solene" e "o magistério ordinário e universal". Evitando abordar prematuramente a questão da infalibilidade pontifícia, a versão escolhida distingue apenas a Igreja reunida (*Ecclesia coadunata*) em concílio ecumênico — e, eventualmente, o Papa falando *ex cathedra*, como representante da Igreja universal — e a Igreja dispersa pelo mundo (*Ecclesia dispersa*)[121]. Assim rezava a carta de Pio IX[122]. A ação do magistério da "Igreja reunida" ou do pontífice romano é chamada de "julgamento solene" ou, no debate conciliar, "definição solene". Esses termos mostram o aspecto "definitivo" ou "irrevogável" de uma sentença lavrada no *contexto* de oposição a determinada heresia[123]. Mais uma vez, o texto fecha-se sobre si mesmo, recapitulando a precisão das formulações do final do Prólogo, as referências explícitas ao Concílio de Trento e as fórmulas que, na abertura dos capítulos 1, 2 e 4, indicam o caráter da Constituição como definição e resultado de um "julgamento solene".

---

118. Cf. supra, p. 178.
119. Cf. R. AUBERT, *Le problème de l'acte de foi*, p. 190: "Franzelin considera sinônimas [...] *fides catholica* e *fides universalis*, mas [...] trata-se de verdades propostas de tal forma que se impõem à fé de todos".
120. Cf. W. KASPER, *Dogme et Évangile*, pp. 39 s.
121. Essa distinção de "Igreja dispersa" e "Igreja reunida" é de Monzon y Martins; cf. *Mansi* 51, 225 s.
122. A fé divina "deve também abranger o que o magistério ordinário de toda a Igreja dispersa pelo mundo transmite como divinamente revelado e, por isso, é do consenso unânime e universal dos teólogos católicos, como também pertencente à fé". *DS* 2879; *FC* 443.
123. Cf. a explicação do vocábulo *definir* por Gasser, no contexto específico da infalibilidade pontifícia: "De todo modo, não é intenção da Comissão da fé que se tome esse termo no sentido forense, como se significasse apenas a imposição de um basta às controvérsias provocadas por uma heresia ou por uma doutrina de fé; *definir* significa que o papa faz um julgamento sobre uma doutrina relacionada à fé e aos costumes, diretamente e de forma definitiva (*terminative*)", *Mansi* 52, 1316 A.

Ao mesmo tempo, a menção da outra forma de ensinamento, a do "magistério ordinário-e-universal"[124] ou de "toda a Igreja dispersa no mundo inteiro", segundo a expressão de Pio X e dos relatores, abre o texto para o espaço de liberdade de que se falava acima. A Comissão e os Padres conciliares se contentam de dar-lhe uma descrição negativa, contradistinguindo-a do "julgamento" e da "definição". É a terminologia do "consenso *universal*" que melhor expressa o que é visado: sempre pressuposto *na* Tradição, — por exemplo, "segundo a fé *universal* da Igreja" afirmada no concílio de Trento —, presente na pregação, os Símbolos de fé, a liturgia, o consenso dos Padres e dos Doutores, o ensinamento dos bispos nas suas Igrejas, esse magistério ordinário-e-universal — palavra de Deus *na* palavra cotidiana da Igreja — só pode ser constatado e verificado *a posteriori*, justamente por causa da sua "dispersão" no espaço e no tempo. Como no capítulo 2 que se refere de maneira *negativa* ao "consenso unânime dos Padres", essa é a abertura que interdita formalmente a identificação entre a Tradição e a doutrina definida por um "julgamento solene".

A obrigação de crer

Depois de explicar o objeto *formal* da fé, demonstrado pelos motivos de "credibilidade", e o seu objeto *material*, o conteúdo dogmático proposto pela Igreja, a segunda parte do capítulo trata, enfim, da *obrigação* de crer, baseada no motivo de "credentidade"[125] da fé, de que se vem falando desde o primeiro parágrafo. Um único erro é condenado — o de Hermes, Günther e Schmid[126] — e formulado no cânon 6. É o do católico que julga poder "suspender seu assentimento" ou "pôr em dúvida a fé que recebeu", pretextando a exigência de avaliar racionalmente suas convicções, como toda e qualquer pessoa humana. Por essa exigência, não haveria nenhuma diferença entre "os fiéis" e "os que ainda não abraçaram a única e verdadeira fé"[127]. O texto resguarda a *"livre obediência da fé"* (de que se falou no parágrafo 3) contra uma mal-entendida liberdade de consciência, que reconhece apenas o arbítrio da razão, sem o compromisso de crer[128]. Esta é uma questão de monta na discussão eclesial da liberdade religiosa, desde o *Syllabus* até o decreto *Dignitatis humanae* da Vati-

---

124. É assim que B. Sesboüé escreve a fórmula destacando o laço inseparável entre ordinário e universal que certos intérpretes subestimam aplicando o termo *ordinário* só ao magistério pontifício.
125. Credentidade refere-se à obrigação de crer. É mais que a credibilidade.
126. Cf. H. J. POTTMEYER, *Der Glaube*..., pp. 305-315 com referências.
127. Cf. o cânon 6: "Se alguém disser que os fiéis estão na mesma condição dos que ainda não chegaram à única e verdadeira fé, de sorte que os católicos poderiam, com justa razão, suspendendo o seu assentimento, pôr em dúvida a fé recebida à luz do magistério da Igreja, até que possam ter uma demonstração científica da credibilidade e da verdade de sua fé [...]", *COD* II-2, p. 1649, 1-5; *DS* 3036; *FC* 113.
128. Cf. *Mansi* 50, 91 B-C.

cano II. Seria erro ignorar a ligação íntima dessa questão de teologia política com o conceito da "liberdade da fé", tal como foi exposta em 1870 e matizada em 1965.

A verdade é que a Constituição trata, ao mesmo tempo, da obrigação de crer e dos meios para tanto. E o faz no contexto da *demonstratio catholica*, terceiro tratado da teologia fundamental, que baseia expressamente a autoridade da Igreja — "como guardiã e mestra da palavra revelada"[129] — sobre a necessidade da obediência da fé.

O relator da Comissão dividiu os parágrafos 5 e 6 em quatro pontos. Reportando-se a Hb 12,6 e aos capítulos 7 e 13 do decreto tridentino da justificação[130], a primeira frase[131] estabelece, primeiramente, a necessidade da fé em geral, como "virtude sobrenatural", para a justificação, e a obrigação de nela perseverar para adquirir a vida eterna. A seguir, vem longa explanação sobre a obrigação *atual* de crer e perseverar na fé. Essa passagem explica, segundo o relator, "como Deus nos ajuda a cumprir esse dever da fé. E o faz, antes de mais nada, pela instituição da sua Igreja, revelação concreta de Deus, pela qual nos apresenta, ao mesmo tempo, as verdades em que devemos crer e os motivos de credibilidade. Segundo o parágrafo 6, a essa maravilhosa manifestação da revelação se soma o auxílio interior da graça divina"[132].

Esse longo trecho desenvolve-se em três tempos. No primeiro, evoca-se a tradicional *via histórica* da apologética, pela qual se mostra que a Igreja católica foi instituída por Cristo e dele recebeu a missão de "guardiã e mestra da palavra revelada". Insinua-se nessa frase a *via empírica*, que se apóia na figura atual da Igreja, para definir sua origem e missão divinas. Daí, aliás, vem a terceira via, a saber, a tradicional *via das notas*, as quatro "notas" da Igreja una, santa, católica e apostólica:

> Pois só à Igreja católica competem todos esses sinais tão numerosos e admiráveis, dados por Deus para evidenciar a credibilidade da fé cristã. Mais ainda, a Igreja, pela sua prodigiosa propagação, pela sua exímia santidade e inesgotável e multiforme fecundidade, bem como pela sua unidade universal e invencível firmeza, é, por si própria, grande e perene motivo de credibilidade e irrefutável testemunho de sua missão divina.

Encerra-se todo esse parágrafo 5 com uma espécie de conclusão: a Igreja é, por si mesma, um "sinal" e, por isso, convida a si "os que ainda não creram"

---

129. *COD* II-2, p. 1641, 37s.; *DS* 3014; *FC* 95.
130. Cf. o capítulo 7: "Estas são as causas da justificação: [...] causa instrumental, o sacramento do batismo, sacramento da fé, sem a qual ninguém conseguiu jamais a justificação", cf. vol. 2º, p. e o cap. 13 sobre o dom da perseverança, com as duas citações de Mt 10,22 e 24,13, retomadas na *Dei Filius*.
131. *COD* II-2, p.1641, 32-34; *DS* 32-34; *DS* 3012; *FC* 94.
132. *Mansi* 51, 314 B.

e confirma seus fiéis na "certeza de que a fé por eles professada tem apoio em firmíssimo fundamento"[133].

Esses três tempos completam o tratamento apologético de todo o capítulo, aludindo, discretamente, ao "método da Providência" do cardeal Dechamps[134]. Esse método visa mostrar que a obrigação de crer não se assenta apenas em "motivos de credibilidade", cuja análise racional poderia ter efeito "suspensivo" para a fé (o que o cânon 6 rejeita), mas que ela apresenta, a partir de uma "evidência" pré-científica, a prova moral que é a Igreja por si mesma (*per se ipsa*). Assim, até nesse último passo da demonstração, a Constituição não deixa o campo abstrato de uma *questão de direito*: as "marcas evidentes da instituição divina" estão presentes, para que *possa* ser por todos reconhecida.

O texto volta, então, ao prólogo, que já havia introduzido o método da Providência. Embora destacando o círculo hermenêutico da experiência atual da Igreja (*via empirica*) com suas bases — a Escritura e a Tradição (*via historica*) — essa concepção (especialmente o *per se ipsa*) é a expressão última de um eclesiocentrismo que não deixa espaço à relação crítica entre Palavra de Deus e Igreja. Pressente-se, sobretudo aqui talvez, que o reequilíbrio da teologia da fé pelo Concílio Vaticano II suscitará não só um novo arranjo das relações entre a obrigação de crer e a "liberdade religiosa" na sociedade moderna, mas também uma descentralização da Igreja por ela mesma, posta "sob a palavra de Deus" e "entre" a obrigação de crer e a "liberdade da fé".

Como no segundo parágrafo, ao se tratar dos "sinais exteriores" da revelação que acompanham os "auxílios interiores do Espírito Santo", somos, na seqüência, reconduzidos desta parte (início do parágrafo 6), para o "fato interior": "A esse testemunho (a Igreja por ela mesma) ajunta-se a ajuda eficaz da graça do alto"[135], ressalta ao texto, insistindo, em outra referência ao decreto de Trento, na idéia de que todo o itinerário do crente, o acesso à confirmação dos que chegaram à fé e nela vêm perseverando, é obra da bondade de Deus, "que não abandona ninguém que nele confiou"[136]. No debate conciliar, esse ponto indica, claramente, que o motivo de credibilidade e a graça não são da mesma ordem[137] e a assimetria entre católicos e os que não crêem depende, em última análise, não de arrazoados humanos mas da "graça do alto". Daí a seguinte reflexão conclusiva dessa longa exposição:

---

133. *COD* II-2, p. 11641, 43 — 1643,3; *DS* 3013-3014; *FC* 95.

134. É inconteste sua influência nesse ponto. Cf. R. KREMER, "L'apologétique du cardinal Dechamps, ses sources et son influence au concile du Vatican", *RSPT* 19, (1930), pp. 679-702, ainda que R. SCHLUND, "Zur Quellenfrage der Vatikanischen Lehre von der Kirche als Glaubwürdigkeitsgrund", ZKTh 57, (11650), pp. 443-459, tenha provado que a idéia da Igreja como motivo de credibilidade já aparecera na célebre Theologie der Vorzeit de Kleutgen, utilizada por Franzelin, nos trabalhos preparatórios.

135. *COD* II-2, p. 1643, 3s.; *DS* 3014; *FC* 95.

136. *COD* II-2, p. 1643, 8; *DS* 3014; *FC* 95, reportando-se ao cap. 9 do decreto da justificação.

137. Cf. *Mansi* 51, 327.

Portanto, a condição dos que aderiram à verdade católica, mercê do dom celestial da fé, não se compara de modo algum à daqueles que, levados por motivações humanas, professam uma falsa religião, pois quem recebeu a fé, guiado pela Igreja, não poderá jamais alegar causa justa (*justam causam*) para mudar ou questionar essa fé.

A interpretação do real sentido dessa "causa justa" gerou controvérsia, a partir de 1890. Os chamados "objetivistas"[138] defendiam a tese de que o Concílio nunca pretendeu se pronunciar sobre a culpabilidade *subjetiva* da dúvida ou da apostasia, enquanto que os "sujetivistas"[139] achavam que a Constituição não ficava apenas em nível objetivo. Hoje, predomina a posição média[140]. Como o documento se opõe só aos que, invocando os direitos da consciência, generalizam a exigência da dúvida e a possibilidade da apostasia[141], não se pode afirmar que o Concílio se definiu quanto à culpabilidade de *todos* os casos de "mudança" e de "questionamento da fé". Antes, os parágrafos 5 e 6 juntos apontam condições precisas para tanto: a eficácia interior da graça *e* a evidência exterior do motivo de "credentidade", resultante da presente experiência do sinal eclesial. Essa segunda condição, expressa pela fórmula "quem recebeu a fé, guiado pela Igreja", mostra que é complexa a questão da culpabilidade, especialmente na perspectiva ecumênica. Por seu eclesiocentrismo, o Concílio não se deu conta disso.

Nossa análise acaba de enfocar a extrema complexidade do capítulo 3 da Constituição, entretecida por três fios de argumentação difíceis de desembaraçar. Temos, primeiramente, o enfoque dogmático da fé, a partir dos capítulos centrais do decreto tridentino da justificação, revistos em função da luta do Concílio contra o racionalismo. Depois, aparecem com destaque os *praeambula fidei,* a partir dos três tratados clássicos da teologia fundamental, a *demonstratio religiosa,* a *demonstratio christiana* e a *demonstratio catholica*[142], com base na distinção também clássica entre o objeto formal, o objeto material e o juízo de credentidade. Situa-se aí o enorme esforço do Concílio para unificar os fundamentos da fé em torno de "dois fatos", a saber, o "sinal exterior" por excelência — a Igreja (relacionada com a Escritura e a Tradição) e os "auxílios interiores do Espírito Santo". Infelizmente, os intérpretes não consideraram um terceiro fio — a trama escriturística do capítulo, baseado, essencialmente, na Carta aos Hebreus. Cinco das sete citações dessa epístola aparecem nesse capítulo[143],

---

138. Assim chamados, pela primeira vez, por Th. GRANDERATH, *Histoire du Concile Vatican...*, *op. cit.*
139. Cf. S. HARENT, art. "Foi", *DTC* VI, (1920), 286-300.
140. Cf. H. J. POTTMEYER, *Der Glaube...*, pp. 342-347.
141. Cf. *Mansi* 50, 95 A.
142. Cf. supra, p. 190.
143. Hb 11,1, com a definição da fé; Hb 6,1, que lembra a necessidade da fé; Hb 12,2 (combinado com Hb 2,3 e 10,23), que destaca a origem e o aperfeiçoamento cristológico da fé.

encaixando-se muito bem no desenvolvimento do texto. Insistindo embora na *estrutura formal* da fé e da sua credibilidade, ele se orienta, de forma progressiva, para a *atualidade histórica* da sua figura eclesial, como se depreende também da ação de graças que o encerra:

> Desse modo, dando graças ao Pai que nos tornou capazes de partilhar da herança dos santos na luz (Cl 1,12), não negligenciemos tão grande salvação (Hb 2,3), mas de olhos fitos em Jesus, que é o iniciador da fé e a conduz à realização (Hb 12,2), continuemos, sem esmorecer, a afirmar nossa esperança (Hb 10,23).

V. O CAPÍTULO 4: A FÉ E A RAZÃO

Atingimos, aqui, no último capítulo da Constituição, a sua verdadeira finalidade. Até então, o texto mirava as fronteiras dogmáticas, apoiando-se na doutrina do "Deus Criador e Senhor", da sua revelação sobrenatural e da fé, como resposta humana. Agora, segue a vertente epistemológica, inspirando-se no tratado *Dos lugares teológicos*, que seria o quarto tratado da teologia fundamental. O que antes chamamos de "dogmatização dos fundamentos da fé" aplica-se melhor a esta parte da Constituição.

É bastante claro o esquema do capítulo. Feita a distinção das "duas ordens de conhecimento" (1º parágrafo), o texto expõe o papel da razão na compreensão da fé, sem deixar de lhe definir os limites nos "mistérios divinos" (2º parágrafo). O 3º parágrafo rejeita a possibilidade de qualquer contradição entre fé e razão e assinala duas causas de eventual "aparência de contradição", determinando, nessa circunstância, a função do magistério. Já o 4º parágrafo apresenta o relacionamento positivo que fé e razão podem cultivar. E o capítulo termina distinguindo o progresso das ciências (4º parágrafo) e o progresso na doutrina (5º parágrafo).

1. DUAS ORDENS DE CONHECIMENTO

> A Igreja católica sempre ensinou e ensina, unanimemente, que existem duas ordens de conhecimento, distintas não só por seu princípio, mas também pelo seu objeto. Pelo princípio, porque em um é pela razão natural e em outro é pela fé divina que conhecemos. Pelo objeto, porque, além das verdades que a razão natural pode alcançar, são-nos propostos a crer os mistérios escondidos em Deus, que não se pode conhecer se não forem divinamente revelados[144].

---

144. *COD* II-2, p. 1643, 17-22; *DS* 3015; FC 97. As passagens citadas fora do texto nesta seção pertencem ao mesmo capítulo 4.

Supondo o que foi dito sobre as relações entre natureza e sobrenatural, o texto define, primeiro, a distinção absoluta (ou a não-distinção) entre as duas ordens de conhecimento: diferença, pois, de *princípio* entre "razão natural" e "fé divina"[145] e diferença de *objeto* entre "verdades racionais" e "mistérios escondidos em Deus". Em contexto epistemológico, a terminologia das duas ordens (*duplex ordo*) remete ao pano de fundo ontológico do texto e se apóia, em realidade, no dogma cristológico das duas naturezas: "um único e mesmo Cristo [...] considerado em duas naturezas, sem confusão, [...] sem separação"[146]. Essa articulação tanto de doutrina quanto epistemológica só pode ser, sem dúvida, resultado do processo de seleção, várias vezes evocado neste comentário. A restauração da estrutura trinitária pelo Concílio Vaticano II levará, pois, inevitavelmente, para uma outra articulação das "ordens de conhecimento"[147].

Merece atenta análise, no 1º parágrafo, a conceituação de "mistério", ligado ao que está "escondido em Deus", às "suas profundezas" (1Cor 2,10) e também à razão, como o seu "limite" absoluto[148]. Topamos, de novo, com a dupla expressão do capítulo 1, segundo a qual Deus é *"incompreensível"* em si e *"inefavelmente acima do que [...] se pode conceber fora dele"*. O parágrafo segundo reitera a mesma articulação ao falar de "mistérios divinos (que), *pela sua própria natureza, ultrapassam a inteligência criada*[149]. O plural *mistérios* lembra o "estreitamento gnosiológico", já registrado, que leva a identificar revelação e "dogmas de fé"[150] e ainda é reforçado pela insistência não muito bíblica nos mistérios como limites da razão, o que supõe um conceito bastante estreito da racionalidade[151]. Justifica-se essa crítica, não obstante a bela composição "trinitária" de citações de João (o Cristo de Jo 11,17), de Paulo (a Sabedoria de Deus no mistério revelado pelo Espírito, 1Cor 2,7-8 e 10) e de Mateus (ação de graças do Filho pela revelação aos pequeninos, Mt 11,25), que encerra o parágrafo e integra a referência paulina (Rm 1,20) ao "conhecimento natural de Deus". Uma consideração maior para com o contexto da Carta aos Coríntios, que liga "a sabedoria misteriosa de Deus" com a "linguagem da cruz", "escândalo e loucura" (1Cor 1,18s), teria, certamente, mudado um pouco toda essa construção epistemológica.

---

145. O que não significa, absolutamente, que a fé não seja um ato da inteligência e da vontade. A diferença de princípio é denominada, no cap. 3, como "virtude sobrenatural".
146. Definição do Concílio de Calcedônia, cf. tomo 1, p. 336.
147. Cf. Chr. THEOLBALD, "Problèmes actuels d'une théologie de la création", *De la nature...*, *op. cit.*, pp. 95-118.
148. Cf. o cânon 1: "Se alguém disser que a revelação divina não encerra propriamente nenhum real mistério e que todos os dogmas de fé podem ser entendidos e demonstrados pela razão, adequadamente cultivada, [...]", *COD* II-2, p. 1649, 7-9; *DS* 3041; *FC* 114.
149. O grifo é nosso.
150. *COD* II-2, p. 1645,2; *DS* 3017; *FC* 99.
151. Cf. K. RAHNER, "Le concept de mystère dans la théologie catholique" (1960), *Écrits théologiques*, VIII, Paris, DDb, 1967, pp. 51-103.

2. POSSIBILIDADES E LIMITES DA TEOLOGIA

O parágrafo seguinte desenha as possibilidades e os limites da teologia, sempre no contexto de uma diversificação crescente das disciplinas teológicas, marcadas pelos progressos da racionalidade moderna e em oposição à concepção "idealista" de Günther:

> Quando, iluminada pela fé, a razão pesquisa com atenção, piedade e moderação, consegue, por dom de Deus, alguma inteligência muito frutuosa dos mistérios, seja pela analogia com o que conhece naturalmente, seja pelo nexo que une os mistérios entre si e com o fim último do homem. Jamais, porém, estará apta a penetrá-los do mesmo modo como percebe as verdades que constituem o seu objeto próprio.

Se a teologia é bem vista como obra da razão, deve-o ao fato de ser fruto de uma "razão *iluminada pela fé*"[152]. Para os teólogos do Concílio isso significa que ela recebe da revelação seu *objeto e sua norma*, tal como a Igreja propõe, o que implica "um modo de agir" (atenção, piedade e moderação), que é dom divino. Temos na teologia, formalmente, um trabalho racional no campo da fé ou, ao contrário, um ato de fé que integra (e, ao mesmo tempo, limita) o trabalho da razão? Parece que o texto pende para a segunda alternativa[153].

Na seqüência, o documento abre dois caminhos para a teologia: "a inteligência dos mistérios *seja* pela analogia com o que a razão conhece naturalmente, *seja* pelo nexo que une os mistérios entre si e com o fim último do homem". O primeiro caminho pressupõe a doutrina clássica da *analogia do ser* (*analogia entis*) entre as duas ordens[154], cuja evolução, aliás, segue, conforme H. Bouillard, a das relações entre natureza e sobrenatural[155]. O outro caminho não pára só no interior dos "mistérios da fé", mas se caracteriza mais pelo objetivo de unificar o conjunto orgânico dos artigos de fé (*nexus mysteriorum*), a partir de um princípio. Para D. Gasser, que sugeriu essa menção, esse princípio é o próprio Deus, pelo seu plano sapiencial de salvação dos homens ou também da realização da finalidade escatológica da criação[156]. Pottmeyer mostrou a influência da escola de Tübingen, com J. S. von Drey[157] e também de M. J. Scheeben[158],

---

152. Essa expressão vem do decreto tridentino sobre a Eucaristia, *COD* II-2, p. 1413, 6s.; *DS* 1636; *FC* 735.
153. Contra H. J. POTTMEYER, *Der Glaube*..., p. 384.
154. Cf. H. J. POTTMEYER, ib., p. 386.
155. Cf. H. BOUILLARD, K. Barth, III: *Parole de Dieu et existence humaine*, Paris, Aubier, 1957, pp. 190-217.
156. Em suas observações sobre o esquema II, Gasser designa esse princípio unificador como o fim último de Deus que se revela e o fim último do homem. Cf. a análise de H. J. POTTMEYER, *Der Glaube*..., pp. 377-382 e 386-390.
157. J. S. VON DREY, *Ideen zur Geschichte des Katholischen Dogmensystems*; cf. R. GEISELMANN, *Geist des Christentums und des Katholizismus*, Mainz, H. Grünewald, 1940, pp. 235 s.
158. M. J. SCHEEBEN, *Les mystères du christianisme*, (1865), Paris, DDB, 1947.

sobre essa concepção "orgânica" ou "sistemática" da dogmática, bem distante da "teologia de conclusões", praticada pela escola romana. Como outros passos do Concílio e, particularmente, a apologética dos "dois fatos", essa visão promissora de uma teologia unificada em volta de um princípio simultaneamente antropológico e teológico permanece, na verdade, marcada pelo extrinsecismo de todo o texto.

Esse "limite", vinculado parcialmente ao toque polêmico do Concílio, é a mira final do parágrafo, que se encerra lembrando quanto os mistérios superam nossa inteligência criada. Devido à nossa condição de peregrinos "nesta vida mortal", esses mistérios permanecem encobertos pelo véu da fé[159] e "alguma obscuridade"[160] sempre fará parte do labor teológico. Essa insistência inesperada na obscuridade surpreende, porque o contorno textual se mostra completamente dominado por uma metafísica da luz: a razão humana é "a luz natural" (capítulo 2) que "Deus incutiu no espírito humano" (capítulo 4); "pela iluminação do Espírito Santo", Deus concede aos crentes "o conhecimento da verdade", "fá-los passar das trevas para a sua luz admirável" e os torna "dignos de partilhar da felicidade dos santos na luz" (capítulo 3[161]).

3. A IMPOSSÍVEL CONTRADIÇÃO ENTRE RAZÃO E FÉ

Dessa articulação doutrinal das duas ordens ("com a fé acima da razão") decorre, em princípio, a impossibilidade de contradição entre elas (parágrafo 3), como também a possibilidade de colaboração frutuosa (parágrafo 4). A discussão em torno da liberdade das ciências, além de revelar profundas diferenças entre os Padres conciliares, levou-os a alterações substanciais dos dois parágrafos e o cânon respectivo[162]. D. Ginoulhiac, bispo de Grenoble, ao refletir sobre a diferença dos objetos formais da ciência e da fé, soube estribar a autonomia das ciências, distinguindo, com propriedade, dois grupos de ciências: o grupo das matemáticas, da física e da química, dotadas de autonomia absoluta e o grupo da antropologia e da filosofia, cujo objeto material coincide, em parte, com o da fé. Portanto, não podem estas últimas avançar idéias contrárias à revelação. Mas não se lhes pode negar o direito fundamental de abstraírem da fé[163].

Infelizmente, o documento só levanta duas causas de "contradições aparentes", ambas identificadas na área científica: as conclusões científicas de base

---

159. Alusão a 2Cor 5,6-7.
160. Mas veja a referência a 2Pd 1,19, no cap. 3, a propósito da palavra profética.
161. Esses textos citam 1Pd 2,9; Cl 1,13 e Cl 1,12.
162. Cf. o cânon 2: "Se alguém disser que se deve tratar as disciplinas humanas com tal liberdade que, embora suas afirmações se oponham à doutrina cristã, podem ser tidas como verdadeiras e não reprováveis pela Igreja, [...]", *COD* II-2, p. 1649, 7-9; *DS* 3042; *FC* 115.
163. Cf. *Mansi*, 248 B — 251 B.

insuficiente e a compreensão equivocada dos "dogmas da fé". Falta reconhecer, nessa análise dos Padres, que a contradição pode também nascer de uma interpretação da fé habitualmente desvinculada do seu enraizamento histórico e, por isso, com expressões que precisam ser relativizadas. Essa demonstração de superioridade transparece também no 3º parágrafo, ao se explicar o papel do magistério no campo científico. Com a missão de ensinar, a Igreja recebeu também o mandato de "guardar o depósito da fé", donde o seu direito de "condenar a falsa ciência". Na última hora, acrescentou-se: "para que ninguém se deixe enganar pelos engodos presunçosos da filosofia", ficando claro, assim, que se condenava a pseudo-ciência[164].

4. A INTERAÇÃO FÉ E RAZÃO

Esse é um ponto saliente no 4º parágrafo, que endossou várias sugestões de D. Genoulhiac:

> A reta razão demonstra os fundamentos da fé e, iluminada por esta, dedica-se à ciência das realidades divinas. Por outro lado, a fé liberta e protege de erros a razão, proporcionando-lhe múltiplos conhecimentos.

O texto resume, uma derradeira vez, com muita concisão, a dupla tarefa da teologia, como teologia fundamental — apresentada aí pela expressão ambígua "demonstrar os fundamentos da fé" — e como teologia dogmática. A fé cristã vem em auxílio da razão não só por "norma negativa" (como limite), que também aparecerá no decreto do Vaticano II sobre a liberdade religiosa, mas também pela contribuição histórica de algumas conquistas religiosas e éticas, assumidas pelas sociedades humanas e refletidas no plano de suas ciências profanas. Por influência de Genouilhac, outras duas vantagens são encaradas, antecipando certas afirmações práticas da Constituição Pastoral *Gaudium et spes* do Vaticano II[165]:

> (A Igreja) não ignora nem despreza os bens que decorrem (das ciências) para a vida humana. Reconhece até que, provindo de Deus, senhor das ciências, eles podem conduzir a Deus, com a ajuda de sua graça, quando utilizados corretamente.

Há de se reconhecer, pois, que o Concílio encontrou uma solução de princípio para o relacionamento entre ciência e fé, servindo-se do "perspectivismo

---

164. *COD* II-2, p. 1645, 6-13; *DS* 3018; *FC* 100, em referência a 1Tm 6,20s.; a última frase desse parágrafo, ligada implicitamente à carta de Pio IX ao arcebispo de Munique, alerta os fiéis contra "conhecidas opiniões opostas à fé", ampliando o terreno para além das condenações solenes.
165. Cf. H. J. POTTMEYER, *Der Glaube...*, pp. 430 s.

epistemológico" como modelo, ou seja, a autonomia metodológica das áreas do saber, "não ultrapassando os limites" entre os "objetos formais". Mas essas ultrapassagens se tornam inevitáveis após a segunda metade do século XIX, na medida em que a filosofia, as ciências humanas nascentes e sobretudo a história, num primeiro olhar, partilham com as expressões da fé seus objetos materiais. Como discernir então uma "diferença de ordem"? Nem solução de princípio nem a superioridade da fé sobre a razão são suficientes, como se verá durante a "crise modernista".

5. VERDADE DA FÉ E DOGMAS DA IGREJA

O último parágrafo do texto exprime bem como o conceito da revelação desenvolvido no documento torna difícil discernir entre o "depósito da fé" e a sua explicitação necessariamente histórica:

> A doutrina da fé revelada por Deus não foi proposta como uma descoberta filosófica a ser expandida pela reflexão humana, mas como um depósito divino, confiado à Esposa de Cristo, para que ela o guarde e a apresente infalivelmente. Por isso, o sentido dos dogmas sagrados, proposto pela nossa santa Mãe a Igreja, deve ser para sempre conservado, excluindo-se toda pretensão de querer explicá-los de algum modo mais inteligente.

Os Padres conciliares como que selaram com esse parágrafo a primeira Constituição. Opondo-se à idéia do progresso intelectual ou de uma compreensão melhor *no campo da fé* (Günther), insistem, uma última vez, no vínculo intrínseco da revelação como "depósito" (1Tm 6,20) ou como "doutrina da fé" e a Igreja (chamada no prólogo de "Esposa de Cristo" e "nossa Mãe"), cuja missão é "guardar" o que lhe foi confiado por Cristo e no-lo transmitir de forma infalível. Veremos no próximo capítulo o sentido preciso do conceito de infalibilidade, aqui mencionado pela primeira vez. Para entender, porém, a frase central sobre o "sentido dos dogmas sagrados", importa não esquecer que a função do magistério está aqui claramente posta em dependência da relação com o "depósito" *confiado* (*traditum*) e com o "encargo" (*munus*) ou a "missão *aceita*"[166]. Da mesma maneira, o texto distingue o "depósito" em si mesmo e o "sentido dos dogmas". São precisões de extrema importância, que correspondem à doutrina das três instâncias — Escritura, Tradição e magistério — exposta pelos Padres no final do capítulo 2. Fez referência a isso João XXIII, no célebre discurso de abertura da Concílio Vaticano II: "Na verdade, uma coisa é o próprio depósito da fé, a saber, as verdades que integram a nossa venerável doutri-

---

166. Cf. *COD* II-2, p. 1645, 6s.; *DS* 3018; FC 100. Eis aí, precisamente, o conceito de "assistência", distinto do conceito de "inspiração", como se viu no prólogo.

na; outra coisa é a *forma* pela qual são elas enunciadas, conservando, porém, o mesmo sentido e o mesmo alcance"[167].

Foi, exatamente, essa distinção entre verdade e forma que o Concílio Vaticano I não conseguiu estabelecer. Ao afirmar que "o sentido dos dogmas sagrados, proposto pela nossa santa Mãe a Igreja, deve ser *para sempre* conservado", arrisca-se a defender uma oposição insuperável entre dogma e história, na linha da citação final do *Commonitorium* de Vicente de Lérins:

> Cresçam e progridam ampla e intensamente, em cada um e em todos, numa única pessoa e em toda a Igreja, conforme o nível de cada idade e de cada época, a inteligência, a ciência, a sabedoria, mas exclusivamente na sua ordem, na mesma crença (*eodem dogmate*), no mesmo sentido (*eodem sensu*) e no mesmo pensamento (*eadem sententia*).

VI. RECEPÇÃO E AVALIAÇÃO DOGMÁTICA

Nada garante que a história da recepção da Constituição *Dei Filius* tenha sido encerrada com a Constituição *Dei Verbum* do Concílio Vaticano II, que trata, por outro viés, dos mesmos pontos doutrinários. Será, pois, necessário retomar a questão, após o comentário do texto de 1965[168]. No momento, porém, vale lembrar que o documento do Vaticano I, depois da leva de comentários publicados na virada do século XIX para o século XX (Granderath, Vacant e outros), provocou, durante a segunda metade do século XX, alguns importantes comentários pautados, *grosso modo*, por duas orientações: R. Aubert e H. J. Pottmeyer. O primeiro, mais sensível à influência do cardeal Dechamps e da sua apologética dos fatos; o segundo mais ligado ao contexto alemão. Mas ambos vêem positivamente o texto que, a despeito das suas reais limitações, não pode ser reduzido ao extrinsecismo ambiente nem ao clima antimoderno e anticientífico da maioria dos Padres conciliares. Bem mais crítico é P. Eicher, após análise minuciosa do contexto dogmático (natural/sobrenatural) e político-jurídico (autoridade) da escola romana. Não deixa, porém, de ser injusta sua desconsideração para com os méritos do documento — como a definição da teologia — superiores à marca do seu extrinsecismo neo-escolástico. Mais recentemente, K. Schatz teceu uma avaliação mais equilibrada, sublinhando o déficit real de um pensamento histórico que, no entanto, em 1870, estava na ordem do dia[169].

Na verdade, o conflito de interpretações remonta ao final do século XIX e começo do século XX. A apologética neo-escolástica, magistralmente codifica-

---

167. Texto publicado, *DC* 59 (1962), 1383. Lido, o texto era: "Uma coisa é substância do depósito da fé; outra, a formulação com a qual se apresenta". Cf. infra, p. 396-398.
168. Cf. infra, p. 490.
169. K. SCHATZ, *Vaticanum I*, Bd II, pp. 352-355.

da na obra de Garrigou-Lagrange (1877-1964), acentuará sempre mais a feição extrinsecista do texto, enquanto que M. Blondel e seus continuadores verão lá as bases do seu "método de imanência"[170] e que o "modernismo" arranhará todo o edifício da Constituição.

De nossa parte, procuramos mostrar por que o mesmo texto chegou a suscitar leituras tão divergentes. Talvez seja bom reavaliar sua "forma sistemática", defendida por Franzelin e Kleutgen, que sempre lutaram pelo caráter formal e jurídico de algumas das suas afirmações. Mais tarde, serão elas levadas a um extrinsecismo radical, com base na interpretação pós-tridentina das relações entre natureza e sobrenatural. Mas não se pode também negar que a corrente tradicionalista moderada conseguiu introduzir uma perspectiva mais concreta e mais histórica no documento, aprofundada a seguir pelos defensores do "método de imanência". Nunca essas duas orientações se ajustaram muito bem na Constituição. Na época, já levantaram o problema das relações entre história e normatividade dogmática ou jurídica, problema que se exacerbará na "crise modernista". É então que o olhar apocalíptico da história da modernidade, subjacente ao prólogo e ao desenvolvimento doutrinário do texto, prevalecerá nas análises da autoridade magisterial.

---

170. Cf. por exemplo, seu primeiro comentário à Constituição na sua *Lettre sur les exigences de la pensée contemporaine en matière d'apologétique...*, *Les premiers écrits de Maurice Blondel*, Paris, PUF, 19-56, pp. 5-95.

CAPÍTULO VII

"Pastor Aeternus".
Primeira constituição dogmática
do Concílio Vaticano I sobre a Igreja de Cristo

INDICAÇÕES BIBLIOGRÁFICAS: cf. bibliografia geral e bibliografia do capítulo VI, p. 259. — R. AUBERT, *Vatican I*, Paris 1964, pp. 182-194; R. AUBERT (éd.) *De doctrina Concilii Vaticani Primi studia selecta, op. cit.*, pp. 285-575. — H. KÜNG, *infaillibile? Une interpellation* (1970), Paris, DDB, 1971. — H. J. POTTMEYER, *Unfehlbarkeit und Souveränität. Die päpstliche Unfehlbarkeit im System der ultramontanen Ekklesiologie des 19. Jahrhunders*, Mainz, Grünewald, 1975. — U. HORST, *Unfehlbarkeit und Geschichte*, Mainz, Grünewald, 1982. — G. THILS, *Primauté et infaillibilité du Pontife Romain à Vatican I et autres études d'ecclésiologie*, Leuven, Univers. Press. 1989. — K. SCHATZ, *La primauté du pape. Son histoire des origines à nos jours* (1990), Paris, Cerf, 1992; *Vaticanum I. 1869-1870*, Bd. III: *Unfehlbarkeitsdiskussion und Rezeption*, Paberborn, Schöningh, 1993.

No capítulo anterior, tratamos largamente da questão do juízo doutrinal feito pela autoridade magisterial. Vamos, agora, enfocá-la por um ângulo mais amplo, ou seja, pelo vínculo entre o primado do pontífice romano e o seu magistério infalível. Já refletimos sobre a relação histórica e dogmática entre as duas Constituições do Vaticano I, bem como apresentamos o lado eclesiológico da *Pastor Aeternus*, na parte dedicada à eclesiologia nesta *História dos Dogmas*[1]. Contudo, para determinar com precisão o significado da definição da infalibilidade pontifícia no capítulo 4 dessa Constituição, cumpre situá-la dentro de toda a estrutura do texto.

---

1. Cf. tomo 3, pp. 414-421.

I. ESTRUTURA DA CONSTITUIÇÃO

1. A COMPOSIÇÃO DO TEXTO

O prólogo da *Pastor Aeternus* assemelha-se em muitos pontos ao da Constituição sobre a fé católica. O primeiro parágrafo lembra a primeira frase da *Dei Filius* (veja a referência a Mt 28,20) sobre a fundação da Igreja[2], mas, com base na teologia de João (Jo 15,19; 17,20s. e 20,21), constrói um paralelo entre o envio pelo Pai do "eterno pastor e guarda de nossas almas" (1Pd 2,25) e o envio dos apóstolos por esse pastor, como também a sua vontade de que haja "na Igreja pastores e doutores, até o fim do mundo"[3].

A partir desse desenvolvimento trinitário e eclesiológico, o parágrafo segundo indica o ponto principal da Constituição:

> Para que o episcopado seja uno e indivível e para que, mediante a união íntima e recíproca dos pontífices, toda a multidão dos fiéis persevere na unidade da fé e da comunhão, (Cristo), pondo S. Pedro à frente dos demais apóstolos, caracteriza-o como o princípio permanente (*perpetuum principium*) e o fundamento visível (*visibile fundamentum*) dessa dupla unidade. Sobre tal solidez se edificará o templo eterno e sobre a firmeza dessa fé se erguerá a Igreja, cuja sublimidade deve tocar o céu[4].

Essa passagem transforma a referência implícita na eclesiologia de S. Cipriano, para quem a unidade do episcopado (*episcopatus unus est*), fundamentada em Cristo, precede o primado[5], mas se enquadra, perfeitamente, na visão ultramontana da Igreja[6], que assenta a unidade eclesial diretamente no ministério apostólico de Pedro. Essa a questão central, visada pelos termos "fundamento" e "princípio", que divide maioria e minoria, desde o momento em que esta última protesta, em nome da "ordem das coisas", contra a antecipação do debate sobre os poderes do papa.

O terceiro parágrafo[7], enfim, evoca de novo a situação apocalíptica da Igreja ("cuja sublimidade, porém, deve tocar o céu"), provocada pelas "portas do inferno", que "se erguem por toda a parte com ódio sempre maior contra o fundamento estabelecido por Deus". Lembra-se tal contexto para justificar, como no prólogo da *Dei Filius*, a necessidade de um *julgamento* "solene" — conforme

---

2. Cf. supra, p. 210 e o final do prólogo da *Dei Filius*, tudo bem dentro da eclesiologia da escola romana.
3. *COD* II-2, p. 1649, 29-37; *DS* 3050; *FC* 466.
4. *COD* II-2, p. 1649, 37 — 1651; *DS* 3051; *FC* 466.
5. Cf. tomo 3, pp. 318-319. A intervenção de D. Wiery, bispo da minoria, foi na direção da eclesiologia de S. Cipriano, cf. *Mansi* 52, 502 B-D.
6. Para a análise dessa eclesiologia e da sua influência na preparação da *Pastor Aeternus*, cf. H. J. POTTMEYER, *Unfehlbarkeit und Souveränität*, pp. 61-114 e 182-278.
7. *COD* II-2, p. 1649, 37 — 1651, 5-13.

o vocabulário já consagrado — e, ao mesmo tempo, "pastoral", "para proteção, salvaguarda e crescimento do rebanho católico". Esse julgamento aparece tanto como "proposição a todos os fiéis da doutrina que devem crer e sustentar", como também "condenação dos erros contrários", segundo fórmula usada na *Dei Filius*.

Proposição e condenação supõem, antes de tudo, um "julgamento sobre sua necessidade" (*necessarium esse judicamus*), isto é, uma análise da conjuntura e o discernimento histórico, baseado nos "sinais dos tempos", como se dirá no Vaticano II. Surge aí a segunda discrepância entre maioria e minoria. Revendo-se os debates[8], fica claro que ela reside, essencialmente, no enfoque das relações entre a Igreja e a sociedade. "A maioria timbrava em apresentar a doutrina da Igreja como 'contra-dogma', oposto aos princípios de 1789, encarecendo, como fizera de Maistre, que cabe à Igreja oferecer a salvação ao mundo, mercê de um princípio de autoridade [...], sem o qual ele se perde no caos". Já a minoria tinha, em geral, "uma posição diferenciada, tendo como legítimos certos elementos do desenvolvimento moderno da liberdade"[9]. Vimos já a advertência final de D. Gasser, dois dias antes da aprovação solene do texto, confirmando o pensamento da maioria. Em 23 de maio, D. Ketteler, assim falava, em nome da minoria:

> É verdade que hoje, lamentavelmente, todo tipo de autoridade, seja secular seja espiritual, vem sendo desprezado. Mora nos anseios de todas as pessoas de boa vontade que tomemos a defesa da autoridade e que a restabeleçamos plenamente. Mas outra convicção geral domina também o mundo atual, a saber, a repulsa a toda sorte de absolutismo, fonte de tantos males para a humanidade, porque corrompe e avilta o ser humano. Proclamem, portanto, ao mundo todo, veneráveis Padres, que a autoridade da Igreja [...] é a base de toda autoridade! Mas, ao mesmo tempo, anunciem que não há na Igreja poder arbitrário, sem lei e absolutista [...]. Nela só impera um único Senhor e monarca absoluto — Jesus Cristo, que, com seu próprio sangue, conquistou a Igreja[10].

Temos, pois, duas visões realmente opostas. Mas K. Schatz observa, comentando o discurso de D. Salzano[11], que a maioria tinha razão de lembrar o obscurecimento da idéia de cristandade e a emancipação da Igreja perante o Estado, para justificar a "necessidade" de fortalecer suas estruturas internas de autoridade, como garantias de uma fé segura[12].

---

8. Cf. sobretudo K. SCHATZ, *Vaticanum I*. Bd.III, pp. 28-47 e *La primauté du pape*, pp. 230-232.
9. Ib., pp. 230 s.
10. *Mansi* 52, 210s., citado por K. SCHATZ, *La primauté du pape*, p. 231. Cf. também o que se disse sobre o conceito de "autoridade" na Constituição *Dei Filius*, supra, pp. 239-241.
11. Cf. *Mansi* 52,414 C-D.
12. K. SCHATZ, *Vaticanum I*, Bd. III, pp. 44-46.

No final do prólogo vem o plano do documento: tratará, sucessivamente, da "instituição" (cap. 1), do "caráter perpétuo" (cap. 2) e da "natureza do primado da sé apostólica" (caps. 3 e 4)[13]. Impressiona o tom sistemático da argumentação. Para compreendê-lo, lembremos que o Concílio de Trento, para evitar o insucesso, não chegou a discutir o primado[14]. Era preciso, pois, retomar a questão pela base e pelo crivo da teologia fundamental, da interpretação da Escritura e da Tradição. Pouco contestada quanto à instituição do primado (cap. 1) e quanto à sua perenidade (cap. 2), a interpretação da Escritura e da Tradição dogmática (codificada nos caps. 2 e 4 da *Dei Filius*) torna-se verdadeiro campo de batalha, quando se procura definir a natureza e o poder primacial do pontífice romano e o respectivo magistério infalível (caps. 3 e 4). É o terceiro ponto de litígio entre maioria e minoria[15]. Voltaremos a ele, antes de analisar a questão de fundo, a definição da infalibilidade pontifícia, momento em que os dois grupos do Concílio se distanciam definitivamente.

2. OS TRÊS PRIMEIROS CAPÍTULOS

O primeiro capítulo explica o "sentido" de três passagens evangélicas, habitualmente citadas em abono do primado apostólico de Pedro: "Serás chamado Cefas" (Jo 1,42); "Feliz és tu, filho de Jonas..." (Mt 16,16-19) e "Apascenta os meus cordeiros, apascenta minhas ovelhas" (Jo 21,15-17). Deixa, porém, a explicação do quarto testemunho: "eu orei por ti..." (Lc 22,32) para o capítulo 4 da Constituição. Tudo é apresentado como "doutrina muito clara da Santa Escritura, tal qual foi sempre entendida pela Igreja católica"[16], aludindo ao parágrafo correspondente do capítulo 2 da *Dei Filius*[17]. Na seqüência[18], o documento indica os três pontos da doutrina bíblica destacados pelo Concílio: a *unicidade* da relação entre Pedro e Cristo (*uni Simoni Petro; solum Petrum*), a transmissão *imediata* do primado por Cristo a Pedro, sem passar pela Igreja e, por fim, a marca *jurisdicional* desse primado, que se manifesta pelo "ligar-desligar", precisado no capítulo 3, impossível de ser reduzido a mero "primado de honra"[19].

Inspirada especialmente na exegese dos Santos Padres, a minoria esforçou-se por ampliar e diferenciar a interpretação dos textos evangélicos dos dois primeiros pontos. A metáfora da "pedra", insistia, tem diversos significados e

---

13. *COD* II-2, p. 1651, 10-12; *DS* 3052; *FC* 466. Esse plano corresponde ao das *Praelectiones theologicae*, de Perrone.
14. Cf. tomo 3, pp. 390 ss. Cf. K. SCHATZ, *La primauté du pape*, pp. 191-193.
15. Cf. supra, p. 210.
16. *COD* II-2, p. 1651, 26-27; *DS* 3053; *FC* 467.
17. Cf. supra, pp. 229 ss.
18. À diferença da *Dei Filius*, os cânones estão integrados ao próprio texto.
19. *COD* II-2, p. 1651, pp. 24-38; *DS* 3053-54; *FC* 467-468.

a pluralidade de testemunhas no Novo Testamento é essencial à compreensão do ministério apostólico. E é inegável que a terminologia do "fundamento" é também aplicada a outros apóstolos (Ef 2,20) e a eles também, no Evangelho de Mateus, é dado o poder de ligar e desligar (Mt 18,18)[20]. Cumpre lembrar que a Constituição *Lumen Gentium* do Vaticano II, ao falar da instituição dos Doze[21], no nº 19, faz também referência a uma documentação escriturística. Mas o faz com mais sutileza que a *Pastor Aeternus* e supõe, como veremos, uma relação diferente com as Escrituras, já prenunciada em algumas intervenções da minoria do Vaticano I.

O capítulo segundo sobre "*a perpetuidade* do primado de S. Pedro" baseia-se na interpreatação da tradição e da história da Igreja, continuando o que o capítulo 4 da *Dei Filius* afirmou sobre o "sentido dos dogmas sagrados, que deve ser *perpetuamente* conservado", sentido "que nossa Mãe a santa Igreja definiu de uma vez por todas"[22]. A esse respeito, a documentação histórica sofreu menos contestações nos debates conciliares[23], talvez porque a sucessão apostólica não tenha levantado nenhum problema particular para os Padres, porquanto apoiada em argumento doutrinário já evocado no prólogo:

> O que Cristo nosso Senhor, cabeça dos pastores e pastor supremo das ovelhas, instituiu com S. Pedro apóstolo para a salvação eterna (*in perpetuam salutem*) e bem sempiterno (*perenne bonum*) da Igreja, deve, necessariamente, graças ao mesmo autor (*eodem auctore*), continuar ininterruptamente na Igreja, que, fundada sobre a rocha, permanecerá até o final dos séculos (cf. Mt 7,25; Lc 6,48)[24].

Mais que na *Dei Filius,* essa passagem mostra o vínculo entre sucessão e dogma ou, mais precisamente, o sentido dogmático da idéia de *perpetuidade,* seja o "sentido dos dogmas" "definido *de uma vez por todas* pela Igreja", seja a sucessão apostólica, particularmente a de Pedro. Essa dupla perpetuidade tem um fundamento soteriológico, enquanto está rigorosamente a serviço da "salvação eterna" e do "bem sempiterno da Igreja". Sobre essa base *comum e inconteste* — será preciso lembrá-lo quando se falar das relações entre normatividade e

---

20. Cf. K. SCHATZ, *Vaticanum I*, Bd. III, pp. 47-49.
21. *COD* II-2, p. 1755, 14-29; *DS* 4121.
22. *COD* II-2, p. 1645, 30s.; *DS* 3020; *FC* 103.
23. Mas a maioria e a minoria interpretam diferentemente o célebre texto de Santo Ireneu: "Pois com essa Igreja [de Roma], pela sua origem mais excelente (*propter potentiorem principalitatem*), deve necessariamente estar de acordo toda a Igreja" (*CH* III, 3,2, em *COD* III-2, p. 1653, 13-15; *DS* 3057; *FC* 469). Enquanto a maioria insiste aí na dependência de todas as Igrejas para com a Igreja de Roma e sua tradição apostólica, a minoria, apegando-se a outras passagens dos L. III (Igrejas de Éfeso e Esmirna) e IV do CH, destaca a complementaridade entre Roma e essas outras Igrejas: "Para dirimir controvérsias sobre a fé, a primeira e a mais importante é a Igreja de Roma, mas ela não é a Igreja toda nem a única na mente de Santo Ireneu, como bem o mostra a palavra "*principalior*" (comparativo)". Mansi 52, 817 A.
24. *COD* II-2, p. 1653, 2-5; *DS* 3056; *FC* 469.

história — é que se desenrola o conflito entre os Padres, ao interpretarem a Escritura e a Tradição.

Esse conflito cresceu na discussão do capítulo 3, que define, continuando os dois anteriores[25], "o poder e a natureza do pontífice romano", a saber, seu poder de jurisdição e de magistério. De novo, com base na Escritura ("os testemunhos claros das Sagradas Letras") e na Tradição ("os decretos expressamente definidos tanto por nossos predecessores, os pontífices romanos, como pelos concílios gerais"), o texto reitera a definição do Concílio ecumênico de Florença (1439) e acrescenta, com o capítulo 3 da *Dei Filius*, que se trata de algo que "impõe a todos os fiéis a obrigação de crer" em todo o seu conteúdo:

> Que a Santa Sé apostólica e o pontífice romano detêm o primado em toda a terra; que esse pontífice romano é o sucessor de S. Pedro, chefe dos apóstolos e verdadeiro vigário de Cristo, cabeça de toda a Igreja e pai e doutor de todos os cristãos; que a ele, na pessoa de Pedro, o Senhor confiou plenos poderes (*plenam potestatem*) para apascentar, dirigir e governar toda a Igreja, conforme (*quemadmodum*) consta nos documentos dos concílios ecumênicos e nos sagrados cânones[26].

Retomado em síntese no capítulo 4, esse texto constitui a principal afirmação doutrinária da *Pastor Aeternus*. A última frase, num primeiro momento omitida pelo redator devido à sua utilização galicana — o *quemadmodum* "na medida que isso consta" interpretado de forma restritiva — foi logo recolocada. Aí a minoria insistiu no caráter limitante da frase, argumentando que a seqüência do decreto florentino restabelece, na perspectiva da união com o Oriente, os direitos dos patriarcas[27]. Mas a maioria defendeu a distinção entre a lição dogmática do parágrafo que será citado sobre o primado e que é, para ela, de *direito divino*, e a norma disciplinar de Florença, no parágrafo seguinte, sobre a pentarquia, que será simplesmente de *direito humano*[28].

Sem contestar a "plenitude total do poder supremo"[29] em si mesma, a minoria tentou, então, novamente, integrá-la num conceito jurisdicional mais

---

25. Cf. a frase introdutória: "Por essa razão, baseando-nos em claros testemunhos...". *COD* II-2, p. 1653, 23.

26. *COD* II-2, p. 1653, 25-31; *DS* 3059; *FC* 471.

27. "Ademais, reivindicamos a precedência estabelecida pelos cânones com relação aos outros veneráveis patriarcas, garantidos todos os seus privilégios e direitos. Assim, depois do santíssimo pontífice romano, o segundo é o patriarca de Constantinopla; o terceiro, o de Alexandria; o quarto, o de Antioquia e o quinto, o de Jerusalém". *COD* II-1, p. 1083, 14-17. Quanto ao debate conciliar, cf. K. SCHATZ, *Vaticanum I*, Bd.III, pp. 94-97, que observa também que a distinção estrita entre *jus divinum* e *jus humanum* não permite definir o lugar que a estrutura patriarcal ocupa na consciência dos orientais.

28. Cf. a *relatio* de D. Zinelli, *Mansi* 52, 1102 A-B.

29. *COD* II-2, 1657, 1; *DS* 3064; 476. Essa parte do cânon do cap. 3, várias vezes modificada, era contra D. Maret e a e recusa de compreender o primado como *soberania espiritual*. Cf. K. SCHATZ, *Vaticanum I*, Bd. III, pp. 98 s., 130-133,137-139 e 140 s.

amplo. É o que se vê na discussão dos parágrafos 2 e 3 do capítulo, onde se define o "poder" do pontífice romano como "ordinário, imediato e episcopal", diferenciando-o do poder dos bispos[30]. Alguns Padres opõem-se sobretudo à ligação do qualificativo "episcopal" com os outros dois ("ordinário" e "imediato"), receando que intervenções "extraordinárias", como a reorganização das dioceses francesas, em 1801, se tornasse habitual. Mas a maioria contra-argumentou, esclarecendo que o poder *episcopal* do papa, especificamente igual ao dos bispos, mas destinado, no seu caso, à edificação da Igreja *toda, constitui, por isso mesmo*, o poder moderador da Santa Sé"[31]. O que a minoria conseguiu foi introduzir, no parágrafo terceiro, sobre o "poder de jurisdição ordinário e imediato dos bispos", a menção bíblica de At 20,28: "constituídos pelo Espírito Santo sucessores dos apóstolos, todos apascentam e governam, como verdadeiros pastores, o rebanho confiado a cada um"[32]. De resto, um dos Padres observou, com acerto, que o fecho do parágrafo, ao citar uma carta de Gregório Magno a Eulógio de Alexandria, representa uma contradição, porque aquele papa recusava o título de "bispo universal"[33].

A última parte do capítulo sobre as conseqüências do poder pontifício investe contra o galicanismo (4º parágrafo) e o conciliarismo (5º parágrafo) e traz, novamente, o argumento histórico, referindo-se à carta do imperador Miguel Paleólogo ao papa Gregório X, lida no Concílio de Lião (1274). A primeira parte desse documento aparecerá também no capítulo 4, como um dos testemunhos da infalibilidade pontifícia. A minoria retruca, lembrando que se trata de um texto conciliar, e alega, sobretudo, que a fórmula "à frente das outras Igrejas ou dos Apóstolos" (*prae caeteris*), empregada já no prólogo e no capítulo 1 da *Pastor Aeternus*, implica, segundo a carta do imperador, a "partilha dos cuidados pastorais com as outras Igrejas"[34].

II. O CAPÍTULO 4: O MAGISTÉRIO INFALÍVEL DO PONTÍFICE ROMANO

Pouco a pouco, vai-se chegando à questão de fundo do debate entre maioria e minoria conciliar. A partir da controvérsia sobre a oportunidade ou a necessidade de definir a infalibilidade pontifícia e sobre a interpretação da Escritura e da Tradição, quatro pontos essenciais se consolidaram.

---

30. *COD* II-2, 1653, 32 — 1655, 16; *DS* 3059-3061; *FC* 471-473.
31. Cf. a *relatio* de D. Zinelli, *Mansi* 52, 1103 C — 1106 B.
32. *COD* II-2, p. 1655, 11-13; *DS* 3061; *FC* 473.
33. "Ou então o pontífice deveria declarar-se bispo universal de toda a terra. Mas não o fez, evitando assim atingir a seus irmãos". *Mansi* 52, 666 C-D.
34. Cf. *DS* 861: "Sua plenitude de poder está ordenada de forma a admitir que outras Igrejas condividam sua solicitude", passagem que a *Pastor Aeternus* não cita.

1. QUATRO PONTOS PRINCIPAIS DO DEBATE

1. O primeiro ponto, presente no prólogo, é o deslocamento progressivo do reconhecimento prático da "prioridade" (*principalitas*) da Igreja de Roma, compartilhada com outras Igrejas, não obstante sua primazia, para a reivindicação do "principado" (*principatus*) do "soberano pontífice", que detém, pela sua função petrina de "pedra", a plenitude do poder e, depois, para a afirmação ontológica de que o Papa é "cabeça" ou *principium et fundamentum* da unidade do corpo eclesial.

2. O segundo ponto refere-se à relação entre poder de jurisdição e poder de magistério do pontífice romano. Nessa bipartição do poder máximo reside, com certeza, o ponto inicial do debate. Ela supõe a separação anterior da ordem sacramental (*potestas sanctificandi*) da ordem jurisdicional (*potestas jurisdictionis*) na Igreja, separação que será retrabalhada no Vaticano II. Portanto, a primeira frase do capítulo 4 já põe em divergência maioria e minoria:

> No primado apostólico que o pontífice romano recebeu sobre a Igreja universal, como sucessor de Pedro, príncipe (*princeps*) dos apóstolos, (está) incluído também o poder supremo do magistério [...][35].

Esse "poder supremo do magistério" e a sua infalibilidade a maior parte dos Padres deduz *do fato* do seu poder primacial de "governar", já separado da ordem sacramental. Numa visão eclesiológica ultramontana, consideram que o "poder de jurisdição" somente se legitima se envolver também a infalibilidade do "poder de ensinar". Omitir essa grave questão — argumento de "necessidade", a cujo propósito Dechamps fala de um "silêncio ecumênico" — será pôr em risco toda a "soberania pontifícia" e reavivar o galicanismo[36]. Veja-se o que o cardeal de Malines escreveu a Dupanloup, durante o Concílio, referindo-se a de Maistre:

> Com toda a certeza, o governo da Igreja não é nem uma aristocracia nem uma democracia, mas uma *verdadeira monarquia*, em que a soberania pertence aos sucessores do Príncipe dos Apóstolos, pois o *primado de jurisdição* ou os *plenos poderes* do Papa sobre toda a Igreja constitui verdade de fé. Mas qual é a principal função desse poder supremo, função superior a todas as outras? É o ensino da verdade: *Magisterium*. Portanto, a soberania na Igreja é *uma soberania doutrinal* e, cumpre frisar, de *instituição divina*[37].

---

35. *COD* II-2, 1657,5-7; *DS* 3065; *FC* 477.
36. Cardeal Victor DECHAMPS, *Lettres sur l'infaillibilité*, em *Oeuvres Complètes* VI, Malines, H. Dessaian, 1874, pp. 185 s.
37. Ib., pp. 274 s.

Ora, é precisamente essa ligação entre primado de jurisdição e soberania doutrinal que a minoria conciliar não aceita, embora não abrace as teses galicanas nem conteste o primado jurisdicional. Eis o comentário de Dupanloup:

> Para provar que o pontífice romano é o princípio da unidade da fé, alega-se que tem o poder de jurisdição sobre toda a Igreja. Ora, ele pode ter esse primado sem ser o juiz supremo da fé, porque a revelação está encerrada e o seu depósito pertence a toda a Igreja, com a obrigação de todos os bispos lhe prestarem testemunho autêntico[38].

H. J. Pottmeyer nota, com razão, que o debate contemporâneo sobre a infalibilidade pontifícia pode esquecer problemas reais, se isolar essa questão da divisão histórica da soberania eclesial em "três regimes" (*tria regimina*), contestada, parcialmente ao menos, pela minoria do Vaticano I[39].

3. O terceiro ponto de divergência está nas *condições* da infalibilidade pontifícia. Trata-se da relação global enfocada no primeiro ponto e agora vista pelo ângulo da "infalibilidade pessoal, distinta e absoluta", mas também e sobretudo da relação entre revelação ou direito e história.

4. Finalmente, o quarto ponto — discutido principalmente na Comissão, entre infalibilistas extremos e infalibilistas moderados — diz respeito ao *objeto ou à extensão* da infalibilidade pontifícia[40].

O plano deste capítulo encerra intenso significado doutrinário. O primeiro parágrafo apresenta "o argumento da tradição" pró infalibilidade papal. O segundo mostra a prática do múnus magisterial do pontífice romano, através dos tempos, evidenciando seu sentido dogmático. O terceiro e o quarto indicam o objetivo do "carisma de verdade e de fé que jamais falhou", voltando ao que disse o prólogo sobre as circunstâncias atuais e a necessidade de uma definição. Por último, o quinto parágrafo oferece a definição solene, com a condenação global dos que se opõem à "nossa definição".

2. O ARGUMENTO DE TRADIÇÃO

O argumento de tradição vem de três depoimentos escolhidos pelo critério da "união da fé e da caridade entre Oriente e Ocidente"[41]. O primeiro, extraído da *Fórmula* do papa Hormisdas (515)[42] e assumido pelos Padres do IV Concílio de Constantinopla (869/870), "caminhando nas pegadas dos antigos", dificil-

---

38. *Mansi* 51, 955 C.
39. Cf. H. J. POTTMEYER, *Unfehlbarkeit und souveränität*, pp. 408 s.
40. Voltaremos a esses pontos essenciais, infra, pp. 261-270.
41. *COD* II-2, p. 1657, 9s; *DS* 3065; *FC* 477.
42. *DS* 363-365; *FC* 416.

mente pode ser contestado quanto ao seu sentido "providencial"[43], ainda que a minoria observe que os bispos gregos, partidários de Fócio, foram obrigados a assiná-lo[44]. Já falamos dos problemas do outro texto, tirado das atas do II Concílio de Latrão (e citado no cap. 3 da *Pastor Aeternus*). Esse texto institui um nexo bem claro entre a "defesa da verdade da fé" pela Igreja romana e o seu "dever de, a seu juízo, eliminar os eventuais litígios de fé"[45]. Por fim, o terceiro depoimento está num trecho do decreto *Laetentur coeli* do Concílio ecumênico de Florença (1439), (citado no cap. 3). O relevante aí é a afirmação do pontífice romano como "Pai e doutor de todos os cristãos".

As três partes do segundo parágrafo traçam a prática efetiva do múnus magisterial dos papas ao longo da história, expõem sua base doutrinária e ligam-na aos Padres e à promessa de Cristo no Evangelho de Lucas:

> Os bispos do mundo todo, tanto individualmente como reunidos em sínodos, informaram a Sé apostólica sobre os perigos que surgiam em matéria de fé, para que os malefícios nesse campo fossem reparados, e a fé não viesse a sofrer prejuízo. Seja convocando concílios ecumênicos ou sondando o pensar comum da Igreja dispersa pelo mundo[46], seja por meio de sínodos particulares, seja ainda por outros meios inspirados pela Providência, os pontífices romanos, conforme o exigiam as situações e os acontecimentos, definiram que era preciso guardar o que haviam, com a ajuda divina, reconhecido como conforme às Sagradas Escrituras e às tradições apostólicas. Pois o Espírito Santo não foi prometido aos sucessores de Pedro para que, inspirados por ele, revelassem uma doutrina nova e sim para que, sob sua assistência, santa e fielmente preservassem a revelação transmitida pelos apóstolos, ou seja, o depósito da fé.

> Essa doutrina apostólica foi acolhida por todos os veneráveis Padres, reverenciada e seguida pelos santos doutores ortodoxos, perfeitamente cientes de que esta sé de Pedro permanecia isenta de todo erro, à luz da promessa divina de Nosso Senhor e Salvador ao chefe dos seus discípulos: "Eu orei por ti, a fim de que a tua fé não desapareça; e tu, quando tiveres voltado, confirma os teus irmãos (Lc 22,32)[47].

---

43. "Com efeito, os Padres do IV Concílio de Constantinopla, caminhando nas pegadas dos antigos, fizeram esta solene profissão de fé [...]. E como não pode ser letra morta a palavra de Nosso Senhor Jesus Cristo — "Tu és Pedro e sobre esta pedra edificarei a minha Igreja" (Mt 16,18), essa afirmação se concretiza nos fatos, pois na Sé Apostólica a religião católica foi sempre conservada sem mancha e a doutrina católica sempre professada na sua santidade". *COD* II-2, p. 1657, 10-18; *DS* 3066; *FC* 478.

44. Cf. *Mansi* 51, 983 B.

45. *COD* II-2, 1657, 23-25; *DS* 3067; *FC* 479.

46. Cf. supra, p. 298.

47. *COD* II-2, p. 1657, 32 — 1659, 8-12; *DS* 3069-3070; *FC* 481.

Esse longo "argumento histórico" é uma "concessão" à minoria, feita e comentada, em 8 de junho, pelo cardeal Bilio na Comissão da fé[48]. Ao mesmo tempo, porém, marca a fronteira precisa entre as exigências da minoria e a posição dos infalibilistas *moderados*. Estes, e, pela primeira vez, o cardeal Dechamps, no discurso de 17 de maio de 1870[49], reconhecem plenamente que a infalibilidade pontifícia não se baseia na "inspiração", mas na "assistência" do Espírito Santo, que lhe garante expor e interpretar fielmente o "depósito da fé". Por isso, retomam a distinção do capítulo 2 da *Dei Filius* entre o tempo constitutivo da revelação e o tempo da sua recepção por entre as vicissitudes da história da Igreja, sempre acrescentando, com Roberto Belarmino, que a promessa da assistência a Pedro e aos seus sucessores *implica* o uso de meios humanos, como estudar a Escritura e a Tradição, bem como ouvir o parecer de outros. Mas não chegam a aceitar que tais meios sejam considerados condicionantes da infalibilidade pontifícia, como desejavam os membros da minoria.

3. INFALIBILIDADE PONTIFÍCIA E CONSENSO DA IGREJA

Na verdade, para descartar "a infalibilidade pontifícia pessoal, distinta e absoluta", os Padres da minoria se entrincheiraram na célebre fórmula de Antonino de Florença, que vê o pontífice romano como infalível quando se apóia na Igreja, "servindo-se do concílio e pedindo ajuda da Igreja universal"[50]. Mas não conseguem convencer a maioria de que essas condições não induzem uma visão "galicana". Após a famosa tentativa de conciliação do cardeal Guidi (18 de junho)[51], vivamente censurado por Pio IX[52], e de D. Ketteler pela minoria (25 de junho)[53], a diferença entre a obrigação moral do papa de utilizar os "meios humanos" e a "ordem do direito", visada pelo dogma, impõe-se definitivamente e dá seu significado doutrinário ao plano do capítulo 4, que distingue, claramente, o argumento histórico e a definição jurídica da infalibilidade pontifícia. D. Pie, no início dos debates, em sua alocução de 13 de maio, havia já

---

48. *Mansi* 53, 258 B-C.
49. "Não há novas revelações, porque o o objeto da infalibilidade é limitado ao depósito da revelação imutável. [O papa] é infalível não por uma inspiração, mas por uma graça a ele dada gratuitamente, que chamamos de *graça de estado*, prometida por Deus aos sucessores de Pedro, para que guardem e exponham fielmente o depósito da verdade revelada. [...] Os sucessores de Pedro serão fiéis na medida em que se servirem dos meios necessários a esse fim. A graça de estado leva-os a usarem esses meios". *Mansi* 52, 67 C-D.
50. Cf. *Mansi* 52, 78 D, D. Greith, em 17 de maio; 106 B, 910 A, 987 B-D; 994 A. — Cf. U. HORST, "Papst, Bischöfe und Konzil nach Antonin von Florenz", em *RTAM* 32 (1965), pp. 76-116.
51. Cf. *Mansi* 52, 740 A — 747 B; para a interpretação desse texto, baseado em longa tradição dominicana, cf. U. HORST, *Unfehlbarkeit und Geschichte, op. cit.*, pp. 164-213.
52. Cf. K. SCHATZ, *Vaticanum I*, Bd. III, pp. 104 s. e 312-322.
53. Cf. *Mansi* 52, 890 C — 899 B.

proposto essa distinção⁵⁴. Em 12 de julho, D. Freppel defendeu-a contra Guidi e Ketteler⁵⁵ e ela reaparece nas entrelinhas do relatório final apresentado por D. Gasser, em 11 de julho de 1870, oito dias antes da proclamação solene⁵⁶. Pela sua importância, vamos citar-lhe alguns longos trechos, relacionados às divergências entre maioria e minoria:

> Por certo, quando o papa define infalivelmente, não o dispensamos da cooperação e do concurso da Igreja, ou seja, não excluímos essa cooperação e esse concurso [...], certamente porque a infalibilidade do pontífice romano não vem de uma inspiração nem de uma revelação, mas como uma assistência. Isso porque o Papa, em virtude do seu cargo, é obrigado a usar meios adequados para examinar devidamente o que é verdadeiro e enunciá-lo com exatidão [...]. Enfim, não separamos de maneira alguma o Papa do *consenso da Igreja*, desde que esse consenso não seja estipulado como condição, seja ele um consenso antecedente ou conseqüente.

> Há quem insista, dizendo: — Sejam como forem esses meios humanos, o apoio da Igreja, o consenso eclesial, isto é, o testemunho e o conselho dos bispos, não só não podem ser excluídos da definição da infalibilidade como também devem estar inseridos na definição entre as condições que são de fé. Essa condição é, pois, considerada "de fé". E como prová-lo? Estaria ela na promessa de Cristo? Creio que não. Para mim, essa promessa implica, precisamente, o contrário. Na realidade, não se pode negar que, na relação de Pedro com a Igreja, relação que Cristo quis unida à infalibilidade de Pedro, está contida uma relação especial de Pedro com os apóstolos e, a partir daí, com os bispos, porque ele disse a Pedro (Lc 22,32): "Eu orei por ti, para que não fraquejes; e tu, quando te tiveres reerguido, fortalece teus irmãos". É essa, portanto, a relação do Papa com os bispos, segundo a promessa de Cristo. Por isso, não há como não concluir dessas palavras de Cristo que os irmãos, isto é, os bispos precisam, para permanecer firmes na fé, da ajuda e do conselho de Pedro e dos seus sucessores, e não vice-versa⁵⁷.

Encontramos aí o quarto testemunho bíblico do primado de Pedro, citado na conclusão do "argumento histórico" do capítulo 4. Os representantes da minoria rejeitam a interpretação dessa passagem por Belarmino, que distingue a prerrogativa pessoal de Pedro de preservar a verdadeira fé e a prerrogativa ministerial, comunicada aos sucessores, de sempre proclamar a doutrina or-

---

54. Cf. *Mansi* 52, 36 C-D.
55. Cf. *Mansi* 52, 1041 B-D.
56. Cf. *Mansi* 52, 1204 A — 1230 D. Após uma longa parte sobre a prova pela Escritura e a Tradição, o discurso de quase três horas de D. Gasser explica o sentido dos três termos "infalibilidade pessoal, separada e absoluta".
57. *Mansi* 52, 1213 B — 1215 C.

todoxa. Mas a decisão da maioria de não incluir como condição para a infalibilidade pontifícia o uso dos meios humanos não se escora, realmente, na interpretação desse texto, como se vê na continuação do pronunciamento de D. Gasser:

> Chegando agora às últimas observações, é preciso distinguir, cuidadosamente, o que é verdadeiro e o que é errado, para não naufragar ao chegar ao porto. É verdade que o Papa, nas definições *ex cathedra*, tem as mesmas fontes que a Igreja, a saber, a Escritura e a Tradição. É verdade que a unanimidade da pregação atual do magistério todo, unido ao seu chefe, é a regra da fé também para as definições pontifícias. Mas não se pode, de forma alguma, concluir daí a necessidade estrita e absoluta de se pesquisar esse acordo entre os chefes das Igrejas ou os bispos [...]. Sabem todos que essa norma do consenso das Igrejas na pregação atual tem só valor positivo e nenhum valor negativo[58]. [...] Assim, o que se faria quando surgir o dissenso entre Igrejas particulares e daí decorrerem controvérsias na fé? [...] Sabe-se que as decisões dogmáticas do pontífice romano concernem com muita freqüência as controvérsias de fé, nas quais se recorre à Santa Sé [...].
>
> Quem acredita, pois, que o Papa depende totalmente do acordo expresso dos bispos ou da sua ajuda, quer para se informar quer para declarar, infalivelmente, questões de fé e de costumes, deverá defender o falso princípio de que todos os julgamentos dogmáticos do pontífice romano carecem, em si e por si, de força decisiva e são reformáveis, se não contarem com o consenso da Igreja.
>
> Esse sistema, porém, é completamente arbitrário e põe por terra a infalibilidade pontifícia. Arbitrário porque supõe a adesão da maioria ou da minoria dos bispos. [...] A história nos ensina que desse sistema arbitrário nascem inquietações, discórdias, escândalos [...] E, nesse caso, não existe senão uma infalibilidade, a saber, a do corpo todo da Igreja docente. [...] E o que acontecerá se não houver acordo entre os bispos? Acabará o poder de julgar da Igreja. Ela deixará de ser, na palavra do Apóstolo, a coluna e o sustentáculo da verdade (1Tm 3,15)[59].

Por esse comentário fica bem claro por que o Concílio não quis classificar os "meios humanos" como condição dogmática. A distinção que a Constituição *Dei Filius* faz entre o "magistério ordinário" ou o "consenso unânime", de caráter positivo, e o "magistério extraordinário" ou o "julgamento solene", de caráter negativo, é enfatizada ao máximo, para, numa sociedade democrática que tudo submete ao voto, salvaguardar *a garantia de um último recurso*. Entra em cena, de novo, a relação entre história e direito. Vista pelo lado negativo das

---

58. Cf. supra, pp. 229 e 238, a explicação da *regra do consensus,* na Constituição *Dei Filius.*
59. Cf. *Mansi* 52, 1216 Deus — 1217 C.

"discórdias", das "inquietações" e dos "escândalos", a história se desenvolve, ao mesmo tempo, sob a proteção e a guia da Providência, cuja ação culmina na especial assistência ao ministério de Pedro. Na verdade, o argumento histórico do capítulo 4 corresponde ao "método da Providência" do cardeal Dechamps. Na prática histórica dos pontífices romanos, ele decodifica o cumprimenro da promessa de Cristo, obra da providência divina, que *implica,* como assistência efetiva, a liberdade humana e a aplicação de meios humanos.

Não é demais ressaltar o papel dos infalibilistas *moderados*, na redação da *Pastor Aeternus*, que recolhe a influência do tradicionalismo *moderado* sobre a Constituição *Dei Filius*. Mas, nos dois casos, o acento histórico não vai na mesma direção. *Dei Filius* encarece o lugar da história ou da "condição atual do gênero humano", na qual custa separar o que é *direito* possível e necessário à razão natural e o acesso *efetivo* à fé em Deus, pela mediação providencial da Igreja. *Pastor Aeternus*, ao contrário, procura manter livre de toda condição histórica o *direito* primacial da infalibilidade. Essas duas orientações aparecem nos mesmos protagonistas, como na obra do cardeal Dechamps, pelo eclesiocentrismo implícito do "método da Providência", que deixou suas marcas na *Dei Filius,* máxime no capítulo 3. Este, agora, é tido por "princípio jurídico", na isenção do "fundamento último", que é a soberania jurisdicional e magisterial do pontífice romano.

Veremos como essa soberania, réplica da soberania de "Deus Criador e Senhor"[60], está codificada na definição jurídico-dogmática da infalibilidade pontifícia. Mas, na visão apocalíptica da história, predominante no Concílio, a soberania dos direitos da verdade deve ficar absolutamente garantida. C. Schmitt demonstrou quanto o conceito de "soberania", forjado por Bodin e Hobbes, influenciou a filosofia do Estado da contra-revolução em de Maistre e de Bonald[61], donde ele penetrou na eclesiologia ultramontana e, finalmente, na do Concílio Vaticano I[62]. Essa transposição aconteceu graças à semelhança dos contextos. Assim como a soberania absoluta do Estado secularizado se baseia, para Hobbes, no *estado de urgência*, gerado por poderes eclesiais ou por outros poderes cuja legitimação transcendente conduz à guerra das religiões, assim também a soberania pontifícia, segundo a eclesiologia ultramontana, se apóia na luta entre o "fundamento da Igreja" e "as portas do inferno", batalha apocalíptica provocada pela Reforma e pela Revolução Francesa. Em ambos os casos, o estado de urgência se transforma em situação normal ou em estrutura *essencial*

---

60. Cf. o terceiro ponto da exposição de Gasser, em 11 de julho, sobre a "infalibilidade absoluta": "Por nenhum aspecto é absoluta a infalibilidade pontifícia, que esta só a Deus pertence, Verdade primeira e essencial, que jamais e de forma alguma pode enganar ou ser enganado (cf. *Dei Filius* cap. 3). Qualquer outra infalibilidade, porque dirigida a determinado fim, tem seus limites [...]. Diga-se o mesmo da infalibilidade do pontífice romano". *Mansi* 52, 1214 A-B.

61. Cf. C. SCHMITT, *Théologie politique. Quatre chapitres sur la théorie de la souveraineté* (1922), em *Théologie politique*, Paris, Gallimard, 1988, pp. 111-175.

62. Cf. H. J. POTTMEYER, *Unfehlbarkeit und Souveränität*, pp. 397-409.

do Estado ou da Igreja[63]. Explica-se assim por que a maioria custa a vislumbrar outro estado de urgência, causado pelo próprio Papa, como doença mental ou heresia, situação em que, dentro do próprio arrazoado jurídico, se apela para a Providência divina[64]. Parece que o pequeno inciso de Lc 22,32 ("*quando voltares* ou *quando te tiveres reerguido*"), com sua alusão à negação de Pedro, não tem a mesma função estruturante na argumentação doutrinal e jurídica.

4. "EFICÁCIA SALUTAR" E "CARISMA DE VERDADE"

Os parágrafos 3 e 4 do capítulo confirmam o que dissemos, frisando que "o tempo atual exige ao máximo a *eficácia* salutar do múnus apostólico"[65]. Nesse argumento político-estratégico poder-se-á, mais tarde, inserir toda uma lógica administrativa. Utilizado pela maioria, tal argumento é visto pela minoria como contrário aos caminhos de Deus[66]. O argumento da "eficácia salutar", baseado no conceito da soberania pontifícia, explica também por que os procedimentos anteriores de busca da verdade (*media humana*) e os procedimentos posteriores da recepção eclesial foram eliminados da própria definição.

Numa derradeira concentração conceitual, "a prerrogativa da infalibilidade, unida pelo Filho único de Deus à função pastoral suprema", é denominada nesses mesmos parágrafos pela expressão de "carisma de verdade e de fé, para sempre indefectível, concedido a Pedro e aos que o sucederem nessa cátedra"[67]. A minoria rejeita esse "carisma de verdade e de fé", porque, novamente, parece insinuar a idéia de uma "infalibilidade pessoal"[68]. No entanto, ele está ligado, segundo a exposição de Gasser, à expressão "cátedra de Pedro" (*cathedra Petri*). Enquanto essa referência permite distinguir o Papa como doutor privado e como pessoa pública ou "cabeça", a noção de "carisma" indica que a infalibilidade não pertence apenas à Igreja ou à sede romana (*sedes*), mas ao sucessor de Pedro (*sedens*)[69]. Por outro lado, ela nos lembra hoje que, na Igreja antiga, o encargo pastoral estava unido ao "carisma de verdade" e as comunidades eram dirigidas por testemunhas ungidas pelo Espírito, que, antes de mais nada, exerciam o ministério do anúncio e do ensino[70]. Mas a história levou o Vaticano I a inverter a ordem antiga entre o "carisma de fé e de verdade" e a "função

---

63. Cf. H. J. POTTMEYER, ib., p. 399.
64. Cf., por exemplo, *Mansi* 52 1109 B.
65. *COD* II-2, p. 1659, 19s.; *DS* 3072; *FC* 483.
66. Cf. K. SCHATZ, *Vaticanum I*, Bd. III, pp. 65 s.
67. *COD* II-2, p. 1659, 21s. e 13ss.; *DS* 3071-3072; *FC* 482-483.
68. Esse receio se manifesta na nova formulação do cânon contra D. Maret no cap. 2.
69. Cf. o esclarecimento de D. Gasser sobre a infalibilidade pessoal (*personalis*). *Mansi* 52, 1212 B — 1213 B.
70. H. J. POTTMEYER, *Unfehlnarkeit und ...*, p. 402, com referência a R. SOHM, *Kirchenrecht*, II, München-Leipzig, Dunken und Humbolt, 1923, pp. 220 e 227.

pastoral suprema", enfocada agora como poder de legislação, de jurisdição e de execução, à imagem de uma soberania estatal ou monárquica.

5. A DEFINIÇÃO PROPRIAMENTE DITA

Finalmente, *com a aprovação do Concílio*, depois de aduzidos os testemunhos da tradição, o argumento histórico de alcance doutrinal, a sua finalidade e necessidade, o Papa procede à definição solene do magistério infalível do pontífice romano:

> Portanto, Nós, fielmente abraçando a tradição recebida desde as origens da fé cristã, para a glória de Deus Nosso Senhor, para a exaltação da religião católica e para a salvação do povo cristão, ensinamos e definimos, com a aprovação do santo concílio, que é dogma *revelado* por Deus (*divinitus revelatum dogma esse*) que o pontífice romano, quando fala *ex cathedra*, isto é, quando, no seu múnus de pastor e mestre de todos os cristãos, define, pela sua suprema autoridade apostólica, que uma doutrina de fé e de moral deve ser aceita por toda a Igreja, goza, em virtude da assistência divina a ele prometida na pessoa de Pedro, dessa infalibilidade que o Redentor divino quis que a sua Igreja tivesse, quando ela define doutrina de fé ou de moral.
>
> Por isso, essas definições do pontífice romano são irreformáveis em si mesmas (*ex sese*) e não por força do consenso da Igreja (*non autem ex consensu ecclesiae*)[71].

Essa definição solene é classificada como "dogma divinamente revelado", formulação que extrapola o limite, mantido pela *Dei Filius*, entre o "depósito da fé", que identifica o conjunto todo da revelação, e o "dogma", que é sua expressão autêntica, apesar de sempre contingente.

História da redação

O texto da definição passou por seguidas versões, discutidas na Comissão por infalibilistas moderados e infalibilistas extremos[72]. A virada decisiva nesses debates ocorreu em 8 de junho, com a proposta pelo cardeal Bilio de uma nova formulação. Retocada pelo cardeal Cullen e exposta à Comissão, em 19 de junho, é aceita por ela em 8 de julho[73] e, com poucas alterações, entra no texto definitivo que é enviado aos Padres no dia seguinte, sendo apresentado a eles no dia 11 de julho. Dois dias depois, foi a votação conclusiva.

---

71. *COD* II-2, p. 1659, 26-37; *DS* 3073-3074; *FC* 484.
72. Cf. uma visão geral dessas versões em R. AUBERT, *Vatican I*, pp. 299-314.
73. Após o encerramento — imposto pelo verão de Roma — do debate conciliar sobre o cap. 4.

O embate marcante acontecera em junho, com a oposição dos infalibilistas extremos, reunidos em torno de D. Senestrey (Ratisbona) e D. Manning (Westminster) contra a limitação do *objeto* da infalibilidade pontifícia, no primeiro texto proposto aos Padres, em 9 de maio, "sobre o que, em matéria de fé e de moral, deve ser admitido como de fé (*tamquam de fide*) ou rejeitado como contrário à fé (*tamquam fidei contrarium*)"[74]. Temiam eles que essa redação excluísse do campo da infalibilidade pontifícia as canonizações, a aprovação de ordens religiosas, "fatos dogmáticos" e censuras a doutrinas não estritamente heréticas. Sua tática era deixar a questão provisoriamente aberta. Se o obejto da infalibilidade pontifícia é o mesmo que o da infalibilidade da Igreja, dever-se-ia abordá-lo depois, na segunda constituição dogmática sobre a Igreja[75]. No seu texto de 8 de junho, o cardeal Bilio deu-lhes razão, falando de "pontos em discussão no campo da fé ou da moral"[76]. Essa indeterminação não foi desfeita ulteriormente, porque a "segunda" Constituição jamais se configurou, o que é essencial que se lembre, ao se analisar a recepção da fórmula.

Outro elemento decisivo, agora desfavorável aos infalibilistas mais exigentes, marcou a redação de 19 de junho, onde se unem, na mesma frase, a infalibilidade pontifícia e a da Igreja, antes separadas na versão de Bilio. Ficou a seguinte formulação: "O pontífice romano *goza* (...) dessa infalibilidade que o Redentor divino quis que a sua Igreja tivesse"[77]. Não será mais possível eliminar uma interpretação do dogma que apresente a Igreja como o *sujeito* primeiro da infalibilidade, como se lê no capítulo 4 da *Dei Filius*. De qualquer modo, fica difícil exaltar a infalibilidade pontifícia como fonte da infalibilidade eclesial, na linha dos defensores mais extremados da infalibilidade papal, endossada no prólogo, que vê o pontífice romano como "princípio e fundamento" da unidade da Igreja.

Com essas duas ponderações sobre a história da redação, podemos compreender, agora, as vicissitudes da primeira frase da definição, que envolve, ao mesmo tempo, o *sujeito*, a *finalidade* e o *objeto* do magistério infalível.

O sujeito da infalibilidade

Antes da mais nada, esclarece-se que o sujeito da infalibilidade é o pontífice romano, não tanto como "doutor particular", mas *enquanto* fala *ex cathedra*. Ficam evidentes, pois, duas restrições: de tempo e de função. D. Gasser

---

74. *Mansi* 52, 7 B; cf. R. AUBERT, *Vatican I*, p. 310.
75. Cf. K. SCHATZ, *Vaticanum I*, Bd. III, pp. 80-85.
76. *Mansi* 53, 258 A; cf. R. AUBERT, *Vatican I*, p. 311.
77. *Mansi* 53, 266 A; cf. R. AUBERT, ib., p. 311. O texto de 8 de junho dizia: "Definimos também que essa infalibilidade dos pontífices romanos abrange os mesmos objetos da infalibilidade da Igreja". *Mansi* 52, 258 A; ou R. AUBERT, ib., p. 311.

insiste três vezes, no seu parecer, nesses pontos restritivos: "O Papa é infalível somente quando (*solummodo quando*), no exercício de sua função docente em relação a todos os cristãos e, por isso mesmo, representando a Igreja universal, julga e define o que deve ser admitido ou rejeitado por todos"[78]. É verdade que o "quando" (*cum*) da própria definição é um restritivo. E, após o célebre estudo de J.-M.-A. Vacant sobre o *Magistério ordinário da Igreja e os seus órgãos*[79], não faltaram teólogos que entenderam esse "quando" não em sentido excludente, mas em sentido positivo, aceitando, assim, a possibilidade de definições *ex cathedra* do "magistério ordinário" do Papa[80]. Mas essa interpretação não corresponde, absolutamente, ao pensamento autêntico de D. Gasser[81].

Na própria definição, a "restrição" vem logo explicitada por duas fórmulas intimamente unidas, que supõem, no estrito entendimento já assinalado, que o múnus de pastor e mestre de todos os cristãos se exerce, principalmente, pela definição dogmática: "quando, na sua função de pastor e mestre de todos os cristãos, define, pela sua suprema autoridade apostólica, que uma doutrina de fé e de moral deve ser aceita por toda a Igreja". A referência à "*autoridade apostólica*", nesse parágrafo como no anterior[82], liga o sujeito da definição, aquele que define e de quem essa definição está falando, com os interesses jurídicos da eclesiologia ultramontana, cujo pano de fundo doutrinário e político já foi explanado.

A finalidade da infalibilidade

O Papa, essa pessoa em particular que atua num contexto específico já descrito, é quem "goza, em virtude da assistência divina a ele prometida na pessoa de S. Pedro, dessa infalibilidade que o Redentor divino quis que a sua Igreja tivesse, quando ela define doutrina de fé ou de moral". A propósito do parágrafo terceiro, comentamos o sentido da expressão "assistência do Espírito Santo", que indica a finalidade única da infalibilidade pontifícia, a saber, a promessa de "santamente guardar e fielmente expor a revelação transmitida pelos apóstolos, isto é, o depósito da fé". Conclui-se, pois, que o texto identifica a infalibilidade própria do Papa com a da Igreja docente universal. Nas versões

---

78. *Mansi* 52, 1213 C; R. AUBERT, *Vatican I*, p. 293; e também *Mansi* 52, 1213 A-B e 1225 B.

79. Paris, Delhomme et Briquet, 1887.

80. "Podem-se distinguir dois tipos de definição *ex cathedra*: as apresentadas em decretos solenes e as veiculadas pelo magistério cotidiano do soberano pontífice", ib., p. 105. Quanto à recepção da tese de Vacant, cf. G. THILS, *Primauté et infaillibilité du Pontife Romain à Vatican I*, *op. cit.*, pp. 175-185.

81. Voltaremos ao tema, infra, pp. 368 ss., a propósito da *Humani Generis* (1950).

82. "Não faltam pessoas que lhe contestam essa *autoridade*" COD II-2, p. 1659, 20; DS 30372; *FC* 483.

anteriores, falava-se da "impossibilidade de se enganar"[83] ou da "imunidade a todo erro"[84] e D. Gasser acrescenta, na sua alocução, que, para evitar confusão entre infalibilidade e impecabilidade em algumas línguas modernas, fica evidenciado pelo título do capítulo 4, que se trata do *"magistério* infalível do pontífice romano"[85].

O objeto da infalibilidade

Quanto ao objeto da infalibilidade pontifícia, Gasser é o único a distinguir, claramente, não só o Papa como mestre particular e o Papa falando *ex cathedra*, mas também os seus ensinamentos não definitivos e o seu ensinamento infalível de "pastor e mestre de todos os cristãos". Embora exigindo que "se explicite a intenção de definir uma doutrina"[86], confessa que algumas legítimas hesitações ocorrem quanto ao "grau de certeza" de "outras verdades relacionadas mais ou menos intimamente aos dogmas revelados, que não são em si mesmas reveladas, mas cujo depósito há de ser fielmente conservado, para interpretá-lo corretamente e defini-lo com eficácia"[87]. No capítulo 2 da *Dei Filius*, já se mencionavam verdades conexas, "em si mesmas não inacessíveis à razão". Para D. Gasser, a única regra a se respeitar seria manter essa questão aberta e afirmar que se deve crer, no tocante ao objeto da infalibilidade das definições pontifícias, em tudo o que se admitiu quanto ao objeto da infalibilidade das outras definições emanadas da Igreja[88].

A segunda frase da definição, apresentada como conclusão da primeira, assinala o "caráter irreformável" das definições papais. Essa "irreformabilidade" nada acrescenta ao que o capítulo 4 da *Dei Filius* havia exposto sobre o "sentido dos dogmas sagrados que deve ser conservado para sempre", ou seja, "aquele que nossa Mãe a santa Igreja sempre defendeu e nunca será lícito desviar-se dele, a pretexto e em nome de alguma compreensão forçada". O ponto mais relevante, porém, da fórmula da *Pastor Aeternus* é que "as definições do romano pontífice são em si mesmas (*ex sese*) irreformáveis", expressão reforçada pelo acréscimo do "e não em virtude do consenso da Igreja (*non autem ex consensu ecclesiae*)". Esse toque antigalicano, provocado por intervenção de Pio

---

83. *Mansi* 52, 7 B; cf. R. AUBERT, *Vatican I*, p. 310.
84. *Mansi* 53, 258 A; cf. R. AUBERT, ib., p. 311.
85. *Mansi* 52, 1218 D — 1219 A.
86. *Mansi* 52, 1225 C.
87. *Mansi* 52, 1226 B.
88. "Como os Padres da Comissão concordaram, unanimemente, em que essa questão não deveria ser definida, mas deixada como está, segue-se, necessariamente [...] que o decreto de fé sobre a infalibilidade pontifícia deve ser entendido de tal forma que se defina, quanto ao objeto da infalibilidade nas definições do Papa, que é preciso crer precisamente naquilo que se admitiu no tocante ao objeto da infalibilidade das definições da Igreja". *Mansi* 52, 1226 C.

IX[89], foi aditado um dia após a votação de 13 de julho (com 88 votos *non placet*). Na opinião de D. Gasser, na sua última fala, dia 16 de julho, essa precisão negativa nada acrescentou ao texto[90], pois, dias atrás, já havia ele explicado assim o pensamento da Comissão:

> É preciso lembrar que, segundo os opositores, impõe-se a *necessidade estrita e absoluta do consenso* e apoio dos bispos para todo e qualquer julgamento dogmático infalível do pontífice romano, devendo-se inserir essa condição na própria definição da nossa Constituição dogmática. É no *caráter estrito e absoluto dessa necessidade* que gira toda diferença entre nós e *não na oportunidade ou necessidade relativa*, que se há de deixar inteiramente ao juízo do Papa, que decidirá conforme as circunstâncias. Essa condição não tem cabimento na definição da Constituição dogmática"[91].

É muito importante distinguir "necessidade absoluta" e "necessidade relativa", não só para bem entender a irreformabilidade das definições "por elas mesmas e não pelo consenso da Igreja", mas também para se acolher a fórmula no século XX. O "consenso" está, pois, descartado *apenas* no sentido absoluto, ou seja, como último recurso, na perspectiva do artigo 4 da Assembléia do Clero Francês, em 1682[92] — e não no sentido relativo ou habitual. Concordamos plenamente com o seguinte desejo de G. Thils: "Hoje, um século depois, não poderia a precisão *negativa* dada por D. Gasser ser formulada de forma *positiva*, propondo-se a aquiescência prévia, simultânea ou subseqüente da Igreja, como condição *habitual e, relativamente, necessária*, para os julgamentos infalíveis do papa?"[93].

O último acréscimo

Com o último acréscimo feito na definição, Pio IX e a maioria conciliar selaram, por assim dizer, a Constituição *Pastor Aeternus*. Inpossível não relacionar certas afirmações anteriores — "o Deus criador e senhor, sumamente feliz em si e por si (*in se et ex se*)"; a Igreja que "é, em si mesma (*per se ipsa*) grande e perene motivo de credibilidade e testemunho irrefragável da sua missão divina" — e as "definições do romano pontífice", que "são irreformáveis em si (*ex sese*) e não por força do consenso da Igreja (*non autem ex consesu ecclesiae*)". Nessa visão jurídico-dogmática que guia toda a história à sua origem ontológica e normativa, a "recepção" acaba identificada inteiramente a um ato de estrita

---

89. *Mansi* 52, 1262 C-D.
90. *Mansi* 52, 1317 A-B.
91. *Mansi* 52, 1215 C-D; cf. R. AUBERT, *Vatican I*, p. 295.
92. Cf. tomo 3, pp. 398 ss.
93. G. THILS. *Primauté et infaillibilité du Pontife Romain à Vatican I*, pp. 174 s.

obediência[94]. E aí como dar seu legítimo lugar à história e à recepção criativa da Palavra de Deus pela Igreja? À luz das duas Constituições do Vaticano I, torna-se evidente que essa questão ultrapassaria em muito a simples recepção da definição da infalibilidade pontifícia. Atinge a imagem de Deus e a posição da Igreja na sociedade.

III. RECEPÇÃO E AVALIAÇÃO DOGMÁTICA

Convém, agora, distinguir o período pós-conciliar e a recepção a longo prazo, em que o Concílio Vaticano II assume um papel extremamente decisivo.

1. O PERÍODO PÓS-CONCILIAR

As diversas interpretações pós-conciliares da Constituição *Pastor Aeternus* e, particularmente, da definição da infalibilidade pontifícia distribuem-se, facilmente, em três grupos[95]. A interpretação mais extremada vê a infalibilidade do Papa como fonte da infalibilidade eclesial e abrange como seu objeto todos os atos pontifícios. Muitos Padres conciliares, como D. Manning, defenderam essa posição, mas ninguém foi tão longe como M. J. Scheeben, para quem a infalibilidade pontifícia era uma manifestação do sobrenatural[96]. O segundo grupo, formado pela grande maioria dos intérpretes, propõe a leitura literal da Constituição, reagindo, porém, a possíveis mal-entendidos. Insistem no sentido estrito do *ex cathedra* e repisam, claramente, que o *ex sese* não significa, de modo algum, que o Papa esteja separado da Igreja nem que esteja descomprometido com o "depósito da fé". Finalmente, o terceiro grupo, mais próximo da minoria conciliar, lê a Constituição, na expressão de K. Schatz, ultrapassando o texto do decreto (*praeter textum decreti*), sem contrariá-lo, porém (*contra textum decreti*)[97]. Essa interpretação, baseada na primeira parte do capítulo 4 e no que ela diz do uso dos "meios humanos" pelo Papa, é professada, por exemplo, pelo bispo e historiador de Rottenburg/Tübingen, Hefele. E foi confirmada pelo ex-secretário do Concílio, D. Fessler, filiado, aliás, ao segundo grupo. No terceiro grupo alinhou-se também o cardeal Newman, com sua célebre *Carta ao Duque de Norfolk* (1875). Opondo-se, embora, a Döllinger que imagina a história sem

---
94. Cf. A. GRILLMEIER, *Konzil und Rezeption. Methodische Erwägungen zu einem Thema der ökumenischen Diskussion der Gegenwart*, ThPh 45, (1191170), pp. 343-347.
95. Cf. análise minuciosa em K. SCHATZ, *Vaticanum I*, Bd. III, pp. 283-296 e o conjunto das pp. 207-311.
96. M. J. SCHEEBEN, "Die theologische und praktische Bedeutung des Dogmas von der Unfehlbarkeit des Papstes, besonders in seiner Beziehung auf die heitige Zeit", *Das ökumenische Konzil vom Jahre* 1869, vol. II, Regensburg, 1870, pp. 505-547; vol. III, 1871, pp. 81-133, 212-263, 401-448.
97. K. SCHATZ, *Vaticanum I*, Bd. III, p. 293.

interpretações e sem intérpretes[98], Newman insiste no processo de recepção do novo dogma, em que os teólogos terão papel essencial.

Três declarações pontifícias balizaram a interpretação oficial do documento: por sugestão de Dom Hefele, os cumprimentos dirigidos por Pio IX a Dom Fessler, pelo seu livro de 1871[99]; a alocução pontifícia, em 20 de julho de 1871, perante a *Accademia di Religione cattolica*, em que Pio IX insiste no caráter contingente do direito medieval dos Papas de destituir os príncipes, direito que nada tem que ver com a infalibilidade pontifícia; e, por fim, a carta *Mirabilis illa constantia*, de 4 de março de 1875, aos bispos alemães, para confirmar sua interpretação do dogma de 1870, contra Bismarck, que chamara os bispos de "funcionários de um monarca estrangeiro, guindado, pela sua infalibilidade, à posição de o mais absolutista de todos os monarcas do mundo". Essa documentação, descoberta pela dogmática posterior ao Vaticano II, aparece, desde 1967, no *Denzinger-Schönmetzer*[100], ratificando, assim, uma leitura mais estrita dos pontos centrais da Constituição, ou seja, "o poder supremo, imediato e ordinário" do Papa e a sua infalibilidade.

2. A RECEPÇÃO A LONGO PRAZO

A longo prazo, a recepção da *Pastor Aeternus* enfrentou os quatro problemas elencados neste comentário. É verdade que, desde a obra de Vacant, o tema da *extensão* da infalibilidade pontifícia jamais deixou de preocupar os teólogos. Voltando ao debate, graças a uma passagem da encíclica *Humani Generis*, sobre o magistério ordinário dos Papas e de suas encíclicas[101], esse aspecto foi discutido, depois do Vaticano II, por ocasião das intervenções de Roma no campo da moral[102] e, mais recentemente, com a carta apostólica *Ordinatio sacerdotalis*, contra a ordenação de mulheres[103]. Antes de voltar a essas dicussões, gostaríamos de sublinhar seu caráter muito limitado, na medida em que o questionamento da *extensão* da infalibilidade sempre supõe um conceito um tanto intelectualista da revelação e da verdade, como se percebe nas duas Constituições do Vaticano I.

Não pode a Igreja superar essa limitação, sem enfrentar os outros três pontos de divergência, suscitados no debate entre minoria e maioria conciliar.

---

98. J-H. NEWMAN, *Lettre au Duc de Norfolk* (1874), Paris, DDb, 1970, pp. 341 s.
99. J. FESSLER, *Die wahre und die falsche Unfehlbarkeit der Päpste*, Wien-Gran-Pest, 1871.
100. *DS* 3113-3116.
101. *DS* 3885; *FC* 509.
102. Cf. H. KÜNG, *Infaillible? Une interpellation*, pp. 32-60, referindo-se à encíclica *Humanae Vitae* (1968) de Paulo VI.
103. *DC* 91 (1994), pp. 551 s., com a explicação oficial e a resposta da Congregação para a Doutrina da fé a uma dúvida sobre a doutrina da Carta *Ordinatio sacerdotalis*, de 28 de outubro de 1995, em *DC* 92 (1995), pp. 1079-1081.

O Concílio Vaticano II responderá, em parte, a essa exigência. O contencioso maior e generalizado e de enorme importância ecumênica[104] reside na relação entre o papado e a Igreja. E o problema não é só a interpretação doutrinária do deslocamento histórico do primado (*principalitas*) da Igreja de Roma, para a afirmação ontológica do Papa como "cabeça" ou *princípio (principium)* e *fundamento* da unidade do corpo eclesial, mas a *prática* primacial, legitimada por esse deslocamento, prática nem sempre coerente com declarações oficiais mais restritivas ou cautelosas quanto ao exercício do primado.

Outra questão abordada neste comentário versa sobre a relação entre "poder de jurisdição", "poder de magistério" e "ordem sacramental". Nesse terreno histórico-prático, expressão simbólica privilegiada do que a Igreja diz de si própria e da sua relação com o Evangelho ou com a verdade, o Concílio Vaticano II operou um singular reequilíbrio, de que ainda falaremos.

O último ponto é o de maior controvérsia. Diz respeito ao próprio processo de busca da verdade e da sua recepção. Dele o Vaticano I, na sua definição da infalibilidade papal, ressalta apenas o aspecto jurídico de decisão última ou de obediência. É a relação entre revelação ou direito divino e história, levantada quando se reflete sobre o lugar dos "meios humanos" na intepretação autêntica da Escritura e da Tradição. Sobre isso o Vaticano II trouxe boas aberturas.

Antecipando um pouco a análise dos textos, poder-se-ia, então, pensar que o concílio do século XX acabou atendendo às esperanças de um Newman, fazendo suas na *Carta ao Duque de Norfolk* estas linhas de Molina: "Cabe aos concílios posteriores interpretar e definir mais amplamente e com maior exatidão o que os concílios anteriores definiram com menor clareza, com menos abrangência, com menos exatidão"[105]. Após o Vaticano II, alguns até chegaram a declarar o que alguém já pensara em 1870, ao ler a Constituição[106], a saber, que foi a minoria — transformada em maioria no Vaticano II — que se sagrou vitoriosa.

Não se pode assegurar que a relação entre os dois concílios possa ser assim configurada. Tudo leva a crer que a prática pós-conciliar de Roma se inspira, nas questões polêmicas, bem mais no espírito do Concílio Vaticano I do que no seu "reenquadramento" pelo Vaticano II. Pode-se pensar que a persistência de um *paradigma apocalíptico* no catolicismo, várias vezes evocado neste livro, e o sentimento de viver, dentro da modernidade ocidental, num estado de urgência permanente, suscitam reações geralmente afinadas com a reafirmação da soberania jurisdicional e magisterial do romano pontífice, modelada nos capítulos 3 e 4 da *Pastor Aeternus*. Valerá a pena examinar essa

---

104. Quanto ao ponto de vista ortodoxo, cf. E. GHIKAS, "Comment 'redresser' les définitions du premier concile du Vatican", *Irénikon* 68, (1995), pp. 163-204.

105. J. NEWMAN, *Carta ao Duque de Norfolk* (1874), *op. cit.*, p. 338.

106. Cf. K. SCHATZ, *Vaticanum I*, Bd. III, p. 299, citando uma carta de Dinkel, de 15/11/1870, ao cardeal Schwarzenberg.

hipótese, quando apresentarmos a visão mais sapiencial da história, nos textos do Concílio Vaticano II.

De qualquer forma, sempre que o catolicismo se revelar ameaçado de novo, na sua identidade, voltará, necessariamente, o problema da interpretação, já observado a propósito da Constituição *Dei Filius*. Esse "texto de compromisso" mal consegue articular a perspectiva dogmático-jurídica dos redatores principais com a visão dogmático-histórica dos Padres vinculados ao tradicionalismo moderado. Na Constituição *Pastor Aeternus* se percebe a mesma "indeterminação", quanto à duas partes do capítulo 4. Esse compromisso pressagia a possibilidade de reações diferentes numa situação de crise.

CAPÍTULO VIII

"A questão bíblica". Da doutrina da *Providentissimus Deus* à recepção da exegese histórico-crítica pela *Divino afflante Spiritu*

O "reenquadramento" das decisões do Vaticano I em outra perspectiva passou por uma série de crises. A primeira delas foi a "crise do modernismo"[1]. Latente por certo tempo, ele vem à luz, a partir de 1893, primeiro como "questão bíblica"[2], atingindo, rapidamente, o ponto mais sensível do "edifício doutrinal" do Vaticano I, ou seja, a relação da Igreja com o Evangelho. Esse questionamento acarretará frutos promissores, para além de outras crises anunciadas. A partir de então, espraiou-se por vários campos de batalha, como o relacionamento de católicos com protestantes, a oposição católica ao liberalismo concretizado na "exegese liberal" e o problema da relação entre as diferentes disciplinas dentro das Faculdades de Teologia eclesiásticas ou estatais. Antes de analisar a série de reações doutrinais do magistério romano, cumpre apresentar, brevemente, o contexto geral da questão bíblica[3].

---

1. Cf. J. RIVIÈRE, *Le modernisme dans l'Église. Étude d'histoire religieuse contemporaine*, Paris, Letouzey, 1929 e E. POULAT, *Histoire, dogme et critique...*, *op. cit.*, com o prefácio da 3ª edição intitulado "Permanência e atualidade do modernismo".

2. Cf. D'HULST, *La question biblique*, em *Le correspondant* 134 (1893), pp. 201-251, artigo que funcionou como ocasião próxima para a *Providentissimus Deus*.

3. Sobre a pré-história da "questão bíblica", cf. Chr. THEOBALD, *art. cit.*, *DBS*, XII, pp. 470-514.

I. A PRÉ-HISTÓRIA DA QUESTÃO BÍBLICA

INDICAÇÕES BIBLIOGRÁFICAS: F. D. E. SCHLEIERMACHER, *Herméneutique*, trad. C. BERNER, Paris, Cerf-PUL, 1987; *La naissance du paradigme herméneutique*, éd. A. Laks et A. Neschke, Lille, PUL, 1990. — D. F. STRAUSS, *Das Leben Jesu, kritisch bearbeitet*, 2 vol., Tübingen, Osiander, 1835-36/[1] et 1837[2]; trad. E. Littré, *Vie de Jésus ou examen critique de son histoire*, 2 vol., Paris, de Ladrange, 1839. — E. RENAN, *Vie de Jésus* (1863), *Œuvres complètes*, t. 4, Paris, Calmann-Lévy, 1949. — E. TROELTSCH, *Über historische und dogmatische Methode in der Theologie* (1898), em *Gesammelte Schriften* II, Tübingen, J. C. B. MOHR, 1922[2], pp. 729-753. — M.-J. LAGRANGE, *La méthode historique*, Paris, Lecoffre, 1904[2]; *Le Père Lagrange au service de la Bible. Souvenirs personnels*, Cerf, 1967; M.-J. LAGRANGE, *L'Écriture en Église, Choix de portraits et d'exégèses spirituelle* (1890-1937), apresentado por M. GILBERT, Cerf, 1990. — A. LOISY, *L'Évangile et l'Église*, Belleuve, chez l'auteur, 1903[2]; *Autour d'un petit livre*, Paris, Picard, 1903[2]. — A. SCHWEITZER, *Von Reimarus zu Wrede* (1906) ou *Geschichte der Leben-Jesu-Forschung* (1913[2]), 2 vol., München-Hamburg, Siebenstern, 1966. — K. BARTH, *Römerbrief* (1919); 1922[2], trad. Genève, Labor et Fides, 1972. — R. BULTMANN, *Foi et compréhension*, (1933), trad., 2 vol., Paris, Seuil, 1970.

E. POULAT, *Histoire, dogme et critique dans la crise moderniste* (1962), Paris, Albin Michel, 1996/[3]. — P.-M. BEAUDE, *L'accomplissement des Écritures. Pour une histoire critique des systèmes de représentation du sens chrétien*, Cerf, 1980. — CHR. THEOBALD, "L'exégèse catholique au moment de la crise moderniste", Cl. SAVART et J.-N. ALETTI (éd.), *Le monde contemporain et la Bible*, Paris, Beauchesne, 1985, pp. 387-439; art. "Sens de l'Écriture du XVIIIe au XXe siècle", *DBS*, XII, 1993, pp. 470-514. — Y. BELAVAL et D. BOUREL (éd.), *Le Siècle des Lumières et la Bible*, Beauchesne, 1986. — J.-R. ARMOGATHE (éd.), *Le Grand Siècle et la Bible*, Beauchesne, 1989. — P.-M. BEAUDE, art. "Sens de l'Écriture de Divino afflante spiritu à nos jours", *DBS*, XII, pp. 514-536. — F. LAPLANCHE, *La Bible en France entre mythe et critique (XVIe-XIXe siècles)*, Albin Michel, 1994. — B. MONTAGNES, *Exégese et obéissance. Correspondance Cormier-Lagrange (1904-1916)*, Paris, Gabalda, 1989; "La méthode historique, succès et revers d'un manifeste", collectif *Naissance de la méthode critique. Colloque du Centenaire de l'École biblique et archéologique de Jérusalem*, Cerf, 1992; *Le Père Lagrange (1855-1938). L'exégèse catholique dans la crise moderniste*, Cerf, 1995.

1. HERMENÊUTICA GERAL E HERMENÊUTICA ESPECIAL

Preparada há tempos, a distinção entre uma hermenêutica geral ou filosófica e uma hermenêutica especial da Escritura impôs-se a partir de Schleiermacher (1768-1834). Esse o primeiro aspecto da "questão bíblica". Quando circunscritas a determinados campos, como a teologia, a jurisprudência, a história, subordinavam-se elas à jurisdição das respectivas disciplinas dogmáticas. Agora, a base das hermenêuticas especiais situa-se nas Faculdades de Filosofia. A hermenêutica filosófica, "a arte de compreender corretamente o discurso alheio, sobretudo o escrito"[4], busca, pela primeira vez, a "compreensão do sentido" como tal, tentando captar-lhe as regras globais, "fundadas imediatamente na natureza do pensamento e da linguagem"[5]. Na articulação da linguagem, ou melhor, do discurso com o pensamento está a idéia fecunda de Schleiermacher. Abandona-se, definitivamente, o conceito racional de uma relação unívoca entre a palavra (o signo) e o seu sentido (a representação independente e comum a todos os homens), em proveito de um conjunto complexo em que o sentido não é mais simplesmente fixado por convenção lingüística, mas resulta também dos inúmeros usos individuais deste ou daquele valor lingüístico. Schleiermacher refere-se aí ao "círculo hermenêutico", pelo qual a totalidade do sentido é compreendida sempre a partir dos seus elementos, enquanto que a compreensão de cada elemento supõe já a apreensão de uma totalidade sentida. A linguagem ou o discurso implica, assim, no seu âmago, uma espécie de *obscuridade* ou a existência de uma incompreensão espontânea, que ganha aqui, pela primeira vez, um estatuto fundamental[6]. Torna-se, então, necessária a "compreensão", não como exercício espontâneo, mas como uma arte metódica e geral.

A hermenêutica especial da Bíblia aplica essas regras globais e as particulariza de acordo com a situação específica do cânon bíblico e se localiza na "teologia histórica", na confluência da "teologia exegética" e da "teologia dogmática", precisamente no ponto em que se questiona a "essência peculiar" do cristianismo[7]. Na perspectiva católica, iremos encontrá-la na teologia fundamental e, mais apropriadamente, na *demonstratio catholica*.

2. O MÉTODO HISTÓRICO

A partir daí, o desenvolvimento dessa hermenêutica especial no espaço de uma "teologia *histórica*" marca o segundo aspecto da "questão bíblica". Lentamente preparadas por viagens pelo Oriente Próximo, durante o século das Luzes, a arqueologia e a lingüística bíblica ganham, no final do século XVIII, novos impulsos, como a fundação, na França, da Escola Nacional de Línguas Orientais, em 1795; a criação do Instituto do Egito, no tempo da campanha napoleônica de 1798; a descoberta da história persa, por Silvestre de Sacy e os trabalhos gramaticais de Gesenius, na Alemanha. Em 1850, atinge-se o ponto crítico, com

---

4. F. D. E. SCHLEIERMACHER, *Hermenutik und Kritik mit besonderer Beziehung aud das Neue Testament, Sämmtliche Werke*, 1/7, Berlim, 1834-1864, 3.
5. Id., *Le statut de la théologie* (1810 e 1830), Genève-Paris, Labor et Fides-Cerf, 1994, n° 133.
6. Cf. Id., *Herméneutique, op. cit.*, pp. 122 s.
7. Id., *Le statut de la théologie*, n° 137 e n° 84.

a descoberta e a decifração de textos que acabam iniciando a egitologia e a assiriologia. Com os novos estudos desses dois campos, constrói-se uma ciência das religiões que estuda a Escritura pelo ângulo da comparação e analisa seus textos como documentos, reduzindo o seu sentido literal ao sentido histórico.

A escola protestante de Tübingen, conhecida sobretudo pela *Vida de Jesus* de D. F. Strauss (1835-36), traduzida para o francês por E. Littré, imprimirá a essas pesquisas considerável progresso metodológico[8], que será aprimorado no ensaio de A. Kuenen sobre os *Métodos críticos* (1880)[9] e plenamente realizado, no aspecto histórico-filosófico, no célebre ensaio de E. Troeltsch (1865-1923), *Sobre o Método Histórico e Dogmático em Teologia* (1900)[10]. Essa obra magistral, muito comentada[11], mostra a incompatibilidade do "comparatismo" com a visão sobrenatural do mundo, pressuposta pela dogmática. Troeltsch define três princípios de toda crítica: o deslocamento para um juízo de probabilidade; o princípio da analogia, que implica "a homogeneidade do conjunto dos processos históricos" e o princípio da correlação, que indica "a ação mútua de todos os fenômenos da vida espiritual e histórica"[12]. Na verdade, o ideal de uma ciência isenta de qualquer *a priori*, formulado por Strauss, na sua *Vida de Jesus*[13], prenuncia a futura exegese "historicista". Kuenen e Troeltsch, certamente, conhecem muito bem as incertezas da pesquisa histórica e insistem no princípio da probabilidade. Mas supõem que o contato empírico com a história materializa a sua própria filosofia. Troeltsch, em 1900, escreve:

> Esse método (histórico), evidentemente, *na sua gênese* não foi independente de teorias gerais, como acontece também com todos os outros métodos. Mas o essencial é a confirmação e a fecundidade de um método, o seu aprimoramento em contato com objetos e a sua capacidade de gerar compreensão e coerência[14].

Depois de Schleiermacher e Hegel — duas figuras exponenciais na intermediação especulativa do espírito crítico com a teologia — e depois da observação de Strausss concernente à dissolução da síntese hegeliana (cujo legado ficará dividido entre "esquerda" e "direita"), a exegese envolve, agora, uma prática histórica considerada apta por si própria a tornar seus objetos "maravilhosamente vivos e inteligíveis"[15] e a demarcar, assim, a "essência do cristianismo".

---

8. F. Chr. BAUR, *An Herrn Dr Karl Hase. Beantwortung des Sendschreibens "Die Tübinger Schule"*, Tübingen, Fues, 1859.

9. A. KUENEN, *Kritische Methoden* (1880), in *Gesammelte Abhandlungen zur biblischen Wissenschaft*, Freiburg/Leipzig, J. C. B. Mohr, 1894, pp. 4-43.

10. E. TROELTSCH, *Über historiche...*, op. cit., II, pp. 729-753.

11. Cf. nossa análise, P. GISEL (ed.), *Histoire et théologie chez E. Troeltsch*, Genève, Labor et Fides, 1992, pp. 243-268.

12. E. TROELTSCH, *Über historiche...*, II, pp. 731-734.

13. D. F. STRAUSS, *Das Leben Jesu...*, op. cit., I, p. 87.

14. E. TROELTSCH, *Über historiche...*, II, p. 734.

15. Ib., II, pp. 735 s.

3. SEPARAÇÃO ENTRE A EXEGESE DOS DOIS TESTAMENTOS

Como, porém, se torna cada vez mais difícil dominar a riqueza de tanto material, impõe-se, na prática, instituir duas disciplinas diferentes, uma voltada para o Antigo Testamento; outra, para Novo. Esse o terceiro aspecto da "questão bíblica". Essa tendência de separação manifesta-se já na obra de G. L. Bauer[16]. E, com poucas exceções, essa prática leva a uma desvalorização do Antigo Testamento, em virtude da surda influência de Schleiermacher na hermenêutica bíblica. O certo é que se faz sempre mais difícil falar *do* sentido das Escrituras. Por outro lado, é bem possível perceber nessa separação dos Testamentos uma posição negativa dessa hermenêutica "historicista" em relação ao judaísmo.

4. O ASPECTO TEOLÓGICO-POLÍTICO DA EXEGESE HISTÓRICO-CRÍTICA

Com a ascensão dos nacionalismos, ganha nova fronteira o limite confessional entre duas teorias do sentido, decisivo no século das Luzes[17]. Assim é que, na França, a partir dos anos 30, se falará da "crítica alemã". Esse enfoque teológico constitui o quarto aspecto da "questão bíblica". A idéia de nação passa a exercer sobretudo uma função interna na determinação do sentido da Escritura. Quando, por exemplo, J. Welhausen (1844-1918) afirma que "a nação é mais criatura de Deus do que a Igreja e que Deus atua mais poderosamente na história das nações do que na história da Igreja"[18], ele não só rompe o elo entre os Testamentos, entre o judaísmo profético que desfruta da independência nacional e o judaísmo tardio, matriz apocalíptico do Evangelho, que a perdeu definitivamente, mas acima de tudo isola as "Igrejas cristãs", como a religião judia, na "esfera confessional", transformando então a Bíblia num "clássico" entre tantos outros, um bem da nação e da humanidade, que podem ver nela uma etapa da sua evolução histórica.

O "paradigma liberal" ganha sua maturidade na época da publicação do *Syllabus* (1864). Quanto ao Antigo Testamento, uma referência é o livro traduzido por Renan de A. Kuenen[19], para quem o verdadeiro modelo de humanidade está no profetismo, com suas raízes fincadas "num elã entusiástico pela liberdade, pela religião, mercê da ação direta de Javé", profetismo situado, em princípio, "acima da restauração do culto de Javé e da teocracia israelita de forma puramente exteriores"[20]. A outra face do "paradigma liberal" diz respeito à reconstrução da *Vida de Jesus*. É certo que, pela sua perspectiva crítica, re-

---

16. *Theologie des Alten Testaments*, 1796; *Biblische Theologie des Neuen Testaments*, 1800-1802.
17. Cf. Chr. THEOBALD, *art. cit.* "Sens de l'Écriture... DBS, XII, pp. 470-484.
18. J. WELHAUSEN, art. "Israel", *EBrit* de 1879.
19. A. KUENEN, *Histoire critique des livres de l'A.T.*, (1861-1865), traduzido por E. Renan, I: *Les livres historiques*, Paris, M. Lévy, 1866; II: *Les livres prophétiques*, Calman-Lévy, 1879.
20. A. KUENEN, *Histoire critique...*, II, pp. 29 e 26.

fratária a toda construção positiva, a obra de D. F. Strauss (1835), não pode ser incluída na movimentação liberal. Mas, em 1864, um ano após a *Vida de Jesus* de Renan[21], ele publica outro livro com o mesmo título, "para o povo alemão", dentro da mesma ótica liberal, apresentando Jesus como mestre tolerante, que teria separado a religião do político e do cultual, pregando o caminho da paz interior consigo mesmo e com Deus[22].

Vale lembrar que Strauss e muitos outros proclamaram o ideal de uma ciência sem preconceitos. Mas esse ideal não passou de ilusão. Embora se apoiasse em procedimentos críticos, o "paradigma liberal" propõe uma nova visão do mundo e da história da humanidade.

5. UMA COMPLEXA GEOGRAFIA DE POSIÇÕES

Essas implicações teológicas e filosófico-políticas reproduzem-se pelo campo da exegese em diferentes posições. É o quinto aspecto da "questão bíblica". A exegese católica resiste, por toda a Europa, aos pressupostos do liberalismo bíblico. É uma oposição em diversos níveis, manifestando, assim, a complexidade crescente do acesso ao sentido: aceitação ou recusa de regras críticas, ligação dos biblistas com instituições diferentes, controladas pelo Estado ou pelo magistério católico, divergências e confrontos, enfim, entre respectivas "visões do mundo", na seara bíblica. No entanto, não se deve reduzir essas tensões a uma simples oposição de dois termos, porque, em face da doutrina bíblica do catolicismo, cumpre distinguir a abordagem liberal de uma ciência das religiões preocupada em evitar todo preconceito confessional.

A exegese católica, representada, na França, por alguns ilustres professores de Saint-Sulpice, como Garnier (de 1803 a 1845), Le Hir (de 1846 a 1868), ex-professor de Renan, Vigouroux (de 1868 a 1903) e pelo Pe. J.-B. Glaire, aluno de Garnier e professor na Sorbonne, conseguiu dotar a cultura bíblica desse século de manuais excelentes, com introduções bíblicas acompanhadas de literatura apologética. A crítica ao sentido literal pela "ciência alemã", voltada a reescrever a história bíblica, obriga os exegetas católicos a organizar sua defesa. Estes se concentram no combate ao pretenso "sentido mítico" da escola protestante de Tübingen, assim definido por Vigouroux: "A palavra mito designa, *em oposição à história real*, uma espécie de história *fictícia* ou *imaginária*, como uma fábula utilizada como roupagem para exprimir, no estilo das obras de imaginação e ficção, idéias e teorias religiosas e metafísicas ou até físicas"[23]. A exegese católica enfrenta, assim, o espinhoso problema da inerrância da Escritu-

---

21. E. RENAN, *Vie de Jésus* (1863), *Oeuvres complètes* IV, Paris, Calman-Lévy, 1949.
22. D. F. STRAUSS, *Das Leben Jesu für das deutsche Volk bearbeitet*, Leipzig, F. A. Brockaus, 1864.
23. F. VIGOUROUX, *Manuel biblique ou cours d'Écriture Sainte à l'usage de Séminaires*, t. I: *Ancien Testament* (1879), Paris, Roger et Chernoviz, 1899, 281.

ra, largamente identificada com seu caráter histórico, enquanto que o erro está no "mito". J. B. Glaire pergunta, então, apelando para o "bom senso crítico" e para uma "sadia hermenêutica":

> Esquece-se que os autores desses escritos são testemunhas oculares ou contemporâneos dos fatos que nos relatam? [...] Evidentemente, é inadmissível tachar de mitos os milagres testemunhados, por exemplo, por S. Mateus e S. João, pois, como é de consenso que eram muito sinceros e sem nenhum desejo de mentir, eles contam os milagres assim como os viram, numa narrativa simples e sem afetação, não, porém, como fatos naturais, mas totalmente miraculosos. É assim que devemos lê-los[24].

II. DECISÕES DO MAGISTÉRIO ROMANO NO SÉCULO XIX

INDICAÇÕES BIBLIOGRÁFICAS: LEÃO XIII, Encyclique *Providentissimus Deus*, 18.11.1893, sobre o estudo da Santa Escritura, em *Lettres apostoliques de S.S. Léon XIII*, t. 4, Paris, Bayard, pp. 2-45; *EnchB*, 4. ed., nº 106-131; Encíclica *Depuis le jour*, 8.9.1899, aos bispos e ao clero da França, *ibid*. t. 6, pp. 94-109; Carta apostólica *Vigilantiae*, 30.10.1902, sobre a instituição de uma comissão de estudos bíblicos, *ibid*., 7, pp. 132-141.

1. A DOUTRINA BÍBLICA DA *PROVIDENTISSIMUS DEUS*

A primeira reação do magistério católico à exegese liberal veio com o *Syllabus*, publicado em 1864, um ano depois do aparecimento da *Vida de Jesus* de Renan e no mesmo ano da *Vida de Jesus* de Strauss. A sétima proposição condena a tese de que "as profecias e os milagres são ficções poéticas; os livros dos dois Testamentos encerram invenções míticas e o próprio Jesus Cristo é uma ficção mítica"[25]. Essa condenação foi reiterada pela Constituição dogmática do Vaticano I sobre a fé católica, mas inserindo-a no campo mais amplo da sua doutrina escriturística[26].

Desenvolvimento mais completo dessa doutrina encontra-se na encíclica *Providentissimus Deus* de Leão XIII, sobre o estudo da S. Escritura, em 1863, termo inicial de muitos documentos doutrinais, especialmente sobre matéria bíblica. O cunho inaugural da encíclica está muito bem enfatizado pela revisão da história da exegese, no início do texto, inspirado, em vista dos novos tempos,

---

24. J. B. GLAIRE, *Abrégé d'introduction aux livres de l'Ancien et du N.T.*, (1846), Paris, Leroux-Jouby, 1878, p. 153.
25. *DS* 2907.
26. *Dei Filius*, cap. 3, can. 4.

no prólogo da *Dei Filius*. Este já havia destacado a conseqüência paradoxal e "catastrófica" da rejeição protestante ao magistério em nome da *sola Scriptura*, ou seja, a transformação do "julgamento privado" em racionalismo bíblico, que destrói a pureza do livro outrora considerado a "única fonte"[27]. A ocasião próxima da encíclica foi, certamente, o artigo que D'Hulst, bispo e primeiro reitor do Institut Catholique de Paris, redigira, após a morte de Renan, em 1892, sobre a "questão bíblica". Ele distinguia duas escolas no seio da exegese católica: "a que entende como história verdadeira e infalível, porque inspirada, toda narrativa que não mostre a feição clara de uma parábola" e a chamada "escola liberal", "que acredita ser possível uma triagem crítica das narrações bíblicas, com base nos procedimentos da crítica histórica"[28]. Prevista há bom tempo, a publicação da encíclica aconteceu, sem dúvida, para condenar essa "escola liberal", considerada como inaceitavelmente comprometida com a "ciência livre"[29]. Logo na abertura e referindo-se ao Concílio Vaticano I, Leão XIII reafirma o *eixo central da doutrina bíblica* da Igreja:

> Esta é a doutrina que a Igreja nunca deixou de preservar e professar publicamente, no tocante aos livros dos dois Testamentos: é lição bastante conhecida pela Antiguidade cristã que Deus, tendo falado, primeiro, pelos profetas, depois por ele próprio e, enfim, pelos apóstolos, deu-nos também a Escritura, chamada canônica, e que, nessa Escritura, devemos ver oráculos e palavras divinas, uma carta dirigida pelo Pai celeste e transmitida pelos autores sagrados ao gênero humano que peregrina longe da pátria[30].

A tradicional distinção das três fases da Palavra de Deus levará esse texto ao que se designou como o "finalismo" da exegese bíblica, a saber, que o sentido verdadeiro, imediatamente presente na visão doutrinal da Igreja, circula, em movimento ininterrupto e sempre voltado para o seu fim, do Antigo para o Novo Testamento, que indica, por suas vez, o sentido do primeiro, e do Novo para o "edifício doutrinal" estabelecido pela Igreja, intérprete da Bíblia. A *Providentissimus* expõe essa doutrina em três perspectivas: "*a defesa* e *a interpretação* dos livros divinos*", sendo esses dois enfoques, apologético e dogmático, apoiados por um *cuidado pastoral ou espiritual* mais geral, que "anseia descerrar o mais segura e amplamente possível essa preciosa fonte de revelação católica, para o bem do rebanho do Senhor"[31].

---

27. *Providentissimus Deus, op. cit.*, p. 17. No final dessa primeira parte, Leão XIII cita os racionalistas, os mesmos adversários da *Dei Filius*.
28. D'HULST, "La Question biblique", *art. cit.*, p. 228.
29. *Providentissimus Deus, op. cit.*, p. 17.
30. Ib., p. 3.
31. Ib., p. 5.

A perspectiva espiritual

Dirigida, no início e no final do texto, aos "ministros", essa *perspectiva espiritual* da leitura bíblica liga-se, à luz da palavra do Salmista, à relação intrínseca entre a "obscuridade" do objetivo do texto e a atitude do leitor que, para compreender e expressar o sentido, "precisa da assistência do Espírito", "invocada na humildade da oração e conservada na santidade da vida"[32]. É nessa perspectiva espiritual que as "instituições e as leis" se legitimam realmente, embora sejam expostas a seguir, numa síntese da história eclesial, para justificar aos não católicos e aos adversários a "previdência" da Igreja[33].

A finalidade *espiritual* da intervenção do magistério traduz-se também em termos apologéticos e dogmáticos. É o que se percebe na posição ambivalente do documento quanto aos "sentidos espirituais" da Escritura. Ele só aceita o sentido alegórico e o sentido tropológico como necessários quando o texto é obscuro:

> Muitas vezes, o pensamento é tão elevado e tão misterioso que não bastam para descobri-lo e expressá-lo nem o sentido literal nem as leis comuns da hermenêutica. Assim, vêm em auxílio do sentido literal outros sentidos, que poderão tanto esclarecer a *doutrina* como corroborar os *preceitos morais*[34].

Evocada como transição para a leitura dogmático-moral da Escritura, a aplicação dos "sentidos espirituais" é, logo a seguir, restringida pela norma agostiniana da primazia do "sentido literal", necessária "numa época em que prevalece tanta paixão pelas novidades e tanta liberdade de opiniões", e pela sua finalidade devocional e moral".

A perspectiva dogmática

Portanto, o acento principal da doutrina bíblica da *Providentissimus* recai sobre a perspectiva dogmática e apologética da leitura das Escrituras, deduzida também da "sua obscuridade religiosa" e reafirmada com testemunhos de Santo Ireneu e dos Concílios de Trento e do Vaticano I:

> Cumpre reconhecer também que, nos Livros Sagrados, há certa obscuridade misteriosa e não se deve lê-los sem orientação. [...] Quis Deus revelar-nos que entregou a Escritura à Igreja, para dela recebermos, na leitura e na interpretação da palavra divina, uma direção e um ensinamento infalíveis. É nela, pelos dons (*charismata*) que Deus lhe outorga, que se há de buscar a verdade. Quem deseja

---

32. Ib., pp. 9-11 e 45.
33. Ib., pp. 11-115.
34. Ib., p. 23.

uma compreensão correta das Escrituras precisa pedi-la àqueles nos quais se perpetua a sucessão apostólica[35].

Esse princípio básico da leitura eclesial da Bíblia, apoiado no "finalismo bíblico" do Vaticano I, reapresentado ao fim da exposição da exegese dogmática, vai criar uma fórmula retomada mais tarde por Bento XV (1920) e pelo Vaticano II (1965):

> O mais desejável e o mais necessário é, sobretudo, que o uso da divina Escritura se difunda pela teologia toda, tornando-se, por assim dizer, a sua alma[36].

Certamente, na tradição tomista, autenticada na *Aeterni Patris* (1879)[37], o corpo doutrinal e eclesial tem sua própria consistência. Leão XIII parece até admitir que a formação dos seminaristas se reduza à "ciência dos dogmas" e à capacidade "de tirar conseqüências deles". Cabe ao "teólogo sério e instruído" praticar a "*demonstração dos dogmas* a partir dos testemunhos bíblicos"[38], traçando como que uma genealogia desse corpo eclesial de que participam e de que fazem, próxima ou remotamente, uma avaliação doutrinal.

Depois, no que tange à determinação concreta do sentido bíblico, a encíclica propõe uma clara distinção entre as passagens cujo sentido autêntico é oferecido pelos próprios autores ou pela Igreja — *seja por declaração solene seja pelo magistério ordinário e universal* — e "as outras passagens" de livre interpretação, possibilitando assim uma verdadeira evolução da pesquisa exegética. Observemos, porém, que se repele qualquer contradição tanto entre os autores inspirados como entre os intérpretes e a doutrina da Igreja.

A *perspectiva apologética*

Entremos, agora, na vereda apologética do "finalismo bíblico", bastante clara em toda a encíclica e explicitada na sua última parte. Impossível não identificar nas imagens belicosas do texto e na metáfora do combate, extraída da Carta aos Efésios[39], os elementos apocalípticos do catolicismo integral. A argumentação apologética, que reproduz o círculo da "demonstração dos dogmas a partir das autoridades bíblicas"[40], insiste, em última análise, na *legitimidade* dos que têm a missão de julgar o sentido doutrinal do texto escriturístico:

---

35. Ib. p. 23.
36. Ib., p. 27. Cf. Chr. THEOBALD, "L'Écriture âme de la théologie...", em I.E.T., *L'Écriture âme de la théologie*, Bruxelles, Brepols, 1990, pp. 111-132.
37. Cf. infra, cap. X.
38. *Providentissimus*, p. 29.
39. Ib., pp. 15-19 e 29-31 etc.
40. Ib., p. 29.

Outra tarefa [...] é estabelecer solidamente a autoridade dos próprios Livros Sagrados, algo que não se poderá garantir [...] senão pelo ensino vivo e infalível da Igreja. Na verdade, a Igreja, 'por si mesma, mercê de sua prodigiosa propagação, de sua eminente santidade, de sua inesgotável e universal fecundidade, de sua unidade e indestrutível estabilidade, representa um motivo perene de credibilidade e uma prova irrefutável da sua missão divina' (*Dei Filius*, cap. 3). Como, porém, a própria autoridade divina e infalível da Igreja repousa sobre a S. Escritura, importa, antes de mais nada, definir o valor histórico da Bíblia. Por esses livros, testemunhas privilegiadas da antiguidade, será possível eliminar toda dúvida a respeito da divindade de Jesus Cristo, sua missão, a instituição da hierarquia da Igreja e o primado conferido a Pedro e aos seus sucessores[41].

Esse "círculo apologético"[42] explica as reservas da encíclica acerca da "crítica superior" ou literária que, "para julgar a origem, a integridade e a autoridade de qualquer livro", prende-se "apenas às provas intrínsecas", esquecendo que "as provas históricas têm mais força que as demais". A crítica literária é vista como ameaça à argumentação apologética — "as profecias, os milagres e tudo o que ultrapassa a ordem natural" — porque pode transmitir uma "falsa filosofia"[43].

A questão epistemológica aguça o perfil apologético do texto que analisa, nas últimas páginas, a relação entre o sentido da Escritura, de um lado, e o conhecimento científico da natureza e o conhecimento histórico dos documentos da antiguidade, do outro. E a encíclica, nessa altura, ressalta o *princípio doutrinal* da inerrância bíblica, baseada na sua inspiração:

> Seria totalmente danoso tanto limitar a inspiração a algumas partes da Escritura quanto afirmar que o autor sagrado incorreu em erro. Nem se pode tolerar o procedimento dos que se desembaraçam das dificuldades alegando que a inspiração divina abrange unicamente questões de fé e costumes. Sem razão também ensinam que, no que tange à verdade dos enunciados, não é preciso pesquisar primeiro o que Deus disse, mas examinar antes o motivo por que assim falou[44].

A razão doutrinal invocada na seqüência *inverte* o movimento argumentativo do capítulo 2 da *Dei Filius*. Enquanto este documento deixa de apoiar a canonicidade das Escrituras na sua aprovação pela autoridade da Igreja e na sua inerrância, fundamentando-a depois, diretamente, na sua inspiração e na sua autoria divina, a encíclica parte da inspiração dos livros bíblicos, para concluir pela sua inerrância:

---

41. Ib., pp. 29-31.
42. Subjacente à estrutura da *Pastor Aeternus*.
43. *Providentissimus Deus*, p. 33.
44. Ib., p. 37.

Na verdade, todos os livros que a Igreja recebeu como sagrados e canônicos em todas as suas partes, foram escritos sob a inspiração do Espírito Santo. Tão longe está da verdade que algum erro conviva com a inspiração divina, que, pelo contrário, esta, por si mesma (*per se ipsa*), exclui todo e qualquer erro, tanto quanto Deus, a verdade suprema, não pode, de forma alguma, ser autor de erro algum[45].

Fixado tal princípio, o documento, para resolver dificuldades concretas, não só remete às regras da linguagem, mas também à distinção tomista entre a essência da fé e as opiniões da época. Aqui, a *Providentissimus* inspira-se no "perspectivismo" do capítulo 4 da *Dei Filius*, que supõe a impossibilidade de contradições reais entre os vários campos do saber e explica as eventuais como uma transgressão dos respectivos limites:

> Por outro lado, embora o intérprete deva mostrar que os fatos estabelecidos pelos observadores da natureza em sólidas provas não se opõem à Escritura *bem compreendida*, não deve ele se esquecer que outros fatos, sempre tidos como certos, foram um dia contestados e rejeitados. Se os entendidos em física ultrapassam os limites dos seus conhecimentos e invadem a seara da filosofia com dados falsos, caberá ao teólogo exegeta pedir ao filósofo que os refute[46].

Aí aparece, coerentemente, uma última recomendação de Leão XIII, referente às "regras de uma boa e sã filosofia"[47], infensa à distinção de Schleiermacher entre "hermenêutica geral" e "hermenêutica especial". Preservando a doutrina bíblica tradicional, a diretriz do magistério visa à defesa de uma "visão do mundo" intimamente ligada à filosofia tomista, com relativa liberdade no exercício específico dos procedimentos exegéticos.

Compreende-se, então, por que, em 1902, Leão XIII, pela Carta Apostólica *Vigilantiae*, instituiu uma "Comissão Bíblica" na Santa Sé, dando-lhe como objetivo acompanhar a evolução da exegese, defender a *autoridade* da Escritura e a sua interpretação oficial e, por fim, expor o "sentido autêntico" do texto sagrado, que exige, nas questões disputadas, respeito pela analogia da fé. As 14 respostas dessa Comissão, de 1905 a 1915, tratam, essencialmente, de problemas relacionados com a pesquisa histórica, a autenticidade e a historicidade dos livros bíblicos e a apologética bíblica[48]. Provavelmente, está aí a inspiração de Vigouroux, um dos dois secretários da Comissão, de 1903 a 1915. Lagrange, seu consultor desde 1903, registra em suas "Lembranças pessoais" os pontos positivos e as dificuldades de um "tribunal de fé":

---

45. Ib., pp. 37-39.
46. Ib., p. 37. Essa passagem continua com um afrimação que deu muito o que falar, tendo sido retomada por Bento XV (*Spiritus Paraclitus*) e por Pio XII (*Divino afflante Spiritu*): "Convém aplicar esse princípio às ciências próximas, especialmente à história".
47. Ib., p. 29.
48. *EnchB*, nº 137-148.

> Eu compartilhava a aversão de Loisy por uma ciência administrativa.[...] Os consultores deveriam, pois, perceber logo que se esperava deles apenas que se pronunciassem, em nome dos princípios revelados e da teologia, sobre os limites a serem respeitados pelos exegetas no trato desses problemas.[...] A idéia genial de Leão XIII, a meu ver, foi propor o *princípio de competência* [...]. A extrema diversidade de opiniões, dentro da Comissão [...] valorizava muito esse tribunal de fé, pois se tantas pessoas de opiniões diferentes declaram que a fé está em jogo, ninguém pode, em sã consciência, recusar o parecer de gente competente. [...] Mas me esquecia que, precisamente ao se pesquisar o que é de fé e quais os limites que o dogma da inspiração impõe à crítica, a Comissão estava dividida em dois grupos bastante iguais[49].

2. A EXEGESE ENTRE HERMENÊUTICA E TEOLOGIA BÍBLICA

Após a publicação da *Providentissimus*, o argumento apologético irá dividir os exegetas católicos. Os "teólogos críticos"[50] poderiam se sentir atingidos pela encíclica e pela *Carta encíclica aos bispos e ao clero da França* (1899), dirigida aos que abraçavam os argumentos dos adversários[51]. Na verdade, alguns, como A. Loisy (1857-1940), rejeitam os pressupostos bíblicos da *demonstratio catholica*; outros, como M.-J. Lagrange (1855-1938), procuram mantê-los. É preciso, porém, analisar todas as dimensões dessa divisão que envolve também a fronteira, então insuperável, entre a consideração da "questão hermenêutica", herdada do Iluminismo (Loisy) e a "teologia bíblica", inspirada em Pascal e na tradição patrística (Lagrange). Essa rachadura cresce sobretudo no início do século XX, malgrado uma de suas causas, o historicismo latente da prática "liberal" do método histórico, tenda a desaparecer, especialmente com os trabalhos de Weiss e de Gunkel, que deixaram marcas na exegese católica.

O debate apologético

Desde 1897, Loisy contesta a validade da argumentação apologética, apoiada, segundo ele, em três postulados:

> Por um postulado teológico, admite-se que as idéias religiosas fundamentais, começando pela idéia de Deus, têm sido essencialmente invariáveis, ao menos numa parte seleta da humanidade, desde a origem do mundo até hoje. Pelo

---

49. *Le Père Lagrange au service de la Bible*, pp. 128-130.
50. Expressão de L. De GRANDMAISON, em "Théologiens scolastiques et théologiens critiques", Études 74 (1898), p. 28.
51. LEÃO XIII, *Depuis le jour, Lettres apostoliques*, 6, p. 101.

postulado messiânico, admite-se que Jesus e a Igreja foram objeto de predições formais e claras no Antigo Testamento, confirmadas e renovadas no Novo Testamento, com relação à Igreja. Pelo postulado eclesiástico, admite-se que a Igreja foi instituída, diretamente, por Cristo, com seus graus hierárquicos, seus dogmas básicos e os sacramentos do seu culto. Ora, esses três postulados, apoio de todo o edifício da fé e do sistema católico, não são apenas [...] *indemonstráveis*; *são demonstrados como falsos pela história*[52].

Essa afirmação atinge, frontalmente, a vertente apologética do "finalismo bíblico", na medida que Loisy vê a ciência histórica como absolutamente indiferente a qualquer demonstração em matéria de fé. Para ele, a "crise apologética" não nasce desta ou daquela dificuldade particular, mas da incapacidade de a "exegese dita tradicional" aceitar "o espírito científico" e a mentalidade ("o bom senso") que a história exige[53]. Para sair da crise, ele sugere "uma *transposição possível* de cada um dos três postulados na sua realidade histórica, realidade que seria uma evolução poderosa, mais inteligente e mais satisfatória, em certo sentido, até mesmo para a fé, do que uma teia de milagres"[54]. Nessa linha, ele une a defesa do sentido das Escrituras com a inteligibilidade do texto, numa visão do mundo marcada pelo evolucionismo e desloca o problema apologético para a questão da interpretação atual da Bíblia. Segundo ele, não está em jogo a regra de fé como tal, mas o direito dos exegetas e dos teólogos de participar nesse processo interpretativo[55].

Em 1904, Lagrange também se posiciona a respeito do argumento apologético:

> Falava-se de um círculo vicioso: a autoridade da Escritura baseia-se na autoridade da Igreja e a da Igreja na da Escritura [...]. Penso que, em linhas gerais, o argumento é sempre sólido e é aí, acho, que me distancio claramente de Loisy, para quem a história é incapaz de provar esses fatos[56].

De saída, Lagrange acata a tese de Loisy, para quem "os evangelistas não são, de forma alguma, historiadores comuns", porque "supõem a fé e querem despertá-la". Depois, explica que, nas suas "linhas gerais"[57], a comparação entre os quatro evangelhos pode levar o historiador a verificar que, para os evangelistas, "a afirmação da fé quanto ao significado dos [fatos] não altera as condições do exame do fenômeno" e que eles, "embora partícipes dos órgãos (da Igreja,...), não perderam nada do seu valor de testemunhas". Essa "dupla for-

---

52. A. LOISY, *Mémoires...*, *op. cit.*, I, pp. 448 s.
53. A. LOISY, *Autour d'un petit livre*, *op. cit.*, pp. 208 s.
54. *Mémoires...*, I, p. 449.
55. *Autour d'un petit livre*, pp. 180s. e 206 s.
56. M.-J. LAGRANGE, *La méthode historique*, pp. 245 s.
57. Ib., pp. 246 e 253.

malidade"[58] dos evangelistas permanece, para Lagrange, sempre válida, nas suas "linhas gerais". Não obstante os novos achados da crítica bíblica, ela possibilita evitar o círculo vicioso nesse ir e vir "apologético" entre a Escritura e a Igreja.

Se, a partir de cada evangelista, é difícil reconstruir a vida de Jesus, tem o historiador total interesse em criticar a sua própria subjetividade. Ao invés de ficar só nas "suas idéias sobre a evolução histórica", torna-se "mais objetivo ao tomar por guia a tradição eclesiástica"[59]. Remonta-se, assim, ao aspecto propriamente teológico ou eclesial da "dupla formalidade" dos escritos bíblicos. Lagrange exige dos teólogos que se apoiem nas "linhas gerais" da pesquisa histórica e, para tanto, saibam "separar e distinguir, oportunamente, a verdade dogmática encerrada no texto bíblico, a interpretação autêntica desse texto pela Igreja e a opinião mais ou menos provável, a interpretação mais ou menos autorizada e aceitável desse texto, exposta e defendida por este ou aquele apologeta"[60].

Ao contrário de Loisy, Lagrange preserva o conceito clássico da "dupla formalidade" e a diferença entre o argumento apologético e a interpretação do texto bíblico que ele envolve. Ao distinguir a verdade dogmática desse texto da opinião de um exegeta, ele defende, certamente, a competência interpretativa do biblista. Mas, pondo no mesmo nível o sentido autêntico da Escritura e o sentido mais ou menos autorizado dos exegetas, distinguindo-os apenas pelo seu grau de certeza ou de objetividade, ele se interdita de entender a questão hermenêutica do modo como Loisy a põe.

Teologia bíblica e questão hermenêutica

As obscuridades da Escritura não pedem apenas que se recorra à "guia" da Igreja[61], mas também suscitam, segundo a *Providentissimus*, uma interpretação dogmática ou espiritual do "finalismo bíblico". Em 1897, Lagrange utiliza ainda o vocabulário do "sentido figurado", para se referir ao que caracteriza como *"um jeito de escrever* que não se preocupava absolutamente com a exatidão e visava a outro objeto"[62]:

> Para Deus tudo está presente. Toda afirmação divina é, em essência, verdadeira, seja quanto ao passado seja quanto ao porvir. Portanto, toda profecia inspirada é também verdadeira, como toda história inspirada. Mas quem irá descobrir realidade histórica nas profecias de Ezequiel sobre a restauração de Israel? Não se confirmou literalmente; tudo se deu segundo o espírito. Era como o esboço do reino de Deus. Por que não imaginar que algum contemporâneo, contando,

---

58. Ib., pp. 252-254 e 245.
59. Ib., p. 251.
60. *RB* 1, (1892), p. 15.
61. *RB* 9, (1900), pp. 135-142.
62. *Le Père Lagrange au service de la Bible*, p. 56.

aliás, com fatos reais, deu à história antiga essa *regularidade* que a fez tornar-se *figura do amanhã*[63]?

Preocupado com o risco do círculo vicioso, numa argumentação profética que só poderia ser aceita por quem já crê no cumprimento das Escrituras, Lagrange abandona, mais tarde, o sentido figurado, preferindo o que chama de "sentido religioso" do texto. "A nosso aviso, o sentido que realmente prova é o *sentido literal*, mas o sentido literal enfocado *no seu aspecto religioso*"[64]. Temos aí, na teoria dos sentidos escriturísticos, uma virada que repercutirá até na encíclica *Divino afflante* (1943).

A partir do comparativismo da ciência das religiões e do interesse pela *letra* da Escritura e seus gêneros literários, Lagrange estabelece, primeiramente, a unicidade religiosa do profetismo bíblico. Depois, a crítica histórica do círculo vicioso do argumento profético leva-o a nuançar o aspecto de predição em todo o "finalismo bíblico", em favor de uma *estrutura religiosa* que une, na mesma "obscuridade", a "condescendência" de Deus e o "desejo" do homem. Do lado divino, brilha a promessa da salvação religiosa e a luz de uma esperança no "curso natural das coisas que ele não quis alterar, mas dirigiu-o a uma finalidade mais alta"[65]. Do lado humano, fica a opção fundamental entre a "cupidez" e a "caridade", suscitada por um "fim último", escondido na contingência dos acontecimentos:

> Em matéria religiosa, nada é claro aos que não alimentam nenhum desejo de encontrar a Deus. [...] Nesse campo, é preciso ter o sentimento do que significa Deus para nós e do que devemos ser para ele. Cumpre aprofundar-nos, de algum modo, nos seus pensamentos ou, pelo menos, querer conhecê-los, para inspiração de nossa vida. Sem sentimento religioso [...] não adianta tratar da exegese das profecias. Não se encontrará nelas nenhuma luz[66].

Portanto, a obscuridade da letra protege o "finalismo bíblico" contra o providencialismo ingênuo, que não respeitaria a contingência histórica de toda profecia e contra a impressão de um embuste divino que consistiria em superestimar a expectativa temporal no Antigo Testamento, para desmenti-lo no Novo. Assim, a obscuridade abre espaço para a vontade do homem e para a sua busca do sentido divino.

Percebe-se, pois, que Lagrangre, como Pascal, entende que as profecias cumpridas constituem "um milagre subsistente". "Elas conservam toda a sua força para nós"[67]. Com base numa estrutura antropológica que reinterpreta o

---

63. M.-J. LAGRANGE, "Les sources du Pentateuque", *RB* 7, (1898), p. 31.
64. Id., "Pascal et les prophéties messianiques", *RB* nº 3, (1906), pp. 541 s. e 549 s.
65. Ib., pp. 556 s.
66. Ib., p. 559.
67. Ib., p. 553.

"finalismo", a teologia bíblica pode não desenvolver certa distinção histórica entre a Escritura e seu leitor atual, contentando-se, quanto ao fundamento histórico da argumentação profética, em retomar as "linhas gerais" da pesquisa.

Loisy também pratica o comparativismo do método histórico, mas chegando a um resultado teológico bem diferente. Se insiste tanto na continuidade do messianismo judeu com o anúncio do Reino por Jesus[68], é para garantir a inteligibilidade do Evangelho, no seu contexto original:

> Caso Jesus nada falasse do Reino e se falasse da união com Deus, empregando a terminologia mística do quarto Evangelho, [...] ninguém o entenderia[69].

A mesma *continuidade* constatada na transição do Antigo para o Novo Testamento ocorrerá entre as Escrituras e a sua interpretação eclesial:

> Não se vê nenhuma solução de continuidade entre o fato e a sua interpretação. Esta não é uma ficção estranha àquele. Por outro lado, o fato evangélico bem entendido não contesta a interpretação teológica, em si mesma, nem a destrói[70].

Entre a Escritura historicamente situada e as diferentes figuras de sua inpetração, corre uma relação de *tipo estrutural*, à disposição do historiador:

> As *formas particulares* e cambiantes desse desenvolvimento, enquanto cambiantes, não são da essência do cristianismo, mas *se sucedem*, por assim dizer, num contexto cujas proporções gerais, com ser variáveis, não deixam de ser equilibradas, de tal sorte que *a figura muda, não, porém, o seu tipo*, nem a lei que controla a sua evolução[71].

Loisy apresenta uma *abordagem estrutural* do "finalismo bíblico", baseada, como a de Lagrangre, numa *regularidade* na própria letra dos textos. Usa também o paradigma da "condescendência divina", para explicar que o encadeamento histórico não se opõe à presença de Deus, como se fosse possível "delimitar nas Escrituras [...] as divisórias do absoluto e as do relativo"[72]. Subsiste, contudo, importante diferença dentro do mesmo vocabulário. Um comparativismo mais sensível às *diferenças* conduz Lagrange a uma apreciação mais matizada da "comunicação":

> Nenhuma referência (em Loisy) às *grandes diferenças* facilmente encontráveis entre o ideal de Ezequiel e o do segundo Isaías, entre Jeremias e Daniel. Nenhu-

---

68. A. LOISY, *Évangile et l'Église*, p. 103.
69. Id., *Autour d'un petit livre*, p. 133.
70. Ib. pp. 135 s.
71. A. LOISY, *L'Évangile et l'Église*, pp. XXVIII s.
72. Id., *Autour d'un petit livre*, p. 144.

ma palavra sobre as esperanças populares por um reino sobretudo temporal, que poderiam criar *um mal-entendido tão profundo entre Jesus e seus ouvintes*[73].

Nessa observação sobre o mal-entendido está em questão a doutrina da "obscuridade religiosa" da letra bíblica Loisy admite, conforme sua própria expressão, a "relatividade metafísica" das representações. Mas o seu interesse maior reside na "sua relatividade histórica", que desperta um "esforço intelectual constante do crente, para assumir essa representação defeituosa e adaptá-la às novas condições do pensamento humano"[74].

Localiza-se aqui, para Loisy, a *questão hermenêutica*. Pode-se entendê-la, ainda que não se aceite a sua prática. Ele a situa nos pontos mais sensíveis da interpretação da Escritura:

> O que se adquiriu está adquirido. Cristo é Deus para a fé. Mas as pessoas nos pedem agora como explicar Deus e Cristo, porque as definições são concebidas em boa parte em outra linguagem, diversa da atual. É preciso traduzi-las[75].

O grande mal-entendido entre Lagrange e Loisy talvez venha da idéia de "transformação". Enquanto o primeiro detecta aí uma alteração da essência do cristianismo, o outro põe na proposta da tradução toda a sua preocupação com as diferenças culturais.

A superação do paradigma liberal

No final do século XIX, a exegese bíblica principia a conquista de meios para superar o historicismo subjacente ao tratamento "liberal" do sentido escriturístico. Lagrange levanta o problema do "mal-entendido" na comunicação, mas o seu conceito do dogma e da opinião exegética parece impedi-lo de compreender a questão hermenêutica. De sua parte, Loisy formula a exigência hermenêutica da tradução e da compreensão, mas o seu *evolucionismo* latente e a sua dificuldade em detectar a função do *mal-entendido* proibem-no de chegar a uma verdadeira hermenêutica bíblica. Apesar dessas dificuldades, procedentes em grande parte de uma lacuna filosófica, a atividade exegética dos dois Testamentos opera algumas mudanças de porte em relação ao paradigma liberal. Contudo, muito tempo será ainda necessário para que essas alterações aqui e ali produzidas venham a gerar novo equilíbrio na teoria dos sentidos.

No caso do Antigo Testamento, é notável o corte realizado por H. Gunkel (1862-1932), tanto do ponto de vista do método como do mito ou da lenda e

---

73. RB 12, (1903), pp. 306 e 309.
74. A. LOISY, *Autour d'un petit livre*, p. 204.
75. Ib., p. 155.

do profetismo. Com outros pesquisadores (A. Eichhorn, W. Wrede, W. Bousset, E. Troeltsch), ele integra a corrente da história das religiões, iniciada em Göttingen, a partir da década de 1870. Mas o grande lance metodológico da sua pesquisa vétero-testamentária é a superação da crítica literária pelo projeto de uma *história da literatura bíblica*. A ligação agora tradicional entre a *desconstrução literária* dos livros bíblicos na sua forma atual (manuais de introdução) e a *reconstrução* da história de Israel (manuais de história bíblica) é tida, desde então, como imediatista e sem consideração para com a densidade literária e estética do texto, insatisfação que leva Gunkel ao que ele chama de história dos gêneros literários e das formas da vida religiosa.

Transição análoga fizeram Loisy, visando à "própria natureza do livro bíblico", nos seus comentários ao *Quarto Evangelho* (1903), e Lagrange ao se referir aos "modos de escrever" próprios do Antigo Testamento. Gunkel, porém, é quem explicita a questão[76]. A essência de sua pesquisa é salvaguardar a distância sempre ampliada e sempre mais complexa entre texto e contexto histórico. O comparativismo, por certo, estava mais que nunca na ordem do dia, mas a confusão entre comparação e explicação genética desaparecia, pelo menos em parte, substituída pela distinção entre a sincronia textual desta ou daquela forma literária, totalmente concluída, e a sua tradução. O resultado principal desse deslocamento para a análise do gênero literário e para a avaliação da situação correspondente (*Sitz im Leben*) constitui o novo entendimento do fenômeno da tradição oral e escrita, por demais esquecida senão desacreditada pelo individualismo do paradigma liberal.

O primeiro campo de aplicação da história dos gêneros literários e das tradições religiosas foi o célebre comentário do *Gênesis* (1901 e 1910). Gunkel parte da hipótese de que "o *Gênesis* constitui uma coletânea de lendas (*Sage*)", chegando, depois, a uma classificação precisa dos "diferentes tipos de lendas"[77]. Vale verificar atentamente a distinção entre história, lenda e mito. "Para o historiador moderno, não é problema" saber se o *Gênesis* acentua a história ou lenda, porque a redação histórica principiou numa fase relativamente tardia da civilização humana. Os mitos são definidos como "história de *deuses*, ao contrário das lendas, onde os atores são homens.[...] O traço fundamental da religião de Javé não favorece os mitos, pois tende, desde as origens, para o monoteísmo[78]. Lagrange reconhece que "a obra de Gunkel introduz a crítica literária do *Gênesis* numa nova fase". Mas não deixa de observar que "o principal não é, talvez, saber se o *Gênesis* se enquadra no gênero literário das lendas e sim se é uma lenda histórica ou não[79]. E assim ele rejeita as conseqüências metodológi-

---

76. H. GUNKEL, "Die Grundprobleme der israelitischen Literaturgeschichte" (1906), em *Reden und Aufsätze*, Göttingen, Vandenhoeck-Ruprecht, 1913, pp. 29-38.
77. H. GUNKEL, *Genesis*, Vandenhoeck-Ruprecht, 1910, pp. VII-XIII e XIII-XXVI.
78. Ib., pp. VII e XIV.
79. *RB* 10, (1901), pp. 619 e 617.

cas de Gunkel. A mesma crítica reaparece na sua conferência, em Toulouse (1902), sobre a *História primitiva*[80].

Outro campo de aplicação da história das tradições consta na introdução que Gunkel fez ao comentário de H. Schmidt sobre *Os profetas maiores* (1914). A análise dos vários gêneros proféticos possibilita situar tais personagens, centrais na abordagem liberal, num contexto maior, levando a considerar sobretudo a exegese do seu discurso. Tendo começado sua pesquisa bibliográfica pelo estudo da Influência *do Espírito Santo segundo a concepção popular da época apostólica e segundo o ensinamento de Paulo* (1888), Gunkel demonstrou enorme interesse pelos pontos de transição entre os dois Testamentos. É aí, apesar dos seus pressupostos metodológicos, que ele se volta ao paradigma liberal. Com Wellhausen, defende a idéia de um corte decisivo entre os profetas, "personalidades notáveis, inteiramente inconfundíveis e enraizadas no seu tempo, com um diálogo estreitamente adequado com os contemporâneos", e os apocalípticos, que "desconhecem a brilhante originalidade dos profetas e não ousam sequer evocá-los". Essa depreciação do apocalíptico, motivada pela história das tradições religiosas, tem base na sua visão de que o "judaísmo pós-exílio sujeitou-se mais e mais a religiões estrangeiras"[81].

Mas nova análise do apocalíptico e da sua presença no itinerário do "Jesus histórico" provocou uma superação do paradigma liberal do sentido, manifestada em dois livros principais: *A pregação de Jesus sobre o Reino de Deus* (1892), de J. Weiss e a *História das pesquisas sobre a vida de Jesus* (1906, 1913), de A. Schweitzer. Os debates sobre as biografias de Jesus da teologia liberal revelam como a pesquisa exegética tentou destruir o caráter estranho da idéia do Reino, para ajustá-lo às *evoluções imanentes* da história. Weiss e Schweitzer apresentam Jesus como um pregoeiro apocalíptico da *vinda iminente* do Reino extraterrestre, representação dramática que desarticula singularmente a visão liberal do mundo.

Quanto ao cerne da Escritura — a consciência messiânica ou divina de Cristo — Loisy e Lagrange tomaram cminhos diferentes. Enquanto Loisy, desde 1896, perfilha a "escatologia conseqüente" de Weiss, mesmo destacando a unicidade da figura de Jesus e a legitimidade do desenvolvimento cristológico, Lagrange propõe, a partir de 1904, a pesquisa dos messianismos bíblicos e do messianismo de Jesus, escrevendo:

> Resta saber se a idéia do Messias era assim tão restrita como se pretende agora e se o próprio Jesus não tinha consciência de que a sua missão e a sua pessoa extrapolavam a expectativa geral da época[82].

---

80. M.-J. LAGRANGE, *La méthode historique*, pp. 208-220.
81. H. GUNKEL, *Schöpfung und Chaos in Urzeit und Endzeit*, Göttingen, Vandenhoeck/Ruprecht, 1895, pp. 210 e 292.
82. M.-J. LAGRANGE, *La méthode historique*, p. 259.

O biblista de Jerusalém quer ultrapassar a teoria da "escatologia conseqüente", para defender, com Wellhausen e Harnack, a presença escondida do Reino que não se poderia reduzir a um acontecimento iminente por entre as nuvens, e a consciência filial do Filho revelado em Mt 11,27[83].

Portanto, a superação do paradigma liberal é preparada pelas transformações metodológicas, conjugadas à atenção renovada pelo apocalíptico e pela sua visão dramática do mundo. Esta vinha se manifestando, de modo bem extrínseco e há bom tempo, na apologética bíblica do catolicismo integral. E surge agora, no tratamento exegético da Bíblia, considerada, ao mesmo tempo, como estranha para a sociedade moderna. Em ambos os casos, essa tomada de consciência exige a revisão ulterior da teoria dos sentidos da Escritura, para tentar integrar a compreensão do que é estranho.

III. O MAGISTÉRIO ROMANO NA PRIMEIRA METADE DO SÉCULO XX

INDICAÇÕES BIBLIOGRÁFICAS: BENTO XV, Encíclica *Spiritus paraclitus*, 15.09.1920 por ocasião do XV centenário da morte de São Jerônimo, *EnchB*, 4. ed., nº 444-495; *Actes de Benoît XV*, t. 2, Paris, Bayard, p. 169-228. — PIO XII, Encíclica *Divino afflante Spiritu*, 30.09.1943, sobre os estudos bíblicos, em *Actes de S. S. Pie XII*, t. V, Paris, Bonne Presse, 1953, pp. 204-259.

1. A DOUTRINA BÍBLICA DA *SPIRITUS PARACLITUS*

A primeira guerra mundial (1914-1918), a entrada dos Estados Unidos no conflito e a revolução russa produziram na consciência européia uma verdadeira fratura, registrada por E. Troeltsch, em 1922, no seu famoso livro *O historicismo e seus problemas*[84]. Nesse mesmo tempo, acontece, com certeza, um corte na leitura da Bíblia, iniciado, na opinião de muitos, pela primeira edição da *Carta aos Romanos* de Karl Barth, em 1919, mas, para outros, visível já no fim do século XIX. Enormes esforços fizeram os católicos para reparar o atraso no campo da pesquisa bíblica. Na França, em Jerusalém (1890) e em Roma (1909), a Igreja fundou várias instituições para formar professores e pesquisadores, mas também para defender o "finalismo bíblico" e suas prerrogativas na interpretação das Escrituras. A suspensão das respostas da Comissão Bíblica, no início do pontificado de Bento XV, não significa ainda o termo das "hostilidades" entre pesquisa histórica e apologética bíblica. Mas o magistério romano vai procurar, doravante, reintegrar sua doutrina escriturística numa *prática de leitura bíblica* que inclui e, ao mesmo tempo, supera a explicação histórica do texto, implicando, assim, mudanças nos seus leitores.

---

83. M.-J. LAGRANGE, ib., pp. 259 e 242-245; *RB* 12, (1903), pp. 307 e 305 s.
84. E. TROELTSCH, *Der Historismus und seine Probleme* (1922), *Gesammelte Schriften*, vol. 3.

Essa diretriz então indefinida caracteriza a encíclica *Spiritus Paraclitus* de Bento XV, publicada por ocasião do 15º centenário da morte de S. Jerônimo (1920) e considerada como a segunda encíclica bíblica. Nela encontramos, primeiro, breve esboço da vida e da obra de Jerônimo, apresentado como um mestre, e uma longa exposição apologética da excelência e da verdade da Escritura, na linha dos ensinamentos já desenvolvidos por Leão XIII. Como novidade, temos a ênfase nas peculiaridades humanas de cada autor e dos seus escritos (organização do material, vocabulário, qualidades e características de estilo), dentro da inspiração comum a todos[85]. O documento condena os que se valem da *Providentissimus* para afirmar "que as partes históricas da Escritura se baseiam não na verdade *absoluta* dos fatos, mas apenas na sua verdade *relativa*, como dizem, e na maneira geral e popular de pensar"[86].

Na segunda parte, temos as atitudes interiores dos leitores da Bíblia e os diversos modos de contactá-la: a leitura espiritual, o estudo exegético e o ministério da Palavra. A parte final propõe uma articulação muito sutil dessas três práticas com os sentidos da Escritura[87].

A exposição começa pelas regras referentes aos sentidos da Escritura, visando, principalmente, ao estudo exegético do texto. Bento XV declara aí suas reservas, já presentes na *Providentissimus,* quanto às "interpretações alegóricas", a que S. Jerônimo "à primeira vista, se dedicou mais do que convém"[88], para chegar ao "sentido pleno" (*sensus plenus*), a partir da solidez do sentido literal ou histórico. Com essa restrição, toda a parte final da encíclica versa sobre os sentidos espirituais da Bíblia, interligados com a *pregação*[89] e os "frutos" da *leitura* diária do texto. Tem-se aí o itinerário espiritual do leitor, orientado para os sentidos do texto bíblico, ou seja, a recomendação de cautela para que "a busca das riquezas do sentido espiritual não nos dê a impressão de desdenhar a pobreza do sentido histórico"; a referência ao "método de Cristo e dos Apóstolos" no tratamento da figura (*significatio typica*)[90] e a exposição das etapas do cumprimento das Escrituras no leitor piedoso, na Igreja e na sua íntima união com o Cristo.

A leitura atenta dessas páginas mostra que houve mudança em relação à *Providentissimus*. Sem abandonar o controle dogmático e a esfera apologética, o documento delineia o movimento pneumatológico do "finalismo bíblico", insistindo no itinerário temático, concretizado por meio de algumas práticas comprovadas[91]. Nesse sentido, a *Spiritus Paraclitus* contém, em germe, a estrutura da *Dei Verbum* do Concílio Vaticano II.

---

85. *Spiritus Paraclitus*, pp. 169-192 e 197-199.
86. Ib., pp. 184s. Essa interpretação da enigmática afirmação de Leão XIII contraria, provavelmente, uma antiga posição de Lagrange; cf. *Le Père Lagrange au service de la Bible*, pp. 96 s.
87. Ib., pp. 192-196 e 206-228.
88. Ib., p. 209.
89. Ib., pp. 212-215.
90. Ib., p. 211.
91. Exprime-se aí, pela primeira vez, o desejo de que os Evangelhos e os Atos do Apóstolos "estejam presentes em todas as famílias cristãs e que todos adquiram o hábito de lê-los e meditá-los, diariamente", ib., p. 202.

O final da encíclica, que evoca, em tom apocalíptico (!), "as nações cristãs que, infelizmente, se separaram da Igreja" e "o risco de destruição de todas as instituições humanas"[92], permite situar o traço fundamental de um tempo de pesquisa bíblica, desenvolvido a partir de várias décadas do século XIX até meados do século XX. A Bíblia, depois de ser, por séculos, o Livro da Cristandade, posteriormente dividida em diferentes confissões, passou a sofrer, desde o século XIX, as conseqüências das mudanças que abalaram a sociedade européia. Ela se coloca então *entre* a Igreja e a sociedade civil, vista pela primeira como um bem que Deus lhe confiou, enquanto a segunda dela se apossa, como uma dentre outras obras "clássicas". Esse confronto, de início muito forte, inclinou-se, a partir de 1920, para um novo equilíbrio.

2. O APARECIMENTO DO TEXTO E SUA INTERPRETAÇÃO TEOLÓGICA

Muitos dados caracterizam o período posterior à primeira grande guerra. Em nível metodológico, observa-se, desde o fim do século XIX, o que se pode chamar de "aparecimento do texto" e uma tendência para análises propriamente "intratextuais".

A complexidade do sentido literal

Na esteira da hermenêutica de Schleiermacher, prende-se o sentido literal, primeiramente, à "intenção do autor" que, desde a *Spiritus Paraclitus*, começa a predominar num sistema doutrinal em que o próprio Deus é considerado o autor principal das Escrituras. Mas o acesso ao sentido se modifica sobretudo pela análise dos processos da escrita, das formas e dos gêneros literários[93], análise que relativiza muito o papel das pessoas, para realçar a visão de conjunto, com influência decisiva para o sentido do texto. Na verdade, a exegese bíblica acompanha a evolução das ciências humanas, da pesquisa literária e da lingüística, bastante impregnadas por interesses sociológicos e pela análise das situações institucionais (*Sitz im Leben*), ou pela perspectiva psicológica, no estudo do estilo deste ou daquele autor. E aí o texto se torna a cena onde o exegeta enfrenta um trabalho sobremaneira complexo, não só para si próprio, mas também para grupos ou comunidades, dentro de certas "visões de mundo" (como a apocalíptica, a gnose, o estoicismo) e seus contornos históricos e suas combinações.

Ideologicamente unificada no século XIX, a crítica literária agora se ramifica em várias escolas: a história das formas (*Formgeschichte*), a história das tradições e das instituições (*Traditionsgeschichte*), a história da redação (*Redak-

---

92. Ib., p. 226 s. Cf. as duas Constituições do Vaticano I.
93. Cf. R. BULTMANN, *L'histoire de la tradition synoptique* (1921), Paris, Seuil, 1973.

tiongeschichte) e outras. E toda a disciplina exegética passa a balançar entre questões da maior importância.

Antes de mais nada, métodos cada vez mais complexos obrigam a se procurar a correta articulação das perspectivas intra, inter e extratextuais do estabelecimento do sentido. É fundamental a combinação das abordagens intra e intertextuais, quando se precisa tratar de questões doutrinais ligadas ao "finalismo bíblico", como as controvertidas relações entre os dois Testamentos. A análise acurada das pesquisas não facilita a definição de algumas regras básicas para se chegar a uma verdadeira teologia bíblica. E, doutra parte, a relação do texto ou dos textos com a história (extratextual) tornou-se extremamente complicada.

Outro centro de dúvidas reside, precisamente, na presença da história no texto. *Spiritus Paraclitus* critica os que negam "que as partes históricas das Escrituras se apóiam sobre a verdade *absoluta* dos fatos". O historicismo do século XIX propunha reconstruir a versão autêntica dos acontecimentos "por detrás e contra" o texto bíblico, encarado como aparentemente enganador. Agora, a exegese distingue, com mais clareza, a "sincronia" do sistema textual que oferece sua visão histórica na ótica do crente, e o acesso mais problemático à "diacronia histórica".

Essas distinções epistemológicas revelam também outro núcleo de hesitações, de nível filosófico, relacionado com o sonho da transparência intelectual, de perfil iluminista. Esse ideal prevalece na chamada exegese científica do século XIX, mas não é mais confirmado pelas ciências humanas, bem mais sensíveis à impossibilidade de reduzir o sentido do texto à intenção do autor. No fundo, a exegese vai, passo a passo, trilhando um caminho novo que desembocará na obscuridade ou não-transparência do texto bíblico, que já preocupava os Padres da Igreja.

Todo esse processo atingirá profundamente as relações entre o edifício doutrinal da Igreja e as Escrituras. De há muito, a *demonstração dos dogmas* se habituara à contestação, por meio da pesquisa histórica, da autoridade bíblica. Agora, porém, abre-se um período voltado a uma contestação mais radical do entendimento doutrinal das Escrituras, na medida em que a exegese critica não tanto este ou aquele dogma, mas o ideal de transparência que, desde o século XIX, domina o "dogmático" como tal.

Do sentido literal ao sentido pleno ou ao sentido espiritual

Na realidade, durante a primeira metade do século XX, a exegese explorou caminhos muito diversificados, para, defendendo a humanidade da Escritura, preservar a fé na sua autoridade divina. Esse problema doutrinal é central para o "finalismo bíblico", quando se trata de ponderar, no *fórum* da história, o valor do argumento profético. Pode-se distinguir quatro posições diferentes.

A grande maioria dos exegetas e dos biblistas protestantes (W. Eichrodt, O. Proschk, L. Koehler, A. Schlatter e Th. Zahn) apresenta uma visão objetiva, senão objetivante, da história bíblica, construída a partir de certos conceitos-chave, como o da *aliança* (Eichrodt). Nessa moldura, as relações entre o Antigo e o Novo Testamento são, muitas vezes, pensadas em termos de "tipologia"[94]. Do lado católico, a prioridade é defender a doutrina bíblica[95]. Subjacente à argumentação apologética, preocupada em evitar o círculo vicioso do "finalismo bíblico", fundamentando-o no sentido literal ou histórico, o objetivismo aparece também na teoria do *sentido pleno*.

Essa expressão "sentido pleno" foi, provavelmente, lançada por A. Fernandez, em 1927[96], mas sua realidade vem de longe, como explica P. Grelot:

> O sentido pleno não é estranho ao sentido literal. A falar a verdade, não é nem *outro* sentido. É o próprio sentido literal em grau de maior profundidade [...]. A expressão do mistério da salvação nas páginas do Antigo Testamento sofre limitações sob vários aspectos e dentro dessa expressão imperfeita o teólogo encontra o mistério na sua totalidade. Ou melhor, à luz do que nos diz o Novo Testamento, ele a projeta nos textos e descobre assim um sentido 'mais pleno e mais profundo', em fórmulas cujos limites a crítica lhe revela. Quando S. Tomás fala do *sensus litteralis* da Escritura, ele inclui aí essa plenitude de sentido [...][97].

Com base na referência já feita sobre o elo entre o sentido literal e a intenção do autor, os defensores dessa teoria vêem o caráter objetivo do "sentido pleno" fincado na consciência mais ou menos explícita dos profetas e escritores a respeito do que expõem em vista do futuro. Mas é uma posição cada vez menos defensável, quando a categoria da intencionalidade se relativiza para o estabelecimento do sentido.

A exegese *protestante* será fortemente marcada pela reação anti-liberal de K. Barth depois de 1929 e do seu debate com R. Bultmann, nos anos vinte. Para esses teólogos, a definição do sentido passa por uma nova compreensão do "círculo hermenêutico", na linha de Schleiermacher ou em oposição a ela. Divergindo da maioria dos biblistas da época, Bultmann e Barth colocam o sentido do texto no círculo da compreensão e defendem, contra o método histórico-crítico (Barth) ou lhe dando valor relativo (Bultmann), o caráter inobjetivável

---

94. Cf. H. J. KRAUS, *Die biblische Theologie. Ihre Geschichte und Problematk*, Neeukirchen-Vluyin, Neukirchener Verlag, 1970.

95. Cf. P.-M. BEAUDE, *L'accomplissement des Écritures. Pour une histoire critique des systèmes de représentation du sens chrétien*, Paris, Cerf, 1980, pp. 81-1194; id., *art. cit.*, DBS XII, 1993, pp. 514-536.

96. A. FERNANDEZ, *Institutiones biblicae*, Roma, 1927, pp. 306; cf. P.-M. BEAUDE, *art. cit.*, pp. 523 s.

97. P. GRELOT, *Sens chrétien de l'Ancien Testamemt. Esquisse d'un traité dogmatique*, Paris-Tournai, Desclée, 1962, p. 450.

da Palavra de Deus *e* da pessoa que crê. Não se deve, contudo, minimizar suas divergências em face da distância que ocorre entre uma "dogmática bíblica e eclesial", de um lado, que dá à Palavra uma iniciativa absoluta[98], e uma "hermenêutica bíblica", de outro lado, concebida por Heidegger para diferenciar a existência crente e a história[99]. Esse grande debate, nas fronteiras da exegese, da filosofia e da teologia, ainda marginal naquela época, prenuncia as tomadas de consciência ulteriores na teologia protestante e, mais tarde, na teologia católica. Só com o tempo a exegese bíblica descobrirá que o estatuto empírico-transcendental da relação com a Escritura — o "círculo hermenêutico" — estará sempre ameaçado por uma dissolução empirista e historicista ou por uma fria transformação em círculo apologético, aceitando o que P. Ricoeur classificará como "conflito de interpretações".

Na exegese *católica* da primeira metade do século XX ocorre a mesma brecha entre restos do positivismo crítico e uma volta à apologética bíblica. Mas esse período também se distingue pela lenta redescoberta da teoria dos "sentidos espirituais" de antigamente. Nesse terreno esquecido, mas já lavrado pela *Spiritus Paraclitus*, vamos encontrar as primeiras manifestações de um novo interesse da teologia pela *relação* leitor e texto, entendido este como um itinerário de transformação que não se reduz a um enfoque técnico da letra bíblica.

3. A DOUTRINA BÍBLICA DA *DIVINO AFFLANTE SPIRITU*

Paradoxalmente, os ataques da chamada "exegese espiritual" contra a pesquisa bíblica, tendência que acabou prevalecendo na Igreja, provocaram a reação do magistério católico. Em 1941, uma carta da Comissão Bíblica assume a defesa do "estudo científico das S. Escrituras" e do "sentido literal", declarando que "a escola alexandrina exagerou, realmente, ao querer encontrar sentido símbólico em tudo, até mesmo em detrimento do sentido literal e histórico"[100]. Diante dessas diferentes posições doutrinais e das oscilações agora mencionadas, essa afirmação sintomática mostra, claramente, para onde a balança está pendendo, no momento. À vista do movimento latente da crítica bíblica, a proposta apologética desvaneceu-se, praticamente. A encíclica *Divino afflante Spiritu* (1943), divulgada em plena guerra, para comemorar o 50º aniversário da *Providentissimus Deus*, chama a atenção dos que pensam que todos os resultados da pesquisa histórica, "conquistados não sem o secreto desígnio da Providência,

---

98. Cf. K. BARTH, *Das Wort Gottes und die Theologie. Gesammelte Vorträge*, München, Kaiser, 1924, p. 28: "A Bíblia não encerra os pensamentos certos do homem sobre Deus, mas os pensamentos certos de Deus sobre o homem".

99. R. BULTMANN, "La théologie libérale et le mouvement théologique le plus récent" (1924), tr. *Foi et compréhension* I, Paris, Seuil, 1970, p. 11: "A ciência histórica não tem como conduzir a um resultado que baseie a fé, pois todos os seus resultados são de valor relativo".

100. *DS* 3792.

convidam, de certa forma, os intérpretes das Páginas Sagradas a usar diligentemente de luzes tão belas para perscrutar com maior zelo as palavras divinas"[101].

De início, a introdução e a primeira parte do documento relatam o histórico das iniciativas de Leão XIII e de seus sucessores em prol dos estudos bíblicos. Sem omitir as questões polêmicas (o entendimento da inspiração bíblica e da sua inerrância, em oposição ao racionalismo bíblico), Pio XII propõe uma leitura mais positiva e mais otimista dos progressos recentes, deixando de lado, pela primeira vez, a "tonalidade apocalíptica" que havíamos anotado nos textos anteriores, após o Vaticano I.

As regras da hermenêutica bíblica

A segunda parte do documento trata "dos estudos bíblicos em nossos dias"[102]. O capítulo 1 expõe a necessidade de se recorrer aos textos originais, assumindo, aliás, o pressuposto (liberal) da época: "o original" tem mais valor do que as versões feitas por diferentes releituras[103]. Assim, a encíclica se vê obrigada a distinguir, com clareza, "a autenticidade *jurídica*" da Vulgata — "absolutamente isenta de todo erro no que diz respeito à fé e aos costumes"[104] — da "autenticidade *crítica*" das Escrituras, a ser justificada em função dos textos originais. Nessa questão delicada, o nível jurídico do discurso doutrinal, tão valorizado pelo Vaticano I, fica limitado e relativizado pela história e por seus interesses "arqueológicos" a respeito do "original".

O capítulo 2 discorre sobre a interpretação dos livros sagrados, com base no "sentido literal", entendido em toda a sua extensão, filológica, arqueológica e histórica, "mas também e sobretudo teológica"[105]. Esse "sentido teológico" enquadra-se na visão clássica da "doutrina teológica de cada um dos livros ou dos textos, no campo da fé e dos costumes", reafirmando-se o estatuto ancilar da exegese na exposição dos dogmas, no ensino da doutrina cristã e na prática cristã digna desse nome. Quanto ao "sentido espiritual", está fora de cogitação excluí-lo, porque vinculado ao "finalismo bíblico"[106]. Mas a encíclica, num enfoque racional, reitera as advertências de 1893 e de 1920, dirigidas a exegetas e pregadores:

---

101. *Divino afflante Spiritu*, p. cit., V, p. 220; cf. o comentário de J. LEVIE, "L'encyclique sur les études bibliques". Separata de NRT, Tournai, Casterman, 1946.
102. Ib., pp. 219-254.
103. Ib., p. 223: "Cumpre explicar o texto primitivo que, escrito pelo próprio autor sagrado, tem mais autoridade e mais peso que qualquer outra versão, antiga ou moderna, por melhor que seja".
104. Ib., p. 227.
105. Ib., pp. 228-230 e a reabilitação do comparativismo.
106. Ib., pp. 230 s.: "Pois as apalavras e os fatos do Antigo Testamento foram maravilhosamente ordenados e dispostos por Deus, de tal sorte que o passado prefigurasse, em nível espiritual, o que viria a acontecer sob a nova aliança da graça".

Cuidem, porém, religiosamente, não apresentar como sentido autêntico da S. Escritura as explicações metafóricas, pois, se, especialmente no ministério da palavra, o uso mais solto e metafórico do texto sagrado pode ser útil para esclarecer e avaliar melhor certos pontos da fé e dos costumes, [...], é preciso não esquecer que essa prática é, por assim dizer, extrínseca e adventícia[107].

No fecho do capítulo, todavia, recomenda-se a reconciliação da "doutrina e da unção dos antigos" com a "erudição mais vasta e a arte mais aperfeiçoada dos modernos"[108].

Com o capítulo 3, entra-se no tratamento das questões atuais e de uma forma que gerou considerável alívio nos meios exegéticos. O texto registra que "os teólogos católicos, seguindo a doutrina dos Santos Padres, especialmente a do Doutor Angélico e universal, estudaram e expressaram a natureza e os efeitos da inspiração bíblica de modo mais apropriado e mais perfeito do que nos séculos passados"[109]. No capítulo 3 da *Dei Verbum*, o argumento central será retomado quase à letra:

> Assim como o Verbo substancial de Deus fez-se em tudo semelhante aos homens, 'exceto no pecado' (Hb 4,15), assim também as palavras de Deus, expressas em linguagem humana, são semelhantes em tudo à linguagem humana, com exceção dos erros. É a *sunkatabasis* ou a condescendência da divina Providência, tão exaltada por S. João Crisóstomo e por ele repetidas vezes identificada nos Livros Santos[110].

Emerge aqui, com vigor no plano doutrinário, a humanidade das Escrituras. Sem exagero, nessa altura acontece uma verdadeira "mudança de paradigma"[111]. É o que se vê, primeiro, na visão *doutrinal* da teoria dos gêneros literários, defendida anteriormente por Lagrange, e na sua inserção numa problemática de "distância hermenêutica":

> Importa sobremaneira que o exegeta se volte, de certa forma, pelo pensamento a esses remotos séculos do Oriente, para poder, com os recursos da história, da arqueologia, da etnologia e demais ciências, discernir e reconhecer que gênero literário os autores daqueles tempos quiseram empregar e realmente empregaram . [...]. Não pode o exegeta determinar, *a priori*, [essas formas e maneiras de se exprimir], mas sim, pelo estudo atento das velhas literaturas orientais[112].

---

107. Ib., pp. 231 s.
108. Ib., p. 234.
109. Ib., p. 236.
110. Ib., pp. 239 s.
111. Cf. Ch. THEOBALD, "Les changements paradigmatiques dans l'histoire de l'exégèse catholique et le statut dela vérité en théologie", *RICP*, 24, (1987), pp. 79-111.
112. Ib., pp. 237 s.

Esse apriorismo é notadamente rejeitado ao tratar a encíclica da redação da história bíblica, tributária também de "modos de falar e de contar habituais entre os antigos"[113], reaparecendo, por fim, quando o documento louva o trabalho dos "leigos católicos" no domínio das ciências profanas[114].

Fala-se pouco do capítulo 4, mas ele oferece à Igreja e aos pesquisadores uma verdadeira "regra de liberdade". O texto reconhece que a história traz questões novas e que certos problemas continuarão, talvez, sem solução. E aí reencontramos, de novo, a velha lição da "obscuridade das Escrituras", tão refratária a qualquer ideal de transparência:

> Não será, pois, de admirar que uma ou outra questão continue sempre sem resposta perfeita, porque são, por vezes, dados obscuros, muito distantes do nosso tempo e das nossas experiências. Ademais, a exegese, como todas as principais ciências, pode conter segredos impenetráveis à nossa inteligência e a todo e qualquer empenho humano[115].

Agora, porém, o argumento não é lembrado em favor da autoriade eclesial, como na *Providentissimus*, mas para estimular a liberdade de pesquisar. A encíclica até inverte o uso tradicional da "distinção entre a doutrina relativa à fé e aos costumes e todas as outras questões":

> Acima de tudo, não se esqueçam [os que se julgam obrigados a combater ou a pôr em dúvida tudo o que é novidade] que depende das normas e leis da Igreja o que se relaciona com a fé e os costumes, pois no acervo imenso que os Livros Santos encerram há poucos pontos com seu sentido definido pela autoridade eclesial e muitos outros que não ganharam o consenso unânime dos Padres. Há, portanto, inúmeras questões, e algumas muito importantes, que podem e precisam ser discutidas e explicadas pelo esforço intelectual e pelo talento dos exegetas católicos[116].

No último capítulo, enfeixam-se algumas disposições práticas. Para concluir, vale guardar a comovente referência à segunda grande guerra, referência que prova que, na seara bíblica, aparentemente distante da atualidade histórica, o papa Pio XII não perde de vista o "momento presente", indicando "o sentido da palavra divina, nesse tempo de guerra: ela é o consolo dos aflitos, o caminho da justiça para todos"[117].

---

113. Ib., p. 240.
114. Ib., p. 242.
115. Ib., p. 245.
116. Ib., p. 246; cf. também Gn 3,1.
117. Ib., 252 s. Voltaremos a esse tema, infra, pp. 357 s.

Conclusão

Até aí nem tudo está resolvido com esse vibrante apelo à "verdadeira liberdade dos filhos de Deus"[118]. Muita coisa continua em suspenso. De modo particular, os aficcionados da exegese patrística toparão, anos mais tarde, em 1950, com um defensor qualificado — H. de Lubac — cujo famoso livro sobre Orígenes[119] exalta, precisamente, o "sentido espiritual" da escola alexandrina, tão vigorosamente criticada pela Comissão Bíblica, em 1941.

O que permanece, contudo, é o respeito pela humanidade da Escritura. A experiência do seu caráter histórica e culturalmente situado não é garantia pouca para um novo apreço pela diversidade das culturas humanas. A Palavra de Deus entrará, por esse viés, no "edifício doutrinal do catolicismo", gerando, no futuro, algumas mudanças no relacionamento da Igreja com o Evangelho.

No entanto, outros movimentos serão necessários para que "a prática das Escrituras", inserida para sempre no íntimo do corpo eclesial, produza uma verdadeira renovação e até mesmo uma *reformatio*. Segundo a *Dei Verbum*, "o estudo das Escrituras" será "a alma" do corpo doutrinal e eclesial, somente na medida em que renunciar às tentativas de autojustificação institucional e desenvolver as potencialidades críticas, para o bem e o serviço "do fortalecimento e rejuvenescimento" da teologia e da prática eclesiais[120].

Nesse campo, vamos encontrar, de 1943, ano da publicação da encíclica, até a abertura do Vaticano II, em 1962, os cortes doutrinários já destacados, a saber, uma teologia bíblica baseada no "sentido pleno"; a entrada decisiva na teologia católica do questionamento hermenêutico herdado de Barth e Bultmann; e, enfim, a renovação da exegese patrística. Mas esses enfoques, não muito unificados, caracterizam-se, simultaneamente, pelas confusões que marcaram o conjunto das sociedades européias, como a segunda guerra mundial, com o requestionamento do nacionalismo subjacente ao "paradigma liberal" ainda vivo; o "holocausto" que impõe um sério exame de consciência das relações de judaísmo e cristianismo, à luz do conjunto dos dois Testamentos; a comunicação cada vez maior entre confissões cristãs, provocando a problematização dos pressupostos de cada uma na busca do sentido das Escrituras. Em suma, o período anterior ao Vaticano II vai, de certa forma, colocar em cheque o belo otimismo da *Divino afflante Spiritu*, despertando interrogações sobre as vicissitudes filosóficas e teológicas da modernidade ocidental, subjacentes à aventura da exegese contemporânea.

---

118. Ib., p. 246.
119. H. DE LUBAC, *Histoire et Esprit. L'intelligence de l'Écriture d'après Origène*, Paris, Aubier, 1950.
120. Cf. *Dei Verbum*, n. 24; COD II-2, p. 1989.

CAPÍTULO IX

"O que é um dogma?"
A crise modernista e suas repercussões no sistema doutrinal do catolicismo

INDICAÇÕES BIBLIOGRÁFICAS: SOBRE A HISTÓRIA DOS DOGMAS: A. VON HARNACK, *Lehrbuch der Dogmengeschichte*, 3 vol. (1886-89[1]); 3. ed. Tübingen, J. C. B. Mohr, 1894-1897; *Histoire des dogmes* (1889-1891), Paris, Cerf, 1993; *L'essence du christianisme* (1900), trad. Paris, Fischbacher, 1902, 1907[2]. — J. TIXERONT, *Histoire des dogmes* I: *La théologie ancienne*; II: *De saint Athanase à saint Augustin* (318-430); III: *La fin de l'âge patristique* (430-800), Paris, Lecoffre, 1905, 1909, 1919 — E. TRŒLTSCH, *Die Soziallehren der christlichen Kirchen und Gruppen* (1911), *Gesammelte Schriften*, I, Tübingen, Scientia Verlag Aalen, 1922.

HISTÓRIA, FILOSOFIA E DOGMA: J.-H. NEWMAN, *Essai sur le développement de la doctrine chrétienne* (1845, 1878[2]), Paris, DDB, 1964. — M. BLONDEL, *Lettre sur les exigences de la pensée contemporaine en matière d'apologétique et sur la méthode de la philosophie dans l'étude du problème religieux* (1896), dans *Les premiers écrits de Maurice Blondel*, Paris, PUF, 1956, pp. 5-95; *Histoire et dogme. Les lacunes philosophiques de l'exégèse moderne* (1904), *ibid.*, pp. 149-228. — A. SABATIER, *Esquisse d'une philosophie de la religion d'après la psychologie et l'histoire*, Paris, Fischbacher, 1897 (rééd. 1969). — A. LOISY, *L'Évangile et l'Église*, Paris, Picard, 1902, 1903[2] (éd. augm.); *Autour d'une petit livre*, Picard, 1903. — E. LE ROY, "Qu'est-ce qu'un dogme?", *La Quinzaine* 63 (16.04.1905), pp. 495-526; *Dogme et critique*, Paris, Bloud, 1907. — R. MARLÉ (éd.), *Au cœur de la crise moderniste. Le dossier inédit d'une controverse*, Paris, Aubier, 1960.

ESTUDOS SOBRE A CRISE: J. RIVIÈRE, *Le modernisme dans l'Église. Étude d'histoire religieuse contemporaine*, Paris, Letouzey, 1929. — O. CHADWICK, *From*

Bossuet to Newman. The Idea of Doctrinal Development, Cambridge, Univ. Press, 1957. – E. POULAT, *Histoire, dogme et critique dans la crise moderniste* (1962), Paris, A. Michel, 1996³ (bibliographie). – H. HAMMANS, *Die neueren katholischen Erklärungen der Dogmenentwicklung*, Essen, Ludgerus-Verlag, 1965. – D. DUBARLE (éd.), *Le modernisme*, Paris, Beauchesne, 1980. – CHR. THEOBALD, *Maurice Blondel und das Problem der Modernität; Reitrag zu einer epistemologischen Standortbestimmung zeitgenössischer Fundamentaltheologie*, Frankfurt, Knecht, 1988. – CHR. THEOBALD, art. Loisy, *Dict. du monde religieux dans la France contemporaine*, vol. 9, Paris, Beauchesne, 1996, pp. 426-431.

O que é um dogma? Essa questão foi levantada, no auge da crise do modernismo, por obra de um filósofo católico leigo, Edouard Le Roy (1870-1954). Iniciava-se então, preparada pela "questão bíblica", a segunda fase daquela crise, marcada pela publicação de duas obras instigantes de A. Loisy: *L'Évangile et l'Église* (1902) e *Autour d'un petit livre* (1903)[1]. O primeiro representava uma réplica à teoria liberal exposta por Harnack em *L' essence du christianisme*; o segundo desenvolvia amplamente uma nova tese sobre as origens e a história do cristianimso, germinada em *L'Évangile et l'Église*. Nesses dois livros, o problema do dogma católico vem explicitado dentro de uma reflexão mais global sobre a tradição, envolvendo o "desenvolvimento hierárquico, dogmático e cultual da Igreja"[2].

A partir daí, o debate se abriu por completo, com a participação de M. Blondel e seus artigos sobre *Histoire et dogme* (1904)[3]; a intervenção dos defensores da "teologia positiva", em Toulouse (o "sindicato Battifol-Lagrange", ironizava Loisy)[4]; o posicionamento de L. de Grandmaison, na revista *Études*[5], e muitos outros[6]. A crise, além de ter na França o seu epicentro, atingiu também a Inglaterra[7], a Itália e a Alemanha. Nessa crise internacional, um leigo "europeu", o barão Friedrich von Hügel, filho de pai austríaco e mãe escocesa, atuou, por muitos anos, como agente de ligação. Le Roy encontrou, pois, um terreno bem preparado. Em conseqüência de uma enquete feita por *La Quinzaine*, "ocorre uma saravaida de artigos"[8], sinal de que o amadurecimento da experiência crítica e a sua propaganda por áreas extrabíblicas provocaram realmente a "precipitação" da crise.

---

1. Para esses dois livros Loisy se serviu de uma suma (*La crise de la foi dans le temps présent. Essais d'histoire et de philosophie religieuse*), escrita durante o seu retiro em Neuilly. Dali já havia extraído seis artigos (1898-1900), com o pseudônimo de Firmin. Cf. A. LOISY, *Mémoires pour servir l'histoire religieuse de notre temps*, I (1857-1900), Paris, Nourry, 1930, pp. 438-477.

2. A. LOISY, *L'Évangile et l'Église*, 2 ed., pp. 171-219.

3. M. BLONDEL, *Histoire et dogme, op. cit.*, pp. 149-228.

4. P. BATIFFOL, "L'Évangile et l'Église", *BLE* 4, (1903), 3-15; M.-J. LAGRANGE, "L'Évangile et l'Église", *RB* 12, (1903), pp. 292-313.

5. L. DE GRANDMAISON, "L'Évangile et l'Église", *Études* 94, (1903), pp. 145-174.

6. Cf. E. POULAT, *Histoire, dogme et critique...*, pp. 125-160; 190-243.

7. Cf. especialmente a obra de G. TYRREL (1861-1909).

8. H. BREMOND – M. BLONDEL, *Correspondance*, II (1905-1920), Paris, Aubier, 1971, p. 22.

Estamos diante de inúmeros temas. Loisy, com seus dois livros provocantes, extrapolou o campo da exegese e da história, trabalhando questões filosóficas e teológicas e induzindo os teólogos a fazer sérias revisões de seus sistemas doutrinais. Seus livros, como também os trabalhos de Le Roy colocam como primeiro ponto em pauta a *questão epistemológica* da relação entre as diferentes disciplinas e a competência de cada uma. Mas outros problemas vêm à baila, na área da *teologia fundamental*, como a relação entre revelação e ato de fé e seu conteúdo dogmático; entre a crítica histórica e as teorias interpretativas a serviço da continuidade da tradição católica; entre o próprio conceito de dogma e sua ligação com a autoriade eclesial.

Antes de apresentar o leque de posições difundidas na crise modernista, vejamos as causas do debate doutrinal, provocado pelas pesquisas positivas da recém-constituída *história dos dogmas*. Como fecho, faremos breve análise das intervenções de Pio X, em 1907.

I. A HISTÓRIA DOS DOGMAS

O nascimento dessa disciplina coincide com o início do século XX, embora sua pré-história remonte à Reforma e à admirável obra editorial de grandes eruditos dos séculos XVI, XVII e XVIII. A crítica protestante ao caráter relativamente novo do dogma, como algo desconhecido pela Escritura e pelos Santos Padres, suscitou, na verdade, o estudo acurado das doutrinas da Antigüidade, desenvolvido na França, pelo jesuíta Denis Petau e pelo oratoriano Louis Thomassin[9]. Mas a certidão de nascimento real da disciplina acontece nos primórdios das ciências históricas, no século XIX, com a escola protestante de Tübingen, figurando especialmente, em primeiro plano, T. Chr. Baur (1792-1860). O fundador da escola não explora apenas o nexo estrito da exegese do Novo Testamento com a história dos dogmas[10]. Simboliza também a passagem do enfoque hegeliano da evolução dogmática (1º período) para a tentativa (2º período) de firmar positivamente a essência do cristianismo, mediante a prática histórica. Já se observou que Hegel desempenhou papel determinante no ideário que a escola católica de Tübingen e teólogos como Günther, desenvolveram sobre o dogma.

Tudo, porém, se define depois de 1880. No mundo protestante, as pesquisas prendem-se à pessoa de A. Ritschl (1822-1889), discípulo de Baur, que cria (depois de 1856) a sua escola[11], donde sairão A. von Harnack (1851-1930) e, mais

---

9. D. PETAU, *Des dogmes théologiques*, 1643-1650; L. THOMASSIN, *Traités théologiques et dogmatiques*, 1680-1689.
10. Cf. T. Chr. BAUR, *Kritische Untersunchugen über die kanonischen Evangelien, ihr Verhältnis zueinander, ihren Charakter und Unsprung*, Tübingen, L. F. FUES, 1847; *Lehrbuch der christlichen Dogmengeschichte*, Stuttgart, Bechers, 1847.
11. Cf. M. OHST. "Entre Baur et Harnack: Albert Ritschl, théoricien de l'histoire des dogmes", obra coletiva, A. RITSCHL. *La théologie en modernité: entre religion, morale et positivité historique*, Gevève, Labor et fides, 1991, pp. 135-155.

tarde, E. Troeltsch (1865-1923). Com seu *Manuel* (1886-1890) e seu *Précis de l'histoire des dogmes* (1889-1891), o primeiro, representante perfeito do "paradigma liberal", se define como verdadeiro fundador da disciplina, tendo como continuadores os notáveis compêndios de F. Loofs[12] e R. Seeberg[13]. Do lado católico, aparecem os trabalhos históricos de Louis Duchesne[14] e os *Études de théologie positive* (1892-1906) de Th. de Régnon sobre a Trindade[15]. Mas o que marca mesmo um novo tempo são os três volumes da *Histoire des dogmes* (1905-1911) de Joseph Tixeront. E deveremos também retomar o célebre *Doctrines sociales*[16] (1911) de E. Troeltsch, em que se anuncia não só o fim do "paradigma liberal", mas também a compreensão bem diferente da historicidade do cristianismo.

1. ADOLF VON HARNACK

Toda a *História dos dogmas* desse célebre professor de Berlim baseia-se na distinção entre "o Evangelho" e "o Evangelho na história", ou seja, a forma dogmática que ele assumiu no século II, conforme o esquema de suas conferências de 1899-1900 sobre a *Essência do Cristianismo*. Cabe ao historiador, ensina ele, advertir as Igrejas contra a dupla ilusão de "conceber o dogma como exposição *pura* do Evangelho" e pensar "que o dogma foi sempre o mesmo dentro delas e, por isso, sempre se limitaram a explicá-lo como se a teologia eclesiástica não devesse senão explicitar um dogma sempre idêntico e refutar as heresias de origem externa"[17]. Harnack trata, assim, sucessivamente, do próprio Evangelho de Jesus Cristo, dos evangelhos do cristianismo primitivo e da história dos dogmas, esperando que a *separação* entre o Evangelho e a forma dogmática de que se revestiu, numa visão do mundo diferente da nossa, entre o caroço e a casca (conforme sua expressão preferida), deverá preservar seus elementos "intemporais":

> De duas uma: ou o Evangelho é, no seu todo, inseparável da sua forma primeira e, nesse caso, se desfez com a época do seu nascimento; ou ele encerra princípios de valor eterno, subjacentes às mudanças que a história lhe imprimiu. Esta é a a hipótese correta. A história da Igreja mostra que o *cristianismo primitivo* deveria desaparecer para que permanecesse *o cristianismo* e, assim, da mesma forma, as mudanças foram acontecendo[18].

---

12. F. LOOFS, *Leitfaden der Dogmengeschichte* (1889), Halle, Niemeyer, 4ª ed., 1906.
13. R. SEEBERG, *Lehrbuch der Dogmengeschichte*, 2 vol. (1895), Leipzig, Deichert, 1908-1910.
14. L. DUCHESNE, *Les origines chrétiennes*, Paris, Chauvin, 1878-1879 e 1880-1881. A. Houtin considera Duchesne como o "pai do modernismo", pondo à sua "esquerda" Loisy e o historiador do dogma J. Turmel, e à sua "direita", Battifol e Lagrange.
15. Th. DE RÉGNON, *Études de théologie positive sur la Sainte Trinité*, 4 vol., Paris, V. Retaux, 1892 e 1898.
16. E. TROELETSCH, *Die Soziallehren...*, *op. cit.*, I, 1922.
17. A. VON HARNACK, *Histoire des dogmes*, p. X.
18. A. VON HARNACK, *L'essence du christianisme*, pp. 21 s.

O elementos "intemporais" do Evangelho são o Reino de Deus e a sua vinda, Deus Pai e o valor infinito da alma humana, a justiça superior e o mandamento do amor. O primeiro ponto suscita discussão. Das três acepções possíveis do "Reino" — nacionalista, escatológica e interior — Harnack considera a última como a original, discordando de J. Weiss, A. Schweitzer e A. Loisy, defensores de uma visão apocalíptica do Novo Testamento.

Harnack não contesta a idéia de que "o conteúdo da religião" deva ser formulado "em artigos de fé", mas também acredita essenciais "os esforços para provar que esses artigos são *verdadeiros* na sua relação com o conhecimento do mundo e com a história"[19]. Aí está, explica, o problema principal do cristianismo, que "deseja exprimir seu caráter absoluto até na esfera do conhecimento", que é, por definição, relativo:

> Até agora, a solução católica é a mais eficaz, e as Igrejas da Reforma aceitaram-na, mas com sérias reservas. Consideraram como de origem divina uma série de escritos cristãos ou anteriores ao cristianismo, bem como certas tradições orais e daí se extraíram artigos de fé que se concatenaram entre si, recebendo, depois, uma formulação abstrata, mas precisa, com o objetivo de ganharem uma roupagem científica e apologética. O conteúdo desses artigos relacionava-se ao conhecimento de Deus, do mundo e das providências salvadoras de Deus. Esse conjunto de dogmas foi, então, proclamado como o *resumo* do cristianismo, ficando todos os membros conscientes da Igreja obrigados a aceitá-lo fielmente, como pressuposto da salvação oferecida pela religião[20].

É a partir dessa definição prévia da "dogmatização", como processo intelectual, que Harnack vê na história dos dogmas o relato da formação do cristianismo dogmático e do seu desenvolvimento. Teoricamente, um desenvolvimento ilimitado, mas concluído, na prática: *para a Igreja grega*, quando terminou a questão das imagens; *para a Igreja católica*, depois do Concílio de Trento e do Vaticano I, quando substituiu o motivo original da cristianismo primitivo por motivos inteiramente novos, ou seja, "por razões políticas e para dar feição jurídica aos seus dogmas, transformados, primeiro, em objeto de obediência e, depois, de fé consciente"; *para as Igrejas evangélicas*, enfim, que aboliram a velha concepção dogmática do cristianismo, embora lhes prestando algum reconhecimento. Portanto, é a própria definição da dogmatização e da sua relação com o Evangelho que leva a "tratar a história dos dogmas como uma disciplina relativamente fechada"[21].

Assim, a tese central de Harnack afirma que "o exame da história demonstra que o cristianismo dogmático e os dogmas na sua concepção e estrutura

---

19. A. VON HARNACK, *Histoire des dogmes*, p. VII.
20. Ib., p. VIII.
21. Ib., pp. IX e X

constituem *obra do espírito grego no campo do Evangelho*"[22]. E essa helenização se deve sobretudo aos teólogos:

> A história mostra [...] que a teologia plasmou o dogma, mas mostra também que ela precisou sempre velar posteriormente o trabalho dos teólogos, colocando-os em má situação. No melhor dos casos, suas obras foram tachadas de reproduções úteis (do Evangelho), subtraindo-lhes a melhor parte dos seus méritos. Em regra geral, porém, a marcha da história veio a dobrá-los sob o peso das decisões dogmáticas que eles mesmos haviam preparado. [...] Quanto mais a história caminhou tanto mais o dogma engoliu seus próprios antecessores[23].

Os apologetas gregos e Orígenes marcaram definitivamente esse desenvolvimento. Agostinho e Lutero trouxeram algumas modificações, impondo nova concepção do cristianismo, "mais próxima do Evangelho e com a marca determinante dos ensinamentos de Paulo". Mas, enquanto o primeiro soube, sobretudo, "colocar lado a lado coisas novas e velhas", "Lutero procurou essa revisão, mas sem ir ao fundo dela"[24]:

> Lutero repôs a luz do Evangelho sobre o candelabro e soube subordinar o dogma a ele. É preciso manter e prosseguir a obra por ele iniciada[25].

Com essas palavras programáticas encerra-se a *História dos Dogmas*. Sem ela, seria impensável a crise do modernismo. Loisy tentou refutar a teoria de um cristianismo sem dogma, em *L'Évangile et l'Église*, mas não é fácil acertar o ponto exato da sua discrepância com Harnack, dado que metodologicamente ambos estão relativamente próximos. É no plano religioso, escreve E. Poulat, que se distanciam: "eles não pertencem à mesma família espiritual"[26]. Como bom protestante, Harnack prioriza a liberdade da consciência individual, sem excluir a Igreja, enquanto que Loisy considera, precisamente, a Igreja *como* o Evangelho em ação, mediante a educação progressiva da humanidade, não minimizando com isso o papel da consciência. No fundo, a divergência fundamental reside na oposição histórica e religiosa de Loisy ao "esquema fixista" do catolicismo *e* ao esquema protestante da "alteração", pelo qual a história dos dogmas se presta, sobretudo, a resgatar a intuição central do cristianismo[27], como escreveu Loisy contra Harnack:

> O historiador poderá ver que a essência do cristianismo foi mais ou menos preservada nas diversas comunhões cristãs. Não a dirá comprometida pelo

---

22. Ib., p. X.
23. Ib., pp. X s.
24. Ib., p. XI.
25. Ib., p. 450.
26. E. POULAT, *Histoire, dogme et critique...*, p. 94.
27. Cf. A. LOISY, *L'Évangile et l'Église*, p. XXX.

desenvolvimento das instituições, crenças e cultos [...]. Não irá afirmar que essa essência se deu *absoluta e definitivamente em determinado momento dos séculos passados*. Dirá que se realizou mais ou menos perfeitamente desde os primórdios e continuará a se realizar, mais e mais, enquanto o cristianismo susbsistir[28].

2. JOSEPH TIXERONT

Bem no meio da crise modernista a teologia católica encontrou, na pessoa de um douto discípulo de Dom Duchesne, um notável historiador dos dogmas, conhecedor não só dos tesouros da Antigüidade, mas também das controvérsias recentes, no campo da recente disciplina. Partindo de outros *a priori*, opostos aos de Harnack, Joseph Tixeront, num trabalho de pesquisa sem preocupação apologética, distingue, primeiro, dogma, doutrina e teologia, valendo-se, implicitamente, de definições do Vaticano I:

> A rigor, o dogma cristão distingue-se da doutrina cristã. O primeiro supõe a intervenção expressa da Igreja em algum ponto da doutrina. Esta, ao contrário, abrange campo mais amplo. Compreende não apenas os dogmas definidos, mas também os ensinamentos constantes da pregação ordinária e corrente, com a aprovação clara do magistério[29].

Por outro lado, a história da teologia, que "narra o nascimento e o desenvolvimento dos sistemas e opiniões *pessoais* dos teólogos"[30], distingue-se, nitidamente, da *história dos dogmas*, cujo objetivo é:

> Mostrar-nos o trabalho interior do pensamento cristão a respeito dos dados primitivos da revelação. Por esse trabalho, a história dos dogmas se apossa melhor dos dados, esclarece-os, fecunda-os, desenvolve-os e coordena-os, afinal, num sistema harmonioso e inteligente, mas sem lhes alterar a substância — essa a pretensão católica — e sem lhes modificar a base doutrinal[31].

É inquestionável a diferença em relação a Harnack. Não basta, porém, invocar aqui o postulado católico da continuidade. Harnack introduz na própria definição do dogma uma visão particular do mundo — o espírito grego no campo do Evangelho — elaborada por teólogos muitas vezes censurados, ao longo do processo de dogmatização, enquanto que Tixeront distingue, ao mes-

---

28. Ib., p. XXIX (o grifo é nosso).
29. *Histoire des dogmes*, I, p. 2; acepção que elimina as visões de mundo.
30. Ib., p. 4.
31. Ib., p. 3.

mo tempo, o teológico do doutrinal e enfoca o dogma numa ótica estritamente jurídica, como "verdade revelada e definida como tal pela Igreja"[32].

Mas Tixeront não é menos historiador do que Harnack. Embora mencionando, no primeiro volume (1905), as idéias de Vicente de Lérins, de Newman e de Loisy ("apesar da condenação de seus dois livros") sobre o desenvolvimento, Tixeront opta, claramente, pela análise *a posteriori* da questão da "imutabilidade substancial do dogma", "recapitulando os resultados mediante cuidadoso estudo dos fatos"[33]. Precisamente nessa opção pelo método histórico é que se distingue a *história dos dogmas* da *teologia histórica*, voltada a demonstrar o fundamento seguro dos ensinamentos atuais:

> A questão que exige uma resposta técnica e adequada é: em que situação uma idéia ou uma doutrina, relacionada a outra idéia ou a outra doutrina, é simplesmente um desenvolvimento dela e em que situação constitui uma alteração ou uma transformação substancial?[34]

Tixeront cumpre esse programa, contornando, pela distinção habitual das disciplinas, as duas maiores dificuldades relativas ao *terminus a quo* e ao *terminus ad quem* do processo de desenvolvimento. Sempre ligando os dogmas, pela sua própria definição, "ao ato ou à série dos atos reveladores" e à "sua substância", seu estado inicial, às lições do Antigo Testamento, aos ensinamentos de Jesus Cristo e dos Apóstolos, à teologia do Antigo e do Novo Testamento", prefere não invadir a seara dos exegetas e da apologética: "É melhor não entrar aí nem na história dos dogmas e não se ocupar com as origens do seu conteúdo"[35]. A outra dificuldade diz respeito ao período pós-tridentino:

> Agora, não é mais este ou aquele dogma que se questiona. É a existência da Igreja como autoridade docente ou mesmo de determinado dogma (protestantismo liberal). É a existência do sobrenatural e da revelação (racionalismo). É a crença em Deus, o valor da razão humana (ateísmo, subjetivismo) que estão em causa. Nesse período, o dogma foi pouco desenvolvido [...] e muito mais defendido. Prevaleceu, sob diferentes aspectos, a apologia[36].

Esse *terminus ad quem* é tratado pelo viés da distinção das disciplinas, pois Tixeront se restringiu ao primeiro período, chegando até João Damasceno (morto por volta de 750), no Oriente, e a Alcuíno (falecido em 804), no Ocidente. Por isso, questões trabalhadas por Harnack ficaram fora da sua análise inteligentemente delimitada, embora não as tenha omitido. Ele reproduz, por exemplo, a

---
32. Ib., p. 2.
33. Ib., p. 7 (nota).
34. Ib., p. 8 (nota).
35. Ib., p. 6.
36. Ib., p. 11.

suma dos ensinamentos de João, com algumas coincidências com o que Loisy escreveu no comentário ao quarto Evangelho e em *Autour d'un petit livre*[37]. Até a questão da helenização aparece de passagem:

> Terá o helenismo fornecido aos Santos Padres e aos Concílios apenas estímulos e modelos para o seu pensamento, termos e fórmulas para as suas diretrizes, ou chegou a penetrar no âmago de seus ensinamentos, introduzindo aí até conceitos incompatíveis? Numa palavra, os cristãos, hoje, crêem afinal em Jesus ou em Paulo? Em Aristóteles? Em Platão? São cristãos ou gregos? Esse o problema que a história dos dogmas deve ajudar a resolver, mas cuja solução exclusivamente pela história exige, por certo, profundas e criteriosas análises[38].

Na verdade, Tixeront não dá uma resposta. Mas, por duas vezes, propõe um balanço doutrinal da sua história, nos albores do arianismo e no final do século VIII[39], balanço que segue, ao menos quanto ao primeiro, o esquema clássico da dogmática neo-escolástica do fim do século XIX: Escritura, Tradição, Trindade, encarnação, redenção, mariologia, pecado original e graça, eclesiologia, sacramentos e moral. O último tomo termina com a citação do *Commonitorium* de Vicente de Lérins, já comentado no meio da obra[40]. É aí que Tixeront retoma a doutrina do capítulo 4 da *Dei Filius*, sem a citar, aliás, mostrando que, para Vicente de Lérins, "a imutabilidade de fundo" do dogma cristão não elimina, de forma alguma, "algum progresso, algum desenvolvimento"[41].

3. ERNST TROELTSCH

Já nos referimos a este autor, considerado o sistematizador da "escola da história das religiões" de Göttingen[42]. Ele, em 1903, também reagiu às célebres conferências de Harnack sobre a essência do cristianismo, dando realce à posição de Loisy[43]. Nesta apresentação das origens da história dos dogmas, interessa-nos sua obra famosa *Doctrines sociales*. Embora planejada como um "paralelo da História dos dogmas de Harnack", ela supõe uma visão muito diferen-

---

37 A. LOISY, *Autour d'un petit livre*, pp. 85-108. Loisy julga "o autor do quarto Evangelho" como "o maior místico cristão, não o último historiador de Jesus" (p. 107) e Tixeront conclui: "João — escritor inspirado e órgão da revelação divina — é o primeiro teólogo na história da Igreja e, sem dúvida, o maior de todos", *Histoire des dogmes*, p. 114.

38 J. TIXERONT, ib., p. I, p. 60.

39 Ib., I, pp. 453-460 e III, pp. 548-553.

40 Ib., III, pp. 324-334.

41 Ib., p. 332.

42 Cf. supra, p. 285 s.

43 E. TROELTSCH, *Was heisst "Wesen des Christentums"?*, *Gesammelte Schriften*, II, pp. 386-451.

te da história. "Falar de uma *pura* história dos dogmas e das idéias cristãs tornara-se impossível", escreverá ele em 1922[44].

O encontro com M. Weber e o debate da teoria marxista do "reflexo" da infra-estrutura sobre a superestrutura mudaram o pensamento que, num primeiro momento, Troeltsch alimentava sobre o método histórico-crítico. Ao termo do seu *Doctrines sociales*, refletindo sobre o resultado de suas pesquisas, ele afirma que a tomada de consciência de um novo campo de causalidades "não representa, *em princípio*, nada de novo, mas, *na prática*, implica enorme mudança da imagem" do cristianismo. Em que consiste essa "nova maneira de pensar"? Troeltsch muda o conceito de "causalidade correlativa" falando em "condicionamento mútuo dos elementos básicos da vida"[45]. O campo de aplicação desse novo conceito é a relação entre a superestrutura ideológica e a infra-estrutura socioeconômica da realidade. Assim, a história das idéias cristãs e o desenvolvimento do dogma e da ética aparecem agora em correlação com a história das formações sociais do Estado, da economia e da família. A análise do seu "condicionamento mútuo" passa por "categorias mistas", como o sacramento, o culto e o símbolo, e as "formas cristãs de socialização"[46] que, *grosso modo*, correspondem ao que o Concílio de Trento chamara de *mores*.

Voltando, então, à sua intuição fundamental da complexidade inicial da figura cristã (convicção que o distancia do paradigma liberal[47]), Troeltsch mostra que "a idéia cristã carrega consigo três organizações comunitárias, pelo menos, cujo desdobramento e combinação históricos têm efeitos retroativos na evolução da ética e do dogma:

> A *Igreja* é uma instituição que, tendo recebido a prerrogativa de dispensar a salvação e a graça para continuar a obra redentora, pode se abrir às massas e se adaptar ao mundo, porque, de alguma sorte, pode abstrair da *santidade subjetiva*, em prol dos *bens objetivos* da graça e da redenção.
>
> A *seita é uma associação livre de cristãos* austeros e conscientes que, enquanto verdadeiramente regenerados, se reúnem entre si, se apartam do mundo e se fecham em pequenos grupos. Mais que a graça, valorizam [...] a lei cristã do amor. Tudo para preparar e esperar a vinda do Reino de Deus.
>
> A *mística interioriza e torna imediato* o universo *das idéias esclerosadas como dogmas e cultos*, visando possuí-las de modo realmente pessoal e profundamente íntimo. Não pode, pois, unir senão grupos indefinidos, estruturados unicamente por vínculos pessoais, onde o culto, os dogmas e as ligações históricas tendem a se diluir.

---

44. Id., Meine Bücher, *Gesammelte Schriften* IV, 11s.
45. Id., *Die Soziallehren...*, I, pp. 976-977.
46. Id. *Ideologische und soziologische Methoden infalibilidade der Geschichtsforschung, Gesammelte Schriften*, IV, p. 722.
47. Cf. P. VALLIN, "Ernst Troeltsch et la théologie libérale", *RSR* 72 (1984), pp. 359-380.

Esses três tipos preexistiam desde os primórdios e continuam até hoje a se manifestar, um ao lado do outro, em todas as confissões, *provocando toda sorte de relação e intercâmbio*[48].

É em correlação, pois, com essas três formas de socialização, analisadas em suas transformações e combinações históricas, que Troeltsch explica a evolução diferenciada do dogma cristão e do dogma central (*Ur-dogma*) da divindade de Cristo (explicitado em dogma trinitário). Suas raízes estão na celebração e responde à necessidade de reunir a nova comunidade do Espírito: "O culto de Cristo constitui o pólo organizador de uma comunidade cristã e o criador do dogma cristão"[49]. Pela análise histórica se verá que ele assume formas um tanto diferentes no dia-a-dia das Igrejas, das seitas ou na mística. Mas, sempre cônscio do caráter abstrato da sua tipologia — "os diversos tipos na realidade se misturam [...]" — Troeltsch acredita que essa "abstração" permite "compreender a história dos dogmas mais nítida e facilmente do que se conseguiu até aqui". Comparada a Harnack, essa "nova maneira de pensar" relativiza o papel individual dos teólogos na formação dos dogmas e a sua responsabilidade na alegada helenização do cristianismo:

> A história dos dogmas não é nem o desenvolvimento imanente da idéia cristã de Deus, nem o amálgama da mitologia antiga com a filosofia especulativa, nem a totalidade das doutrinas eclesiásticas, nem a expressão direta deste ou daquele sentimento cristão. A doutrina religiosa constitui tanto a manifestação da vitalidade religiosa cconcentrada no culto e dele decorrente, quanto o produto do pensamento, na medida em que o pensamento é necessário para tal fim. Todo elemento filosófico e puramente dogmático é secundário. [...] É natural, portanto, que os pensadores tenham se aprofundado nesses arcanos [...], mas, [...] seu pensamento permanece [...] marcado pelo caráter sociológico do tipo de comunidade que está por trás do seu pensamento[50].

O *princípio* dessa diversificação interna do cristianismo, visível tanto nas formas de socialização quanto na dogmática, reside, afinal, no "*ethos* cristão", ou seja, na relação do crente com a outra vida, donde decorrem marcas históricas no modo de lidar com o relacionamento entre fé e cultura:

> O problema do sobrenatural e o da ascese dele derivado, [...] continuam sendo a questão básica do *ethos* cristão, que, por outro lado, não significa a simples negação do mundo ou do eu. Por isso, o segundo problema fundamental é a correção desse acento religioso unilateral por uma ética da cultura compatível com ele. A Igreja

---

48. E. TROELTSCH, *Die Sozialhehren...*, I, p. 967.
49. Ib., I, p. 968.
50. Ib., I, p. 969.

recebeu esse complemento filosófico da Antiguidade tardia sob a forma da lei moral natural. A seita, na medida em que renunciou a isso, pôs-se à margem da civilização, perdendo toda a pertinência cultural, enquanto a mística se tornava uma espécie de resignação solitária. Sempre, porém, que um ou outro desses movimentos ganhou alguma pertinência, eles se serviram, cada um a seu modo, de complementos culturais. Mas, na situação atual e bem diferente da nossa civilização, esses velhos complementos não valem mais, sendo substituídos por outros[51].

Na visão de Troeltsch, a "história da cultura cristã e eclesial" traça o desenvolvimento dessa configuração matricial, nascida na Igreja antiga. Será no catolicismo medieval que o modelo Igreja encontrará sua forma acabada, apoiando-se na absorção da doutrina estóica da "lei natural", para criar uma "cultura eclesial unificada"[52]. Mas a aceitação e a prática dessas implicações teológico-políticas remontam à Igreja antiga e ao Apóstolo Paulo:

> Na teoria cristã do direito natural, ocorre choque permanente entre o direito natural *puro* do estado de origem, o direito natural *relativo* do estado de pecado, o direito *positivo* que, muitas vezes, implica as piores atrocidades e, por fim, o poder teocrático que administra a misericórdia, apesar de todo direito. Como teoria científica, é uma visão triste e confusa. Mas como doutrina prática, revela grande importância cultural e histórico-social. Constitui o verdadeiro dogma cultural da Igreja e, ao menos nesse aspecto, é tão importante quanto o dogma trinitário ou qualquer outro dogma fundamental[53].

No todo, essa nova história dos dogmas está muito claramente marcada por uma percepção aguda do estado das Igrejas então. Para Troeltsch, a ética ou os *mores* poderiam fornecer o ponto de partida para a reconstrução possível de uma "dogmática abalada"[54]. No final de *Doctrines sociales*, ele desenha o quadro de alguns valores permanentes, "na certeza de ver aí a razão absoluta, na sua revelação ao homem e na sua atual conjuntura". Porém, o outro lado do engajamento atual do autor, "mais urgente que todas as tarefas da dogmática", é de ordem "sociológica" e diz respeito à redefinição da pertença eclesial. O enfoque sociológico relativiza o dogmático como cimento comunitário. E leva à procura de outros meios de união. O *"minimum* da Igreja"[55], indispensável numa futura recomposição dos três tipos de socialização cristã, será sempre resultado de um "compromisso"[56].

---

51. Ib., I, pp. 974 s.
52. Ib., I, pp. 178-185.
53. Ib., I, p. 173. Voltaremos a esse ponto que Troeltsch desenvolve longamente, ao discorrer sobre o tomismo, ib. I, pp. 252-358; cf. infra, pp. 337-351.
54. Id., *Grundprobleme der Eethik. Erörtert aus Anlass von Hermanns Ethik, Gesammelte Schriften* II, pp. 552-672 e 564.
55. Id., *Die Sozialleherm...*, I, pp. 978, 982 e 983.
56. Id., *Grundprobleme der Ethik*, II, pp. 661-669.

II. QUESTÕES DE TEOLOGIA FUNDAMENTAL

Essas diferentes concepções da história dos dogmas envolvem tomadas de posição no campo da teologia fundamental e, sobretudo, nas relações entre disciplinas históricas e teológicas, chegando, por aí, à dogmatização dos fundamentos da fé.

1. O PROBLEMA EPISTEMOLÓGICO

O historiador, inevitavelmente, lança mão de modelos de interpretação que, muitas vezes, veiculam posições doutrinais. Loisy, por exemplo, mostra bem quanto a *História dos Dogmas* de Harnack ou o *Esboço de uma filosofia da religião* de A. Sabatier estão impregnados de um *a priori* protestante, sob as aparências de um enfoque psicológico e individualista do cristianismo, ao passo que ele próprio preconiza o ingresso sociológico na história, para ele mais conforme com sua eclesialidade católica:

> Nunca a religião foi entendida como algo exclusivamente pessoal, como mera empreitada psicológica, em que cada um figura como sujeito e árbitro [...]. Quem fala de religião fala do oposto ao individualismo. A religião [...] sempre buscou a união do homem com Deus. E o que se deve dizer de toda religião vale especialmente para o cristianismo. Daí por que tudo o que, na história, carregou o nome de religião foi, de uma forma ou de outra, uma instituição[57].

Troeltsch, que também entra na história pela sociologia, não se aproxima com isso do catolicismo, mas o seu modelo faz com que atenue, consideravelmente, suas reservas com a Igreja católica.

Essa primeira distinção cruza com o problema crucial das relações entre história e dogma. Na esteira de M. Blondel, apresentemos, antes de tudo, o leque de posições epistemológicas em questão, começando pela distinção que ele faz entre *extrinsecismo* e *historicismo*. No *extrinsecismo*, a história serve apenas como entrada do edifício doutrinal ("o torreão dogmático"), construído por outros que não o historiador. Não são os fatos em si que interessam nem seu conteúdo original, nem sua relação com o meio onde apareceram. Lança-se mão deles para provar *que* Deus agiu ou falou e não para examinar *o* que disse e fez mediante "instrumentos humanos":

> Assim, pois, ele exterioriza a relação do sinal com a coisa significada, exterioriza a relação dos fatos com a dogmática aí sobreposta, exterioriza a ligação do nosso pensamento e da nossa vida com as verdades que se nos oferecem de fora. Nessa

---

57. A. LOISY, "La théorie individualiste de la religion", *RCF* 17, (1899), pp. 203 s.

pobreza e nudez, esse é o extrinsecismo que, impotente para fazer passar a vida dos fatos aos dogmas ou dos dogmas aos fatos, deixa-os cair, sucessiva e despoticamente, uns sobre os outros[58].

Esse primeiro modelo, longe de ser uma caricatura, domina sobremaneira a apologética católica, no início do século XX. Mas, segundo Blondel, um positivismo semelhante aparece no *historicismo*, que nada mais é senão um extrinsecismo invertido. Se um vê a história absolutamente subordinada ao dogma, o outro pretende que o dogma deve proceder exclusivamente da história e a ela se sujeitar. Afirmando que "a história *real* é feita de vidas humanas" e que "a vida humana é a *metafísica em ato*", Blondel pensa que o historicismo, "*pretextanto uma neutralidade impossível*, se deixa dominar por preconceitos"[59]. Em vez de manter aberto o mistério da história, confunde sua explicação determinista com a própria realidade, erigindo, subrepticiamente, sua construção como apologética ou teologia.

Trata-se aí de um modelo ideal extremo, facilmente encontrável em determinadas obras[60]. Fica, porém, mais difícil classificar as posições "intermediárias", que respeitam, mais ou menos, a recomendação de Blondel para que se considere o condicionamento mútuo dos aspectos objetivos da pesquisa histórica e dos aspectos subjetivos do processo interpretativo, marcado pelas convicções metafísicas dos pesquisadores. O *liberalismo* e o próprio Harnack podem proclamar que souberam unir o trabalho do historiador e o interesse normativo do dogmatizador, ainda que a sua determinação da "essência" do cristianismo tenha sido vista, desde o início do século, como altamente contestável[61]. *Loisy*, acusado posteriormente de "modernismo" e excomungado em 1908, distingue, pelo menos em tese[62], esses dois processos ou "os dois sentidos, inicial e final, da história"[63]. Ele defende, firmemente, o caráter profano da pesquisa histórica e a sua independência do magistério eclesial, que pode, contudo, oferecer uma interpretação cristã à história profana. Explicando essa distinção de campos em termos kantianos, ele vê no real os "fenômenos" e o "fundo incognoscível das coisas"[64]. Na prática, porém, como historiador, assume uma *distância crítica* em relação ao enfoque dogmático da história na apologética católica, inadequada, para ele, à concepção moderna do mundo. Propõe até a *reinterpretação positiva* do dogma cristão, identificando-a, no fundo, com a sua teoria de desenvolvi-

---

58. M. BLONDEL, *Histoire et dogme*, p. 158.
59. Ib., p. 168.
60. É o caso de J. TURMEL (1859-1943), autor de uma *Histoire des dogmes* (1933), ou de A. HOUTIN (1867-1926).
61. Cf. E. TROELTSCH, *Was heisst "Wesen des Christentums?"*, II, p. 433.
62. Cf. A. LOISY, *Autour d'un petit livre*, pp. 8s., que nesse sentido acata o que a *Dei Filius* diz da dupla ordem de conhecimento.
63. M. BLONDEL, *Histoire et dogme*, p. 152.
64. A. LOISY, *Autour d'un petit livre*, pp. 9-11.

mento religioso universal, fermentado pela Igreja católica, "educadora da humanidade". Embora insista na relatividade do labor histórico e de todas as fórmulas teóricas (ou dogmáticas), é inegável que ele trabalha, como historiador, no terreno propriamente dogmático, sugerindo aí "transformações" estruturais[65].

Devem-se também a E. Troeltsch as melhores luzes sobre a teia de relações entre história e dogma, quando reconhece que a determinação de uma "essência do cristianismo" pela pesquisa histórica implica um distanciamento *relativo* quanto à identidade dogmática que define "a Igreja como a comunidade dos que crêem em dogmas juridicamente obrigatórios e imutáveis"[66]. Na verdade, o conceito de essência é um *conceito crítico* (e profético), que deve servir para o discernimento, no conjunto dos fenômenos, do que corresponde a ele e do que o transforma ou deteriora. Troeltsch mostra plena consciência de que se trata, ao mesmo tempo, de um *conceito ideal*, que exige o esforço interpretativo do historiador, engajado nisso pessoalmente, pelo presente e pelo futuro da fé cristã[67]. Troeltsch também ressalta a distância relativa em relação à identidade dogmática, insistindo no objetivo de criar "unidade e consenso", numa cultura em que a autoridade do dogma e o dogma da autoridade estão abalados, porque a verdade se tornou objeto de pesquisa.

No entanto, o próprio Blondel confirma que a concepção católica das relações entre dogma e história não se reduz ao extrinsecismo autoritário. Se ele respeita a distância epistemológica entre elas, não deixa também de encarecer o círculo que as vincula. Para ele, a aparência de um círculo vicioso desfaz-se pelo conceito de *Tradição*[68]. É uma idéia que a teologia posterior conservará, como se pode verificar na Constituição *Dei Verbum* do Vaticano II. A força da sua argumentação está na diferença muito evidente e sublinhada pelo Vaticano I, entre a doutrina "definida por uma sentença solene" e o "consenso universal", ressalva que exclui, formalmente, qualquer identificação entre dogma e tradição:

> Cumpre dizer, contrariando uma idéia corrente, e com base na prática constante da Igreja, que a Tradição não é mero sucedâneo do ensinamento escrito, nem tem o mesmo objeto que ele. Não vem só dele nem mesmo acaba se fundindo nele. Do passado a Tradição sabe guardar não tanto o aspecto intelectual quanto a realidade viva. Por isso, tem sempre algo a acrescentar à própria Escritura. Dela é que se extrai o que, pouco a pouco, vai sendo lavrado por escrito e por fórmulas. Evidentemente, sua base são os textos, mas se fundamenta, ao mesmo tempo e acima de tudo, em outros dados, numa *experiência sempre em ato*, que lhe permite, em certos aspectos, a posição de senhora dos textos e não simplesmente serva deles[69].

---

65. Cf. ib., pp. 153s, a ambigüidade da proposta de Loisy; cf. supra, pp. 287 s. e 291 s.
66. E. TROELTSCH, *Was heisst "Wesen des Christentums"?*, II, p. 438.
67. Cf. ib., pp. 432-448.
68. M. BLONDEL, *Histoire et dogme*, pp. 200-218.
69. Ib., p. 204 (o grifo é nosso).

A diferença entre "experiência de fé" e "fórmula dogmática", presente no processo de dogmatização, tal como Blondel lê nos documentos do Vaticano I, baseia-se, *ao mesmo tempo*, em nova sensibilidade filosófica, que lhe possibilita articular a pesquisa técnica de historiador com a visão da história compreendida como apelo ativo a uma memória que antecipa o futuro nas crises de crescimento:

> Sempre que o testemunho da Tradição precisa ser invocado para solucionar as crises de crescimento, presentes na vida espiritual da cristandade, ela traz à consciência esclarecida elementos até então mantidos nas profundezas da fé e da prática, não explicitados nem relatados e refletidos. A Tradição possui, assim, o poder de conservar e preservar e, simultaneamente, de instruir e iniciar. Amorosamente voltada para os tesouros do seu passado, projeta-se para o futuro, onde estão suas conquistas e suas luzes[70].

Finalmente, a abertura do relato histórico (no sentido técnico) e das fórmulas dogmáticas, não para um "domínio incognoscível" (o *númeno* kantiano), mas na direção do campo experimental de uma Tradição que antecipa o porvir, leva a repensar o papel dos diversos agentes eclesiais da interpretação, ponto central da questão epistemológica:

> A Tradição nada tem para inovar, porque possui seu Deus e seu tudo. Mas está sempre a nos ensinar o novo, na medida em que transmuda o implícito vivenciado no explicitamente conhecido. No fundo, é por ela que se vive e se pensa como cristão, como o *santo*, que perpetua Jesus no meio de nós; como o *erudito* que bebe nas fontes cristalinas da Revelação; como o *filósofo* que se empenha por rasgar as sendas do futuro, preparando a gestação permanente do Espírito de novidade. E esse trabalho difuso dos *membros* contribui para a saúde do corpo, sob a direção da *cabeça* que, sozinha, na unidade de uma consciência divinamente assistida, lhe harmoniza e incentiva o progresso[71].

Desses debates epistemológicos nasce uma dificuldade extraordinária para se articular corretamente dois tipos de iniciativas, basicamente diferentes, mas intimamente ligadas e voltadas para o mesmo campo: a do historiador profano atento à admirável capacidade dos indivíduos e coletividades para dar sentido à própria existência em determinado contexto histórico, e a da dogmática que depende do *juízo de verdade*. A essa diferença acresce a distinção entre as "autoridades", ou seja, os analistas da produção de sentido e os que anunciam o juízo de verdade[72]. Na medida em que o engajamento interpretativo na história dos dogmas é mais claramente percebido por pensadores contrários à visão

---

70. M. BLONDEL, *Histoire et dogme*, p. 204; *L'Action* (1983), Paris, PUF, 1950, pp. 412 s.

71. Ib., pp. 204 s; temos aí uma alusão, durante a crise modernista, à infalibilidade pontifícia; cf. ib., p. 216 o comentário "aberto" do cap. 4º da *Pastor Aeternus*.

72. Cf. Chr. THEOBALD, *Maurice Blondel und das Problem der Modernität, op. cit.*, pp. 413-420.

positivista da história, aparecem também os pressupostos *dogmáticos* de seus trabalhos e as suas avaliações dos fundamentos da fé.

2. REVELAÇÃO E DOGMA

Surge, assim, uma primeira questão: — Está a fé cristã constitutivamente ligada a um conteúdo ou a um critério normativo chamado dogma? Essa pergunta remete a outra, qual seja a definição do que é Revelação. O problema reside na historicidade das visões de mundo e na percepção mais aguda do elo entre o dogma cristão e a concepção grega do universo, diferente da que tem o homem moderno. A lacuna, já vislumbrada pela *Dei Filius*, entre o "depósito da fé" e a sua "exposição dogmática", amplia-se bastante, provocando o questionamento da identidade de cada um dos dois pólos. Estamos aqui no âmago da crise modernista. Para a apologética católica da época, que insiste no caráter doutrinal do objeto revelado[73], a questão não existe (ou ela provoca estratégias de imunização), como também não existe para o racionalismo, que rechaça a simples possibilidade da Revelação. Vamos apresentar, então, as várias posições "intermediárias" dessa época, limitando-nos, primeiramente, às relações entre Revelação e dogma.

O *liberalismo* distingue diversas concepções de revelação. Para A. Sabatier, "a idéia de revelação passou por três fases na história: a fase mitológica, a fase dogmática e a fase crítica"[74]. A tradição bíblica foi, progressivamente, superando a fase mitológica, típica da humanidade infantil. "Livrando-se, pouco a pouco, dos elementos estranhos e inferiores, a idéia da revelação acabou bem mais humana, porque mais interior, mais constante, mais estritamente moral e religiosa"[75]. Essa "noção psicológica", assumida pelo apóstolo Paulo, fiel intérprete da experiência cristã, mostra-se muito adequada à idade crítica, que se ajusta, enfim, à visão do Novo Testamento:

> Buscando fundamentar sua autoridade e não o podendo fazer sem recorrer à idéia de uma revelação exterior, a Igreja católica apoiou-se em regras e em dogmas e, com esse lance, transformou naturalmente a noção mitológica da revelação num conceito dogmático, que não se diferencia, substancialmente, dela[76].

O liberalismo polemiza, ao mesmo tempo, com o caráter intransigente e autoritário da "noção dogmática" de revelação e com a fusão do "julgamento intelectual e científico", tributário da ignorância das leis da natureza, com o

---

73. Cf. R. LATOURELLE, *Théologie de la révélation*, pp. 215-222 e R. AUBERT, *Le problème de l'acte de foi*, pp. 226-264.
74. A. SABATAIER, *Esquisse d'une philosophie de la religion*, p. 35.
75. Ib., p. 40.
76. Ib., p. 41.

"julgamento de ordem religiosa, que envolve absoluta confiança num Deus de suma bondade e poder para acudir às preces dos seus filhos": "ver o dogma, isto é, um dado intelectual como o objeto da revelação, é, antes de tudo, retirar-lhe a marca religiosa, separando-a da piedade, para depois lançá-la num conflito irredutível à razão"[77]. Portanto, o liberalismo preserva apenas o julgamento interior ao definir a revelação, identificando, em última instância, os três conceitos de religião, revelação e consciência.

Esse ponto é essencial no debate e nas reações do magistério católico. Sabatier rejeita decididamente "as distinções estabelecidas pela escolástica entre revelação sobrenatural e revelação natural, entre a revelação que os teólogos chamam de imediata e a que chamam de mediata, entre revelação universal e revelação especial"[78]. Não chega a afirmar que todas as religiões se equivalem, nem nega a diferença entre os crentes de todas as religiões, os profetas e o Cristo, mas, ressaltando embora a "desigualdade de dons", insiste na "solidariedade da obra comum", levando o critério de verdade a uma humanização que é, ao mesmo tempo, individualização e interiorização:

> Qual o critério para se reconhecer, nos livros e nos ensinamentos recebidos, a autêntica revelação divina? Vejam: o critério único, infalível e suficiente é que toda revelação divina, toda experiência religiosa realmente boa para nutrir e sustentar nossas almas precisa se repetir e prosseguir como revelação atual e como experiência individual em nossa consciência[79].

P. Colin observa que "a religião de Sabatier pretende substituir a fé racional de Kant", mas "dela se distingue por um tom muito mais religioso", que torna a distinção conciliar entre a consciência natural ou *racional* e a consciência sobrenatural de Deus simplesmente obsoleta"[80]. A encíclica *Pascendi* identificará esse conceito liberal de revelação com o dos "modernistas":

> Em face desse *incognoscível*, esteja ele fora do homem, para além da natureza visível ou dentro do próprio homem, nas profundezas do seu subconsciente, a necessidade do divino suscita na alma inclinada para a religião, sem nenhum julgamento prévio [...], um sentimento peculiar. Esse sentimento se caracteriza por envolver a Deus tanto como objeto como causa íntima, unindo, de certa forma, o homem a Deus. Nisso se resume a fé para os modernistas e o início de toda religião. Mas não pára aí o seu modo de pensar, ou melhor, de divagar, pois nesse sentimento situam não apenas a fé mas, com ela e nela, a revelação também[81].

---

77. Ib., pp. 74 e 43.
78. Ib., p. 60.
79. Ib., p. 58.
80. P. COLIN, "Le kantisme dans la crise moderniste", D. DUBARLE (éd.), *Le modernisme*, *op. cit.*, pp. 44 s e 48 s.
81. *Pascendi dominici gregis* (1907), *Actes de S. S. Pie X*, Paris, Bayard, III, pp. 92 s.

A encíclica também aponta a identificação: "Os modernistas se separam dos racionalistas, mas para cair na doutrina dos protestantes e dos pseudo-místicos"[82].

Alfred Loisy, porém, reagiu firmemente, desde 1900, às idéias liberais sobre revelação e dogma, protestanto contra a fusão da visão mitológica com o conceito católico de revelação[83]. Sua argumentação parte da distinção clássica entre "verdade" e "doutrina". Numa análise muito breve e pertinente, distingue quatro fases de evolução, a partir da profissão batismal dos cristãos:

> Essa profissão de fé batismal não foi proposta, de início, como adesão formal da inteligência a três teses doutrinais [...]. 1. Era, primeiramente, a *consagração* do candidato ao Deus com quem Jesus Cristo o reconciliava, a quem o Espírito deveria uni-lo. 2. A fórmula dessa consagração continha uma tríplice *afirmação de fé* em Deus criador, em Jesus salvador e no Espírito santificador, sem explicação teórica de criação, salvação e graça. 3. Essa *explicação*, resultado da elaboração do pensamento cristão sobre a fé, constitui, na realidade, a doutrina teológica. 4. e *sancionada oficialmente pela Igreja* torna-se dogma[84].

Com base nessa reflexão é que ele vai fundo na distinção entre revelação e dogma, exprimindo-se assim, em 1900:

> É fácil perceber que a revelação tem como objeto próprio e imediato as singelas verdades contidas nas afirmações da fé e não as doutrinas ou dogmas como tais. Doutrinas e dogmas declaram-se revelados porque as verdades reveladas estão nas explicações autorizadas, que são a doutrina e o dogma da Igreja. [...] É sempre como *afirmações de fé* que a doutrina e o dogma servem de apoio à vida cristã. Mas como teoria doutrinal ou teologia dogmática servem mais para garantir a harmonia da crença religiosa com o desenvolvimento científico da humanidade[85].

Loisy tenta, pois, em 1900, salvaguardar a noção tradicional de revelação contra o liberalismo. Nega-se a reduzi-la à "consciência que Deus toma de si mesmo no homem". Mantém a "distinção essencial de Deus e do homem", da "ação de Deus, transcendente e imanente à alma" e do seu efeito, "a consciência religiosa inteiramente impregnada do Espírito divino, que resulta dessa ação". Também o elemento intelectual está presente na "intuição sobrenatural e na afirmação da fé"[86]. Sem isso, seria impossível atinar com as diferentes etapas do desenvolvimento doutrinário daí decorrente. Loisy explicita esse ponto que o

---

82. Ib., pp. 102 s.
83. A. LOISY, "L'idée de la Révélation", *RCF* 21, (1900), pp. 250-271.
84. Ib., pp. 252 s (o grifo e a numeração são nossos).
85. Ib., p. 253.
86. Ib., pp. 251, 254 e 257.

distingue do liberalismo, referindo-se ao tratado *Da Profecia* de S. Tomás[87]. Lembra com ele, à luz da psicologia, que "a originalidade da doutrina [...] reside no julgamento que junta as representações ou visões e que, unindo-as, as transforma e engrandece. É nesse julgamento, na luz que o faz surgir e na luz que dele promana, que está a revelação propriamente dita". Por outro lado, em posição bem diferente de S. Tomás, ele sublinha a relatividade *histórica* das representações ou visões: "A revelação é um ensinamento divino adequado à condição intelectual das pessoas a quem ela se destinou primeiramente"[88].

É precisamente nessa altura que Loisy discute a identificação liberal de religião e revelação, contestando-a por conduzir à negação "do erro e do abuso em matéria religiosda" e por abolir a questão da "verdadeira religião", que de forma alguma impede "tenham todas as religiões contido e contenham ainda da revelação o que nelas pode haver de verdadeiro e santificante"[89]. Três anos depois, voltando a esse artigo, Loisy refuta mais radicalmente a distinção entre conhecimento natural e conhecimento sobrenatural, distinção, para ele, de pouca pertinência histórica[90]. Parece repetir-se aí a argumentação do tradicionalismo moderado do Vaticano I contra "a prioridade lógica da demonstração racional", malgrado Loisy abrace uma concepção mais histórica da razão e da verdade, que não conhece senão "*direções* permanentes [...] e, por assim dizer, invariáveis"[91].

Essa defesa do dogma católico não foi aceita, porém. Um dos motivos foi a reação de outra corrente católica da época, integrada por personalidades variadas como Blondel, Laberthonnière, Wehrlé, de Grandmaison, Lagrange e Gardeil. Enquanto Loisy se mostra particularmente sensível à "incompatibilidade latente" entre a visão do mundo passada pelo dogma e o conhecimento atual do mundo e do homem, que precisa de uma *reinterpretação*, esses autores vêem no próprio dogma o que se poderia chamar de *estrutura fundamental e normativa* da revelação, sempre invariável ao longo da história, o que, aliás, Loisy não nega formalmente.

Maurice Blondel representa o melhor modelo dessa nova percepção, fadada a muito êxito, que desloca não só o conceito de dogma para as "fórmulas abreviadas", a saber, as profissões de fé e os símbolos[92], mas sobretudo o conteúdo da revelação e do dogma para a sua *forma*: "Não é o *objeto* ou o dom, mas a *forma* e o fato do dom que criam problema"[93]. Na *Lettre sur l'apologétique*, que comenta nas entrelinhas a Constituição *Dei Filius*, encontram-se a idéia tradicional — "síntese lógica do dogma católico"[94] — e a referência estrutural à

---

87. Cf. supra, pp. 97 s.
88. A. LOISY, *RCF* 21, (1900), pp. 263-265.
89. Ib., pp. 258-261.
90. A. LOISY, *Autour d'un petit livre*, pp. 194 s.
91. Ib., p. 192.
92. L. DE GRANDMAISON, "Qu'est-ce qu'un dogme?", *BLE* 6, (1905), pp. 189 s.
93. M. BLONDEL, *Lettre sur les exigences de la pensée contemporaine...*, *op. cit.*, p. 35.
94. Ib., p. 75.

ordem dupla, "distinção absoluta do natural e do sobrenatural" e "olhar mais profundo da interligação de ambos", enraizada no que Blondel chama de "*dogma implícito*, o Emanuel, causa final do desígnio criador"[95]. O deslocamento aparece com mais clareza ainda em *Histoire et dogme*, onde o filósofo oferece breve estudo da gênese dos dogmas. Do próprio princípio da revelação que é a misteriosa *relação* de amor entre Jesus e os seus discípulos[96], até a sua expressão dogmática, é sempre a mesma *estrutura fundamental* em ação:

> Essas propostas dogmáticas, concebidas por pessoas diferentes, não só coincidem entre si, como também coincidem com os fatos (históricos ou fictícios, tanto faz no caso) englobando-lhes todos os pormenores, de forma a revestir os aspectos mais acidentais da vida de Cristo com uma *teologia sempre em ato*. Mais ainda, coincidem com a nossa própria vida, a ponto de renovar nosso ser interior com práticas inéditas que também se revelam viáveis e benéficas. Assim, dogmas, história de Cristo e existência humana constituem como um todo indivisível: *mihi vivere Christus est*[97].

Blondel chama essa estrutura fundamental de "exercício regrado e rotineiro da vida cristã", "ciência do discernimento dos espíritos e da direção espiritual, adequada às pessoas e, com razão ainda maior, à sociedade santa que nisso resume a experiência coletiva", ou, em duas palavras, "teologia fundamental"[98]. Por conseguinte, o dogma nada mais é que essa "regulação" de uma prática evangélica, que Blondel ousa sintetizar na simplicidade de um único problema, a saber, a "relação, em Cristo, do homem com Deus e, por isso, a relação de Cristo com cada um de nós"[99].

O filósofo de Aix foi o primeiro a operar esse deslocamento dos *conteúdos* dogmáticos para a *forma* "dogmática" da revelação, entendida como regulação complexa de um processo histórico, espiritualmente aberto e, ao mesmo tempo, fiel às suas origens cristãs. O caminho inverso — da forma fundamental para os conteúdos dogmáticos — ainda não se percorre facilmente. No momento, a oposição entre historiadores (Harnack e Loisy) sensíveis à velha visão do mundo veiculada pelos dogmas, e alguns teólogos e filósofos que deslocam o próprio

---

95. Ib., pp. 70 e 88-90.
96. Cf. M. BLONDEL, *Histoire et dogme*, p. 179: "Não se diga, pois, que, se Cristo tivesse plena consciência da sua divindade e perfeita visão do futuro, ele teria [...] dito palavras mais decisivas, cujo eco nos seria ofertado no âmago mesmo do Evangelho. Seria esquecer, no caso, [...] *que o mistério de Deus não poderia ser violado pela própria revelação;* seria não reconhecer que [...] a dignidade de Deus está em *se revelar à boa vontade por atos de poder sem esforço e de bondade sem medida, antes que à inteligência mediante declarações sem reservas*; seria desconhecer que o objetivo alcançado por Jesus não foi [...] ter prevalecido como um tema [...] mas *ser amado acima de tudo*". Esse texto prenuncia a mudança do conceito de revelação no Vaticano II (DV nº 2).
97. *Histoire et dogme*, p. 188.
98. Ib., pp. 215 s.
99. Ib., p. 224.

conceito de dogma para a *forma* fundamental da revelação cristã, impede uma idéia clara sobre esse ponto. Compreende-se, pois, o questionamento um tanto nervoso de J. Wehrlé, feito após a publicação do artido de E. Le Roy:

> Afinal, quando se procura definir a natureza do dogma, há ou não razão para enfocá-lo como expressão inteligível e, por isso, intelectual de um conjunto de realidades e fatos pertencentes à ordem religiosa revelada? [...] É preciso saber se a revelação nos ensina alguma coisa[100].

3. A TEORIA DO DESENVOLVIMENTO

O segundo pressuposto das pesquisas históricas da época é a continuidade da tradição católica. Confirmada a historicidade das espressões dogmáticas, institucionais e cultuais, como justificar sua *legitimidade*? Como determinar a homogeneidade de uma mesma revelação mediante suas diferentes figuras históricas[101]? A justificativa clássica, na neo-escolástica e na escola romana, baseia-se na "explicitação" do que está *implícito* no "depósito da fé", que permanece intocável, enquanto objeto de conhecimento. Essa a interpretação do último parágrafo da *Dei Filius*[102], que se encerra com a célebre citação do *Commonitorium* de Vicente de Lérins.

Para Vacant, os três termos de Vicente — *inteligência, ciência e sabedoria* — representam as três fases de explicitação do dogma: a inteligência, como compreensão de um problema novo; a ciência, que a partir daí se volta para a Escritura e a Tradição; a sabedoria, que se manifesta na conclusão dogmática pelo magistério infalível da Igreja[103]. Mas essa visão do desenvolvimento fica restrita ao domínio conceitual. Obedece ao ideal de transparência, na medida em que o desenvolvimento tende a esclarecer, a pouco e pouco, o que continua obscuro no depósito.

No entanto, duas personalidades, J. A. Möhler (1796-1838) e J. H. Newman (1801-1890) logo conseguiram fugir a essa concepção "intelectualista". Na crise do modernismo e para além dela, o *Ensaio sobre o desenvolvimento da doutrina católica* de Newman teve enorme infuência. Publicado em 1845[104], esse livro precursor abriu o que H. Gouhier chamou de "era newmaniana" do desenvolvimento do dogma[105].

---

100. J. WEHRLÉ, "De la nature du dogme", *RB* 2, (1905), p. 336.
101. Cf. H. HAMMANS, *Die neueren katholischen Erklärungen der Dogmenentwicklung*, Essen, Ludgerus-Verlag, 1965.
102. Cf. A. VACANT, *Études théologiques sur les Constitutions du concile du Vatican*, op. cit., pp. 288 s.
103. Ib., pp. 313 s.
104. 7 anos antes do *The development's hypothesis* de H. SPENCER e 14 anos antes do *On the origin of species* de DARWIN.
105. H. GOUHIER, "Tradition et développement à l'époque du modernisme", E. Castelli (éd.), *Herméneutique et tradition*, Roma/Paris, Vrin, 1963, pp. 75-99.

Para expor a história do dogma, Newman vale-se de um modelo biológico ou vitalista, caracterizado essencialmente pela valorização de um crescimento autêntico, com fundamento na interação continua entre a fé e o seu contexto: "Todo ser vivo identifica-se pelo crescimento [...] Ele cresce assimilando material exterior"[106]. Nada, pois, da visão mecanicista ou matemática, que vê o desenvolvimento como uma lógica de dedução interna e nada também de uma concepção analítica que visa separar o núcleo do seu invólucro. Para distinguir o desenvolvimento autêntico do dogma cristão das alterações doutrinárias, Newman elenca e testa, nas partes históricas de sua obra, sete marcas de autenticidade, a saber: a preservação do "tipo", a continuidade dos princípios, o poder de assimilação, a conseqüência lógica, a antecipação do futuro, a força conservadora do passado e o vigor permanente.

A. Loisy só veio a conhecer a obra do cardeal Newman em 1895, mas topou aí com um aliado muito forte para a fundamentação científica do seu projeto de apologética histórica. A seu ver, observa H. Gouhier, "a idéia newmanina de desenvolvimento resguarda a história do controle teológico e a teologia da ameaça histórica"[107], porque ele busca uma "teoria do cristianismo católico" que poderia cumprir a funcão da dogmática tradicional, sem deixar de atender ao relativismo histórico dos modernos.

As leves reservas de Loisy ao "Ensaio" de Newman, formuladas em 1898, mostram que a sua leitura já está marcada por outra forma de relação com a história e por um modo um tanto diferente de enfocar as relações entre revelação e dogma:

> Para dar à teoria do desenvolvimento toda a amplidão possível, alargando-lhe a necessária base histórica, é preciso captar-lhe o princípio e aplicá-lo, com precisão maior que a do próprio Newman, a toda a história da religião, desde as origens da humanidade [...]. Newman não explicitou muito como a própria revelação entra em processo de desenvolvimento e nele se insere. Não propriamente porque recease aprofundar o problema, mas porque não o via nos termos em que o coloca a teologia contemporânea, após toda a obra crítica dos últimos cinqüenta anos[108].

Pode-se duvidar que Blondel tenha percebido esse viés da pesquisa histórica de Loisy, que serve de base e ultrapassa bastante o uso "estratégico" da teoria newmaniana do desenvolvimento. O certo é que, no debate com o exegeta, ele insiste ao máximo na distinção entre "dois sentidos da história": o sentido técnico (história-ciência) e o sentido real (história-realidade), entenden-

---

106. J. H. NEWMAN, *Essai sur le développement*, II, 3, p. 234.
107. H. GOUHIER, "Tradition et développement...", p. 87.
108. A. LOISY, "Le développement chrétien d'après le Cardinal Newman", *RCF* 17, (1898), pp. 12-13; cf. também *Mémoires*, I, pp. 451 s.

do-os como correspondentes a dois tipos de continuidade, a saber, a *evolução*, ou os "efeitos das pressões externas ou das influências entrecruzadas", e o *desenvolvimento* (no sentido newmaniano do termo), ou a "criação continuada, a partir de um germe que transubstancia seus próprios alimentos"[109]. A diferença entre esses dois níveis tem que ver com a "idéia diretriz" do desenvolvimento, intimamente ligada ao engajamento do intérprete. Pode ser engajamento implícito ou um pré-julgamento, como o do historicista (que confunde história e ciência e história e realidade), ou engajamento explícito, como na prática histórica da Igreja.

As pesquisas históricas ulteriores sobre o desenvolvimento do dogma terão muita dificuldade em integrar o paradigma hermenêutico que veio a predominar mais facilmente na exegese bíblica. Só em 1963 se virá a falar em "fim da fase newmaniana", determinado, segundo Gouhier, pela "sensação de risco que ameaçava por dentro a perpetuidade da fé"[110]. Agora, o problema se concentra na defesa do que é dogma. Esse terceiro pressuposto das pesquisas históricas emerge como questão fundamental, quando se distingue a revelação das suas expressões dogmáticas e se problematiza a ligação entre elas.

4. O QUE É DOGMA?

Sem dúvida alguma, o artigo de E. Le Roy, publicado quando Igreja e Estado se separaram na França (1905), figura como um dos principais fatores da reação do magistério romano ao "modernismo católico". Deslinda-se nele todo o emaranhado das discussões sobre o tema em questão. Seu primeiro resultado foi que "a concepção intelectualista de hoje torna insolúvel a maioria das objeções levantadas pela noção de dogma"[111]. Essa ampla e debatida problemática desemboca em três aporias: 1. a contradição entre o "apelo à transcendência da Autoridade pura" do lado das proposições dogmáticas e o princípio gerador da vida do espírito, a saber, o "princípio de imanência"; 2. a referência dos dogmas a linguagens presas indissoluvelmente a um estado de espírito historicamente diferente do nosso, hoje; 3. enfim, a inevitável oscilação entre o antropomorfismo e o agnosticismo, sempre que se pretende precisar o sentido desta ou daquela fórmula dogmática, como, por exemplo, de um Deus pessoal, da ressurreição de Jesus e da presença real. Le Roy explica, então, que só "a doutrina do primado da ação permite [...] resolver o problema sem nada esquecer dos direitos do pensamento e das exigências do dogma"[112]:

---

109. M. BLONDEL, *Histoire et dogme*, p. 190.
110. H. GOUHIER, "Tradition et développement...", p. 98.
111. E. LE ROY, "Qu'est-ce qu'un dogme?", em *Dogme et critique*, Paris, Bloud, 1907, p. 34.
112. Ib., p. 34.

O dogma tem, acima de tudo, sentido *prático*. Enuncia, antes de mais nada, uma prescrição de ordem prática. É sobretudo uma *regra de comportamento prático*[113].

Temos aí uma definição nova, sob três aspectos. Primeiro, muda o centro de gravidade do "dogmático" para a prática. Longe de ser um resultado do pensamento, o sentido prático do dogma, como o jogo de relações que implica, tem primazia, sem abandonar a função *reguladora* do pensamento. Do ponto de vista do conhecimento, essa definição significa que o enunciado dogmático nada diz sobre o que Deus é *em si mesmo*, mas só como ele se torna real *para nós* e como devemos nos dirigir a ele:

> Portanto, 'Deus é pessoal' quer dizer — 'Comportemo-nos com Deus como nos comportamos com as pessoas'; do mesmo modo, 'Jesus ressuscitou' significa — Relacione-se com ele como você se relacionaria antes de ele morrer, como a gente se relaciona com um contemporâneo[114].

Para Le Roy, enfim, a insistência no sentido relacional do dogma, que resolve as principais dificuldades do homem moderno, implica que, do ponto de vista estritamente intelectual, somente seu *sentido negativo e proibitivo* será considerado legítimo: "Mais que determinar positivamente a verdade, exclui e condena certos erros"[115]. Esse ponto, o mais discutido na época, levantou a suspeita de agnosticismo. Por isso, em 1907, Le Roy procura se explicar, distinguindo, na fórmula dogmática, o valor de *significação* e o valor de *representação*:

> A fórmula exprime, primeiramente, a existência de uma realidade objetiva que ela determina pela atitude e pela conduta que devemos adotar para nos orientar ao objeto em questão, para entrar em relação com ele conforme a sua verdadeira natureza. Numa palavra, a fórmula é *reveladora* [...]. Sob esse aspecto, é incontestável que ela fala à nossa inteligência [...]. Também não nego o seu valor de representação, no que diz respeito à realidade em si, *ontologicamente*. Encareço apenas a sua dupla relatividade *metafísica e histórica*[116].

O interesse da abordagem de Le Roy reside em unir o questionamento histórico e hermenêutico de Loisy com o deslocamento blondeliano do dogmático para a prática cristã e o seu controle. O filósofo e matemático católico parte da sua concepção anticientista das ciências, que insiste no caráter convencional e revisório das teorias científicas e sua intenção de relacionar as coisas ao invés de lhes definir a essência. Com Blondel, ele reafirma o estatuto normalizador das fórmulas dogmáticas. Essa reserva epistemológica, que Le Roy expressa também

---

113. Ib., p. 25; proposição condenada na sua forma excludente pela *Lamentabili* 26; *DS* 3426.
114. Ib., pp. 25 s.
115. Ib., p. 19.
116. E. LE ROY, "Dogme et vérité", *RCF* 52, (1907), p. 219.

em termos de dupla relatividade metafísica e histórica, descortina o campo não só da pesquisa histórica como também das tentativas de reinterpretação.

Poderia Blondel aceitar essa definição do dogma[117]? Fiel às intuições do "realismo superior", presente já em *A Ação* (1893), ele se aparta, progressivamente, de um pensamento pragmático que não é o seu. Após a leitura do "O que é um dogma?", distingue o seu "pragmatismo metafísico" pessoal do proposto por Le Roy, chamado por ele de "praticismo agnóstico"[118], limitado, a seu ver, a uma atitude moral que leva à doutrina do "incognoscível inconsciente". Em 1905, quem aparece em seu lugar na *Revue biblique* é J. Wehrlé, para, em 1907, o próprio Blondel publicamente se afastar[119].

III. AS INTERVENÇÕES DO MAGISTÉRIO ROMANO

INDICAÇÕES BIBLIOGRÁFICAS: Decreto do Santo Ofício sobre o modernismo *Lamentabili*, de 3.07.1907, *Actes de S.S. Pie X*, Paris, Bayard, III, pp. 224-237; *DS* 3401-3466; *FC* 172-188. — PIO X, Encíclica sobre as doutrinas modernistas *Pascendi dominici gregis*, 8.09.1907, *ibid.*, III, pp. 84-177; *DS* 3475-3500. — Sermão antimodernista de 1.09.1910, *DS* 3537-3550; *FC* 125-135. — Conjunto desses documentos em A. VERMEERSCH, *De modernismo. Tractatus et notae canonicae cum actis S. Sedis a 17 aprilis 1907 ad 25 septembris 1910*, Bruges, Beyaert, 1910.

Além das excomunhões[120], vale destacar três formas de intervenção do Magistério: o Decreto do Santo Ofício sobre o modernismo, *Lamentabili*, de 1907, com 65 sentenças extraídas, em grande parte, da obra de Loisy[121]; logo depois, a encíclica *Pascendi dominici gregis*, sobre a doutrina dos modernistas e, finalmente, o juramento antimodernista, de 1º de setembro de 1910.

1. "RETRATO-FALADO" DO MODERNISTA

Lembrando um pouco o *Contra as heresias* de Santo Ireneu[122], a encíclica se propõe a desmascarar o "modernismo"[123], demonstrando-lhe a inconsistência racional:

---

117. Cf. O. KÖNIG, *Dogma als Praxis und Theorie*, Gras, 1983, pp. 270-282.
118. H. BREMOND, M. BLONDEL, *Correspondance*, II, (1905-1920), Paris, Aubier, 1971, p. 22.
119. Carta ao diretor da RCF, *RCF* 50, (1907), pp. 545 s. Cf. também 5 artigos de L. Laberthonnière sobre "Dogme et théologie", *APhC*, 1907-1909, retomados em *Dogme et théologie*, Duculot, 1977 (com o debate com J. Lebreton e P. Rousselot).
120. Especialmente a de Loisy, em 1908.
121. Cf. o comentário de E. POULAT, *Histoire, dogme et critique...*, pp. 103-112.
122. Cf. supra, p. 37 s.
123. Antes de 1904, essa palavra não figurava no vocabulário católico, mas, após essa encíclica, adquiriu rápida notoriedade.

> Perante a tática dos modernistas (assim são eles agora designados e com razão), tática na realidade enganadora, de não expor suas idéias metodicamente e no seu todo, mas de forma dispersa e vaga [...], cumpre [...] apresentar essas mesmas doutrinas de modo ordenado, mostrando a lógica que as une[124].

Assim, *Pascendi* desenha, por assim dizer, o "retrato-falado" do modernismo[125]. O forte acento do texto no *caráter sistemático* da doutrina condenada lembra o procedimento subjacente à *Dei Filius*. A comparação revela que o sistema refutado é o avesso do "sistema doutrinário" do catolicismo[126], o que, à vista das muitas citações do Vaticano I, constitui nova interpretação desse texto. Segundo a encíclica, o "sistema modernista" repousa sobre a "doutrina filosófica" do agnosticismo[127]. Mais precisamente, o "modernismo" aparece como tentavia desesperada de conciliar o agnosticismo com a fé cristã. Em que consiste esse agnosticsmo?

> A razão humana, presa ao mundo dos fenômenos, ou seja, das coisas que aparecem e da forma precisa em que aparecem, não possui nem o poder nem o dever de lhes ultrapassar os limites. Não é, portanto, capaz de chegar até Deus, nem mesmo para saber, mediante as criaturas, da sua existência. Daí eles tiram duas conclusões: Deus não é absolutamente objeto direto da ciência e nem mesmo personagem histórico[128].

Portanto, para a encíclica, o agnosticismo é a teoria que considera Deus e, de modo geral, todas as afirmações metafísicas, como incognoscíveis. Espantando-se com a maneira pela qual os "modernistas" passam do "agnosticismo que, no fundo, é simplesmente ignorância", para um "ateísmo científico e histórico"[129], o documento revela a dificuldade do magistério em entender o estatuto secularizado das ciências. Não se dá conta de que o agnosticismo em causa, sobretudo na França, depois de 1870, já era uma reação de tipo religioso ao positivismo estrito[130].

De todo modo, *Pascendi* percebe claramente o perigo do agnosticismo para a interpretação "estrita" (seria "extrinsecista"?[131]) das afirmações relativas ao conhecimento natural de Deus, segundo o Vaticano I, citadas nessa altura. A encíclica inspira-se na genealogia do mundo moderno, apresentada no prólogo da *Dei Filius*, ao mostrar que o agnosticismo, como o racionalismo, tende para

---

124. *Pascendi, op. cit.*, pp. 88 s.
125. Mas o texto distingue as "doutrinas" das intenções, cujo julgamento é reservado a Deus.
126. Cf. P. COLIN, *Le kantisme dans la crise moderniste*, pp. 23-27.
127. *Pascendi*, pp. 88-91; o termo agnosticismo remonta, provavelmente, a Th. H. HUXLEY (1869).
128. Ib., pp. 88-91.
129. Ib., pp. 90 s.
130. Cf. P. COLIN, *Le kantisme dans la crise moderniste*, pp. 33-35.
131. É de se admirar que apareça aqui, pela primeira vez, a expressão "revelação exterior", pp. 90 s ou *DS* 3475, quando a *Dei Filius* falava de "sinais exteriores", *DS* 3033.

o panteísmo e, depois, para o ateísmo[132], duas terríveis ameaças à Igreja e à sociedade humana.

Nesse contexto apocalíptico de impiedosa incompatibilidade entre a doutrina católica e uma derrocada social e intelectual, o magistério recusa qualquer conciliação com o agnosticismo. Não é possível ficar indiferente perante tal doutrina. Ora, é precisamente assim que o "modernismo" nos quer (como o semi-racionalismo, no passado). Envolve ele, por isso, não apenas risco, mas também inconseqüência intelectual, na medida em que, segundo a encíclica, estimula dois "expedientes" que o põem em terreno escorregadio, que leva do agnosticismo ao panteísmo e ao ateísmo.

O primeiro expediente é de ordem epistemológica. A distinção entre o objeto da ciência e o objeto da fé reproduz o corte entre o cognoscível e o incognoscível. Ao separar esses dois campos, o "modernista" tenta resguardar, ao mesmo tempo, os direitos de uma ciência atéia e os direitos da fé, sempre subordinada à ciência, erigida em senhora desse jogo de relações[133]. Daí vem o segundo expediente, mais doutrinário, já que a separação dos dois campos só é possível à custa de profunda tranformação do ato de fé. Esse é o cerne do conceito que o "modernismo" tem do magistério. *Pascendi* analisa aí duas transformações da concepção católica da fé.

Primeiramente, ao fechar à inteligência o caminho objetivo para Deus, o agnosticismo permite à fé somente a via subjetiva da experiência e, mais precisamente, do sentimento. O modernismo separa, assim, a fé/sentimento e as formulações da fé, marcadas por inexorável relatividade. Já observamos a semelhança entre o modernismo católico (na visão da encíclica) e o protestantismo liberal. Censura-se nos "modernistas" e, por igual razão, nos liberais, o ar kantiano da sua arquitetura teológica: o regime de separação entre ciência e fé, em que "a fé da razão", tida por racional demais pelos liberais (julgamento retomado pela *Pascendi*), é substituído pela "religião", isto é, pelo "sentimento de dependência" que engloba a fé e implica a revelação.

Essa primeira alteração da fé a encíclica denomina de "doutrina da imanência religiosa"[134], ou seja, em lugar da revelação exterior, a mera experiência humana do "Deus interior". Dissolve-se, assim, o distintivo cristão e o caráter sobrenatural do cristianismo, porque, nessa linha, todas as religiões se equivalem[135]. Não obstante suas diferentes configurações externas, todas supõem, em princípio, a mesma experiência, o mesmo sentimento de dependência em relação ao incognoscível.

A segunda alteração radica na primeira e se refere ao caráter evolutivo da roupagem exterior da fé/sentimento, a saber, a marca histórica do dogma católico, do culto e das normas de vida:

---

132. *Pascendi*, pp. 150-151.
133. Ib., pp. 1104-111.
134. Ib., pp. 90 s.
135. Ib., pp. 104 s.

> O ponto principal da doutrina dos modernistas está no dogma, na sua origem e natureza [...]. Para entender bem sua natureza, importa verificar, primeiro, qual a relação entre as fórmulas religiosas e o sentimento religioso. Trata-se de algo que facilmente perceberá quem souber a finalidade dessas fórmulas, que é fornecer ao crente o meio de justificar a própria fé. Constituem um intermediário entre o crente e a sua fé. Mas, com relação à fé, são apenas apresentações inadequadas do seu objeto, vulgarmente chamadas de *símbolos*. [...] Pode-se, pois, concluir que não contêm nenhuma verdade abssoluta [...]. E, como absoluto, o objeto do sentimento religioso tem aspectos infinitos, podendo aparecer desta ou daquela forma. Por outro lado, como o crente pode vivenciar diferentes situações, segue-se que as fórmulas dogmáticas estão sujeitas às mesmas vicissitudes e, por isso, passíveis de variações. E assim se abre o caminho para uma mudança substancial dos dogmas[136].

Chegamos aqui ao ponto mais sensível do "sistema doutrinário", onde se desenha a ameaça da modernidade liberal, que estabelece a "mudança" como princípio. A *Pascendi* reitera simplesmente as condenações do *Syllabus*:

> Assim [...] pela doutrina modernista, objeto de seus esforços, nada há na Igreja de estável e imutável. Pio IX já escrevera, falando dos seus precursores, que "esses inimigos da revelação exaltam o progresso humano e pretendem, com audácia temerária e verdadeiramente sacrílega, introduzi-la na religião católica, como se esta não fosse obra divina, mas dos homens, uma invenção filosófica qualquer, suscetível de aperfeiçoamentos humanos" (*Qui pluribus*)[137].

Concluindo, o modernismo representa, para a *Pascendi*, a tentativa desesperada de conciliar o agnosticismo da sociedade moderna e a fé católica, fazendo desta última um sentimento particular, cuja roupagem exterior fica sujeita às transformações sociais.

2. OS DESTINATÁRIOS

Não se identificam facilmente os destinatários desse "retrato-falado", até porque o caráter sistemático da doutrina condenada aumenta o artifício. A condenação de "proposições" no decreto *Lamentabili* permitia aos autores que não se sentissem atingidos, porque extraídas do seu contexto[138]. O argumento inverso poderia ser usado contra a encíclica. Mas o "ideal" proposto por ela, numa sistematização apocalíptica que sinalizava para toda uma tendência, que-

---
136. Ib., pp. 98 s.
137. Ib., pp. 128 s.
138. Cf., por exemplo, LOISY, *Simples réflexions sur le décret du Saint-Office "Lamentabili sane exitu" et sur l'encyclique "Pascendi dominici gregis"*, Ceffonds, 1908.

ria mostrar a todos que se estava à beira do abismo, que os intelectuais aderissem àquele ideal e os que se sentissem retratados na doutrina rechaçada que revissem suas idéias.

Na seqüência, a encíclica identifica o "modernismo" no seu todo com o protestantismo liberal, assumindo assim a tese de J. Fontaine que, em 1901, já se referia a "infiltrações protestantes"[139]. Mas essa identificação, que confirma o alvo da condenação, reabre também o debate, se considerarmos a distinção final do documento entre "modernistas *integristas*" e "modernistas moderados":

> Não podemos, nessa altura, deixar de lamentar, mais uma vez e com toda a força, que haja católicos contrários sim à *imanência* como doutrina, mas que dela se utilizam como método apologético. E o fazem, insistimos, sem nenhuma discrição, como se admitissem não a mera capacidade ou convergência humana para a ordem sobrenatural [...], mas uma exigência real e completa. Na verdade, os modernistas que defendem essa exigência são os moderados[140].

Essa redação cuidadosa visa, evidentemente, ao "método de imanência" de M. Blondel, desenvolvido em sua *Carta sobre as exigências do pensamento contemporâneo em matéria de apologética*[141]. O filósofo da *Ação* (1893) tinha consciência disso: "O que foi condenado, e com razão, foi a tese da "eferência", ou seja, que a religião provenha toda do íntimo da consciência. [...]. Mas nunca defendemos algo assim"[142].

3. CULTURA CATÓLICA E SOCIEDADE MODERNA

A inconsistência intelectual, entrevista pela encíclica nas tentativas de conciliação, expõe a principal dificuldade da cultura católica da época, cultura unificada em todos os seus elementos, perante a diversificação interior da sociedade em vias de modernização[143]. O texto afirma discernir no "modernista" muitos personagens, "como o filósofo, o crente, o teólogo, o historiador, o crítico, o apologeta, o reformador"[144]. Essas distinções até definem o plano da encíclica. Prendem-se, de fato, a certo "perspectivismo epistemológico", que corresponde ao processo de diferenciação, numa sociedade liberal, das instituições que regulam, de modo autônomo, seus próprios discursos (científico, filo-

---

139. J. FONTAINE, *Les infiltrations protestantes et le clergé français*, Paris, Retaux, 1901.
140. *Pascendi*, pp. 144 s.
141. M. BLONDEL, *Lettre...*, pp. 32-51.
142. M. BLONDEL – L. LABERTHONNIÈRE, *Correspondance philosophique*, Paris, Seuil, 1961, pp. 201 s.
143. Cf. sobretudo F. X. KAUFMANN, *Religion und Modernität. Sozialwissenschaftliche Perspektiven*, Tübingen, Mohr, 1989.
144. *Pascendi*, pp. 88 s.

sófico ou teológico). A posição contrária da encíclica parece-nos deslocar o ponto alto da Constituição *Dei Filius*, que reconhecia a importância das *duas ordens de conhecimento* (cap. 4), nunca mencionadas no texto da *Pascendi*.

Para o catolicismo integral e antiliberal, a figura assumida pela diversificação moderna é inaceitável e não pode ser encarada senão como tática traiçoeira e destrutiva. E as censuras mais fortes dirigem-se ao "modernismo reformador", que pretende transformar o cristianismo a partir de dentro dele mesmo. Eis aqui alguns trechos desse programa, conforme a *Pascendi*:

> Que o governo eclesiástico seja reformado em todas as suas divisões, sobretudo a disciplina e a dogmática. Que seu espírito e procedimentos exteriores se harmonizem com a consciência, que aspira à democracia e, por isso, que o baixo clero e até mesmo os leigos tomem parte no governo e se descentralize o poder. — Reforma das Congregações Romanas, especialmente a do *Santo Ofício* e do *Index*. — Que a autoridade eclesiástica se volte para o social e o político, mantendo-se fora das organizações políticas e sociais, mas atenta a elas, incutindo-lhes o seu espírito. [...] — Que o clero retorne à humildade e pobreza antigas, procurando pautar por elas suas idéias e ações. — Enfim, repetindo o pensamento de seus mestres protestantes, que se suprima o celibato eclesiástico. Que restaria então para se reformar e para a aplicação desses princípios?[145]

4. CONCLUSÃO

Deste relance pela parte doutrinal da encíclica, fixemos três pontos principais. Primeiro, ela remete o "modernismo" para a sua raiz filosófica, criticada, em termos neo-escolásticos, como "falsa filosofia". Ora, o documento se mostra consciente de que os "modernistas" são antes historiadores e exegetas, analistas e agentes da vida social e política. Portanto, reduz a dois pólos o jogo interdisciplinar, baseado numa triangulação das ciências humanas, a filosofia e a história.

Depois, causa admiração definir o "modernismo" como "o ponto de encontro de todas as heresias"[146]. Se todas as heresias se encontram num dado momento da história do cristianismo, então chegou o fim. Forçar assim o conceito de heresia corresponde à visão apocalíptica do mundo e assinala, ao mesmo tempo, a dificuldade de se analisar, com o termo clássico da heresia, um processo de transformação histórica que não se associa mais a um ponto da doutrina cristã, mas à relação que uma cultura diferenciada estabelece ou pode estabelecer com a totalidade do mistério cristão.

Finalmente, como o *Syllabus*, em 1864, a *Pascendi* parte de uma leitura bipolar da história — a sociedade liberal e o catolicismo integral em oposição

---

145. Ib., pp. 146 s.
146. Ib.

que só a vitória "utópica" do segundo poderia superar, visto que o "modernismo" não é outra coisa senão um protestantismo liberal modelado pela modernidade. Essa leitura predomina na historiografia até 1960. Católicos e anticatólicos concordam, *grosso modo*, na idéia de que o catolicismo é essencialmente antimoderno ou moderno com perfil diferente. Justifica-se, pois, historicamente, que as condenações romanas se baseiem no caráter ilegítimo do modernismo. Alguns historiadores, como J. Rivière, isentam de responsabilidade autores como M. Blondel, não visados, segundo eles, pelas condenações. Depois de 1960, a situação mudou. Não se fala mais do "modernismo na Igreja", título de um livro notável da autoria de J. Rivière (1929), mas da "crise modernista". As condenações de Roma funcionam, agora, como sintoma apenas, privilegiado talvez, mas sintoma real de uma crise que se desdobra por toda uma época.

A espantosa "violência institucional" que cerca o movimento modernista indica, na verdade, como o golpe foi profundo. A repercussão da parte disciplinar da encíclica mostrou-se terrível. Depois de 1907, uma onda de suspeitas e delações assolou a Igreja. Professores de seminários são demitidos, porque acusados de secreta simpatia pelo modernismo. De 1910 a 1967, os que permaneceram precisaram prestar o juramento antimodernista. Foi dura a reação integrista contra o modernismo e, na opinião de muitos, jamais a Igreja viveu período mais traumatizante. Concluamos com o seguinte testemunho admirável de Blondel, em carta a Laberthonnière:

> Fico me perguntando angustiado se, nessa dura encíclica *Pascendi dominici gregis*, não deveríamos, mais uma vez e sempre, acolher a humanidade do Senhor, na sua misteriosa e mortificada abjeção; se, a despeito de "lamentáveis" métodos de trabalho, de evidentes fraquezas do sentimento moral e cristão, de procedimentos injuriosos e de anseios de poder que aí afloram, temos o direito de rejeitá-la com rancor e desprazer, sem tirar dela algumas lições, sem adorar, nessa conjuntura, o Mestre que é sempre um Deus terrível e imperscrutável, de quem, neste mundo, não podemos nos aproximar senão tomados por uma espécie de terror sagrado. Como você diz, precisamos ser um santo, para ousar assumir aqui o papel de juiz corregedor[147].

---

147. M. BLONDEL-L. LABERTHONNIÈRE, *Correspondance...*, p. 208.

CAPÍTULO X
A razão e a sociedade. Da canonização do tomismo à afirmação do fundameno divino do direito

INDICAÇÕES BIBLIOGRÁFICAS: LÉON XIII, Encyclique sur la philosophie chrétienne, *Aeterni Patris*, 4.08.1879, *Lettres apostoliques de S.S. Léon XIII*, t. I, Paris, Bayard, pp. 42-75. — PIE X, Lettre à l'épiscopat français sur le "Sillon", 25.08.1910, *Actes de S.S. Pie X*, t. V, Bayard, pp. 124-140. — PIE XI, Encyclique sur la paix du Christ par le règne du Christ *Ubi arcano*, de 23.12.1922, *Actes de S. S. Pie XI*, t. I, Bayard, pp. 136-178; Encyclique sur l'institution de la fête du Christ Roi *Quas primas*, de 11.12.1925, *ibid.*, pp. 63-93; Encyclique sur la situation de l'Église catholique dans l'Empire allemand, *Mit brennender Sorge*, de 14.03.1937, *ibid.*, t. XVI, pp. 7-53; Encyclique sur le communisme athée, *Divini redemptoris*, de 19.03.1937, *ibid.*, t. XV, pp. 34-100. — PIE XII, Encyclique *Summi pontificatus*, 20 octobre 1939, *Actes de S. S. Pie XII*, Bayard, t. I, 198-262.

M. BLONDEL, *La semaine sociale de Bordeaux et le monophorisme*, Paris, Bloud, 1910. — J. Maritain, *Humanisme intégral*, Paris, Aubier, 1936. — E. GILSON, *Le philosophie et la théologie*, Paris, Fayard, 1960. — R. AUBERT, "Aspects divers du néo-thomisme sous le pontificat de Léon XIII", G. Rossini (éd.), *Aspetti della cultura cattolica nell'età di Leone XIII*, Rome, 5 Lune, 1960. — J. CARON, *Le Sillon et la démocratie chrétienne. 1894-1910*, Paris, Plon, 1967. — E. POULAT, *Église contre bourgeoisie. Introduction au devenir du catholicisme actuel*, Tournai, Casterman, 1977. — L. MALUSA, *Neotomismo e intransigentismo cattolico. Il contributo di G. M. Cornoldi per la rinascita del Tomismo*, Milano, Istituto Propaganda Libreria, 1986; *Gli scritti inediti di G. M. Cornoldi*, vol. 2, 1989. — P. VALLIN, "L'âme comme 'forme' du corps. Une controverse entre philosophes jésuites au XIXe siècle", Collectif, *La guérison du corps*, Paris, Médiasèvres, 1992, pp. 17-55. — L. DE VAUCELLES,

"Théologie politique et doctrines républicaines en France de 1875-1914", *RSR* 82, (1994), pp. 9-37. — J.-M. MAYEUR et *alii* (éd.), *Histoire du Christianisme*, t. 11: *Libéralisme, industrialisation, expansion européenne* (1830-1914), Paris, Desclée, 1995; t. 12: *Guerres mondiales et totalitarismes* (1914-1958), 1990.

Segundo a encíclica *Pascendi*, a raiz intelectual do "modernismo" está na ignorância do método escolástico e até mesmo na "aversão a ele". Pio X, na esteira de Leão XIII, impõe como remédio a todas as instituições de ensino "que a filosofia escolástica seja a base das ciências sagradas"[1]. Realmente, Leão XIII já havia realçado, na encíclica *Providentissimus* (1893), a importância das "regras de uma boa e sã filosofia", para "a demonstração dos dogmas", tendo também censurado, na *Carta ao Clero da França* (1899), como réplica, talvez, à *Carta sobre a apologética* de Blondel (1896), "essas doutrinas que de filosofia só têm o nome e que abalam a própria base do saber humano". E acusa o kantismo de negar "à razão o direito de nada afirmar além das suas próprias operações, sacrificando assim a um subjetivismo radical as certezas que a metafísica tradicional [...] oferecia como fundamentos necessários e sólidos"[2]. Por acaso, a interpretação eclesial das Escrituras e o desenvolvimento dos dogmas não se apóiam num dado humano "invariável", fornecido pelo "bom senso" ou "senso comum", ratificado pelo realismo da metafísica escolástica?

Foram muito amplas as circunstâncias da restauração dessa metafísica. O irmão de Leão XIII (1878-1903), o jesuíta Giuseppe Pecci, nomeado cardeal em 1879, apresentara, na fase preparatória do Vaticano I, um *Votum* em cuja conclusão propunha a recomendação da filosofia de S. Tomás para remédio de todos os males da sociedade moderna[3]. Essa sugestão foi atendida numa das primeiras encíclicas do novo papa, a *Aeterni Patris*, sobre a filosofia cristã (1879)[4], seguida por outros documentos, como a carta *Jampridem* sobre a constituição da Academia Romana de S. Tomás (1879), a carta sobre S. Tomás, "o patrono celestial dos estudos excelentes" (1880) e um breve relacionado ao estudo da *Suma Teológica*[5]. Percebe-se a importância dessas intervenções, lendo a retrospectiva feita pelo próprio Leão XIII, em 19 de março de 1902, no XXV aniversário da sua eleição. Por essa releitura se vê a filosofia cristã à frente dos nove atos mais relevantes desse pontificado[6], formando o que E. Gilson chamou de "o *Corpus* da filosofia cristã"[7].

---

1. *Pascendi dominici gregis, op. cit.*, t. III, pp. 152-160 s.
2. Leão XIII, encíclica aos bispos e ao clero da França *Depuis le jour*, de 8 de setembro de 1899, em *op. cit.*, t. VI, pp. 98 s.
3. Cf. o texto do *Votum* em H. J. POTTMEYER, *Der Glaube vor dem Anspruch...*, pp. 471 e 25 (anexo).
4. A edição típica ampliou assim o título primitivo: *De Philosophia christiana ad mentem sancti Thomae Aquinatis [...] in scholis catholicis instauranda*, AAS, I, p. 255.
5. Cf. *Divi Thomae Aquinatis Summa Theologica, Indices, Lexicon, Documenta*, Roma, 1894. A carta *Jampridem* ampliou a proposta falando de "filosofia católica".
6. LEÃO XIII, Carta apostólica *Parvenu à la 25ᵉ année*, ib., t. VI, p. 285.
7. *Aeterni Patris, op. cit.*, t. I, pp. 42 s.

É no horizonte dessa visão leonina de uma ordenação global do mundo que se há de situar a condenação do "modernismo social" por Pio X, em 1910 e da *Action française* por Pio XI, em 1926. As experiências da Ação Católica, nos tempos de Pio XI, e as reflexões de Pio XII sobre os fundamentos do direito, no início da segunda grande guerra, não irão mudar, praticamente, a estrutura doutrinária da "filosofia católica", mas prepararão as transformações futuras do Vaticano II.

I. A ENCÍCLICA *AETERNI PATRIS*

A introdução dessa encíclica insere-se na lógica dos prólogos das duas Constituições do Vaticano I, sublinhando o universalismo da missão da Igreja, "mestra comum e suprema dos povos" e estendendo a competência do seu "magistério perpétuo" até a "religião" como tal, ameaçada "pela filosofia e pelas vãs sutilezas (Col 2,8)"[8]. A partir daí, Leão XIII aponta os dois campos de sua intervenção: a vigilância *epistemológica*, para que "o ensino de todas as ciências humanas seja sempre conforme com as regras da fé católica e, sobretudo, o da filosofia, porque desta depende, em grande parte, a sábia orientação das ciências"; e uma atenção muito particular pela *influência dos intelectuais na sociedade*:

> A causa dos males que nos afligem e dos que nos ameaçam reside nas opiniões errôneas a respeito das coisas divinas e humanas, opiniões originadas de correntes filosóficas e destas disseminadas por todas as classes da sociedade, com a complacência de inúmeras pessoas[9].

Essa (sobre)valorização do papel dos intelectuais na sociedade, correspondente ao predomínio atribuído ao "doutrinal", nessa fase da história dos dogmas, associa-se à lógica apocalíptica de degradação que se vê no começo da *Dei Filius*, presente em várias passagens do texto:

> Sob a influência dos reformadores do século XVI, passou-se a filosofar, sem consideração alguma pela fé e com plena e universal liberdade de pensamento, ao sabor dos caprichos e tendências de cada um [...]. Multiplicaram-se desmedidamente os sistemas filosóficos [...]. Do sem-número de opiniões chegou-se, facilmente, à hesitação e à dúvida. E, como se sabe, da dúvida ao erro o passo é imediato[10].

Para bem entender esse texto, convém distinguir suas três partes: o início fica em nível de princípios; depois, tem-se uma releitura da história da filosofia,

---

8. *Aeterni Patris*, *op. cit.*, t. I, pp. 42 s.
9. Ib., pp. 44 s.
10. Ib., pp. 68 s.

que culmina em canonização do tomismo; e o documento termina com algumas indicações disciplinares.

1. O PRINCÍPIO

A primeira parte fundamenta-se num princípio paradoxal, extraído do tomismo e codificado pela *Dei Filius*: "a submissão da razão humana à autoridade divina"[11] não a humilha, antes a aperfeiçoa:

> Não é sem motivo que Deus faz resplandecer no espírito humano a luz da razão (cf. *Dei Filius*, cap. 4º). E a luz acrescentada (*superaddita*)[12] da fé, longe de extinguir ou amortecer o vigor da inteligência, torna-a mais perfeita e, aumentando-lhe as forças, fá-la mais adequada às especulações superiores.

Com essa base, Leão XIII distingue quatro "usos normais da filosofia".
1. Sua primeira função, expressa em diferentes níveis (como instituição preparatória da fé cristã, como prelúdio e subsídio para o cristianismo, como guia na direção do Evangelho), consiste em "franquear e aplainar de certa forma o caminho que leva à fé verdadeira, predispondo convenientemente o espírito dos discípulos (da sabedoria) a aceitar a revelação"[13]. A encíclica lembra, então, o início da *Carta aos Romanos* (1,20 e 2,14s.[14]) e a interpretação dada pelo capítulo 2º da *Dei Filius*, mudando, de maneira significativa e estratégica, o que esse texto dizia da necessidade da Revelação "na condição atual da humanidade"[15]. A encíclica não restringe essa condição ao tempo depois de Cristo[16]. O que mais ressalta é o sentido antitradicionalista desse parágrafo, riscando, de novo, o caráter formal e jurídico das afirmações do Concílio sobre as possibilidades da razão natural, em abono de um forte testemunho de sua realização histórica na filosofia pagã:

> Vem daí que certas verdades, também propostas à nossa fé pelo ensinamento divino, ou estritamente unidas à doutrina da fé[17], foram aceitas, bem demonstradas e defendidas até por filósofos pagãos, munidos apenas com a razão natural.

E, nesse ponto, a encíclica lembra o começo da *Carta aos Romanos*, emprestando-lhe, assim, um significado histórico.

---

11. Cf. ib., pp. 44 s, 48 s e 52-55.
12. Aflora aqui o risco de um entendimento extrinsecista das relações entre "natureza" e "sobrenatureza".
13. *Aeterni Patris*, pp. 46 s.
14. *Dei Filius* não traz a segunda citação da lei escrita no coração dos pagãos.
15. Cf. supra, pp. 224 s.
16. *Aeterni Patris*, pp. 48 s.
17. A encíclica retoma a argumentação de Franzelin sobre o "conexo", cf. supra, p. 225.

Essas verdades, aceitas até por filósofos pagãos, devem muito apropriadamente ser colocadas a serviço da doutrina revelada, para que se veja com clareza como a própria sabedoria humana e o próprio testemunho dos nossos adversários depõem a favor da fé cristã[18].

2. A segunda função da filosofia é de caráter propriamente apologético (cf. cap. 1 e 3 da *Dei Filius*). A prova da existência de Deus é seguida pela exposição das suas perfeições e, sobretudo, da sua identidade com a verdade (ele não pode nem se enganar nem enganar). "Donde se conclui, com toda a evidência, que a razão humana presta credibilidade (*fidem*) total e a maior autoridade à palavra de Deus". A seguir, vem a demonstração da "doutrina evangélica" pelos sinais e apresentação da Igreja como "grande e perpétuo motivo de credibilidade".

3-4. É também da filosofia "que a sagrada teologia deve receber e revestir a natureza, a forma e o caráter de uma verdadeira ciência". Essa terceira função (exposta à luz do cap. 4 da *Dei Filius*) completa-se (quarta função) com um último apelo à defesa da dogmática católica, no próprio terreno da filosofia:

> Se os inimigos do nome católico, no seu combate à religião, pretendem servir-se, particularmente, do método filosófico, será também no arsenal da filosofia que os defensores das ciências divinas buscarão os meios para defender os dogmas revelados[19].

A conclusão dessa primeira parte está numa espécie de regra geral, tirada do cap. 4 da *Dei Filius*:

> Quando se tratar de questões doutrinárias adequadas às forças naturais da razão humana, é justo lançar mão do método, dos princípios e dos argumentos da filosofia, desde que [...] ela não ouse subtrair-se ao poder divino. Mais ainda, sabendo que os ensinamentos revelados são certamente verdadeiros e que é também contrário à razão o que contraria a fé, deve o filósofo católico lembrar que desrespeitará os direitos da razão como também os da fé, se abraçar alguma afirmação que ele saiba ser oposta à doutrina revelada[20].

2. A HISTÓRIA DA FILOSOFIA E O DOUTOR ANGÉLICO

Para Leão XIII, os princípios agora expostos ficam comprovados pelo percurso histórico da segunda parte. Após longa explanação sobre o período dos Santos Padres (que "adotaram dos antigos filósofos o que lhes pareceu conforme

---

18. *Aeterni Patris*, pp. 46 s.
19. Ib., pp. 50 s.
20. Ib., pp. 52 s.

com a verdade e a sabedoria e que [...] rejeitaram o que não podiam corrigir"[21]), segue-se um comentário sobre "os doutores da Idade Média, conhecidos como "escolásticos": "eles recolheram ciosamente rica e abundante colheita de doutrinas, esparsas pelas inúmeras obras dos Padres, consolidando-as num tesouro único, para uso e facilidade das gerações futuras"[22].

É aí que, referindo-se à *Bulla Triunphantis* de Sixto V (1588), Leão XIII tece o célebre elogio de S. Boaventura e, sobretudo, de "S. Tomás, que, como observou Caetano, por ter reverenciado profundamente os santos doutores que o precederam, deles todos herdou, de alguma sorte, a inteligência":

> Recolheu Tomás seus ensinamentos, como os membros dispersos de um mesmo corpo, reuniu-os e ordenou-os, admiravelmente, e os enriqueceu de tal forma que é visto agora como o defensor especial e a honra da Igreja[23].

Pode alguém estranhar que o nome de S. Tomás só apareça no começo da última parte de uma encíclica destinada a "restaurar" a filosofia. Mas a análise atenta do texto mostra que o "corpus doutrinário" da primeira parte encontra nele sua mais perfeita expressão. Por outro lado, para Leão XIII, o Doutor Comum, "que herdou a inteligência de todos", tem uma posição quase "trans-histórica", pelo realismo do seu pensamento e pela sua capacidade de refutar os erros dos adversários:

> Acrescentemos que o Doutor Angélico estudou as conclusões filosóficas na razão e nos próprios princípios das coisas. Ora, a extensão dessas premissas e as muitas verdades que elas contêm em germe fornecem aos mestres das idades posteriores ampla matéria para úteis desenvolvimentos, em tempo oportuno. Empregando esse mesmo método na refutação dos erros, o insigne doutor conseguiu não apenas contestar todos os erros das épocas anteriores, como também oferecer armas invencíveis para discernir os que não deixarão de surgir no futuro[24].

Seria então de admirar quer o percurso histórico se tenha transformado na história da recepção da filosofia de S. Tomás pela Igreja? A encíclica se encerra evocando o respeito ímpar prestado a ele pelos Padres Conciliares em Trento: "naquela sagrada assembléia, junto com os livros das Escrituras e os decretos dos Sumos Pontífices, no próprio altar, a *Suma* de Tomás de Aquino foi depositada aberta"[25]. A partir desse ponto sem volta, o documento traz rápida reflexão sobre a decadência da filosofia moderna, retornando assim ao seu ponto de partida e ao prólogo da *Dei Filius*.

---

21. Ib., pp. 56 s.
22. Ib., pp. 60 s.
23. Ib., pp. 62 s.
24. Ib., pp. 60-63.
25. Ib., pp. 66 s.

A breve *terceira parte* da encíclica expõe quatro motivos para a restauração da filosofia tomista, a saber, a educação dos jovens para a defesa da religião; a conversão dos que "só aceitam a razão por mestra e guia"; a superação de "todos esses princípios do novo direito, sabidamente perigosos para a ordem e o bem-estar público"; e, por fim, a promoção de todas as ciências humanas. Quanto ao terceiro motivo, vê-se aí o programa todo do Papa. Em termos epistemológicos, ele prega não apenas a não-contradição entre a física moderna e os princípios da Escolástica, mas também quanto essas ciências podem ganhar com a restauração da filosofia antiga[26].

3. AVALIAÇÃO

Depois das duas Constituições do Vaticano I, a encíclica *Aeterni Patris*, que remata a construção do sistema doutrinário do catolicismo, constitui o texto mais marcante dessa fase de dogmatização dos fundamentos da fé. Fixemos, agora, alguns dos seus pontos.

1. Como já observamos, a propósito da *Dei Filius* e da *Pastor Aeternus*, os Padres conciliares tiveram dificuldade em ajustar o perfil formal e jurídico de suas principais sentenças doutrinárias com a orientação mais concreta e mais histórica, introduzida pelo "tradicionalismo moderado". Na *Aetrni Patris*, essas duas perspectivas vêm diferenciadas e separadas em duas partes do texto, sem muita unidade. Predomina a primeira. Inspirada no antitradicionalismo, a argumentação formal é arrastada, em vários momentos, para o extrinsecismo. A *possibilidade* (*Dei Filius*) de a razão natural demonstrar a existência de Deus e a credibilidade dos fatos evangélicos e da Igreja são transformadas em prova *efetiva*. Toda a defesa da imagem realista da razão se contextualiza na luta "apocalíptica" com a filosofia moderna. Esse estilo desmonta qualquer tentativa de oposição entre os pontificados de Pio X e Leão XIII[27].

Mas o aspecto histórico também se faz presente. O Papa não cessa de lembrar a obra da Providência que *restaura* a ciência humana, pelo Cristo, "força e sabedoria de Deus (1Cor 1,24)", "no qual estão escondidos todos os tesouros da sabedoria e da ciência (Col 2,3)"[28]. Nessa segunda perspectiva, mais sensível à presença de Deus em toda a história, o documento não afirma apenas que, entre os filósofos sem fé, até os maiores caíram, muitas vezes, em erros monstruosos[29]. Mostra também, positivamente, como a filosofia abre caminho por entre os doutores da Igreja, levando, afinal, na Idade Média e em Tomás de

---

26. Ib., pp. 70-73.
27. Cf. também E. POULAT, *Modernistica. Horizons, phisionomies, débats*, Paris, Nelles éd. latines, 1982, p. 86.
28. Cf. *Aeterni Patris*, pp. 56 s.
29. Ib., pp. 55 s. Cf., porém, *Aeterni Patris*, pp. 46 s.

Aquino, à "*união*, pelo vínculo mais íntimo, da ciência divina com a ciência humana"[30]. Porém, a aplicação do "método da Providência" que atua na história não nos deixa de remeter aos seus princípios, ou seja, à concepção estratégica de uma razão cujo *realismo* consiste em saber dos próprios limites e em se submeter à autoridade de Deus.

Roger Aubert, a quem devemos a primeira tentativa de enquadrar a encíclica na história da filosofia católica do século XIX[31], escreve que a oposição da *Aeterni Patris* ao tradicionalismo, como a do neotomismo, foi "de respeito muito maior às possibilidades da razão humana", embora verifique que a encíclica se revela inspirada "pela tendência de reação contra os desastres gerados pelo individualismo desenfreado do espírito humano"[32]. P. Valin tem opinião diferente. Para ele, "a restauração autoritária da escolástica e, particularmente, do tomismo, estabelece um retrocesso, em comparação com a riqueza intelectual bem maior da primeira metade do século XIX", embora "se insira num movimento mais amplo, em que o ativismo católico passa da agitação política para a ação social mais profunda"[33]. Definindos os contornos do grupo inspirador da encíclica (G. Pecci, alguns jesuítas da *Civiltà*, C. Mazella e G. Cornoldi), Valin mostra que, na visão de Cornoldi (1822-1892), um dos mais influentes defensores do neotomismo, a adoção da tese hilemorfista estrita[34] era o "último teste de ortodoxia", por permitir afirmar, em nome da *união* do composto humano, a autoridade da filosofia católica sobre as ciências e também sobre a política[35]. Assim se explicariam as diretrizes de linha mais concordista, nos campos da epistemologia e da política social, da terceira parte da encíclica.

2. Por outro lado, é inegável que o texto distingue os princípios e a figura histórica de certa filosofia tomista. No pontificado de Pio X, a Congregação dos estudos impôs às Faculdades, em 1914, 24 teses da filosofia tomista[36], enquanto que a encíclica, mais aberta, canoniza apenas, no dizer de E. Gilson, determinado "*genus philosophandi*, aquele jeito de filosofar inaugurado pelos Padres, desde o século II da era cristã"[37]. Tal procedimento, graças à universalidade da mensagem

---

30. Ib., pp. 62 s.
31. R. AUBERT, "Aspects divers du néo-thomisme sous le pontificat de Léon XIII", *art. cit.* Esse texto analisa como se recebeu a encíclica e como se organizou o ensino da filosofia, no tempo de Leão XIII.
32. Ib., p. 152.
33. P. VALIN, "Indications de recherceh", "Le Centenaire de l'encyclique *Aeterni Patris*", Nouvelles de l'ICP, março de 1980, p. 69; J. CHATILLON, "Les origines de l'encyclique *Aeterni Patris* et la renaisssance thomiste du XIX siècle", ib., pp. 16-30 e P. VALIN, "L'âme comme 'forme' du corps", *op. cit.*, pp. 17-55.
34. Tese aristotélica que vê os compostos concretos como a união de uma matéria prima e de uma forma, (esta é, no ser humano, a alma).
35. P. VALIN, "Indications de recherche", *art. cit.*, pp. 71 s.
36. *DS* 3601-3624, com uma carta de Bento XV (1917) ao Geral dos jesuítas, recomendando essa orientação, em termos.
37. E. GILSON, *Le philosophe et la théologie*, p. 215.

cristã, pode ser explicado pela exigência de *traduzir* essa mensagem: "Antes mesmo dos chamados 'preâmbulos da fé' e subentendendo-os basicamente, a fé requer alguns dados condicionantes do próprio fundamento da inteligência, em qualquer pessoa e para que seja realmente pessoa. Corresponde, pois, à *catolicidade* da fé a *catolicidade* da razão"[38]. Compreende-se, assim, por que essa visão levou certos católicos, como Blondel, Laberthonnière e outros, a se distanciarem do tomismo, assumindo uma posição mais próxima das intuições do "tradicionalismo moderado" e do "método da Providência", para estreitar os laços entre razão e história.

A relativa indeterminação da encíclica dá margem, sem dúvida, a essa leitura[39], acarretando, porém, árduos problemas para a filosofia tomista enfrentar o *realismo* metafísico.

3. Assim, a distinção entre *uma* filosofia, no caso a de S. Tomás, e os princípios para associar a filosofia e a fé torna mais fácil perceber o caráter estratégico da proposta de Leão XIII, vista pela maioria dos comentaristas atuais como estranha e contrária à experiência filosófica propriamente dita[40]. Mas o apelo à catolicidade da razão não se subordina apenas aos interesses doutrinários. Acima de tudo, ele transmite uma concepção social e política que tem problemas para dimensionar a própria alteridade da razão.

II. FILOSOFIA CRISTÃ E FUNDAMENTOS DA SOCIEDADE

Na verdade, a exposição das diretrizes cristãs para a prática da filosofia seria algo abstrato, se esquecida a sua proposta social e política de "perseguir uma paz mais perfeita e uma segurança maior"[41] para a humanidade. Esse o ponto mais alto da dogmatização dos fundamentos, que, desde o Vaticano I, engloba os "fundamentos da sociedade", conforme o esquema apocalítptico, vigente a partir de Pio IX e central na retrospectiva que Leão XIII fez dos seus 25 anos de pontificado:

> O sistema de ateísmo prático causaria, como de fato causou, profunda perturbação no campo da moral, pois [...] a religião é a base principal da justiça e da virtude. Quando se rompem os vínculos que unem o homem a Deus, supremo legislador e juiz universal, não resta senão o simulacro da moral [...]. Nessa conjuntura [...] o ser humano nada mais busca senão o alimento material dentro dos prazeres e facilidades da vida... Implantam-se nele, no fundo, o descaso

---

38. S. BRETON, "La philosophie dans la cité chrétienne", *Nelles de l'Institut catholique de Paris*, abril de 1980, p. 63.

39. Cf., por exemplo, L. OLLÉ-LAPRUNE, "Ce qu'on va chercher à Rome", *La Quinzaine* (15 de abril de 1895), p. 391: "A encíclica deu liberdade. Quem receava viesse ela preparar nova dependência, deve lê-la por inteiro. O que ela propõe é que se faça hoje o que S. Tomás fez no seu tempo".

40. Cf., por exemplo, S. BRETON, *La philosophie dans la cité chrétienne*, pp. 51-68.

41. *Aeterni Patris*, pp. 70 s.

pelas leis e pela autoridade pública e uma licença generalizada dos costumes que induz a derrocada total da sociedade [...] porque, se não forem imediatamente fortalecidas, as bases da sociedade se abalarão e a sua ruína acarretará o fim dos grandes princípios do direito e da moral eterna[42].

1. A VISÃO LEONINA DE UMA ORDEM GLOBAL

Nessa retrospectiva, Leão XIII enumera, de modo sistemático[43], nove atos pontifícios, pondo à frente a encíclica *Aeterni Patris* (1879) sobre a filosofia cristã. Vêm depois um documento de antropologia cristã, a encíclica *Libertas praestantissimum* (1888) "sobre a liberdade humana"[44] e outro "sobre a sociedade doméstica cuja base e princípio é o matrimônio", a encícilica *Arcanum divinae sapientiae* (1880)[45]. O quarto documento, a encíclica *Humanum genus* (1884)[46], propõe uma interpretação da história à luz das duas cidades de Santo Agostinho, uma identificada com a Igreja, outra com a maçonaria. Os dois documentos seguintes, a encíclica *Diuturnum* (1881) "sobre a origem do poder civil"[47] e a encíclica *Immortale Dei* (1885) "sobre a constituição cristã do Estado"[48], contestam as idéias contratuais da origem e funcionamento dos poderes, insistindo na fonte divina de toda autoridade. Por sua vez, a encíclica de apoio à República francesa, *Au milieu des sollicitudes* (1892), que não figura na lista de 1902, reitera, em primeiro lugar, a tese católica dos dois documentos anteriores, para reafirmar a seguir o *"fato* cem vezes gravado na história de que o tempo, esse grande transformador de tudo nesta terra, opera mudanças profundas nas instituições políticas"[49]. Esse reconhecimento de fato das instituições políticas vigentes, em nome do princípio do mal menor (a hipótese) vem junto com um contra-ataque na questão social[50], presente na encíclica *Quod Apostolici Muneris* (1878) "sobre o socialismo"[51] e na encíclica *Rerum novarum*

---

42. *Parvenu à la 25ᵉ année*, p. 280.
43. Ib., p. 285.
44. LEÃO XIII, encíclica sobre a liberdade humana, *Libertas praestantissimum*, 20.06.1888, *op. cit.*, t. II, pp. 172-213.
45. LEÃO XIII, Encíclica sobre o matrimônio cristão, *Arcanum divinae sapientiae*, 10.02.1880, ib., t. I, pp. 76-109.
46. LEÃO XIII, Encíclica sobre a maçonaria, *Humanum genus*, 20.04.1884, ib., t. I, pp. 242-277.
47. LEÃO XIII, Encíclica sobre a origem do poder civil, *Diuturnum*, 29.06.1881, ib., t. I, pp. 140-161.
48. LEÃO XIII, Encíclica sobre a constituição cristã do Estado, *Immortale Dei*, 1.11.1885, ib., t. II, pp. 16-53.
49. LEÃO XIII, Encíclica ao clero francês e a todos católicos, *Au milieu des sollicitudes*, ib., t. III, p. 118.
50. L. DE VAUCELLES, "Théologie politique et doctrines républicaines en France de 1875-1914", *RSR* 82 (1994), pp. 9-37.
51. LEÃO XIII, Encíclica sobre os erros modernos, *Quod apostolici muneris*, 18.12.1878, ib., t. I, pp. 26-41.

(1891) "sobre a condição dos operários"⁵². Fecha esse conjunto doutrinário a encíclica *Sapientiae christianae* (1890) "sobre os principais deveres cívicos dos cristãos"⁵³, autêntica suma de antropologia individual e social, que define os deveres das pessoas (sobretudo a obediência), enquanto membros da sociedade eclesial e da sociedade nacional.

Não entraremos aqui em todo esse "corpus" filosófico tão complexo. Queremos somente destacar alguns pontos relacionados à dogmatização dos fundamentos. O ponto central é a insistência na *unidade* dessa visão global⁵⁴ que, por certo, admite níveis diferenciados de realidade e alguma autonomia das ciências ou do poder civil por exemplo, mas repele sua emancipação da autoridade divina. Apresentado em termos de "lei natural", "razão natural" ou "reta razão", o conceito de "natureza" exerce aqui uma função essencial, com aplicação nas diversas áreas e inserido num esquema hierárquico de direitos, oposto à "anarquia da razão emancipada da fé"⁵⁵.

Um segundo aspecto a considerar é a flexibilidade relativa desse sistema, enfatizada por E. Troeltsch, que sempre se recusou a fechar o catolicismo na mera oposição à modernidade. Em 1909, escrevia ele: "A rejeição [dos grupos religiosos à vida moderna] é sempre relativa. Eles estão sempre ligados ao cotidiano por inúmeros canais"⁵⁶. Na realidade, a distinção entre "tese" e "hipótese" constitui um método tipicamente católico na adaptação do sistema doutrinário às diferentes circunstâncias, sem com isso desrespeitar os princípios⁵⁷. É aí também que acontece, no pontificado de Leão XIII, a passagem da aceitação *de fato* das instituições políticas para um progressivo interesse pela questão social, problema da sociedade moderna que, assim esperamos, inaugura uma nova forma de comprovar a credibilidade das exigências do catolicismo na modernidade.

O terceiro aspecto dessa visão leonina do mundo é de ordem estratégica. Visa à restauração da harmonia das forças opostas pelo retorno ao catolicismo:

> É, pois, ao seio do cristianismo que essa sociedade tresmalhada deve voltar, para o seu necessário bem, repouso e salvação. [...] O cristianismo não entra na vida

---

52. LEÃO XIII, Encíclica sobre a condição dos operários, *Rerum novarum*, 16.05.1891, ib., t. III, pp. 18-71.
53. LEÃO XIII, Encíclica sobre os principais deveres cívicos dos cristãos, *Sapientiae christianae*, 10.01.1890, ib. t. II, pp. 262-297.
54. Cf. *Libertas praestantissimum*, pp. 192 s., que coloca a imagem fundamental da união do corpo e da alma para consagrar a harmonia entre o poder civil e o poder sagrado.
55. *Parvenu à la 25ᵉ année*, p. 284.
56. E. TROELTSCH, *Der Modernismus* (1909), *Gesammelte Schriften* II, Tübingen, Mohr, 1922, p. 65.
57. Cf. a informação histórica de J. LECLER, "À propos de la distinction de 'la thèse' et de 'l'hypothèse'", *RSR* 41, (1953), pp. 530-534. Um primeiro indício aparece num artigo da Civiltà Cattolica de 2 de outubro de 1863: "Essas liberdades modernas são absolutamente condenáveis como *tese*, ou seja, como princípios universais, relativos à própria natureza humana e à ordem divina do mundo [...]. Mas como *hipótese*, isto é, como disposições adequadas às condições específicas deste ou daquele país, podem ser legitimamente aceitas e defendidas pelos católicos".

pública de um povo sem o organizar. [...] Se conseguiu transformar a sociedade pagã [...], ele também saberá muito bem, depois dos terríveis abalos da descrença, recolocar os Estados modernos no caminho da verdade e reimplantar neles a ordem [...]. Mas [...] a volta ao cristianismo não será remédio eficaz e completo se não envolver a volta e o amor sincero à Igreja una, santa, católica e apostólica, porque o cristianismo se concretiza na Igreja católica. Identifica-se com essa sociedade espiritual e perfeita, soberana na sua organização, corpo místico de Jesus Cristo, que tem por cabeça o pontífice romano, sucessor do Príncipe dos Apóstolos[58].

O último aspecto do pensamento de Leão XIII consiste, na verdade, numa concepção do magistério pontifício que amplia e transforma os dados do Vaticano I. Pode servir de exemplo um texto do *Corpus Leoninum*, a encíclica *Sapientiae christianae* (1890), onde a definição do papel do magistério se insere na análise da "obediência católica", com o apoio, aliás, de longa passagem da *Suma*. "A obediência deve ser perfeita, porque pertence à essência da fé e, como a fé, não pode ser pela metade"[59]. Estabelecendo, assim os "limites (*fines*) da obediência devida aos pastores de almas e sobretudo ao pontífice romano", Leão XIII retoma a doutrina do julgamento solene e do magistério ordinário e universal, para logo acrescentar, referindo-se implicitamente à estrutura da *Suma*, esta conclusão significativa:

> Dentre as coisas contidas nos oráculos divinos, umas se prendem a Deus, princípio da bem-aventurança por nós esperada; outras, ao próprio homem e aos meios de chegar a essa bem-aventurança. Por direito divino, cabe à Igreja, e nela ao pontífice romano, determinar, nesses dois níveis, em que se deve crer e o que se deve fazer. Razão por que deve o Papa poder dizer, com autoridade, o que encerra a Palavra de Deus e decidir qual a doutrina que concorda com ela e qual a contradiz. Assim também na esfera moral, cabe-lhe definir o que é bom, o que é mau, o que se precisa fazer ou evitar, para conseguir a salvação eterna. Caso contrário, não seria ele nem intérprete infalível da Palavra de Deus nem guia seguro da existência humana[60].

Esse parágrafo parece sintonizar perfeitamente com os que, depois da dissertação de J.-M.-A. Vacant (1887), estendem até o magistério ordinário a infalibilidade papal. A prerrogativa do pontífice romano de "determinar, nas duas ordens, em que se deve crer e o que se deve fazer" é apresentada aí como *condição* para que ele possa exercer seu múnus de "intérprete infalível da Palavra de Deus" e de "guia seguro da existência humana". Quanto ao *objeto*

---

58. *Parvenu à la 25ᵉ année*, p. 284.
59. *Sapientiae christianae*, pp. 278 s.
60. Ib., pp. 280 s.

do magistério papal, ele engloba as "duas ordens" na proposição positiva de uma visão católica e integral do mundo (ligada intrinsecamente à fé), que extrapola bastante o que reza o Vaticano I do "conexo". E, acima de tudo, encerra uma moral destinada a ser, no século XX, o campo privilegiado do magistério romano. Evidentemente, os predecessores de Leão XIII já haviam escrito encíclicas. Agora, porém, esse gênero literário passa a meio ordinário do governo pontifício. Freqüentemente utilizado e lançado depois em séries homogêneas (encíclicas bíblicas, morais, políticas, sociais etc.), permite sistematizar progressivamente a visão doutrinal da Igreja de Roma, encarnada em sucessivos "corpus" pontifícios.

2. A "QUESTÃO SOCIAL" E A TEOLOGIA FUNDAMENTAL

Assumida por muitos movimentos eclesiais europeus, a "questão social" se torna, a partir do final do século XIX, um "lugar" essencial da teologia fundamental, porque nela se concretiza a verificação histórica da distinção entre "tese" e "hipótese" e do sistema "doutrinário" subjacente.

Na realidade, esse teste prático provoca a "terceira fase" da crise modernista, que culmina na condenação do "modernismo social", por Pio X, em 1910, e da Action Française, por Pio XI, em 1926.

Blondel analisou muito bem a situação, num texto sobre a "Semana Social de Bordeaux", publicado em 1909-1910. Discorrendo sobre a *prática* dos "católicos sociais" (expressão da época), ressalta-lhes a filosofia implícita, baseada em três elementos: primeiro, de ordem epistemológica, referente à "relação das idéias com as ações de onde elas procedem ou para as quais tendem"; depois, "a relação das diversas ordens que constroem a harmonia do mundo"; por fim, "a própria unidade do nosso destino, a relação da ordem natural com a ordem sobrenatural e, por isso mesmo, toda a posição do homem, do cidadão, do filósofo, do teólogo, nas suas obrigações recíprocas"[61]. Desse longo texto vamos citar o célebre discurso supostamente dirigido pelos cristãos sociais aos seus contemporâneos. Ele analisa com eles a lógica das experiências sociais e as lições tiradas dos erros coletivos, para esboçar, por essa via imanente, "a volta das pessoas e dos povos ao cristianismo, através de alguns caminhos que haviam abandonado de início":

> Buscamos com vocês, dizem eles, as soluções positivas que a própria evolução da civilização científica renova e complica incessantemente [...]. Mas essa mesma civilização científica depende, inevitavelmente, de verdades superiores, sem as

---

61. M. BLONDEL, *La Semaine sociale de Bordeaux et le monophorisme*, pp. 20 s.; cf. R. VIRGOULAY, *Blondel et le modernisme. La philosophie de l'action et les sciences religieuses* (1896-1913), Paris, Cerf, 1980, pp. 455-501.

quais não poderiam vocês manter nem desenvolver, por completo, [...] nenhuma das suas propostas de progresso, de justiça fraterna, de solidariedade. O que lhes pedimos é, apenas, coerência. Que não se façam inimigos de vocês mesmos, desmentindo sua vontade mais verdadeira, mais sincera, mais perfeita. De decepção em decepção [...] vocês confessam, pelo menos implicitamente, por atos significativos e por leis reparadoras, que só se pode subsistir aceitando algumas dessas verdades, [...] que agora percebem com nova luz, custosamente conquistada. Pois bem, essas mesmas verdades, essas verdades vitais, mas fragmentárias, só poderão deitar raízes e frutificar se derem um passo à frente, se aceitarem uma ordem transcendente, se quiserem e reconhecerem a verdade total. Assim, a eqüidade social, a fraternidade humana, [...] conseguirão do cristianismo sua plena realidade, fecunda e duradoura, porque só ele as justifica completamente [...]. Na vida dos povos como das pessoas, há tempo de reflexão e de opção decisiva. O trabalho latente da verdade em nós chegará, cedo ou tarde, ao momento em que devemos usar, livremente, da razão e da liberdade, seja para ir ao fundo de nós mesmos [...], fechando-nos para certezas e obrigações superiores, seja para ascender à verdade integral, custodiada pela Igreja católica[62].

Esse texto marcante para a compreensão da Ação Católica encaixa perfeitamente na visão de mundo de Leão XIII cujas linhas essenciais reproduz: a estrutura hierárquica das ordens da realidade, a análise baseada nas fraquezas da civilização moderna e a vontade de reconduzir as pessoas e os povos ao cristianismo integral. No entanto, a filosofia subjacente é outra. Blondel não se inspira no realismo tomista, que ele critica mais abertamente do que na época da *Lettre sur l'apologétique* (1896). O "método de imanência" leva-o a esquecer a distinção entre "tese" e "hipótese", articulando de forma bem diferente a história e o que nela se apresenta como normativo:

> Quem está na estrada não precisa, forçosamente, desconhecer os pontos firmes que possibilitam discernir a direção da caminhada e recusar totalmente as orientações divergentes. O papel da reflexão está, precisamente, em apreender, num mundo em movimento, as verdades permanentes; em *marcar, na própria relatividade, diferenças absolutas*, com o rigor da lógica formal; em resgatar, na sua pureza, uma lei que, por estar fundamente arraigada no íntimo das coisas e das ações humanas, não perde jamais o poder incorruptível e transcendente de julgá-las[63].

Essa passagem coloca-nos na onda do "tradicionalismo moderado". É o que Blondel diz, indiretamente, referindo-se à apologética do cardeal Dechamps. Com tal referência, escapa de duas atitudes doutrinárias extremas que enfati-

---

62. Ib., pp. 22-24.
63. Ib., pp. 29 s.

zam, como "o modernismo social"⁶⁴, só a imanência ou, como o catolicismo de Maurras, a exterioridade do sobrenatural, posição que o filósofo designa também com o termo "monoforismo", porque descamba, no campo temporal, no positivismo autoritário Fica, assim, desenhada a paisagem da "terceira fase" da crise modernista.

3. A "TERCEIRA FASE" DA CRISE MODERNISTA

Poucos meses após essa série de artigos, veio à luz, em 25 de agosto de 1910, a carta de Pio X ao episcopado francês, condenando o *Sillon*, um dos grupos do complexo conjunto dos "catolicismos sociais". O *Sillon* de Marc Sangnier "é uma tentativa de reintroduzir o cristianismo numa sociedade avessa às suas manifestações. Nesse intento, chegou a propor, sucessivamente, duas formas de inserção do cristianismo no mundo. À cristandade integrada nas instituições do país sugere que seja substituída por outra, com base muito mais forte na vida religiosa interiorizada nas consciências. [...] Tratava-se, então de promover *o cristianismo para a democracia*. Na aplicação prática, esse lema transformou-se, pouco a pouco, em *"cristianismo na democracia"*. O pluralismo democrático abria caminho para os cristãos imporem sua mentalidade e um espaço para desenvolvê-la como componente válido e respeitado de uma civilização eclética que, pelo apreço à liberdade, nada há de excluir"⁶⁵.

Mas esse projeto recebe censura de Roma, que não hesita em reiterar suas críticas às "infiltrações liberais e protestantes"⁶⁶. Verbera-se, especialmente, "a pretensão do *Sillon* de fugir à direção da autoridade eclesiástica, pretextando se desenvolver em terreno que não é o da Igreja"⁶⁷. Essa separação entre o "espiritual" e o "temporal" é inadmissível e condenada pela carta papal, após uma exposição da doutrina social do *Sillon*, a sua prática e a sua visão do Evangelho.

Referindo-se a duas encíclicas de Leão XIII, *Diuturnum* (1881) e *Graves de communi* (1901), o documento traça, mais uma vez, a doutrina católica sobre a sociedade, opondo-a à "filosofia" do *Sillon*, que dela se afasta pelo menos em três pontos: "a participação maior possível de cada um no governo da coisa pública", contrariando a tese católica da origem divina do poder; a superioridade da democracia, pela sua valorização da igualdade, como fonte de "melhor justiça", em oposição à doutrina social da Igreja que não aceita priorizar determinada forma de governo; e, por fim, uma concepção da fraternidade universal com base "na pura idéia de humanidade, para além de todas as filosofias e religiões":

---

64. Cf. J. FONTAINE, *Le modernisme sociologique*, Paris, Lethielleux, 1909.
65. J. CARON, *Le Sillon et la démocratie chrétienne. 1894-1910*, Paris, Plon, 1967, p. 13; cf. E. POULAT, *Église contre bourgeoisie*, *op. cit.*, pp. 135-172 ("la démocratie mais chrétienne").
66. PIO X, Carta ao episcopado francês sobre o *Sillon*, 25/8/1910, *op. cit.*, t. V, p. 125.
67. Ib., p. 125.

Não existe fraternidade autêntica fora da caridade cristã que, por amor a Deus e a seu filho Jesus Cristo, nosso Salvador, abraça a todos os homens, para confortá-los e levá-los todos à mesma fé e à mesma felicidade celestial. Ao separar a fraternidade dessa caridade cristã, a democracia não representa um progresso, senão um desastroso retrocesso da civilização[68].

A seguir, a encíclica pontifícia critica a indisciplina do *Sillon* perante a hierarquia[69], a autonomia de suas ações — "há dois tipos de homens para o sillonista: o indivíduo católico e o sillonista, homem de ação, que é neutro" — e a criação de uma grande associação interconfessional[70]. Porém, o ponto mais grave, no final das contas, é a doutrina religiosa do *Sillon*, acusado de "modernismo", esse "grande movimento de apostasia, organizado para constituir uma Igreja universal, sem dogmas, sem hierarquia, sem normas espirituais":

> Seus sentimentos exaltados, a bondade cega de seus corações, seu misticismo filosófico, mesclado de iluminismo, acabam arrastando-os para um novo Evangelho [...], de sorte que chegam a tratar Nosso Senhor Jesus Cristo com uma familiaridade sumamente desrespeitosa e [...] nem se inibem de fazer aproximações blasfemas entre o Evangelho e a Revolução[71].

Reveste-se de enorme interesse a carta de Pio X, pois, sob as aparências de uma condenação impiedosa, deixa ver no *Sillon* uma *sensibilidade* cristã muito diferente da veiculada pela corrente doutrinária de inspiração leonina. Diferente até mesmo do catolicismo das "Semanas Sociais". É verdade que M. Sangnier submeteu-se de imediato, confirmando, aparentemente, o "perfil doutrinário" traçado pela carta. Mas é possível dar outra interpretação ao "sillonismo", se atentarmos mais para os retoques feitos pelos seus responsáveis a algumas afirmações suas[72]. Não bate aí, porém, o verdadeiro alvo da intervenção pontifícia. A carta visa mostrar que a crise do sistema doutrinário poderá vir dessa *prática* sociopolítica que, suscitada pelo próprio catolicismo, desencadeia, na seqüência, uma lógica própria[73]. Em 1906, o próprio Sangnier assinala o ponto preciso de uma possível transformação:

> Trazendo os católicos ao meio sindical, alimentamos a ousadia de operar a mais maravilhosa das obras apologéticas, não fazendo com que eles se sirvam

---

68. Ib., pp. 127-132.
69. Ib., p. 133.
70. Ib., pp. 132-137.
71. Ib., p. 137.
72. Cf. a análise de J. CARON, *Le Sillon et la démocratie chrétienne*, pp. 711-726.
73. Cf. PIO X, Carta sobre o *Sillon*, p. 125: "No momento oportuno, os fundadores do *Sillon* não colocariam contingentes jovens a seu serviço [da condição operária]? [...] Nossas esperanças, em grande parte, falharam"; cf. E. POULAT, *Église contre bourgeoisie*, pp. 15 s., sensível ao espírito antiliberal do *Sillon* e, por isso, a certa continuidade quanto ao catolicismo social de Leão XIII.

do sindicalismo como instrumento de propaganda confessional, mas para que possam atuar lealmente na renovação da sociedade, junto com todos os trabalhadores[74].

Para bem avaliar a posição doutrinal de Pio X, cumpre lembrar que ele mandou preparar, em 1913, pela Congregação do Índex, a condenação de cinco obras de Charles Maurras e da revista da *Action française*. Esse decreto, assinado em 29 de janeiro de 1914, não foi promulgado nem por ele nem pelo sucessor, Bento XV, devido a certas "interferências e altas pressões"[75], como revelou Pio XI, ao descobrir, em 1926, a documentação pertinente, tão bem guardada que ele próprio a desconhecia[76]. Desfazendo qualquer divergência entre ele e o antecessor, afirma que "Pio X era bastante antimodernista para não condenar essa espécie particular de modernismo político, doutrinário e prático, que ora nos ocupa"[77].

Em carta anterior ao mesmo destinatário (1926), Pio XI já havia condenado "manifestações de um novo sistema religioso, moral e social, sobre o conceito de Deus, a encarnação, a Igreja e, em geral, o dogma e a moral católica, *principalmente nas suas relações necessárias com a política, que está logicamente subordinada à moral*. Nessas manifestações há, essencialmente, sinais de renascimento de um paganismo vinculado ao naturalismo". Como fizera Pio X, o texto distingue as "questões de fé e de moral" em jogo na condenação e as "questões *meramente* políticas, como a da forma de governo". Mas, se Pio X acusa o *Sillon* de privilegiar a democracia, Pio XI "deixa a cada um a justa liberdade"[78] nesse campo em que a *Action française* defende a monarquia. Esse movimento, porém, após muitos anos de contestação, acaba capitulando, em 1939, perante o papa Pio XII, para desaparecer depois, por causa de suas posições durante a ocupação alemã.

III. DIFÍCIL RECONHECIMENTO DOUTRINAL DA DIMENSÃO PROFANA DA HISTÓRIA

Os pontificados de Pio XI (1922-1939) e de Pio XII (1939-1958), por mais dinâmicos que tenham sido, praticamente não mexeram no "sistema doutrinário" do catolicismo, excetuados algum acento ou acréscimo significativo. Destacaremos três aspectos, na perspectiva da dogmatização dos fundamentos.

---

74. M. SANGNIER, *Le Sillon et l'action syndicale*, 16/12/1906, em J. Caron, *Le Sillon et la démocratie...*, p. 719.
75. Cf. E. POULAT, *Catholicisme, démocratie et socialisme*. Tournai, Casterman, 1977, p. 45.
76. Carta ao cardeal Andrieu, arcebispo de Bordeaux, 5.1.1927, Actes de Pie XI, IV, pp. 7-9.
77. Ib., p. 8.
78. Carta ao cardeal Andrieu, 5.9.1926, t. III, p. 257.

1. PRESENÇA NA HISTÓRIA

A primeira encíclica de Pio XI, *Ubi arcano*, "sobre a paz de Cristo pelo reino de Cristo" (1922), autêntico discurso programático, traz as marcas do maior acontecimento desse tempo, a primeira guerra mundial. O esquema desse documento transmite um método apologético distinto do "método da Providência", pela precisão maior e pelo alcance internacional do seu campo de aplicação. Assim escreveu o Papa:

> Como todos sabem, nem os indivíduos, nem os grupos sociais, nem os povos conseguiram ainda, sob a catástrofe dessa guerra, reencontrar a verdadeira paz [...]. Convém, antes de mais nada, medir seriamente a extensão e a gravidade desta crise, procurando descobrir suas causas e sua origem, para lhe aplicar o remédio adequado[79].

Vê-se, pois, que a primeira análise da situação histórica vem junto com a busca das causas da "doença", para terminar numa avaliação doutrinal que equivale a um julgamento do próprio Deus, confirmado, com incomum evidência, pelos acontecimentos recentes:

> Muito antes de a Europa entrar nessa conflagração, a causa maior dessas enormes desgraças já grassava avassaladora, por culpa dos indivíduos como das nações, causa que nem o horror da guerra teria conseguido debelar [...], se todos entendessem o alcance de acontecimentos tão terríveis[80].

A causa de tais males está na "exclusão de Deus e de Cristo" da sociedade, da família e da educação. Herdeira do pensamento leonino sobre o mundo, essa análise leva à proposta de alguns "remédios". Na verdade, a Igreja e o seu magistério pontifício desempenham um papel histórico, como instituição internacional detentora "da verdade e do poder de Cristo", para revelar o sentido da história e conduzir a sociedade à paz:

> Não existe instituição humana capaz de impor a todos os povos um Código internacional, adequado ao nosso tempo, parecido com aquele que, na Idade Média, regia a verdadeira Sociedade das Nações que era então a cristandade [...]. Mas há uma instituição divina capaz de assegurar a inviolabilidade do direito dos povos; instituição que, unindo a todas as nações, a todas supera, com autoridade soberana e com o glorioso privilégio de um magistério pleno — a Igreja de Cristo. [...]. É preciso [...], afinal, que ela possa garantir a cada pessoa e a

---

79. *Ubi arcano, op. cit.*, t. I, p. 141.
80. Ib., pp. 151 s.

cada povo todos os direitos de Deus, um a um. Esse o sentido da nossa breve fórmula: *o Reino de Cristo*[81].

Para a execução desse programa, Pio XI, na esteira dos seus predecessores[82], pede o apoio de todos os bispos, dos movimentos apostólicos e desse "conjunto de organismos, programas e obras que, reunidos sob um nome comum, constituem a *Ação Católica*, a nós muito particularmente querida"[83].

No final do pontificado de Pio XI, essa presença da Igreja na história aparece com notável relevância, através de dois documentos publicados na mesma semana, em circunstâncias bastante graves: as encíclicas *Mit brennender Sorge*, "sobre a situação da Igreja católica no império alemão" (14 de março de 1937) e *Divini redemptoris*, "sobre o comunismo ateu" (19 de março de 1937). Ambas explanam toda a doutrina católica nos níveis da fé e da razão[84], organizando e acentuando sua expressão em função de um combate histórico a duas potências de dimensão terrivelmente apocalíptica.

A diretriz do segundo documento está na oposição dos princípios do comunismo ateu à "verdadeira noção da *sociedade humana* [...], segundo a luz da razão e da revelação, por intermédio da Igreja *Magistra gentium*"[85]. O primeiro documento, de estrutura assemelhada ao Símbolo, desenvolve uma crítica pormenorizada da idolatria nazista (confusão panteísta de Deus com o universo; substituição de um Deus pessoal pelo Destino; divinização da raça, do povo ou do Estado[86]) e decodifica o desvio da linguagem cristã pelos nazistas[87]. Merece destaque a vigorosa defesa do Antigo Testamento[88], a primeira do gênero, mas que, infelizmente, nada fala do povo judeu e propõe uma teologia super-ambígua do cumprimento das promessas:

> Quem deseja banir da Igreja e das escolas a história bíblica e as sábias lições do Antigo Testamento blasfema a palavra de Deus, blasfema o plano de salvação do Onipotente e põe como juiz dos desígnios divinos o pobre pensamento humano. Renega a fé em Jesus Cristo, presente entre nós na realidade da carne humana, assumida por meio de um povo que, depois, o crucificaria. Não entende nada do drama universal do Filho de Deus que, ao sacrilégio dos seus algozes contrapôs, como sumo sacerdote, a ação divina da sua morte redentora e assim conseguiu completar o Antigo Testamento, dando ao Novo seu termo e coroamento[89].

---

81. Ib., pp. 161 s.
82. Ib., p. 163: Pio XI alude aos lemas de Pio X (*Instaurare omnia infalibilidade Christo*) e de Bento XV (*Reconciliandae pacis*).
83. Ib., p. 168.
84. Cf. *Divini redemptoris, op. cit.*, t. 16, pp. 61 s.
85. Ib., p. 54.
86. *Mit brennender Sorge, op. cit.*, t. 15, pp. 14 s.
87. Ib., pp. 30-33.
88. Que será citada, no Vaticano II, no cap. 4 da *Dei Verbum*.
89. *Mit brennender Sorge*, pp. 19 s.

2. CRISTO REI

Essa teologia política da história exprime-se, doutrinária e liturgicamente, na instituição da festa de Cristo Rei, em 11 de novembro de 1925, marco histórico e cristológico da obra de Pio XI[90]. O desdobramento do argumento escriturístico leva à primeira conclusão: identificar a "Igreja católica" com o "Reino de Cristo na terra, aberto a todos os homens e a todos os países do mundo"[91]. Envolvendo os três poderes (legislativo, executivo e judiciário), a realeza de Cristo se situa na *junção* do espiritual com o temporal. Nesse esquema dogmático[92] está o ápice do texto. A encíclica evoca, primeiramente, o caráter espiritual desse reino conquistado por Cristo, "por alto preço", para que os crentes entrem nele, pela penitência e pela prática das bem-aventuranças[93]. Logo, porém, acrescenta que "seria erro grosseiro rejeitar a soberania do Cristo-Homem sobre as coisas temporais, sejam elas quais forem[94].

Volta, assim, a concepção leonina da vida pública e da vida privada, silenciando-se, porém, a autonomia do temporal[95]. Mas, na seqüência, a distinção reaparece no plano temporal, quando a marca condicional das formulações deixa perceber, a pouco e pouco, o nível "utópico" do Reino: "Os povos, então, provarão os benefícios da concórdia e da paz [...]. Pois, se o Reino de Cristo englobar *de fato* a todos os homens, como o faz *de direito*, como descrer dessa paz que o Rei pacífico veio trazer à terra"[96]?

Nessa distância histórica entre o fato e o direito é que se coloca, precisamente, a festa de Cristo Rei. Foi ela instituída para "acelerar o retorno tão desejável da humanidade ao seu afetuosíssimo Salvador"[97]. Nessa festividade "escatológica" integram-se os aspectos bíblicos, doutrinários, litúrgicos e pastorais de uma visão que não deve atingir só a inteligência do "pequeno grupo das pessoas cultas", mas também há de tocar "o coração e a mente de todos os fiéis"[98], porque Cristo reina sobre a inteligência, a vontade, o coração e o corpo[99].

---

90. Em 1925, a Igreja também celebrava o 16º centenário do Concílio de Nicéia: "Inserindo na fórmula de fé ou Credo as palavras *cujus regni non erit finis*, está afirmando, ao mesmo tempo, a dupla realeza de Cristo" (*Quas primas*, p. 66).
91. Ib., p. 71.
92. Cf. ib., pp. 72 s; o texto lembra aqui a cristologia de Cirilo de Alexandria.
93. Ib., pp. 73-75.
94. Ib., p. 75.
95. A encíclica insiste no apelo aos chefes de Estado para "prestar [...] homenagens públicas de respeito e submissão à soberania de Cristo", ib. p. 77.
96. Ib., p. 79.
97. Ib., p. 84.
98. Ib., p. 80.
99. Ib., pp. 67 s, 80 s e 92 s.

3. O DIREITO NATURAL

Em 1939, Pio XII, a quem já nos referimos ao tratar da "questão bíblica", iniciou seu magistério lembrando, com a figura de Cristo Rei, o cerne dos ensinamentos do seu predecessor. Merece ser citada aqui, por razões várias, sua encíclica programática *Summi pontificatus*, lançada no começo da segunda grande guerra.

O tema constante dos papas — o "abandono da doutrina cristã, cuja depositária e mestra"[100] é a cátedra de Pedro, explica por que estão abalados os fundamentos da sociedade — pode ganhar agora especial plausibilidade:

> Muitos, talvez, que não captavam a importância da missão educadora e pastoral da Igreja, compreenderão melhor, agora, as advertências da Igreja por eles menosprezada, na falsa segurança dos tempos passados. As angústias atuais constituem uma apologia do cristianismo, que não poderia ser mais impressionante[101].

A argumentação pontifícia visa, sobretudo, à condenação do agnosticismo, tomado no sentido particular de "desconhecimento e desconsideração da lei natural":

> Essa lei natural tem seu fundamento em Deus, criador onipotente e pai de todos, legislador máximo e absoluto, que tudo sabe e julga todas as ações humanas. Quando se nega a Deus, fica abalada toda base de moralidade, abafa-se ou, no mínimo, se enfraquece, sobremaneira, a voz da natureza, que até aos iletrados [...] ensina o que é bom e o que é mau, o lícito e o ilícito, e a todos passa a responsabilidade pelas suas próprias obras diante de um juiz supremo[102].

Sem perder o embasamento teológico, a argumentação prossegue sempre no sentido de uma racionalidade "natural" e "universal", que merece ser observada também fora dos limites cristãos. Daí Pio XII tira duas conseqüências bastante decisivas para os debates ulteriores do Vaticano II. A primeira diz respeito à "lei da solidariedade humana e da caridade, ditada e imposta seja pela origem comum e pela presença igual em todas as pessoas humanas, seja pelo sacrifício redentor oferecido por Jesus Cristo no altar da cruz ao Pai celeste, em favor da humanidade pecadora"[103]. Sem esquecer as diversidades étnicas, o texto desenvolve toda uma sinopse da história universal, que privilegia, pela primeira vez, os "deveres da humanidade provenientes da sua unidade de origem e do seu destino comum"[104]. A segunda conseqüência da valorização do direito natural é a crítica ao totalitarismo:

---

100. *Summi pontificatus, op. cit.*, t. I, p. 215.
101. Ib., p. 212.
102. Ib., pp. 214 s.
103. Ib., p. 219.
104. Ib., p. 223.

Negada a autoridade divina e o império de sua lei, o poder civil, por decorrência inelutável, tende a se atribuir uma autonomia absoluta, que só pertence ao Criador e Senhor supremo, sobrepondo-se ao Todo-Poderoso e elevando o Estado ou a coletividade à condição de fim último da vida e árbitro soberano da ordem moral e política, impedindo com isso qualquer apelo aos princípios da razão natural e da consciência cristã[105].

Mas esse texto da encíclica, alinhado com a *Dei Filius* e com o *Corpus leoninum*, inaugura novo tipo de argumentação, baseada não tanto na referência explícita do Estado a Deus, quanto na defesa de alguns direitos que lhe limitam intrinsecamente o poder[106].

A apresentação da encíclica *Aeterni Patris* sobre a filosofia cristã mostrou o segredo de sua eficácia histórica, recolocando-a dentro da visão leonina do mundo. Esta se funda na distinção das "duas ordens da razão e da fé" (cf. *Dei Filius*), cuja articulação se modificou e se precisou ao longo dos vários pontificados do século XX, indo, algumas vezes, no rumo da sua união e, outras vezes, da sua distinção, com mais espaço para a autonomia do temporal. Tais oscilações prendem-se, por certo, ao destino da cristologia das duas naturezas, fonte, nesse período, de alguns efeitos em nível filosófico e epistemológico.

Independente dessas flutuações, o magistério romano nunca deixou de se opor, apoiado na filosofia tomista, à lógica *liberal* de emancipação, rotulada ainda como de raiz "comunista e atéia". Para ele a catástrofe das duas guerras mundiais confirma, historicamente, essa análise do liberalismo. E com esse procedimento apologético "eficaz" que "encarna" a doutrina numa visão do mundo e da história sempre mais universal, o magistério romano também corrobora sua própria missão. Mas deverá ela ser entendida numa perspectiva jurídica, que distingue apenas o "julgamento solene" do "magistério ordinário-e-universal? Desconhecido no Vaticano I, esse qualificativo do magistério "ordinário" do *pontífice romano* parece que se tornará mais claro simplesmente por força dos acontecimentos.

Em meio a todas essas mudanças, o filósofo Jacques Maritain ressaltava, em 1936, a passagem da "cristande medieval" para "uma nova cristandade", aludindo à filosofia tomista, mais uma vez, no seu *Humanismo integral*. Pelo seu diagnóstico percebemos muito bem o problema maior dessa época de dogmatização do fundamental, a saber, o difícil reconhecimento doutrinal da dimensão profana da história. Para definir sua "concepção *profana* cristã do temporal", oposta "ao liberalismo ou ao humanismo inumano da idade antropocêntrica", como também "ao ideal medieval do *sacrum imperium*", Maritain desenvolve cinco observações, retomadas atentamente na época do Vaticano II,

---

105. Ib., p. 228.
106. Ib., pp. 230 s.

a saber, a estrutura pluralista da sociedade, a autonomia do temporal, o respeito pelas liberdades, a democracia personalista e a construção de uma comunidade fraterna[107].

---

107. J. MARITAIN, *Humanisme intégral*, pp. 168-214.

CAPÍTULO XI
A encíclica *Humani generis* (1950) ou o fim de uma época de dogmatização fundamental

> **INDICAÇÕES BIBLIOGRÁFICAS:** PIE XII, Encyclique *Humani generis*. Texto, trad. et comment. *Cahiers de la NRT* VIII, Tournai, Casterman, 1951.
>
> Y. CONGAR, *Chrétiens en dialogue. Contributions catholiques à l'œcuménisme*, Paris, Cerf, 1964. — R. V. GUCHT et H. VORGRIMLER (éd.), *Bilan de la théologie du XXe siècle*, 2 vol., Casterman, 1970. — E. FOUILLOUX, *Les catholiques et l'unité chrétienne du XIXe siècle. Itinéraires européens d'expression française*, Paris, Centurion, 1982; *La collection "Sources chrétiennes". Editer les Pères de l'Église au XXe siècle*, Cerf, 1995. — M. D. CHENU, *Une école de théologie: le Saulchoir* (1937), avec les études de G. ALBERIGO, E. FOUILLOUX, J. LADRIÈRE et J.-P. JOSSUA, Cerf, 1985. — J. GUILLET, *La théologie catholique en France de 1914 à 1960*, Paris, Médiasèvres, 1988 (bibliographie).

Com o capítulo anterior chegamos ao limiar da segunda grande guerra e à percepção clara de que o cristianismo ganhara novos contornos durante a primeira metade do século XX. Para entender as iniciativas e as medidas disciplinares do final do pontificado de Pio XII, cumpre recapitular as diversas "renovações" que marcaram a Igreja, na Europa, depois dos anos 30. Interrompidas, de repente, pela encíclica *Humani generis* (1950), fica-se a perguntar se não anunciavam uma transformação mais profunda do perfil doutrinal da Igreja.

I. RENOVAÇÃO TEOLÓGICA

Nos primeiros anos da década de 30, despontaram na França e em outros países os grandes artífices da renovação conciliar. Em 1929. H. de Lubac começa a ensinar na Faculdade de Teologia de Lyon. Em 1934, Y. Congar faz o mesmo em Saulchoir, perto de Tournai. E aí mesmo, em 1932, M. D. Chenu assume a direção dos cursos. 1930 é também o início da Ação Católica especializada[1]. "Um dos traços da nova geração de teólogos será a preocupação de viver em contacto com esse mundo vivo de jovens cristãos em formação para o futuro"[2].

1. AS ESCOLAS DE TEOLOGIA

Coube à Ordem dos Dominicanos abrir nova etapa de pesquisa medieval, inserindo S. Tomás, pela primeira vez, no seu contexto histórico. Entre 1921 e 1924, nasceram no centro de estudos de Saulchoir o *Institut d'études médiévales*, a coleção *Bibliothèque thomiste* e o *Bulletin thomiste*. Em 1930, E. Gilson chega a pedir a M. D. Chenu, principal articulador dessa renovação, que crie, paralelo ao seu *Institute of Medieval Studies*, de Toronto, um *Institut d'Études médiévales*, em Ottawa. Não foi sem frutos essa pesquisa histórica. Graças a ela, os estudos em Saulchoir se reestruturaram, entrando logo mais em competição com a tradição tomista do *Angelicum* de Roma (especialmente com o Pe. Garrigou-Lagrange, guardião de sua ortodoxia)[3].

O confronto se desencadeia, em 1937, com a conferência de Chenu, no centro de estudos há pouco instalado na região parisiense. Embora não editado, esse texto, distribuído com o título de *Une école de théologie: Le Saulchoir*, expõe uma metodologia teológica bem diferente do estilo clássico. Chenu traça um paralelo entre a crise do início do século XX e a do século XIII[4]: desenvolvida outrora sob a provocação da dialética, a teologia precisa, hoje, assumir o desafio do método histórico. Se Tomás de Aquino e Alberto Magno souberam trabalhar o pensamento antigo,

> seus verdadeiros discípulos devem, agora, fazer o mesmo com a história ou a filosofia moderna e, se necessário, contra um tomismo fechado. Há três condições para a real liberdade da reflexão teológica: voltar aos textos medievais, independente das elaborações posteriores e, muitas vezes [...] artificiais; aplicar nesses textos o método histórico do Pe. Lagrange e da sua Escola Bíblica de Jerusalém; inserir o trabalho intelectual num banho de espiritualidade, que desfaça a maléfica separação entre especulação e contemplação[5].

---

1. Cf. tomo 3, pp. 428-429.
2. J. GUILLET, *La théologie catholique en France*..., p. 26. Neste livro é que nos inspiramos aqui.
3. Cf. E. FOUILLOUX, "Le Saulchoir en procès (1937-1942)", em M. D. CHENU, *Une école de théologie, op. cit.*, pp. 39-59.
4. Cf. também M. D. CHENU, *La théologie comme science au XIIIe Siècle* (1927), Paris, Vrin, 1957.
5. E. FOUILLOUX, "Le Saulchoir en procès...", pp. 44 s.

Do lado jesuíta, a reinterpretação do pensamento de S. Tomás começa com a obra de J. Maréchal. Professor no escolasticado de Eegenhoven (Louvain), de 1919 a 1935, Maréchal procurou unir a teoria tomista do conhecimento com o interesse recente pela experiência mística, mediante uma apreensão pessoal do "método transcendental" de Kant[6]. Sua instigação especulativa marcou muito os primeiros trabalhos de K. Rahner sobre Tomás de Aquino, de 1939 a 1941[7]. Na França, o livro de H. Bouillard, *Conversion et grâce chez saint Thomas d'Aquin* (1944), volume inaugural da coleção "Théologie" do escolasticado jesuíta de Fourvière (Lyon), introduz um novo tempo na teologia fundamental, inspirado no pensamento de Blondel[8].

Yves Congar foi outro expoente teológico de Saulchoir que desempenhou relevante papel na aproximação dos teólogos dominicanos com alguns jesuítas de Paris e Fourvière. Em 1937, ele criou a coleção *Unam sanctam*, para promover "um conceito de Igreja ampla, rica, viva, cheia de vigor bíblico e tradicional". O primeiro volume seria a tradução de *L'unité dans l'Église* de J.-A. Möhler (1796-1838), da escola católica de Tübingen, transformado, depois do pronunciamento programático de Chenu, na grande referência de uma teologia baseada na realidade histórica e espiritual da vida da Igreja, como o verdadeiro lugar da Tradição. Dizia ele:

> Esta é a sua própria verdade. Nesse sentido, ela prova que é a consciência cristã permanente na Igreja e serve de critério para julgar toda inovação [...]. A Tradição não é uma soma de tradições, senão um princípio de continuidade orgânica, cujo instrumento infalível é o magistério, na realidade teândrica da Igreja, corpo místico de Cristo[9].

Com o atraso da tradução do livro de Möhler, Congar publicou, primeiro, *Chrétiens désunis. Principes d'un "oecumenisme" catholique* (1937), obra que comenta o "unionismo oficial" consagrado pela encíclica *Mortalium animos* de 1928. O Santo Ofício proibiu a reimpressão, exigindo que *L'unité dans l'Église*, de 1938 ("*Unam sanctam*" 2), fosse retirado de circulação. O terceiro título da coleção foi o famoso estudo de H. de Lubac, *Catholicisme. Les aspects sociaux du dogme* (1938). Surgem aí os principais temas da sua teologia: a unidade e a solidarieda-

---

6. J. MARÉCHAL, *Le point de départ de la métaphysique. Leçons sur le développement historique et théorique du problème de la connaissance*, Cahiers I-III et V (1922-1926), Cahier IV (1947), Bruxelles-Paris, Édit. Univers./DDB, 1944-1947; *Études sur la psychologie des mystiques*, 2 vol., Édit. Univers./DDB, 1924 et 1937.

7. K. RAHNER, *L'Esprit dans le monde. La métaphysique de la connaissance finie chez saint Thomas d'Aquin* (2e. éd. Revue par J. B. Metz), Paris, Mame, 1968; *L'homme à l'écoute du Verbe. Fondements d'une philosophie de la religion* (2e. éd. revue par J. B. Metz), Mame, 1968.

8. Cf. sobretudo seu artigo famoso "L'intention fondamentale de Maurice Blondel", *RSR* 36, (1949), pp. 321-402, que influenciou na sua destituição, em 1950.

9. M.-D. CHENU, *Une école de théologie...*, p. 141.

de da humanidade no plano divino da criação e da redenção; a dimensão histórica do cristianismo e o sentido positivo do desenrolar da história; a vocação universal e "sacramental" da Igreja; o lugar de Cristo como cumprimento do Antigo Testamento e, simultaneamente, do Espírito, cumprimento da letra[10].

Na esteira de P. Teilhard de Chardin, A. Valensin, J. Huby e V. Fontoynont, quatro figuras começam a se impor na Companhia de Jesus, a partir dos anos 30: H. de Lubac, G. Fessard, Y. de Montcheuil e P. Chaillet. Mas é só durante a segunda grande guerra que se inicia a grande renovação, especialmente a patrística, com os lançamentos, em 1943, da coleção *Sources chrétiennes*, por V. Fontoynont, H. de Lubac e J. Daniélou (atualmente com mais de 400 volumes) e, um ano depois, da coleção "Théologie". Logo no primeiro ano, aparecem cinco volunes, que mostraram claramente as diretrizes de Fourvière.

No primeiro volume, *Conversion et grâce chez saint Thomas d'Aquin*, H. Bouillard escreve: "Quando o espírito evolui, uma verdade só se mantém imutável pela evolução simultânea e correlativa de todas as noções [...]. Teologia não atualizada é falsa teologia"[11]. No segundo volume, de autoria de H. de Lubac, *Corpus mysticum. L'Eucharistie et l'Église au Moyen Age*, acentua-se que essa evolução nem sempre é bem sucedida. A redução do pensamento simbólico do mistério Igreja-Eucaristia provoca a valorização unilateral de "presença real" separada da Igreja, bem como uma concepção de Igreja herdada do individualismo do direito romano. O terceiro volume, sobre Gregório de Nissa, por J. Daniélou, e o quarto, sobre Clemente de Alexandria, por Cl. Mondésert, enfocam dois notáveis mestres da espiritualidade cristã, empenhados na conversão do pensamento e da cultura do seu tempo. Já o quinto volume, *Autorité et Bien commun*, de G. Fessard, insere-se no campo da catequese moderna, para construir uma filosofia do social e uma antropologia. E pode-se acrescentar a essa lista de peso duas obras de primeira linha de H. de Lubac, *Surnaturel*, em 1946[12], que terá influência determinante na crise de Fourvière, e *Histoire et Esprit. L'intelligence de l'Écriture d'après Origène*, em 1950[13].

2. A LIGAÇÃO COM OUTROS MOVIMENTOS DE RENOVAÇÃO

Em 1964, Y. Congar evoca o clima excepcional dos anos de após-guerra:

> Quem não viveu os anos 1946-1947 do catolicismo francês perdeu um dos mais lindos momentos da vida da Igreja. Saindo a duras penas da miséria (da guerra),

---

10. Cf. J. GUILLET, *La théologie catholique en France*, p. 33.
11. H. BOUILLARD, *Conversion et grâce chez saint Thomas d'Aquin. Étude historique*, Paris, Aubier, 1944, p. 219.
12. Cf. tomo 2, pp. 338-343.
13. Cf. supra, p. 304.

procurou-se, com muita liberdade e com uma fidelidade tão profunda como a vida, conquistar um mundo há séculos não desfrutado. Só mais tarde descobrimos que o futuro da Igreja está ligado ao futuro do mundo, mas naqueles anos já prelibávamos, no dia-a-dia, essa experiência[14].

Ocorreu em várias frentes essa renovação eclesial. Em Saulchoir, era habitual receber assistentes e militantes da JOC. E os jesuítas prestavam apoio espiritual e cultural aos movimentos especializados, sobretudo à JAC e à JEC. Em 1941, o cardeal Suhard funda a *Mission de France*. Dois anos depois, divulga-se o relatório solicitado pelo arcebispo ao seu clero. É o livro *"La France, pays de mission"*, de 1943[15], com enorme repercussão na opinião pública, pela revelação da incrível distância entre o mundo operário e a Igreja. Desse choque e de algumas experiências na Alemanha, realizadas por sacerdotes irmanados aos trabalhadores convocados pelo Serviço do Trabalho Obrigatório (STO), aparecem, em 1944, os primeiros "padres-operários"[16].

Paralelamente a esse apostolado em ambientes descristianizados, os Pes. Couturier e Congar, entre outros, põem-se a campo por um verdadeiro "ecumenismo católico"[17]. Nessa mesma frente avançada coloca-se o movimento litúrgico, concebido, já durante a guerra, num sentido mais pastoral. Criam, assim, os dominicanos, em 1943, em Paris, o *Centro de Pastoral Litúrgica* e lançam, em 1947, a revista *La Maison-Dieu* e a coleção *"Lex orandi"*, integrando os movimentos de renovação litúrgica, bíblica e catequética. Multiplicam-se os laços internacionais entre institutos e revistas, particularmente com a Alemanha e a Áustria, numa colaboração que servirá de encaminhamento bastante eficaz para o Vaticano II.

Nessa imensa renovação prática e pastoral[18] envolvem-se os maiores teólogos da época, provocando a superação de algumas barreiras seculares entre teologia e pastoral, entre católicos e outras confissões cristãs e a sociedade em plena evolução, entre clérigos (padres-operários) e leigos. São movimentos pró-reforma que buscam apoio teológico na volta às fontes bíblicas e patrísticas, distanciando-se, pouco a pouco, da ortodoxia tomista mais estrita. Daí as reações do magistério romano.

3. MEDIDAS DISCIPLINARES

As primeiras medidas atingiram a equipe de Saulchoir, suspeita, desde 1937, de simpatizar com o modernismo. Chamado a Roma, em 1938, M.-D.Chenu

---

14. Y. CONGAR, *Chrétiens en dialogue. Contributions catholiques à l'oecuménisme*, Paris, Cerf, 1964, p. XLIII.
15. H. GODIN et Y. DANIEL, *La France, pays de mission*, Lyon, l'Abeille, 1943.
16. Cf. E. POULAT, *Naissance des prêtres ouvriers*, Tournai, Casterman, 1965.
17. Cf. E. FOUILLOUX, *Les catholiques et l'unité chrétienne...*, op. cit.
18. Cf. sobretudo Y. CONGAR, *Vraie et fausse réforme dans l'Église*, Paris, Cerf, 1950.

subscreveu dez proposições, mas nem assim os censores descansaram. As acusações persistiram e, em 1942, seu opúsculo sobre Saulchoir é colocado no Índex e ele é destituído de sua cátedra pelo Pe. Thomas Philippe, representante do visitador romano, o Pe. Garrigou-Lagrange. Poucos dias depois, Parente escreve no *Osservatore Romano* sobre os motivos dessa condenação. É nesse artigo que se lê, pela primeira vez, a expressão "nova teologia".

E. Fouilloux analisou os documentos, destacando cinco pontos censuráveis, que, aliás, a encíclica *Humani generis* também enfoca: a atitude por demais complacente com o modernismo, o relativismo filosófico e teológico que não poupa sequer S. Tomás, o relativismo das fórmulas dogmáticas, a definição da teologia como uma "espiritualidade que se arma de instrumentos racionais adequados à sua experiência religiosa" e, enfim, a insistência no papel criador da tradição viva da Igreja[19].

Após a guerra, as suspeitas de Roma crescem. Y. Congar chega a falar de uma "mudança nos rumos do pontificado de Pio XII"[20], na segunda metade de 1946. Dirigindo-se à congregação geral dos jesuítas e, depois, ao capítulo geral dos dominicanos, o Papa alerta-os contra certa "nova teologia", que estaria pondo em risco os dogmas imutáveis da Igreja católica. O clima, assim, vai se deteriorando com uma série de artigos, até que, em 1950, cinco jesuítas são excluídos da casa de estudos de Lyon, na célebra "charrette de Fourvière", a saber, H. de Lubac, H. Bouillard, P. Ganne, E. Delaye e A. Durand.

II. A ENCÍCLICA *HUMANI GENERIS*

Apenas dois meses depois, aparece essa encíclica, em 12 de agosto de 1950, para refutar, conforme seu título, "certas opiniões falsas que ameaçam os *fundamentos da doutrina cristã*". O primeiro parágrafo amplia também o significado do "doutrinal", referindo-se aos ataques contra os *"princípios da cultura cristã"*. E o surpreendente é que o texto volta a expor as principais afirmações dos capítulos I-III da *Dei Filius*, fixando, assim, a "leitura cultural" do mesmo, tal como já foi aqui apresentada. Embora reconhecendo a *possibilidade* de a razão natural "chegar ao conhecimento verdadeiro e certo de um Deus pessoal, que protege e governa o mundo por sua providência, como também de uma lei natural inserida em nós pelo Criador" (acréscimo evidente à *Dei Filius*[21]), a encíclica explica a presença "de dissensões e de erros fora do redil cristão", a partir da "atual situação do gênero humano"[22]. "O espírito humano, para abraçar tais verdades (Deus, providência e lei natural), tem dificuldade tanto por

---

19. E. FOUILLOUX, "Le Saulchoir en procès...", pp. 57 s.
20. Y. CONGAR, *Chrétiens en dialogue*, pp. XLV s.
21. Cf. *Aeterni Patris,* pp. 46 s. e supra, p. 352-353.
22. Cf. *Dei Filius,* cap. 2º; *DS* 3005; *FC* 88-89.

causa dos sentidos e da imaginação como também pelos maus desejos derivados do pecado original"[23].

Vêm expostos, então, quatro erros: a utilização ideológica da teoria da evolução, para explicar a origem de todos os seres (monismo, panteísmo e materialismo dialético); o existencialismo que, "menosprezando a essência imutável dos seres, interessa-se tão somente pela existência de cada coisa"; "o historicismo que, preso apenas aos acontecimentos da vida humana, arrasa as bases de toda verdade e de toda lei absoluta" e, finalmente, uma teologia (dialética?) que "exalta a Palavra de Deus e a autoridade da revelação", mas "suprime a razão humana e marginaliza o magistério da Igreja"[24].

A encíclica lembra que os teólogos e filósofos devem, por certo, conhecer essas idéias, porque se encontram nelas, às vezes, "parcelas de verdade" que "incitam a mente a perscrutar e analisar mais acuradamente certas verdades". Mas Pio XII proscreve o "irenismo" que, a pretexto de reconciliar pessoas de boa vontade, não ensina de fato a "verdade integral":

> Entusiasmados por um 'irenismo' imprudente, alguns parecem considerar como obstáculo à restauração da unidade fraterna o que, na realidade, se fundamenta em leis e princípios estabelecidos por Cristo e em instituições por ele criadas, ou constitui a defesa e o sustentáculo da integridade da fé, o qual, se desaparecesse, não garantiria senão o encaminhamento de tudo para a ruína[25].

Essa condenação do "irenismo" que subordina a defesa da verdade a problemas de comunicação e reconciliação supõe certa compreensão da "integridade da fé" como *integridade cultural,* baseada num sistema apologético e epistemológico. A encíclica não descarta sua "adaptação […] às condições e necessidades atuais", mas enfatiza o difícil cotejo das leis e dos princípios doutrinários da visão católica com as inúmeras culturas humanas:

> Hoje, não falta quem apregoe, seriamente, que a teologia e o seu método, praticados nas escolas com aprovação das autoridades eclesiásticas, precisam ser não só melhorados, mas também *completamanete reformados*, a fim de que o reino de Cristo se propague mais eficazmente pelo mundo todo, por toda e qualquer cultura e entre pessoas de toda e qualquer orientação religiosa[26].

Essa repulsa a uma "reforma completa do método teológico", em vista de uma "inculturação da fé" (como se diria hoje), revela, como reação, os limites culturais da encíclica e de toda a fase de dogmatização fundamental que ela recapitula e sistematiza uma última vez.

---

23. *Humani generis*, *DS* 3875 s; *FC* 135 s.
24. Ib., *DS* 3877 s.
25. Ib., *DS* 3880 s.
26. Ib.

1. A ESTRUTURA DO SISTEMA

As três partes do documento desenham a estrutura do sistema doutrinário. A primeira expõe, de novo, o dispositivo das três instâncias reguladoras, como se viu durante essa terceira fase: após um longo texto sobre a "linguagem dogmática", passa-se à definição das prerrogativas do magistério e, por fim, reafirmam-se os princípios e as normas da hermenêutica bíblica, fixadas nas três encíclicas *Providentissimus* (1893), S*piritus Paraclitus* (1920) e *Divino afflante* (1943). Como fecho, tem-se um breve "syllabus" de alguns erros teológicos em particular.

A ordem da exposição, que parte do *dogma,* é tão significativa que a crítica de toda essa parte é cultural e também filosófica. Opõe-se a encíclica, firmemente, a uma hermenêutica do dogma cristão[27], que, segundo ela, assenta em três pilares: "a volta, na exposição da doutrina cristã, às expressões (*dicendi modum*) usadas pela S. Escritura e pelos Padres"; uma resposta "às necessidades hodiernas de exprimir o dogma pelas noções da filosofia atual, imanentismo, idealismo, existencialismo ou outras"; e a tese doutrinal de que "nunca os mistérios da fé poderão ser expressos em termos verdadeiros, mas apenas 'aproximados' e sempre mutáveis, indicando a verdade até certo ponto e, ao mesmo tempo, deformando-a, necessariamente"[28]. Contra esse chamado "relativismo dogmático", insiste o texto no elo indissolúvel, garantido pelo magistério, entre "a doutrina comumente ensinada e os termos pelos quais ela é apresentada:

> Evidentemente, não pode a Igreja se ligar a nenhum sistema filosófico efêmero, pois as expressões multisseculares, firmadas consensualmente pelos mestres católicos para alcançar alguma compreensão do dogma, não se baseiam, certamente, em fundamento tão frágil. Baseiam-se, na verdade, em princípios e conceitos deduzidos do verdadeiro conhecimento das coisas criadas, graças à verdade revelada que iluminou, como uma estrela, a mente humana, por meio da Igreja. Por isso, nada a estranhar que algumas dessas noções tenham sido não só empregadas nos concílios ecumênicos, mas também sancionadas de tal forma que delas não se deve apartar[29].

Na segunda parte do documento — sobre a filosofia cristã — que, à semelhança da *Aeterni Patris* (1879), distingue o enunciado dos princípios e a defesa de S. Tomás, insiste-se na experiência intelectual "multissecular" da Igreja e no caráter "perene" da sua cultura filosófica, contraposto à flutuação e ao vazio das mudanças na civilização moderna.

Retomando, primeiramente, as afirmações do Concílio Vaticano I sobre as *possibilidades* da razão humana, a encíclica enfoca, pela primeira vez, a situação

---

27. Cf. supra, pp. 334 s.
28. Ib., *DS* 3881s; *FC* 138 s.
29. Ib., *DS* 3883; *FC* 140-141.

teologal do "patrimônio" histórico da filosofia cristã. A *Dei Filius* e a introdução da *Humani generis* reconhecem, com o tradicionalismo moderado, a necessidade moral da revelação, "para que as verdades religiosas e morais, que de si não são inacessíveis à razão, possam ser, *no estado atual do gênero humano*, conhecidas por todos sem dificuldade, com firme certeza e sem mescla de erro"[30]. A segunda parte do texto liga-se a essa afirmação, mas acrescenta:

> Entretanto, a razão só se exercerá justa e seguramente se for bem formada, ou seja, se estiver permeada por essa sã filosofia que recebemos de precedentes gerações cristãs como um patrimônio de família diuturnamente constituído e que atingiu tal grau de autoridade precisamente porque o próprio magistério da Igreja confrontou com a própria verdade revelada os seus princípios e as suas principais asserções, precisados e fixados, *gradativamente, por homens de inegável talento*[31].

Voltaremos ao que a encíclica fala da função do magistério. O certo é que a história da filosofia é vista aqui de forma análoga ao que a *Dei Filius* (cap. 4) disse da evolução dos dogmas. O texto, então, propõe uma definição da filosofia cristã e como ela evolui:

> Esta mesma filosofia, confirmada e comumente admitida pela Igreja, defende o genuíno valor do conhecimento humano(1), os indiscutíveis princípios da metafísica, a saber: de razão suficiente, de causalidade, de finalidade(2), e propugna a capacidade da inteligência de atingir a verdade certa e imutável(3). [...] Tudo quanto a razão humana, em sua busca sincera, puder descobrir de verdade nada terá, sem dúvida, de contrário às verdades adquiridas, porque Deus, Verdade suprema, criou a inteligência e a dirige não para, todo dia, opor novidades ao já corretamente conquistado, mas para, afastados eventuais erros, acrescentar uma verdade a outra, *na mesma ordem e harmonia* que se manifesta na própria constituição das coisas de onde extraímos a verdade[32].

Defendendo a obrigação canônica de formar os futuros sacerdotes, "de acordo com o método, a doutrina e os princípios do Doutor Angélico"[33], o documento ataca duas posições contrárias que vêem a filosofia tomista como "monumento de outros tempos". A primeira alega que "a filosofia *perennis* não passa de uma filosofia das essências imutáveis, ao passo que o espírito atual deve considerar a existência dos seres singulares e o fluir permanente da vida"[34]. Em última instância, a oposição a esse tipo de filosofia revela a dificuldade

---

30. Ib., *DS* 3876; *FC* 135-136.
31. Ib., *DS* 3892; *Dei Filius* fazia distinção polêmica entre o "depósito divino" e "os achados filosóficos a serem aperfeiçoados".
32. Ib., *DS* 3892.
33. O texto cita o CIC (1917), cân. 1366,2.
34. Ib.

primordial do magistério, sempre viva após a crise modernista, de aceitar a historicidade das culturas humanas, como lugar teológico de uma verdeira compreensão a hermenêutica da fé. Assim, o texto retoma, muito naturalmente, a afirmação principal da primeira parte, ou seja, que os críticos da filosofia do Aquinate "parecem insinuar que qualquer filosofia, qualquer corrente de pensamento, com eventuais correções e alguma complementação, pode se compor com o dogma católico, o que é absolutamente falso"[35].

A segunda posição filosófica — de ordem antropológica — censurada pela encíclica, assemelha-se ao blondelismo:

> Uma coisa é reconhecer que os movimentos da vontade podem ajudar a razão a alcançar um entendimento mais certo e mais firme das coisas morais[36], outra coisa — conforme pensam os inovadores — é atribuir às faculdades do querer e do sentir determinado poder intuitivo e pretender que a pessoa incapaz de descobrir com certeza, pela sua razão, a verdade a ser abraçada, deve apelar para a vontade, a fim de optar e decidir entre opiniões contrárias, misturando indevidamente conhecimento e ato de vontade[37].

A terceira parte da encíclica coroa o sistema epistemológico, tratando de "questões relacionadas às ciências positivas, mas ligadas (*connectantur*), mais ou menos, com as verdades da fé"[38]. De fato, esse campo "conexo" do saber constitui o espaço mais sensível das transformações culturais da imagem do mundo *e* onde a liberdade dos pesquisadores, reconhecida, em princípio, já na *Dei Filius*, toca nas prerrogativas do magistério. O texto lembra as "regras de prudência" e a distinção elementar entre "fato" e "hipótese", sem atentar para a posição epistemológica das "teorias" científicas, tratadas aqui como "doutrinas". O dado mais importante dessa parte é o estabelecimento de uma hierarquia dentro desse campo "conexo"[39]. Passo a passo, vai se restringindo o espaço de liberdade, à medida que se vai da biologia (evolucionismo) para a antropologia (poligenismo), rumo às ciências históricas (os onze primeiros capítulos do Gênesis).

2. O PAPEL DO MAGISTÉRIO

Na realidade, a questão das prerrogativas do magistério, enfocacada expressamente na primeira parte, perpassa o documento todo. Pio XII não preconiza

---

35. Ib.
36. Posição essa do Doutor Comum que a encíclica acata logo na introdução, cf. supra, p. 364.
37. Ib.
38. Ib.
39. Cf. já a intervenção de Dom Ginoulhiac, no Vaticano I. H. J. POTTMEYER, *Der Glaube vor dem Anspruch...*, pp. 419 s.

apenas a identidade da doutrina católica com toda uma cultura a ser prudentemente adaptada, em função "de problemas novos que a cultura moderna e o progresso tornam atuais"[40]. Ele também marca os limites precisos desse processo de adaptação das "áreas especialmente ligadas aos princípios e orientações essenciais", definidas pela autoridade e das que "pertencem à livre discussão"[41].

A primeira parte começa estabelecendo um vínculo entre "o desprezo à teologia escolástica demonstrado pelos amantes de novidades" e "o desprezo pelo magistério da Igreja que tão decididamente apóia essa teologia"[42]. Contra a imagem de um magistério infenso ao progresso e à ciência, o texto lembra e esclarece três pontos:

1. "O magistério deve ser, para o teólogo, em matéria de fé de costumes, a regra próxima e universal de verdade"[43]. Logo depois dessa afirmação global, assim formulada pela primeira vez em documento oficial, é retomada a conclusão da *Dei Filius*, alvo de intenso debate, em 1870, entre a maioria e a minoria que receava a antecipação tácita da definição da infalibilidade pontifícia[44]. Diz a encíclica: "Devem também fugir aos erros próximos da heresia e, conseqüentemente, respeitar até as constituições e decretos pelos quais a Santa Sé condena e proíbe essas más opiniões"[45].

2. O documento define, então, o status das encíclicas, situando-as no campo do "magistério ordinário" (suprimiu-se aí o "e universal"), sem envolver, portanto, o "poder supremo", isto é, a infalibilidade papal:

> Nem se pense que o que é proposto nas encíclicas não pede, de si, nenhum assentimento, porque nelas os papas não exercem o poder máximo do seu magistério. Ao que é ensinado pelo magistério ordinário também cabe a palavra 'quem vos ouve, a mim ouve' (Lc 10,16) e, em geral, o que vem exposto nas encíclicas pertence já à doutrina católica. Se os papas expressam, nos seus atos, um julgamento sobre questão controvertida, sabem todos que, a partir daí, essa matéria, no pensamento e na vontade dos Soberanos Pontífices, não deve mais ser considerada livre entre os teólogos[46].

3. Partindo dessas duas premissas, a encíclica define o papel dos teólogos em face das sentenças do magistério. Quando este suspende o debate[47], termina a livre discussão das questões disputadas, para que os teólogos possam praticar

---

40. Ib.
41. Ib., *DS* 3893.
42. Ib., *DS* 3884.
43. Ib., *DS* 3884; *FC* 509.
44. Receio então desfeito pelas explicações de Dom Gasser (Mansi 51,424), para quem essa declaração não mudava em nada quanto à obrigação devida aos atos da Santa Sé.
45. Ib., *DS* 3884; *FC* 509.
46. Ib., *DS* 3885; *FC* 509. Essa precisão foi retomada na "profissão de fé" de 1989. Esta parte foi depois citada na Instrução sobre a vocação eclesial do teólogo 23, DC 87, (1990), pp. 693-701.
47. Ib.

"seu mister de indicar de que maneira as verdades ensinadas pelo magistério vivo estão implícitas ou explícitas nas Escrituras e na Tradição". Surge aqui a "teoria das duas fontes"[48]: "uma e outra fonte da doutrina divinamente revelada contêm tesouros de verdade tão numerosos e tão grandes que não se esgotarão jamais"[49]. Aos teólogos caberá, a partir das decisões do magistério, explicar o que permanece obscuro:

> Se a Igreja exerce seu papel [...] pela via ordinária ou extraordinária, fica muito evidente que seria um método falso explicar o claro pelo obscuro; mais ainda, o que se impõe a todos é justamente o contrário[50].

Quanto à *extensão* das prerrogativas do magistério, cumpre consolidar as indicações dispersas na encíclica. Dizem respeito, especialmente, às "noções filosóficas" necessárias à "expressão das verdades da fé" (como a da "transubstanciação")[51] e "aos princípios e asserções mais importantes" da filosofia:

> É do magistério da Igreja, como instituição divina, não apenas guardar e interpretar o depósito das verdades divinamente reveladas, mas também zelar pelas ciências filosóficas, a fim de que os dogmas católicos não sofram nenhum dano de falsas doutrinas[52].

Sobre o tratamento do campo "conexo" das ciências positivas, a encíclica exige, em princípio, a submissão ao "julgamento da Igreja"[53], à qual cabe dizer se esta ou aquela hipótese científica se harmoniza ou não com o depósito da fé.

3. QUESTÕES PARTICULARES

Mas a encíclica, referindo-se explicitamente à estrutura do "método teológico", alinha alguns erros específicos que podem ser enfeixados em quatro títulos.

1. Uma primeira série prende-se a temas de teodicéia e ética, particularmente "o poder da razão para demonstrar, por argumentos tirados das criaturas, sem a ajuda da revelação, a existência de um Deus pessoal", temas já tratados pelo Vaticano I na *Dei Filius* (caps. 1-2)[54].

2. A seguir, vem a defesa do sentido literal ou histórico das Escrituras, em oposição à "exegese chamada de simbólica ou espiritual", e à interpretação

---

48. Cf. supra, pp. 153 s.
49. Ib., Ao contrário da prudência da *Dei Filius*, o texto identifica revelação e doutrina.
50. Ib.
51. Ib., *DS* 3883; *FC* 140-141 e *DS* 3891: *FC* 137.
52. Ib.
53. Ib., *DS* 3896; *FC* 268.
54. Ib., *DS* 3890; *FC* 137.

mitológica dos onze primeiros capítulos do Gênesis. A razão dessa defesa, prudente, é doutrinária:

> Esses mesmos capítulos, de estilo simples e figurado, adequados à mentalidade de um povo pouco desenvolvido, trazem as verdades essenciais e básicas para se alcançar a nossa salvação e descrevem de forma popular a origem do gênero humano e a do povo escolhido.

Nessa visão linear da história da humanidade, vários problemas se juntam: a condenação do poligenismo, associada à questão do pecado original, a afirmação da gratuidade do sobrenatural e a defesa da teoria da satisfação vicária de Cristo[55].

3. Um terceiro ponto, sobre a Eucaristia, toca também na substituição por uma linguagem simbólica da linguagem tradicional da Igreja sobre a transubstanciação, "de tal sorte que a presença real de Cristo na Eucaristia se reduz a um mero simbolismo, no sentido que as espécies consagradas não seriam mais que sinais eficazes da presença espiritual de Cristo e de sua íntima união no seu Corpo Místico com os membros fiéis"[56].

4. O quarto ponto é a "identidade (*unum idemque esse*) do Corpo Místico de Cristo com a Igreja católica e romana": "Reduzem alguns a uma fórmula vazia a necessidade de pertencer à Igreja para chegar à salvação eterna"[57].

4. AVALIAÇÃO

Foi chocante o impacto causado pela encíclica em todos os que vinham, há vinte anos, procurando renovar o método teológico. Evidentemente, ela visava às "novidades francesas" e a prova disso foi a destituição dos professores de Lyon[58].

Trata-se, porém, de um texto ponderado, cheio de distinções e que deixava aos cuidados de cada um retificar, eventualmente, as próprias posições.

Tanto a *Nouvelle Revue Théologique* como a *Revue thomiste* a publicaram, junto com um moderado comentário. Já *Les Recherches de science religieuse* e a *Revue des sciences philosophiques et théologiques* não se referiram a ela. Mas os teólogos visados foram condenados ao silêncio sobre as questões candentes. H. de Lubac pôs-se a publicar trabalhos sobre o budismo. Caberia a pecha do "falso irenismo" a Y. Congar? Parece que não, mas a verdade é que ficou proibido de

---

55. Ib., *DS* 3888, 3891, 3897-3898.
56. Ib., *DS* 3891; 137.
57. Ib., sobre isso, cf. a carta do Santo Ofício ao arcebispo de Boston (1949), contra a interpretação rigorista dessa expressão. Cf. tomo 3, p. 429.
58. Cf. a carta do Geral dos jesuítas, Pe. Janssens, *De executione encyclicae "Humani Generis"* (11/2/11951), ARSJ XII (1951), pp. 47-72 e 72-94: "A encíclica tem que ver com um movimento muito complexo de idéias e com participação de muitos entre nós e até com desempenho preponderante de alguns dos nossos", p. 47. Nessa carta, vem em primeiro plano o "syllabus" dos "erros particulares".

reeditar *Vraie et fausse réforme dans l'Église* (1950)[59]. Dentre as medidas marcantes do final do pontificado de Pio XII, a mais significativa foi a interdição, em janeiro de 1954, dos padres-operários. As províncias dominicanas francesas, já censuradas em 1942, passam por nova prova, com a demissão de teólogos, orientadores de estudos e padres-operários da Ordem, demissão, aliás, aceita por todos. Congar é enviado a Jerusalém e depois à Inglaterra e M. D. Chenu, a Rouen[60].

Mas essa tempestade sobre a França não explica, completamente, as dimensões e o caráter bastante trabalhado da encíclica. Hoje, sabe-se que Pio XI e Pio XII pensaram em convocar um concílio. Em 1923, Pio XI, consultou sobre isso o episcopado universal, sem dar continuidade ao projeto. E Pio XII, por proposta do cardeal Ruffini, decidiu prosseguir o Vaticano I para refutar os erros modernos. A comissão preparatória, dirigida pelo cardeal Ottaviani, teve suas primeiras reuniões em março de 1948 e em fevereiro do ano seguinte. Foi nomeada também uma comissão central. Contudo, em janeiro de 1951, o Papa decide esquecer a idéia, certamente por causa das grandes divergências dentro da própria comissão. Mas o material preparado pela comissão conciliar foi aproveitado na elaboração da encíclica[61].

5. TRANSIÇÃO: FIM E COMEÇO

O que acabamos de contar sobre a preparação secreta de um novo concílio e o que sabemos da história subseqüente sugerem-nos essa idéia de um "fim". No fundo, a hipótese de um fim implica uma leitura do Vaticano II e de como foi ele recebido, como também uma posição sobre continuidade e descontinuidade entre os dois concílios.

É o caso também, para a compreensão do dogma católico nos séculos XIX e XX, de invocar a teoria da "mudança de paradigma", desenvolvida sobretudo por Th. S. Kuhn na história das ciências (que não a aplicou às ciências humanas nem à teologia)[62]. Atentando para o elo íntimo entre desenvolvimento social e histórico das escolas científicas e as modificações conceituais de suas teorias[63], Kuhn distingue o estudo de uma "ciência normal", ligada a determi-

---

59. Para mais informações, cf. *Chrétiens en dialogue*, pp. L s.

60. Cf. F. LEPRIEUR, *Quand Rome condamne. Dominicains et prêtres ouvriers*, Paris, Plon/Cerf, 1989.

61. Cf. G. CAPRILE (ed.), Il Concílio Vaticano II, vol. 1º, 1. *L'annunzio e la preparazione: 1959-1960*, Roma, La Civiltà Cattolica, 1966, pp. 15-35 e, sobretudo, 28.

62. Cf. Chr. THEOBALD, *Les "changements de paradigmes" dans l'histoire de l'exégèse et le statut de la vérité en théologie*. RICP 24, (1987), pp. 79-111 e H. KÜNG, *Une théologie pour le 3e. millénaire*, Paris, Seuil, 1989, pp. 173-235.

63. Em Kuhn, "paradigma" significa um modelo ou uma perspectiva global de entendimento, associados a uma visão do mundo ou a um imaginário. Constitui o objeto teórico dos pesquisadores, a identidade do seu grupo e a sua maneira de se reproduzir (pelos manuais, por exemplo).

nada visão do mundo, as "crises" por que ela passa perante descobertas inesperadas e de difícil integração, e a "mudança paradigmática" que então *pode* acontecer. Pode acontecer em certas condições, porque a história das ciências, que não se constrói por acumulação nem segue uma evolução linear, inclui os conflitos de "paradigmas concorrentes". Desta forma, cada grupo se apóia nas suas regras para defendê-las. Mas a argumentação lógica que, dentro de uma "ciência normal", funciona tranqüilamente, fica restrita quando se trata de aceitar ou não a entrada de novo paradigma. Surgem, então, muitos discursos persuasivos, ao lado de fenômenos de violência, censura ou excomunhão mútuas. Assim, a escola de teologia de Saulchoir ou, de modo geral, os adeptos da "nova teologia" propõem novo paradigma teológico em oposição ao tomismo romano que, por sua vez, não se considera uma escola e se quer identificado com o magistério supremo[64].

Com base na longa evolução aqui descrita, essa identificação tem sua razão de ser. Na verdade, existia uma "ciência normal", simbiose perfeita de certo tipo de teologia com o que se tinha por "dogma católico", desde uma doutrina bíblica até uma definição dogmática, na direção de um olhar sobre o mundo de marca tomista. Ao não discutir a segunda Constituição sobre a Igreja, o Vaticano I deixara aberta a questão da extensão da infalibilidade da Igreja e do Papa. É nessa indeterminação que entram os desdobramentos ulteriores já assinalados. Apoiando-se na vinculação estabelecida entre primado de jurisdição e soberania doutrinal, o magistério contorna a interpretação *exclusiva* do "quando ele fala *ex cathedra*", defendendo sua cosmovisão e ampliando, a pouco e pouco, o terreno do "definitivo", excluído da livre discussão entre teólogos e filósofos.

Essa "ciência normal" passa por diferentes "crises", em todos os níveis do sistema, na interpretação das Escrituras, na relação entre dogma e história e nos problemas culturais e filosóficos, levando à formação de muitos paradigmas concorrentes, como o liberal, o hermenêutico e o do "tradicionalismo moderado", espécie de nebulosa onde se acolhem correntes as mais diversas, como os continuadores da escola romântica de Tübingen e os simpatizantes da apologética de Blondel. Em face da preponderante teologia romana, todas se sentem frágeis nas suas diferenças. Após a crise modernista e a partir de 1930, é sobretudo o paradigma do "tradicionalismo moderado" que começa a tomar corpo, até que, em 1950, vem a sofrer também a censura de Roma.

Para os historiadores, essas sucessivas crises na sustentação dos sistemas, representam, sem dúvida, por algum motivo, "estratégias de imunização". Vale observar, entretanto, que as duas guerras mundiais tornaram aceitáveis essas defesas, fruto das apreensões do magistério perante as ameaças apocalípticas às bases da sociedade. Por outro lado, não se pode negar que as diferentes subculturas confessionais, e particularmente a cultura católica, nascidas depois do Congresso de Viena (1815), prestaram reais serviços, no século XIX e na pri-

---

64. Cf. E. FOUILLOUX, "Le Saulchoir en procès...", p. 59.

meira metade do século XX. Souberam conviver com os efeitos perversos da primeira fase de modernização (industrialização e transformações sociais) e lidaram bem com eles, dando aos seus seguidores um conjunto de indicações para superar essas primeiras fraturas das sociedades européias[65]. Se o bloco das nações européias sofreu, efetivamente, durante a primeira metade do século XX, o julgamento terrível da história, pode-se perguntar se as "crises" de que falamos não anunciam outro "julgamento", desta feita dentro da própria Igreja.

---

65. Cf. F.-X. KAUFMANN, *Religion und Modernität. Sozialwissenschaftliche Perspektiven*, Tübingen, Mohr, 1989, pp. 216-222.

QUARTA FASE
O CONCÍLIO VATICANO II
E SEUS RESULTADOS

B. Sesboüé e Chr. Theobald

CAPÍTULO XII
O concílio e a "forma pastoral" da doutrina

CHR. THEOBALD

INDICAÇÕES BIBLIOGRÁFICAS: JEAN XXIII/PAUL VI, *Discours au concile*, Paris, Centurion, 1966. — Concile œcuménique Vatican II, *Constitutions, Décrets, Déclarations, Messages*, texte français et latin, Centurion, 1967. — *Acta Synodalia Sacrosancti Concilii oecumenici Vaticani II*, Rome, Typis Polyglottis Vaticanis, 1970-1980.

R. LAURENTIN, *Bilan du Concile. Histoire, textes, commentaires*, Paris, Seuil, 1966. — R. ROUQUETTE, *La fin d'une chrétienté*, 2 vol., Paris, Cerf, 1968. — PH. LEVILLAIN, *La mécanique politique de Vatican II. La majorité et l'unanimité dans un concile*, Paris, Beauchesne, 1975. — Y. CONGAR, *Le concile de Vatican II: son Église, peuple de Dieu et corps du Christ*, Beauchesne, 1984. — G. ALBERIGO, (éd.) *Jean XXIII devant l'histoire*, Seuil 1989; *Ecclesiologia in divenire. À proposito di "concilio pastorale" e di Osservatori a-cattolici al Vaticano II*, Bologna, Istit. per le Scienze Relig., 1990; *Critères herméneutiques pour une histoire de Vatican II*, dans M. LAMBERIGTS et C. SOETENS, *À la veille du Concile de Vatican II. Vota et réactions en Europe et dans le catholicisme oriental*, Peters, Leuven, 1992, pp. 12-23. — G. ALBERIGO, A. MELLONI (éd.), *Verso il Concilio Vaticano II (1960). Passagi e problemi della preparazione conciliare*, Genova, Marietti, 1993. — F. GUILLEMETTE, *Théologie des conférences épiscopales. Une herméneutique de Vatican II*, Montréal/Paris, Bellarmin/Cerf, 1994. — G. ALBERIGO, J. A. KOMONCHAK (éd.), *History of Vatican II*, Vol. I: *Announcing and Preparing Vatican Council II. Toward a new Era in Catholicism*, Maryknoll/Leuven, Orbis/Peters, 1995.

Dia 25 de janeiro de 1959, festa da conversão de S. Paulo apóstolo: na Basílica de S. Paulo extra-muros, João XXIII (1958-1963), apenas três meses depois de sua eleição, anunciou aos cardeais presentes seu desejo de realizar um sínodo diocesano romano, convocar um concílio ecumênico e empreender a atualização do *Código de Direito Canônico* de 1917. Esse anúncio, totalmente inesperado, provocou imenso entusiasmo entre os católicos, conscientes da encruzilhada histórica em que se achavam. Era o tempo da guerra fria entre os dois blocos do Leste e do Oeste. Em agosto de 1961, o mundo livre assistiu, passivamente, à construção do muro de Berlim, mas resiste, um ano depois, à investida soviética, na crise de Cuba. Paralelamente, a descolonização está no auge, com o fim da guerra da Argélia. No hemisfério norte, a industrialização atinge novo patamar e os meios de comunicação ganham sempre maior força. Nos países em desenvolvimento, manifestam-se os primeiros sinais de contestação aos países ricos e à sua economia exploradora. O Papa, na bula *Humane salutis*, de convocação do Concílio, no Natal de 1961, escreve:

> Apropriando-nos da recomendação de Jesus, de saber distinguir 'os sinais dos tempos' (Mt 16,4), pareceu-nos vislumbrar, no meio de tanta treva, não poucos indícios que dão sólida esperança de tempos melhores à sorte da Igreja e da humanidade[1].

Antevendo o Concílio como aurora de um novo tempo da humanidade e da Igreja, João XXIII não consegue esconder suas hesitações iniciais quanto ao destino exato do seu projeto. Foi só com o passar dos meses que os objetivos do novo concílio foram se delineando em sua mente, com a articulação do ideal ecumênico de unir todos os cristãos e de uma reforma profunda do catolicismo[2]. Nenhum modelo lhe parece adequado, dentro da tradição conciliar da Igreja. Mas, desde as primeiras horas, ele retoma a imagem-guia de um "novo Pentecostes"[3], para marcar "o caráter excepcional da conjuntura histórica atual" e a obrigação para a Igreja de estar presente, em vista de uma renovação radical"[4]. Sinal dessa novidade é o próprio título de Vaticano II[5]. No entanto, encerrando assim, oficialmente, o Vaticano I, essa denominação deixa no ar alguma dúvida em torno da relação entre os dois concílios.

Depois de muitas consultas (organizadas pela comissão antepreparatória, formada no Pentecostes de 1959), o Papa institui, no Pentecostes de 1960, dez

---

1. Bula de indicção do Concílio Vaticano II *Humanae salutis* (25/12/1961), DC 59, (1962), 99.
2. Assim escreveu R. ROUQUETTE, em outubro de 1959: "Parece, pois, que o pensamento de João XXIII oscila ainda entre duas concepções a respeito do Concílio: de um lado, fazer dele um modelo de unidade na pureza doutrinal e disciplinar, um convite aos não-católicos para uma unidade mais real e tendente à reunião com a Igreja de Roma — o que mais transparece nas palavras do pontífice; de outro lado, fazer, talvez, do Concílio um instrumento mais direto para a unificação dos cristãos". *La fin d'une chrétienté, op. cit.*, I, p. 33.
3. Cf. a mensagem ao clero de Veneza (21/04/1959), DC 56 (1959), 645 e as homilias do Pentecostes de 1959 (ib., 769s) e de 1960, DC 57 (1960), 805-807.
4. Cf. G. ALBERIGO, J. A. KOMONCHAK, *History of Vatican II, op. cit.*, I, p. 42.
5. Decidido já em julho de 1959 (Cf. G. ALBERIGO, J. A. KOMONCHAK, *op. cit.*, I, p. 50) e divulgado pelo *motu proprio Dei nutu*, de 5/06/1960, para a abertura da fase preparatória do concílio: "Já estabelecemos também que, tirando o nome da sede onde será realizado, o futuro Concílio se chamará Vaticano II", *DC* 57 (1960), 707.

comissões e três secretarias, correspondendo às Congregações ou organismos da Cúria, com exceção do apostolado dos leigos e da unidade cristã, duas novidades marcantes desse organograma. Para coordenação de tudo, criou-se a Comissão central. João XXIII reforça, sem dúvida, o caráter internacional dessas instâncias e insiste na "distinção" entre a "estrutura e a organização do concílio ecumênico" e "as funções ordinárias, próprias dos vários dicastérios e Congregações" romanos[6]. Mas logo se vê que essa distinção é insustentável. Esse será o grande problema do futuro concílio, desde a sua preparação, em 1960, marcado por duas lógicas cada vez mais divergentes[7].

Influenciadas, talvez, pelo anúncio simultâneo da reforma do Direito Canônico, as *Comissões*, que trabalhavam em clima de segredo total, buscavam, na realidade, não obstante a resistência de alguns de seus membros, *a dinâmica doutrinária e disciplinar* do Vaticano I, tentada em 1948 e interompida três anos depois[8]. Isso ficará patente no início do Concílio, quando a maioria dos esquemas preparatórios foi recusada pela maior parte dos Padres. Paralelamente, o anúncio de 1959 e as diferentes iniciativas de João XXIII entusiasmaram intensamente o povo cristão, suscitando expectativas e inúmeras ações de reforço dos movimentos de renovação[9]. Essa manifestação do *sensus fidei*[10] se evidencia, sobretudo, na *orientação pastoral* dos primeiros discursos do Papa, que associa sua própria missão à imagem evangélica do Bom Pastor (Jo 10)[11]. Sua idéia de um concílio pastoral com perfil de um novo Pentecostes, pelo anúncio do Evangelho nas atuais circunstâncias históricas[12], obedece a uma lógica bem diferente da que presidia o trabalho das comissões. Seu princípio vem formulado, primeiramente, na bula de convocação (Natal de 1961): "infundir as energias eternas, vivificantes e divinas do Evangelho nas veias do mundo moderno"[13].

Na época, porém, os protagonistas dessa segunda perspectiva tinham apenas vaga idéia do que a reforma tão desejada do catolicismo implicaria de fato. Nota-o Congar, chegando mesmo a pensar que o Concílio vinha muito precocemente, considerando-se a imobilidade da cultura católica, centralizada e hierarquizada tão fortemente. Foi pela mesma razão também que, excetuados os liturgistas, nenhum dos movimentos de renovação acreditou na eficácia dos trabalhos das comissões romanas. O cardeal Bea, exegeta, ex-reitor do Instituto Bíblico de Roma, estava bem consciente disso. Seu Secretariado para a União dos cristãos tornou-se a única instância conciliar onde começou a ser elaborado um pensamento diferente. Em 1962, ele convidou as Igrejas ortodoxas e o Conselho

---

6. *DC* 57, (1960), 705-710 e 803.
7. Assim pensa também G. ALBERIGO, cf. *op. cit.*, I, p. 506.
8. Cf. supra, p. 372.
9. Cf. supra, pp. 362 s.
10. Cf. G. ALBERIGO..., *op. cit.*, I, p. 506.
11. Cf. a homilia de João XXIII no dia de sua coroação (4/11/1958), DC 55, (1958), 1474 s.
12. Cf. *DC*, (1960), 805.
13. JOÃO XXIII/PAULO VI, *Discours au concile*, p. 28.

Mundial das Igrejas a enviar observadores oficiais que colaborarão, a seu modo, nas deliberações do Concílio.

Ao que parece, João XXIII quis que as duas lógicas convivessem tranqüilamente. Alguns bispos (Frings, Léger, os bispos holandeses) e teólogos (Rahner, Schillebeeckx) da futura maioria começaram a reagir, embora tardiamente, contra o que as comissões preparatórias iam insinuando. Explica-se, assim, a dificuldade que se terá, posteriormente, recusados os esquemas preparatórios, para redigir textos realmente inovadores. O cenário do Concílio começa, então, a se definir[14] com a negociação entre os diferentes atores, não só entre o Concílio (logo dividido em maioria e minoria) e o Papa, mas também entre essas duas instâncias e a Cúria romana, depositária de muitos documentos preparatórios. Aproximando-se a abertura do Concílio, a pressão da opinião pública foi se mostrando cada vez maior.

Nessas circunstâncias, desponta a dura emergência de *uma nova forma de se relacionar com o patrimônio dogmático* do catolicismo. Vamos apresentar-lhe os primeiros contornos, assim como aparecem, depois de longa preparação, na alocução de abertura do Concílio, pronunciada por João XXIII, em 11 de outubro de 1962. Na seqüência, traçaremos a evolucão do Concílio, nos seus quatro períodos. Só depois nos questionaremos a respeito do projeto global do Vaticano II, para terminar expondo os eixos da teologia fundamental dessa assembléia.

I. A ABERTURA

No discurso programático de 11 de outubro de 1962, *Gaudet mater ecclesia*, evidencia-se, com nitidez, a tranformação do "dogmático" a que nos referimos há pouco. João XXIII situa o Vaticano II na história dos concílios, fala da inspiração pessoal para convocá-lo e fixa três diretrizes para os seus trabalhos.

1. UM ESPÍRITO NOVO

Discordando "dos profetas de desgraças, que prenunciam acontecimentos sempre infaustos, como se estivesse iminente o fim do mundo", João XXIII propõe uma visão "sapiencial" da história humana:

> Na ordem presente das coisas, *em que a humanidade parece achar-se numa encruzilhada*, a misericordiosa Providência está nos levando para uma ordem de relações humanas que, por obra dos homens e a maior parte das vezes para além do que eles esperam, se encaminham para o cumprimento dos seus desígnios

---

14. Cf. G. ALBERIGO..., *op. cit.*, I, pp. 506-508.

superiores e inesperados, e tudo, mesmo as adversidades, converge para o bem da Igreja[15].

Vale recordar o modelo apocalíptico subjacente ao prólogo da *Dei Filius* e em outros documentos da época. Refere-se a ele a *Gaudet mater ecclesia*?[16] O certo é que aquele discurso passa uma visão bem diferente do mundo, que, mais tarde, marcará um dos últimos textos do Concílio, a Constituição pastoral *Gaudium et spes* (GS). A confiança absoluta na presença de Deus na história da humanidade casa, na mente do Papa, com um respeito novo pela capacidade humana de aprender:

> Os homens vão se convencendo sempre mais do valor máximo da dignidade da pessoa humana, do seu aperfeiçoamento e do esforço que isso exige. Mas o mais importante é que a *experiência lhes ensinou* que a violência feita aos outros, o poder das armas e a dominação política não contribuem para a solução feliz dos graves problemas que os atormentam[17].

Esse respeito pela autonomia da história vem acompanhado por uma compreensão menos "exterior" e mais modesta do papel da Igreja, que "ao invés de condenar, corresponde melhor às necessidades do nosso tempo encarecendo as riquezas de sua doutrina"[18].

2. A DOUTRINA CRISTÃ

Esta a preocupação maior do futuro Concílio. Mas João XXIII vê essa tarefa num contexto novo. Primeiro, propõe uma "concentração" ou, digamos, uma formulação breve do mistério cristão, em torno das suas raízes antropológicas ("o homem inteiro") e do seu destino escatológico ("o fim estabelecido por Deus")[19]:

> Sempre existiram e existem ainda, na Igreja, os que, embora procurem com todas as forças, praticar a perfeição evangélica, não se esquecem de se fazerem úteis à sociedade. De fato, do seu exemplo de vida, constantemente praticado, e das suas organizações de caridade, toma vigor o que há de mais alto e mais nobre na sociedade humana[20].

---

15. JOÃO XXIII/PAULO VI, *Discours au concile*, p. 60. O grifo é nosso.
16. Cf. ib., p. 59: "Nos tempos modernos, não vêem senão prevaricações e ruínas; vão repetindo que a nossa época, em comparação com as passadas, tem piorado".
17. Ib., p. 66. Cf. também a primeira alusão a essa temática, no parágrafo sobre os profetas de catástrofes, que "se comportam como quem nada aprendeu da história, que é também mestra da vida".
18. Ib., p. 65.
19. Ib., p. 61.
20. Ib., p. 62.

Após esse primeiro enfoque, prenúncio de textos-chave do Concílio sobre o elo da dignidade dos filhos de Deus com a humanização da vida humana, vem uma rápida exposição sobre a relação desse mistério, na história atual:

> Para que esta doutrina atinja os múltiplos campos da atividade humana, referentes às pessoas, às famílias e à vida social, é necessário, primeiramente, que a Igreja não se aparte do patrimônio sagrado da verdade, recebido dos seus maiores, mas, ao mesmo tempo, deve também olhar para o presente, para as novas condições, para as formas de vida do mundo moderno, que abriram novos caminhos ao apostolado católico[21].

São, precisamente, "as descobertas admiráveis do gênio humano e os progressos da ciência de que *hoje* desfrutamos" que induzem a Igreja a encarecer o enraizamento antropológico e a orientação escatológica da sua *doutrina apostólica*. Esse o duplo fudamento sobre que João XXIII define, solenemente, "a missão doutrinal do 21º concílio ecumênico", assinalando-lhe *um novo princípio hermenêutico*. A resistência da Cúria a esse discurso ficou patente, aliás, na correção que se fez, posteriormente, na passagem para o latim do original italiano[22].

Certamente, trata-se de "transmitir a doutrina pura e integralmente, sem atenuações nem subterfúgios". Mas o Papa elimina logo dois mal-entendidos em torno dessa integridade doutrinal: confundi-la com o imobilismo de quem se fixa no passado ou só admitir uma exposição doutrinária repetitiva ou cumulativa:

> O objetivo primeiro deste Concílio não é discutir um artigo ou outro da doutrina fundamental da Igreja, repetindo e proclamando o ensino dos Padres e dos teólogos antigos e modernos, pois este supõe-se bem presente e familiar ao nosso espírito. Para isso não haveria necessidade de um concílio ecumênico[23].

Essa observação que contradiz — como que de passagem — a lógica preparatória do Concílio, presa diretamente ao Vaticano I, traz o que se poderia chamar de "mudança de ordem ou de paradigma". Passa-se, *primeiro*, do *conteúdo* da doutrina para o seu *acolhimento*, mercê de uma atenção peculiar à sua força de transformação espiritual:

> Hoje, precisamos é de uma renovada e serena adesão a todo o ensino da Igreja, na sua integridade e exatidão, com a precisão de termos e de conceitos tal como reluz, particularmente, nos atos conciliares, desde Trento até ao Vaticano I. É

---

21. Ib.
22. Cf. Ib., p. 64 (nota) e a edição crítica de A. Melloni, em G. ALBERIGO ET ALII, *Fede, tradizione, profezia. Studi su Giovanni XXIII e sul Vaticano II*, Brescia, 1984, pp. 239-283. Cf. relatório de R. AUBERT, RHE 81, (1986), pp. 776 s.
23. Ib., p. 64.

preciso que [...] essa doutrina seja conhecida o mais ampla e intensamente possível e que, penetrando profundamente nas almas, venha a transformá-las[24].

Afirmada a importância da recepção da doutrina, o discurso propõe, *a seguir*, o princípio de interpretação, que aqui apresentamos segundo o original italiano:

> Essa doutrina autêntica deve ser estudada e exposta *por meio de métodos de investigação e formulação literária do pensamento moderno*, pois uma é a *substância* do depósito da fé, outra é a *formulação* que a reveste e é disto que se deve — com paciência, se necessário — ter grande conta, medindo tudo segundo as formas e proporções de um magistério de caráter prevalentemente pastoral[25].

Percebe-se, claramente, nesse princípio um duplo distanciamento da *Dei Filius* (cap. 4): não só afirma, pela primeira vez, a diferença fundamental entre o depósito da fé, tomado aqui como um todo e sem referência a uma pluralidade interna decorrente da sua própria expressão, *e* a forma histórica que assume em cada época; insiste também — como implicação dessa concepção hermenêutica — na função basicamente pastoral do magistério da Igreja.

Enfim, é esse caráter pastoral do magistério que o discurso explicita no terceiro parágrafo. Segundo a definição jurídica do Vaticano I, o magistério "solene" ou "extraordinário"[26] tem como função fazer "julgamento dogmático" num *contexto* de oposição a alguma heresia, implicando, pois, anátema e condenação. Ora, *Gaudet mater ecclesia* observa, em dois momentos, que o Vaticano II é, como todos os concílios ecumênicos, um "testemunho do magistério *extraordinário* da Igreja"[27]. Contudo, o Papa recusa também qualquer condenação, confiante na capacidade humana de aprender: "Não quer dizer que faltem doutrinas enganadoras, opiniões e conceitos perigosos [...], mas hoje os homens parecem inclinados a condená-los". A partir daí e com base nas Escrituras, começa a se esboçar a visão pastoral do magistério extraordinário:

> Ao gênero humano, oprimido por tantas dificuldades, ela diz, como outrora Pedro ao pobre que lhe pedia esmola: Eu não tenho nem ouro nem prata, mas

---

24. Ib.
25. Ib., p. 64 (nota; texto retraduzido por nós). A versão latina (da Cúria) omite a menção aos "métodos de investigação" e à "formulação literária do pensamento moderno". Em lugar da distinção mais histórica entre "a substância do depósito" e "a formulação que a reveste", ela usa aquela mais próxima do Vaticano I, entre "o depósito em si", ou seja, "as verdades contidas em nossa venerável doutrina" e "a forma pela qual essas verdades (no plural) são enunciadas". E acrescenta, por fim, o cânon de Vicente de Lérins, citado pelo Vaticano I: "mantendo o mesmo sentido e o mesmo alcance dessas verdades" (*DS* 3020).
26. É a terminologia da *Humani generis*.
27. Ib., pp. 56 s: "Pelo Concílio, tendo em conta os desvios, as exigências e as possibilidades da idade moderna, este magistério será apresentado, agora, de forma extraordinária, a todos os homens do nosso tempo".

dou-lhe aquilo que tenho — Em nome de Jesus Cristo Nazareno, levante e ande! (At 3,6). Quer dizer, a Igreja não oferece aos homens de hoje riquezas caducas, não promete uma felicidade somente terena, mas comunica-lhe os bens da graça divina que, elevando os homens à dignidade de filhos de Deus [...]. Ela abre a fonte da sua doutrina vivificante, que permite aos homens, iluminados pela luz de Cristo, compreender bem aquilo que eles são na realidade, a sua dignidade e o fim que devem perseguir[28].

3. A UNIDADE DE TODOS OS CRISTÃOS E DA FAMÍLIA HUMANA

O fim último dessa missão pastoral do Concílio é a unidade de todos os cristãos e de toda a família humana. O discurso do Papa encerra, nesse ponto, o primeiro apanhado do tríplice ecumenismo, tão caro a Paulo VI. De raízes fincadas na *história da humanidade*, a doutrina cristã não terá por meta senão transformar a humanidade e orientá-la para o seu destino escatológico:

> Deus 'quer salvar todos os homens e que todos cheguem ao conhecimento da verdade' (1Tm 2,4). Mas eles não podem, sem a ajuda de toda a doutrina revelada, conseguir uma completa e sólida união dos espíritos, com a qual andam juntas a verdadeira paz e a salvação eterna[29].

Qual a relação dessa proposta surpreendentemente nova com as diretrizes anteriores da cristandade e, particularmente, dos concílios de Trento e do Vaticano I? Não é fácil a resposta, que, aliás, permanecerá latente durante todo o Concílio e depois dele. Mas *Gaudet mater ecclesia* oferece-nos a primeira resposta no seu jeito de destacar o contexto histórico e de situar o "dogmático", logo de início, fora da falsa alternativa — doutrina sem pastoral ou pastoral sem doutrina. O que se deve fazer é articular as duas. Superando a distinção tridentina entre *fides* e *mores* (doutrina e disciplina), João XXIII insiste, com a corrente teológica moderna, na *forma* da fé cristã, deslocando-a, porém, da sua credibilidade racional (Vaticano I) para o seu enraizamento histórico-prático (Vaticano II).

II. AS QUATRO SESSÕES DO CONCÍLIO

1. 1ª SESSÃO (11 DE OUTUBRO — 8 DE DEZEMBRO DE 1962)

Depois da eleição dos membros das dez comissões conciliares, adiada alguns dias por sugestão do cardeal Liénart, de Lille, o Concílio começa a estudar

---

28. Ib., p. 66.
29. Ib., pp. 67 s.

cinco esquemas: sobre a liturgia, as duas fontes da revelação, os meios de comunicação social, o projeto *Ut unum sint* (*Que eles sejam um*), preparado pela Comissão das Igrejas Orientais, e, por fim, a Igreja. A discussão sobre as duas fontes (14-20 de novembro) mostra, conjuntamente, os três maiores problemas da primeira sessão e de todo o trabalho conciliar.

1. O *problema de fundo* nasce, antes de mais nada, da coexistência, desde a fase preparatória, de duas lógicas fundamentalmente diferentes. Em visível oposição ao *aggiornamento* (atualização) do discurso doutrinário, proposto pelo Papa em 11 de outubro, o texto da Comissão da doutrina fica no enfoque intelectualista da revelação[30], baseado, em apoio às "verdades em que se deve crer", numa segunda fonte, ao lado da Escritura, a Tradição. Essa visão determina as relações entre dogma e exegese bíblica, em detrimento da Escritura e, ao mesmo tempo, prejudica o objetivo essencial de João XXIII, representado pelo Secretariado para a unidade e pelos observadores presentes na *aula* conciliar.

2. Do *ponto de vista institucional*, essa divergência de fundo emerge na supremacia exercida, desde a fase preparatória, pela Comissão doutrinária, dirigida pelo cardeal Ottaviani, presidente do Santo Ofício (*suprema congregatio*) e no pequeno espaço permitido, na esteira das teses da *Humani generis*, às iniciativas dos teólogos e exegetas. As diferenças entre a Comissão e muitos desses especialistas se evidenciam mais ainda nos dias anteriores aos debates sobre as duas fontes. Começam a circular contra-projetos, oriundos sobretudo do grupo franco-alemão do Concílio (Rahner, Congar, Daniélou).

Aparecem, então, as limitações do regulamento do Concílio. Publicado em agosto[31], ele se pauta pelo Vaticano I[32], confiando a parte exploratória dos trabalhos à Santa Sé, que, além do direito de convocar, também pode propor (*jus proponendi*) os temas, num poder cada vez mais concentrado nela mesma. Assim são elaborados os esquemas preparatórios, trinta nos moldes do Vaticano I e setenta no estilo do Vaticano II. Na verdade, o artigo 33 do regulamento reza: "Todo Padre conciliar pode dar seu parecer a respeito de qualquer esquema, aprovando, *rejeitando*, ou sugerindo emenda"[33]. Mas não se prevê nenhum procedimento "parlamentar" de recusa unânime de um esquema em discussão. Afirmando tacitamente o vínculo estreito ("espiritual") entre o papado e o Concílio e negando qualquer separação de poderes, o regulamento induz, portanto, que o texto em análise goza, *no seu todo*, da aprovação do pontífice, por quem fora instituída a Comissão preparatória[34]. No próximo capítulo, veremos

---

30. Cf. G. RUGGIERI, *La lotta per la pastoralità della dottrina: la recezione della "Gaudet Mater Ecclesia" nel primo periodo del Concílio Vaticano II*, em W. WEISS, *Zeugnis und Dialog. Die katholisce Kirche in der neuzeitlichen Welt und das II.Vatikanische Konzil*, Echter, 1996, pp. 118-137.
31. Motu proprio *Appropinquante Concílio* (6/08/1962), em *DC* 59, (1962), 1223-1238.
32. Cf. supra, pp. 199 s. Para comparar os dois regulamentos e sua conexão por Pio IX e Paulo VI, cf. Ph. LEVILLAIN, *La mécanique politique de Vatican II, op. cit.*, pp. 107-170.
33. *DC* 59, (1962), 1232.
34. Cf. Ph. LEVILLAIN, *op. cit.*, pp. 114-121 e 158 s.

como se resolveu o primeiro impasse, suscitado por uma oposição maciça às duas fontes. Mas não se conseguiu retirar o texto. João XXIII interveio diretamente, nomeando uma comissão *mista*, integrada por membros da Comissão doutrinária e do Secretariado para a unidade, a fim de preparar novo esquema. Assim termina, em princípio, a supremacia da gestão do "dogmático", que se julgava dispensada de considerar as considerações históricas da sua recepção.

3. Simultaneamente, lida-se com a questão de todo o *programa conciliar*, gerido pelo Conselho da presidência, depois que se extinguiu a Comissão central. Sem dúvida, o *início* de uma reforma está garantido, mas por uma "metodologia parcelada"[35], num conjunto de esquemas que refletem a estrutura administrativa da Cúria. Além de poucos Padres revelarem uma visão global dos trabalhos, para situar cada texto num contexto mais amplo, os debates denunciam a falta de consenso quanto ao próprio princípio de *aggiornamento*. Essas dificuldades voltam a acentuar, no debate sobre a liturgia, o problema da coordenação dos diferentes esquemas. Em 5 e 6 de dezembro, João XXIII intervém, limitando a vinte o número de esquemas e criando uma Comissão de coordenação[36] e, no discurso de encarramento (8 de dezembro de 1962), faz um balanço da primeira sessão, dando orientações para os trabalhos a serem feitos até a próxima sessão, lembrando, pela última vez antes de sua morte, a imagem-guia do "novo Pentecostes"[37].

2. A DIREÇÃO DO CONCÍLIO POR PAULO VI

Eleito em 21 de junho de 1963, Paulo VI (1963-1978) marca o reinício do Concílio para 29 de setembro. No discurso de abertura, pode-se ver tanto a continuidade entre a primeira sessão e as três posteriores, como também as mudanças que se vão operar, durante o seu pontificado. O papa começa retomando a parte doutrinária da alocução de abertura de João XXIII, mas reafirma a continuidade dos dois concílios do Vaticano:

> Foi por uma decisão independente de qualquer impulso de ordem humana e de toda coação imposta pelas circunstâncias, mas como por um pressentimento dos desígnios de Deus e como uma intuição das necessidades obscuras que atormentam a nossa época, que retomastes o fio partido do Concílio Vaticano I. Assim, espontaneamente dissipastes a desconfiança após aquele Concílio indevidamente nutrida por alguns, para quem os poderes supremos conferidos por Cristo ao Pontífice Romano e reconhecidos por aquele Concílio, bastariam para governar a Igreja, sem o auxílio dos concílios ecumênicos[38].

---

35. Ib., p. 120.
36. Cf. *DC* 60, (1963), 21-24. O texto começa com um longo trecho tirado da parte doutrinal do discurso de 11 de outubro.
37. JOÃO XXIII/PAULO VI, *Discours au concile*, pp. 83 s.
38. Ib., p. 102.

Na seqüência, o Papa cita, na versão latina, a parte central do discurso de João XXIII, em ordem um pouco diferente, de sorte que desaparece a famosa distinção entre "*a substância* do depósito da fé" e "*a formulação* que ele recebe"[39]. Paulo VI, contudo, além de sublinhar a continuidade doutrinária e legislativa dos dois concílios[40], desloca o enfoque dogmático do discurso de João XXIII para a perspectiva eclesiológica:

> Chamastes vossos Irmãos, os sucessores dos Apóstolos, não só para que eles prossigam o estudo doutrinal interrompido e o trabalho legislativo suspenso, mas ainda para que se sintam unidos ao Papa num mesmo Corpo e recebam da parte dele amparo e direção, a fim de que *o depósito sagrado da doutrina cristã seja mais bem conservado e apresentado de maneira mais eficaz*[41].

Surpreende, pois, no final da introdução desse discurso, a proposta de um novo princípio organizador das tarefas conciliares:

> Se pusermos, veneráveis Irmãos, diante dos olhos a idéia soberana de que Cristo é nosso fundador, nosso chefe, invisível porém verdadeiro, que dele tudo recebemos, de maneira a formarmos com ele o "Cristo total" de que fala Santo Agostinho [...], podemos compreender melhor as finalidades principais deste concílio, que [...] apresentaremos em quatro pontos: o conhecimento, ou, se se preferir, a consciência da Igreja ; sua renovação; o restabelecimento da unidade de todos os cristãos; o diálogo da Igreja com os homens de hoje[42].

Entre a primeira e a segunda sessão, a comissão coordenadora, criada por João XXIII, fizera notável trabalho de reorganização do material e reduzira os esquemas de vinte para dezessete. Com aqueles quatro pontos, Paulo VI, inspirado no antecessor, reestrutura tudo em três círculos concêntricos: a Igreja em si mesma, a tarefa ecumênica e o mundo. Por esse programa, chamado de "pãeclesiocêntrico"[43], esboça-se a relevante articulação entre a prática conciliar no pontificado de Paulo VI e a doutrina da "colegialidade episcopal", acentuada, em 1964, na Constituição *Lumen gentium* (LG, cap. 3, 22-23). Sobre esse ponto, já no discurso de encerramento da segunda sessão (4 de dezembro de 1963), o Papa precisa a articulação entre os dois concílios do Vaticano:

> Quer este Concílio esclarecer devidamente [...] a natureza e a função do episcopado [...], declarando quais os seus poderes e como se devem exercer,

---

39. "Cf. a alocução de 6/09/1963 sobre o sentido das palavras "aggiornamento" e "pastoral", DC 60, (1963), 1265-1270.
40. Cf. o discurso de abertura da 3ª sessão, JOÃO XXIII/PAULO VI, *Discours au concile*, pp. 156 ss.
41. Ib., p. 103. A citação de João XXIII está em itálico.
42. Ib., p. 107.
43. Cf. tomo 3, p. 435.

tanto no que diz respeito a cada bispo em particular como a todos em conjunto. Deve ficar bem clara a posição altíssima do episcopado, na Igreja de Deus, não, é claro, como organismo independente, separado, nem, muito menos, antagonista do supremo pontificado de Pedro, mas procurando, com o mesmo espírito, unido a ele e sob as ordens dele, o bem comum e o fim supremo da própria Igreja[44].

A partir daí, Paulo VI intervirá sempre mais nos debates *como bispo de Roma ou membro do colégio episcopal*, muitas vezes para proteger a minoria do Concílio. Ao mesmo tempo, dirigirá os trabalhos *em nome do seu magistério supremo*, como deixa claro a sua primeira encíclica *Ecclesiam suam* (6 de agosto de 1964), que explicita seu programa conciliar. O mesmo transparece em suas viagens a lugares simbólicos, intimamente ligados a algum ponto da obra conciliar, como a Terra Santa, após a primeira sessão; o Oriente, depois da segunda sessão; e a sede da ONU, em Nova Iorque, no final do Concílio. O papa, simultaneamente, imprime uma expressão mais "parlamentar" à colegialidade episcopal, como se viu pelas mudanças do regulamento do Concílio, corrigindo muitas derrogações e vazios jurídicos da primeira sessão e, sobretudo, instituindo um novo órgão diretivo, o colégio dos quatro moderadores ("os quatro evangelistas"), para tornar os trabalhos mais produtivos.

3. AS TRÊS ÚLTIMAS SESSÕES DO CONCÍLIO

Segundo o desejo de Paulo VI[45], o tema principal da segunda sessão (29 de setembro — 4 de dezembro de 1963) foi a Igreja. Por isso, as discussões giraram em torno da Constituição LG e do Decreto *Christus dominus (CD)*, que trata do múnus pastoral dos bispos. Em meados de novembro, o Concílio analisa também o esquema sobre o ecumenismo e os dois textos bastante esperados sobre a liberdade religiosa e o judaísmo, redigidos sob a responsabilidade do Secretariado para a unidade. O que mais marcou a segunda sessão foram duas votações orientadoras: a de 29 de outubro, que uniu o esquema sobre a Virgem Maria com a a Constituição sobre a Igreja, e a de 30 de outubro[46], sobre questões eclesiológicas (a sacramentalidade do episcopado, a colegialidade e o diaconato).

Enfim, em 4 de dezembro, chegam à promulgação solene os dois primeiros documentos: a *Constituição sobre a Santa Liturgia, Sacrosanctum concilium* (SC) e o *Decreto sobre os meios de comunicação social, Inter mirifica* (IM), ambos os textos encimados por uma nova fórmula, cheia de sentido doutrinário, bem

---

44. João XXIII/Paulo VI, *Discours au concile*, p. 139.
45. Ib., p. 109.
46. Cf. tomo 3, p. 508.

diferente da que abria as Constituições do Vaticano I[47]: "Paulo, bispo, servo dos servos de Deus, em união com (*una cum*) os Padres do santo concílio".

A terceira sessão (14 de setembro — 21 de novembro de 1964) distinguiu-se pelos debates eclesiológicos, com a promulgação, em 21 de novembro, de três documentos: a *Constituição dogmática sobre a Igreja, Lumen gentium* (LG), o *Decreto sobre as Igrejas orientais católicas, Orientalium ecclesiarum* (OE) e, bem próximo deste, o *Decreto sobre o ecumenismo, Unitatis redintegratio* (UR).

Doravante, numerosas intervenções da "autoridade superior" procuram reconciliar as duas "lógicas doutrinais" em ação no Concílio, desde o início da fase preparatória. Visam, sobretudo, às questões controversas no campo da teologia e da eclesiologia fundamentais, já abordadas pelo magistério no período de dogmatização da teologia fundamental (1870-1950). O exemplo mais vivo foi a célebre *Nota praevia*, que interpreta a tese da colegialidade em função das prerrogativas papais, definidas no Vaticano I[48]. Por outro lado, às vésperas da promulgação solene, dezenove emendas foram introduzidas no *Decreto sobre o ecumenismo*. Outras intervenções ocorreram no texto sobre a liberdade religiosa, discutido junto com o esquema sobre o judaísmo, que se tornou a Declaração sobre as religiões não-cristãs, e na *Constituição sobre a revelação divina*, recolocada em pauta, após os debates traumatizantes da primeira sessão[49].

A quarta sessão (14 de setembro — 8 de dezembro de 1965) foi, sem dúvida, a mais carregada. O Concílio promulgou, em três congregações públicas, onze documentos. Em 28 de outubro, foi a célebre *Declaração sobre as relações da Igreja com as religiões não-cristãs, Nostra aetate* (NA)[50], e quatro textos disciplinares: os decretos *O múnus pastoral dos bispos na Igreja, Christus Dominus* (CD), *A atualização dos religiosos, Perfectae charitatis* (PC) e *A formação sacerdotal, Optatam totius* (OT), mais a *Declaração sobre a educação cristã, Gravissimum educationis* (GE). A discussão sobre a *Revelação divina* (DV) termina, finalmente, em 18 de novembro, após uma derradeira intervenção de Paulo VI sobre a questão das duas fontes[51]. No mesmo dia, o Concílio também promulga o *Decreto sobre o apostolado dos leigos, Apostolicam actuositatem* (AA).

A última congregação pública aconteceu no dia 7 de dezembro, véspera do encerramento do Vaticano II, com a promulgação de dois decretos pastorais: sobre *O ministério e a vida dos presbíteros, Presbyterorum ordinis* (PO) e sobre *A atividade missionária da Igreja. Ad gentes* (AG). A *Declaração sobre a liberdade religiosa, Dignitatis humanae* (DH) — texto extremamente sensível, porque envolve simultaneamente a teologia da fé e os problemas políticos — como também a *Constituição pastoral sobre a Igreja no mundo de hoje, Gaudium et spes* (GS), abrem, afinal, a produção eclesilógica do Concílio sobre a sociedade moderna.

---

47. Cf. supra, p. 210.
48. Cf. tomo 3, p. 438.
49. Paulo VI retirou do debate conciliar duas questões: o celibato sacerdotal e a contracepção.
50. Cf. infra, pp. 461-476.
51. Cf. infra, pp. 430-431.

Por certo tempo, a GS foi tida por "cemitério de setenta esquemas", mas, na realidade, esse foi o único texto cuja redação não poderia nascer de um projeto determinado, feito por uma comissão preconciliar. Foi a Comissão coordenadora, especialmente criada, que, na sua primeira reunião, em janeiro de 1963, decidiu elaborá-lo. Estimulada por duas encíclicas, *Pacem in terris* de João XXIII (11 de abril de 1963) e *Ecclesiam suam* de Paulo VI (6 de agosto de 1964), a redação caminhou lentamente, chegando à assembléia conciliar como Constituição Pastoral apenas em 26 de outubro de 1964 (na terceira sessão). Se a Comissão dogmática *Lumen gentium* constitui o primeiro pólo do Vaticano II, a *Gaudium et spes* representa o segundo.

Vale lembrar também outros dois momentos de alto significado simbólico e doutrinal que marcaram essa última congregação pública do Vaticano II: a suspensão recíproca dos anátemas de Roma e Constantinopla (1054) e a transformação da Sagrada Congregação do Santo Ofício em Congregação para a Doutrina da Fé:

> Mas, porque o amor perfeito *bane o temor* (1Jo 4,18), a proteção da fé será agora mais bem assegurada por um organismo encarregado de promover a doutrina. Ele dará novas forças aos arautos do Evangelho, mesmo corrigindo os erros e reconduzindo com doçura ao bom caminho aqueles que deste se afastaram. Por outro lado, o progresso da cultura humana, cuja importância para a religião não deve ser descurada, faz com que os fiéis sigam mais plenamente e com mais amor as diretrizes da Igreja, se virem bem a razão de ser das definições e das leis, pelo menos tanto quanto isto é possível em matéria de fé e de costumes[52].

III. A ESTRUTURA POLICÊNTRICA DO *CORPUS* CONCILIAR

Esse breve apanhado histórico mostra que o projeto global do Concílio teve maturação demorada. Em 1962, João XXIII havia proposto à assembléia um novo "princípio hermenêutico" que transferia os debates do *conteúdo* dogmático para a sua *forma pastoral*. Esse "princípio" encontrou dura resistência da Comissão doutrinal. Em 1963, Paulo VI leva-o, então, para um enfoque mais atento à complementaridade dos *conteúdos* dogmáticos e eclesiológicos do Vaticano I ao Vaticano II. Essa "hesitação" em torno do sentido do "doutrinal" e mesmo do "dogmático" fica muito clara nas sucessivas redações dos esquemas e torna difícil e conflitiva a recepção ou a interpretação do *corpus* atual dos documentos, que é de "grande estatura" e abrange mais de um terço da última edição dos decretos dos concílios ecumênicos[53].

---

52. *Motu proprio Integrae servandae* (7/12/1965); *DC* 63, (1966), 82-84.
53. COD I-II, cf. abreviaturas.

1. A ESTRUTURAÇÃO PROGRESSIVA DO *CORPUS*

Podem-se distinguir cinco etapas diferentes na estruturação progressiva do trabalho conciliar.

1. Em primeiro lugar, importa lembrar os dados da terceira fase deste volume, consagrada à dogmatização da teologia fundamental (1870-1950), que, depois de Leão XIII, foi ampliando o campo da dogmática a toda uma visão do mundo. O caráter inacabado da doutrina do Vaticano I e a série sem precedentes de muitas encíclicas constituem um apelo a que se retome e se sintetize a doutrina católica. Nesse sentido trabalharam as comissões preparatórias, apoiadas, aliás, pela sua criação por João XXIII e por um trecho da *Bula* de convocação, que supõe uma espécie de *bipartição* das tarefas, no estilo das estruturas mentais do Vaticano I, entre a missão sobrenatural da Igreja (as questões concernentes à S. Escritura, à Tradição, aos sacramentos e orações da Igreja, à disciplina eclesiástica, às obras de caridade e de assistência, ao apostolado dos leigos, às missões) e a eficácia dessa ordem na *ordem temporal*:

> A Igreja sabe quanto aproveitam ao bem das almas aqueles meios que são aptos a tornar mais humana a vida de cada pessoa, que deve ser salva. [...] Daí a presença viva da Igreja, estendida, hoje, de direito e de fato, às organizações internacionais, e daí a elaboração da sua doutrina social referente à família, à escola, ao trabalho, à sociedade civil e a todos os problemas conexos, que elevam a um altíssimo prestígio o seu magistério, como a voz mais autorizada, intérprete e propugnadora da ordem moral, reivindicadora dos direitos e deveres de todos os seres humanos e de todas comunidades políticas[54].

2. No discurso de 11 de outubro de 1962, a segunda estruturação do trabalho conciliar, presente na Bula convocatória, ganha contornos precisos. À luz do Evangelho e de uma coerente concepção pastoral ou histórico-prática da doutrina, João XXIII propõe, sem dúvida, uma organização em três círculos concêntricos (a Igreja, a unidade da família cristã e a unidade da família humana), tripartição que não se há de separar, porém, da sua visão escatológica da história humana.

3. Ao termo da terceira sessão, vozes importantes se levantaram pedindo que se reduzisse o número de esquemas. No dia 4 de dezembro de 1962, o cardeal Suenens, secundado, no dia seguinte, pelo cardeal Montini, sugere uma reestruturação significativa de todo o material, apoiado na mensagem de João XXIII ao mundo, *Ecclesia Christi lumen gentium* (11 de setembro de 1962), texto inspirado, aliás, por uma carta particular de Suenens e por um relatório seu, solicitado pelo Papa. A mensagem de João XXIII e o "plano Suenens", de 4 de dezembro, obedecem, na verdade, à mesma distribuição bipartida da vitalidade

---

54. JOÃO XXIII/PAULO VI, *Discours au concile*, pp. 33 s.

da Igreja *ad intra* (a estrutura interna da Igreja) e da sua vitalidade *ad extra* (o anúncio do Evangelho ao mundo moderno)[55].

No que tange a essa segunda vertente dos trabalhos conciliares, o Cardeal indica até alguns temas que aparecerão na GS. Mas é só nas duas primeiras reuniões da Comissão coordenadora (janeiro e março de 1963) que se chega, com base no "plano Suenens", à estrutura atual. A série de dezessete esquemas, que constituirão a pauta das futuras sessões, é aberta com o esquema da revelação, seguido pelo *esquema dogmático* sobre a Igreja e pelo esquema sobre Maria, mãe da Igreja. Treze *esquemas pastorais* (bispos, Igrejas orientais, missões, ecumenismo, clero, estado de perfeição, apostolado dos leigos, liturgia, cura das almas, sacramento do matrimônio, formação dos seminaristas, escolas católicas, meios de comunicação social) são agregados ao esquema da Igreja, originando ao cabo o novo esquema sobre a presença da Igreja no mundo moderno. Por outro lado, a preocupação com o acolhimento posterior das diretrizes conciliares, visível desde a fase preparatória[56], começa a crescer pela distinção jurídica mais evidenciada entre *Constituições* e *Decretos* conciliares, *documentos* pós-conciliares e Comissão de revisão do Direito Canônico (instituída em 28 de março de 1963).

4. Inspirando-se nos três círculos concêntricos de João XXIII e do "plano Suenens", Paulo VI distingue quatro partes na obra conciliar: o trabalho dogmático sobre a Igreja, a renovação da Igreja (os decretos pastorais), a unidade de todos os cristãos (o decreto sobre o ecumenismo) e o diálogo da Igreja com mundo de hoje (a Constituição pastoral).

5. O corpus definitivo difere da estrutura anterior em vários pontos importantes. Primeiro, reúne, de maneira mais jurídica, as quatro Constituições[57], acrescentando nove Decretos e três Declarações. Mas é um ordenamento um tanto ambíguo, porque textos de alta relevância doutrinária das últimas reuniões, como DH (*liberdade religiosa*) e NA (*religiões não-cristãs*), são ajuntados a GE (*educação cristã*), sob a denominação canonicamente inédita de Declaração[58]. Por outro lado, DV perde a posição inicial de 1963, para ficar junto com SC (liturgia), entre as duas Constituições sobre a Igreja. Essa ordem reforça a estrutura "pã-eclesiológica" do *corpus*. Por fim, os nove decretos são apresentados em duas categorias, cinco sobre as diferentes funções ou estados de vida, e quatro sobre as relações internas e externas da Igreja. Evidentemente, essa estrutura jurídica esconde as vicissitudes históricas que o *corpus* sofreu. Textos redigidos por último, muitas vezes com menos valor canônico, beneficiaram-se de experiências e reflexões mais aprofundadas.

---

55. Ib., pp. 43s. e o discurso do cardeal Suenens, em *Acta, op. cit.*, pp. 222-227, que não menciona a *Gaudet mater ecclesia*.
56. Cf. DC 57, (1960), 802 s.
57. Cf. a lista dos documentos, na p. 393.
58. Cf. infra, p. 445, n. 1.

2. PROBLEMAS DE INTERPRETAÇÃO

Na perspectiva proposta, vê-se que esse *corpus* de estrutura "policêntrica", que não passa mais uma visão coerente (como se tinha no "*corpus* leonino"[59]), traz alguns problemas para a interpretação e a recepção dos textos no pós-concílio. Falemos de dois, estruturalmente unidos aos trabalhos do Concílio.

1. Como entender a "recepção"[60]? Segundo a lógica da *aplicação,* prefigurada na distinção jurídica entre Constituição dogmática e decreto de aplicação ou concretizada mediante iniciativas oficiais ou "querigmáticas"[61], impostas por Roma e transmitidas, por via hierárquica, às Igrejas particulares? Ou é preciso contar — talvez simultaneamente — com outra lógica, mais claramente baseada no "sentido da fé de todo o povo", nas "Igrejas particulares com suas tradições próprias"[62] e na *prática de renovação e de reforma*, à luz da eclesiologia da LG[63], explicitada no Decreto sobre o ecumenismo? Nesse caso, ganha importância decisiva o segundo grupo de decretos sobre a renovação (as relações internas e externas da Igreja). Partindo da distinção nítida entre a "renovação" (*renovatio*) que persegue a fidelidade teológica sempre maior ao Evangelho, e a "reforma" (*reformatio*), voltada à transformação das estruturas da vida eclesial, debilitadas pelo pecado, eis o que diz UR:

> Toda a renovação da Igreja consiste essencialmente numa fidelidade maior à própria vocação. Esta é, sem dúvida, a razão do movimento para a unidade. A Igreja peregrina é chamada por Cristo a essa *reforma perene*. Dela necessita perpetuamente como instituição humana e terrena. Tanto assim que se, em vista das circunstâncias das coisas e dos tempos, houve deficiências, *quer na moral, quer na disciplina eclesiástica, quer mesmo no modo de enunciar a doutrina — o que deve ser cuidadosamente distinguido do próprio depósito da fé* — seja reta e devidamente reformado em tempo oportuno. Esta renovação tem, por isso, uma grande importância ecumênica. Ela já é efetuada em várias esferas da vida da Igreja... Tudo isso deve ser tido como penhor e auspício a prognosticar, felizmente, os futuros progressos do ecumenismo[64].

Por esse texto importante que descortina o *corpus* à história pós-conciliar, a recepção do Concílio deve aportar uma prática de renovação e de reforma,

---

59. Cf. supra, pp. 339 e 346 s.
60. Para uma análise das várias concepções da "recepção", cf. G. ROUTHIER, *La réception d'un concile*, Paris, Cerf, 1993.
61. Cf. ib., pp. 87 s.
62. *LG* II, 12 e 13; *COD* II-2, p. 1745, 17-19 e 1747,37s.
63. *LG* I,4; *COD* II-2, p. 1731, 2-4; *LG* I,8; 1739,13-15: "A Igreja, reunindo em seu próprio seio os pecadores, ao mesmo tempo santa e sempre na necessidade de purificar-se (*sancta simul et semper purificanda*), busca sem cesar a penitência e a renovação".
64. *UR* cap. II,6; *COD* II-2, p. 1855.

iniciada há bom tempo em alguns movimentos da Igreja (suspeitos de irenismo, após a *Humani generis*), comprometidos com o diálogo efetivo e com a própria conversão[65]. Graças a essa prática histórica, não se chega apenas a distinguir, dentro do próprio *corpus* conciliar, o que é da moral, da disciplina eclesiástica e da doutrina, mas sobretudo consegue-se discernir a tarefa complexa aí executada, entre "a formulação e o depósito da fé". O fato de somente aqui nos depararmos com o discurso de 12 de outubro de 1962, muitas vezes censurado depois[66], é sinal de que estamos no ponto em que se retomam o "princípio" do *corpus*, a sua estruturação interna e a sua recepção.

2. O outro problema de interpretação aparece quando, a partir da passagem agora citada, pomo-nos a perguntar o que significa "doutrinal". Vista superficialmente, a estrutura do *corpus* é bipolar, pendendo da perspectiva *ad intra* para as relações *ad extra* da Igreja, numa tensão bem sensível nos anos pósconciliares. Ora, a nossa breve caminhada histórica mostrou que as primeiras dissensões na assembléia foram sobre questões da teologia fundamental e vieram à tona com o texto da Constituição doutrinária sobre as duas fontes da revelação. Esse debate desaparece, praticamente, na segunda sessão, para emergir na terceira e na quarta sessão, quando Paulo VI consegue enquadrá-lo numa estratégia de compromisso. No *corpus* definitivo, os textos de teologia fundamental passam a integrar o conjunto eclesiológico.

Pois bem, uma análise cuidadosa mostra que eles constituem um terceiro pólo na obra do Concílio e poderiam ser apresentados como eixo perpendicular ao plano eclesial (cf. esquema). À diferença do "intelectualismo" doutrinário do Vaticano I, esse eixo delineia uma "nova forma" de conceber a revelação e a fé. Acontecimento histórico de comunicação[67], a relação entre Deus e o homem deita raízes na consciência e na liberdade, aperfeiçoadas por ela. Os Padres conciliares encontram, primeiro, os elementos desse "tema" complexo, presente em todo o Concílio, na "santa Tradição e na S. Escritura de ambos os Testamentos", que "são como o espelho em que a Igreja peregrinante na terra contempla a Deus, de quem tudo recebe, até que chegue a vê-lo face a face como ele é" (cf. 1Jo 3,2)[68].

Tem-se a impressão de que os problemas de recepção no pós-concílio estavam presos à dificuldade sentida pelos Padres de ir a fundo nas questões de teologia fundamental, questões candentes então, e de trabalhá-las *junto com* uma prática histórica de interpretação da Escritura e de recepção do patrimônio dogmático, sob o prisma da renovação e da reforma. E João XXIII já havia sinalizado nessa direção, no discurso de outubro de 1962, sobre a "pastoralidade" da doutrina.

---

65. Cf. supra, pp. 362 s.; 364 ss.
66. Esse discurso é também citado na GS, mas na versão latina corrigida e completada.
67. Cf. infra, p. 422.
68. *DV* II,7; *COD* II-2, p. 1977, 6-9.

O CORPUS TEXTUAL DO VATICANO II

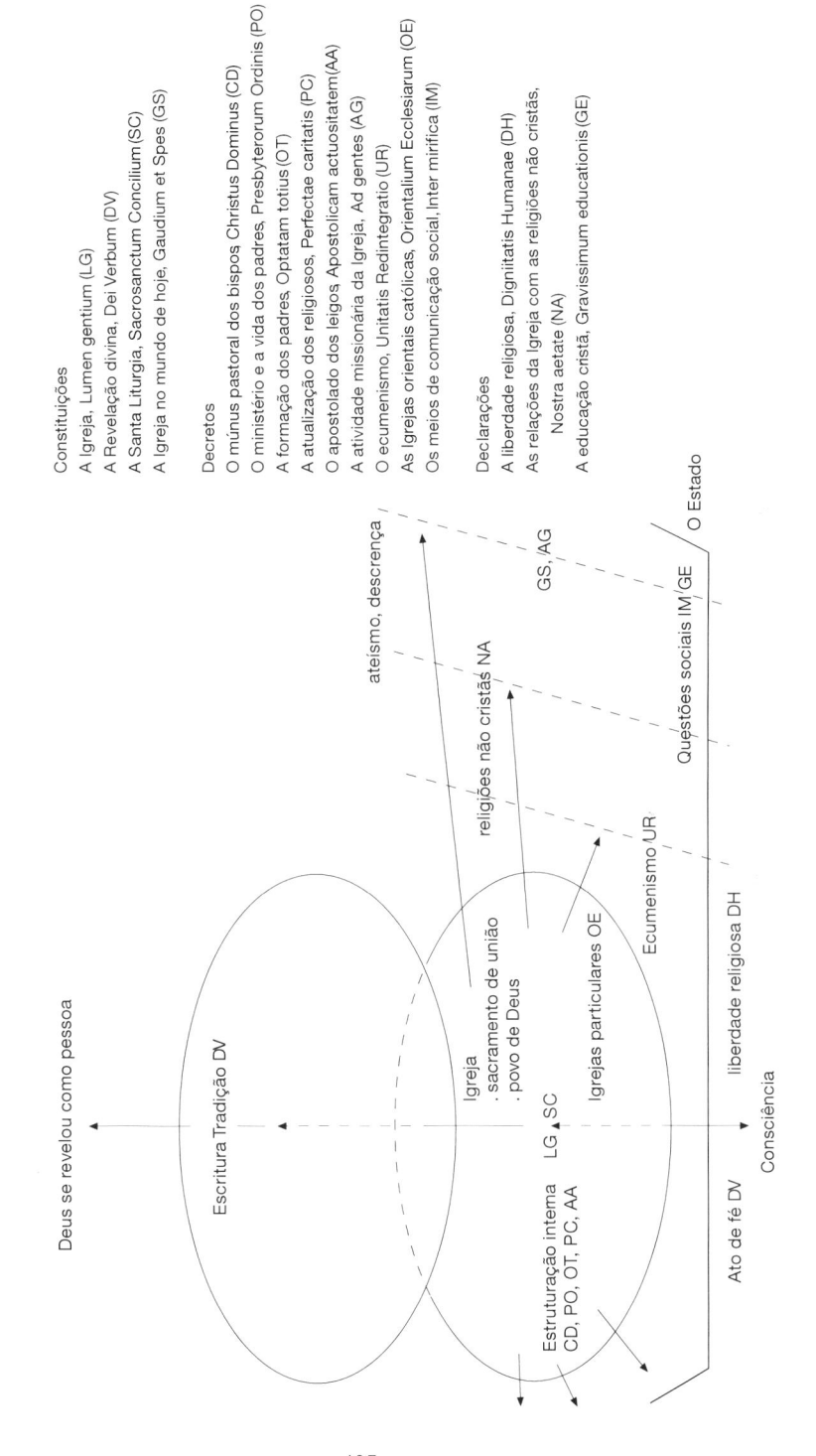

Constituições
A Igreja, Lumen gentium (LG)
A Revelação divina, Dei Verbum (DV)
A Santa Liturgia, Sacrosanctum Concilium (SC)
A Igreja no mundo de hoje, Gaudium et Spes (GS)

Decretos
O múnus pastoral dos bispos Christus Dominus (CD)
O ministério e a vida dos padres, Presbyterorum Ordinis (PO)
A formação dos padres, Optatam totius (OT)
A atualização dos religiosos, Perfectae caritatis (PC)
O apostolado dos leigos Apostolicam actuositatem (AA)
A atividade missionária da Igreja, Ad gentes (AG)
O ecumenismo, Unitatis Redintegratio (UR)
As Igrejas orientais católicas, Orientalium Ecclesiarum (OE)
Os meios de comunicação social, Inter mirifica (IM)

Declarações
A liberdade religiosa, Dignitatis Humanae (DH)
As relações da Igreja com as religiões não cristãs, Nostra aetate (NA)
A educação cristã, Gravissimum educationis (GE)

Deus se revelou como pessoa

ateísmo, descrença

religiões não cristãs NA

GS, AG

O Estado

Questões sociais IM GE

Escritura Tradição DV

Igreja
. sacramento de união
. povo de Deus

Igrejas particulares OE

Ecumenismo UR

LG ▲ SC

Estruturação interna
CD, PO, OT, PC, AA

liberdade religiosa DH

Ato de fé DV

Consciência

405

Duas comissões conciliares ocuparam-se mais de perto com essas questões. Primeiro, o Secretariado para a unidade, responsável não só pelo Decreto sobre o ecumenismo, mas também pelas duas Declarações sobre as religiões não cristãs e a liberdade religiosa (no início, afetas ao ecumenismo). Depois de 20 de novembro de 1962, ele também participa de uma comissão mista, para elaborar o novo esquema da revelação. Na linguagem do Vaticano II, esse Secretariado funciona, pois, como uma segunda *Delegação sobre o fundamento da fé*, disposta, se necessário, a fazer valer, contra a comissão doutrinária, como princípios hermenêuticos, a fonte evangélica ("a Escritura como alma da teologia"[69]) e a presença dos outros (os irmãos separados, os judeus, as outras religiões), na interpretação do depósito da fé. Outra comissão que tratou das questões de teologia fundamental foi a encarregada de elaborar a Constituição pastoral GS[70]. Coube-lhe também enfrentar o problema espinhoso da relação do "doutrinal" com o "pastoral". Outra tarefa sua foi a questão do ateísmo, que acabou aguçando ao máximo os afrontamentos dentro da assembéia conciliar, em setembro de 1965, coordenados pelo presidente do novo Secretariado para os não-crentes, o cardeal König. Aquela comissão, por fim, discutiu o significado escatológico da história humana e o relacionamento mútuo das ordens natural e sobrenatural. Até o encerramento do Concílio, ela constituiu alvo de litígio entre os episcopados da França e Alemanha, divididos por causa de um esquema considerado, doutra parte, como um projeto franco-belga-alemão. A intervenção do episcopado latino-americano e especialmente a do seu secretário Dom Helder Câmara, tiveram papel importante, sobretudo pela defesa, desde 1962, com o cardeal Lercaro, do tema da Igreja dos pobres. Poder-se-iam pressentir aí os debates pósconcílio em torno da Teologia da Libertação.

Terá sido o Vaticano II um concílio de teologia fundamental? Absolutamente não! A onipresença do paradigma da fase de dogmatização (1870-1950) tornava difícil o debate sobre tais questões. O clima predominante levou o Concílio a tratar delas por partes, limitando-se a determinados acordos. Antes de comentar, nos capítulos seguintes, os três documentos principais, convém agrupar esses pontos essenciais de teologia fundamental e enfocar seus desafios, dentro da "mudança paradigmática" que se anuncia com a obra conciliar.

IV. O EIXO FUNDAMENTAL

Esses pontos controvertidos entram todos numa trajetória que vai da questão da verdade ao conceito do homem, passando pela autocompreensão do magistério eclesial e a relação da Igreja com o outro.

---

69. *DV* VI,24; p. 1989, 14 s.
70. Sobre o seu encaminhamento tortuoso, cf. *Vatican II. L'Église dans le monde de ce temps*, 3 vols., Paris, Cerf, 1967.

1. "HIERARQUIA DAS VERDADES" E "PROCLAMAÇÃO ADEQUADA DA PALAVRA REVELADA"

No fim do debate sobre as duas fontes, em 19 de novembro de 1962, o bispo De Smedt propõe, em nome do Secretariado para a unidade, uma reflexão acurada sobre "o que se requer na doutrina e no estilo de um esquema, para que possa de fato servir à obtenção de um melhor diálogo entre os católicos e os não-católicos". Para tanto, sugere duas distinções: a primeira, entre "a *fonte única* — o Cristo" e "*a maneira pela qual* nos aproximamos de Cristo". A outra, entre "a verdade" e "*a maneira pela qual* se expõe a verdade":

> Todos os que têm a honra de chamar-se cristãos são unânimes em reconhecer a Jesus Cristo. Tudo o que nos foi comunicado pelo mesmo Senhor constitui o depósito da fé e é nossa salvação. Dessa única fonte haurimos todos, católicos e não-católicos. Mas quando se trata da *maneira pela qual* nos aproximamos de Cristo, rompe a discórdia. [...] No decorrer das últimas décadas, todavia, adotou-se novo método. [...] Caracteriza-se pela qualidade de não se preocupar apenas com a verdade, mas também com a *maneira pela qual* se expõe a verdade, para que possa ser compreendida pelos outros[71].

Sem escamotear, como pretende o falso irenismo, a necessidade de anunciar com clareza a "doutrina integral", De Smedt acentua *ao mesmo tempo* o vínculo íntimo entre verdade e comunicação ou compreensão. Esse princípio hermenêutico, em perfeita coerência com a parte central da *Gaudet mater ecclesia*, adquire dupla expressão na obra conciliar.

1. Ele está presente, primeiro, quase literalmente, na UR (cap. 2, 11), ligado ao que o documento diz da reforma "em matéria moral, na disciplina eclesiástica ou até mesmo na formulação da doutrina, que deve ser distinguido cuidadosamente do depósito da fé"[72]. Mas o Decreto do ecumenismo acrescenta aí, por sugestão do bispo Pangrazio, a idéia da hierarquia das verdades:

> No diálogo ecumênico, os teólogos católicos, sempre fiéis à doutrina da Igreja, quando investigarem, juntamente com os irmãos separados, os divinos mistérios, devem proceder com amor à verdade, com caridade e humildade. Comparando as doutrinas, lembrem-se que existe uma ordem ou 'hierarquia' de verdades na doutrina católica, já que o nexo delas com o fundamento da fé cristã é diverso. Assim se abrirá o caminho pelo qual, mediante esta fraterna emulação, todos se sintam incitados a um conhecimento mais profundo e a uma manifestação mais clara das investigáveis riquezas de Cristo (cf. Ef 3,8)[73].

---

71. Cf. R. ROUQUETTE, *La fin d'une chrétienté*, I, p. 252.
72. Cf. supra, pp. 391 s.
73. *COD* II-2, pp. 1857-1859.

Esse trecho retoma a idéia da pluralidade de "verdades", presente no Vaticano I, introduzindo, porém, uma ordem hierárquica com determinado "critério", insinuado na *Dei Filius* (cap. 4), que fala dos "elos que interligam os mistérios entre si e *com o fim último do homem*"[74]. No Decreto sobre o ecumenismo, "os fundamentos da fé" vêm identificados com as "insondáveis riquezas de Cristo". Assim Dom Pangrazio distinguira "as verdades-fim, como o conhecimento da Trindade [...], e as verdades-meio, como a estrutura hierárquica da Igreja [...]". E acrescentara que "essas verdades-meio foram dadas por Cristo à Igreja para a sua peregrinação terrena e cessarão depois dela"[75]. O texto do Decreto também insiste na transcendência ou no "caráter insondável" do mistério, quanto ao seu conhecimento e à sua expressão. Exclui-se, portanto, qualquer atitude de posse, em matéria de verdade, e se preconiza, assim, a disposição para a "busca"[76]. Como esta não é solitária, mas "em união com os irmãos separados", conforme a formulação paradoxal do documento, é em espírito de "emulação" que ela se concretiza, animada por "uma maneira de agir" ou pelas "virtudes" correspondentes ao que se está procurando, a saber, "o amor da verdade, a caridade e a humildade"[77].

Esse novo modelo, que encarna a verdade em determinado estilo de comunicação, estrutura os elementos do Decreto e do capítulo 2 da LG, sua base doutrinária? Na verdade, pode-se divisar a "hierarquia de verdades" na definição por níveis do que é pertencer à Igreja, conforme se lê na introdução da UR e também na LG:

> São incorporados plenamente à sociedade da Igreja os que, *tendo o Espírito de Cristo*, aceitam a totalidade de sua organização e todos os meios de salvação nela instituídos e na sua estrutura visível — regida por Cristo por meio do Sumo Pontífice e dos Bispos — se unem *com ele*, pelos vínculos da profissão de fé, dos sacramentos, do regime e da comunhão eclesiásticos. Não se salva, contudo, embora incorporado à Igreja, aquele que, não perseverando na caridade, permanece no seio da Igreja 'com o corpo', mas não 'com o coração'[78].

Essa definição, várias vezes retocada, respeita a orientação hierarquizada dos "elementos doutrinários e disciplinares"[79] e a "incorporação" progressiva dos crentes no seu "centro", o Cristo e o seu Espírito, presentes nesse mundo

---

74. Cf. supra, pp. 244 s.
75. *Acta* II-6, p. 34. Pangrazio acrescenta: "As diferenças doutrinárias entre os cristãos são menos quanto a essas verdades-fim do que no que diz respeito às verdades-meio, que são subordinadas àquelas. A verdadeira união dos cristãos consiste, precisamente, na fé comum e na profissão da verdade relativa ao fim".
76. Essa ligação entre "verdade" e "busca" também aparece na DH 1,3.
77. Quanto a *essa maneira* ou *estilo*, cf. também DH I,1,3 e 11s.
78. *LG* II,14-16; *COD* II-2, p. 1749 (o grifo é nosso).
79. Cf. também *LG* I,8; *COD* II-2, p. 1737, 28-30.

misterioso que é o "coração" do ser humano. Ao mesmo tempo, porém, outro modelo mais concêntrico (o da encíclica *Ecclesiam suam*) se sobrepõe ao primeiro, "limitando" o exercício da busca e da emulação. Reconhecendo, sim, a distância que separa a Igreja católica da catolicidade plena[80], o Concílio distingue também "os que estão *plenamente* incorporados à sociedade que é a Igreja", os "que a Igreja sabe *ligados a ela*, por muitas razões" e "os que estão *ordenados ao povo de Deus*"[81]. O perfil "pã-eclesiológico" desse esquema põe a Igreja católica no centro da situação e impede o estilo "aberto" de comunicação, previsto no parágrafo de teologia fundamental sobre a "hierarquia de verdades", que orienta *todos* os parceiros na emulação pela "fonte única".

2. Outro eco da intervenção de De Smedt a respeito "*da maneira pela qual nos aproximamos de Cristo*" e "*da maneira pela qual* se expõe a verdade" encontraremos no final da primeira parte da Constituição pastoral GS. Trata-se da *figura cultural* da "verdade revelada"[82]. É uma passagem importante, baseada também na autoridade doutrinária da LG[83]:

> Essa maneira apropriada (*accommodata*) de proclamar a palavra revelada deve permanecer como *lei de toda a evangelização*. Desse modo estimula-se em todas as nações a possibilidade de exprimirem à sua maneira a mensagem de Cristo e promove-se, ao mesmo tempo, um intercâmbio vivo entre a Igreja e as diversas culturas dos povos. Para aumentar esse intercâmbio, sobretudo em nossos tempos, nos quais as coisas mudam tão rapidamente e os modos de pensar variam tanto, a Igreja precisa do auxílio, especialmente, daqueles que, crentes ou não, vivendo no mundo, conhecem bem os variados sistemas e disciplinas e entendem a sua mentalidade profunda. Compete a todo povo de Deus, principalmente aos pastores e teólogos, com o auxílio do Espírito Santo, auscultar, discernir e interpretar as diversas linguagens do nosso tempo e julgá-las à luz da palavra divina, para que a verdade revelada possa ser percebida sempre mais profundamente, melhor entendida e proposta de modo mais adequado[84].

Esse texto, que não fala mais de "doutrina", mas de "Evangelho", de "palavra revelada", de "verdade revelada", reconhece, ao menos em nível de princípio, a existência de um problema que, após a crise do modernismo, a teologia católica enfrenta, a saber, a historicidade de uma verdade irremediavelmente "pluralizada" pelas línguas e culturas do mundo, sem que sua unidade e universalidade sejam diretamente acessíveis, numa doutrina trans-histórica

---

80. Cf. *UR* I,14; *COD* II-2, p. 1853.
81. *LG* II,13-15; *COD* II-2, p. 1749, 6-10, 20, 36; 1751,13s; cf. também *UR* I,3.
82. *GS* I,44 é o único parágrafo que fala do "auxílio que a Igreja recebe do mundo de hoje", depois de outros três sobre o auxílio que a Igreja se esforça para prestar a cada homem (41), à sociedade (42) e à atividade humana (43); sob esse aspecto, o texto garante a reciprocidade das relações.
83. Cf. *LG* II,13 e 17.
84. *GS* I,44; *COD* II-2, p. 2225; cf. também II,57-59 e 62.

ou sem enraizamento lingüístico e cultural[85]. Em atenção a essa dificuldade, o texto, na sua fórmula conclusiva, coloca a verdade revelada num movimento de interpretação ou de discernimento voltado, ao mesmo tempo, às línguas *e* à verdade revelada. O sujeito dessa tarefa, auxiliado pelo Espírito, é "todo povo de Deus, principalmente os pastores e teólogos".

A arquitetura global da GS apóia-se nesse procedimento hermenêutico, que conjuga, "inseparavelmente", a exposição doutrinal sobre o homem e o mundo (1ª parte) e o enfoque histórico e contingente da vida e da sociedade contemporâneas (2ª parte). A Constituição se apresenta, realmente, como o resultado do discernimento levado a termo no final da 1ª parte. No início do documento, uma nota explica sua estrutura e — fato singular em todo o *corpus* conciliar — o sentido do termo "pastoral":

> A Constituição Pastoral sobre *a Igreja no mundo de hoje* consta de duas partes, mas forma um todo. É chamada "pastoral" porque, baseada em princípios doutrinários, tem a intenção de exprimir as relações da Igreja com o mundo e os homens de hoje. Por isso, nem na primeira parte está ausente a intenção pastoral, nem na segunda falta a intenção doutrinária[86].

Como no caso da "hierarquia de verdades", não é sempre mantida, de forma coerente, a estreita ligação entre doutrina e contexto histórico, que ultrapassa a distinção tradicional entre o "dogmático" e o "conexo". Os dois trechos citados constituem exceção na obra conciliar. Outros parágrafos, inclusive na GS, induzem certa distância entre história e mensagem evangélica ou consideram a linguagem e as culturas como "meios" ou "instrumentos" de comunicação de uma "verdade" a ser preservada em sua própria autonomia. O exame cuidadoso de outros textos conciliares revelará enorme diversidade de posições[87].

Os comentados aqui mostram, sobretudo, que as duas vertentes da problemática hermenêutica, ou seja, o enfoque confessional da doutrina centrado, segundo a perspectiva bíblica e patrística, na unidade interna do mistério, e a perspectiva cultural, mais sensível à pluralidade das linguagens cristãs, não estão unificados. Essa indeterminação básica será a causa primordial dos conflitos pós-conciliares.

2. UM MAGISTÉRIO DE PERFIL EMINENTEMENTE PASTORAL

Essas indefinições quanto ao relacionamento de verdade e história, doutrina e forma de apresentá-la atingem também os que estão investidos da autori-

---

85. Cf. supra, pp. 321 s., 328 ss.
86. *GS*, nota introdutória; *COD* II-2, p. 2167.
87. Cf. por exemplo, *DV* III,12, que trata do mesmo tema, no contexto da teoria dos "gêneros literários".

dade de discernir, interpretar e julgar. Mas, para entender as transformações do "sistema" doutrinário e magisterial do Vaticano I e do Vaticano II, não basta ler o capítulo 3 da LG, que trata dessas questões de teologia fundamental. Convém, antes, situá-lo no conjunto da Constituição.

1. Nos capítulos VI e VII, insistimos no "eclesiocentrismo" do Vaticano I. Ao contrário, já no discurso de abertura da segunda sessão, o Vaticano II demonstra um autêntico "descentramento" da Igreja para a sua fonte única, o Cristo[88]. É o que se lê no capítulo 1 da LG sobre o "mistério da Igreja", citada, de início, como sacramento[89] *entre* Jesus Cristo e os povos e, no final, *diferenciada* entre a Igreja "una, santa, católica e apostólica" e a Igreja católica, uma subsistindo (*subsistit in*) na outra. Essa distinção baseia a necessidade permanente da "renovação" e da "reforma", como também do diálogo ecumênico. O capítulo 2 continua esse processo de "descentramento" em perspectiva escatológica, propondo ao "povo de Deus" a definição da pertença por graus.

2. Somente nesta altura é que o capítulo 3 sobre a "constituição hierárquica da Igreja e especialmente o episcopado" retoma e completa a lição do Vaticano I, com longa citação (n° 1) do prólogo da *Pastor aeternus*[90]:

> Esta doutrina sobre a instituição, perpetuidade, poder e natureza do sacro primado do Romano Pontífice e sobre o seu infalível magistério, o Sagrado Sínodo novamente a propõe para ser crida firmemente por todos os fiéis. E, continuando na mesma iniciativa, resolveu declarar e professar diante de todos a doutrina sobre os bispos, sucessores dos Apóstolos, que, junto com o sucessor de Pedro, Vigário de Cristo e cabeça visível de toda a Igreja, regem a casa de Deus vivo[91].

A seqüência do texto transforma profundamente a economia dos capítulos da *Pastor aeternus*, sobretudo pela apresentação de citações escriturísticas mais nuançadas, a partir de um novo olhar sobre a Bíblia. Assim, o n° 19 fala da instituição dos Doze (cf. *Pastor aeternus* I), introduzindo, mediante a polissemia da "rocha" e da terminologia do "fundamento", uma distinção bastante sutil no "colégio" dos Apóstolos que "congregam a Igreja universal, que o Senhor *fundou* nos Apóstolos e *edificou sobre* o bem-aventurado Pedro, seu príncipe, sendo *a pedra angular* o próprio Cristo Jesus (cf. Ap 21,14; Mt 16,18; Ef 2,20)"[92].

Sem aludir à "perpetuidade", o n° 20 dá, a seguir, o fundamento da "permanência" do ministério apostólico (cf. *Pastor aeternus* II), refletindo, outra vez,

---

88. JOÃO XXIII/PAULO VI, *Discours au concile*, pp. 104-107.
89. *LG* I,1. O Vaticano I vê a Igreja como "sinal levantado entre as nações", que "é por ela mesma um grande e perpétuo motivo de credibilidade e um testemunho irrefutável da sua missão divina", cf. supra, pp. 238 ss.
90. Sem referência ao contexto apocalíptico.
91. *LG* III,18; *COD* II-2, p. 1755, 7-13.
92. *LG* III,19; *COD* II-2, p. 1755, 27-29. Cf. supra, p. 262 s.

sobre o sentido dogmático e histórico da sucessão e fundamentando-a no Evangelho, numa decisão de enorme visão ecumência:

> Esta missão divina confiada por Cristo aos Apóstolos deverá durar até o fim dos séculos (cf. Mt 28,20), já que o Evangelho que eles devem transmitir é para a Igreja em todos os tempos a fonte de toda vida [...].
>
> [Desenvolvido o argumento histórico, o texto conclui:] Portanto, ensina o Sagrado Sínodo que os bispos, por instituição divina, sucederam aos Apóstolos, *como pastores da Igreja*, e quem os ouve ouve a Cristo, mas quem os despreza despreza a Cristo e aquele que a Cristo enviou (cf. Lc 10,16)[93].

3. Os três números seguintes trazem mudanças consideráveis na perspectiva global do capítulo 3 da *Pastor aeternus* ("poder e natureza do primado de S. Pedro"), particularmente em dois pontos essenciais: a sacramentalidade do episcopado e a colegialidade. Quanto ao *primeiro ponto*, cumpre lembrar que, no Concílio Vaticano I, discutia-se a relação entre *poder de jurisdição* e *poder de magistério*, distinção que supõe uma separação anterior entre a ordem sacramental, ligada ao sacramento da Ordem, e a ordem jurisdicional[94], de origem divina por via hierárquica. O nº 21 supera, precisamente, essa separação, "ensinando que, pela consagração episcopal, é conferida a plenitude do sacramento da Ordem"[95]:

> A sagração episcopal, juntamente com o múnus de santificar, confere também os de ensinar e de reger. Estes, todavia, por sua natureza só podem ser exercidos em comunhão hierárquica com o cabeça e os demais membros do Colégio[96].

Essa decisão ultrapassa a problemática por demais estreita dos "poderes" e liga o episcopado com a sacramentalidade da Igreja, que se manifesta também no dom sacramental, que são os seus "pastores". É a terminologia pastoral que determina a teologia do ministério e o tríplice múnus de santificar, ensinar e governar, como já inspirara o vocabulário doutrinal e dogmático. Mas como a terminologia da "comunhão hierárquica" revela, não se exclui a "ordem jurídica". Agora, ela deve ser reposicionada. O debate conciliar e muitas discussões pós-conciliares se desenrolam em torno disso, com o reforço, aliás, da *Nota praevia*, destinada a salvaguardar o ponto de vista "jurisdicional"[97]. Comentando o texto citado, ela diz:

---

93. *LG* III,20; *COD* II-2, p. 1755, 30-32; 1757, 20-24.
94. Cf. supra, pp. 258 ss.; 261 ss.
95. Cf tomo 3, pp. 219 ss.
96. *LG* III,21; *COD* II-2, p. 1759, 15-20.
97. Cf. especialmente J. GROOTAERS, *Primauté et collégialité. Le dossier de Gérard Philips sur la* Nota explicativa praevia, Louvain, Presses Univers., 1986.

Empregam-se, de propósito, a palavra *ofícios* e não *poderes*, porque se poderia entender esse último termo como *poder apto a se exercer em ato*. Mas para existir esse tipo de poder, é preciso que se agregue a ele a delegação canônica ou *jurídica* por parte da autoridade hierárquica[98].

O *segundo ponto* refere-se ao sentido das "comunhão hierárquica", exposta nos números 22 e 23 sobre a colegialidade. Voltando à problemática jurídica, o texto da LG afirma que na Igreja há dois sujeitos de "poder pleno": o poder "pleno, supremo e universal" do romano pontífice, "que pode sempre livremente exercer este seu poder", e o poder da ordem dos bispos que "junto com o seu chefe, o Romano Pontífice e nunca sem ele, é também detentora do poder supremo e pleno sobre a Igreja inteira"[99]. Mas, enquanto a *Nota praevia* sublinha de novo, dentro do espírito jurídico do Vaticano I, a assimetria desses dois poderes[100], o texto da LG convida a passar para *outro plano*, deixando ao "Espírito Santo que revigore sempre a estrutura orgânica e a concórdia da Igreja"[101]. Na verdade, é nesse nível pneumático e eclesiológico que reside o sentido último da colegialidade, que supõe uma revisão peculiar da perspectiva fundamental da *Pastor aeternus*, citada outra vez[102]:

> A união colegial aparece também nas mútuas relações de cada bispo com as Igrejas particulares e com a Igreja universal. O romano pontífice [...] é o perpétuo e visível princípio e fundamento da unidade quer dos bispos quer da multidão dos fiéis. E os bispos individualmente são o visível princípio e fundamento da unidade de suas Igrejas particulares, formadas à imagem da Igreja universal, nas quais e pelas quais subsiste a Igreja católica, una e única[103].

Essa reiterada insistência na estrutura "policêntrica" da Igreja relançará, após o Vaticano II, o debate sobre as estruturas jurisdicionais que custarão a se reposicionar, por força da "mudança paradigmática", apenas esboçada nos números 21-23.

4. Nessa perspectiva, é muito significativo que a explanação sobre o magistério (cf. *Pastor aeternus*, cap. 4) entre nos tópicos dedicados à tríplice missão do bispo. O nº 25[104] oferece a esse magistério todo o seu sentido bíblico ou querigmático, plenamente de acordo com o que antes fora dito da "pastoralida-

---

98. *Nota praevia*, nº 2; *COD* II-2, p. 1827, 18-21.
99. *LG* III,22; *COD* II-2, p. 1761, 13-22.
100. *COD* II-2, p. 1827, 36-1829,11.
101. *LG* III,22; *COD* II-2, p. 1761, 31s.
102. Trata-se da passagem do Prólogo onde Pedro aparece como único "princípio e fundamento da dupla unidade entre os bispos e a multidão dos fiéis", cf. supra. p. 252.
103. *LG* III,23; *COD* II-2, p. 763, 6-12.
104. Cf. o comentário de K. RAHNER em LThK, *Das zweite vatikanische Konzil I* (1966), pp. 235-242 e PHILIPS, *L'Église et son mystère au IIe. Concile du Vatican. Histoire, texte et commentaire de la Constitution Lumen gentium*, vol. 1, Paris, Desclée, 1967, pp. 320-337.

de" da doutrina: "Entre os principais deveres dos bispos sobressai o de pregar o Evangelho". Os bispos são, por isso, designados "pregoeiros da fé" *e* "mestres autênticos", porque a fé que pregam é, *ao mesmo tempo*, para eles e para os fiéis "norma de pensamento e de comportamento"[105]. O texto comporta quatro parágrafos estruturados por uma economia de distinções progressivas. Dessa forma, muitas questões controversas entre a maioria e a minoria, no Vaticano I, encontram sua solução. Vamos destacá-las, rapidamente, ressaltando algumas indeterminações.

O primeiro parágrafo fala, de modo abrangente, do magistério *autêntico* dos bispos, de cada bispo e do sumo pontífice. O adjetivo novo aí presente — *autêntico* — denota a condição fundamental desse magistério, que é estar "dotado da autoridade de Cristo". Sem distinguir, ainda, entre "magistério ordinário-e-universal" e "magistério extraordinário", o documento exige do fiel uma "obediência religiosa da vontade e da inteligência", *em função* do que foi dito e, no caso do Papa, "de acordo com sua mente e vontade, que podem ser deduzidas, particularmente, ou da índole dos documentos ou da freqüente proposição de uma mesma doutrina ou de sua maneira de falar"[106]. A expressão "obediência religiosa" é abrangente. Não se limita ao "dogmático". Mas ficam abertas as "regras de interpretação" para discernir o grau de obrigação.

No segundo parágrafo vamos encontrar as distinções tradicionais do Vaticano I referentes, antes de mais nada, ao magistério infalível dos bispos. Dois casos especiais são focalizados. Primeiramente, o clássico "magistério ordinário e universal". Trata-se *aqui* — de maneira mais restritiva do que em 1870 — dos bispos que "mesmo quando dispersos pelo mundo, guardando, porém, a comunhão entre si e com o sucessor de Pedro e quando ensinam *autenticamente* sobre assuntos de fé e moral, concordam numa sentença que deve ser mantida de modo definitivo". Portanto, o critério fixado é a unanimidade da proposição, embora o texto não diga *como* essa unanimidade do "ato colegial"[107] pode ser criada ou averiguada. O segundo caso é o do "magistério extraordinário" dos bispos reunidos em concílio ecumênico[108].

O terceiro parágrafo, mais complexo, versa o "magistério extraordinário"[109] do Papa, mas unido aos bispos, especialmente no que tange a sentenças ou

---

105. *LG* III,25; *COD* II-2, p. 1767, 1-8.
106. *LG* III,25; *COD* II-2, p. 1767, 15-18. No primeiro esquema (cf. *Constitutionis dogmaticae LG synopsis historica*, de G. ALBERIGO e F. MAGISTRETTI, Bolonha, Ist. per le Scienze Religiose, 1975, p. 297) essa passagem terminava com esta citação da *Humani generis*: "Sabem todos que essa forma de pensamento e de vontade dos soberanos pontífices já não se pode mais considerar como tema livre entre os teólogos". Cf. supra, pp. 368 s. Essa afirmação foi criticada e corrigida na reunião da Comissão central, em 19/06/1962, entre outros pelo cardeal Frings: "Esse assunto não seria discutido de novo pelos teólogos, a não ser por graves razões" (*Acta et documenta oecumenico Vaticano II apparando*, ser. II, vol. II, pars IV, p. 638).
107. Cf. *LG* III,22; *COD* II-2, p. 1763, 1-5.
108. *LG* III,25; *COD* II-2, p. 1767, 19-26.
109. O nº 25 evita esse vocabulário.

definições. O texto, primeiramente, retoma a doutrina do Vaticano I sobre a *extensão* da infalibilidade outorgada *a toda a Igreja*[110], antes de ela se exercer pelo magistério do colégio episcopal unido ao sucessor de Pedro ou pelo próprio Papa. Vale observar que o Concílio mantém, nesse ponto, a mesma *abertura* do Vaticano I, ou seja, o parágrafo anterior fala de "uma doutrina *a ser mantida* (e não crida) definitivamente" (no caso do magistério ordinário e universal) e de "definições a serem acolhidas na *obediência da fé*" (no caso do magistério extraordinário de um concílio).

O parágrafo atual limita a infalibilidade ao "depósito da revelação divina que deve ser santamente guardado e fielmente exposto". Essas formulações são propositalmente abertas, sem excluir (embora não incluam explicitamente) o campo do "conexo", ao passo que o esquema preparatório de 1962 propunha, nessa altura, algumas distinções, que ampliavam a infalibilidade até ao "conexo" e até mesmo à interpretação da "lei natural"[111]. Mas essas distinções voltam em alguns documentos pós-conciliares do magistério romano. Na seqüência, o texto retoma a definição da infalibilidade pontifícia da *Pastor aeternus*, introduzindo aqui e ali os comentários oficiais de Dom Gasser. Assim, o final do parágrafo está construído de tal modo que a *explicação* (11 de julho de 1870) do famoso cânon anti-galicano (a irreformabilidade das definições pontifícias por elas mesmas e *não em virtude do consenso eclesial*) caracteriza tanto as definições do cabeça do colégio como do "conjunto dos bispos em união com o sucessor de Pedro":

> A essas definições nunca pode faltar o assentimento da Igreja, devido à ação do mesmo Espírito Santo, pela qual toda a grei de Cristo se conserva e progride na unidade da fé[112].

Como no nº 22 sobre a colegialidade, o texto passa, aqui, do plano jurídico para o nível da história e da pneumatologia. E o último parágrafo fala dos "meios humanos", mas insistindo no "dever" do romano pontífice e dos bispos de recorrerem a eles, mas não formula uma "lei" que poderia obrigar o magistério a se apresentar a algum "outro tribunal":

> Esta revelação [...] é integralmente transmitida e intactamente conservada na Igreja e fielmente exposta à luz do Espírito da verdade. O Pontífice romano e os bispos, cada qual na medida dos seus deveres e conforme a gravidade da matéria,

---

110. *LG* III,25; *COD* II-2, p. 1767, 27-29; *DS* 3070 e 3074.
111. Cf. *Constitutionis dogmaticae LG synopsis historica, op. cit.*, p. 129. Cf. também *DH* 14, que distingue a tarefa de enunciar e de ensinar a verdade e a tarefa de declarar e afirmar "os princípios de ordem moral, que promanam da própria natureza humana". Os dois últimos verbos têm qualificação teológica menor que os dois primeiros. Cf. *COD* II-2, p. 2049, 5-8.
112. *LG* III,25; *COD* II-2, p. 1769, 4-7.

esforçam-se cuidadosamente usando meios aptos para investigar exatamente e enunciar convenientemente esta revelação[113].

Esse tópico extenso, que não satisfez plenamente os desejos da minoria do Vaticano I, conseguiu, porém, contornar a dificuldade levantada pela recusa de incluir os "meios humanos" e o "consenso" na definição jurídico-dogmática da infalibilidade pontifícia. Para tanto, ajudaram bastante a valorização do "sentido sobrenatural da fé" do povo de Deus, "que não pode se enganar na fé", o sentido muito ativo que se deu à "recepção"[114] e a entrada da colegialidade no exercício do magistério. O ponto mais importante é a reorganização profunda da *Pastor aeternus* (cap. 4), que leva a colocar os parágrafos mais jurídicos no meio do processo (e não mais no fim), dentro do contexto de uma nova teologia do Evangelho e da revelação, antecipando, assim, a Constituição DV.

3. A RELAÇÃO DA IGREJA COM OS OUTROS E A SUA CONCEPÇÃO DO HOMEM

O sentido do "doutrinal" e o "papel" dado ao magistério evoluem, em última análise, em função do lugar "dedicado" ao outro, seja o de outra crença seja o próprio ateu. Nesse último ponto, alguns comentários nos poderão levar até o termo da trajetória fundamental do Concílio, da questão da verdade à concepção do homem, ajudando também a compreender as oscilações da época pós-conciliar. Já nos referimos ao esquema concêntrico que estrutura toda a obra conciliar, máxime nos textos redigidos sob a responsabilidade do Secretariado para a unidade e em algumas passagens da GS.

Mas o ponto essencial emerge na LG (cap. 2), quando o Concílio define a "necessidade da Igreja para a salvação"[115], reafirmando uma doutrina tradicional, preconizada na *Dei Filius* (cap. 3). Após esse "ensinamento" tudo vem organizado de modo a ressaltar simultaneamente essa necessidade "corporal" e a "fronteira" eclesial de *todo* ser humano. Pode-se pertencer "de corpo" ao seio da Igreja e não "de coração", por falta de perseverança na caridade, como também, na perspectiva da salvação, é possível estar dentro dela "de coração", sem pertencer a ela "de corpo". É o que o texto reza na seqüência, falando, primeiro, dos que crêem em Cristo e depois de "todos os homens, sem exceção, que a graça de Deus chama à salvação". É no final que se vê toda a abrangência do tema:

> Aqueles, portanto, que sem culpa ignoram o Evangelho de Cristo e sua Igreja, mas buscam a Deus com coração sincero e tentam, sob o influxo da graça, cumprir por obras a sua vontade conhecida através do ditame da consciência, podem conse-

---

113. *LG* III,25; *COD* II-2, p. 1769, 13-16.
114. *LG* II,12; *COD* II-2, p. 1745, 17-20 e 23-26.
115. *LG* II,14; *COD* II-2, p. 1749, 111-19.

guir a salvação eterna. E a divina Providência não nega os auxílios necessários à salvação àqueles que sem culpa ainda não chegaram ao conhecimento expresso de Deus e se esforçam, não sem a divina graça, por levar uma vida reta[116].

Na verdade, a consciência é a referência última da antropologia conciliar, como se pode ver, sobretudo no Decreto sobre a liberdade religiosa, onde se destaca a "busca da verdade" e o "dever do homem em face da verdade religiosa"[117]. Mas é na GS que temos o enfoque teológico:

> A consciência é o núcleo secretíssimo e o sacrário do homem onde ele está sozinho com Deus e onde ressoa sua voz. Pela consciência se descobre, de modo admirável, aquela lei que se cumpre no amor de Deus e do próximo[118].

É preciso reconhecer, entretanto, que esse "núcleo" leva a interpretações muito diferentes, pois, na Constituição pastoral, a apresentação do outro que é ateu vem acompanhada, por motivos cristológicos e pneumatológicos, da afirmação de que todo homem pode ser salvo, "de um modo conhecido por Deus"[119], como se o encontro da consciência do outro implicasse uma reserva respeitosa, que convida a Igreja àquele mesmo "descentramento" operado nela pelo mistério de Deus[120].

Mas essa mesma Constituição, numa lógica diferente, põe a "consciência" dentro de uma estrutura basicamente religiosa, desenvolvida ao longo do caminho dos *praeambula fidei,* cujo novo modelo se vê na exposição preliminar sobre "a condição humana no mundo de hoje"[121]. Essa argumentação subtende também, em parte, o decreto sobre as relações da Igreja com as religiões não cristãs e até se estende ao julgamento doutrinário sobre o ateísmo:

> A Igreja sustenta que o reconhecimento de Deus não se opõe, de modo algum, à dignidade do homem, já que essa dignidade se fundamenta e se aperfeiçoa no próprio Deus. [...] Por outro lado, faltando o fundamento divino e a esperança da vida eterna, a dignidade do homem é prejudicada de modo *gravíssimo*, como se vê hoje com freqüência e os enigmas da vida e da morte, da culpa e da dor, continuam sem solução[122].

---

116. *LG* II,16; *COD* II-2, p. 1751, 23-29.
117. Cf. infra, pp. 453-454.
118. *GS* I,16; *COD* II-2, p. 2183, 38 — 2185,1.
119. *GS* I,22; *COD* II-2, p. 2193, 24-28, com referência à LG II,16.
120. Percebe-se aqui a mudança realizada entre a teologia política de Leão XIII e de Pio XI, concretizada na instituição da festa de Cristo Rei (cf. supra, p. 356 e a cristologia universalista da GS, elaborada, progressivamente, no final dos quatro capítulos da sua primeira parte. Cristo Rei é aí evocado para fundamentar a unidade divino-humana da história da humanidade: "O Reino já está presente em mistério aqui na terra. Chegando o Senhor, ele se consumará" (III,39).
121. *GS* I,4-10; *COD* II-2, pp. 2169-2179.
122. *GS* I,21; *COD* II-2, p. 2189, 26-36.

Talvez esse veredicto nos ponha, outra vez, perante a alternativa lembrada por João XXIII, ao abrir o Concílio, a saber, entender o papel do magistério e da doutrina da Igreja numa perspectiva de "julgamento" ou, antes, num espírito de "autolimitação", conforme se tratar a consciência do outro e a história como "mestra da vida". Daí dependerão também a paz e a unidade do gênero humano que a Igreja deseja promover.

CAPÍTULO XIII
A comunicação da palavra de Deus: *Dei Verbum*

B. SESBOÜÉ

INDICAÇÕES BIBLIOGRÁFICAS: Commission biblique pontificale, *Instruction sur la vérité historique des évangiles, DC* 61 (1964), 711-718. — H. FRIES, "La révélation" dans *Mysterium Salutis, Dogmatique de l'histoire du salut* (1965), t. 1, Paris, Cerf, 1969, p. 207-301. — R. LATOURELLE, "La révélation et sa transmission selon la Constitution *Dei Verbum*", *Gregorianum* 47, (1966), pp. 5-40; *Théologie de la révélation*, Bruges/Paris, DDB, 1969³. — J. RATZINGER, A. GRILLMEIER, B. RIGAUX, "Dogmatische Konstitution über die göttliche Offenbarung", *LThK, Das zweite vatikanische Konzil, op. cit.,* t. II, 497-583. — B.-D. DUPUY (éd.), *La révélation divine, Constitution dogmatique "Dei Verbum", texte latin et traduction française, commentaires par de nombreux collaborateurs*, t. I et II, Cerf, 1968, [em particular, comentário do preâmbulo e do capítulo I por H. DE LUBAC, t. I, pp. 157-302. — Coll., *Révélation de Dieu et langage des hommes*, Cerf, 1972. — G. DEFOIS, "Révélation et société. La constitution *'Dei Verbum'* et les fonctions sociales de l'Écriture" *RSR* 63, (1975), pp. 457-504. — H. WALDENFELS, *Manuel de théologie fondamentale* (1985), Cerf, 1990. — C. DUQUOC, "Alliance et révélation", dans coll., *Initiation à la pratique de la théologie*, Cerf, 1987³, t. II, pp. 3-76. — J. DORÉ "La révélation", dans coll., *Introduction à l'étude de la théologie*, Paris, Desclée, 1992, t. II, pp. 283,337.

Histórico da redação do documento

Antes da abertura do Concílio, a revelação já era considerada tema central, tanto na doutrina católica como no movimento ecumênico. E o problema da relação entre Escritura e Tradição constituía o objeto principal no desentendimento de católicos e protestantes. Assim, o pronunciamento do Concílio seria decisivo na tarefa de reconciliação ecumênica que João XXIII lhe atribuíra. Entre os muitos esquemas preparatórios, a revelação ocupava o primeiro lugar. No entanto, no dia-a-dia conciliar esse esquema perdeu a prioridade para o da liturgia, que imprimiu certa unanimidade e uma orientação global naquela assembléia. Foi depois desse primeiro episódio feliz que entrou em pauta o "esquema de Constituição dogmática sobre as fontes da revelação", preparado antes do Concílio, provocando um debate penoso e difícil, que dividiu a assembléia em maioria e minoria. Na realidade, o esquema proposto trazia, além de uma visão teológica de feitio tridentino, uma interpretação simplificada e enrijecida dos textos de Trento. Ademais, a releitura desse concílio pelo Vaticano I contribuíra para difundir a doutrina das "duas fontes" da revelação, como doutrina praticamente dogmática, dando especial realce ao papel do magistério[1]. Vejamos alguns elementos principais desse esquema que, além do mais, nada continha sobre o próprio ato da revelação divina, que atinge seu ápice na pessoa de Jesus Cristo:

> Cap. 1. *As duas fontes da revelação,* nº 4. Para a Igreja foi sempre e é de fé que a revelação total não está contida apenas na Escritura, mas na Escritura e na Tradição, como duas fontes, embora de modos diferentes. [...] O que essa Tradição divina encerra como tal não se conhece a partir de livros, mas pelo anúncio vivo que dela se faz à Igreja, pela fé dos fiéis e pela prática eclesial [...].
>
> nº 6. Para que essas fontes da revelação concorram harmoniosamente e de maneira eficaz à salvação dos homens, quis o Senhor confiar o múnus de guardar, proteger e interpretar autenticamente o depósito único da fé não aos fiéis em particular, que por ela são de alguma forma instruídos, mas só ao magistério vivo da Igreja. Cabe, pois, ao magistério da Igreja, como regra próxima e universal da fé, não apenas julgar [...] o que pertence, direta ou indiretamente, à fé e aos costumes, o sentido e a interpretação da Sagrada Escritura e dos documentos e monumentos que conservam e revelam o que é da Tradição ao longo dos tempos, mas também explicar e desenvolver o que está obscuro ou implícito nas duas fontes[2].

Esse texto, entretecido por expressões tridentinas, vai além e veicula a interpretação dada por Belarmino e muitos outros manuais até os dias de hoje. Primeiro, passa "das tradições" para "a Tradição". Depois, supõe como ensinamento do concílio do século XVI o célebre *"partim... partim..."* e que há, portanto, verdades de fé reveladas que só podem ter apoio na Tradição da Igreja

---

1. Cf. supra, pp. 228-229.
2. *Schéma de Constitution dogmatique sur les sources de la révélation,* trad. em B. D. Dupuy, "Historique de la Constitution", *La révélation divine, op. cit.,* I, pp. 70-71.

e não apenas na Escritura³. "Numa palavra, defende a *insuficiência* formal e *material* da Escritura. A Tradição vai além da Escritura"⁴. O texto não menciona a "pureza do Evangelho", considerada por Trento como *a* fonte de toda doutrina. Por outro lado, procura estabelecer, na linha do Vaticano I, uma idéia do magistério como intérprete da Escritura e da Tradição, com uma autoridade imediatamente conjugada com a da revelação.

Foi desoladora a reação que esse esquema provocou. Do lado católico, postergava uma reflexão teológica mais que centenária, de Möhler a Newman, e retomada, no século XX, por J. R. Geiselmann e Congar. E dava as costas também a todo gesto ecumênico. Um protestante escreveu: "Esse texto não referia sequer o que o Concílio de Trento ensinara. Projetava decretar a interpretação dada a Trento, a saber, que há duas fontes de revelação divina, a Escritura e a Tradição e que esta é, em última instância, mais ampla e mais importante do que aquela"⁵. Tratava-se, pois, de um retrocesso claro em relação ao que de melhor conseguira a pesquisa teológica.

Dentro e fora do Concílio, houve muita controvérsia em Roma, gerando inúmeras publicações. inclusive panfletárias⁶, dirigidas, principalmente, contra Geiselmann e Congar. Foi esse o momento de maior crise no Concílio. Uma verdadeira guerra. O texto do esquema vazara por indiscrição. E começaram a circular contra-projetos assinados por teólogos de proa, como K. Rahner e Y. Congar⁷. Em reunião oficial, o cardeal Ottaviani defendeu o esquema, apoiado pelos cardeais Siri, Ruffini e Browne e criticado pelos cardeais Alfrink, Bea, Frings, Léger, Liénart, König, Suenens e, de certa forma, Tisserant. Dom De Smedt também informou que a Comissão preparatória recusara uma sugestão do Papa para que se consultassem as outras comissões sobre questões ecumênicas⁸. Em 20 de novembro, houve a primeira votação. Ampla maioria rejeitou o esquema como ponto de partida para a discussão, mas sem atingir os 2/3 exigidos pelo regulamento do Concílio. Faltaram 100 votos. O texto, portanto, iria permanecer, pois era essa a única atitude regimental.

João XXIII decidiu, então, retirar o esquema e nomeou uma Comissão mista, presidida por dois cardeais, Ottaviani e Bea, para rever o texto. Era uma colaboração, num tema doutrinário muito relevante, imposta ao principal dicastério, o Santo Ofício, que via assim perder seu monopólio nessa matéria, devendo dialogar com o recém-criado Secretariado para a unidade, encarregado de garantir a abertura ecumênica, nos textos em estudo. Em dezembro, o cardeal Bea diria: "Houve convergência em tudo, menos no tema da relação entre Es-

---

3. Cf. supra, pp. 121 ss.
4. B. D. DUPUY, resumindo essa tese, ib., p. 72.
5. Pastor Richard-Molard, citado por H. HOLSTEIN, *RSR* 57, (1969), p. 415.
6. Cf. P. BOYER, "Traditions apostoliques non écrites", separata de *Doctor communis*, XV, (1962), pp. 5-21.
7. Cf. *Révélation divine*, t. II, pp. 577-593.
8. J. RATZINGER, *LThK, op. cit.*, II, p. 500.

critura e Tradição"⁹. Por outras palavras, os redatores do esquema primitivo queriam manter a tese das duas fontes, com a fórmula "A Tradição tem um campo mais amplo do que a Escritura". Sustentavam que a Tradição podia fundamentar, sozinha, na revelação, alguns pontos da doutrina católica. Essa ambigüidade continuará pesando nos debates e na redação do documento. Não se discutia a complementaridade entre Escritura e Tradição. A questão era saber se essa complementaridade era *quantitativa* — o que não se encontrasse numa fonte poderia ser encontrado na outra — ou *qualitativa*, isto é, Escritura e Tradição são dois canais solidários de comunicação da mesma fonte, sendo a Tradição viva o movimento de transmissão da revelação, expressa na Escritura.

Refeito o esquema pela Comissão mista, foi aprovado em 27 de março de 1963 e remetido aos Padres, que reagiram com diversas observações. Houve progresso, incontestavelmente, mas perduravam alguns pontos críticos. De qualquer modo, esse esquema revisado poderia voltar à discussão conciliar. Esta, porém, não aconteceu na segunda sessão. Muitos Padres sugeriram que a Comissão mista completasse o trabalho, aproveitando as observações recebidas, o que realmente foi confiado à Comissão teológica, ficando o cardeal Bea com o direito a uma análise final. Abriu-se, assim, a possibilidade de participação de teólogos, como Y. Congar, que havia escrito bastante sobre o tema. Em abril de 1964, o esquema ganhou nova redação, ganhando sua forma quase definitiva e com tonalidade mais bíblica. A revelação era focalizada mais como um ato de comunicação de Deus por ele mesmo, mediante, sobretudo, de Jesus Cristo do que um conjunto de verdades transmitidas. A transcendência da Palavra de Deus sobre a Igreja é posta em relevo, nitidamente. A Tradição é lembrada antes da Escritura, porque a própria Escritura é o fruto de uma iniciativa de Tradição da geração apostólica. E a função do magistério é explicada como uma submissão à Escritura transmitida pela Tradição.

Na terceira sessão, no outono de 1964, retomou-se o debate, com o foco na relação entre Escritura e Tradição, em torno da expressão "Tradição constitutiva". O problema continuava: — Existe algum ponto de fé que se fundamente só na Tradição? E não foi possível chegar a uma votação conclusiva nesse período.

Na quarta sessão, apareceram as últimas emendas. E na última hora soube-se, com desapontamento, que o Papa mandara incluir uma última emenda, para atender às exigências da minoria. Durante a congregação solene de 18 de novembro de 1965, o texto foi votado, finalmente, com a "unanimidade moral" de 2.344 sim e apenas 6 não. Assim, esse documento, trabalhado desde o início do Concílio e causador de sua primeira crise, manteve-o sempre em suspense. No fim, porém, a unanimidade conciliar se restabeleceu.

Dispomos, hoje, de inúmeros comentários da *Dei Verbum*, que se valeram da edição completa das atas do Concílio e de muitas notas históricas, não porém dos arquivos conciliares ainda. Por isso, não temos, como se conseguiu com o

---

9. Citado por B. D. DUPUY, *La révélation divine*, t. I, p. 82.

Vaticano I, uma segunda geração de estudos com mais recuo de tempo e com maior profundidade sobre as orientações tomadas. Aí está uma das limitações deste nosso estudo.

I. A REVELAÇÃO EM SI MESMA (CAP. 1)

1. O PREÂMBULO (N.º 1)

> Ouvindo religiosamente a Palavra de Deus (*Dei Verbum*) e proclamando-a com confiança, este santo sínodo adere às palavras de S. João: 'Anunciamo-vos a vida eterna, que estava junto ao Pai e se nos manifestou: o que vimos e ouvimos, vo-lo anunciamos, para que também vós tenhais comunhão conosco e nossa comunhão seja com o Pai e com seu Filho Jesus Cristo' (1Jo 1,2-3).

"*Dei Verbum*" — essa expressão-título sintetiza o conteúdo do documento. Ela engloba a Palavra de Deus, ou seja, a revelação e o Verbo de Deus, Jesus Cristo, que é essa Palavra encarnada. A seqüência do texto mostrará essa articulação. Nessa expressão reside o "indicativo" do desenvolvimento do texto.

Inicialmente, o Concílio se declara religiosamente à escuta da Palavra de Deus e quer aderir a ela. Essa atitude lhe garante a segurança da doutrina que deve professar. E o faz num tom diferente do Vaticano I. Não insiste na autoridade da Igreja nem na exposição autoritária das verdades em que se deve crer, mas na obediência e na ação missionária da pregação. Logo de início, o Concílio e, por conseqüência, o magistério da Igreja se colocam sob a autoridade dessa Palavra, cuja transcendência divina claramente se afirma.

Com a citação da 1Jo 1,2-3, associam-se, no anúncio da revelação, o ver e o ouvir, porque em Jesus, o "exegeta" de Deus (Jo 1,18), vemos e também ouvimos a Deus. Jesus é a "teofania de Deus"[10]. Na perspectiva de João, a fé não é só "ouvir". Ela também é um "ver". Evocando "nossa comunhão convosco e nossa comunhão com o Pai", o Concílio introduz um esquema central do texto, a saber, o da comunicação e do dom. Não se trata da mera "comunicação de verdades", mas da comunicação e do dom pessoal de Deus aos homens, criando a comunhão de vida entre os homens, pois a revelação já é salvação. Ela nos encaminha para a "vida eterna".

Na última frase do preâmbulo, o documento declara que está seguindo "as pegadas dos Concílios Tridentino e Vaticano I"[11]. Essa afirmação, destinada a acalmar as preocupações dos Padres mais conservadores, ressalta o cuidado do Concílio em manter continuidade com aqueles concílios. Mas "seguir as pega-

---

10. J. GUILLET, citado por H. DE LUBAC, *La révélation divine*, t. I, p. 1162.
11. Cf. o comentário crítico de K. BARTH a respeito dessa expressão, em *La révélation divine*, t. II, pp. 513-522.

das" não significa "parar nelas". O Vaticano II não irá contradizer, absolutamente, Trento e o Vaticano I, mas saberá expressar melhor, de forma complementar e com enfoque mais amplo e mais equilibrado, o que foi *verdadeiramente* ensinado por aqueles concílios, propondo uma "releitura" de afirmações que serão citadas inúmeras vezes[12]. Na realidade, os concílios sempre professaram fidelidade aos precedentes. Por fim, o Concílio se apresenta realçando seu objetivo pastoral. Quer que se ouça o anúncio da salvação, para que "o mundo inteiro creia, crendo espere, esperando ame".

Portanto, o preâmbulo indica os dois temas principais do documento: a revelação e a sua transmissão. Distinção capital, porque a iniciativa de Deus será garantida por ela mesma e esclarecerá depois as condições de sua tranmissão. Libertando-se da problemática do esquema preparatório, o Concílio quer remontar às origens, para descrever, concretamente, o acontecimento da revelação e propor-lhe um conceito para além das "verdades da fé", tratando da "iniciativa de Deus que se revela"[13]. O capítulo 1 falará, primeiro, da revelação e os outros, dos diversos aspectos da sua transmissão inicial e no tempo da Igreja.

2. A REVELAÇÃO: DEUS CONVERSA COM SEUS AMIGOS (Nº 2)

> Aprouve a Deus, em sua bondade e sabedoria, revelar-se a si mesmo e tornar conhecido o mistério de sua vontade (cf. Ef 1,19), pelo qual os homens, por intermédio do Cristo, Verbo feito carne, e no Espírito Santo, têm acesso ao Pai e se tornam participantes da natureza divina (cf. Ef 2,18; 2Pd 1,4). Mediante esta revelação, portanto, o Deus invisível (cf. Cl 1,15; 1Tm 1,17), levado por seu grande amor, fala aos homens como a amigos (cf. Ex 33,11; Jo 15,14-15) e com eles se entretém (cf. Br 3,38), para os convidar à comunhão consigo e nela os receber (nº 2).

Essa descrição global da revelação segue o duplo objetivo da comunicação e da "concentração cristológica", tão cara a K. Barth[14]. A primeira frase do Vaticano II retoma a segunda do Vaticano I[15]. Logo de início, essa inversão indica uma problemática diferente. Não se quer mais contradistinguir formalmente revelação natural e revelação sobrenatural e sim expor, com olhar trinitário, o *mistério* — tradução latina de *sacramentum* — e não mais os "decretos", da "auto-revelação" de Deus, por Cristo e no seu Espírito. Este anuncia a concentração na pessoa de Cristo, sacramento de Deus. Dar aos homens acesso e participação na vida trinitária, esse o desígnio de Deus.

---

12. J. RATZINGER, *LThK*, p. 505.
13. H. BOUILLARD, *Révélation de Dieu et langage des hommes*, op. cit., p. 43.
14. Citado por H. DE LUBAC, *La révélation divine*, t. I, p. 182.
15. *COD* II-2, p. 1639; *DS* 33004; *FC* 86-87.

Para tanto, Deus dirige-se aos homens como amigos (palavra preferida a "filhos" e que faz referência a Ex 33,11 e Jo 15,14-15). Cria-se, assim, um clima. Ao invés da perspectiva apologética, passa-se tranqüilamente a uma exposição doutrinária. Não se fala da obediência que o homem deve a Deus que se revela, como no Vaticano I[16]. Prevalece a linguagem da comunicação, do encontro, do relacionamento e do convite à comunhão. Pela revelação, Deus, como a Sabedoria, "conversa com os homens" (Br 3,38)[17]. O esquema dialogal substitui o esquema da autoridade e da obediência. Assim será o documento todo.

> Esse plano de revelação se concretiza através de acontecimentos e palavras intimamente conexos entre si, de forma que as obras realizadas por Deus na história da salvação manifestam e corroboram os ensinamentos e as realidades significadas pelas palavras. Estas, por sua vez, proclamam as obras e elucidam o mistério nelas contido (nº 2).

A economia da revelação passa por *gestos* e *palavras*, dentro da solidariedade do *ver* e do *ouvir*, evocada no preâmbulo. Esse elo remete à união entre gesto e palavra nos sacramentos. Aqui, porém, temos o "sacramentum" original da revelação. Os gestos são as maravilhas que Deus operou pelo seu povo, no Antigo Testamento. São também a vida, as ações, a morte e a ressurreição de Cristo, obras que revelam e oferecem a verdade. De sua parte, a palavra de Deus tem uma eficácia total. Ela constitui em si mesma uma ação (no sentido hebraico de *dabar*) que revela e, ao mesmo tempo, leva a termo a salvação.

Essa revelação de tipo sacramental produz-se na história e passa por gestos e palavras humanas. Outrora, fazia-se o contraponto entre revelação natural efetuada por gestos e revelação sobrenatural feita de palavras[18]. Essa idéia mutila a plenitude da revelação divina e foi descartada neste Concílio, com a redescoberta da teologia da história. É o que se lê no parágrafo.

> O conteúdo profundo da verdade seja a respeito de Deus seja da salvação do homem se nos manifesta por meio dessa revelação em Cristo que é, ao mesmo tempo, mediador e plenitude de toda a revelação (nº 2).

O Cristo em pessoa, "palavra substancial de Deus", é o ápice dessa revelação. É o revelador, o mediador dela, "o mensageiro (e) o conteúdo da mensagem"[19]. Temos aí, entre as religiões com base numa revelação, algo original. Nem Maomé, nem Zoroastro, nem Buda se auto-apresentaram como objeto de fé para os seus discípulos[20]. Aqui, ao contrário, "é o Cristo o autor da revelação,

---

16. Cf. supra, pp. 230 s.
17. Essa expressão voltará no nº 25.
18. Cf. H. DE LUBAC, *La révélation divine*, t. I, p. 182.
19. H. DE LUBAC, *op. cit.*, p. 180.
20. Cf. o texto de P. ROUSSELOT, citado ib., p. 181.

seu objeto, centro, cerne, plenitude e sinal. Ele é a cúpula dessa catedral prodigiosa, cujos arcos são os dois Testamentos"[21]. Definir a revelação identificando-a com a pessoa de Cristo significa muito mais que reduzi-la à transmissão de verdades. No nº 4 do documento, essa afirmação é retomada e desenvolvida.

3. A REVELAÇÃO É UMA LONGA HISTÓRIA (Nº 3)

A seguir, a revelação passa a ser apresentada na moldura da *história da salvação*. Como esta e solidária com ela, a revelação caminha. Quanto mais Deus se revela, mais ele se dá, mais ele salva.

1. Nessa revelação há duas etapas. A primeira — base das demais — é a da revelação cósmica, presa, desde os primórdios, à revelação pessoal e gratuita de Deus:

> Criando pelo Verbo o universo (cf. Jo 1,3) e conservando-o, Deus proporciona aos homens, nas coisas criadas, um permanente testemunho de si (cf. Rm 1,19-20) e, além disso, no intuito de abrir o caminho de uma salvação superior, manifestou-se a si mesmo, desde o princípio, aos nossos primeiros pais (nº 3).

Essas afirmações não são históricas mas propriamente teológicas. Fazem remontar à origem a compreensão da revelação dada pela história da salvação[22]. O Vaticano II assume os dois pontos de vista do Vaticano I, a respeito das duas formas de revelação. Mas, ao invés de distinguir sua dualidade de maneira abstrata, apresenta-as articuladas entre si, numa união concreta[23], desde o início da história, e na perspectiva da criação contínua, dentro do enfoque de João, realizado pelo Verbo. Supera-se a proposta do Vaticano I, que via na linha dos "preâmbulos da fé" a obra da criação pelo Deus único, obra reconhecível pela razão. O Concílio não quis referir ao prólogo de João os textos cristológicos (Cl 1,16; 1Cor 8,6; Rm 11,36; Hb 1,2) que vão mais longe, porque atribuem a criação não só ao Verbo, mas também a Cristo. Essa omissão foi medida de prudência. Mas não se exclui o aspecto cristológico. *Verbum* é palavra que remete à Sabedoria do Antigo Testamento, entendida no Novo Testamento como anúncio da pessoa de Jesus. Esa menção do Verbo também realça a solidariedade entre criação e salvação. A criação é o primeiro momento da salvação, assim como esta assume a forma de uma nova criação.

Como a história da salvação começa com a criação do homem, este goza dos benefícios da revelação *cósmica*[24], isto é, da revelação que acontece pelas

---

21. R. LATOURELLE, "La révélation et sa transmission selon la Constitution DV", 47, (1966), p. 40.
22. H. WALDENFELS, *op. cit.*, pp. 275-276.
23. Cf. J. RATZINGER, *LThK*, II, p. 508.
24. A expressão, inexistente no documento, é usada por J. DANIÉLOU, R. LATOURELLE e DE LUBAC, *op. cit.*, pp. 199 s.

obras da criação, conforme Rm 1,19-20. Revelação original e permanente. Por outro lado, o homem é o objeto de uma primeira automanifestação de Deus, que lhe abre o caminho da salvação. A expressão "revelação sobrenatural" é evitada propositadamente, para fugir às distinções do linguajar escolástico. A idéia, porém, da transcendência absoluta e gratuita dessa revelação está discretamente sugerida pela menção de uma via de salvação que vem "do alto" (*supernae*)[25].

A referência aos "nossos primeiros pais", ou seja, aos homens desde a criação, não engaja o documento no problema da historicidade da narração genesíaca. Desde a sua origem, a humanidade foi destinatária não só de uma vocação ("sobrenatural") à comunhão com Deus, mas também a uma revelação do mesmo nível. Portanto, o desígnio divino é também comunicar-se pessoalmente com a humanidade. Não houve um tempo de criação "natural", seguido de outro, de "elevação sobrenatural".

Por outro lado, antes da queda, já brilha a salvação. A salvação cristã ultrapassa as necessidades geradas pelo pecado. Não pode o homem atingir sua finalidade "superior", sem que ela lhe seja oferecida. Pela sua própria criação, ele carece de salvação.

2. A segunda etapa dessa história vai do pecado original até Abraão:

> Após a queda destes, com a prometida redenção, alentou-os a esperar uma salvação (cf. Gn 3,15) e velou permanentemente pelo gênero humano, a fim de dar a vida eterna a todos aqueles que, pela perseverança na prática do bem, procuram a salvação (cf. Rm 2,6-7) (nº 3).

Após a queda, Deus promete a redenção, como se pode entrever no "protoevangelho" de Gn 3,15. Ele continua a cuidar do gênero humano "permanentemente", para dar a vida eterna aos que o procuram. Portanto, o pecado do homem não o fez perder a vocação à visão de Deus, numa comunhão de vida. E Deus, por seu turno, opera a salvação de quantos, "pela perseverança na prática do bem, procuram a salvação". Temos aí uma referência a Rm 2,7: "Vida eterna para aqueles que, por sua perseverança em praticar o bem, procuram glória, honra e incorruptibilidade". Na seqüência, o texto paulino (2,15) menciona "a lei inscrita em seu coração" e a sua consciência, que para eles é lei[26]. Deus continua propondo a sua graça e, por isso mesmo, algum tipo de revelação, expressões de sua vontade salvífica universal, apregoada por S. Paulo (1Tm 2,4). Em todos os tempos e lugares, em todas as situações, Deus "vela" pelo gênero humano, para conduzi-lo a uma única salvação: a vida eterna em Cristo.

Essa tese não vale apenas para o período bastante longo e misterioso que vai da criação até o chamado de Abraão. Vale também para todos os povos que

---

25. Expressão anterior ao uso medieval de "sobrenatural". Cf. J. DORÉ, *Int. à l'étude de la théologie*, *op. cit.*, p. 327.

26. Não confundir essa "lei da natureza" com a religião natural deísta, que excluía a religião revelada.

hoje não têm ligação alguma com o patriarca, como insistiram nos debates alguns bispos de países onde a implantação do cristianismo é mais recente[27]. Na Bíblia, é também o tempo da Aliança de Noé[28].

3. A terceira etapa vai de Abraão ao Evangelho:

> A seu tempo chamou Abraão a fim de fazer dele um grande povo (cf. Gn 12,2-3), ao qual, depois dos patriarcas, ensinou, por meio de Moisés e dos profetas, a reconhecê-lo como único Deus vivo e verdadeiro, Pai providente e juiz, e a esperar o Salvador prometido. E assim preparou, ao longo dos séculos, o caminho para o Evangelho (nº 3).

Resume-se aí toda a economia do Antigo Testamento, dos patriarcas (Abraão, Isaac, Jacó), Moisés e os Profetas. Deus escolhe o seu povo, não para privilegiá-lo com exclusividade, mas para lhe confiar uma missão. Essa pedagogia de preparação passa pela Lei e pelos Profetas. É uma história que converge para a vinda de Cristo, seu ponto mais alto. Assim se prepara imediatamente o Evangelho.

4. A REVELAÇÃO QUE SE COMPLETA EM CRISTO (Nº 4)

Neste tópico se retoma e se desenvolve o final do nº 2, inserindo aquela afirmação dentro da história da revelação. Trata-se de nova etapa, a quarta por assim dizer, mas também a última e definitiva, o coroamento de todo o processo.

> Depois de ter falado muitas vezes e de muitos modos pelos Profetas, Deus 'ultimamente, nestes dias, falou-nos pelo Filho' (Hb 1,1-2). Com efeito, ele enviou seu Filho, o Verbo eterno que ilumina todos os homens, para que habitasse entre os homens e lhes expusesse (*enarraret*) os segredos de Deus (cf. Jo 1,1-18) (nº 4,1).

A citação de Hb 1,1, presente no Vaticano I, exprime solenemente o vínculo com as etapas anteriores e sublinha, ao mesmo tempo, a continuidade e o contraste entre os Testamentos. Falaram primeiro os servos. Agora, é o Filho que nos conta a boa nova, dando-se a nós[29]. Depois da diversidade, a unidade. Depois das revelações parciais, o revelador absoluto, a "Palavra-síntese" (*verbum abbreviatum*). Cristo, "o exegeta" do Pai (Jo 1,18), narra-nos os segredos de

---

27. Cf. as intervenções de J. Cornelis (Léopoldville), Nguyen-Van-Hien (Dalat), Doepfner (Munique) e J. Serrano (Panamá). Cf. DE LUBAC, *op. cit.*, p. 208.

28. J. Ratzinger pondera que o Concílio se deixou levar aqui pelo "otimismo pastoral da época", não encarecendo bastante o peso do pecado do homem e o julgamento divino a seu respeito. Cf. *LThK*, II, p. 509.

29. Cf. IRENEU, *CH* IV, 34,1.

Deus[30]. Nessas frases, Deus era o sujeito que apresentava o Verbo. Agora, é o próprio Cristo o sujeito das afirmações[31]:

> Jesus Cristo, portanto, Verbo feito carne, enviado como 'homem aos homens', 'profere as palavras de Deus' (Jo 3,34) e consuma a obra salvífica que o Pai lhe confiou (cf. Jo 5,36; 17,4). Eis por que ele, ao qual quem vê, vê também o Pai (cf. Jo 14,9), pela total presença e manifestação de si mesmo, por palavras e obras, sinais e milagres, e especialmente por sua morte e gloriosa ressurreição dentre os mortos, enviado finalmente o Espírito de verdade, aperfeiçoa e completa a revelação e a confirma com o testemunho divino de que Deus está conosco para libertar-nos das trevas do pecado e da morte e para ressuscitar-nos para a vida eterna (nº 4,1).

O revelador é o Verbo feito carne, "enviado como homem aos homens"[32]. Rahner já escreveu: "O destino humano de Cristo é a revelação absoluta e pura de Deus"[33]. Em Jesus, Deus é, ao mesmo tempo, revelador e revelado. O Verbo é enviado no bojo de uma missão trinitária. Ele vem do Pai que lhe dá uma missão e, por sua vez, ele envia o Espírito. Essa concentração cristológica aproxima a doutrina da revelação e a da encarnação.

Presença, palavras, obras — Jesus revela Deus, primeiro, pela sua simples presença (*parusia*), pela própria manifestação de si mesmo. Preferiu-se aqui o termo "presença" ao de "pessoa", muito carregado em cristologia. "Presença" é mais concreto e mais bíblico, porque o ser de Jesus é que tem primazia. O cristianismo não é, prioritariamente, ensinamento ou programa. É alguém, o próprio Cristo. É a força concreta da existência e do comportamento de Jesus. É a coerência perfeita entre o que ele diz, o que faz e o que é. É a sua maneira de viver e de morrer que lhe dá autoridade e nos diz quem é Deus e o que é não ser senão Deus. Nele, Deus agora tem rosto para nós: "Quem me viu, viu o Pai" (Jo 14,9). Esse rosto e essa presença querem se relacionar pessoalmente com os homens. Cristo é, pois, a revelação em pessoa. Toda a sua existência é testemunho. Constitui o sinal por excelência que Deus nos dá. "O acesso a Jesus Cristo significa um acesso antropológico"[34], porque o Verbo encarnado é um homem que se dirige aos homens. Essa presença traz o que se vai enumerar nos outros binômios semânticos.

Em primeiro lugar, aparece o binômio do nº 2: *palavras e obras* — veja-se At 1,1 — mas em sentido inverso. As palavras de Jesus são essenciais à sua revelação. São as pregações do Reino, as parábolas e as sentenças sobre o mis-

---

30. Cf. R. LATOURELLE, *Théologie de la révélation, op. cit.*, p. 353.
31. Cf. H. WALDENFELS, *op. cit.*, pp. 280-281.
32. Essa bela expressão, tirada da *Carta a Diogneto*, envolve alguma ambigüidade quanto ao sentido original da fórmula. Cf. DE LUBAC, *La révélation divine*, t. I, p. 220.
33. "Probèmes actuels de christologie", *Écrits théol.*, I, DDB, 1959, p. 134.
34. H. WALDENFELS, *op. cit.*, p. 282.

tério de Deus e da salvação³⁵. As obras são suas iniciativas diante dos pecadores, o convite a comer com eles, as curas, os sinais. Aliás, ocorre com Jesus uma interioridade recíproca de palavras e obras. Suas palavras são ações e suas ações são palavras propostas de outra maneira.

Sinais e milagres constituem explicitação das obras. O Concílio emprega aí os termos dos sinóticos (milagres, *dynameis*) e de João (sinais, *semeia*). Sinal, por outro lado, é vocábulo muito amplo, pois todos os sinais oferecidos por Jesus em sua caminhada não são, necessariamente, milagres. Estes não são invocados pelo seu peso apologético, mas pela sua força de revelação.

Sobretudo sua morte e sua ressurreição — Ao modo como Jesus viveu corresponde o modo como morreu, que despertou a fé do centurião. Enfim, a ressurreição é o sinal por excelência e, ao mesmo tempo, a assinatura divina do seu itinerário. É a revelação do poder de Deus em Jesus, para a nossa salvação. A morte e a ressurreição de Jesus consistem no cerne da economia da revelação e da salvação. São o seu sinal e o seu anúncio, como também o primeiro dom de Deus que quer estar "entre nós". Abrem o caminho para o Espírito vir a nós e acontecem por nós. A salvação está indicada negativa e positivamente: libertação do pecado e da morte; ressurreição para a vida eterna.

A Igreja não é mencionada aqui entre os sinais, como no Vaticano I, por duas razões: o texto se coloca no momento do ato revelador de Deus em Jesus, antes da fundação da Igreja e a sua perspectiva é a da revelação e não a da apologética dos sinais. Consumada em Jesus, a revelação é também definitiva:

> Por isso, a economia cristã, como aliança nova e definitiva, jamais passará e já não há que esperar nenhuma nova revelação pública, antes da gloriosa manifestação de Nosso Senhor Jesus Cristo (cf. 1Tm 6,14 e Tt 2,13) (nº 4, 2).

O Novo Testamento é último (*novissimum*). É a Aliança definitiva. Até a volta (*parusia*) de Cristo, não haverá uma terceira revelação pública. O Concílio fez questão de fixar essa afirmação fundamental referente a Jesus Cristo, omitindo a fórmula clássica "a revelação se encerrou com a morte dos Apóstolos", que pode dar margem a interpretações diversas e pertence já à transmissão da revelação. Nesse sentido, um belo texto de S. João da Cruz, na linha de Hb 1,1, foi lembrado no Concílio por Dom Zoungrana³⁶:

> Deus emudeceu, por assim dizer, e nada mais tem para falar, pois o que antes falava por partes aos Profetas, agora nos revelou inteiramente, dando-nos o Tudo que é seu Filho. Se atualmente, portanto, alguém quisesse interrogar ao Senhor, pedindo-lhe alguma visão ou revelação, não só cairia numa insensatez,

---

35. O Concílio não se definiu sobre quais palavras realmente Jesus pronunciou (*ipsissima verba Jesu*).
36. Cf. H. DE LUBAC, *La révélation divine*, t. I, p. 238.

mas agravaria muito a Deus em não pôr os olhos totalmente em Cristo, sem querer outra coisa ou novidade alguma. Deus poderia responder-lhe deste modo: — Se te falei já todas as coisas em minha Palavra que é meu Filho e não tenho outra palavra a *revelar* ou responder que seja mais do que ele, põe os olhos só nele. Nele tenho dito e *revelado* tudo. Nele acharás ainda mais do que pedes e desejas[37].

5. A FÉ, RESPOSTA DO HOMEM À REVELAÇÃO (N.º 5)

Ao Deus que revela deve-se 'a obediência da fé (Rm 16,26; cf. Rm 1,5; 2Cor 10,5-6), pela qual o homem livremente se entrega todo a Deus, prestando 'ao Deus revelado um obséquio pleno do intelecto e da vontade' e dando voluntário assentimento à revelação feita por ele (n.º 5).

A articulação entre revelação e fé reproduz, na essência, o Vaticano I, mas de forma seletiva e numa atmosfera bem diferente. Certamente, a revelação exige "a obediência da fé", expressa aqui em estilo paulino. Mas o enfoque continua sendo do encontro interpessoal e dialógico, num "ato *integral* do *homem*, pelo qual ele põe na balança inteligência, vontade e coração"[38]. A inspiração do texto está na encíclica *Ecclesiam suam* de Paulo VI. É preciso responder a quem nos dirige a palavra. Nasce daí o diálogo. A fé cristã é inteirinha diálogo entre Deus e os homens. Um diálogo de salvação:

A origem transcendente do diálogo está no plano de Deus. A religião é, de sua natureza, enlace entre Deus e o homem e a oração exprime em diálogo este enlace. A revelação, quer dizer, a relação sobrenatural que Deus tomou a iniciativa de renovar com a humanidade, podemo-la imaginar como diálogo, em que o Verbo de Deus se exprime a si mesmo na encarnação e depois no Evangelho. Esse colóquio paternal e santo, interrompido entre Deus e o homem pelo pecado original, é maravilhosamente reatado no decurso dos tempos[39].

Essa perspectiva não exclui a obediência devida a Deus no ato de fé. Afirma-o, claramente, o Concílio, embora evite a expressão do Vaticano I — "em virtude da autoridade de Deus que se revela" —. Mas integra-o numa abordagem equilibrada. Como no caso da revelação, o documento não cita a Igreja e o seu magistério, nesse tema da fé, porque a reflexão se situa num nível de relação imediata do crente com Deus em Cristo. A descrição da fé deve valer quer para os Apóstolos quer para nós. Ora, Pedro "não acreditou pelo testemu-

---

37. S. JOÃO DA CRUZ, *Montée du Carmel*, l.II, cap. 22, Paris, DDB, 1949, pp. 245-246.
38. H. WALDENFELS, *op. cit.*, p. 482.
39. PAULO VI, Encíclica *Ecclesiam suam* (6 de agosto de 1964), n.º 72, DC 61, (1964), 1080.

nho de Pedro"⁴⁰. A perspectiva é tanto "bíblica" quanto "personalista" (Cardeal Döpfner).

O grande debate do Concílio pusera frente a frente as duas concepções clássicas. Uma defende, antes de tudo, a fé viva, o ato existencial pelo qual o homem põe sua confiança em Deus, entrega-se a ele, adere a ele. A fé é um ato pessoal que se dirige a Cristo como a Deus. É a fé "pela qual se crê" (*fides qua*). Nisso é que insistem Lutero e a tradição protestante. A outra concepção vê na fé o assentimento intelectual a um conjunto de verdades reveladas. Insiste na dimensão voluntária, na obediência da fé e no conteúdo dela. É a fé "que é crida" (*fides quae*), tradicionalmente proposta pela teologia católica e a única do Vaticano I⁴¹. O Concílio procurou lembrar os dois aspectos, começando pelo abandono total do homem a Deus. Na verdade, as duas concepções são parciais e podem cair em erro. A fé-confiança não pode existir sem conteúdo, como a fé-assentimento à doutrina não pode decair para uma fé despersonalizada.

Alguns teólogos pretenderam opor, nesse ponto, o Antigo e o Novo Testamento, vendo no primeiro a fé-confiança e no segundo, a fé-assentimento. H. Urs von Balthasar, porém, procurou demonstrar que não há base para tal diferença. Os dois aspectos aparecem nos dois Testamentos e é possível falar da fé do Cristo em Deus, seu Pai⁴². H. De Lubac, por sua vez, pondera que houve mudança de acento do Antigo para o Novo Testamento, simplesmente porque Cristo é o próprio objeto da revelação. O assentimento intelectual avulta mais por causa do "cristocentrismo"⁴³. Mas ele observa que se trata aí de um conhecimento concreto, no sentido bíblico, não cabendo, pois, opor os dois aspectos, como mostra E. Schillebeeckx:

> Na S. Escritura, a "*fides fiducialis*" está sempre acompanhada por uma profissão de fé. Por outras palavras, o ato pessoal, existencial de fé, como opção fundamental, não pode nunca estar separado da "fé dogmática", em que a decisão pessoal é inteiramente dominada pela realidade salvífica que se apresenta. O inverso, porém, também é verdade: a profissão de fé dogmática não pode vir isolada do ato de fé existencial, como o demonstram Mt 8,5-13 e Hb 11,4-38 [...] O "objeto" do Símbolo não está apenas nas coisas e nos acontecimentos, nem mesmo no acontecimento salvífico, mas em Alguém — o Deus vivo, Deus para nós e conosco, tal como se manifestou claramente no homem-Jesus⁴⁴.

A junção dos dois pontos de vista deve-se ao fato de o ato de fé se dirigir à pessoa de Cristo que fala, isto é, se dirigir também "imediatamente a Deus"

---

40. H. DE LUBAC, *La révélation divine*, t. I, p. 242.
41. Cf. supra, pp. 231 s.
42. H. URS VON BALTHASAR, *La foi du Christ*, Paris, Aubier, 1968, pp. 28-51.
43. H. DE LUBAC, *La révélation divine*, t. I, p. 249.
44. E. SCHILLEBEECKX, *Approches théologiques*, 1. *Révélation et théologie*, Bruxelas, Cep, 1965, p. 184; citado por DE LUBAC, ib., p. 252.

que revela⁴⁵ e, de forma mediata, às verdades que ele afirma. Foi nesse sentido que o Vaticano II amplificou a "concepção intelectualista" do Vaticano I. Por outro lado, fica eliminada qualquer perspectiva apologética e ausente a insistência do Vaticano I nos argumentos tirados dos milagres e das profecias. Define-se o ato de fé apenas doutrinalmente. A seguir, nosso texto volta ao movimento do coração apoiado pelo Espírito e ao lado pessoal e dialogal da fé:

> Para que se preste esta fé, exigem-se a graça prévia e adjuvante de Deus e os auxílios internos do Espírito Santo, que move o coração e o converte a Deus, abre os olhos da mente e dá a todos suavidade no consentir e crer na verdade. A fim de tornar sempre mais profunda a compreensão da revelação, o mesmo Espírito Santo aperfeiçoa continuamente a fé por meio dos seus dons (nº 5).

A ação do Espírito Santo é apresentada como um auxílio interior, que "abre os olhos da mente"⁴⁶, ou seja, a inteligência. É uma fórmula inspirada no segundo Concílio de Orange (529, cânon 7), citada pelo Vaticano I. O documento menciona, primeiramente, a graça "prévia e adjuvante", expressão do Vaticano I, que se iguala um pouco com a seguinte, mas permite conotar também a forma exterior da graça (pregações, testemunhos e até os milagres ou sinais). Esse é um dado tradicional — é a unção do Espírito, que leva o coração a se converter (*metanoia* evangélica). Os dons do Espírito Santo, apontados para o aprofundamento da fé, remontam a Is 11,2: "Sobre ele repousará o Espírito do Senhor: espírito de sabedoria e de discernimento, espírito de conselho e de valentia, espírito de conhecimento e de temor do Senhor".

6. UMA VOLTA AO VATICANO I (Nº 6)

O último parágrafo parece um apêndice um tanto desafinado em relação ao conjunto das idéias anteriores. Reaparecem aqui, quase literalmente, três afirmações do capítulo 1 da *Dei Filius*, desligados da lógica nova desse texto sobre a revelação. No entanto, a articulação é feita com cautela. O Concílio continua fiel à opção de fugir ao vocabulário escolástico a respeito da natureza e do sobrenatural. Aliás, as duas afirmações mais importantes são expressas em sentido inverso. Primeiro, lembra-se o alcance único da revelação gratuita de Deus na história. Mas o termo "revelar-se", empregado pelo Vaticano I, vem aqui desdobrado e interpretado como "manifestar-se" e "comunicar-se"⁴⁷, juntando-se este último à idéia mestra do capítulo. Depois, remonta-se à afirmação

---

45. H. WALDENFELS, *op. cit.*, p. 483.
46. Cf. a reflexão de P. ROUSSELOT sobre os "olhos da fé", *RSR* 1, (19110), pp. 241-259 e 444-475.
47. Cf. J. RATZINGER, *LThK*, II, p. 515.

da possibilidade do conhecimento de Deus pelas forças da razão. Por fim, torna-se a falar do poder subsidiário da revelação propriamente dita, para que o homem possa conhecer com certeza o que lhe é inacessível à razão. Não se mantém nesse ponto, contudo, a fórmula "moralmente necessário". O comentário de fundo desses parágrafos foi dado a partir da *Dei Filius*[48].

Foi por questão de "segurança" que se redigiu esse n° 6, que reproduz quase por inteiro a doutrina do Vaticano I. Mas a própria diferença no perfil das afirmações e na escolha das fórmulas apresentadas acusa um desnível. Ficam evidentes a continuidade substancial dos concílios e a correção realizada numa abordagem ainda por demais estreita.

7. CONCLUSÃO

Deve ter ficado clara a importância desse capítulo consagrado à história da revelação e concentrado na pessoa de Jesus Cristo. Como abertura da Constituição, representa ele a vitória do novo estilo conciliar, pois o tema sequer figurava no esquema preparatório.

Vamos examinar três pontos seus, relevantes e interligados. Antes de mais nada, vale notar que o clima das redações do Vaticano I e do Vaticano II diferem profundamente. O primeiro permanece no plano defensivo da teologia fundamental. Suas proposições norteiam-se pelas heresias ou pelas tendências teológicas arriscadas. Nele, é a Igreja quem afirma as verdades da fé, sempre através de categorias escolásticas, com citações bíblicas de reforço ou ilustração. Já o texto do Vaticano II põe em destaque a transcendência da ação divina em relação à palavra da Igreja, com profundidade bíblica, dado que expõe a revelação pelo viés da história da salvação.

Cumpre lembrar, a seguir, a diferença entre os esquemas-guia do Vaticano I e os do Vaticano II. O primeiro fixou-se num esboço autoritário: a revelação de Deus exige a obediência da fé. O segundo trabalha no plano dialogal e "comunicacional" de parceiro. Não abole o primeiro, mas insere-o num contexto mais fundamental. Trata-se, pastoralmente, de uma diferença essencial. A dimensão do apelo é intensamente evangélica. Jesus "invoca" o assentimento à fé dos seus contemporâneos, dando-se a eles, entregando-se por eles. Estão presentes as advertências a quem crê e a quem não crê, mas sempre como apelos. A Igreja dos tempos modernos bateu demais na obrigatoriedade da fé — presa também à afirmação autoritária do seu magistério — esquecendo-se de fazer desejá-la. Hoje, há mais sensibilidade para a linguagem do desejável e menos para a linguagem da obrigação. A tonalidade cálida do texto convida a sentir a beleza do plano divino.

---

48. Cf. supra, pp. 220 ss.

Finalmente, a revelação é, antes e acima de qualquer coisa, uma pessoa — Jesus, o Cristo, a revelação absoluta de Deus sobre Deus e dos seus desígnios para com os homens. Ele é a testemunha fiel. Por isso, acima de todas as palavras da Igreja, sobrepaira a transcendência da sua pessoa e da sua palavra. A revelação não consiste num catálogo de verdades organizadas. O conjunto delas é coisa secundária e tem sentido somente em referência a essa pessoa. A própria Escritura não é imediatamente revelação. Na realidade, ela é seu atestado ímpar e digno de fé. Da mesma forma, esse capítulo não oferece ainda uma teologia da Escritura. Ele nos situa acima, no próprio nível da iniciativa gratuita de Deus em Jesus Cristo. Tudo isso harmoniza plenamente com a "hierarquia de verdades", proposta no decreto UR[49].

Em Trento, falava-se não de revelação, mas do Evangelho e do Evangelho vivo, como poder de salvação, segundo o linguajar paulino (Rm 1,16). Orígenes é o autor de uma notável teologia do Evangelho. Para ele, o conteúdo todo do Evangelho é Jesus e a sua ressurreição. Cristo, para ele, é "o Reino de Deus em pessoa" (*autobasileia*). Essa a perspectiva do Vaticano II ao apresentar a Cristo como o ápice da revelação divina.

II. A TRANSMISSÃO DA REVELAÇÃO DIVINA (CAP. 2)

Vimos que o debate conciliar incidiu, sobretudo, na relação entre Escritura e Tradição: deve-se falar de "duas fontes" da revelação ou, ao contrário, é melhor concebê-las como qualitativamente complementares? Entrevê-se a resposta na própria redação do título deste capítulo. O termo "transmissão" já prenuncia o eixo principal do seu objetivo. Transparece aí a reconciliação operada entre os pontos de vista que haviam se enfrentado na Comissão mista. O velho problema — Escritura e Tradição — é retomado de maneira concreta, não mais a partir das coisas transmitidas, mas do ato da sua transmissão. Daí por que a ordem do capítulo não segue o movimento clássico — Escritura, Tradição e magistério — e sim tomando como ponto inicial a Tradição, que engloba tudo. O Concílio, portanto, não volta ao *scriptura sola* da Reforma. Na linha de pensamento de Santo Ireneu, ele valoriza a Tradição.

1. OS APÓSTOLOS E SEUS SUCESSORES, ARAUTOS DO EVANGELHO (N° 7)

Este número trata dos agentes e transmissores da Tradição ativa, na medida em que ela se identifica no seu objeto com o Evangelho. Jesus, de fato, nada escreveu. O cristianismo não é, de início, uma religião do livro. Jesus confiou

---

49. Cf. supra, pp. 395 s.

seu Evangelho a testemunhas, primeiro os Apóstolos, depois os sucessores destes. É o que se lê nas primeiras linhas:

> Deus dispôs com suma benignidade que aquelas coisas que revelara para a salvação de todos os povos permanecessem sempre íntegras e fossem transmitidas a todas as gerações. Por isso, o Cristo Senhor, em quem se consuma toda a revelação do Deus altíssimo (cf. 2Cor 11,20; 3,16-4,6), ordenou aos Apóstolos que o Evangelho, prometido antes pelos profetas, completado por ele e por sua própria boca promulgado, fosse por eles pregado a todos os homens, como fonte de toda verdade salvífica e de toda disciplina de costumes, comunicando-lhes dons divinos (nº 7,1).

Para ser recebida e conservada, a revelação precisa ser transmitida. E o será se respeitar as leis da comunicação interpessoal, como foi na comunicação original. Cristo, em quem se completa a revelação de Deus, está também na origem da sua transmissão. Neste ponto, o Concílio retoma as fórmulas tridentinas, mas de modo bem diferente do Vaticano I, porque volta às primeiras afirmações do decreto *Sacrosancta*[50], esquecidas no Vaticano I, e põe em cena a trilogia dos Profetas, do Senhor e dos Apóstolos. Quem vem em primeiro lugar é o Senhor, pois toda a transmissão do Evangelho vem do mandato de anunciá-lo, registrado no fecho dos Sinóticos. Esse Evangelho é *A* fonte e não a Escritura nem a Tradição. Retorna-se, assim, ao que Trento acentuou de melhor e vinha sendo esquecido na interpretação corrente. No entanto, o Vaticano II substituiu "as tradições" de Trento pela "Tradição", conceito mais abstrato, sem dúvida[51], mas o singular se impôs graças à passagem da idéia das "coisas transmitidas" para a da "transmissão ativa". Lamentavelmente, o Concílio não ofereceu uma definição mais precisa da palavra Tradição. Como os Apóstolos transmitem o Evangelho?

> A ordem de Cristo foi fielmente executada tanto pelos Apóstolos, que na pregação oral, por exemplos e instituições, transmitiram aquelas coisas que ou receberam das palavras, da convivência e das obras de Cristo ou aprenderam das sugestões do Espírito Santo, como também por aqueles Apóstolos e varões apostólicos que, sob a inspiração do mesmo Espírito Santo, puseram por escrito a mensagem da salvação (nº 7,1).

Essa transmissão acontece, primeiramente, pela pregação oral, feita não só de palavras (*verba*), mas também de exemplos e instituições, assim como as obras de Cristo acompanhavam também suas palavras. Instituições, aqui, são o culto, os sacramentos, o modo de agir. Trata-se de uma pregação concreta e

---

50. Cf. supra, pp. 117 s.
51. Cf. J. RATZINGER, *LThK*, II, pp. 517-518.

viva. O objeto dessa pregação é o que os Apóstolos aprenderam com Jesus, na convivência total com ele (palavras, vida e obras) e o que o Espírito Santo lhes testemunhou (cf. Jo 15,26). Portanto, a revelação se concretiza na articulação da ação visível de Jesus com a ação interior do Espírito.

Em segundo lugar, embora o texto não comporte um "antes" e um "depois"[52], vem a consignação, por escrito, da mensagem da salvação, sob a inspiração do mesmo Espírito. Essa atividade redacional ocorre dentro de todo o processo da pregação primitiva. Impossível não comparar o texto conciliar com as palavras inspiradoras de Ireneu:

> O Senhor de todas as coisas, com efeito, deu a seus Apóstolos o poder de anunciar o Evangelho e foi por eles que conhecemos a verdade, ou seja, o ensinamento do Filho de Deus. [...] Esse Evangelho eles *primeiro* pregaram; *depois*, pela vontade de Deus, transmitiram nas Escrituras [...].
>
> Na verdade, depois que o Senhor ressuscitou dentre os mortos e que os Apóstolos foram, pela vinda do Espírito Santo, revestidos da força do alto, [...], eles foram até os confins da terra, proclamando a boa nova dos benefícios que nos vêm de Deus e anunciando aos homens a paz do céu [...].
>
> Assim, *Mateus* publicou entre os judeus, na língua deles, uma *forma* escrita do Evangelho, quando Pedro e Paulo evangelizavam Roma e fundavam lá a Igreja. Após a morte deles, *Marcos*, discípulo e intérprete de Pedro, também nos passou, por escrito, o que Pedro pregava. *Lucas*, por sua vez, companheiro de Paulo, consignou em livro o que este pregava. E depois, *João*, o discípulo do Senhor, aquele que repousou a cabeça no peito do Senhor, também publicou o seu Evangelho [...][53].

Há muita semelhança entre o texto conciliar e o de Ireneu: a mesma referência ao final dos Sinóticos, a mesma idéia de um Evangelho vivo, a prioridade do ensinamento oral sobre a escrita, que Ireneu formaliza com o "antes" e o "depois", a mesma referência ao acontecimento de Cristo e ao dom do Espírito. Quanto à escrita, o Vaticano II fala de Apóstolos e de "varões apostólicos", enquanto Ireneu explicava que os Evangelhos foram escritos tanto por Apóstolos (Mateus e João), como por colaboradores e discípulos dos Apóstolos, fiéis aos seus ensinamentos (Marcos, discípulo de Pedro; Lucas, discípulo de Paulo). Temos o mesmo esquema. É um movimento de transmissão que começa pela pregação viva, para se fixar depois nas Escrituras.

A segunda alínea narra a segunda etapa da transmissão, ou seja, dos Apóstolos aos bispos, seus sucessores, quando se procura manter o Evangelho vivo e intacto:

---

52. O "depois" virá no nº 18.
53. IRENEU, *CH*, III, Pr. E 1,1; ROUSSEAU, pp. 276-277; cf. tomo 1, pp. 52 s.

> Mas para que o Evangelho sempre se conservasse inalterado e vivo na Igreja, os Apóstolos deixaram como sucessores os bispos, a eles "transmitindo o seu próprio encargo de magistério"[54]. Portanto, esta sagrada Tradição e sagrada Escritura de ambos os Testamentos são como o espelho em que a Igreja peregrinante na terra contempla a Deus, de quem tudo recebe, até que chegue a vê-lo face a face como é (cf. 1Jo 3,2) (n° 7,2).

A transmissão do Evangelho vivo e do acervo de ensinamentos dados por Cristo passa pela instituição dos sucessores dos Apóstolos para a chefia das Igrejas. E temos aí referência formal ao mesmo texto de Ireneu. A segunda etapa da transmissão funciona como a primeira. A materialização mais importante e fundamental dessa Tradição é a Escritura, na medida em que esta se viabiliza por um testemunho vivo. Ireneu invocará os sucessores dos Apóstolos como os que receberam "o carisma seguro da verdade" e estão aptos a fazer das Escrituras "uma leitura sem fraude"[55].

A Tradição e a Escritura, citadas sempre nessa ordem, são como que o "espelho" da revelação divina, no qual a Igreja contempla o Senhor de quem tudo recebe. É o face a face transcendente entre Tradição e Escritura de um lado e a Igreja de outro. Como veículos do Evangelho, a Tradição e a Escritura sobrepassam a Igreja e constituem sua norma. Salienta-se, assim, o caráter normativo da Tradição apostólica, em relação à tradição pós-apostólica ou eclesial.

2. A SAGRADA TRADIÇÃO (N° 8)

O desenvolvimento do tema prossegue, começando pela Tradição, mas sempre enfocada pela sua origem apostólica e se estendendo a toda a vida da Igreja.

> Por isso, a pregação apostólica, que é expressa de modo especial nos livros inspirados, devia conservar-se por uma sucessão contínua até a consumação dos tempos. Por isto os Apóstolos, transmitindo aquilo que eles próprios receberam, exortam os fiéis a manter as tradições que aprenderam, seja oralmente, seja por carta (cf. 2Ts 2,15) e a combater pela fé que se lhes transmitiu uma vez para sempre (Jd 3). O que, porém, foi transmitido pelos Apóstolos compreende todas aquelas coisas que contribuem para santamente conduzir a vida e fazer crescer a fé do povo de Deus, e assim a Igreja, em sua doutrina, vida e culto, perpetua e transmite a todas as gerações tudo o que ela é, tudo em que ela crê (n° 8,1).

---

54. IRENEU, ib. III, 3,1; ROUSSEAU, p. 279.
55. IRENEU, ib. IV 26,2 e 33,8; ROUSSEAU, pp. 492 e 519. Sobre a sucessão apostólica, cf. tomo 1, pp. 54 ss.

A Tradição ativa, que envolve a Escritura, mas se expressa, de maneira privilegiada, nos livros inspirados, é um ato de transmissão contínua. Nesse tópico, o termo *transmitir* aparece quatro vezes. A Tradição nasce da pregação dos Apóstolos. Eles próprios invocam-na em suas cartas (cf. 2Ts 2,15, mais 1Cor 11,2,3 e 23 e 2Ts 3,6). A idéia é basear a ou as tradições no testemunho da Escritura. O objeto do "que foi transmitido pelos Apóstolos" abrange não apenas a doutrina, mas também a vida e o culto, ou seja, tudo o que leva ao "crescimento da fé".

Depois dos Apóstolos, essa Tradição continua na vida da Igreja, mercê da sucessão ininterrupta. Desse modo, a transmissora agora é a Igreja, pela sua doutrina, sua vida e seu culto, numa atividade viva, dentro da qual se insere a transmissão dos livros inspirados. Mas no texto não fica muito acentuado que a Tradição eclesial está sujeita à Tradição apostólica e, sem dúvida, à sua expressão essencial, que é a Escritura. O corte entre Tradição apostólica e tradição eclesial ou pós-apostólica é menos sublinhado que a continuidade. O texto passa, insensivelmente, de uma à outra, como se vê no parágrafo seguinte, dedicado ao "progresso" da Tradição:

> Esta Tradição, oriunda dos apóstolos, progride na Igreja sob a assistência do Espírito Santo. Cresce, com efeito, a compreensão tanto das coisas como das palavras transmitidas, seja pela contemplação e estudo dos que crêem, os quais as meditam em seu coração (cf. Lc 2,19 e 51), seja pela íntima compreensão que experimentam das coisas espirituais, seja pela pregação daqueles que com a sucessão do episcopado receberam o carisma seguro da verdade. A Igreja, pois, no decorrer dos séculos, tende continuamente para a plenitude da verdade divina, até que se cumpram nela as palavras de Deus (nº 8,2).

Aqui, o progresso é na recepção, na compreensão e penetração, sob a luz do Espírito, da Tradição apostólica. Esse progresso caracteriza a Igreja organizada: diz respeito a todos os fiéis em suas reflexões, mas acontece com a garantia da sucessão apostólica e em união com os que foram encarregados de pregar a Palavra, porque receberam "o carisma seguro da verdade"[56]. O Concílio preferiu falar assim do progresso da Tradição, em vez de voltar à "evolução do dogma", tão debatida desde o século XIX.

Na seqüência, o documento trata dos testemunhos da Tradição, especialmente entre os Padres da Igreja, e das suas riquezas que impregnam a vida prática e ritual da Igreja. Do mesmo modo, a fixação do cânon das Escrituras é obra da Tradição eclesial. (Poder-se-ia, quem sabe, ter começado por aí!) No final, voltam os temas mais importantes da Constituição, a saber, o diálogo, apresentado como "conversa", e o Evangelho vivo na Igreja:

---

56. São palavras de Ireneu já citadas atrás.

Assim o Deus que outrora falou, mantém um permanente diálogo com a esposa do seu dileto Filho, e o Espírito Santo, pelo qual a voz viva do Evangelho ressoa na Igreja e através dela no mundo, induz os crentes a toda verdade e faz habitar neles abundantemente a palavra de Cristo (cf. Cl 3,16) (nº 8,3).

J. Ratzinger, nessa altura, lamenta que o Concílio tenha deixado de encarecer a necessidade de uma crítica da tradição e da elaboração de critérios da tradição legítima, distinguindo-a de uma tradição inautêntica, perdendo-se, por isso, a oportunidade de um diálogo ecumênico a esse respeito[57].

3. A RELAÇÃO MÚTUA ENTRE TRADIÇÃO E ESCRITURA (Nº 9)

Chegamos ao ponto crucial que polarizou os debates conciliares entre maioria e minoria. Tudo o que o Concílio disse anteriormente já dera uma idéia da relação entre Tradição e Escritura. Mas era preciso explicitar o tema. É o que se faz agora, em dois tempos: em primeiro lugar, explicita-se essa relação dentro da lógica do documento e da posição da maioria; depois, por solicitação da minoria, são revistas algumas fórmulas que parecem aludir às "duas fontes":

> A sagrada Tradição e a sagrada Escritura estão, portanto, entre si estreitamente unidas e comunicantes, pois promanando ambas da mesma fonte divina, formam, de certo modo, um só todo e tendem para o mesmo fim. Com efeito, a sagrada Escritura é a Palavra de Deus enquanto é redigida sob a moção do Espírito Santo. A sagrada Tradição, por sua vez, transmite integralmente aos sucessores dos Apóstolos a palavra de Deus confiada pelo Cristo Senhor e pelo Espírito Santo aos Apóstolos, para que, sob a luz do Espírito de verdade, eles, por sua pregação, fielmente a conservem, exponham e difundam (nº 9).

O Concílio sempre se recusou a canonizar a tese da suficiência da Escritura, insistindo no liame qualitativo e não quantitativo entre Tradição e Escritura. Só existe uma fonte divina da Escritura e da Tradição, que formam um todo, são intercomunicantes e tendem para um único fim. A Escritura é a Palavra de Deus (*locutio Dei*) posta por escrito. A Tradição transmite essa Palavra (*verbum Dei*) integralmente. Por conseguinte, ambas têm a mesma relação com a Palavra de Deus e são coextensivas. Diferem apenas na forma de transmissão, uma fazendo-a por escrito; outra, de viva voz. A palavra da revelação, confiada por Cristo e pelo Espírito, é transmitida aos sucessores, numa linha de continuidade. A Tradição transmite o que a Escritura é no seu conteúdo, e a Escritura é sempre transmitida e recebida na continuidade viva da fé. Percebe-se nessa explicitação a influência da Escola de Tübingen e da teologia de Con-

---

57. J. RATZINGER, *LThK*, II, pp. 519-520.

gar. No final, porém, acrescenta-se outra reflexão, um tanto ambígua na sua formulação, que obscurece até certo ponto o conjunto:

> Resulta assim que não é através da sagrada Escritura apenas que a Igreja deriva sua certeza a respeito de tudo que foi revelado. Por isso, ambas devem ser aceitas e veneradas com igual sentimento de piedade e reverência (nº 9).

Falou-se de mudança de parecer. Esse texto é a emenda (*modus*) de 111 Padres da minoria, que conseguiram introduzi-la no documento conciliar, com o apoio de Paulo VI[58]. A expressão permite duas interpretações. Se há complementaridade qualitativa entre os dois canais de transmissão, é normal que a Escritura não baste para gerar certeza. Mas a fórmula também pode ser entendida no sentido da insuficiência *material* da Escritura e da fórmula reivindicada até o fim pela minoria: "A Tradição tem uma extensão maior que a Escritura". Esse é o sentido mais aparente, numa primeira leitura, e que "corrige" as afirmações precedentes. Vai na mesma direção a retomada da fórmula de Trento sobre o "igual sentimento de piedade e reverência" (*pari pietatis affectu*), pois, nesse entretempo, passou-se "das tradições" de Trento para a Tradição e isso torna a fórmula ainda mais pesada.

O texto, como vimos, também acentua a continuidade da Tradição apostólica e da tradição eclesial, sem marcar, com a mesma clareza, a descontinuidade que se produz quando se passa à geração pós-apostólica. É pena tenha sido o Concílio tão impreciso quanto à Tradição viva. Pode-se colocar no mesmo patamar Escritura e Tradição apostólica, mas é preciso distinguir o limiar da tradição eclesial. Muito bom insistir, como fez Congar, no ato de transmissão ativa e viva. Mas precisa também, com ele, reconhecer que ela "carrega um pouco de tudo" e que os católicos vivemos a tentação de identificar tradição eclesial e exercício do magistério[59].

No fundo, como Trento no passado, com suas fórmulas não muito bem casadas, o Vaticano II evitou definir-se a respeito da suficiência *material* da Escritura. Dada a ambigüidade de formulação, as duas interpretações *teológicas* se legitimam, desde que não se invoque o Concílio em apoio da própria opinião em nível *dogmático*. No mais, o melhor é respeitar o centro de gravidade do Concílio, que se declara francamente pela complementaridade *qualitativa*.

K. Barth detectou aí um "infarctus" do Concílio[60], "capítulo obscuro", que empobreceu um documento para ele elogiável. Ele lamenta que o Vaticano II tenha resgatado "a frase mais discutível do Concílio de Trento". Mas, a bem da verdade, ele entende a fórmula de forma equivocada. Pode-se, pergunta ele,

---

58. Sobre esse debate, cf. J. RATZINGER, ib., pp. 525-526.
59. Cf. supra, pp. 180 s.
60. K. BARTH, "Conciliorum Tidentini et Vaticani II inhaerens vestigiis", em *La révélation divine*, II, pp. 517-520.

"acatar igualmente o Evangelho de Mateus e Tomás de Kempis ou Inácio de Loyola, como intérpretes dos evangelistas?" Mas essa interpretação errada se justifica pelo próprio texto, que não distingue suficientemente a autoridade da Tradição apostólica da tradição eclesial.

4. A RELAÇÃO DA ESCRITURA E DA TRADIÇÃO COM A IGREJA E O MAGISTÉRIO (N° 10)

> A sagrada Tradição e a sagrada Escritura constituem um só sagrado depósito da palavra de Deus confiado à Igreja. Aderindo a ele, o povo santo todo, unido a seus pastores, persevera continuamente na doutrina dos Apóstolos e na comunhão, na fração do pão e nas orações (cf. At 2,42 gr.), de sorte que os bispos e os fiéis conservam, exercitam e professam, em estreita colaboração, a fé transmitida (nº 10,1).

Esta primeira alínea lembra que Tradição e Escritura, formando um depósito único, são vivenciadas por um povo ao qual foram confiadas. É o povo "unido a seus pastores" — expressão de S. Cipriano, porque a Igreja é uma comunidade hierarquizada. Esse povo "adere" a essa Palavra, conserva-a, pratica-a e professa-a. Portanto, diz respeito à Igreja toda. Discutiu-se muito, nos esquemas preparatórios, o papel do "senso dos fiéis" (*sensus fidelium*), preconizado na LG 12. Antes de tratar do magistério, o Concílio discorre sobre a função do povo de Deus, estruturada pela relação entre pastores e fiéis, "em estreita colaboração". Portanto, a guarda do "depósito" compete a todos, por meio de uma constante comunicação e de trocas, ao longo da história, entre pastores e fiéis. Esse ensinamento diverge, nitidamente, do que escrevera Pio XII na *Humani Generis*[61]. Mas esse ponto capital não tira nada do múnus específico do magistério:

> O ofício de interpretar autenticamente a palavra de Deus escrita ou transmitida foi confiado unicamente ao magistério vivo da Igreja, cuja autoridade se exerce em nome de Jesus Cristo. Tal magistério, evidentemente, não está acima da palavra de Deus, mas a seu serviço, não ensinando senão o que foi transmitido, na medida em que, por mandato divino e com a assistência do Espírito Santo, piamente ausculta aquela palavra, santamente a guarde e fielmente a expõe. E deste único depósito da fé haure o que propõe para ser crido como divinamente revelado (nº 10,2).

A interpretação da Palavra ("escrita *ou* transmitida"; não seria *e*?; teria sido um lapso inconsciente?) foi confiada só ao magistério vivo. Assim sentenciaram o Vaticano I e a *Humani generis*. Entretanto, pela primeira vez num

---

61. Cf. *DS* 3886; *FC* 510.

texto conciliar, esse magistério está posto, com propriedade, num plano radicalmente subordinado. Paradoxalmente, sua autoridade é de obediência. Não paira acima da Palavra. Submete-se a ela e a serve, "na medida em que (*quatenus*) a ausculta e haure deste único depósito da fé o que propõe para ser crido como divinamente revelado". São expressões tiradas do Vaticano I ao definir o que é de fé divina e católica[62]. O Concílio, portanto, reitera, vigorosamente, a obediência do magistério à Palavra de Deus, na sua forma escrita e transmitida. O "na medida em que" revela bem a limitação da sua autoridade, que só pode ser exercida na escuta (cf. a declaração do prólogo) obediente à Palavra, com o objetivo de manter o povo fiel na mesma obediência a ela.

A terceira alínea toca na solidariedade irretocável entre Tradição, Escritura e magistério, pela ação do Espírito Santo, de forma que "um não tem consistência sem os outros". Numa palavra, desconsiderar um deles é desconsiderá-los todos. É a velha solidariedade das Escrituras, da Tradição do Credo e da sucessão episcopal.

III. A SAGRADA ESCRITURA, TESTEMUNHO DA REVELAÇÃO (CAP. 3 – 6)

Os próximos capítulos versarão sobre a Escritura. Como os dois primeiros, partirão de textos que identificam posições acadêmicas e escolásticas, de forte conotação apologética, para chegar a uma redação doutrinária serena, que lança um conjunto complexo de temas relacionados à "questão bíblica".

1. DA INSPIRAÇÃO À INTERPRETAÇÃO DA ESCRITURA (CAP. 3)

O capítulo 3 aborda os problemas da inspiração, da verdade das Escrituras e da sua interpretação, para a qual o ofício dos exegetas é formalmente reconhecido.

A inspiração da Escritura (nº 11)

> As coisas divinamente reveladas, que se encerram por escrito e se manifestam na sagrada Escritura, foram consignadas sob inspiração do Espírito Santo, pois a santa mãe Igreja, segundo a fé apostólica, tem como sagrados e canônicos os livros completos tanto do Antigo como do Novo Testamento, com todas as suas partes, porque, escritos sob a inspiração do Espírito Santo (cf. Jo 20,31; 2Tm 3,16; 2Pd 1,19-21; 3,15-16), têm Deus como autor e nesta sua qualidade foram confiados à Igreja (nº 11).

---

62. Cf. supra, pp. 237 ss.

O texto, que convém comparar com seu paralelo do Vaticano I[63], do qual ele associa muitas expressões com outras de Trento, trata da inspiração dos livros santos, do ponto de vista da transmissão da revelação. Reaparecem as afirmações clássicas: a inspiração do Espírito Santo confere a todos os livros bíblicos a autoria divina e torna-os, por isso, canônicos. A fé na inspiração integra o depósito apostólico. As citações escriturísticas usadas são clássicas. O texto, porém, evita apresentar a Deus como "autor principal", ou seja, como a "causa eficiente principal", em linguagem escolástica[64]. Quanto à atividade inspirada dos escritores sagrados, há um dado novo em relação ao Vaticano I:

> Na redação dos livros sagrados, Deus escolheu homens dos quais se serviu fazendo-os usar suas próprias faculdades e capacidades, a fim de que, agindo ele próprio neles e por eles, escrevessem, como verdadeiros autores, tudo e só aquilo que ele próprio quisesse (nº 11).

Influenciado tanto pelo *Providentissimus* como pela *Divino afflante*[65], esse texto não se baseia mais na noção de "causa instrumental secundária" — a palavra "instrumento" dos esquemas anteriores foi eliminada — embora alguns termos evoquem a idéia de Deus "se servindo" dos homens. Na realidade, a atividade literária dos autores é levada em conta e o Concílio não atribui a Deus o mister de escritor[66]. Os escritores sagrados são "verdadeiros autores", na medida em que escrevem a partir dos seus conhecimentos. Nada, pois, da idéia de "ditado". Conseqüentemente, essa atividade dos autores humanos carece de interpretação.

A "verdade" das Escrituras

> Portanto, já que tudo o que os autores inspirados ou os hagiógrafos *afirmam* deve ser tido como afirmado pelo Espírito Santo, deve-se professar que os livros da Escritura *ensinam* com certeza e, fielmente e sem erro, a *verdade* que Deus, *em vista da nossa salvação*, quis fosse consignada nas sagradas Escrituras (nº 11).

O documento substitui a problemática clássica da inerrância, que gerava tanta crítica, pela problemática da *verdade*. Nos esquemas preparatórios, salta aos olhos como "inerrância" foi, progressivamente, sendo substituído por "verdade". A expressão "sem erro" aparece só uma vez, para glosar a afirmação da

---

63. Cf. supra, pp. 228 s.
64. Cf. P. GRELOT, *La révélation divine*, II, pp. 361-362.
65. Cf. supra, pp. 300 s.
66. Cf. P. GRELOT, ib., p. 363.

verdade. A questão, portanto, é abordada positivamente, permitindo perceber que há muitos modos de alcançar a verdade e esta comporta diferentes domínios. Por essa razão, o Concílio atribui a verdade às afirmações ou ensinamentos sólidos dos autores sacros. Com efeito, nem toda afirmação presente na Escritura corresponde a uma afirmação transmitida e apresentada à fé. Mas esse importante princípio restritivo levanta, por si só, problemas espinhosos para o discernimento de tais *afirmações*.

Por outro lado, de que tipo de verdade se trata? Da *verdade salvífica*, da verdade religiosa. Não se busquem, pois, na Escritura, verdades científicas, cosmológicas, geográficas, botânicas, como se fez em tempos de concordismo. Na Bíblia, esses campos do saber surgem sempre dentro dos conhecimentos da época. Um ponto mais delicado é o problema da verdade histórica, porque pode haver nas Escrituras erros históricos, dado que os escritores sagrados não poderiam ter o sentido de uma história, digamos, científica. Acontece, porém, que a revelação divina prende-se, inevitavelmente, a fatos históricos. O Concílio resolve a questão não entrando na natureza dos diferentes conteúdos materiais, mas na perspectiva específica dos escritores sagrados. O que ensinam é a verdade que interessa à salvação.

O conceito de "verdade salvífica" — de origem tridentina, mas usado aqui em outro sentido — permite avaliar o *objeto formal* da Escritura e discernir, por esse ângulo, a sua verdade. "O ponto de vista da salvação especifica todas as asserções bíblicas, seja qual for o campo do saber, pois a própria revelação não tem outro objeto formal"[67]. A verdade salvífica não é um elemento entre outros, sujeito a erros eventuais. Ela constitui o aspecto formal da verdade de toda a Escritura[68]. Essa verdade não é vista num enfoque meramente intelectualista, como no Vaticano I, mas em sentido bíblico e concreto. É a verdade que gera vida, porque vem do Deus vivo[69].

A interpretação da Escritura (nº 12)

As considerações anteriores levam-nos, facilmente, ao problema da interpretação de um escrito sagrado em que a Palavra de Deus se reveste de palavras humanas. Cabe à exegese discernir o que os escritores sacros "quiseram de fato dar a entender e o que aprouve a Deus manifestar por suas palavras" (12,1). Temos aí dois níveis de sentido. A intenção divina há de ser colhida através da "intenção do hagiógrafo", mas vai além dela.

---

67. Ib., p. 367.
68. Sobre a relação entre verdade salvífica e afirmações profanas presentes na Bíblia, cf. A. GRILLMEIER, *LThK*, II, pp. 548 s.
69. Cf. I. DE LA POTTERIE, "La vérité de la sainte Écriture et l'histoire du salut d'après la Constitution dogmatique *DV, NRT* 88, (1966), pp. 149-169.

Surgem, então, dois grupos de regras hermenêuticas. O primeiro refere-se à procura do sentido literal; o segundo, aos princípios que devem intervir no plano da totalidade e da unidade da Escritura, isto é, da "teologia bíblica"[70]. Não se há de entender essa distinção de maneira simples demais, porque esses níveis de sentido se comunicam. Fixar o sentido literal já tem um alcance teológico. Esse sentido teológico, por sua vez, não pode se desenvolver sem referência ao sentido literal. Entre ambos funciona o processo mediador da "releitura" das páginas bíblicas, à luz umas das outras.

1. Por conseqüência, essa pesquisa exige, antes de mais nada, o estudo dos *gêneros literários*, históricos, proféticos, poéticos e outros. O exegeta precisa conhecer o ambiente histórico do hagiógrafo, para poder captar "o que ele quis exprimir". Nessa altura, o Concílio retoma, em essência, a lição de Pio XII, na *Divino afflante* (1943)[71], mas fugindo ao seu ataque aos "sentidos espirituais".

2. Não pode, porém, o exegeta deter-se no estudo do significado de cada livro. Há de "atender com não menor diligência ao conteúdo e à unidade de toda a Escritura, levadas em conta a Tradição viva da Igreja toda e a analogia da fé" (nº 12,4). O Concílio evita, nesse ponto, a categoria controversa do "sentido pleno"[72], malgrado fale de um "sentido a ser exposto com maior aprofundamento" (*penitius*). Menciona também alguns elementos contidos nessa expressão: consideração da unidade global da Escritura, dados doutrinários da unidade global da Tradição e da analogia da fé. Dentro da argumentação básica, deve a exegese ter presente a unidade do Espírito que inspirou a Escritura, do começo ao fim. Por tudo isso, precisamos passar a outro nível. A exegese transforma-se em "teologia bíblica", no pressuposto da fé cristã. Exegese não só legítima, mas também necessária ao serviço da fé, desde que respeite as conquistas obtidas pela exegese literária. Deve continuar "científica", mas num outro sentido, pois novos critérios intervirão no seu círculo hermenêutico, possivelmente estranhos ao mero historiador de textos.

O documento esboça, então, como deve proceder o exegeta para que amadureça o julgamento da Igreja, à qual pertence a interpretação definitiva, pois ela "exerce o divino mandato de guardar e interpretar a palavra de Deus" (nº 12,4).

A *condescendência divina (nº 13)*

No final da *Divino afflante*, o tema da condescendência divina estava presente, com referência a S. João Crisóstomo[73]. E esse tema é que dá, aqui,

---

70. Cf. A. GRILLMEIER, *LThK*, II, pp. 553-556.
71. Cf. supra, pp. 300 ss.
72. Cuja problemática foi exposta supra, pp. 298 ss.
73. Cf. supra, p. 301.

unidade ao último parágrafo do capítulo. Assim como o *Verbo* se fez carne, com todas as fraquezas dela decorrentes, assim também a *Palavra* de Deus se fez palavra humana, tornando-se semelhante à linguagem humana. Em ambas as situações, Deus quis colocar-se ao alcance dos homens. Essa "condescendência" era necessária para que o diálogo paradoxal entre Deus e a humanidade pudesse se realizar.

2. A DOUTRINA CRISTÃ DO ANTIGO TESTAMENTO (CAP. 4)

O capítulo 4 é dedicado ao Antigo Testamento. Descreve-o, primeiro, tal qual ele é; depois, expõe seu papel pedagógico de preparação à vinda de Cristo, e conclui sublinhando a profunda unidade com o Novo Testamento.

Da economia da salvação aos livros (n° 14)

Esse parágrafo enfoca o Antigo Testamento, primeiramente, como o tempo da economia geral da salvação. Tempo da revelação da Palavra oral e viva de Deus, seguido da escrita e da elaboração de livros. "O acontecimento torna-se Palavra e a Palavra é acolhida em livro"[74]. Não temos, pois, apenas um *corpus* de livros para objeto de reflexão. Trata-se de uma história, nos dois sentidos do termo: "do acontecimento que se torna história" e "da história, como interpretação, registrada nos livros"[75].

Coerentemente com o capítulo 1, apresenta-se a revelação inserida na história concreta, feita de acontecimentos, como a eleição de um povo, a Aliança firmada com Abraão e Moisés e os ensinamentos dos Profetas. Nessa história, Deus se revela "por palavras e ações" — traço distintivo da Constituição — e leva o povo eleito a viver seus próprios caminhos.

No decorrer desses acontecimentos, Deus faz ouvir sua voz, mediante uma palavra viva e oral. Esse tempo da palavra oral no Antigo Testamento é tão valorizado quanto no Novo. Sem se pronunciar diretamente sobre a inspiração dessa palavra oral, o texto insinua a distinção entre "autores sagrados", que "prenunciaram", "narraram" e "explicaram" o plano da salvação, e os "escritores" propriamente ditos[76]. Esse processo possibilita um entendimento mais profundo da revelação, e assim as palavras escritas nos livros do Antigo Testamento representam a "verdadeira Palavra de Deus", o que lhes confere um "valor perene".

---

74. L. ALONSO-SCHOEKEL, *La révélation divine*, II, p. 386.
75. Ib., p. 387.
76. Cf. ib., p. 385.

A preparação da vinda de Cristo (nº 15)

O Antigo Testamento constitui a economia concreta e preparatória da vinda de Cristo. Por isso, a interpretação cristã dos seus livros identifica-os como a "pedagogia divina" que, "embora eles contenham coisas imperfeitas e transitórias", "em conformidade com a condição do gênero humano", familiariza o povo eleito com um conhecimento autêntico de Deus. Essa preparação vai a termo pelas profecias e se manifesta através de "várias figuras", que simbolizam o evento definitivo da salvação. Em verdade, todo o Antigo Testamento se reveste de um caráter profético. Tem, pois, valor definitivo essa primeira revelação de Deus "justo e misericordioso" e os seus tesouros espirituais, especialmente a oração dos Salmos. Para os cristãos, os livros do Antigo Testamento continuam totalmente valiosos.

O Antigo e o Novo Testamento (nº 16)

Existe, portanto, plena unidade entre o Antigo e o Novo Testamento, porque de ambos Deus é o inspirador. Está-se falando aqui no nível dos livros escritos. Ao dizer que "Cristo fundou a nova Aliança em seu sangue", evocando, implicitamente, o estatuto da nova Aliança, o que se acentua prioritariamente é a validade cristã dos livros do Antigo Testamento. O texto relembra o célebre pensamento de Agostinho: "O Novo está escondido no Velho; o Velho se patenteia no Novo" (*Novum in Vetere latet; Vetus in Novo patet*)[77]. Ocorre entre os dois Testamentos um processo de esclarecimento recíproco; de um lado, os livros do Antigo Testamento ganham "sua completa significação" — o Concílio evita, calculadamente, a expressão "sentido pleno" (*sensus completus*) — na mensagem cristã que os assume; de outro, "eles iluminam e explicam" o Novo Testamento. Não medra nenhum propósito apologético nessa reafirmação do valor profético e da interação dos dois Testamentos. O que temos é, no âmago da fé, a teologia de Paulo — o Novo Testamento retira o véu que recobria o Antigo (cf. 2Cl 3,14) — e dos Santos Padres. Essa análise doutrinária não dispensa, absolutamente, a prática da exegese literal de cada texto.

3. A DOUTRINA DO NOVO TESTAMENTO (CAP. 5)

O capítulo 5 é fruto de uma longa evolução que, pouco a pouco, conseguiu eliminar as preocupações apologéticas e polêmicas. Muitos temas já considerados nos capítulos 1 e 2 são aqui retomados, a propósito da revelação e da sua transmissão, porque se relacionam com todo o processo de formação do Novo

---

77. AGOSTINHO, *Questões sobre o Heptateuco*, 2,73; PL 34, 623.

Testamento. O texto parte do acontecimento de Jesus Cristo, para tratar dos Evangelhos e dos demais escritos apostólicos.

A revelação como acontecimento consumado em Jesus Cristo (nº 17)

Este belo trecho recapitula todo o acontecimento de Jesus, dentro do plano divino: a encarnação do Verbo, a instauração do Reino de Deus na terra, a revelação do Pai, a manifestação de Jesus "por fatos e por palavras" — o binômio de sempre! — o cumprimento de sua obra por sua morte e ressurreição e a vinda do Espírito Santo. Esse mistério foi revelado aos "seus Apóstolos e Profetas" (Ef 3,4-6), a fim de que "pregassem o Evangelho, suscitassem a fé... e congregassem a Igreja"[78]. De tudo isso "os escritos do Novo Testamento são testemunho perene e divino".

Em substância, temos aqui, novamente, o conteúdo dos números 4 e 7[79] da Constituição, dispensando novos comentários. Mas são afirmações valiosas para referir o *corpus* das Escrituras neotestamentárias à sua fonte, isto é, à pessoa de Jesus e ao movimento de transmissão que viabilizará a emergência delas.

A apostolicidade dos quatro Evangelhos (nº 18)

Fiel à tradição cristã, o Concílio exalta a preeminência dos quatro Evangelhos sobre os demais livros bíblicos, porque visam dar testemunho da vida e das palavras do Verbo encarnado. Outrora, Orígenes já havia se empenhado em demonstrar que eles constituem as primícias de toda a Escritura[80].

O Concílio confirma, então, a origem *apostólica* dos *quatro* Evangelhos, conforme "a Igreja sempre e em toda parte o sustentou e sustenta". Evitou o verbo "crer", para não pôr no mesmo nível a apostolicidade fundamental dos Evangelhos e da sua autoria, atribuída a Mateus, Marcos, Lucas e João. Até porque, hoje, sabe-se como é complexa a história da redação dos Evangelhos. O problema da sua apostolicidade e canonicidade não depende da atividade isolada de um redator definitivo. Como no capítulo 2, a Constituição inspira-se na tese de Ireneu (que dá o primeiro depoimento do evangelho quadriforme, com o nome dos seus autores) e retoma o movimento do texto de *Contra as heresias* (III, 11,8) já citado. O Evangelho tem origem apostólica, porque, primeiro, foi pregado "por ordem de Cristo" e depois (*postea*[81]), porque foi escrito por apóstolos ou

---

78. O texto não diz que Jesus fundou a Igreja, mas que instaurou o reino de Deus. Cf. X. LÉON-DUFOUR, *La révélation divine*, II, pp. 405-406.

79. Cf, supra, pp. 416 s., 423 ss.

80. ORÍGENES, *Comentário ao Evangelho de João*, I,1,1-XV,89: SC 120, pp. 57-105.

81. Essa apalavra não figurou no nº 7.

por "varões apostólicos". Esses Evangelhos foram redigidos "sob a inspiração do Espírito" (*divino afflante Spiritu*), como reza o título da encíclica de Pio XII.

A historicidade de um gênero literário querigmático (nº 19)

"O coração do capítulo"[82] reside na excelente descrição do gênero literário "evangelho". Esclarecido o seu caráter de testemunhos organizados da fé, debateu-se o seu valor histórico. A discussão dos esquemas preparatórios foi marcada pela Instrução da Pontifícia Comissão Bíblica, publicada em maio de 1964, cujo tom bastante aberto aplica os princípios da *Divino afflante Spiritu* ao Novo Testamento e "reconhece sem rodeios que há nuanças consideráveis no gênero literário histórico"[83]. Ela define três etapas na transmissão da mensagem evangélica: a pregação de Jesus, a pregação oral dos Apóstolos e a redação dos Evangelhos.

Importava determinar qual o objetivo dos Evangelhos, porque sua escrita assume o estilo *narrativo*. A Igreja afirma, "sem hesitação, a historicidade" dessas narrativas, fiéis ao que Jesus "realmente fez e ensinou para a salvação eterna" dos homens. Essa historicidade está ligada, como anteriormente se falou da verdade, ao objetivo da salvação eterna. Esse, com efeito, é o objeto formal que dá sentido e verdade a tais narrativas. É por aí, então, que se há de avaliar a sua veracidade histórica. Essa veracidade substancial não exige que os quatro Evangelhos não se contradigam em certos pormenores, como os Santos Padres, especialmente Santo Agostinho, já comentaram, e dêem azo à contestação de uma ou outra perícope.

O documento não usa o termo "história" nem se enreda nas discussões que cercam essa palavra (história-acontecimento; história-ciência) e muito menos se pronuncia sobre a variedade das narrativas evangélicas (por exemplo, as narrativas da infância). Preferiu a "historicidade" global, proveniente da certeza de que os Apóstolos-testemunhas ensinaram após a Ascensão os fatos e as palavras de Cristo, sob a luz do Espírito Santo. A redação dos Evangelhos efetivou-se num segundo momento, por um processo de "rememoração" das palavras ouvidas por eles mesmos ou por testemunhas oculares e também das primeiras escritas parciais. O uso da expressão "coisas verdadeiras" (*vera*) — para acentuar a objetividade da palavra — "e sinceras" (*et sincera*) — para realçar a subjetividade de quem fala, lembra a problemática apologética da primeira metade do século XX, quando a defesa da historicidade dos Evangelhos se baseava na tese de que os autores sagrados eram "bem informados e sinceros"[84]. Por outro lado, após as hesitações dos debates, os redatores do documento afirmam, cla-

---

82. B. RIGAUX, *LThK*, II, p. 566.
83. X. LÉON-DUFOUR, *La révélation divine*, II, p. 418.
84. Houve muito debate para manter essa expressão, inclusive apelo da minoria ao Papa.

ramente, que os autores sagrados quiseram dar um testemunho de fé, "conservando enfim a forma do querigma" nesses escritos, o que não destrói, absolutamente, seu peso histórico. "Os Evangelhos não são documentos históricos levemente influenciados pelo querigma. São documentos querigmáticos com implicações históricas"[85].

Para os demais escritos apostólicos reservou-se breve parágrafo (nº 20), em que apenas se declara que confirmam "tudo o que diz respeito ao Cristo Senhor", elucidam "mais e mais a sua genuína doutrina", através de uma teologia mais aprofundada do seu mistério, e "contam os inícios da Igreja". Talvez se devesse apresentar uma apreciação mais rica da doutrina de Paulo. E o Concílio também não quis dar a lista completa dos livros canônicos do Novo Testamento.

4. A ESCRITURA NA VIDA DA IGREJA (CAP. 6)

O propósito deste último capítulo é pastoral, ou seja, enaltece a força da Escritura nos diversos aspectos da vida eclesial, enfoque típico das diretrizes do Vaticano II. A revelação não se reduz a meras lições de ordem intelectual, antes é uma Palavra viva e vivificante. Aí está uma perspectiva bastante nova na tradição conciliar. Um precedente poderia ser visto nos decretos reformadores do Concílio de Trento, que recomendaram com freqüência a necessidade dos ensinamentos bíblicos e das pregações na Igreja[86].

O tema do capítulo se concentra, pois, exclusivamente, na Escritura. Houve quem divisasse aí um retorno ao *sola scriptura* protestante. Não poucos Padres propuseram, várias vezes, que não se esquecesse a relação entre a Tradição e a Escritura. Mas a Comissão teológica sustentou, vigorosamente, seu ponto de vista e também o título do capítulo, lembrando que essa questão já havia sido tratada no capítulo 2, tendo ficado muito claro que a Escritura deve ser sempre lida em consonância com a Tradição. Duas vezes se repetem as mesmas palavras: "A Palavra de Deus escrita, juntamente com a Tradição" (*una cum sacra Traditione*, nº 21 e 24). Na linguagem do Concílio, a expressão *una cum* aparece, diversas vezes, em casos parecidos, quando envolve o debate com o protestantismo, em lugar do clássico *et... et...*, evitando, assim, a problemática da mera justaposição.

As duas mesas do pão: a Palavra e a Eucaristia (nº 21)

A Igreja sempre venerou as divinas Escrituras, da mesma forma como o próprio Corpo do Senhor, já que, principalmente na sagrada Liturgia, sem cessar toma

---

85. Idéia de Dom Butler. Cf. X. LÉON-DUFOUR, ib., II, p. 420.
86. Cf. tomo 3, pp. 165 s.

da mesa tanto da Palavra de Deus quanto do Corpo de Cristo o pão da vida e o distribui aos fiéis (n° 21).

A explanação começa pelo paralelo entre a Palavra de Deus e o Corpo eucarístico de Cristo, o Filho de Deus. É uma imagem da liturgia: há duas mesas a nos oferecer o mesmo pão, Jesus. Essa aproximação — baseada no discurso sobre o pão da vida, em Jo 6 e retomada por S. Jerônimo e Santo Agostinho[87] — suscitou algumas dificuldades a certos Padres, que receavam ver aí uma redução da "presença eucarística a um simples simbolismo"[88]. Esse texto tem a marca de uma profissão de fé, porque as Escrituras constituem para a Igreja, "juntamente com a sagrada Tradição", "a regra suprema da sua fé" e, por isso, objeto de *veneração*, expressão de respeito e submissão que nos remete à linguagem da *recepção*.

A Constituição convida, então, a um entendimento "sacramental" da Palavra, ao realçar sua presença ativa na leitura e proclamação das Escrituras. "A força e o poder" são inerentes à Palavra de Deus, que é "viva e eficaz" (conforme Hb 4,12), "sustentáculo e vigor da Igreja" e "alimento da alma". São características de um sacramento. Por outro lado, o texto apresenta a Palavra e o sacramento, por muito tempo distanciados na doutrina católica, como "realidades inclusivas"[89], ou seja, se a Palavra é, a seu modo, sacramento, o sacramento sempre inclui a palavra. Temos nesse ponto o par — palavra e ação — que acompanha o acontecimento de Jesus. "Essa unidade da palavra e da ação, na economia salvífica, tem sua expressão atual na unidade da Palavra e do sacramento"[90].

Daí a conseqüência imediata: "É necessário, portanto, que toda pregação eclesiástica [...] seja alimentada e regida pela Sagrada Escritura". Dada "de uma vez para sempre", ela representa na vida eclesial o espaço "imutável" onde o Pai "vem carinhosamente ao encontro de seus filhos e com eles fala". Por ela, a "conversação" inaugurada com a revelação (n° 2) permanece ao longo de toda a história da humanidade.

O acesso às Escrituras: as traduções (n° 22)

"É preciso que o acesso à Sagrada Escritura seja amplamente aberto aos fiéis". Com essa determinação sela-se o fim das velhas reticências católicas — ainda presentes no Concílio — quanto ao manuseio da Bíblia pelos fiéis. A primeira condição para tal acesso está nas boas traduções dos livros sagrados em todas as línguas, como fizeram exemplarmente, no passado, a tradução

---

87. Cf. J. RATZINGER, *LThK*, II, p. 572.
88. Cf. A. GRILLMEIER, "La sainte Écriture dans la vie de l'Église", *La Révélation divine*, II, p. 439.
89. Ib., p. 440.
90. Ib., p. 441.

grega dos Setenta e a Vulgata de S. Jerônimo. Essas duas traduções não são mais lembradas como legítimas[91], mas como modelos a serem imitados em "todas as épocas", "de preferência a partir dos textos originais", numa perspectiva missionária. O que, no momento, pareceu a alguns impossível foi acontecendo, rapidamente, em muitas línguas, particularmente com a *Tradução Ecumênica da Bíblia (TEB)*.

A tarefa dos exegetas e dos teólogos (n° 23-24)

A seguir, o Concílio propõe diferentes formas de viver, na Igreja, as lições das Escrituras. Dirige-se, primeiramente, aos exegetas (n° 23), com muita estima, encorajando-os em suas pesquisas e exaltando a dimensão apostólica de seus estudos. Eles prestam ajuda ao esforço da Igreja por uma "compreensão cada dia mais profunda da Sagrada Escritura", através de "meios aptos", "sob a vigilância do sagrado magistério". Cabe-lhes procurar resultados tais que "o maior número possível de ministros da Palavra possa frutuosamente oferecer ao povo de Deus o alimento das Escrituras". Por isso, não deve a exegese encerrar-se num tecnicismo que seria, certamente, estéril.

Depois dos exegetas, refere-se aos teólogos (n° 24). A "Palavra de Deus escrita" constitui "o fundamento perene" da reflexão teológica. Bebendo sempre nela, a teologia se fortalece e sempre "se remoça". E vem então a fórmula que logo se consagrou: "Que o estudo das sagradas páginas seja como que a alma da sagrada teologia". Na verdade, é uma frase presente em encíclicas de Leão XIII e Bento XV[92], mas o Concílio conferiu-lhe um valor programático[93]. Nesse apelo pulsa uma crítica implícita à visão da teologia como ciência puramente especulativa, preocupada apenas com novas "conclusões teológicas", como se o uso da Bíblia se pudesse reduzir a "citações comprobatórias" (*dicta probantia*). Esse apelo estende-se a todo o ministério da Palavra: pregação, catequese e homilia. W. Kasper comenta muito bem essa passagem:

> Pode e deve a teologia católica medir seus dogmas pela norma da Escritura? A resposta só pode ser pura e simplesmente — sim. [...] Deve, pois, a pregação da Igreja, em todos os tempos, voltar-se sempre a essa fonte apostólica e ficar à sua escuta, examinando sua mensagem à luz do querigma essencial. O dogma não deve somente ser lido e interpretado a partir da Escritura. Precisa ser completado, aprofundado e desenvolvido a partir dela[94].

---

91. Trento declarou "autêntica" a Vulgata.
92. *EnchB* 114 e 483.
93. Essa frase reaparece no decreto sobre a formação dos presbíteros, n° 16; *COD* II-2, p. 1939.
94. W. KASPER, "Schrift, Tradition und Verkündigung", em Th. FILTHAUT, *Umkehr und Erneuerung, Kirche nach dem Konzil, Mainz*, M. Grünewald, 1966, p. 37; Cf. A. GRILLMEIER, *La révélation divine*, p. 455.

A Escritura no ministério da Palavra (nº 25-26)

A última exortação visa aos sacerdotes e a quantos têm compromisso com o serviço da Palavra. Devem eles entregar-se à "leitura assídua" e ao "estudo diligente" da Escritura, ouvindo-a no íntimo de si mesmos, antes de proclamá-la aos fiéis. É um apelo estendido a "todos os fiéis cristãos, principalmente aos religiosos", para que nela bebam "a eminente ciência de Jesus Cristo" (Fl 3,8). Não dizia S. Jerônimo que "a ignorância da Escritura é a ignorância de Jesus Cristo"?[95] Além do acesso a ela pela liturgia, o documento recomenda que o façam também pela leitura piedosa, pela oração, por cursos apropriados e outros meios louváveis, "a fim de que se estabeleça o colóquio entre Deus e o homem". A menção de instituições e meios "que, com a aprovação e empenho dos pastores da Igreja, hoje em dia louvavelmente se difundem por toda a parte", representa o reconhecimento oficial do movimento bíblico católico[96]. Merece destaque a novidade desse apelo *a todos* os fiéis. Houve quem o estimasse arriscado, preferindo que se recomendasse a leitura de seletas bíblicas. Cabe aos bispos orientar os fiéis na leitura da Bíblia, de modo especial pela publicação de edições bem cuidadas e com notas, edições acessíveis até mesmo aos não-cristãos.

O último parágrafo (nº 26) encerra o capítulo e a Constituição, almejando que "a palavra do Senhor prossiga o seu curso" (2Ts 3,1) no coração dos homens e retomando o paralelo entre a participação no mistério eucarístico e a veneração da palavra que "permanece para sempre" (1Pd 1,23-24).

5. UMA RECEPÇÃO EM CURSO

INDICAÇÕES BIBLIOGRÁFICAS: *Quatrième conférence mondiale de Foi et Constitution*, Montréal, 1963, texte français dans *Foi et Vie* 63, (1964), pp. 18-36. — "Portée œcuménique de la Constitution" (R. SCHUTZ, M. THURIAN, J. L. LEUBA, Éd. SCHLINK, K. BARTH, A. SCRIMA, A. KNIAZEFF, B.-D. DUPUY) em *La révélation divine, op. cit.*, t. II, 4ᵉ parte, pp. 463-566. — Comissão bíblica pontifical, *L'interprétation de la Bible dans l'Église*, 15.04.1993, *DC* 91, (1994), pp. 13-44.

O processo de recepção da DV, bastante positivo, está longe de terminar, mais de trinta anos após sua publicação. Por sua própria natureza, esse processo extrapola, em geral, o espaço de uma geração e permanece sempre imprevisível. Mas esta Constituição enfraqueceu, no mundo teológico, a posição dos partidários das "duas fontes", fazendo prevalecer os defensores da relação qualitativa e inclusiva da Tradição com a Escritura.

---

95. JERÔNIMO, *Comentário sobre Isaías, Prólogo*; PL 24,17. A frase já fora citada por Bento XV e Pio XII, *EnchB*, 475-480 e 544.
96. Cf. A GRILLMEIER, *La révélation divine*, II, p. 458.

Nesse clima, quase se desfez a divergência entre católicos e protestantes, ressaltando-se o impacto ecumênico da Constituição num ponto tão sensível. De fato, uma assembléia de *Fé e Constituição*, em Montreal, em 1963, emitira uma declaração sobre "A Escritura, a Tradição e as tradições"[97]. Cotejando esse texto com a DV, saltam aos olhos convergências decisivas em dois pontos, escreveu J. L. Leuba: a afirmação de que o magistério depende da revelação e, por isso, do testemunho das Escrituras; e a articulação qualitativa preconizada entre Tradição e Escritura. Mudou, portanto, o enfoque defendido no século XVI. Paradoxalmente, foi a exegese protestante moderna a primeira a enaltecer as Escrituras como fruto de um processo de desenvolvimento tradicional. A Tradição viva precede, pois, as Escrituras e envolve-as, de forma permanente, na pregação da Palavra de Deus, mediante suas interpretações. O ponto de vista católico passou do *et... et...* ao *una cum* (junto com) e o ponto de vista protestante superava, no mesmo sentido, o *sola scriptura*[98]. O documento de Montreal trata, prioritariamente, da Tradição:

> Podemos dizer, assim, que existimos como cristãos pela Tradição do Evangelho (a *paradosis do kerygma*), testificada na Escritura e transmitida na e pela Igreja, pelo poder do Espírito Santo. Nesse sentido, a Tradição se atualiza na pregação da Palavra, na administração dos sacramentos, no culto, na doutrina cristã, na teologia, na missão e no testemunho cristão dado pela vida dos membros da Igreja[99].

Mas nem tudo está resolvido, porque nos dois textos não se tem uma definição mais rigorosa da Tradição. Daí a referência, como vimos, de K. Barth a um "infarctus", ao discorrer sobre as últimas linhas do nº 9 da DV. Os teólogos da Reforma manifestaram várias ressalvas, sem esconder seu desconforto perante a excessiva importância atribuída à Tradição, não obstante E. Schlink tente serenar tudo, dizendo que "não se pode desmerecer o alcance ecumênico relevante da idéia de revelação vazada nessa Constituição"[100].

Uma boa prova de como esse texto conciliar foi recebido por uma instância oficial da Igreja católica tem-se no documento da Pontifícia Comissão Bíblica (1993), dedicado à "Interpretação da Bíblia na Igreja", publicado por ocasião do centenário da *Providentissimus* (1893). Trata-se de um longo documento que situa, com exatidão, os estudos sobre a "questão bíblica" nesses cem anos, referindo-se também à *Divino afflante spiritu* e à *DV* (26 vezes). Sua linha de reflexão baseia-se no Vaticano II. Primeiro, desenvolve extensa descrição dos diferentes métodos de exegese: método histórico-crítico, novos métodos literá-

---

97. Cf. o texto em *La révélation divine*, II, pp. 599-612.
98. J. L. LEUBA, *La révélation divine*, II, p. 483.
99. Nº 45; ib., p. 601.
100. E. SCHLINK, ib., p. 510.

rios e lingüísticos, abordagens ligadas à tradição e às ciências humanas, enfoques contextuais e, por fim, a leitura fundamentalista, todos eles apresentados com objetividade e analisados antentamente. O texto amplia, assim, consideravelmente os caminhos inaugurados pela *Divino afflante* e retomados pela DV. Em nível hermenêutico, distingue o sentido literal "expresso diretamente pelos autores humanos inspirados" e o "sentido espiritual" que não é estranho ao anterior e, às vezes, até se pode confundir com ele; o "sentido pleno", enfim, sempre alvo de discussões, que se manifesta quando o sentido literal é tomado num outro contexto de revelação (Is 7,14, por exemplo), ou quando a Igreja se pronunciou sobre o sentido doutrinal de uma perícope (cf. Rm 5,12-21 e o pecado original). Esse sentido pleno é uma outra maneira de se designar o sentido espiritual. A seguir, o texto recapitula a história da interpretação da Bíblia, na Igreja católica, para chegar à responsabilidade atual dos exegetas e teólogos. Finalmente, trata das questões de atualização e inculturação da Escritura.

CAPÍTULO XIV
A igreja católica e "os outros"[1]: a liberdade religiosa e as religiões não cristãs

B. Sesboüé

Um dos aspectos mais inovadores do Vaticano II foi o cuidado em situar a Igreja católica no seu relacionamento com os que estão fora dela. Nesse Concílio expira o "eclesiocentrismo" que havia marcado os tempos modernos. Mesmo porque a maioria da humanidade não pertence mais à Igreja católica romana. Além dela, há, em primeiro lugar, as Igrejas do oriente e do ocidente nascidas de diferentes rupturas históricas. Pensando nelas e procurando criar novos laços com elas é que foi escrito o decreto *Unitatis redintegratio* (UR), sobre o ecumenismo. Mas é preciso lembrar e valorizar também todos os fiéis de outras religiões. Daí a declaração *Nostra aetate* (NA). Enfim, e acima de tudo, impunha-se um problema agudo e muito sério, importante para todos os "outros", cristãos e não-cristãos — a questão da liberdade religiosa.

A Igreja católica, nesse campo, sempre se mantivera enrijecida na doutrina da tese e da "hipótese"[2] e, para os seus parceiros, sempre suspeita de não ser favorável à liberdade religiosa senão para os seus filiados e apenas quando se achasse em situação minoritária. Havia, pois, enorme expectativa da posição do Concílio quanto a isso. Nem teriam credibilidade exterior suas numerosas declara-

---

1. Este tema, já analisado no tomo 3, pp. 455-459, é estudado aqui na perspectiva da teologia fundamental.
2. Pela "tese", o Estado ideal é católico, professa o catolicismo como religião oficial e defende a verdade exclusiva dessa religião (intolerância dogmática). A realidade, porém, é outra. A "hipótese" autoriza, na prática, as outras religiões e a Igreja católica reivindica a liberdade religiosa para si própria. Quanto ao mal-estar criado, desde o início, por essa distinção, cf. *Correspondance entre Ch. De Montalembert et A. Dechamps*, 1863-1870, editado e anotado por R. AUBERT, Bruxelas, Nauwelaerts, 1993.

ções, se esse tema não fosse por ele tratado com a devida seriedade e clareza. Após longos e espinhosos debates, veio à luz a Declaração *Dignitatis humanae* (DH), bem no final do Concílio[3].

Esses dois documentos pertencem ao domínio da teologia fundamental, porque se prendem à consciência que a Igreja católica tem da sua relação com a verdade religiosa a ela confiada e à maneira como ela pensa "os outros" enquanto participantes dessa verdade. Estamos perante uma renovação decisiva do clássico tratado da teologia fundamental "sobre a verdadeira religião" (*De vera religione*). Sua importância procede não só do que dizem, mas também das suas conseqüências dentro da própria dogmática católica.

Como já analisamos o decreto sobre o ecumenismo, ao focalizar a "hierarquia de verdades"[4], ficaremos aqui com a Declaração sobre a liberdade religiosa, de alcance provavelmente superior ao daquele decreto[5] e da declaração sobre as religiões não cristãs.

I. A DECLARAÇÃO *DIGNITATIS HUMANAE* SOBRE A LIBERDADE RELIGIOSA

> **INDICAÇÕES BIBLIOGRÁFICAS:** J. LECLER, *Histoire de la tolérance au siècle de la Réforme*, Paris, Aubier, 1955 (rééd. A. Michel, 1994). – P. PAVAN, (éd.), *La liberté religieuse, Déclaration "Dignitatis humanae personae"*, Paris, Cerf, 1967. – P. PAVAN, "Erklärung über die Religionsfreiheit", *LThK, Das zweite Vaticanische Konzil*, Freiburg, Herder, 1967, II, pp. 704-747; *La liberté religieuse, Déclaration Dignitatis Humanae*, Tours, Mame, 1967. – R. COSTE, *Théologie de la liberté religieuse*, Gembloux, Duculot, 1969. – PH.-I. ANDRÉ-VINCENT, *La liberté religieuse, droit fondamental*, Paris, 1975. – B. SESBOÜÉ, "La doctrine de la liberté religieuse est-elle contraire à la révélation chrétienne et à la tradition de l'Église?" *Documents Épiscopat*, 15 (1986), pp. 1-19. – *Paolo VI e il rapporto chiesa-mondo al Concilio*, Brescia, Istituto Paolo VI, 1991. – D. GONNET, *La liberté religieuse à Vatican II. La contribution de John Courtney Murray s.j.*, Cerf, 1994 [Bibliographie abondante sur la déclaration conciliaire et exhaustive sur l'œuvre de J. C. Murray].

---

3. Sobre a distinção entre a autoridade de uma "Constituição", de um "Decreto" e de uma "Declaração", cf. Y. Congar, em J. HAMER et Y. CONGAR (éd.), *La liberté religieuse, Déclaration "Dignitatis humanae"*, Paris, Cerf, 1967, pp. 47-52. Segundo a cúria romana, "declaração" é um ato pelo qual a autoridade dá a conhecer sua decisão". O termo tem sido usado por assembléias religiosas (Assembléias do clero francês de 1682) ou políticas (Declaração dos direitos humanos de 1789). Para um documento conciliar, o termo foi uma novidade do Vaticano II. Os dois documentos estudados neste capítulo merecem bem esse título de "declaração", porque "os outros" não podem ser alvo de um "decreto". O que não significa que as Declarações careçam de todo valor doutrinário e do peso de uma posição conciliar.

4. Cf. supra, pp. 395 s.

5. Cf. J. WILLEBRANDS, "La liberté religieuse et l'oecuménisme", *La liberté religieuse, op. cit.*, pp. 237-251.

— B. R. VALUET, *La liberté religieuse et la tradition catholique: un cas de développement doctrinal homogène dans le magistère authentique*, 1. *Systématique*; 2. *Chronologique*; 3. *Alphabétique* [= Bibliographie], Rome, 3 vol., Athenaeum Romanum Sanctae Crucis, 1995[1].

1. AS ETAPAS DA REDAÇÃO

Quando a questão da liberdade religiosa foi posta no Concílio, pode-se dizer que a doutrina da tese e da hipótese, herança do século XIX, era consensual, pois a teologia, praticamente, não tinha como elaborar outra problemática[6]. Disso J. C. Murray teve experiência pessoal[7]. Seria, porém, catastrófico para o Concílio fixar-se nessa posição. Todo o seu discurso tão aberto ficaria invalidado.

O tema da liberdade religiosa surgiu com pregnância nova num contexto histórico e político complexo. De um lado, as Igrejas do silêncio, nos países comunistas, jaziam privadas de direitos elementares para a prática de sua fé e, por elas, a Igreja bradava fortemente por liberdade religiosa. De outro lado, havia a Espanha, em regime de concordata com a Igreja católica e no gozo dos privilégios de "religião do Estado", em detrimento da liberdade de exercício dos outros cultos. Para muitos, a Espanha representava, concretamente, a própria "tese". Ademais, a liberdade religiosa integrava as grandes reivindicações dos direitos humanos, promovidas por instituições internacionais, como a ONU e o Conselho Mundial de Igrejas. Por último, essa problemática doutrinária possuía evidente dimensão política, que exigia uma resposta da filosofia política. Por todas essas razões, mais a disputa entre os defensores da tese e os defensores da hipótese, a preparação do documento seguiu um caminho extremamente difícil e conflitivo. Foram necessários dois textos preparatórios e seis versões para se chegar a concluí-lo.

Do documento de Friburgo à primeira redação conciliar

O início da reflexão conciliar foi o documento "de Friburgo", redigido por um pequeno grupo[8]. Intitulava-se "A Tolerância", analisada do ponto de vista do amor. O texto critica a expressão "direitos da verdade", porque um conceito abstrato não pode, propriamente, ser sujeito de direitos. Isso cabe apenas às pessoas e às sociedades por elas formadas. Nesse sentido, a verdade não detém

---

6. Essa doutrina é coerente com a concepção clássica e extrínseca da relação entre natureza e sobrenatural, como o demonstra H. De Lubac, cf. D. GONNET, *op. cit.*, p. 310.

7. Cf. D. GONNET, ib., pp. 39-102.

8. Os bispos Charrière, De Smedt, o cônego Bavaud e o Pe. J. Hamer, OP.

direitos. O documento retoma a distinção estabelecida por Leão XIII na *Immortale Dei* e na *Sapientiae christianae*, a respeito da competência temporal do Estado e a missão espiritual da Igreja. Confundi-las será restabelecer a teocracia. Deve o Estado saber dos próprios limites. O documento declara, enfim, que se deve evitar a distinção entre tese e hipótese: "Ela não é clara e propõe como ideal algo parecido com a teocracia do Antigo Testamento, expondo-nos sempre à pecha de oportunismo e falta de lealdade"[9].

Dois anos depois, um primeiro esquema oficial, mas pré-conciliar, foi publicado pelo Secretariado para a Unidade dos cristãos, presidido pelo cardeal Bea. Visivelmente inspirado no documento de Friburgo, substituía o termo "tolerância" por "liberdade religiosa". Aparece aí a definição de liberdade religiosa como "imunidade ao constrangimento". É uma liberdade devida não só às pessoas como também aos grupos religiosos. O documento distingue a Igreja da "sociedade civil", expressão preferida à de Estado. Ao mesmo tempo, porém, a Comissão teológica propunha outro texto, sobre "as relações da Igreja e do Estado e a tolerância religiosa", numa visão bem diferente do esquema feito pelo Secretariado para a Unidade[10]. E este esquema foi relegado, não se tratando mais da questão da liberdade religiosa na primeira sessão do Concílio.

Em abril de 1963, J. C. Murray foi nomeado perito do Secretariado para a Unidade, no momento em que saía a encíclica de João XXIII, *Pacem in terris*, cuja redação foi atribuída ao monsenhor Pietro Pavan. Murray imediatamente a aplaudiu. Ambos, de idéias muito próximas, vão trabalhar juntos, desempenhando um papel central nas etapas da redação da Declaração DH. O primeiro esquema conciliar fora elaborado antes da escolha de Murray como perito. Mas De Smedt solicitou-lhe as notas do texto, que trazem boas referências aos documentos pontifícios de Leão XIII e João XXIII. Percebe-se nelas que Murray quer mostrar como a liberdade religiosa é um progresso que se insere dentro dos ensinamentos papais anteriores. Nisso se baseia ele, fundamentalmente, contra os defensores da "tese", escrevendo também uma *Ratio schematis*, para ajudar De Smedt na preparação do seu *Relatório oral* ao Concílio. Apoiou-se na *Pacem in terris*, para encarecer a idéia de continuidade no ensinamento pontifício "que leva, coerentemente, ao acento posto na 'dignidade' da pessoa humana"[11], preocupação que remonta a Leão XIII, autor da seguinte frase: "Todo ser humano tem o direito de honrar a Deus conforme a justa norma da consciência e de professar sua religião na vida particular e pública"[12]. "A *Ratio schematis* funcionará como a matriz dos futuros debates"[13].

Em novembro de 1963, no encerramento da segunda sessão, De Smedt propunha esse primeiro esquema conciliar, que acabará se tornando o capítulo

---

9. Cf. J. HAMER, *La liberté religieuse, op. cit.*, p. 56.
10. Ib., p. 60.
11. D. GONNET, *op. cit.*, p. 110.
12. *DC* 60, (1963), 515-516.
13. D. GONNET, *op. cit.*, p. 113.

5 do decreto sobre o ecumenismo. Esse texto mantinha só o primeiro capítulo do esquema pré-conciliar e introduzia uma explanação sobre a teologia da consciência. Mas colocava antes a questão da *consciência errônea*, que não elimina direito algum da pessoa. Esse novo eixo de reflexão — "a liberdade sem a verdade" — permanecerá até o terceiro esquema. "O ponto de partida é o *a priori* de que essa consciência está fora da verdade. Tal posição levava ao impasse, pois é impossível fundamentar um direito sem base na verdade"[14]. Murray irá esclarecer esse ponto.

A palavra de De Smedt, no Concílio, vigorosamente inspirada na *Ratio schematis* de Murray, causou forte impressão. Para convencer os Padres reticentes e inclinados à defesa da "tese", era necessário conciliar sua proposta com as posições, aparentemente contrárias, de Gregório XVI e de Pio IX, que julgavam delirante a idéia de que "a liberdade de consciência e de culto é um direito de todo homem, a ser proclamado e garantido num Estado bem constituído"[15]. De Smedt historiou, brevemente, as posições dos papas nos últimos cem anos, argumentando com a regra dupla da *continuidade* e do *progresso*, progresso que comporta, segundo Murray, "uma evolução doutrinária e pastoral bastante longa"[16]. Ele explicou a rejeição conjuntural da liberdade de consciência no século XIX, quando a ideologia racionalista favorecia o "indiferentismo". Mas a doutrina pôde evoluir, com Leão XIII distinguindo a Igreja, claramente, da sociedade civil; depois, com Pio XI, às voltas com o totalitarismo político do nazismo e do comunismo; e, por fim, com Pio XII, que sempre priorizou a noção de pessoa. Aliás, Pio XII abrira uma brecha no sistema da tese e da hipótese, quando escreveu:

> Não tem valor *absoluto e incondicional* a afirmação de que o erro religioso e moral deve ser, sempre que possível, impedido, porque tolerá-lo já seria imoral. Deus não impos à autoridade humana esse preceito absoluto e universal, nem no campo da fé nem no da moral. E ele também não vige na convicção comum dos homens, nem na consciência cristã, nem nas fontes da revelação, nem na prática da Igreja[17].

Finalmente, a encíclica de João XXIII, *Pacem in terris*, destacou, em nome do direito natural e para serem respeitados pelo poder público, "os ditames da reta consciência" e "o direito de honrar a Deus conforme a norma da sua consciência e de professar sua religião na vida particular e pública"[18]. A consciência reta é já muito mais que a consciência errônea. Não obstante a repercussão

---

14. Ib., p. 103.
15. PIO IX, *Quanta cura* (1864).
16. D. GONNET, p. 121. Cf. J. HAMER, *op. cit.*, p. 68.
17. PIO XII, *Ci riesce*, DC 50, (1953), 1605-1606.
18. *DC* 60, (1963), 515-516. Murray retoma essa argumentação em *La liberté religieuse*, *op. cit.*, pp. 111-147.

favorável dessa intervenção, a assembléia conciliar não assumiu o tema. Deteve-se no ecumenismo e nas relações com o judaísmo. A liberdade religiosa foi postergada para um amanhã nebuloso e incerto.

A segunda e a terceira redação conciliar

Pouco depois da primeira redação conciliar, Murray publicou na revista *America* um artigo de enorme repercussão, porque tratava do problema da liberdade religiosa nos termos do direito constitucional[19]. Não basta, sustentava ele, afirmar esse direito no plano ético e religioso. É preciso também fundamentá-lo na incompetência radical do Estado em matéria religiosa. Da mesma forma, apelar ao bem comum para restringir a liberdade religiosa constitui grave perigo de abonar a "razão de Estado" ou a razão da maioria[20]. Importa, pois, repetir que o Estado não deve nunca transpor os limites de suas atribuições, ainda que seja para servir a Igreja católica[21]. Não pode um direito prevalecer sem o seu reconhecimento jurídico e o seu contexto político. Na verdade, Murray estava querendo que o mundo conhecesse melhor a situação americana.

Nessa altura, Murray foi encarregado não de praparar novo esquema, mas de avaliar as reações dos Padres enviadas ao Secretariado para a unidade. Assim, ele esquematizou as duas principais posições, procurando superar o debate entre progressistas e conservadores e apontando para o *problema constitucional* como terreno de conciliação. Todos admitem que o poder público deve manter uma atitude positiva em face da religião. A diferença está entre os que defendem tal atitude só para com a Igreja católica e os que a querem para todas as religiões.

Em 1964, com base nas emendas recebidas, nova redação conciliar se apresentou. Nela apareceu um conceito novo — "a vocação divina do ser humano" — como argumento fundamental. Por essa vocação, "os homens têm o dever de honra de seguir, em matéria religiosa, a vontade do Criador e do Salvador, segundo o ditame de sua consciência"[22]. A partir daí, crescem os esforços para se chegar a um argumento "único" em prol da liberdade religiosa.

Finalmente, em 23 de outubro de 1964, com base nessa nova redação, aconteceu o primeiro debate sobre a liberdade religiosa. E não foi fácil. Havia unanimidade em propor afirmações concretas, em função da situação religiosa

---

19. "On Religious Liberty", *America* 109, (1963), pp. 704-706.
20. Cf. D. GONNET, *op. cit.*, p. 123.
21. Cf. o pedido do núncio em Paris, transmitido ao congresso americano por B. Franklin, para definir a cidade onde se instalaria o primeiro bispado americano. Esta foi a resposta: "Sendo a solicitação (do núncio) ao Dr. Franklin de caráter estritamente espiritual, não cai sob a jurisdição e o poder do Congresso, que não tem autoridade alguma para aceitá-la ou rejeitá-la". Cf. D. GONNET, *op. cit.*, p. 124.
22. Cf. J. HAMER, *op. cit.*, p. 74.

do mundo contemporâneo, mas era grande a divisão a respeito do fundamento doutrinário dessa prática. Uma declaração pragmática acabaria enredada no dilema da tese e da hipótese e não escaparia da suspeita de oportunismo ou má-fé. E, por outro lado, a argumentação apoiada na vocação divina do homem não conseguia o consenso dos Padres.

Em 17 de novembro, foi distribuída uma terceira redação conciliar, profundamente revisada. Nesse esquema, realmente novo, vem em primeiro lugar a argumentação racional, filosófica e política. Os argumentos de corte doutrinal só vêm depois. O Concílio resolveu priorizar os argumentos de mais compreensão para o mundo exterior à Igreja, de onde lhe vinha insistente expectativa. Por outro lado, deixou-se de lado o argumento da vocação divina do homem, para se insistir agora na "dignidade da pessoa humana", que, doravante, constituirá o grande ponto de apoio da Declaração. Esta indica também os dois limites da liberdade religiosa, a saber, esse direito não deve esquecer os direitos dos outros, nem deve acarretar perturbações graves à ordem pública.

Previa-se a votação no final da sessão, ainda em 1964, para se atingir um acordo de princípio. Mas, a pedido de alguns representantes da minoria, que reclamavam mais tempo para estudar um texto bem diferente do anterior, optou-se por protelá-la, para decepção da assembléia.

As três últimas redações

Durante a quarta e última sessão do Concílio, fizeram-se necessárias mais três redações. A quarta, resultado do primeiro debate e dos *modi* escritos, foi entregue ao Concílio por De Smedt, em 21 e 22 de setembro de 1965. Nas novas discussões surgem novas propostas. Alguns Padres pedem que se substitua a expressão "liberdade religiosa" por "liberdade civil e social no campo religioso", para diminuir o risco do indiferentismo e do "falso irenismo". Sugere-se também a supressão da parte consagrada à consciência e que se reduza a parte escriturística. E ainda se pede o realce da obrigação inerente a todo homem de buscar a verdade. Pela primeira vez, acontece uma votação, com 1997 *placet*, contra 224 *non placet*. Juridicamente, o texto estava garantido. Depois da votação, De Smedt tomou a palavra, para pedir que se fundamentasse ontologicamente a liberdade religiosa na obrigação de procurar a verdade. Essa liberdade se ampara não numa disposição subjetiva, mas na objetividade concreta da própria natureza humana e possui valor universal. Esse princípio, muitas vezes afirmado na Escritura, tranqüiliza os que temem o subjetivismo e o indiferentismo[23].

Um mês depois, surge a quinta redação, elaborada com apenas duas partes: os aspectos gerais da liberdade religiosa e a liberdade religiosa à luz da revela-

---

23. Texto citado, ib., pp. 94-95.

ção. Acaba integrada ao texto a expressão "liberdade civil e social no campo religioso". E a introdução é reforçada, entre outras considerações, pela afirmação de que na Igreja católica "subsiste" a única religião verdadeira. A solicitação do bispo Ancel é também assumida quanto ao fundamento da liberdade religiosa na natureza humana. E, afinal, algumas observações menores entremeiam a relação da liberdade religiosa com a revelação bíblica e a história da salvação. E um novo debate se encerra com votos parciais amplamente favoráveis.

A sexta e última redação apenas incorpora os *modi* de alguns Padres, aumentando o consenso conciliar. Acentua-se, assim, a continuidade da doutrina da Igreja e, de novo, se exalta o bem comum e a ordem pública. Na presença do papa Paulo VI, em assembléia pública, o documento é aprovado, com 2308 *placet*, contra 70 *non placet*. Em todo esse longo processo, tiveram notável desempenho o teólogo norte-americano J. C. Murray e Mons. Pietro Pavan.

2. A BUSCA DO ARGUMENTO DECISIVO

Este apanhado histórico do decreto mostrou que discernir o melhor argumento a favor da liberdade religiosa foi a questão mais delicada. Num primeiro momento, pelos antecedentes doutrinários desse problema, pensou-se em argumentar a partir dos "direitos da consciência errônea". Mas esse enfoque gerou impasse. E depois, esse argumento presumia de maneira simplista a relação dos "outros" com a verdade, encerrando-os, sem mais, no erro. Ficava-se no nível da tolerância, sem se chegar ao "respeito" (*consideratio*) pelo outro, preconizado no documento de Friburgo[24]. Na seqüência, também se abandonou o argumento moral, que partia do valor da "obediência à consciência [...]. considerada como uma manifestação da lei divina em cada pessoa"[25].

Os estudos de Murray, porém, levantavam outro problema. Não basta situar a liberdade religiosa no plano filosófico e teológico, se ele também desponta no plano jurídico, político e constitucional. Esse direito não pode "existir sem sua inserção social, seu valor jurídico e seu contexto político"[26]. Por isso, as posições conciliares ramificaram-se em três grupos. A minoria continuava analisando tudo em termos de "tese" e de "hipótese", preocupada com o perigo do "indiferentismo". De outro lado, a maioria "se dividia em duas escolas de pensamento, uma teológica; outra, consitucional"[27]. A primeira, de predominância francesa, privilegiava os argumentos estritamente teológicos, como se viu nas intervenções de D. Ancel e na sua procura pelo "argumento de verdade"[28],

---

24. D. GONNET, *op. cit.*, p. 192.
25. Ib., p. 190.
26. Ib., p. 124.
27. Ib., p. 128, citando J. C. MURRAY.
28. Foram na mesma linha as intervenções de Elchinger e Dubois. Cf. também o debate, no verão de 1965, entre G. De Broglie e J. C. Murray. Cf. ib., pp. 172-176.

ficando, porém com as argumentações conciliares tradicionais. A outra, prendia-se particularmernte à questão política, conforme a mente de Murray e da constituição norte-americana. Deixando de lado aqui essa divergência interna da maioria, pode-se dizer que a posição de Murray acabou conciliando minoria e maioria. Os defensores da "tese" mostraram-se sensíveis a um argumento político que não contradizia os grandes princípios, ao passo que os adeptos do argumento de verdade tentavam inserir o argumento político numa reflexão racional mais ampla, de conotação teológica.

"Pessoa, Evangelho ou Sociedade — qual a base da liberdade religiosa?" Essa pergunta de D. Gonnet[29] sintetiza muito bem o embate entre teologia e filosofia moral (pessoa), revelação (Evangelho) e filosofia política e direito (sociedade). Na verdade, estão aí três argumentos necessários e solidários. "O argumento proposto por Murray parece ser o mais adequado para aglutinar essas três dimensões extremamente próximas"[30].

Assim, com sucessivas alterações, de redação em redação, a declaração ganhou forma definitiva, apresentando, no início, um conjunto de argumentos racionais, inclusive o argumento político, para se referir depois somente à revelação cristã. Essa seqüência curiosa num texto conciliar é sinal de uma mudança de método em teologia. Em lugar de começar por deduzir suas afirmações de princípios cristãos, o documento propõe, primeiro, reflexões que podem constituir, facilmente, o objeto do assentimento da consciência cultural à qual se dirige. E mostra, a seguir, a concordância dessa perspectiva com o ensinamento da revelação.

3. "DOUTRINA GERAL SOBRE A LIBERDADE RELIGIOSA"

O documento parte da "dignidade da pessoa humana", da sua liberdade e responsabilidade. Essa liberdade há de ser respeitada na sociedade e pelo Estado, como também no campo da "prática religiosa na sociedade". Nessas expressões percebe-se o centro de gravidade da declaração.

A verdadeira religião "subsiste" na religião católica

Antes, porém, de apresentar os argumentos, o Concílio assume o cuidado de eliminar a suspeita do "relativismo" religioso, pomo da discórdia dos Padres da minoria. Deixa claro, então, que essa doutrina não diminui em nada a "pretensão" de verdade, própria da Igreja católica. Vale a pena observar os termos empregados:

---

29. Ib., pp. 178-179.
30. Ib., p. 184.

> Professa, em primeiro lugar, o santo Concílio que o próprio Deus manifestou ao gênero humano o caminho pelo qual os homens, servindo a ele, pudessem salvar-se e tornar-se felizes em Cristo. Cremos que essa única verdadeira religião encontra-se na (*subsistit in*) Igreja católica e apostólica, a quem o Senhor Jesus confiou a tarefa de difundi-la aos homens todos. [...] Por sua vez, estão os homens todos obrigados a procurar a verdade, sobretudo aquela que diz respeito a Deus e à sua Igreja e, depois de conhecê-la, a abraçá-la e a praticá-la (1,2)[31].

A expressão "encontra-se na" (*subsistit in*) foi intencionalmente extraída da LG 8[32], onde se dizia que "a Igreja de Cristo" subsiste na Igreja católica. Aqui, confirma-se que "a única verdadeira religião" subsiste nela. Em ambos os textos, a intenção é a mesma. A convicção que a Igreja católica tem de si própria não impede que outras religiões possam partilhar da "única verdadeira religião" e possuir elementos de verdade. Com essa abertura, torna-se possível debater e dialogar com as "outras" religiões.

Ao lembrar o dever de consciência que todo ser humano tem de procurar a verdade, o Concílio pode, então, concluir que a sua doutrina de liberdade religiosa mantém "íntegra a tradição doutrinária católica sobre o dever moral dos homens e das sociedades em relação à verdadeira religião e à única Igreja de Cristo" (1,3).

Natureza da liberdade religiosa: dupla imunidade

> Este Concílio Vaticano declara que a pessoa humana tem direito à liberdade religiosa. Consiste tal liberdade no seguinte: os homens todos devem ser imunes da coação tanto por parte de pessoas particulares quanto de grupos sociais e de qualquer poder humano, de tal sorte que, em assuntos religiosos, a ninguém se obrigue a agir contra a própria consciência, nem se impeça de agir de acordo com ela, em particular e em público, só ou associado a outrem, dentro dos devidos limites (2,1).

Define-se aí a liberdade religiosa como uma dupla imunidade a toda e qualquer coerção: 1. não se pode ser constrangido a agir contra a própria consciência; 2. não se pode ser proibido, nas condições ajustadas, de agir de acordo com ela. Trata-se, portanto, da liberdade do crente na sociedade, seja ele católico, cristão ou não, e da liberdade da Igreja e de todo grupo ou instituição religiosa, perante o Estado. Não é, pois, a "liberdade cristã", no sentido paulino, nem a liberdade evangélica, mas o direito civil de, livremente, exercer sua religião na sociedade[33].

---

31. *COD* II-2, p. 2033. As citações seguintes da DH são tiradas da mesma fonte.
32. Cf. tomo 3, p. 437, e supra, p. 399.
33. Ainda que exista certa analogia entre essas duas liberdades.

O ponto realmente novo do documento reside no reivindicar, publicamente, essa liberdade, não só para a Igreja católica e seus fiéis, em nome da verdade objetiva do catolicismo, mas para os "outros" também, em nome da verdade cristã, que privilegia a dignidade de toda pessoa humana e a liberdade imprescindível a qualquer adesão religiosa. Com isso, a Igreja sai do próprio "eu", para falar em nome de uma verdadeira universalidade.

O argumento da verdade

> Além disso, o Concílio declara que o direito à liberdade religiosa se funda, realmente, na dignidade da pessoa humana, como a conhecemos pela palavra revelada de Deus e pela própria razão natural. Este direito da pessoa humana à liberdade religiosa na organização jurídica da sociedade deve ser de tal forma reconhecido, que chegue a converter-se em direito civil (2,1 final).

Atendendo aos apelos do bispo Ancel, o documento põe como primeiro argumento o da verdade, unindo-o, porém, ao argumento político. A verdadeira natureza da pessoa humana, à luz da revelação como da razão, implica o direito à liberdade religiosa, que deve ser respeitado na sociedade civil. Sobre essa matriz é que a argumentação vai ser explanada, começando pelo argumento de verdade:

> É postulado da própria dignidade, que os homens todos — por serem pessoas, isto é, dotados de razão e de livre arbítrio e por isso enaltecidos com a responsabilidade pessoal — se sintam por natureza impelidos e moralmente obrigados a *procurar a verdade*, sobretudo a que concerne a religião. [...] Não podem, porém, satisfazer a essa obrigação de maneira consentânea à própria natureza, a não ser que gozem de liberdade psicológica, junto com a imunidade de coação externa. *Não é, pois, na disposição subjetiva da pessoa, mas na sua mesma natureza que se funda o direito à liberdade religiosa*. Por isso, o direito a essa imunidade continua a existir, ainda para aqueles que não satisfazem a obrigação de procurar a verdade e de a ela aderir. Seu exercício não pode ser impedido, contanto que se preserve a justa ordem pública (2,2).

A relação do homem com a verdade vem assentada na perspectiva da sua situação fundamental: ele vive em busca da verdade. O homem livre não nasce dono, sem mais, da verdade, pois do contrário não gozaria da liberdade de aderir a ela. Um acento capital vem modificar o funcionamento por demais imediato da oposição entre verdade e erro. Todos, católicos ou não, comungam desse mesmo direito e dessa mesma obrigação de perseguir a verdade. Donde o direito à liberdade religiosa constitui um direito *objetivo* da consciência, criada livre por Deus e com valor universal. Esse o seu fundamento "ontológico" tanto tempo pesquisado. Não é pelo direito de disposições *subjetivas* que a consciência pode escolher a sua verdade. Nessa hipótese, teríamos a negação do próprio conceito de verdade e a justificação do indiferentismo. Esse ponto da argumentação é essencial para se desfazerem as suspeitas de relativismo religioso. Trata-se de um direito que vale, portanto, até para os que o utilizam mal, não procurando a verdade, porque, afinal, são seres humanos.

O argumento da lei divina

O próximo argumento é mais complexo, porque abrange três elementos, expondo a relação entre lei divina, religião e liberdade[34]:

> Essas verdades aparecem ainda com mais evidência aos olhos de quem considera que a norma suprema da vida humana é a própria *lei divina*, eterna, objetiva e universal, pela qual Deus, pelo conselho de sua sabedoria e amor, ordena, dirige e governa o mundo todo e os caminhos da comunidade humana. Ele torna o homem participante desta sua lei, de forma que [...] possa alcançar mais e mais a verdade incomutável. Por isso, cada qual tem o dever e, por conseguinte, o direito de procurar a verdade em matéria religiosa [...] (3,1).

O argumento de verdade remonta aqui até a própria lei divina, origem e norma da liberdade religiosa. É um direito baseado, pois, num dever. Logo, porém, o argumento se alarga com a reflexão sobre o caráter social do homem. Sua "natureza social" exige que esse direito e esse dever possam ser exercidos coletivamente e gozem de reconhecimento social:

> A prática da religião, por sua própria índole, consiste, em primeiro lugar, em atos interiores voluntários e livres, pelos quais o homem se ordena diretamente a Deus. Tais atos não podem ser mandados nem proibidos por uma força meramente humana. A própria natureza social do homem exige que ele manifeste externamente atos internos de religião, que se comunique com outros em matéria religiosa, que professe sua religião de forma comunitária (3,4).

Insinua-se, desse modo, o argumento político, radicado na própria lei divina. Esses dois primeiros argumentos são racionais, na medida em que tratam a pessoa humana em termos plenamente aceitos no mundo atual, mas são também teológicos, porque fundamentados na tradição doutrinal da Igreja católica.

---

34. Cf. D. GONNET, *op. cit.*, p. 196.

O argumento político

> Além disso, os atos religiosos pelos quais os homens se relacionam por íntima convicção, em particular e em público, com Deus, transcendem pela própria natureza a ordem terrestre e temporal das coisas. Por isso, o poder civil, cujo fim é velar pelo bem comum temporal, deve, é claro, reconhecer a vida religiosa dos cidadãos e favorecê-la, mas há de ver-se acusado de exceder os limites, caso presumir orientar ou impedir atos religiosos (3,5).

Iniciado por "além disso", o argumento político parece desempenhar o papel de um primo pobre e de mero complemento. Pouco desenvolvido, foi, depois do Concílio, mais bem explicado por Murray, que o integrou no todo da argumentação[35]. No entanto, o argumento é claro ao afirmar a responsabilidade positiva do poder civil de "favorecer a vida religiosa dos cidadãos" e, ao mesmo tempo, os limites de sua autoridade, pois não deve se arrogar o direito de "orientar ou impedir atos religiosos". Nesse item é que Murray mais insistia.

Por outro lado, além desse breve parágrafo, a Declaração desenvolve, nos números 4-7, os vários elementos e as conseqüências da dimensão social e exterior da liberdade religiosa. Os grupos religiosos têm o direito de "escolher seus ministros" (4,3), de "ensinar em público e testemunhar a fé pela pregação e pela imprensa", sem nenhum "sabor de coibição" (4,4) e de "reunir-se livremente ou constituir associações" (4,5). Podem também as famílias decidir "da forma de educação religiosa a dar aos seus filhos" e "escolher a escola para eles com verdadeira liberdade" (5).

O bem comum da sociedade envolve a todos: cidadãos, grupos sociais, autoridades civis e comunidades religiosas (6,1). Cabe ao poder civil "a tutela da liberdade religiosa de todos os cidadãos" (6,2), sem nada impor "por violência ou medo ou outros meios" (6,5). Como, porém, a liberdade religiosa tem limites, cabe ao poder civil também coibir certos "abusos", agindo contra eles, mediante uma legislação saudável, para assegurar, assim, a "paz pública" e "a moralidade pública". Permanece, contudo, a regra geral da "liberdade íntegra, segundo a qual se há de reconhecer ao homem a liberdade em sumo grau e não se há de restringi-la a não ser quando e quanto for necessário" (7,3).

4. "A LIBERDADE RELIGIOSA À LUZ DA REVELAÇÃO"

A segunda parte da Declaração DH compreende duas unidades: "a primeira reúne alguns dados sobre a liberdade religiosa, extraídos da S. Escritura; a segunda é sobre a liberdade da Igreja[36]. Esta segunda parte interessa também

---

35. Numa conferência, em 1966, cf. ib., pp. 200-203.
36. Ib., p. 287.

aos de fora da fé católica, porque mostra que as posições tomadas não são um favor nem um ajeitamento conjuntural e interessado da Igreja católica aos temas do momento — que estariam em nível de "hipótese" —, mas a expressão de uma convicção "enraizada" na sua doutrina e na sua mais correta tradição — em nível de "tese".

Os dados da Escritura e da teologia

A primeira afirmação é prudente e modesta[37]: a doutrina da liberdade religiosa que "se fundamenta na dignidade da pessoa, [...] tem raízes na revelação divina". Esta não a propõe expressamente, mas "mostra o procedimento de Cristo em relação à liberdade do homem na prática da obrigação de crer na palavra de Deus" (9). Para demonstrar esse "enraizamento", dois exemplos principais são ressaltados: a liberdade do ato de fé e o modo de agir de Cristo e dos apóstolos.

A liberdade do ato de fé

> É um capítulo dentre os mais importantes da doutrina católica, contido na palavra de Deus e constantemente pregado pelos Padres, que o homem deve responder a Deus, crendo por livre vontade. Por conseguinte, que ninguém deve ser forçado contra a sua vontade a abraçar a fé. Pois o ato de fé é, por sua natureza, voluntário, uma vez que o homem, redimido pelo Cristo Salvador e chamado para a adoção de filho por Jesus Cristo, não pode aderir a Deus que se revela, a não ser que o Pai o atraia e assim preste a Deus o obséquio racional e livre da fé. *Está, pois, em plena consonância com a índole da fé que, em matéria religiosa, se exclua qualquer gênero de coação da parte dos homens* (10).

O texto estabelece a "analogia" entre a liberdade teologal, o aspecto voluntário do ato de fé e a liberdade religiosa. Quanto ao ato de fé, relembra uma afirmação doutrinária tradicional, que sempre integrou o tratado de teologia fundamental da fé e da qual se tirou há muito a conseqüência de que não se pode impor pela força a fé cristã. O que há de novo aqui é a extensão a toda fé religiosa do que se afirma da fé cristã, pois a afirmação envolve a antropologia da fé, valendo para toda e qualquer fé professada. É um direito da consciência religiosa como tal exprimir livremente sua fé, conforme a luz da sua consciência.

---

37. Durante a elaboração do documento, o apelo à Escritura foi bastante controvertido. Daí esse texto reduzido. Cf. ib., pp. 293-298.

Pode alguém objetar: — Se existe liberdade religiosa, é porque não há certeza objetiva de alguma coisa. Mas não. Não é uma aparente fraqueza da verdade religiosa que viabiliza a liberdade a seu respeito, do ponto de vista cristão. É a sua grandeza, o seu valor e a sua contribuição à existência humana que exigem seja profundamente livre o seu assentimento a ela. Nesta seara, não cabe nenhuma coação exterior, pois é o santuário onde ninguém pode decidir por outrem. A tese tradicional da liberdade do ato de fé sempre procurou resguardar esse ponto.

A conduta de Cristo e dos apóstolos

O modo de agir de Cristo e dos seus apóstolos confirma essa doutrina. Ao anunciar a fé, ele jamais pretendeu forçar alguém a ela. Recusou-se transformar em "Messias político que domina pela força". Privilegiava, sistematicamente, o convite, a proposta, o chamamento, evitando "apagar a mecha fumegante" (Mt 12,20). Suas próprias advertências perante a incredulidade reservam "a Deus o castigo, no dia do juízo", mandando que deixasse crescer o joio com o trigo, até a colheita final (Mt 13,30 e 40-42). Jesus também reconhecia "o poder civil e os seus direitos" (Mt 22,21) (11,1). Esses exemplos da atitude de Cristo retomam o tema da comunicação amiga de Deus com os homens, vista na DV[38].

Os Apóstolos seguiram o mesmo "exemplo de mansidão e modéstia de Cristo", confiando somente "no poder da Palavra de Deus". E "tinham consideração pelos fracos que versassem em erro". Como o Mestre, "reconheciam a legítima autoridade civil (Rm 13,1-2) e, ao mesmo tempo, não receavam opor-se ao poder público, quando este afrontava a vontade de Deus (11,2). Essa a conduta típica no Novo Testamento.

O testemunho e a liberdade da Igreja

Antes de explanar a liberdade da Igreja, o texto toca um ponto delicado: — teria sido ela sempre fiel a esse caminho trilhado por Cristo e pelos apóstolos? A resposta é positiva, mas nuançada:

> Embora na vida do povo de Deus, peregrinando através das vicissitudes da história humana, por vezes se verificasse um comportamento menos conforme e até contrário ao espírito evangélico, sempre no entanto se manteve a doutrina da Igreja de ninguém poder ser forçado a crer (12,1).

---

38. Cf. supra, pp. 412 s.

Deparamos aí com uma confissão discreta das fraquezas históricas da Igreja nesse campo. Seria desejável, talvez, algo mais circunstanciado, quanto às suas responsabilidades. Mas fica evidente e preciso que a *prática* da Igreja, lamentavelmente, chegou a contradizer o Evangelho. Contudo, em nível de doutrina, não houve fraqueza. O certo é que só com o tempo o "fermento evangélico" conseguiu amadurecer o sentido da dignidade da pessoa humana e o conceito da liberdade religiosa (12,2).

Segue-se então uma reivindicação forte da liberdade da *Igreja,* como expressão institucional da liberdade *cristã*: "É sagrada essa liberdade com a qual o unigênito Filho de Deus enriqueceu a Igreja adquirida com seu sangue" (13,1). Como se vê, o documento sobre a liberdade *religiosa* conclui pela afirmação da liberdade da Igreja. Realmente, estabelecida a liberdade religiosa universal, é legítimo proclamar a especificidade cristã e "teologal" da liberdade reivindicada pela Igreja, no cumprimento de sua missão de pregar o Evangelho a todas as criaturas (13,2). A Igreja, "mestra da verdade", reivindica alto e bom som seu múnus de "enunciar e ensinar autenticamente a Verdade que é Cristo", ao mesmo tempo que "declara e confirma, por sua autoridade, os princípios de ordem moral, que promanam da própria natureza humana" (14,3).

Na conclusão, o documento se regozija com a defesa da liberdade religiosa em inúmeras Constituições, mas também deplora a existência de regimes onde ela é gravemente atingida.

5. AS CONSEQÜÊNCIAS DA DECLARAÇÃO

A Declaração sobre a liberdade religiosa propicia a percepção de uma virada da Igreja no seu modo de se ver a si própria. Uma virada cujos efeitos ultrapassam o seu tempo, pelas suas conseqüências doutrinárias e pastorais.

Em nível de doutrina, a Declaração recolocou, de maneira nova, a questão sempre delicada da evolução do dogma, não apenas no aspecto da sua continuidade "homogênea" — menos harmoniosa do que se dizia até então — mas também porque a afirmação nova não decorre da coerência com a doutrina anterior e sim das fortes exigências da cultura exterior à Igreja. Esta aceita "receber" uma reivindicação da história profana, ainda que essa história tenha sido influenciada, afinal, pelo "fermento evangélico". "Temos uma nova atitude da Igreja docente que se volta para a história, a fim de aprender desta o que ela, a Igreja, é e o que é o homem"[39]. Foi, verdadeiramente, um salto, chamado com razão de "revolução copernicana"[40]. Os Padres conciliares perceberam-no bem, no esforço por achar o verdadeiro argumento pró liberdade religiosa. Descobriram que se poderia encontrar a verdade pelo intercâmbio e pelo diálogo. Tanto

---

39. D. GONNET, citando Murray. Cf. também pp. 303-309.
40. Cf. ib., p. 334.

o diálogo interno como o diálogo com os "outros". O caminho para a verdade se abre pelo e no debate, pela e na comunicação. Só com o tempo, enfrentando-se duros embates, é que se conseguem dados que, no final, parecerão quase evidentes. A Igreja também descobre que, agora, está situada num mundo pluralista, no meio dos "outros" e que a sua doutrina precisa dar espaço ao que pensam e vivem os outros.

No plano pastoral[41], a Igreja passa a considerar a humanidade, católica ou não, como detentora de liberdade responsável e não mais como se fosse só de menores de idade, carentes de sua tutela e, por isso, devendo ser socialmente constrangidos na busca da verdade. Pela velha "tese", a Igreja entendia que o Estado haveria de ajudá-la no enquadramento dos povos dentro dos limites da verdade. Agora, seu compromisso é com a decisão livre das pessoas e com a força interior da verdade. Profundamente marcada por essa diretriz, sua atitude evangelizadora prima pelo respeito máximo ao outro e, num diálogo atento ao pluralismo legítimo, mais do que nunca procurará não confundir autoridade com autoritarismo.

A Declaração DH evitou, propositalmente, tratar da liberdade na Igreja. No entanto, era inevitável: os princípios estabelecidos sobre a liberdade religiosa e sobre a busca da verdade ganharam força também, *mutatis mutandis*, no seio dela. Exemplo concreto disso é a emergência do tema da "recepção" — várias vezes mencionado neste livro — que põe em jogo a liberdade dos fiéis para aderir ou não aos ensinamentos da Igreja.

II. A DECLARAÇÃO *NOSTRA AETATE* SOBRE AS RELIGIÕES NÃO CRISTÃS

INDICAÇÕES BIBLIOGRÁFICAS: K. RAHNER, "Das Christentum und die nichtchristlichen Religionen", *Schriften zur Theologie* V, Einsiedeln, Benziger Verlag, 1964², pp. 136-158. — E. CORNELIS, *Valeurs chrétiennes des religions non-chrétiennes. Histoire du salut et histoire des religions. Christianisme et Bouddhisme*, Paris, Cerf, 1965. — H. MAURIER, *Essai d'une théologie du paganisme*, Paris, Orante, 1965; *Le paganisme*, Paris, Desclée/Novalis, 1988. — G. THILS, *Propos et problèmes de la théologie des religions non-chrétiennes*, Paris, Casterman, 1966. — A.-M. HENRY (éd.), *Les relations de l'Église avec les religions non chrétiennes*, Cerf, 1966. — R. LAURENTIN, *L'Église et les Juifs à Vatican II*, Tournai, Casterman, 1967. — J. OESTERREICHER, Commentaire de *Nostra aetate, LThK, Das zweite Vatikanische Konzil*, Freiburg, Herder, 1967, II, pp. 406-487. — H. R. SCHLETTE, *Pour une "théologie des religions"*, Paris, DDB, 1971. — W. STROLZ, H. WALDENFELS, *Christliche Grundlagen des Dialogs mit den Weltreligionem*,

---

41. Cf. D. E. DE SMEDT, "Les conséquences pastorales de la declaration", *La liberté religieuse*, *op. cit.*, pp. 215-235.

Herder, 1983. — H. TEISSIER, *La mission de l'Église*, Paris, Desclée, 1985. — C. GEFFRÉ, "La théologie des religions non-chrétiennes vingt an après Vatican II", *Islamochristiana*, 11, (1985), pp. 115-133. — R. PANIKKAR, *Le dialogue interreligieux*, Paris, Aubier, 1985. — J. RIES, *Les chrétiens parmi les religions*, Paris, Desclée, 1987. — J. T. PAWLIKOWSKI, "Judentum und Christentum", *TRE* 17, 1988. — *The Theology of the Churches and the Jewish People*. Statements by the WCC, Genève, WCC Publications, 1988, pp. 386-403. — J. DUPUIS, *Jésus-Christ à la rencontre des religions*, Paris, Desclée, 1989. — Chr. THEOBALD, "Positions de l'Église catholique dans le dialogue inter-religieux. De la déclaration *Nostra Aetate* à la rencontre d'Assie", *Unité chrétienne* 96, (1989), pp. 5-37. — M. RUOKANEN, *The Catholic Doctrine of Non-Christian Religions according to the Second Vatican Council*, Leiden, Brill, 1992. — F. A. SULLIVAN, *Salvation outside the church? Tracing the history of the catholic Response*, New York, Paulist Press, 1992.

Nada fazia prever que o Vaticano II viesse a tomar posição sobre as religiões não cristãs. Os concílios sempre trataram dos interesses da fé e da Igreja. Se aludiam a outras religiões era mais pelo ângulo apologético, quando não polêmico, para defender a "verdadeira religião". A Declaração *Nostra Aetate* sobre as religiões não cristãs é o testemunho típico de uma conversão acontecida, mediante muita discussão e tensão, dentro do Concílio e pelas pressões externas, devido às interpretações políticas desse projeto. Trata-se de um documento com a mesma inspiração que marcou o Decreto sobre o ecumenismo e a Declaração sobre a liberdade religiosa. Seu tema sensibilizava fortemente o mundo contemporâneo, com acompanhamento bastante agitado pela mídia. Esse documento vai até mais longe que DH, pois enfoca de forma positiva as religiões não cristãs e põe em relevo pontos de especial relação da Igreja com algumas delas. Portanto, o Concílio, além do Decreto sobre a atividade missionária da Igreja, fez questão de tomar a iniciativa de abordar a realidade pluri-religiosa do nosso tempo.

1. A GÊNESE DO DOCUMENTO

Analisar a gênese de um documento constitui medida sempre indispensável para bem compreendê-lo. A muitos dados conjunturais deve-se a percepção de sua oportunidade e, depois, da sua necessidade. Antes de mais nada, havia os ecos pungentes da perseguição aos judeus, durante a Segunda Guerra Mundial, em países de tradição cristã. Por outro lado, o relacionamento com os judeus andava muito complicado pela situação política criada com o Estado de Israel, sempre contestado pelos países árabes. Mas, durante a guerra, Roncalli, núncio em Istambul, tinha agido em favor dos judeus e depois, como Papa, fora homenageado por organizações judias mundiais e recebera vários visitantes judeus, como o historiador Jules Isaac, em junho de 1960, cujas solicitações o impressionaram demais. Aliás, já em 1959, João XXIII havia feito o gesto simbólico de excluir o adjetivo referente aos judeus *"perfidi"* da oração universal da Sexta-feira Santa[42]. Posteriormente, "instado, de diversos modos, a colocar no Concílio a questão do relacionamento dos cristãos com os judeus"[43], o Papa determinou ao cardeal Bea — foi o primeiro trabalho do recém-criado Secretariado para a unidade dos cristãos[44] — que preparasse um estudo sobre a questão. O vazamento desse texto levantou, imediatamente, a oposição dos países árabes, por razões políticas e, por isso, a Comissão central do Concílio houve por bem retirá-lo de pauta.

Mas o clima do Concílio favorecia uma visão mais aberta das outras religiões. "Pela primeira vez, escreve A.-M. Henry, depois de 20 séculos, um concílio reunia bispos do mundo todo e não só do Mediterrâneo oriental, como nos concílios cristológicos dos séculos IV-VIII, nem só da Europa ocidental, como foi depois dos concílios de Latrão"[45]. Agora, a consciência conciliar englobava culturas as mais diversas. Muitos Padres viviam, em suas Igrejas, uma situação minoritária perante a realidade predominante de outras religiões, na Ásia e em todas regiões de expansão do Islã. Por tudo isso se explica a transformação do projeto conciliar sobre os judeus na Declaração sobre as religiões não cristãs.

Do judaísmo ao conjunto das religiões não cristãs

Em 1963, na segunda sessão conciliar, o texto revisto pelo Secretariado para a unidade constituía o capítulo 4 do esquema sobre o ecumenismo e 5º sobre a liberdade religiosa. A transição do enfoque ecumênico para o inter-religioso assim se exprimia:

> Após o estudo dos princípios do ecumenismo católico, queremos lembrar que esses mesmos princípios devem também ser aplicados adequadamente, quando se trata de como dialogar e colaborar com os não-cristãos, que também honram a Deus ou, pelo menos, procuram com boa vontade observar, segundo sua consciência, a lei moral inserida na natureza humana. Ora, isso vale sobremaneira para os judeus, ligados à Igreja católica por vínculo especial[46].

Vimos acima que os debates não foram além dos capítulos referentes ao ecumenismo. Mas o cardeal Bea elaborou um relatório aos Padres conciliares,

---

42. Até então, procurava-se entender esse adjetivo no sentido de "infiéis" (não obstante os dicionários latinos clássicos), mas tornara-se pejorativo, conforme as traduções vernáculas.
43. G. M. COTTIER, em *Les relations de l'Église avec les religions non chétiennes, op. cit.*, p. 39.
44. Cf. R. LAURENTIN, *op. cit.*, p. 11.
45. A.-M. HENRY, *Les relations de l'Église...*, p. 12.
46. Texto I do esquema então intitulado "Da relação dos católicos com os não-cristãos e, sobretudo, com os judeus".

onde, sabedor de que a declaração enfrentaria obstáculos políticos, ressaltava que a intenção do documento era exclusivamente religiosa, sem nenhuma pretensão política. Esse ponto foi inúmeras vezes lembrado, mas sem convencer de fato a assembléia, porque nem a tradição judia nem a tradição maometana pensam separadamente o espiritual e o temporal. Na verdade, o texto de Bea tratava só do problema das relações da Igreja com o povo judeu, apesar do capítulo se intitular "Da relação dos católicos com os não-cristãos e, sobretudo, com os judeus". Falava do lugar do povo judeu na história da salvação, do legado da revelação do Antigo Testamento à Igreja e da injusta acusação de "povo deicida" contra os judeus, ao longo da história. Essa intervenção, porém, não desfez as graves objeções, ou seja, que o Concílio apenas deveria se ocupar com os católicos; das outras religiões só se pode tratar acidentalmente; não é viável enfocar uma religião não cristã, omitindo outras e as intenções do texto provocariam interpretações políticas danosas à minoria cristã de certas regiões.

A essas ponderações levantadas por patriarcas e bispos do Oriente próximo, totalmente favoráveis à retirada do texto, se juntarão as dos bispos da Ásia e da África, que não aceitavam essa referência especial aos judeus e queriam que se falasse também do Budismo, do Confucionismo, do Animismo e do Hinduísmo. O fato é que, não havendo nenhuma votação sobre os dois últimos capítulos do esquema do ecumenismo, permaneceu incerta a sua definição futura. O projeto de um documento sobre os judeus e as religiões não cristãs encontrava séria resistência por parte de alguns Padres conciliares.

Entre a segunda e a terceira sessão, vários acontecimentos contribuíram para uma mudança de pensamento e ampliação do texto. Primeiro foi a viagem de Paulo VI à Terra Santa, viagem declaradamente de caráter espiritual, como "peregrinação", sem nenhuma possível interpretação de reconhecimento oficial do Estado de Israel. De Belém, o Papa dirigiu uma mensagem de paz, que mencionava o monoteísmo dos herdeiros de Abraão. A preocupação por outras religiões concretizou-se na criação do *Secretariado para as religiões não cristãs*, em 17 de maio de 1964. E, por fim, em 6 de agosto do mesmo ano, saiu a primeira encíclica de Paulo VI, *Ecclesiam suam*, com notável explanação sobre o diálogo. Nos diferentes círculos concêntricos em que esse diálogo deve acontecer, o Papa cita os fiéis das religiões não cristãs:

> Vemos desenhar-se à nossa volta outro círculo também imenso, contudo mais próximo de nós. Ocupam-no, primeiramente, os homens que adoram o mesmo Deus único e supremo [...]; aludimos aos filhos do povo hebreu, dignos do nosso respeito afetuoso, fiéis à religião que nós chamamos do Antigo Testamento; e depois, os adoradores de Deus segundo o conceito da religião monoteísta, especialmente da muçulmana, dignos de admiração pelo que há de verdadeiro e de bom no culto que prestam a Deus. Seguem-se os adeptos das grandes religiões afro-asiáticas. Não podemos, é claro, compartilhar dessas várias expressões religiosas, nem podemos diante delas ficar indiferentes, como se todas se equi-

valessem [...]. Mas não queremos deixar de reconhecer, desde já, com respeito, os valores espirituais e morais das várias confissões religiosas não cristãs. Queremos promover e defender, juntamente com elas, os ideais que nos podem ser comuns, no campo da liberdade religiosa, da fraternidade humana, da sã cultura, da beneficiência social e da ordem civil. Apontando a estes ideais comuns, o diálogo é possível do nosso lado e não deixaremos de o propor, sempre que for bem aceito, num clima de respeito recíproco e leal[47].

Uma redação extremamente cuidadosa. Esquemas II-IV

No começo da terceira sessão (1964), o Concílio aprovou o capítulo 2 do esquema sobre a Igreja, relativo aos não-cristãos (nº 16), que "se ordenam por diversos modos ao povo de Deus". Nomeiam-se judeus e muçulmanos. Os que sem culpa ignoram a Cristo e sua Igreja podem ser salvos. "Tudo o que de bom e verdadeiro se encontra entre eles, a Igreja julga-o como uma preparação evangélica, dada por aquele que ilumina todo homem, para que enfim tenha a vida". Lançava-se, assim um olhar positivo sobre outras religiões, com essa citação de Eusébio de Cesaréia, autor, no século IV, do livro "A preparação evangélica"[48], cuja teologia ressoava o tema das "sementes do Verbo" presentes na humanidade[49]. O caminho até então cheio de barreiras parecia estar livre para a Declaração NA.

O novo texto apresentado pelo cardeal Bea continua dando prioridade aos judeus, no título e no desenvolvimento. Mas muitos Padres favoráveis ao projeto ficaram admirados com a supressão de algumas palavras-chave da versão anterior, como a rejeição da pecha do deicídio e a substituição do termo *perseguição* por *vexatio*. Bea, porém, insistiu na força desse documento perante a opinião pública: "Para muitos este Concílio será bom ou mau, se for aprovada ou não esta Declaração"[50]. E explicou o esquema, agora com duas partes quase iguais, uma sobre os judeus, outra sobre as outras religiões, discorrendo vigorosamente sobre a recusa da acusação de deicídio, sem justificar essa supressão e até usando essa expressão no seu parecer[51]. Argumentava que, no tempo de Jesus, não poderiam ser incriminados todos os judeus, espalhados em ampla *diáspora*, e muito menos os judeus de hoje. E absolve, de certa maneira, os chefes religiosos que pediram a morte de Jesus, "porque não sabem o que fazem" e Pedro e Paulo também falam dessa ignorância (At 3,17; 13,27)[52].

---

47. PAULO VI, *Ecclesiam suam*, DC 61, (1964), 1090.
48. Cf. supra, pp. 37 s.
49. Cf. AG, nº 11 e 15; GS 3 e 18, conforme a teologia de Justino.
50. Citado por R. LAURENTIM, *op. cit.*, p. 10.
51. Cf. R. LAURENTIM, *op. cit.*, p. 23.
52. Cf. G. M. COTTIER, *op. cit.*, pp. 56-60.

Quando se retomou o debate, os patriarcas orientais solicitaram, de novo, a retirada da Declaração. Outros exigiam a menção expressa do deicídio. Criticava-se também o tom do texto, menos caloroso do que na versão anterior. Contudo, no conjunto, as intervenções possibilitaram largo consenso e numerosas sugestões positivas. Foi pedido que o trecho sobre os muçulmanos fosse mais trabalhado, citando o amor dos maometanos por Jesus e Maria e que se discorresse, igualmente, sobre o Hinduísmo, o Budismo e o Animismo.

Enriquecido com essas indicações, o texto revisto foi reapresentado, na forma definitiva, quanto ao título e conteúdo e numa estruturação nova, porque trata, primeiro, das religiões não cristãs, depois do Islã e, finalmente, do judaísmo, "numa ordem de proximidade crescente com o cristianismo"[53]. Na apresentação o cardeal Bea dizia:

> Pode-se aplicar a esta Declaração a imagem bíblica do grão de mostarda, porque, de início, não se pensava mais que num breve documento sobre a atitude dos cristãos para com os judeus. Com o tempo, e sobretudo com as propostas conciliares, esse grão se tornou como que uma árvore, na qual muitos pássaros encontram agora seu ninho. Assim, nela, de certa forma, cabem hoje todas as religiões não cristãs[54].

Essa Declaração foi, então, proposta como apêndice do esquema sobre a Igreja. A referência ao deicídio reapareceu nestes termos: "Que nunca se mencione o povo judeu como uma nação proscrita, maldita ou culpável de deicídio". E veio a votação com muitos votos a favor, máxime quanto à manutenção do deicídio.

Antes da última sessão do Concílio, Paulo VI foi a Bombaim participar do 38º Congresso Eucarístico Internacional. Lá, explorou em seus discursos temas próximos aos da Declaração[55]. Na mesma época, novas críticas se levantaram contra o documento. Às suspeitas políticas do mundo árabe respondiam perigosas interpretações sionistas. Para os Ortodoxos, numa visão oposta à do Concílio, suprimir a acusação do deicídio seria incorrer em heresia de tipo nestoriano. Se o título de Mãe de Deus foi dado a Maria, em nome da comunicação dos idiomas[56], era preciso afirmar o deicídio de Jesus, sob pena de se desautorizar a doutrina de Éfeso.

O texto final, apresentado em 1965, atendeu às sugestões e emendas compatíveis com as votações precedentes. A menção do deicídio, questão sempre polêmica, mais uma vez foi eliminada. E o cardeal Bea esforçou-se, então, por minimizar sua importância, explicando que o sentido dela estava preservado no

---
53. Chr. THEOBALD, *art. cit.*, p. 12.
54. Alocução de 18 de novembro de 1964, citada por G. M. COTTIER, *op. cit.*, p. 37.
55. Cf. *DC*, 62, (1965), 6.
56. Cf. tomo 1, pp. 317 ss.

texto: o termo "deicídio" é, realmente, odioso demais e pode provocar falsas interpretações teológicas[57], sendo melhor, portanto, riscá-lo, por razões de "prudência pastoral e de caridade cristã". Mas foi uma supressão surpreendente, dado que sua reinserção havia sido aprovada por enorme maioria. Por outro lado, se a redação anterior rezava que o Concílio "deplora e condena" (*deplorat et damnat*) a perseguição aos judeus, o segundo verbo desaparece agora, ficando o nada contundente "deplora". Invocou-se, para tanto, o purismo da linguagem doutrinal: "Condenam-se heresias, não pecados nem crimes". Explicação pouco convincente, substituída pela afirmação genérica de que o Concílio não fora convocado para condenações. Argumento muito frágil, porque a GS condenará "a barbárie e a guerra" (77,2; 79,2; 80,3-4). Foi assim, por entre percepções complexas e razões divergentes, que se chegou à votação definitiva, em 7 de dezembro de 1965.

2. AS GRANDES ASSERÇÕES DA DECLARAÇÃO

A elaboração dessa Declaração evidenciou seus laços com a eclesiologia da LG, com a problemática do Decreto do Ecumenismo e também com a questão da liberdade religiosa, que lhe "representa, por assim dizer, a face política"[58]. Seu título — "relações com" (*habitudo ad*) — vem muito bem explicitado no fecho do documento:

> Não podemos, na verdade, invocar a Deus como Pai de todos, se recusarmos o tratamento fraterno a certos homens, criados também à imagem de Deus. A relação dos homens para com Deus e a relação do homem para com os homens irmãos, de tal modo se interligam, que a Escritura chega a afirmar: "quem não ama, não conhece a Deus (1Jo 4,8)[59].

A correspondência da relação dos homens com o Pai com a relação dos homens entre si é a mesma dos dois primeiros mandamentos. Uma relação condiciona a outra. Se a Igreja esquecer a relação dos homens entre si, ela se nega a si mesma; mas ela anuncia também que "a unidade do gênero humano é, em última instância, religiosa"[60].

O preâmbulo (n° 1) e a conclusão (n° 5) referem-se à "religião" em geral e à unidade religiosa fundamental da humanidade, ao passo que os n°s 2,3 e 4 tratam concretamente das religiões. Ao contrário da opção da encíclica *Ecclesiam suam*, que abordava o diálogo por meio de uma série de círculos concên-

---
57. Cf. G. M. COTTIER, *op. cit.*, p. 75; R. LAURENTIN, *op. cit.*, p. 34.
58. Cf. Chr. THEOBALD, *art. cit.*, p. 15.
59. *COD* II-2, p. 1971.
60. Chr. THEOBALD, *art. cit.*, p. 24.

tricos, a partir das religiões mais próximas do cristianismo, ordem seguida na LG 16, esta Declaração começa pelas religiões mais distantes, para chegar depois às mais próximas, a saber, o Islamismo e o Judaísmo.

A única comunidade humana (nº 1)

> Em nossa época, quando o gênero humano dia-a-dia se une mais estreitamente e se ampliam as relações entre os diversos povos, a Igreja considera mais atentamente qual deve ser a atitude para com as religiões não cristãs. No seu dever de promover a unidade e a caridade entre os povos, considera aqui sobretudo o que é comum aos homens e os move a viver em comunidade (1,1).

Temos aí uma perspectiva nova. A Igreja se coloca dentro do gênero humano e assume como tarefa sua a responsabilidade por todos os homens, promovendo a união e a caridade. Nesse sentido, sente-se como uma religião dentre as outras. Não abdica, por certo, da "pretensão" de portadora do único rumo para a verdade e a salvação em Jesus Cristo. Mas respeita o princípio básico de qualquer diálogo: não é possível conversar com os outros senão a partir do que é comum a eles e a nós. Incumbe-lhe ainda precisar a natureza desse elemento comum que faz de todos os homens uma comunidade:

> Todos os povos, com efeito, constituem uma só comunidade. Têm uma origem comum [...] e um único fim comum, que é Deus [...] (1,12).

Esse texto lembra GS 24,1 e 92,5, como também AG 7,3. O elo entre os homens reside na unidade de origem e de destino, dentro do plano de Deus. É de ordem religiosa e se concretiza nas religiões:

> Por meio de diversas religiões procuram os homens resposta aos enigmas profundos da condição humana, que tanto ontem como hoje afligem intimamente o coração humano [...] (1,2).

Espera-se da religião respostas transcendentes ao enigma da vida e às questões perenes do coração humano a respeito do sentido desta vida, o bem e o mal, o sofrimento, a felicidade e a retribuição após a morte. A última frase evoca a teologia transcendental de K. Rahner: "Afinal, o que é esse mistério último e inefável que envolve toda a nossa existência e do qual tiramos nossa origem e para o qual tendemos?" Talvez esse conceito amplo de religião, proposto em perspectiva cristã, não considere suficientemente a diversidade concreta das religiões[61].

---

61. Cf. Chr. THEOBALD, art. cit., p. 26.

As religiões no mundo (nº 2)

O Concílio, primeiramente, considera a força da atitude religiosa, presente desde "os tempos mais remotos" na humanidade e capaz de levar os homens a aceitar o divino. A seguir, identifica a dinâmica progressiva de certas religiões, que, inseridas na cultura dos povos, dão respostas aos problemas humanos, numa "linguagem mais acurada". Assim, são caracterizados, positiva e especificamente, o Hinduísmo e o Budismo, mediante sentenças breves mas precisas e atentas às suas diferenças internas, caras aos seus respectivos fiéis. Nesse caso, evita-se, de propósito, a palavra Deus, de conotação pessoal. O documento cita, enfim, as outras religiões[62], de modo geral e bastante implícito, aplicando-lhes, como com o Budismo, o termo "caminho":

> Assim também as demais religiões, que se encontram por todo o mundo, esforçam-se de diversos modos por irem ao encontro da inquietação do espírito humano, propondo caminhos, isto é, doutrinas e regras de vida, como também ritos sagrados (2,1).

Vale a pena realçar o uso desse vocábulo "caminho". Hoje ainda ele provoca discussão. Na lógica do texto, há *caminhos* e *"o caminho"*, ou seja, Jesus Cristo, que é também "a verdade e a vida" (Jo 14,6), "no qual os homens encontram a plenitude da vida religiosa" (2,2). Esse caminho, tido como único, não proíbe que se reconheça nas outras religiões a capacidade de oferecer caminhos, explicitados nas respectivas doutrinas, nas suas regras de vida, nos seus ritos. *Caminhos* são por onde se procura a Deus para se receber respostas dele. *O caminho* é a realidade do dom e da iniciativa gratuita de Deus que entregou o Cristo como Mediador entre ele e nós. O valor desses caminhos fica assim registrado nas respeitosas expressões dogmáticas a respeito deles:

> A Igreja católica nada rejeita do que há de verdadeiro e santo nessas religiões. Considera ela com sincera atenção aqueles modos de agir e viver, aqueles preceitos e doutrinas. Se bem que em muitos pontos estejam em desacordo com os que ela mesma tem e anuncia, não raro, contudo, refletem lampejos daquela Verdade que ilumina a todos os homens. Anuncia e vê-se ela de fato obrigada a anunciar incessantemente o Cristo que é 'caminho, verdade e vida' (Jo 14,6), no qual os homens encontram a plenitude da vida religiosa e em quem Deus tudo reconciliou em si (2,2).

Destacam-se nesse parágrafo duas afirmações que devem ser vistas conjuntamente. De um lado, a Igreja reconhece tudo o que há de verdadeiro nessas

---

62. Cf. na obra coletiva *Les relations de l'Église...*, análises quanto às missões na Ásia (J. DOURNES), na África (H. MAURIER) e quanto aos valores do Hinduísmo e do Budismo (J. MASSON).

religiões⁶³ e até distingue, implicitamente, como fonte dessa verdade, o próprio Cristo, logo citado como "caminho, verdade e vida". Percebe-se aí a teologia da "preparação evangélica" da LG (nº 16) e a das "sementes do Verbo" (AG nº 9 e 11). De outro lado, a Igreja não deixa, com isso, de anunciar Jesus Cristo, segundo a missão dele recebida. Mas é um anúncio a ser feito com o maior respeito à identidade das outras religiões e aos elementos de verdade que contêm. Portanto, a Igreja classifica as outras religiões conforme a sua escala de valor, considerando-se como "a plenitude da vida religiosa".

Por conseqüência, a Igreja e os cristãos devem encontrar um jeito novo de se relacionar com os "adeptos" das outras religiões, numa atitude de "prudência e de caridade", de "diálogo e de colaboração". É preciso testemunhar a fé cristã, mas também reconhecer e desenvolver "os bens espirituais e éticos" e "os valores sócio-culturais" dos outros (2,3).

A religião muçulmana (nº 3)

A base escriturística do Concílio vem mais desenvolvida nos números 3 e 4, porque se fala aí de religiões peculiarmente ligadas à revelação:

> Quanto aos muçulmanos, a Igreja igualmente os vê com carinho, porque adoram a *um único Deus*, vivo e subsistente, misericordioso e onipotente, Criador do céu e da terra, que falou aos homens. A seus ocultos decretos esforçam-se por se submeter de toda a alma, como a Deus se submeteu *Abraão*, a quem a crença muçulmana se refere com agrado. Não reconhecem *Jesus* como Deus, mas o veneram como profeta. Honram *Maria*, sua mãe virginal e até a invocam, às vezes, com devoção. Aguardam, além disso, o dia do *juízo*, quando Deus há de retribuir a todos os homens *ressuscitados*. Como conseqüência, valorizam a vida moral e honram a Deus no mais alto grau, pela oração, esmolas e jejum (3,1)⁶⁴.

Vê-se logo como é encarecida elogiosamente a convergência da fé muçulmana com a fé cristã, mediante expressões da tradição islâmica relativas ao nome de Deus e aos principais pilares da fé maometana. Desenvolve-se aqui a menção do Islã feita na LG (nº 16), mas de maneira tão comedida que seus silêncios são tão significativos quanto suas afirmações⁶⁵. Antes de mais nada, trata-se da fé no Deus único e vivo, absolutamente transcendente, o criador que fala com os homens e pede-lhes o obséquio da fé, o juiz último que lhes retribuirá com a ressurreição. Faz-se referência a Abraão, o pai dos crentes, "tipo e

---

63. Essas verdades são, ao mesmo tempo, de ordem religiosa e moral, embora, no texto, subsista certa tensão entre os dois aspectos. Cf. M. RUOKANEN, *op. cit.*, pp. 55-61.

64. Os grifos são nossos.

65. Como na LG, o texto não define se o Islã constitui ou não uma ramo da tradição bíblica. Cf. R. CASPAR, em *Les relations de l'Église avec...*, pp. 214-215.

modelo da fé muçulmana"⁶⁶, isto é, de uma fé submissa. Vem depois a referência a Jesus, aceito como profeta, e à Virgem, sua mãe, cultuada pelos maometanos. Destaca-se, enfim, o respeito pela moral, a prática da oração, da esmola e do jejum, muito importantes na vida muçulmana. É de se notar, porém, que não se fala de Maomé, o profeta de Deus. Esse silêncio, julgado na época minimizante, pode hoje ganhar sentido positivo, na medida em que se supõe idêntica a imagem de Deus para o cristianismo e para o Islã. O documento, contudo, não apresenta uma descrição completa da religião muçulmana. Sublinha apenas pontos convergentes das duas crenças e de raízes mergulhadas na revelação judaica-cristã.

E o texto conclui acenando — muito brevemente — para os conflitos do passado entre maometanos e cristãos, para exortar ao esquecimento, à prática da compreensão mútua e da cooperação no respeito a todos os valores humanos.

A religião judaica (nº 4)

Este parágrafo — núcleo original da Declaração — supera a todos em extensão. E por dois motivos: a conjuntura do momento e a importância dos dados doutrinários. Pascal já escrevera: "Vejo a religião cristã baseada numa religião precedente"[67]. A Carta *aos Efésios* fala da Igreja como a reconciliação de judeus e gentios num só corpo, pela cruz de Cristo (Ef 2,15-16). Na basílica romana de Santa Sabina, distingue-se um mosaico com duas mulheres carregando cada uma um livro aberto com as inscrições: *Ecclesia ex circumcisione, Ecclesia ex gentibus*, Igreja nascida da circuncisão, Igreja nascida das nações[68]. Faz parte essencial da Igreja a relação com os judeus. Incumbia ao Concílio ressaltar esse vínculo, com base nas afirmações da LG (nº 16), bem como posicionar-se perante certas questões cruciais. Ele o fez, em três grupos de afirmações.

1. O primeiro grupo gira em torno dos privilégios de Israel e do "patrimônio espiritual comum" que existe entre judeus e cristãos[69]. Acentua-se não só a herança comum dos judeus e cristãos, mas também a ligação radical do cristianismo com a religião judaica:

> Perscrutando o mistério da Igreja, este sacrossanto concílio recorda o vínculo pelo qual o povo do Novo Testamento está espiritualmente ligado à estirpe de

---

66. E não ancestral dos árabes muçulmanos. Cf. R. CASPAR, ib., p. 221.
67. B. PASCAL, *Pensées*, éd. Brunschwicg, 619.
68. Cf. B. SESBOÜÉ, "Ecclesia ex circumcisione, Ecclesia ex gentibus", Istina 36, (1991), pp. 182-201.
69. A expressão "patrimônio comum" já aparece no decreto sobre o ecumenismo, a propósito das outras confissões cristãs (UR 4,7; 17,2; Ag 27,2). De certa maneira, fica evidente que a relação entre judeus e cristãos constitui um problema "ecumênico", sendo, aliás, gerenciada pelo Conselho Pontifício para a unidade dos cristãos.

Abraão. Com efeito, a Igreja de Cristo reconhece que os primórdios da fé e de sua eleição já se encontram nos Patriarcas, em Moisés e nos Profetas, segundo o mistério salvífico de Deus. Confessa que todos os fiéis cristãos, filhos de Abraão segundo a fé, estavam incluídos no chamamento do mesmo Patriarca e que a salvação da Igreja estava misteriosamente prefigurada no êxodo do povo eleito da terra da escravidão. Por isso, não pode a Igreja esquecer que, por meio daquele povo, com o qual, em sua indizível misericórdia, Deus se dignou estabelecer a antiga aliança, ela recebeu a revelação do Antigo Testamento e se alimenta pela raiz da boa oliveira, na qual como ramos de zambujeiro foram enxertados os povos. Pois crê a Igreja que Cristo, nossa paz, mediante a cruz, reconciliou os judeus e os gentios e a ambos unificou em si mesmo.

A Igreja também permanece sempre atenta às palavras do apóstolo Paulo a respeito dos seus consagüíneos, "de quem é a adoção de filhos, a glória, a aliança, a legislação, o culto de Deus e as promessas; de quem são os patriarcas e de quem descende, segundo a carne, o Cristo (Rm 9,4-5), filho da Virgem Maria (4,1-3).

Inegável, pois, a presença do povo judeu no mistério da Igreja. Trechos da LG reaparecem aqui sutilmente, como a descrição da história do povo de Deus a partir da formação do povo eleito na primeira aliança e ainda quando se diz que o "Israel segundo a carne", peregrinando através do deserto, era já chamado de "Igreja de Deus" (Esd 13,1; nº 9). E há também o nº 16, que apresenta em primeiro lugar

> o povo a quem foram dados os testamentos e as promessas e do qual nasceu Cristo segundo a carne (cf. Rm 9,4-5), povo caríssimo segundo a eleição, por causa dos patriarcas, pois os dons e a vocação de Deus são irreversíveis (cf. Rm 11,28-29)[70].

A Igreja identifica "os inícios de sua fé" no coração dos patriarcas, de Moisés e dos profetas. Estamos assim bastante próximos do que declarou a DV (nº 14) sobre a história da revelação[71]. Os cristãos são "filhos de Abraão, segundo a fé", ou seja, são filhos espirituais, e a saída do Egito prefigura a salvação recebida na Igreja (DV nº 15). Não pode a Igreja esquecer que foi desse povo que ela recebeu a revelação do Antigo Testamento. Sempre que se refere aos judeus, o Concílio se apóia, fortemente, nas palavras de Paulo a respeito do mistério de Israel, especialmente em Rm e Gl. As citações paulinas despontam com os temas da oliveira selvagem enxertada na oliveira frutífera, da reconciliação de judeus e gentios pela cruz de Cristo (Ef 2,15-16) e da enumeração dos privilégios de Israel (Rm 9,4-5). Na esteira da LG, o documento lembra que Cristo, sua mãe e os apóstolos são filhos do povo judeu.

---

70. *LG* 16; *COD* II-2, p. 1751.
71. Cf. supra, pp. 416 s.

2. O segundo grupo de afirmações envolve a questão delicada do "tropeço de Israel" (Rm 11,11), ou seja, da responsabilidade dos judeus na recusa ao Evangelho e pela morte de Jesus:

> Testemunha é a S. Escritura de que Jerusalém não reconheceu o tempo de sua visitação e que os judeus, em grande número, não aceitaram o Evangelho e muitos até puseram obstáculos à sua difusão. No entanto, segundo o Apóstolo, os judeus ainda são amados por causa de seus pais, pois Deus não se arrepende dos seus dons e do seu chamamento [...].
>
> Ainda que as autoridades judaicas e seus seguidores tenham insistido na morte de Cristo, o que se perpetrou na sua Paixão não pode ser imputado, indistintamente, a todos os judeus da época nem aos de hoje. Embora a Igreja seja o novo povo de Deus, os judeus, contudo, não devem ser vistos nem como condenados por Deus nem como amaldiçoados, como se isso decorresse das S. Escrituras. Haja cuidado, portanto, da parte de todos, para que, tanto na catequese como na pregação da Palavra de Deus, não se ensine algo incompatível com a verdade evangélica e com o espírito de Cristo (4,4 e 6).

O texto conciliar procura inspirar-se ao máximo nos dados da Escritura, analisando, a partir dela, a recusa do Evangelho pelos judeus e rejeitando a interpretação injusta dos que recorrem à própria Escritura para estigmatizar os judeus como réprobos e malditos. Certamente, "grande número" dos judeus não aceitou o Evangelho, mas não todos. Vem aqui à mente o tema tão importante no Antigo Testamento do "pequeno resto", sempre fiel[72]. Por outro lado, na palavra de Paulo, os dons de Deus são sem arrependimento e os judeus continuam "caríssimos a Deus". Razão por que a Igreja espera pelo dia da reconciliação de todos os povos, todos invocando o mesmo Senhor, na linha de Rm 9-11.

Mais séria, porém, que a problemática da recusa do Evangelho é a discussão em torno da participação dos judeus na morte de Jesus. O Concílio não nega que os chefes judeus da época insistiram na morte de Cristo. Pesa-lhes essa responsabilidade histórica e a conseqüente questão da culpabilidade perante Deus. Mas adianta, incontinenti, que não se pode envolver a todos os judeus contemporâneos de Jesus e muito menos os judeus de hoje. Não cabe, pois, uma culpabilidade coletiva. É nessa altura que a acusação injusta de "povo deicida" foi rejeitada, embora não explicitamente, pois, como já se expôs, essa expressão bastante polêmica acabou eliminada por razões não muito convincentes, mas suficientemente reveladoras das tensões internas do Concílio.

Teologicamente, pela união hipostática da humanidade na pessoa do Verbo, caberia falar de "deicídio", mas praticado por todos os homens, sem ex-

---

72. Cf. G. M. COTTIER, *op. cit.*, p. 252.

ceção, cujos pecados causaram a morte de Deus. Incluem-se, então, os pagãos, representados nos Evangelhos pelo poder romano; os judeus, pelos seus próceres; e os próprios discípulos de Jesus que personificam todos os cristãos — que o abandonaram à própria sorte. Nessa direção é que se inscreve o último parágrafo:

> De resto, a Igreja sempre teve e tem por bem ensinar que Cristo, por causa dos pecados de todos os homens, sofreu, voluntariamente, e por imenso amor se sujeitou à morte, para que todos conseguissem a salvação. Incumbe, pois, à Igreja, na sua pregação, anunciar a cruz de Cristo como sinal do amor universal de Deus e como fonte de toda a graça (4,8)[73].

3. No terceiro grupo de afirmações, o Concílio "reprova" as perseguições e "deplora" todas modalidades de anti-semitismo exercidas contra os judeus:

> Além disso, a Igreja, que reprova toda perseguição contra quaisquer homens, lembrada do patrimônio comum com os judeus, não por motivos políticos, mas impelida pelo santo amor evangélico, deplora os ódios, as perseguições, as manifestações anti-semíticas, em qualquer tempo e por qualquer pessoa dirigidas contra os judeus (4,7).

Dos dois verbos aí presentes, o relativo às perseguições em geral é mais forte que o referente aos judeus, pois do par anteriormente escrito "deplora e condena" restou apenas o débil "deplora". É de se lamentar a supressão do "condena", ainda que a dinâmica do texto leve a essa direção. E não é demais lembrar que, em 1928, o Santo Ofício já empregara o termo "condenação" num documento sobre essa assunto:

> A Sé Apostólica *condena soberanamente* o ódio contra o povo um dia escolhido por Deus, esse ódio que, atualmente, se costuma designar comumente como anti-semitismo[74].

Pio XI também se exprimira vigorosamente na encíclica *Mit brennender Sorge* e, num discurso de 1938, proclamara: "O anti-semitismo é inadmissível. Nós somos espiritualmente semitas"[75].

É com esse espírito que o último tópico da Declaração retoma o ideal de fraternidade que deve inspirar todas as pessoas, indiscriminadamente, em nome do amor de Deus. A Igreja "reprova toda e qualquer discriminação ou vexame contra as pessoas por causa de raça ou cor, classe ou religião" (5,2).

---

73. Alínea posta logo depois do referente ao anti-semitismo.
74. *DC* 25, (1928), 1077; citado por G. M. COTTIER, p. 264.
75. *DC* 35, (1938), 1460. Cf. supra, p. 368-369.

3. AS CONSEQÜÊNCIAS DA DECLARAÇÃO

Esta Declaração tem alcance dogmático. Impossível questionar suas raízes na Tradição. E é também um texto muito prudente, como se viu pelos cortes sofridos. Mas deixa questões em aberto, como esta: "Qual a vontade de Deus a respeito das religiões? São elas meras iniciativas humanas ou representam afinal uma obra divina?"[76]. E a Declaração, em suma, não resolve o problema da relação entre o religioso e o político.

São limitações incontestáveis, mas que não chegam a obscurecer sua novidade absoluta, dentro do linguajar conciliar e dogmático da Igreja, apto a suscitar uma reflexão "capaz de propor *elementos de uma teologia fundamental e dogmática* do debate inter-religioso"[77].

Uma atitude de conversão

Para caracterizar os dois documentos comentados neste capítulo, como também o documento anterior sobre o ecumenismo, uma palavra resume tudo — *conversão*. No Vaticano II, a Igreja católica converteu-se não só ao ecumenismo, mas também a uma atitude diferente em relação aos judeus e às outras religiões. Essa conversão amadurecera lentamente nos anos precedentes. Foi, no plano pessoal, a atitude de João XXIII. Ao se inaugurar o Concílio, tornou-se a atitude de toda a assembléia. Há alguma coisa aí que ultrapassa as consciências subjetivas. É a dimensão estritamente doutrinária, própria do que se convencionou chamar de teologia fundamental. Converter-se e mudar com relação ao outro supõe uma mudança na consciência que se tem de si mesmo. As palavras da Igreja sobre as outras religiões constituem também palavras sobre ela própria. Nada mais exato, neste caso, do que o termo "conversão". Não necessariamente conversão de um erro formal, mas de tudo o que pode ferir e esvaziar a disposição de procurar a verdade e exprimir a caridade.

Cumpre reconhecer, entretanto, que esses textos evitaram confissões muito explícitas. Só Paulo VI pediu, expressamente, perdão aos cristãos de outras confissões, pelas faltas devidas à Igreja católica na ruptura eclesial do século XVI[78]. Aqui, além de uma auto-crítica no que tange à liberdade religiosa (DH 12,1), não se lamenta nada na história das relações entre cristãos e judeus. A Igreja, por certo, não criou o anti-semitismo, que teve suas versões pagãs. Na época patrística, praticou uma forma de anti-judaísmo religioso, pela pena dos apologetas e na competição entre os dois cultos[79]. Mas, posteriormente, seus

---

76. H. WALDENFELS, "Das Verständnis der religionen und seine Bedeutung für die Mission in katholischer Sicht", *Evangelische Missions-Zeitschrift*, 1970, p. 130.

77. Chr. THEOBALD, *art. cit.*, p. 37.

78. PAULO VI, Discurso de abertura da 2ª sessão conciliar, 44; *DC* 60, (1963), 1356.

79. Cf. S. J. CRISÓSTOMO, supra, p. 39, n. 33.

responsáveis tomaram atitudes e medidas realmente anti-semitas, como outros também o fizeram contra os judeus, segregando-os (guetos), expulsando-os ou aplicando-lhes diversas interdições. "Essa realidade perdurou não apenas por algumas gerações, mas por mais de um milênio. E o período mais sombrio estendeu-se do início das cruzadas até o século XVIII, inclusive [...], quando se multiplicaram as medidas vexatórias"[80]. Em alguns países, apela-se para as conversões à força, não obstante as determinações contrárias dos papas. De tempo em tempo, cristãos cometeram, aqui e ali, violências contra os judeus. São fatos inegáveis, ainda que se deva lembrar as medidas de proteção dos judeus tomadas por alguns pontífices, na Idade Média. Em época bem próxima a nós, vimos todos medrar em países europeus de tradição cristã um projeto de extermínio (*shoah*) simbolizado em Auschwitz. Escandalosamente, a cruz da reconciliação foi arvorada em cruz de condenação e de perseguição, em nome do deicídio.

Após a Declaração

Esse documento não ficou só no papel. Abriu caminho a muitos encontros e declarações. De importância ímpar foi um texto modesto, publicado em 1984 pelo Secretariado para os não-cristãos — "*A atitude da Igreja católica perante os fiéis das outras religiões. Reflexões e orientações sobre a missão*"[81]. Esse documento fala "da presença simultânea, dentro da missão, das exigências específicas da evangelização e do diálogo"[82], e mostra um "interesse especial pelos problemas teológicos do respeito às diferenças"[83], isto é, "o respeito por tudo o que o Espírito, que sopra onde quer, realizou" no outro[84]. O problema político também é abordado da propósito da paz (n° 21).

Entre outras iniciativas semelhantes, devem-se citar vários contatos realizados por João Paulo II, como a visita a Marrocos, em agosto de 1985; o encontro na sinagoga romana e, sobretudo, a assembléia das principais religiões do mundo, em Assis, para rezar pela paz, num gesto significativo de "profundo respeito da humanidade pelas diferenças religiosas"[85]. Como disse o papa, não se tratava de orar junto, mas de estar junto para orar"[86].

Na verdade, as diferentes concepções do mistério de Deus não permitiam uma prece comum, eventualmente "sincrética". Da mesma forma, aquela reunião alternaria momentos comuns e momentos separados, antes da fase de

---

80. R. LAURENTIN, *op. cit.*, p. 43.
81. *DC* 81, (1984), pp. 844-849.
82. Ib., p. 844.
83. Chr. THEOBALD, *art. cit.*, p. 19.
84. *DC* 81, (1984), p. 846.
85. Chr. THEOBALD, *art. cit.*, p. 21.
86. *DC* 83, (1986), p. 1066.

escuta recíproca da oração dos outros. O sentido profundo do encontro foi tornar visível, para o bem da união de toda a humanidade, o "fundamento comum" que há em todas as pessoas religiosas e que fora realçado na Declaração NA: "Façamos deste dia uma prefiguração de um mundo em paz"[87].

---

87. JOÃO PAULO II, ao receber os representantes das outras religiões. *DC* 83, (1986), p. 1071.

CAPÍTULO XV
A "recepção" do Vaticano II

CHR. THEOBALD

INDICAÇÕES BIBLIOGRÁFICAS: Congr. para a doutrina da fé, *Déclaration "Mysterium ecclesiae" sur la doctrine catholique concernant l'Église (ME), DC* 70, (1973), pp. 664-671; Fórmulas de profissão de fé e do juramento de fidelidade, *DC* 86 (1989), pp. 378s.; *La vocation ecclésiale du théologien, DC* 87, (1990), pp. 693-701; Comissão Teológica Internacional (CTI), *Textes et documents* (1969-1985), Paris, Cerf, 1988; *L'interprétation des dogmes, DC* 87, (1990), pp. 489-402.

A. GRILLMEIER, *Konzil und Rezeption. Methodische Bemerkungen zu einem Thema der ökumenischen Diskussion der Gegenwart, ThPh* 45, (1970), pp. 321-352. — Y. CONGAR, "La 'réception' comme réalité ecclésiologique" (1972), em *Église et papauté. Regards historiques*, Cerf, 1994. — Coll., *Le magistère. Institutions et fonctionnements, RSR*, (1983), pp. 1-310. — G. ALBERIGO, J.-P. JOSSUA (éd.), *La réception de Vatican II*, Cerf, 1985. — W. KASPER, *La théologie et l'Église* (1987), Cerf, 1990. — H. KÜNG, *Une théologie pour le 3ᵉ millénaire. Pour un nouveau départ œcuménique* (1987), Paris, Seuil, 1989. — G. ROUTHIER, *La réception d'un concile*, Cerf, 1993. — A. NAUD, *Un aggiornamento et son éclipse. La liberté de la pensée dans la foi et dans l'Église*, Québec, Fides, 1996.

Foi o Concílio Vaticano II submetido a uma prova comparável à da crise modernista? Apesar de algumas semelhanças, lembradas quando da excomunhão do bispo Marcel Lefebvre (1988)[1], há diferenças de monta entre as duas épocas pós-conciliares. Primeiramente, nos dois casos, "maioria" e "mi-

---

1. Cf. Motu proprio *Ecclesia Dei afflicta* de 2/07/1988, com a excomunhão de Lefebvre, *DC* 85, (1988), pp. 788 s. Essa excomunhão foi comparada à fundação da Igreja velho-católica, após o Vaticano I.

noria" não estão no mesmo lado, ainda que seja anacronismo afirmar que a minoria do Vaticano I foi maioria no Vaticano II e vice-versa. Um consenso bastante amplo, impensável no fim do século XIX, impôs-se desde 1962, inspirado não mais no neo-tomismo, mas na "nova teologia"[2] e distante do "tradicionalismo moderado" e mais sensível à visão dogmático-histórica do que à concepção dogmático-jurídica do cristianismo católico. Forjados na cultura bíblica e patrística, seus adeptos gostam de se referir à escola romântica de Tübingen, à apologética de Blondel ou ainda ao transcendentalismo de J. Maréchal. É um paradigma multiforme, atento à tradição como consciência histórica da *Igreja*, mas também vulnerável às vicissitudes da oposição bipolar (Igreja/mundo), esquecendo, por outro lado, os *problemas de teologia fundamental* mencionados no capítulo XII e próximos das questões levantadas pelo modernismo.

É nesse contexto pós-conciliar ainda indefinido que começam a tomar vulto as formas diferentes do corpus do Vaticano I e do Vaticano II. Enquanto o caráter preciso mas inacabado do texto de 1870 pedia um reajuste em perspectiva mais global (o que se fez no último concílio), o corpus do Vaticano II suscita problemas de interpretação, devido à sua amplitude e à sua estrutura policêntrica. Para quem se prende numa visão unificada da cultura católica e na sua expressão pelos variados documentos papais, a tentação é transformar a *letra* conciliar num sistema coerente e conceber sua recepção oficial de acordo com os moldes clássicos de uma eclesiologia centralizada. Outros, porém, apreciam o estilo aberto do texto conciliar e o seu apelo ao "senso da fé" e às Igrejas particulares, para avançar na prática poliforme da renovação e da reforma[3], ligados no *espírito* do Concílio e nem sempre atentos à sua letra. Por conseguinte, a questão ainda aberta da relação do Vaticano II com os concílios anteriores haveria de surgir mesmo, trazendo à superfície da consciência eclesial o próprio "princípio" da obra conciliar e os problemas da presença do Evangelho na história moderna.

Essa lenta conscientização foi, afinal, estimulada pela aceleração nunca vista do processo de modernização, particularmente depois de 1968, quando a sociedade ocidental entrou na era pós-industrial e o sistema de intercâmbio econômico, cultural e religioso se globalizou rapidamente. As consequências nocivas dessas transformações emergem não só no terceiro-mundo, mas também no hemisfério norte e toda essa problemática[4] passou a ser trabalhada, agora, a partir de sua base antropológica, começando pela justiça internacional[5],

---

2. Cf. supra, pp. 360 s.
3. Cf. supra, pp. 391 ss.
4. Cf. supra, pp. 395 ss.
5. Encíclica de Paulo VI, *Populorum progressio*, sobre o desenvolvimento dos povos (26/03/1967), DC 64, (1967), 673-704; 2ª assembléia do sínodos dos bispos, *A promoção da justiça no mundo* (6/11/1971), DC 69, (1972), 12-18.

a opção preferencial pelos pobres[6] e a teologia da libertação[7]. No mesmo enfoque, entram os desafios culturais[8] e as relações do cristianismo com as religiões não cristãs[9]. Nesse novo contexto, a "regulação da fé" surge como questão crucial, com o pano de fundo de uma crise sem precedente no catolicismo europeu. Crise diagnosticada por alguns como a implosão do seu poder efetivo, a diminuição impressionante de suas comunidades, a dificuldade quase insuperável de transmitir a fé às novas gerações e o recuo formidável do impacto da Igreja no futuro da sociedade atual.

Não há negar, a valiosa cultura católica, o imaginário religioso que ela criou no Ocidente e o organismo vivo dos seus agentes estão em vias de submergir nas ondas sucessivas da modernidade. Percebendo essa situação de emergência, o magistério se vê pressionado a revitalizar, gradativamente, o paradigma apocalíptico, para assegurar sua posição na história da humanidade. Diante de realidades tão próximas, não nos é dado descrever agora o peso delas no processo de recepção do Vaticano II, processo em curso e que sugere algo como uma separação entre o "invólucro" de cultura católica que cercou a obra do Concílio e uma outra apresentação histórica do Evangelho em gestação. Vamos, aqui, contentar-nos com algumas indicações sobre a recepção "querigmática" e "prática" do Concílio, explicando como o magistério romano trata a "regulação dogmática" e a sua relação com o sistema doutrinário de 1870 a 1950.

I. O TEMPO DA RECEPÇÃO

1. "RECEPÇÃO QUERIGMÁTICA" E "RECEPÇÃO PRÁTICA"

"A recepção querigmática é a soma dos esforços desenvolvidos pelos pastores para divulgar as decisões do Concílio e promovê-las com eficácia"[10]. Da parte de Roma, algumas iniciativas importantes devem ser lembradas. A primeira foi a reforma da Cúria, encetada por Paulo VI, em dezembro de 1965, ao transformar o Santo Ofício em Congregação para a Doutrina da Fé. Completou-se em 1967 (com os três Secretariados para a unidade dos cristãos, para os não-cristãos e para os não-crentes), mas foi retomada por João Paulo II, em 1988. Outra iniciativa de peso foi a reforma do *Código de Direito Canônico*. Anunciada por João XXIII, em janeiro de 1959, teve início após a primeira sessão do

---

6. *Construir uma civilização do amor*, documento do episcopado latino-americano sobre o presente e o futuro da evangelização (1979), Paris, Centurion, 1980.
7. Congregação para a Doutrina da Fé, *Instrução sobre alguns aspectos da "teologia da libertação"* (6/08/1984), DC 81, (1984), pp. 890-900; *La liberté chrétienne et la libération*, DC 83, (1986), pp. 393-411.
8. Cf. o discurso de João Paulo II à UNESCO (2/06/1980), DC 77, (1980), pp. 603-609.
9. Cf. o encontro de Assis, DC 83, (1986), pp. 1065-1083.
10. G. ROUTHIER, *La réception d'un concile*, op. cit., p. 87.

Concílio, para terminar só em 1983[11], depois de ter sido o tema do I *Sínodo dos Bispos*, em 1967.

O histórico dessa última instituição, proposta no Decreto sobre o múnus pastoral dos bispos[12] e consignada canonicamente como um dos conselhos pontifícios[13] permite conhecer melhor a recepção oficial do Concílio. Depois de questões internas (direito canônico, relação entre o Papa e os bispos), os sínodos têm estudado, desde 1971, temas "pastorais", como a justiça no mundo, a evangelização, com a notável exortação de Paulo VI, *Evangelii nuntiandi* (1975), e a catequese no mundo de hoje. No pontificado de João Paulo II, os sínodos se classificam em duas séries: depois de analisar questões específicas (matrimônio e família, penitência e reconciliação), o sínodo extraordinário de 1985, no 20º aniversário do encerramento do Vaticano II — onde vêm as regras de interpretação dos seus documentos[14] — começa a seqüência de sínodos sobre os "estados de vida": leigos, padres, religiosos. O sínodo extraordinário de 1985 manifestou também o desejo de que fosse "redigido um catecismo ou compêndio de toda a doutrina católica sobre a fé e a moral, como texto de referência para os catecismos [...] editados nos diferentes países"[15]. Esse desejo fora formulado já no Vaticano I e foi concretizado 30 anos após a abertura do Vaticano II, em 1992[16].

Uma última iniciativa digna de nota foi a criação da *Comissão Teológica Internacional* (CTI), pedida pelo sínodo de 1967, ao lado da Comissão Bíblica, na Congregação para a Doutrina da Fé[17]. Destinada a dar conta das pesquisas teológicas à Santa Sé, a Comissão "é constituída por teólogos de diversas correntes e nações, com notório saber teológico e fiéis ao magistério da Igreja"[18]. Na história dessa instituição pode-se verificar um interessante sismógrafo das tensões entre a unidade da fé e o pluralismo teológico[19].

Todas essas reformas institucionais surgiram sob a inspiração fundamental do Vaticano II e constituíram "uma realização visível desse movimento ou dessa circulação de vida entre a Igreja universal e as Igrejas particulares, circulação definida pelos teólogos como uma "pericorese" ou comparada ao movimento de sístole e diástole, pelo qual o sangue vai do coração às extremidades do organismo e dali volta ao coração"[20]. No entanto, a tese conciliar da colegiali-

---

11. Em 1990, foi promulgado o "Código dos cânones das Igrejas orientais"; texto em latim em *AAS* 82, (1990), pp. 1095-1364; cf. *DC* 87, (1990), pp. 1084-1087.
12. *CD* III,36.
13. *CIC*, cân. 342-348.
14. Síntese dos trabalhos do Sínodo I,5, *DC* 83, (1986), p. 37.
15. Ib., p. 39.
16. *Catéchisme de l'Église catholique*, Mame/Plon, 1992.
17. Sobre a história da *CTI*, cf. *Textes et documents* (1969-1985), Paris, Cerf, 1988.
18. Estatuto provisório de 1969, nº 4 (o estatuto definitivo, de 1982, nº 3, acrescenta a "prudência"), ib., pp. 413 e 416.
19. Paulo VI distingue, em 1973, do pluralismo aceitável o pluralismo inaceitável, que "diminuiria o caráter *objetivo*, unívoco e unânime da inteligência da fé" [...] católica" (ib. p. 389).
20. Expressão muito bonita de JOÃO PAULO II, na Constituição *Pastor bonus*, *DC* 85, (1988), p. 980.

dade (LG 23), ou seja, a afirmação de que "a Igreja universal existe *nas* Igrejas particulares e *a partir delas*", mais o apelo "ao sentido sobrenatural da fé de todo o povo", provocaram, inevitavelmente, um "relacionamento de incerteza" no processo de recepção. Nada a estranhar, pois, se as instituições acima citadas tenham, logo depois do Concílio, se transformado em espaços de conflitos de doutrina e de poder, evidenciando-se assim a dificuldade extraordinária de pôr em prática o que se estabelecera em termos de princípio.

A recepção *oficial*, às vezes paralisada, é agora substituída segundo alguns ou corrigida segundo outros, por uma recepção *prática*[21], que vem da base ou das tradições culturais das Igrejas particulares. É uma recepção que não se reduz a mera "aplicação", objeto de um projeto controlável estrategicamente, antes supõe uma mudança de ordem, uma transformação das instituições (reforma) *e* das mentalidades (renovação), que leva a "reinventar" a própria *experiência* do Concílio, num espaço menor e culturalmente mais definido, para possibilitar a adesão *interior* ao corpus, com base na experiência própria dos receptores.

Exemplificação concreta dessa recepção prática aconteceu nos "sínodos continentais", como as "conferências gerais do episcopado latino-americano" (Medellin, Puebla, São Domingos), na experiência conflituosa do "concílio pastoral" da Holanda (1966-1970), no "Sínodo comum das dioceses da República Federal da Alemanha" (1971-1975) e nos "sínodos diocesanos" na França (desde 1985). Essas assembléias põem à luz a enorme dificuldade do processo de recepção, quando se busca juntar a "maneira de fazer" e as novas táticas de tratar, dentro e fora da comunidade eclesial, os problemas doutrinários, integral ou parcialmente reservados à autoridade do magistério.

2. TENTATIVA DE DEFINIÇÃO E PERIODIZAÇÃO

Foi em 1970 que se entrou a enfrentar seriamente a questão da recepção como problema doutrinário. Em 1972, assim Y. Congar a definia:

> Entendemos por recepção o processo pelo qual um corpo eclesial faz sua, real e espontaneamente, uma determinação ou medida, nela reconhecendo uma regra adequada à sua vida. Na recepção há algo bem diferente do que os escolásticos entendem por obediência [...]. Ela envolve a presença de um consentimento ou até de um julgamento, no qual se exprime a vida do corpo eclesial e a sua prática de recursos interiores originais[22].

Depois, Congar distingue a concepção jurídica de recepção baseada na fé como obediência a um "superior" (*obsequium*), como se vê na doutrina do

---

21. Sobre esse termo, cf. G. ROUTHIER, *La réception d'un concile*, pp. 84-87.
22. Y. CONGAR, "La 'réception' comme réalité ecclésiologique", *Église et papauté, op. cit.*, p. 230.

Vaticano I[23], da concepção apoiada numa eclesiologia de comunhão[24]. Esta se fundamenta na distinção entre o estatuto jurídico da decisão e o seu conteúdo, conforme a explanação de Congar, citando P. Hinschius, jurista alemão do século XIX:

> A recepção não constitui a qualidade jurídica de uma decisão. Ela diz respeito não ao aspecto formal do ato, mas ao seu conteúdo. Não confere validade. Simplesmente verifica, reconhece e atesta o que atende ou não ao bem da Igreja, já que se trata de uma decisão (dogma, cânon, regra ética) tendente a assegurar o bem da Igreja. Daí por que a recepção de um concílio se identifica, praticamente, com a sua eficácia [...]. Por outro lado, como observa P. H. Bacht, a não-recepção não significa que a decisão tomada seja errada. Significa que essa decisão não suscita nenhum impulso vital e, por isso, não edifica[25].

Portanto, a concepção jurídica da recepção, na mente do Vaticano I, integra-se num quadro mais amplo, ainda que se possa perguntar se é também fácil distinguir o conteúdo de uma decisão do seu estatuto formal e se a transformação do "dogmático" pelo Vaticano II não exige também uma redefinição do seu caráter jurídico. Dadas as dimensões do corpus conciliar e a sua estrutura policêntrica, o problema da recepção não atinge apenas o *conteúdo* da documentação, mas concerne também a dificuldade de descobrir, no seio desse processo de recepção, *onde reside a sua normatividade.*

O magistério não estudou, diretamente, essa questão crucial, depois de 1965. Alguns documentos, porém, levantam o problema do "dogmático" e da articulação das diferentes visões dos dois últimos concílios. Assim, é possível dividir em períodos o processo de recepção, embora não se deva julgar todo pós-concílio pelo crivo da teologia fundamental. Em 1985, o historiador do Vaticano II, H. J. Pottmeyer, ensaiou uma periodização "dialética" que pegou[26]: primeiro, uma breve "fase de exaltação" do Concílio teria sido seguida por uma "fase de decepção ou, na opinião de outros, de verdade". Depois desta, persiste o esforço para "integrar o que é obrigatório na teologia pré-conciliar às novas conquistas da eclesiologia de *comunhão* e da antropologia cristã comprometida com a dignidade humana". Essa "síntese" seria exigida pelo conceito que a Igreja tem da Tradição, que "não pode se contentar com a supressão de uma fase da sua evolução"[27].

---

23. Cf. supra, pp. 231 e 268 ss. — Cf. A. GRILLMEIER, "Konzil und Rezeption", pp. 343-347 e 350 s.
24. Y. CONGAR, ib., pp. 253 s.
25. Ib., pp. 261 s.
26. H. J. POTTMEYER, "Vers ume nouvelle phase de réception de Vatican II. Vingt ans d'herméneutique du Concile", *La réception de Vatican II*, pp. 43-64, e W. Kasper, *La théologie et l'Eglise*, pp. 411-423.
27. Ib., pp. 51 e 57.

Embora sem o necessário distanciamento histórico, essa releitura carrega o mérito de indicar o seu próprio princípio e parece confirmada, ao menos num primeiro nível. Na verdade, devem-se distinguir dois grandes períodos de recepção. O primeiro — aproximadamente, todo o pontificado de Paulo VI — vê o aparecimento de instituições para a recepção oficial. Em clima de crise, surge o problema da "regulação da fé", problema central nas reuniões da Comissão Teológica Internacional[28] e analisado, em 1973, por uma Declaração da Congregação para a Doutrina da Fé, órgão privilegiado do pensamento do magistério romano. O segundo período começa por volta do sínodo de 1985 e coincide com o final do debate sobre a teologia da libertação e um novo aceno ao diálogo inter-religioso, quando do encontro de Assis, em 27 de outubro de 1986. Logo ganharão prioridade as questões de "moral fundamental" e "especial". E nesse contexto é que aparece uma nova série de documentos sobre a problemática do controle da fé e sobre as relações entre os dois últimos concílios.

Durante essa segunda fase, houve, certamente, tentativas de "síntese". Mas fica-se a perguntar para que direção ela se orientou e, sobretudo, se os acontecimentos evocados no início deste capítulo não esvaziarão o esquema histórico de uma síntese e o conceito teológico subjacente de Tradição.

II. QUESTÕES DE TEOLOGIA FUNDAMENTAL

1. A DECLARAÇÃO *MYSTERIUM ECCLESIAE* (1973)

O motivo imediato da sua publicação foi o livro de Hans Küng com o título provocante *Infalível? Uma interpelação*[29]. Tomando a encíclica *Humanae vitae* (1968) como "ocasião para um exame de consciência", Küng se interessa menos diretamente pelo exercício do magistério no campo da moral e mais pelo problema ecumênico das "definições de fé" e da "proposições infalíveis"[30], como meio de a Igreja "permanecer na verdade". Essa questão é vista no contexto mais amplo do debate pós-conciliar sobre a autoridade eclesial, quer se trate do relacionamento conflitivo entre o magistério e alguns teólogos, quer se trate das tensões entre Roma e determinada Igreja particular, como a da Holanda, que acabara de editar um catecismo bastante discutido (1966).

Precedida por algumas tomadas de posição de âmbito nacional, a "Declaração sobre a doutrina católica a respeito da Igreja, para protegê-la contra os

---

28. CTI, *L'unité de la foi et le pluralisme théologique* (1972), *Textes et documents* (1969-1985), Paris, Cerf, 1988, pp. 48-63.; *La morale chrétienne et ses normes* (1974), pp. 85-135; *Magistère et théologie* (1975), pp. 136-153.
29. Editado em alemão, em 1970, Paris, DDB, 1971.
30. Cf. ib., pp. 153 s com a tese central da obra: "Não está provado que a fé precisa de sentenças infalíveis". Notar, porém, que o Vaticano I nunca fala de "proposições *infalíveis*" e sim de "definições irreformáveis".

erros atuais"[31] corresponde a esse contexto maior e à visão "pan-eclesiológica" de Paulo VI. A primeira parte enfoca "a unicidade da Igreja de Cristo e as marcas que a fazem reconhecer como tal na Igreja católica"[32]. A segunda parte aborda a "infalibilidade da Igreja" e a terceira, a "Igreja associada ao sacerdócio de Cristo". O que nos interessa aqui é a longa explanação da parte central. À luz das duas constituições DV e LG, o texto visa ao tema da infalibilidade, pelo viés indutivo. Parte da "universalidade dos fiéis", "que não podem se enganar na fé"[33], para distinguir depois os diferentes órgãos do magistério e as suas formas de expressão. A lógica da LG 25 é perfeitamente respeitada, precisada ou apenas salvaguardada, na linha da *Pastor Aeternus,* em dois pontos significativos. O primeiro é relativo ao problema da *recepção* (ME 2):

> Sejam quais forem os frutos que o magistério recebe da contemplação, da vida e da busca dos fiéis, sua função não se resume, portanto, em sancionar o consentimento já expresso por eles. Mais que isso, pode prevenir e requerer esse consentimento pela interpretação e explicação da Palavra de Deus escrita e transmitida.

O segundo ponto refere-se ao *objeto* da infalibilidade do magistério (ME 3). Pela primeira vez, esse documento afirma, claramente, (e em relativa contradição com o comentário de D. Gasser[34]), que a infalibilidade se estende às "verdades conexas":

> Na doutrina católica, a infalibilidade do magistério da Igreja não alcança apenas o depósito da fé, senão também as verdades sem as quais esse depósito não poderia ser devidamente conservado e exposto[35].

Nesses termos, o texto analisa, a seguir, os dois lados da questão dos enunciados dogmáticos colocada por H. Küng. De início, refuta (ME 4) a tese que "reduz a infalibilidade a uma permanência 'fundamental' no que é verdadeiro, que seria compatível com erros disseminados nas proposições que o magistério ensina como doutrina irrevocável". O argumento principal é o elo do ato de conversão do fiel, concretizada numa fórmula breve da fé, com a obrigação de aceitar a *totalidade* da doutrina:

---

31. *ME, DC* 70, (1973), pp. 664-671. Uma nota explica o termo "declaração": ela "lembra e resume a doutrina católica definida ou ensinada nos documentos anteriores do magistério da Igreja, dando-lhe a interpretação correta e apontando-lhe os limites e a abrangência". Portanto, a "declaração" constitui um meio de "recepção oficial".

32. É uma reação ao entendimento minimizante do *"subsistit in"* que negaria que "a Igreja católica esteja enriquecida de *toda* a verdade revelada por Deus e de *todos* os instrumentos da graça" (*LG* 8; *UR* 4).

33. Cf. *LG* II,12 e IV, 35.

34. Cf. supra, pp. 268 s.

35. *DC* 70, (1973), p. 666.

Com certeza, pela fé que leva à salvação, os homens se convertem a Deus, que se revela em seu Filho, Jesus Cristo. Mas seria falso concluir daí que os dogmas referentes a outros mistérios podem ser depreciados ou até negados.

O documento reintroduz a problemática do Vaticano I a respeito das "verdades a crer", referindo-se à sua "hierarquia", mas numa posição aquém da UR:

Inegavelmente, há uma ordem e uma como que hierarquia dos dogmas da Igreja, conforme os seus diferentes vínculos com o fundamento da fé. Essa hierarquia significa que alguns dogmas baseiam-se em outros, de primordial importância, que os elucidam. Todos os dogmas, porém, porque revelados, devem ser igualmente aceitos por fé divina[36].

O outro lado da questão dos enunciados é a sua dupla "relatividade" (na expressão de E. Le Roy[37]): relatividade metafísica ou teologal e relatividade histórica (ME 5). O texto focaliza[38], "pela primeira vez de maneira também explícita", a "condição histórica da expressão da Revelação"[39]. Registra, primeiro, que "o sentido latente nos enunciados da fé depende, em parte, do valor semântico da língua empregada em determinada época e em determinadas circunstâncias" e que a elaboração dos dogmas segue um percurso histórico marcado por cambiantes "visões do mundo". É possível até que certos enunciados caiam em desuso ou sejam substituídos. Depois, a declaração propõe aos teólogos, cuja liberdade de pesquisa é reconhecida[40], algumas regras de hermenêutica dogmática, a saber, a historicidade dos enunciados dogmáticos exige que "eles delimitem com exatidão seu intento de ensinar o que *essas fórmulas* realmente encerram" e devem garantir que "o seu *sentido* permanece sempre o mesmo e verdadeiro", sob pena de se cair no "relativismo dogmático"[41].

Essa hermenêutica dogmática substitui a abertura gerada pela *Divino afflante* no território da interpretação bíblica e tira, pela primeira vez, o ideal de transparência, preponderante, desde o século XIX, na esfera do "dogmático". Vale, porém, observar que essa explanação se encerra com uma referência à *Dei Filius* sobre o "sentido dos dogmas" e à *Gaudet mater ecclesia*, de 1962, fixando a interpretação oficial do pensamento aí exposto:

---

36. Ib., pp. 666 s.
37. Cf. supra, p. 328.
38. Cf. *DC* 70, (1973), p. 671.
39. Cf. B. SESBOÜÉ, "Le rapport Vérité-Histoire dans quelques documents ecclésiastiques récents", *RICP* 24, (1987), pp. 116-120.
40. "Além disso, reivindica-se uma justa liberdade de pesquisa para os teólogos, liberdade que não há de ser considerada suspeita, como também não deverá ultrapassar os limites da revelação, conforme a sua interpretação autêntica pelo magistério da Igreja", *DC* 70, (1973), p. 671.
41. À luz da *Humani generis*, a declaração contesta, nesse ponto, modernistas e liberais para os quais "as fórmulas não conseguiriam exprimir bem a verdade, mas apenas aproximações mutáveis e, por isso, deformantes". Cf. supra, pp. 366 s.

Como o sucessor de Pedro fala aqui da doutrina cristã certa e imutável, do depósito da fé idêntico às verdades contidas nessa doutrina e dessas verdades de significado intocável, é claro que ele reconhece um sentido dos dogmas, sentido verdadeiro e imutável, que podemos discernir[42].

Não obstante um avanço real, a declaração não ultrapassa a tentativa de harmonizar as lições dos dois concílios e as duas concepções diferentes da verdade dogmática.

2. "PROFISSÃO DE FÉ" (1989) E "VOCAÇÃO ECLESIAL DO TEÓLOGO" (1990)

Esse tema torna-se ainda mais claro numa série de documentos de uma nova fase de recepção, voltada à "dogmatização" do ensinamento moral[43], documentos referentes às relações entre o magistério e os teólogos — especialmente os moralistas — e à "fidelidade" dos que estão investidos de funções eclesiais[44]. Sem analisar a ambigüidade simbólica de um "juramento" que se acrescenta ao "sim" e ao "não" da profissão batismal (cf. Mt 5,37), reparemos na "estrutura tripartite" que agora se estabelece na organização católica das "verdades a crer ou a sustentar".

A "profissão de fé" de 25 de fevereiro de 1989 (que substitui a redação anterior de 1967) possui duas partes. Uma é clássica e traz o Símbolo Niceno-constantinopolitano; outra é nova, formada por três parágrafos, "cada um com uma categoria particular de verdades ou doutrinas e o assentimento que cada uma exige"[45]:

> Creio firmemente em tudo o que está contido na palavra de Deus, escrita ou transmitida, e no que a Igreja propõe como divinamente revelado, seja por uma decisão solene, seja pelo magistério ordinário e universal.

---

42. *DC* 70, (1973), p. 668.
43. Cf. tomo 2, pp. 401-410, com referência à instrução *Donum vitae* (1987) e à encíclica *Veritatis splendor* (1993). *Ordinatio sacerdotalis* (1994) e sua explicação pela Congregação para a Doutrina da Fé (1995) aludem também a esse "novo dispositivo" de regulação.
44. Cf. Congregação para a Doutrina da Fé, Fórmulas de profissão de fé e do juramento de fidelidade, *DC* 86, (1989), pp. 378 s. Sobre os antecedentes pós-tridentinos da ligação entre a "profissão dogmática' e "o juramento de obediência ao chefe soberano da Igreja" (1564 e 1594), cf. P. VALLIN, "La nature de l'Église appelle-t-elle des dogmes unifiés et clairs?", em *Concilium* 270, (1997), com citação de P. PRODI, *Il sacramento del potere. Il giuramento politico nella storia costituzionale dell'Occidente*, Bolonha, Il Mulino, 1992, pp. 331 s: "A Igreja católica romana, escreve P. Vallin, mostra agora uma nova particularidade. Não será somente *Una* pela regra de fé apostólica e pela vocação batismal. Formará um corpo politicamente instituído, cujo vínculo social se constitui, simultaneamente, pela adesão juramentada a um sistema dogmático específico e pelo juramento de obediência à pessoa do Soberano".
45. Comentário oficial de U. BETTI, *DC* 86, (1989), p. 380.

Também aceito e respeito firmemente tudo e parte do que é proposto pelo mesmo magistério *de modo definitivo* quanto à doutrina da fé e aos costumes.

Ademais, adiro, com obediência religiosa da vontade e da inteligência, às doutrinas que o soberano pontífice ou o colégio dos bispos ensinam no exercício do seu magistério autêntico, ainda que não sejam declaradas por um ato definitivo[46].

Esse texto, de surpreendente novidade, não subverte apenas a economia da LG (III,25), mas sobretudo acrescenta uma categoria intermediária de "verdades" que abrange o velho campo do "conexo". Não integram o "divinamente revelado", mas são propostas de maneira definitiva (*definitive*), distinção ainda não registrada no Direito Canônico de 1983[47]. O comentarista oficial do Vaticano, U. Betti, apresenta o exemplo dado no esquema preparatório da LG[48], que ganha nova atualidade no ensinamento moral da Igreja: "Pode integrar as definições irreformáveis, ainda que não sejam definições de fé, tudo o que se refere à lei natural, que também é expressão da vontade de Deus"[49]. Em 1994, parece que figura nessa mesma categoria intermediária[50] "a doutrina sobre a ordem sacerdotal, exclusivamente reservada aos homens". Mas, em 1995, a dupla resposta da Congregação para a Doutrina da Fé a uma dúvida quanto à carta *Ordinatio sacerdotalis*, coloca esse ensinamento na primeira categoria de verdades propostas infalivelmente pelo *magistério ordinário e universal*, atribuindo ao chamado magistério *ordinário* do Papa, "nas circunstâncias atuais", o múnus de "expressar essa mesma doutrina, como uma declaração formal que afirma, explicitamente, o que deve ser mantido"[51].

Que a tripartição das "qualificações teológicas" faça parte do "dispositivo" regulador é o que se deduz de um segundo documento intitulado *A vocação eclesial do teólogo*. Com o propósito de superar o confronto estéril entre magistério e teologia, esse texto trata, primeiro, no espírito da LG e da DV, da "verdade, dom de Deus a seu povo"[52], antes de refletir, sucessivamente, sobre a "vocação do teólogo", "o magistério dos pastores" e o relacionamento entre

---

46. Ib., 378.
47. Cf. os cânones 750 e 752.
48. Cf. supra, pp. 403 s.
49. *DC* 86, (1989), p. 380.
50. Cf. *Ordinatio sacerdotalis, DC* 91, (1994), p. 552, a nota oficial de apresentação, p. 553 e o comentário do cardeal Ratzinger, p. 613, que associa essa categoria intermediária de *verdades propostas de modo definitivo, sem serem divinamente reveladas, e o magistério ordinário do Papa.*
51. *DC* 91, (1995), pp. 1079-1081, com referência à *LG* 25,2: "É sempre muito fora de tempo que se constata a existência desse tipo de magistério (ordinário-e-universal). Afirmar que determinado ponto doutrinal pertence a essa mesma 'fé divina' supõe sempre que essa prova tenha sido apresentada sem contestação", B. SESBOÜÉ, "Magistère 'ordinaire' et magistère 'authentique'", *RSR* 84, (1996), p. 270. Precisamente sobre essa "prova sem contestação" que o debate prossegue.
52. Eis a afirmação central: "A verdade traz em si mesma uma força unificadora. Liberta os homens do isolamento e das oposições em que as encerra a ignorância da verdade e, ao mesmo tempo, abre o caminho para Deus e une-os entre si", *DC* 87, (1990), p. 693.

"magistério e teologia" (colaboração e dissensão). O desenvolvimento da segunda parte sobre a teologia desemboca no ponto crucial do texto, a liberdade de pesquisa:

> Em teologia, essa liberdade de pesquisa entra dentro de um saber racional cujo objeto é proporcionado pela revelação, transmitida e interpretada na Igreja, sob a autoridade do magistério, e recebida pela fé. Omitir tais dados, que equivalem a princípios, seria, praticamente, não fazer teologia[53].

Referindo-se às suas próprias interpretações dos documentos conciliares (em ME, na Profissão de fé e no Juramento de fidelidade), a Congregação redefine o papel do magistério na Igreja, sublinhando três pontos, de modo especial: a ligação *intrínseca* do magistério com a "pregação da palavra verdadeira" (III,14), a tripartição das "qualificações teológicas" (III,15-17) e uma classificação das insituições magisteriais que põe a Congregação para a Doutrina da Fé (III,18) antes do bispo e das Conferências episcopais: "Decorre daí que os documentos dessa Congregação, aprovados expressamente pelo Papa, participam do magistério ordinário do sucessor de Pedro". É o que vale para o presente documento, segundo uma "conclusão circular", inspirada no eclesiocentrismo do Vaticano I[54].

A questão das "qualificações teológicas" aparece duas vezes: no capítulo sobre o magistério (III,15-17) e no capítulo sobre as relações entre magistério e teologia (IV,23). Merece destaque a menção da "categoria intermediária", porque explicita a competência do magistério no campo do "conexo" (ME 3), situando aí a interpretação da "lei natural", "em razão do elo existente entre a ordem da criação e a ordem da redenção" e em referência à *Humanae vitae*:

> Doutra parte, a própria revelação contém ensinamentos morais que, de si, poderiam ser conhecidos pela razão natural, mas cujo acesso à condição de pecadores torna difícil aos homens. É doutrina de fé que essas regras morais podem ser ensinadas infalivelmente pelo magistério[55].

Essa referência à *Dei Filius*[56] completa o "reenquadramento" na perspectiva do Vaticano I da doutrina do magistério proposta pelo Vaticano II. Na parte final do texto, a interpretação maximizada das competências do magistério conduz à concepção minimizante da função dos teólogos[57], definida segundo o espírito da encíclica *Humani generis*.

---

53. Ib., p. 695.
54. Ib., p. 695.
55. Ib., p. 696.
56. Cf. supra, pp. 224 s.
57. *DC* 87, (1990), p. 697.

Esse é um ponto atrelado a uma idéia "instrumentalista" das relações entre fé e razão. A segunda parte (II,10) já aludira, várias vezes, à "utilização dos dados filosóficos" ou ao *aproveitamento* de elementos culturais, que oferecem ao teólogo possibilidades de esclarecer melhor os diversos aspectos do mistério da fé"[58]. Apoiada na "teoria das qualificações teológicas", a quarta parte supõe um limite *nítido* entre os "princípios firmes" ou o campo do "definitivo" e os "elementos conjecturais e contingentes", limite que seria *móvel*, para o Vaticano II[59]. Reconhecendo que "muitas vezes é só com o recuo no tempo que se torna possível separar o necessário do contingente", a Congregação restringe "erros" e debates ou tensões fecundas entre o magistério e os teólogos ao domínio da "não-irreformável" ou às "intervenções prudenciais" (IV,24 e 28-31).

O trecho mais longo dessa última parte é consagrado ao problema da "dissensão". Nenhuma alusão positiva merecem aí as instituições teológicas, sejam as Faculdades canônicas sejam as Comissões internacionais (bíblica ou teológica). Dando plena continuidade à fase de dogmatização (1870-1950), o documento, mais uma vez, qualifica "a ideologia do liberalismo filosófico" como causa de problemas, acrescentando uma observação sobre "o peso de uma opinião pública intencionalmente controlada" e "a pluralidade cultural e lingüística, que em si constitui uma riqueza, (mas) pode, indiretamente, levar a equívocos e, eventualmente, desacordos" (IV,32). E vêm elencados e refutados[60], a seguir, seis argumentos, usados habitualmente para justificar a dissensão: primeiro, "o argumento de ordem hermenêutica", pelo qual "os documentos do magistério não seriam senão o reflexo de uma teologia discutível; depois, "o pluralismo teológico, tão valorizado, às vezes, que instaura um relativismo danoso à integridade da fé" (IV,34); em terceiro lugar, "a argumentação sociológica, pela qual a opinião de muitos cristãos representaria a expressão direta e adequada do 'sentido sobrenatural da fé' (IV,35); a seguir, "o apelo aos direitos humanos em oposição às intervenções do magistério" (IV,36s); também "o recurso ao dever de consciência" (IV,38) e, finalmente, "a aplicação à Igreja dos critérios comportamentais vigentes na sociedade civil ou das regras de funcionamento de uma democracia" (IV,39).

Essa Instrução de caráter defensivo precisa, sem dúvida, ser equilibrada pelo documento da Comissão Teológica Internacional sobre *A interpretação dos dogmas*, aprovada, alguns meses antes (outubro de 1989), pelo seu presidente, o próprio Prefeito da Congregação. Esse texto[61], bastante técnico na forma, explana uma verdadeira "problemática hermenêutica", aponta-lhe os "fundamentos teológicos", propõe "reflexões teológicas sistemáticas básicas" e termina

---

58. Ib., p. 695.
59. Cf. supra, pp. 399 ss.
60. *DC* 87, (1990), pp. 698-701.
61. *DC* 87, (1990), pp. 489-502.

apresentando uma série de "critérios de interpretações". Além disso, percebe-se que o tom e a orientação são diferentes. De início, o documento lembra, positivamente, a amplidão atual do problema hermenêutico:

> O problema da interpretação está não só em mediar o passado com o presente, mas também em encontrar a mediação entre as diferentes tradições culturais. Hoje, essa hermenêutica transcultural torna-se uma condição de sobrevivência da humanidade na paz e na liberdade[62].

Na seqüência, pede-se uma leitura equilibrada da doutrina do Vaticano II, que "vê os bispos, sobretudo, como arautos do Evangelho e põe o seu múnus de doutores a serviço da evangelização"[63]. Reaparece "a doutrina das qualificações teológicas [...], um tanto esquecidas, infelizmente, nestes últimos tempos", mas respeitando, mais que os textos anteriores, a "distinção (feita no Vaticano II) entre a doutrina da fé e os princípios de ordem moral natural". E, acima de tudo, pede-se um novo estilo nas tomadas de posição do magistério:

> Numa sociedade marcada pelo pluralismo e numa comunidade eclesial com diferenças tão grandes, o magistério cumpre sua missão recorrendo mais e mais à argumentação. Nessas condições, o legado da fé não pode ser transmitido senão quando o magistério e os outros agentes encarregados de uma responsabilidade pastoral ou teológica se dispõem a um trabalho em comum de ordem argumentativa. Levando-se em conta as conquistas científicas e técnicas dos últimos anos, parece oportuno evitar tomadas de posição muito rápidas e, por outro lado, seria bom atentar para decisões diferenciadas, indicando a direção a seguir, especialmente quando se trata de decisões definitivas do magistério[64].

3. CONCLUSÃO

Essa breve retrospectiva de trinta anos de recepção conciliar, na seara da teologia fundamental, oferece-nos uma imagem confusa. As duas lógicas opostas, visíveis já na preparação do Concílio, continuam a coabitar o mesmo discurso, sem nenhuma mudança de monta. Parece até que o processo de recepção oficial se orientou mais para uma lenta "reintegração" das decisões ímpares do Vaticano II no espaço, visto como mais amplo, do sistema doutrinário que perdurou de 1870 a 1950.

Por outro lado, algumas grandes transformações pós-conciliares mudam consideravelmente os dados históricos de uma regulação da fé, mais que nunca

---

62. Ib., p. 489.
63. Ib., p. 493.
64. Ib., p. 494.

necessária. Os documentos comentados falam de uma conscientização mais aguda do pluralismo cultural, de uma mentalidade global marcada pelas normas funcionais da democracia e do crescente interesse pelas questões éticas ligadas à preservação dos vínculos sociais

Nesse tempo todo, parece que se instalou na Igreja uma contradição, analisada, por vezes, como um "cisma vertical"[65]. A inflação de documentos e de organismos eclesiais, sobretudo depois de 1985, e a propensão legislativa não seriam sinal de que a capacidade evangélica de concentração diminuiu? Vale também lembrar o empenho de uma parte da hierarquia por responder às ameaças do mundo atual à tradição católica pelo enrijecimento da sua estrutura doutrinária. Tudo isso não seria querer transmitir a novidade evangélica do último concílio *por formas e maneiras* próprias de épocas passadas, ao invés de oferecer o vinho novo em odres novos? Simultaneamente, cresce a pobreza dos nossos meios *reais* e se mostra destoante da riqueza institucional e cultural subjacente ao corpus textual do Vaticano II. Não estamos, contudo, assistindo a uma volta sem precedentes ao Evangelho, que é "para a Igreja, em todos os tempos, a fonte de toda a sua vida[66]? Sua mensagem tão rica e tão simples aí está, gratuitamente oferecida à consciência de inúmeras pessoas e comunidades cristãs.

Talvez os adeptos do "método da Providência" vislumbrem nisso tudo o lento trabalho nas consciências, preparado por uma leitura secular das Escrituras, de um "julgamento" histórico a anunciar o fim próximo de *uma* figura dogmática do catolicismo que, dominado por uma ameaça apocalíptica, se fixa em "garantias" jurídicas, quando o Vaticano II já insistia — organicamente, e antes de qualquer distinção jurídica entre fé e costumes, entre o depósito e o "conexo" ou entre o "definitivo" e o "contingente" — na autoridade escatológica do "pastor", "pregoeiro do Evangelho e doutor autêntico, isto é, revestido da própria autoridade de Cristo"[67].

A credibilidade e a "eficácia" dessa autoridade pastoral não dependem, em última análise, da imagem de Deus que, em nossa história, ela põe em cena, pelo sua prática evangélica? A Igreja do Vaticano II não se preocupa mais com proteger os direitos de um Deus "sempre mais diferente", que vive, desde o IV Concílio de Latrão (1215)[68], na consciência do Ocidente. O que ela quer é tornar próximo o Deus santo que se revela "sempre mais humano"[69]. Ela renuncia a um saber assegurado pela sociedade, para se deixar tocar pelo enigma da vocação humana que a supera e, assim, assume um papel mais modesto, à imagem do Deus do qual é testemunha.

---

65. Cf. E. BISER, *Glaubensprognose. Orientierung in postsäkularistischer Zeit*, Graz, Styria, 1991.
66. *LG* III, 20.
67. *LG* III, 20 e 25.
68. *COD* II-1, pp. 449,33 s.
69. Cf. *LG* V,40 e *GS* 1,11.

Conclusão geral
B. SESBOÜÉ

Todos os volumes anteriores terminaram por uma *transição*. Agora, trata-se mesmo de uma conclusão. Mas permanece inacabada a matéria desta obra. Ao contrário das Escrituras, a história dos dogmas não tem final. Vai prosseguir e para bem mais além das páginas aqui escritas. Dentro do possível, esforçamo-nos por ir fundo no campo da atualidade dogmática. Contudo, estes quatro volumes logo ficarão aquém do seu fluxo incessante.

Em tais condições, será possível pensar numa transição para o futuro? A resposta positiva a essa pergunta foi encarecida, máxime neste último volume. Sempre haverá regulação da fé na Igreja, mas quem saberá dizer como, concretamente, ela será feita, amanhã? E o próprio conceito de dogma que forma terá? Está longe de se completar a recepção do Vaticano II e sabemos que a recepção dos concílios pode sofrer imprevistos. Os últimos séculos foram teatro de mudanças tão importantes e tão rápidas que parece inverossímil que, num terreno tão sensível, quer no aspecto da fé quer no da cultura, venha a Igreja do porvir fixar-se numa "posse tranqüila" dos seus dogmas. Mas não se pode ir além de um prognóstico, sob pena de sair da história e cair em predições vazias.

Cabe-nos é arriscar um balanço provisório, na medida do possível hoje, valendo-nos de uma história rica e contraditória, cujas sombras e luzes tentamos avaliar, com sinceridade. Surge logo uma questão: se os três primeiros volumes abordam, sucessivamente, os diferentes pontos do conteúdo do dogma católico, este último, continuando na boa linha anterior e apresentando os ensinamentos do magistério no mundo moderno, teve que remontar do *conteúdo* para a *forma* do dogma. Uma ou outra crítica dos primeiros volumes demonstrou certo mal-estar com a atual retomada do gênero literário "história dos dogmas", considerado um tanto fora de moda, como se o próprio conceito de dogma fosse assim tão claro.

Inicialmente, é verdade, tomamos a palavra "dogma" no sentido corrente, relacionando-o sobretudo com os ensinamentos do magistério da Igreja, segundo as diferentes formas que este último assumiu ao longo do tempo. A própria história nos levou a isso, evitando que levantássemos, anacronicamente, questões modernas e contemporâneas, a respeito das primeiras expressões da "regra de fé". O historiador sempre começa registrando o que aconteceu. Mas a seqüência dos volumes mostrou, por ela mesma, a evolução do conceito do e dos dogmas, das suas fronteiras e dos procedimentos eclesiais destinados a definir se e em que sentido tal ponto faz parte da fé da Igreja. Não é só o conteúdo do dogma que tem história. A própria noção de dogma tem a sua.

O objetivo deste volume foi dar a história do conceito de dogma e do conjunto de noções que lhe são próximas. Esse era o tema principal. As questões que ele abarca, ainda que remontem, realmente, às origens da Igreja, tiveram sua tematização especial no mundo moderno, com a emergência da "teologia fundamental" e da sua progressiva dogmatização. Essa história se desenvolveu de modo crítico, porque críticos foram os debates em torno dela. Hoje, essa questão do dogma continua bastante sensível, apesar de não mais envolvida numa crise intensa, como foi a crise do modernismo.

Outra dificuldade, sempre viva na mente dos redatores, é a distinção entre dogma e teologia. A história dos dogmas não é a história da teologia, que abrange, necessariamente, mais autores e mais temas, superando, sem dúvida alguma, a primeira. No entanto, seria erro distanciá-las, como dois dados estanques, colocando de um lado o dogma e de outro, a teologia. A comunicação entre ambos é tão intensa que o dogma, ainda que reduzido à mais simples afirmação, insere-se sempre numa pré-compreensão teológica e contém teologia nos seus enunciados. No caso desta obra, a referência maior foi a história dos concílios, mas não pretendemos apresentá-la como uma "Denzingertheologie". Nosso objetivo foi tratar de todas as questões teológicas que, em determinada época, culminaram numa precisão dogmática. Elas nos interessaram toda vez e na medida em que puderam provocar algum impacto dogmático. Assim agimos, por exemplo, em matéria trinitária, com o pensamento de Tertuliano, ou, no campo das reflexões sobre a Igreja, com inúmeras teorias eclesiológicas, pela simples razão de que, aceitas ou rejeitadas, levaram à dogmatização do mistério da Igreja. Outro exemplo significativo está aqui, neste quarto volume, com a dogmatização da teologia fundamental. Era preciso, pois, um esforço de compreensão para explicar e contextualizar certas considerações e seus respectivos desenvolvimentos.

O presente volume descreveu também a evolução do relacionamento da Igreja com o mundo, na era moderna. Também o fizeram, a seu modo, os volumes anteriores, porquanto a reflexão dogmática da Igreja foi construída em simbiose com o desenvolvimento cultural da bacia mediterrânea e da Europa, engendrando uma das principais matrizes do mundo ocidental. Todavia, a relação da Igreja com o mundo na época moderna assumiu novos contornos. Ela passou a viver em constante debate com toda a sociedade, alternando e conjugando conflitos e consensos, rejeições e aberturas, condenações e acolhimentos. E também contactou outras "modernidades", como na América Latina, na África e no sudeste asiático, que a desafiam a novos posicionamentos. Por isso, neste último volume, a Igreja aparece como parceira necessária da progressiva gênese da sociedade moderna. No Vaticano II, ela se conscientizou do caráter mundial das múltiplas culturas em que veio se implantando. Dessa forma, esta obra revela, além do seu objetivo específico, um outro interesse, a saber, expõe as grandes questões que gestaram o mundo moderno, hoje globalizado.

Com todas as suas limitações, o que apresentamos aqui é uma *história dos dogmas*. E a levamos a cabo sem ambição expressamente sistemática. Mas, também, nesse terreno, as coisas não são fáceis. Os autores estão conscientes de que refletem o seu tempo, a partir de seus entendimentos pessoais e no contexto de uma perspectiva teológica profundamente marcada pelo Vaticano II. São também teólogos e, a seu modo, procuram assenhorear-se dos dados históricos, dentro de um projeto comum a eles proposto, mas livres para aí inserir sua interpretação individual, teologicamente fundamentada, dos enunciados dogmáticos. Daí por que, no fecho desta obra, eles ousam pensar, sinceramente, que o seu trabalho oferece subsídios consideráveis para uma reflexão sistemática, esperando que, das sementes aqui lançadas, possam germinar e frutificar ensaios congêneres. Nesse sentido, acreditam ter realizado, numa obra de história, um "ato teológico".

Bibliografia geral

ANDRESEN, A. (herausgegeben von), *Handbuch der Dogmen- und Theologiegeschichte*, 3 vols., Göttingen, Vandenhoeck & Ruprecht, 1988.

Dictionnaire de théologie fondamentale, dirigido por R. Latourelle K e R. Fisichella, Montréal/Paris, Bellarmin/Cerf, 1992.

ELLACURÍA, I; SOBRINO, J., *Mysterium liberationis. Conceptos fundamentales de la teología de la liberación,* 2 vols., Madrid, Editorial Trotta, 1990.

MAYEUR, J. M., CH.; PIETRI, L. et alii, *Histoire du christianisme*, edição programada de 14 volumes, Paris, Desclée [já foram publicados os volumes 2 (1995), 4 (1993), 5 (1933), 6 (1990), 7 (19940, 8 (1992), 11 (1995), 12 (1990).

PANNENBERG, W., *Systematische Theologie*, vol. 1, Göttingen, Vandenhoeck & Ruprecht, 1988.

PELIKAN, J., *La tradition chrétienne. Histoire du développement de la doctrine*, t. 1: *L'émergence de la tradition catholique, 100-600*; t. II: *L'esprit du christianisme oriental, 600-1700*; t. III: *Croissance de la théologie médiévale, 600-1300*; t. IV: *La réforme de l'Église et du dogme, 1300-1700*; t. V: *Doctrine chrétienne et culture moderne depuis 1700* [ed. inglesa: 1971-1989], Paris, PUF, 1994.

SIEBEN, H. J., *Die Konzilsidee der alten Kirche*, Paderborn, G. Scöningh, 1979; *Die Konzilsidee des lateinischen Mittelalters (847-1378)*, 1984; *Die Katholische Konzilsidee von der Reformation bis zum Aufklärung*, 1988; *Traktate und Theorien zum Konzil vom Beginn des grossen Schismas bis zum Vorabend der Reformation (1378-1521)*, Frankfurt/Main, Verlag G. Knecht, 1983.

PRIMEIRA FASE

AUBERT, R., *Le problème de l'acte de foi. Données traditionelles et résultats des controverses récentes*, Louvain, Warny, 1945.

CHENU, M.-D., *La théologie comme science au XIIIe siècle,* Paris, Vrin, 1943².

CONGAR, Y., *La tradition et les traditions*, t. I: *Essai historique;* t. II: *Essai théologique*, Paris, Fayard, 1960 e 1963.

EYNDE, D. VAN DEN, *Les normes de l'enseignement chrétien dans la littérature patristique des trois premiers siècles*, Gembloux/Paris, Duculot/Gabalda, 1933.

FLASCH, K., *Introduction à la philosophie médiévale*, Fribourg/Paris, Editions Universitaires/ Cerf, 1992.

PAUL, J., *Histoire intellectuelle de l'Occident médiéval*, Paris, A. Colin, 1973.

SEGUNDA FASE

BOUILLARD, H., *Verité du christianisme*, Paris, DDB, 1989.

HERMS, E., Offenbarung, *TER* 25 (1995), 146-210.

HOCEDEZ, E., *Histoire de la théologie au XIXe siècle*, 3 vols., Paris, 1947-1952.

NEVEU, B., *L'erreur et son juge. Remarques sur les censures doctrinales à l'époque moderne*, Nápoles, Bibliopolis, 1993.

TERCEIRA FASE

AUBERT, R., *Vatican I*, Paris, Orante, 1964.

BUTLER. C.; LANG, H., *Das I Vatikanische Konzil*, München, Chr. Kaiser, 1961².

GADILLE, J.; MAYEUR, J. M. (eds.), *Histoire du christianisme*, t. XI: *Libéralisme, industrialisation, expansion européenne (1830-1914)*, Paris, Desclée, 1995; t. XII: *Guerres mondiales et totalitarismes (1914-1958)*, 1990.

GRANDERATH, TH., *Histoire du Concile du Vatican depuis sa première annonce jusqu'à sa prorogation d'après les documents authentiques* (1982), 3 vols., Bruxelles, A. Dewit, 1908-1913.

HASLER, A. B., *Pius IX (1846-1878). Päpstliche Unfehlbarkeit und 1. Vatikanisches Konzil. Dogmatisierung und Durchsetzung einer Ideologie*, Stuttgart, A. Hiersemann, 1977.

POTTMEYER, H. J., *Der Glaube vor dem Anspruch der Wissenschaft. Die Konstitution über den katholischen Glauben "Dei Filius" des Ersten Vatikanischen Konzils und die unveröffentlichten Voten der vorbereitenden Kommission*, Freiburg, Herder, 1968; *Unfehlbarkeit und Souveränität. Die päpstliche Unfehlbarkeit im System der ultramontanen Ekklesiologie des 19. Jahrhunderts*, Mainz, M. Grünewald, 1975.

SCHATZ, K., *La primauté du pape. Son histoire, des origines à nos jours*, Paris, Cerf, 1992; *Vaticanum I, 1869-1870*, vol. I: *Vor der Eröffnung*, Paderborn, Schöningh, 1992; vol. II: *Von der Eröffnung bis zu der Konstitution "Dei Filius"*, 1993; vol. III: *Unfehlbarkeitsdiskussion und Rezeption*, 1994.

VACANT, J. A., *Études théologiques sur les Constitutions du Concile du Vatican d'après les Actes du Concile*, 2 vols., Paris/Lyon, Delhomme et Briguet, 1985.

QUARTA FASE

CONGAR, Y. et alii (ed.), *Vatican II. Textes et commentaires des décrets conciliaires*, "Unam Sanctam", Paris, Cerf, 1965-1970.

LThK, Das zweite vatikanische Konzil. Konstitutionen, Dekrete und Erklärungen, lateinisch und deutsch. Kommentare, t. I e II, Freiburg, Herder, 1966-1967.

Bibliografia complementar

ANDRADE, Paulo Fernando Carneiro de. *Analise da realidade social e teologia da libertação*: o debate teológico na América Latina e a contribuição do magistério romano. Roma, PUG, 1989.

ARAUJO, Luiz Carlos. *Profecia e poder na Igreja*: reflexões para debate. São Paulo, Paulinas, 1986.

AUZOU, Georges. *A tradição bíblica*. São Paulo, Duas Cidades, 1971.

BOFF, Clodovis. *Teoria do método teológico*. Petrópolis, Vozes, 1998.

BROWN, Raymond E. *O significado crítico da Bíblia*. São Paulo, Loyola, 1987.

BUCKER, Barbara P. *O feminino da Igreja e o conflito*. Petrópolis, Vozes, 1996.

CERFAUX, Lucien. *Jesus nas origens da tradição*. São Paulo: Paulinas, 1972.

COLLIN, Matthieu – LENHARDT, Pierre. *Evangelho e tradição de Israel*. São Paulo, Paulus, 1994.

CROATTO, J. S. *História da salvação*: a experiência religiosa do povo de Deus. Caxias do Sul, Paulinas, ²1968.

FEINER, Johannes – LÄEHRER, Magnus – DARLAP, Adolf – FRIES, Heinrich (eds.). Mysterium Salutis; Fundamentos de dogmática histórico-salvífica; *Teologia Fundamental*. Petrópolis, Vozes, 1971. 1/1.

FEINER, Johannes – LOEHRER, Magnus (eds). Mysterium Salutis; Fundamentos de dogmática histórico-salvífica; *Teologia Fundamental*. Petrópolis, Vozes, 1971. 1/2.

_____. Mysterium Salutis; Fundamentos de dogmática histórico-salvífica; Teologia Fundamental; *Revelação e Igreja*. Petrópolis, Vozes, 1971. 1/3.

_____. Mysterium Salutis; Fundamentos de dogmática histórico-salvífica; *Revelação de Deus e resposta do homem*. Petrópolis, Vozes, 1972. 1/4.

FELLER, Vitor Galdino. *O Deus da revelação*: a dialética entre revelação e libertação na teologia Latino-Americana, da Evangelii Nuntiandi à Libertatis Conscientia. São Paulo, Loyola, 1988.

FITZMYER, Joseph A. *A Bíblia na Igreja*. São Paulo, Loyola, 1997.

_____. *Escritura, a alma da teologia*. São Paulo, Loyola, 1997.

FORTE, Bruno. *A trindade como história*: ensaio sobre o Deus cristão. São Paulo, Paulinas, 1987.

GALBIATI, Enrico. *A história da salvação no Antigo Testamento*. Petrópolis, Vozes, 1988.

GONZÁLEZ, Carlos Ignacio. *Teologia da libertação*: a luz do magistério de João Paulo II na América Latina. São Paulo, Loyola, 1986.

GONZÁLEZ FAUS, José Ignacio. *A autoridade da verdade*: momentos obscuros do magistério eclesiástico. São Paulo, Loyola, 1998.

HAUGHT, John F. *Mistério e promessa: teologia da revelação*. São Paulo, Paulus, 1998.

HESCHEL JOSHUA, Abraham. *Deus em busca do homem*. São Paulo, Paulinas, 1975.

HOBSBAWN, Eric – RANGER, Terence (orgs.). *A invenção das tradições*. Rio de Janeiro, Paz e Terra, 1984.

KIPPENBERG, Hans G. *Religião e formação de classes na antiga Judéia*: estudo sócio-religioso sobre a relação entre tradição e evolução social. São Paulo, Paulinas, 1988.

LATOURELLE, René. *Teologia, ciência da salvação*. São Paulo, Paulinas, 1971.

_____. *Teologia da revelação*. São Paulo, Paulinas, 1981.

LEERS, Bernardino. *Moral cristã e autoridade do magistério eclesiástico*: conflito-diálogo. Aparecida: Santuário, 1991.

LIBANIO, João Batista. *Teologia da revelação a partir da modernidade*. São Paulo, Loyola, ^{4}2000.

_____. *Eu Creio, nós cremos. Tratado da fé*. São Paulo, Loyola, 2000.

LUBAC, Henri de. *A Escritura na tradição*. São Paulo, Paulinas, 1970.

MANARANCHE, André. *O Deus vivo e verdadeiro*. São Paulo, Loyola, 1979.

MARTINEZ DIEZ, Felicísimo. *Teologia da comunicação*. São Paulo, Paulinas, 1997.

MESLIN, Michel. *A experiência humana do divino*: fundamentos de uma antropologia religiosa. Petrópolis, Vozes, 1992.

MESQUITA, Luiz José de. *Por que crer?: a fé e a revelação*. São Paulo, Ave Maria, 1990.

METZ, Johann Baptist. *A fé na história e na sociedade*. São Paulo, Paulina, 1981.

MINISSALE, Antonino. *Sirácida: as raízes na tradição*. São Paulo, Paulinas, 1993.

MORACHO, Felix. *Na escola da fé*: a salvação na história apresentada aos jovens e adultos à luz da Bíblia, do magistério, do Concilio, de Medellín e de Puebla. São Paulo, Paulinas, 1983.

MORAN, Gabriel. *Teologia da revelação*. São Paulo, Herder, 1969.

MURAD, Afonso. *Este cristianismo inquieto*. São Paulo, Loyola, 1994.

_____. *Visões e aparições: Deus continua falando?*. Petrópolis, Vozes, 1997.

_____. *Revelação e história*: um estudo sobre o pensamento teológico de J. L. Segundo. Roma: PUG, 1991.

O'COLLINS, Gerald. *Teologia fundamental*. São Paulo, Loyola, 1991.

PANASIEWICZ, Roberlei. *Diálogo e revelação*: rumo ao encontro inter-religioso. Belo Horizonte, Arte, 1999.

PASTOR, Felix Alexandre. *A lógica do inefável*. São Paulo, Loyola, 1989.

PATFOORT, Alberto. *O mistério do Deus vivo*. Rio de Janeiro, Lumen Christi, 1983.

PELLEGRINO. *Tradição e inovação na Igreja de hoje*. Caxias do Sul, Paulinas, 1971.

PIAZZA, Waldomiro O. *A revelação cristã: na constituição dogmática "Dei Verbum"*. São Paulo, Loyola, 1986.

PIAZZA, Waldomiro Otavio. *Teologia fundamental para leigos: a "palavra de Deus" na Sagrada Escritura*. Petrópolis, Vozes, 1972.

PONTIFÍCIA COMISSÃO BÍBLICA. *A interpretação da Bíblia na Igreja*. São Paulo, Loyola, 1994.

RAHNER, Karl – RATZINGER, Joseph. *Revelação e tradição*. São Paulo, Herder, 1968.

RAHNER, Karl. *O dogma repensado*. São Paulo, Paulinas, 1970.

_____. *O homem e a graça*. São Paulo, Paulinas, 1970.

_____. *Sobre a inspiração bíblica*. São Paulo, Herder, 1967.

_____. *Teologia e antropologia*. São Paulo, Paulinas, 1969.

_____. *Teologia e bíblia*. São Paulo, Paulinas, 1972.

_____. *Teologia e ciência*. São Paulo, Paulinas, 1971.

RATZINGER, Joseph. *Introdução ao Cristianismo*, São Paulo, Herder, 1970.

reino de Deus. São Leopoldo: Sinodal, 1967.

SANCHIS, Pierre (org.). *Catolicismo: modernidade e tradição*. São Paulo, Loyola, 1992.

SCHEFFCZYK, Leo. *A fé no Deus uno e trino*. São Paulo, Loyola, 1972.

_____. *O homem moderno e a imagem bíblica do homem*. São Paulo, Paulinas, 1976.

SCHELKLE, Karl Hermann. *Teologia do Novo Testamento: Deus estava em Cristo*. São Paulo, Loyola, 1978. V. 3.

_____. *Teologia do Novo Testamento: Reino de Deus, Igreja, Revelação*. São Paulo, Loyola, 1979. V. 5

SCHILLEBEECKX, Edward. *Revelação e teologia*. São Paulo, Paulinas, 1968.

_____. *Deus e o homem*. São Paulo, Paulinas, 1969.

_____. *História humana: revelação de Deus*. São Paulo, Paulus, 1994.

SEGUNDO, Juan Luis – SANCHIS, J. P. *As etapas pré-cristãs da descoberta de Deus*: uma chave para a analise do cristianismo (latino-americano). Petrópolis, Vozes, 1968.

SEGUNDO, Juan Luis. *O dogma que liberta: fé, revelação e magistério dogmático*. São Paulo, Paulinas, 1991.

SESBOÜÉ, Bernard. *O Evangelho na Igreja: a tradição viva da fé*. São Paulo, Paulinas, 1977.

_____. *O Magistério em questão*: autoridade, verdade e liberdade na Igreja. Petrópolis, Vozes, 2004.

SUNG, Jung Mo. *Experiência de Deus: ilusão ou realidade?*. São Paulo, FTD, 1991.

TILLICH, Paul. *Teologia sistemática: a razão e a revelação*; O ser e Deus; A existência e o Cristo; A vida e o espírito; A história e o reino de Deus. São Leopoldo: Sinodal, 1967.

_____. *Teologia sistemática*. São Paulo, Paulinas, ²1987.

TORRES QUEIRUGA, Andrés. *A revelação de Deus na realização humana*. São Paulo, Paulus, 1995.

_____. *O dialogo das religiões*. São Paulo, Paulus, 1997.

_____. *Do terror a Isaac ao Abbá de Jesus: por uma nova imagem de Deus*. São Paulo, Paulinas, 2001.

TRESMONTANT, Claude. *O problema da revelação*. São Paulo, Paulinas, 1972.

Índice de Autores

A

Abbadie, J., 171
Abelardo, 72, 73, 75, 79, 87, 89, 109, 114
Agostinho, 42-44, 55, 57, 58, 62-65, 67, 70, 75, 77, 87, 95, 139, 140, 149, 154, 170, 318, 354, 397, 448, 450
Alberto Magno, 80, 370
Alcuíno, 320
Alexandre de Alexandria, 49
Alexandre III, 87
Alexandre VII, 154
Alexandre VIII, 155
Alfrink, C. J., 421
Ambrosiaster, 138
Ambrósio de Milão, 59, 61
Ancel, A., 464, 467
Anselmo de Cantuária, 77, 96
Anselmo de Laon, 72
Antonino de Florença, 269
Ario, 49
Aristóteles, 75, 79, 82, 112, 146, 166, 174, 321
Arnauld, A., 154
Arnóbio, 33
Atanásio de Alexandria, 47
Atenágoras, 31, 61
Atenógenes, 55
Aubert, R., 101, 104, 156, 175-177, 185, 201, 203, 208, 211, 212, 217, 243, 245, 246, 257, 259, 274-278, 329, 345, 352, 392, 457

B

Bailly, L., 172
Baius, M., 152
Balthasar, H. U. von, 77, 78, 173, 432
Barnabé, 60
Barth, K., 78, 253, 284, 303, 307, 308, 312, 423, 441, 454, 456
Basílio de Cesaréia, 41, 48, 49, 55, 61, 64, 67, 127, 138
Batiffol, P., 314
Bauer, G. L., 287
Baur, F. C., 286, 315
Bautain, L.-E., 175, 179, 183, 184, 187, 202
Bayle, P., 170
Belarmino, 91, 153, 156-158, 269, 270, 420
Bento XIV, 152, 183
Bento XV, 214, 292, 294, 303, 304, 352, 361, 363, 454
Berengário de Tours, 109
Bergier, N., 158

Bertrano, J., 124
Betti, U., 500, 501
Billuart, C.-R., 156, 185
Bismarck, O. von, 280
Blondel, M., 83, 118, 160, 170, 200, 219, 258, 313, 314, 325-328, 332, 333, 335-338, 342, 344-346, 353, 357, 358, 371, 378, 383, 492
Boaventura, 73, 80, 85, 94, 98-101, 104, 350
Boécio, 58, 59, 69, 70, 75, 79
Bonald, L. de, 272
Bonifácio VIII, 93
Bonnetty, A., 179
Bonucci, A., 127
Bossuet, J.-B., 43, 155, 199, 314
Bouillard, H., 41, 83, 96, 169, 171-173, 229, 253, 371, 372, 374, 424
Bousset, W., 301
Browne, M., 421
Brugère, L.-F., 158
Bultmann, R., 284, 305, 307, 308, 312

C

Cajetano, 233
Câmara, H., 406
Canísio, Pedro, 157
Cano, Melchior, 117, 142-148, 150, 156, 157, 188, 201
Capellari, M., 201
Cassiodoro, 69
Celestino I, 66
Celestino III, 88
Cervini, M., 122-126
Chaillet, P., 372
Chastel, M.-A., 180
Chateaubriand, F.-R. de, 172
Chenu, M.-D., 71, 73-75, 77, 80, 81, 89, 369-371, 373, 382
Chrismann, P. N., 181, 182, 206, 246

Cícero, 34
Cipriano de Cartago, 33, 46, 61, 260, 442
Cirilo de Alexandria, 55, 56, 61, 364
Cirilo de Jerusalém, 61
Clarke, S., 171
Clemente de Alexandria, 34, 38, 61, 372
Clemente de Roma, 46, 55, 60
Clemente XI, 155
Colin, P., 71, 228, 330, 339
Congar, Y., 45, 46, 63, 64, 66, 67, 71, 74, 79, 80, 84, 87-91, 94, 95, 119, 124, 126-128, 130, 140, 150, 153-156, 181-189, 212, 241, 369-374, 381, 382, 387, 389, 395, 421, 422, 440, 441, 458, 491, 495, 496
Cornet, N., 154
Cornoldi, G., 352
Cortés, D., 201
Couturier, P., 373

D

Daniélou, J., 372, 395, 426
De Maistre, 201, 202, 261, 266, 272
De Montcheuil, Y., 372
De Smedt, E., 407, 409, 421, 459-461, 463, 473
Dechamps, V., 199, 210, 219, 243, 249, 258, 266, 269, 272, 358, 457
Delaye, E., 374
Denzinger, H., 136, 186, 187, 218, 223, 280, 508
Descartes, R., 96, 161, 162, 194
D'Hulst, M., 214, 283, 290
Dianeu, 55
Didachè, 26, 45, 60
Diderot, D., 163
Dionísio de Alexandria, 55
Dionísio de Roma, 55
Döllinger, 183, 203, 204, 206, 209, 245, 279

Döpfner, J., 432
Drey, J. S., 173, 193, 253
Driedo, J., 123, 124
Duchesne, L., 316, 319
Duns Escoto, 73, 96
Dupanloup, F., 266, 267
Durand, A., 374

E

Eicher, P., 173, 217, 233-235, 241, 257, 316, 473
Eichhorn, A., 301
Epifânio de Salamina, 40
Estrix, G., 156, 176, 177
Eulógio de Alexandria, 265
Eunômio, 42, 49, 50, 54
Eusébio de Cesaréia, 40, 47, 61, 477

F

Fénelon, F., 154-156, 159
Fernandez, A., 307
Fessard, G., 372
Fessler, J., 279, 280
Firmiliano de Cesaréia, 55
Flávio Josefo, 40
Fontaine, J., 28, 342, 359
Fontcaude, Bernard de, 88
Fontoynont, V., 372
Fouilloux, E., 369, 370, 373, 374, 383
Francisco de Sales, 157
Fransen, P., 91, 93, 95, 131, 133, 137-140, 181
Franzelin, J.-B., 185, 197, 205-207, 210, 230-234, 236, 242, 246, 249, 258, 348
Freppel, C.-E., 270
Freud, S., 168
Frings, J., 390, 414, 421
Froschammer, L., 177, 179, 183, 233

G

Gadamer, H.-G., 135
Galileu, 162
Ganne, P., 374
Gardeil, A., 142, 332
Garnier, A., 208, 288
Garrigou-Lagrange, R., 258, 370, 374
Gasser, V., 210, 229, 230, 236, 237, 246, 253, 261, 270-273, 275, 277, 278, 379, 415
Gay, C.-L., 210
Geiselmann, J., 119, 128, 156, 206, 421
Genádio de Marselha, 62
Gerberto de Aurillac, 69
Gesenius, W., 285
Gilberto de la Porrée, 73, 75, 76, 79, 109
Ginoulhiac, J., 198, 254, 378
Glaire, J.-B., 288, 289
Gonet, J.B., 156
Gonnet, D., 465
Görres, J. J., 201
Gouhier, H., 334-336
Graciano, 91, 93, 109, 140
Granderath, T., 223, 250, 257
Grandmaison, L., 295, 314, 332
Gregório de Nissa, 61, 372
Gregório de Rimini, 103
Gregório IX, 109, 110, 151
Gregório Magno, 70, 265
Gregório Taumaturgo, 55
Gregório VII, 70, 86, 151
Gregório X, 265
Gregório XVI, 178, 182-184, 201, 202, 461
Grelot, P., 307, 444
Grotius, H., 171
Guerrero, P., 139
Guidi, cardeal, 185, 212, 269, 270
Guilherme de Alvérnia, 106
Guilherme de Auxerre, 80, 101

Guilherme de Rubrouck, 114
Gunkel, H., 295, 300-302
Günther, A., 175, 177, 180, 185, 197, 207, 210, 222, 223, 225, 226, 233, 240, 247, 253, 257, 315

H

Hardouin, J., 170
Hasler, A. B., 211
Hazard, P., 161, 165
Hefele, K. J., 204, 205, 208, 279, 280
Hegel, G. W., 96, 168, 175, 196, 197, 286, 315
Henrique VIII, 126
Henry, A. M., 181, 473, 475
Hermes, G., 175, 177, 178, 183, 197, 222, 223, 225, 226, 240, 244, 247
Hilário de Poitiers, 59
Hincmar de Reims, 69
Hinschius, P., 496
Hipólito de Roma, 38, 40
Hobbes, T., 272
Holden, H., 181
Honório III, 93
Hooke, L.-J., 172
Hormisdas, J., 267
Huby, J., 372
Hugo de São Vítor, 72, 103
Hürter, H., 158

I

Inácio de Antioquia, 60, 149
Inácio de Loyola, 134, 169, 442
Inocêncio III, 88, 91, 109
Inocêncio IV, 107, 110
Inocêncio X, 154
Inocêncio XI, 156, 175
Ireneu, 19, 36-38, 40, 45-47, 50, 56, 62, 122, 123, 159, 184, 263, 291, 428, 435, 437-439, 449

Isaac, J., 474
Isidoro de Sevilha, 62, 113

J

Jaio, C., 125, 127, 128
Jansênio, 152, 154
Janssens, C., 381
Jerônimo, 26, 42, 130, 303, 304, 452-454
João Crisóstomo, 41, 310
João Damasceno, 320
João de Ragusa, 92
João de Salesbury, 72
João Gerson, 88
João Paulo II, 30, 151, 488, 489, 493, 494
João Scoto Erígena, 72
João XIX, 87
João XXII, 94, 95
João XXIII, 63, 214, 256, 387-392, 394-398, 400-402, 404, 411, 418, 420, 421, 460, 461, 475, 487, 493
Jonas de Bobbio, 69
Júlio Africano, 55
Júlio III, 125
Justino, 29, 30-37, 46, 61, 71, 477

K

Kant, I., 96, 161, 162, 165-168, 173, 177, 196, 330
Kasper, W., 60, 61, 64, 85, 119, 120, 123, 139, 173, 174, 181, 182, 186, 193, 199, 206, 217, 236, 237, 246, 453, 491, 496
Ketteler, W. E., 261, 269
Kleutgen, J., 181, 197, 206, 210, 211, 249, 258
König, F., 406, 421
Kuenen, A., 286, 287
Kuhn, J. E., 242
Kuhn, T., 242, 382
Küng, H., 259, 280, 382, 491, 497, 498

L

Laberthonnière, L., 332, 338, 342, 344, 353
Lactâncio, 39, 40
Lafont, G., 83
Lagrange, M.-J., 284, 294-304, 310, 314, 316, 332, 370
Lamennais, F. de, 202
Le Roy, E., 214, 313-315, 334, 336-338
Leão Magno, 61, 66, 67
Leão XIII, 214, 289, 290, 292, 294, 295, 304, 309, 346-350, 352-360, 401, 417, 453, 460, 461
Lécrivain, P., 22, 215
Lefebvre, M., 491
Léger, P.-E., 390, 421
Leibniz, W. G., 96, 196
Lennerz, H., 119, 128
Lercaro, G., 406
Lessing, G. E., 196
Liebermann, B.-F.-L., 172
Liénart, A., 394, 421
Loisy, A., 214, 284, 295-297, 299-302, 313-318, 320, 321, 325-327, 331-333, 335, 337, 338, 341
Loofs, F., 316
Louis Le Nain de Tillemont, 169
Lubac, H., 72, 73, 312, 369, 371, 372, 374, 381, 419, 423-426, 428-430, 432, 459
Lúcio III, 109
Lunello, 127
Lutero, M., 88, 119, 120, 123, 133, 138, 184, 185, 318, 432

M

Mabillon, J., 169
Maier, A., 204
Maistre, J. de, 201, 202, 261, 266, 272
Manning, H.-E., 201, 204, 275, 279
Marcelo II, 122
Maréchal, J., 371, 492
Maritain, J., 345, 366, 367
Martin, K., 210
Marx, K., 168
Mazella, C., 352
Meignan, G.-R., 197, 204
Melécio de Antioquia, 55
Mersenne, M., 162
Miguel VIII Paleólogo, 265
Minúcio Félix, 34
Möhler, J. A., 123, 159, 185, 199, 204, 334, 371, 421
Molina, Luís de, 281
Montaigne, M. de, 162
Montalembert, C.-R. de, 203, 457
Montcheuil, Y. de, 372
Montini, G. B., 401
More, Th., 126
Murray, J. C., 458-462, 464, 465, 469, 472

N

Nacchianti, G., 127, 128
Nestório, 50, 61, 66
Neubauer, I., 172
Newman, J. H., 159, 160, 169, 185, 279, 280, 281, 313, 314, 320, 334, 335, 421
Newton, I., 166, 167
Nicolau de Cusa, 96
Nicolau III, 94, 95
Nietzsche, F., 168

O

Occam, G. de, 73, 95, 111
Olieu, P. J., 94
Olivi, 94
Ollivier, E., 208
Orígenes, 34, 40, 45, 46, 51, 55, 61, 71, 122, 124, 138, 318, 435, 449
Ortigues, E., 118, 126, 128, 130

Ottaviani, A., 382, 395, 421
Ozanan, A.-F., 202

P

Pangrazio, A., 407, 408
Pascal, B., 154, 162, 170-172, 199, 295, 298, 483
Passaglia, C., 158, 197, 222
Paulo VI, 91, 280, 389, 391, 394-402, 404, 411, 431, 464, 476-478, 487, 492-494, 497, 498
Pavan, P., 458, 460, 464
Pecci, G., 346, 352
Pedro Damião, 113
Pedro de Ailly, 92
Pedro Lombardo, 73, 74, 109
Pedro Marsílio, 112
Pedro, o Venerável, 114
Perrone, G., 158, 185, 199, 202, 211, 237, 262
Pesch, Chr., 158
Petau, D., 169, 315
Phillips, G., 201, 211
Pie, L., 269
Pio IX, 178, 179, 182-185, 202-204, 207, 212, 213, 245, 246, 255, 278, 280, 341, 353, 395, 461
Pio VI, 136, 152, 155
Pio X, 151, 214, 247, 315, 338, 346, 347, 351, 352, 357, 359-361, 363
Pio XI, 347, 357, 361-363, 382, 417, 461, 486
Pio XII, 131, 214, 215, 294, 303, 309, 311, 347, 361, 365, 369, 374, 375, 378, 382, 442, 446, 450, 454, 461
Platão, 32, 35, 82, 321
Plotino, 35
Porfírio, 40
Pottmeyer, H. J., 197, 198, 201, 202, 206, 207, 209, 217, 225, 226, 228, 230, 231, 233, 234, 239, 241, 242, 247, 250, 253, 255, 257, 259, 260, 267, 272, 273, 346, 378, 496

Poulat, E., 283, 284, 314, 318, 338, 345, 351, 359-361, 373
Prierias, S., 184

R

Rahner, K., 100, 119, 163, 179, 186-188, 200, 252, 371, 390, 395, 413, 421, 429, 473, 480
Raimundo de Peñafort, 114
Raimundo Lúlio, 114
Rauscher, J., 194
Régnon, Th., 316
Renan, E., 203, 284, 287-290
Ricardo de Mont Croix, 114
Richter, J.-P., 168
Ricoeur, P., 59, 308
Rivière, J., 283, 313, 344
Rizzi, M., 31, 34
Roncalli, A., 474
Rousseau, J.-J., 36, 163, 167, 437, 438
Ruffini, E., 382, 421
Ruperto de Deutz, 113

S

Sabatier, A., 313, 325, 329, 330
Sacy, S. de, 285
Salzano, T. M., 261
Sangnier, M., 359-361
Schatz, K., 150, 156, 201-203, 205, 207-210, 212, 213, 217, 257, 259, 261-264, 269, 273, 275, 279, 281
Scheeben, M.-J., 175, 185, 197, 253, 279
Schillebeeckx, E., 173, 390, 432
Schleiermacher, F. D. E., 193, 284-287, 294, 305, 307
Schmid, F., 247
Schmidt, H., 302
Schmitt, C., 272
Schrader, C., 197, 204, 211
Schwarzenberg, F., 194, 281

Seeberg, R., 316
Semler, J.-S., 195
Senestrey, I. von, 245, 275
Sévigné, Mme. De, 171
Sieben, H.-J., 44, 47, 60, 63, 84, 91, 92, 119, 150, 212
Silvestre I, 66
Simon, R., 159, 169, 195
Siri, G., 421
Sixto V, 350
Spinoza, B., 161-164
Staël, Mme. De, 168
Strauss, D.-F., 203, 284, 286, 288, 289
Suárez, F., 156, 157, 162
Suenens, L. J., 401, 402, 421

T

Taciano, 33, 61
Tanqueray, A., 158
Tavard, G., 119, 126-128, 130, 150, 154
Teilhard de Chardin, P., 372
Teodoreto de Ciro, 56
Teófilo de Antioquia, 33
Terreni, G., 95
Tertuliano, 27, 30-33, 38, 43, 45, 46, 61, 508
Thils, G., 150, 156, 259, 276, 278, 473
Thomassin, L., 158, 169, 315
Tillemont, Louis le Nain de, 169
Tomás de Aquino, 59, 73, 75, 77, 80, 81, 83, 85-87, 90, 94, 96, 97, 101, 103, 104, 106, 113, 142, 166, 226, 240, 350, 351, 370, 371

Torquemada, J., 153
Tounely, H., 156
Troeltsch, E., 195, 215, 284, 286, 301, 303, 316, 321-327, 355

U

Umberg, J.-B., 131, 136, 186

V

Vacant, J.-M.-A., 243, 257, 276, 280, 334, 356
Valdo, P., 88, 109
Valensin, A., 372
Vallin, P., 22, 108, 161, 186, 201, 322, 345, 500
Véron, F., 181, 206
Vicente de Lérins, 61, 62, 181, 206, 257, 320, 321, 334, 393
Vigouroux, F., 288, 294
Voltaire, J.-M. A., 163, 167, 173
Von Harnack, A., 215, 313, 315-317

W

Ward, J., 201
Weber, M., 322
Wehrlé, J., 332, 334, 338
Weiss, J., 60, 62, 302, 317
Welhausen, J., 287
Wrede, W., 284, 301

Z

Zoungrana, P., 430

Edições Loyola

editoração impressão acabamento

rua 1822 n° 341
04216-000 são paulo sp
T 55 11 3385 8500/8501 • 2063 4275
www.loyola.com.br